아자니아의 검은 거인,

반투 스티브 비코

반투 스티브

최호정 서울대학교 미학과를 졸업하고 한국외국어대학교 통역 · 번역 대학원을 졸업했습니다.
통역 일을 하는 틈틈이 번역을 하고 있으며, 그동안 옮긴 책으로는 안니 도스또예프스까야의
「도스또예프스끼와 함께한 나날들」, 레닌의 「무엇을 할 것인가?」 등이 있습니다.

아자니아의 검은 거인, 반투 스티브 비코

초판 1쇄 인쇄 _ 2003년 10월 25일
초판 1쇄 발행 _ 2003년 10월 30일

지은이 • 도널드 우즈 | 옮긴이 • 최호정 | 펴낸이 • 유재건 | 편집 • 김현경, 박순기 |
마케팅 • 노수준 | 제작 • 유재영

펴낸곳 • 도서출판 그린비 | 등록번호 제10-425호 | 주소 • 서울시 마포구 신수동 115-10 |
전화 • 702-2717 / 702-4791 | 팩스 • 703-0272 | E-mail • editor@greenbee.co.kr
책값은 뒤표지에 있습니다. ISBN 89-7682-072-X

Biko by Donald Woods

반투 스티브 비코

삼가 영전에 바칩니다

다음의 남아프리카인들은 아프리카너 국민당 정부의
보안경찰에게 구금되어 있던 중 사망한 것으로 알려진 사람들이다.
이들은 모두 법적 대변인 없이 친구 혹은 친척들과 일체의 접촉을
금지당한 채 투옥되어 있었다. 사망 날짜 뒤에 쓰여 있는 사인(死因)은
보안경찰이 제시한 것이다.

은구들(L. Ngudle), 1963년 9월 5일, 목을 매어 자살.

메르호프(B. Merhope), 1963년 9월 19일, 사인 불명.

티탸(J. Tyitya), 1964년 1월 24일, 목을 매어 자살.

살루지(S. Saloojie), 1964년 9월 9일, 취조 중 7층에서 떨어짐.

가자(N. Gaga), 1965년 5월 7일, 자연사.

호예(P. Hoye), 1965년 5월 8일, 자연사.

하마콰요(J. Hamakwayo), 1966년 날짜 미상, 목을 매어 자살.

숀예카(H. Shonyeka), 1966년 10월 9일, 자살.

레웅핀(L. Leong Pin), 1966년 11월 19일, 목을 매어 자살.

아얀(A. Ah Yan), 1967년 1월 5일, 목을 매어 자살.

마디바(A. Madiba), 1967년 9월 9일, 목을 매어 자살.

투바퀘(J. Tubakwe), 1967년 9월 11일, 목을 매어 자살.

성명 미상, 1968년(날짜 미상), 1969년 1월 28일 의회질의중 드러난 사망.

크호아테(N. Kgoathe), 1969년 2월 4일, 샤워중 미끄러짐.

모디파네(S. Modipane), 1969년 2월 28일, 샤워중 미끄러짐.

렌코에(J. Lenkoe), 1969년 6월 17일, 자살.

마예키소(C. Mayekiso), 1969년 6월 17일, 자살.

모나크고틀라(J. Monakgotla), 1969년 9월 10일, 혈전증.

하론(Imam A. Haron), 1969년 9월 27일, 계단 아래로 떨어짐.

쿠스셀라(M. Cuthsela), 1971년 1월 21일, 자연사.

티몰(A. Timol), 1971년 10월 27일, 취조중 10층 창문에서 투신.

음들룰리(J. Mdluli), 1976년 3월 19일, 난투중 의자에 부딪쳐 쓰러짐.

모하피(M. Mohapi), 1976년 8월 5일, 목을 매어 자살.

마즈웸베(L. Mazwembe), 1976년 9월 2일, 목을 매어 자살.

음바타(D. Mbatha), 1976년 9월 25일, 목을 매어 자살.

음촐로(E. Mzolo), 1976년 10월 1일, 자세히 모름.

츠와네(W. Tshwane), 1976년 10월 14일, 자세히 모름.

마마실라(E. Mamasila), 1976년 11월 18일, 자세히 모름.

모사라(T. Mosala), 1976년 11월 26일, 자세히 모름.

차지바네(W. Tshazibane), 1976년 12월 11일, 자세히 모름.

보타(G. Botha), 1976년 12월 14일, 계단 아래로 떨어짐.

은춘차(Dr. N. Ntshuntsha), 1977년 1월 9일, 자세히 모름.

은드자가(L. Ndzaga), 1977년 1월 9일, 자세히 모름.

말렐(E. Malel), 1977년 1월 20일, 자세히 모름.

마벨라네(M. Mabelane), 1977년 2월 15일, 자세히 모름.

조이(T. Joyi), 1977년 2월 15일, 자세히 모름.

말린가(S. Malinga), 1977년 2월 22일, 자연사.

코자(R. Khoza), 1977년 3월 26일, 목을 매어 자살.

마샤바네(J. Mashabane), 1977년 6월 5일, 자살.

마비자(P. Mabija), 1977년 7월 7일, 취조 중 6층에서 떨어짐.

로자(E. Loza), 1977년 8월 1일, 자세히 모름.

하페지(Dr. H. Haffejee), 1977년 8월 3일, 자세히 모름.

엠지지(B. Emzizi), 1977년 8월 5일, 자세히 모름.

모가투시(F. Mogatusi), 1977년 8월 28일, 간질 발작 중 질식사.

아프리카 송가

신이시여 아프리카를 축복하소서
아프리카의 영혼을 깨워 일으키소서
우리의 기도를 들으시고
우리를 축복하소서

지도자들에 축복을 주시옵소서
젊은이들에게도 축복을 주시옵소서
그들이 참을성 있게 땅을 일굴 수 있도록
그리고 당신께서 그들에게 축복을 내릴 수 있도록

우리의 노력을 축복해 주소서
우리를 단결시키고 우리를 끌어올릴 수 있게
배움과 이해를 통해서
그리고 그들을 축복해 주소서

성령이여 내려오소서! 성령이여 (강림하소서)!
내려오소서, 성령이시어!

「아프리카 송가」는 1897년에 요하네스버그의 미션스쿨 교사였던 에노흐 손통가(Enoch Sontonga)
작곡한 곡이다. 아프리카 민중의 고통을 노래한 그의 곡들은 대부분 애잔한 곡조를 띠고 있다. 그의
사후에 널리 알려지기 시작한 「아프리카 송가」는 아파르트헤이트에 대항하는 각종 집회나 모임에서
언제나 불려지게 되었다. 1994년 만델라의 흑인 정권이 탄생하면서 기존의 남아공 국가에
「아프리카 송가」가 추가되었다가 1996년 이 두 국가를 합친 새로운 남아공 국가가 탄생했다.

BIKO

| 차 례 |

추천의 글

진중권

남아프리카 공화국에서 인종차별정책이 폐지된 것이 불과 10여 년 전의 일이다. 흑인 인종차별이야 그 전에도 있었지만, 자유주의적인 영국 연방에 속하는 국가에서 인종차별이 아예 법제화된 것은 1948년이라고 한다. 그 시점이면 이미 인류가 저 악명 높은 나치 인종주의의 가공할 폐해를 목도한 후라고 할 수 있다. 그런데도 어떻게 이런 일이 있을 수 있을까? 유럽에서 사라진 법적·제도적인 인종차별은 3년 후 엉뚱하게 아프리카 대륙에서 화려하게 부활한다. 그것이 바로 그 유명한 '아파르트헤이트'다.

이 '분리'라는 이름의 정책이 지배하던 시절 흑인들의 삶이 어땠는지는 1994년 넬슨 만델라의 집권 후 활동을 시작한 '진실과 화해 위원회'가 그 일단을 드러낸 바 있다. 이 위원회의 조사 과정에서 드러난 잔학상들은 상상하기조차 버거울 정도로 끔찍하다. 듣자 하니 암살을 자연사로 위장하는 다양한 생화학 무기를 개발하는 공장도 있었고, 비록 실현되지는 않았지만 심지어 흑인만 골라서 절멸시키는 바이러스를 개발하려는 움직임도 있었다고 한다. 이 정도면 규모만 다르지 질적 수준의 면에서는 나치와 거의 차이가 없다고 할 수 있다.

이 책은 그런 끔찍한 나라에서 특혜를 누리는 백인으로 태어난 남자와, 그 반대편에서 차별에 대항하여 싸우던 어느 흑인 인권운동가의 만남에서 탄생했다. 신문기자인 도널드 우즈는 남아공의 백인으로서는 드물게 아파르트헤이트 철폐를 외치는 자유주의자다. '인종주의'를 거부하는 그는, 스티브 비코가 내세우는 '흑인의식운동'을 흑인에 의한 또다른 인종주의로 오해하고, 비코를 비판하는 사설을 싣는다. 그러나 비코를 직접 만난 우즈가 깨달았듯 흑인의식운동은 단순히 백인과 흑인의 지배 관계를 바꾸어 놓자는 운동이 아니었다. 그것은 흑인들이 인간으로서의 자존심을 회복할 것을 촉구하는 운동이었다. 서구 제국주의가 아프리카 대륙에 가져온 가장 큰 폐해는, 백인들의 가치(곧 자본주의 체제의 가치)가 절대선으로 군림하면서 흑인들을 열등한 인종으로, 야만인으로, 극복되어야 할 그 무엇으로 만들어 버린 것이었다. 흑인들은 노예적 굴종을 당연한 것으로 받아들이게 되고, 내면화된 노예의식은 백인에게 모든 것을 맡기게 만들었다. 흑인들의 해방까지도. 비코가 백인 자유주의자들과 선을 그어야 한다고 생각했던 것은 바로 이 때문이다. 우즈는 비코와의 만남을 통해 비로소 정치적 해방만으론 끊을 수 없는 흑인들이 가진 이 내면의 사슬을 보게 되고 그의 투쟁에 크게 공감하게 된다.

그러던 어느날 비코는 영장도 없이 백인 경찰에 체포된다. 유치장에 수감된 지 한 달 정도 지났을까? 우즈는 비코가 유치장에서 사망했다는 믿지 못할 소식을 듣게 된다. 당국에서는 그가 단식 끝에 자살을 했다고 거짓말을 하나, 우즈는 이미 비코로부터 자기가 체포되어 혹시 죽거든 저들이 '자살을 했다'고 발표할 것이니 이를 믿지 말라는 말을 들어둔 터였다. 이때부터 비코의 죽음이 경찰의 폭력에 의한 것임을 밝히려는 우즈의 노력이 시작되고, 그 노력 끝에 그는 결국 당국으로부터 '보호관찰'의 대상이 되어 가택에 연금되는 신세가 된다. 이 책은 바로 그 감옥 아닌 감옥에서 씌어진 것이다.

집필 자체를 금지 당한 상태였기에 원고는 감시의 눈길을 피해 남 몰래 씌어져야 했다. 가끔 집안으로 들이닥치는 경찰의 눈을 피해, 때로는 집을 찾아온 아들 친구가 누른 초인종 소리에 화들짝 놀라면서, 이렇게 어렵게 쓴 원고들을 그는 당국의 눈에 띄지 않게끔 레코드판의 커버 속에 감추어 보관하였다. 집필 자체가 금지되어 있었으니 이 원고를 출판한다는 것은 엄두도 못 낼 일이었다. 가택만이 감옥이 아니었다. 남아프리카 공화국이라는 나라 전체가 그에게는 사실상 감옥이었다. 세상 모든 이에게 알려지려면 이중의 탈옥이 필요했다. 먼저 집이라는 감옥을 빠져나와, 국경이라는 또다른 감옥의 벽을 넘어야 했다.

신부로 변장한 그가 몰래 집에서 빠져 나와 국경을 넘어가는 그 이슬아슬한 탈출의 추억이 이 책의 또다른 매력을 이룬다. 결국 영국에서 출판된 이 책은 남아프리카에서 행해지는 가혹한 인종차별의 양상을 생생하게 증언하면서 전세계적으로 커다란 반향을 불러 일으켰다. 세계 각국어로 번역이 되고, 「간디」라는 영화로 아카데미 작품상을 수상한 리차드 아텐보로우 감독에 의해 영화로 만들어지기도 했다. 케빈 클라인이 백인 편집장, 덴젤 워싱턴이 스티브 비코의 역을 맡아 열연한 이 영화는 우리나라에도 「자유의 절규」라는 제목으로 소개된 바 있다. 1993년에 아파르트헤이트가 철폐되는 데에는 아마도 집필조차 금지된 이 책의 영향이 적지 않았을 것이다.

'아파르트헤이트' 하면 누구나 만델라를 떠올릴 정도로 남아프리카의 흑인해방운동은 ANC(아프리카 민족회의) 활동에 의해 대표되어 왔다. 하지만 이 책은 남아프리카의 해방운동을 만델라와는 또다른 길을 걸었던, 더 정확히 말하면 그보다 더 깊은 인식을 가지고 더 급진적인 길을 걸었던 한 또다른 민권운동가를 통해 표상하려 한다. 한 사람은 오랜 감옥 생활 끝에 대통령의 자리에까지 올랐으나, 또다른 사람은 압제의 끝을 보지 못한 채 차가운 시체가 되어야 했다.

이것은 그저 남아프리카만의 이야기, 혹은 스티브 비코의 전기에 불과한 게 아니라, 억압이 행해지는 모든 지역의 보편적 기록이기도 하다. 이 책을 읽으며 묘한 느낌을 받게 되는 것은 바로 이 때문이다. 영장도 없이 사람을 임의적으로 잡아 가두고, 그렇게 끌려온 이들에게 경찰이 가혹한 폭력을 가하고, 거기에 저항하다가 무고한 이들이 목숨을 잃는다. 이거, 어디서 많이 보던 낯익은 장면이 아닌가. 그렇다, 그것은 불과 십 수년 전 우리 사회의 모습이기도 하다. 비코가 갇혔던 유치장 얘기를 읽으며, 나는 학창 시절 우연히 끌려갔던 어느 경찰서의 풍경을 떠올렸다.

어쩌면 이렇게 우리와 똑같을 수 있을까? 지구의 저 남쪽 끝에서 벌어졌던 이 잔혹상은 정확하게 우리의 80년대 체험과 일치한다. 구금상태에서 발생한 의문의 죽음, 그것을 사고사로 위장하려는 경찰의 은폐기도. 이를 보면서 우리는 어쩔 수 없이 80년대 중반에 있었던 박종철 치사 사건을 연상하게 된다. 비코의 죽음이 결국 악명 높은 아파르트헤이트의 붕괴를 알리는 신호탄이 되었듯이, 고문 끝에 숨진 박종철의 죽음도 군사독재라는 낡은 체제를 붕괴시키는 뇌관이 되지 않았던가.

게다가 '보호관찰'이라는 제도는 우리나라에만 있는 줄 알았더니 남아프리카에도 있었던 모양이다. 한 가지 차이가 있다면, 이 야만적인 제도가 남아프리카에서는 이미 사라졌지만 우리나라에는 아직도 남아 있다는 것이리라. 하지만 우리는 이런 것을 아예 문제로 의식하지도 못한다. 마치 이 책의 저자가 비코를 만나 자신이 탄압받는 흑인의 입장이 되기 전까지 미처 억압을 억압으로 느끼지 못했던 것처럼, 우리 사회도 어쩌면 야만이 야만이라는 사실을 아직 깨닫지 못하고 있는 게 아닐까? 그 때문에 이 책은 단지 흘러간 과거의 얘기가 아니라 지금, 여기, 우리의 얘기일 수 있다.

| 일러두기 |

1 아프리칸스어 인명 및 지명 표기는 「외래어 표기법」(1986년 문교부 고시)에 세칙이 없기 때문에 브리태니커 표기와 원지 발음을 참고해서 표기했다.

2 각주는 모두 역자주다.

3 부록에서 다루고 있는 인명 및 주요 사건 해설은 1960~70년대 남아프리카 공화국과 남부 아프리카를 이해하는 데 필요하다고 생각해 역자와 편집자가 따로 정리한 것이다.

4 단행본에는 겹낫쇠(『 』)를, 신문, 잡지, 기고문, 칼럼, 영화, 논문 등에는 홑낫쇠(「 」)를 사용했다.

신판 서문

1977년 9월 6일 화요일, 나의 친구 스티브 비코는 남아프리카 공화국 경찰청의 보안경찰들에 의해 케이프 주 포트엘리자베스 스트랜드 가(街)의 샌럼 빌딩 619호실로 연행되었다. 그 곳에서 그는 수갑과 족쇄에 묶인 채 철창에 갇혀서 22시간 동안 취조를 받았다. 그 과정에서 고문과 구타를 당하고 머리를 수차례 가격당한 결과 그는 뇌에 치명적인 손상을 입었고, 이로 인해 혼수상태에 빠져 6일 뒤에 사망했다.

그를 치명적으로 가격한 사람은 남아프리카 보안경찰 요원들로서, 치안감 P. 후어썬, 경정 H. 스니먼, 순경 J. 베네케, R. 막스, J. 쿳시, H. 포우체, 경감 D. 지베르트, 경위 W. 윌켄, 경사 S. 노이부트 그리고 경정 T. 피셔 등이 그들의 이름이다. 전원은 아니라 할지라도 이들 대부분은 주간조와 야간조로 나누어져 있는 두 개의 취조반 반원들이었다.

구속되어 보안경찰의 수법을 개인적으로 경험한 적이 있는 사람들의 말에 따르면, 주간조는 신문(訊問)과 심리 전술 그리고 폭언을 전담하고, 야간조는 주간조를 위해 구속자들이 '고분고 분해지도록' 두들겨 패는 구타조라고 한다. 스티브 비코에 대해 서도 이런 절차가 이어졌다면 그를 치명적으로 가격한 사람은 '야간조' —— 윌켄, 쿳시, 포우체 —— 중 한 명 이상일 것이다. 하 지만 이 사람들은 그저 하수인일 뿐이었다.

스티브 비코의 죽음에 궁극적인 책임이 있는 자는 경찰총장 인 야메스 토마스 크뤼에르였다. 보안경찰의 살인적이라 할 만한 폭력적 성향에 대해 그가 보인 관대한 태도가, 바로 고문관들이 마음대로 행동할 수 있는 분위기를 만들어 주었기 때문이다. 크 뤼에르가 이 사실들을 몰랐다고 항변하는 것은 정당하지 않다. 이미 비코가 죽기 2년 전에 내가 그의 보안경찰 내에 범죄의 요 소들이 있다고 그에게 직접 경고한 바 있기 때문이다.

그때 나는 크뤼에르에게 스티브 비코의 중요성을 언급했으 며, 후에는 구속되어 있는 그에게 어떤 위해가 가해진다면 그 결 과는 나라 전체에, 그리고 특히 국민당 정부에 재앙을 불러올 수 있을 것이라는 경고문을 발표한 바 있다. 그러나 크뤼에르와 그 의 동료들은 이 경고를 무시했다. 수차례 구금을 당한 것은 물론 스티브 비코만이 아니었다. 하지만 그는 더 심하게 탄압받았고, 괴롭힘을 당했으며, 독방에 감금되었고, 끝내는 고문에 의해 살 해되었다.

크뤼에르는 비코가 단식투쟁 끝에 사망했다는 것을 직접적으로 암시하는 말을 했다. 그러나 나는 이것이 말도 안 되는 소리임을 안다. 스티브와 나는 만일 그가 구금 상태에서 죽고, 그 죽음이 자살이라고 발표될 경우, 그것은 사실이 아니라는 약속을 해두었다. 명백히 그는 남아프리카 국민당 정부가 권력을 부여한 보안경찰에게 살해당한 것이다. 그러므로 이 책은 스티브 비코를 개인적으로 증언하는 것일 뿐만 아니라 남아프리카 국민당 정부와 그를 대변하는 경찰 및 체제에 대한 고발이기도 하다.

스티브 비코의 죽음은 전세계에 반향을 일으켰다. 사망 당시 그의 나이는 겨우 서른 살이었다. 그는 보안관찰법* 때문에 공적으로 전혀 거론되지 못하고 수도권에서 멀리 떨어진 작은 마을에 거주를 제한당한 채 은거하며 지냈다. 그는 연설을 하는 것을 금지 당했고 한 번에 두 사람 이상과 말을 나누어서도 안 되었으며, 그의 말을 인용하는 것도 허용되지 않았다. 정치인으로서 활동하

✤ Banning order. 개인의 정치 활동을 규제하기 위한 활동금지령. 이 법의 처분을 받은 사람은 거주제한을 당하며, 어떤 집회에도 참석할 수 없고, 한 번에 한 사람만 만날 수 있으며, 같은 금지령에 처해진 사람과는 만날 수 없는 등 각종 제약을 받았다. 보통 기간은 2~5년이었고, 계속 갱신될 수 있었다. 보안관찰 대상자의 집은 항상 감시당했으며 해당인은 정기적으로 당국에 신고해야 했다. 아프리카너 국민당 정부 통치 기간 중 1,500명 이상의 사람들이 이러한 처분을 받았다. 이처럼 현행법상의 형벌이 아니면서 범죄의 개연성이 있다는 이유만으로 행정기관이 정치범의 자유를 구속하는 조치로서, 한국에는 보안관찰법에 따른 보안관찰 처분이 있다. 내란, 이적 행위, 국가보안법 위반 경력자 중 '재범의 위험성이 있어 재범방지를 위한 관찰이 필요한 자'로 검찰이 판단한 사람에 대해 심의를 거쳐 법무부 장관이 2년간의 보안관찰을 결정한다. 보안관찰 처분을 받은 사람은 3개월마다 정기신고를 해야 하며, 변동사항, 거주지 이전, 국외 여행 등에 대해서는 수시로 신고해야 하고, 기타 선도를 받을 의무가 있다.

는 것이 완전히 금지되어 있었던 것이다. 그럼에도 그는 짧은 생애 동안 수백만 동포의 삶과 이상에 영향을 미쳤으며, 그의 죽음은 우리나라를 뒤흔들고 더 멀리 전세계로 울려 퍼졌다.

무엇이 그를 그렇게 두드러지게 만든 것일까? 그의 삶과 죽음이 그렇게 특별한 것은 무엇 때문인가? 이 책은 최소한 하나의 관점에서라도 이 질문들에 답하기 위한 시도이다. 이 책은 불충분한 기록이기에 다른 사람들이 이 일에 더 적임자일지도 모른다. 스티브를 가까이서 알고 지냈던 다른 많은 사람들이 이 강렬한 인물을 더 충실하게 구체화하는 데 기여할 수 있을 것이다. 그리고 그의 역사적 중요성에 대한 인식이 커져감에 따라 향후 몇십 년에 걸쳐 그에 관한 수많은 책들이 씌어질 것이다. 스티브 비코에 관한 책은 많으면 많을수록 좋을 것이다. 그가 더 많이 알려지면 그만큼 그의 중요성도 더욱더 잘 인식될 것이기 때문이다.

이 책은 사별의 슬픔과 분노가 허락하는 한에서 객관적으로 쓴 것이다. 내가 친구인 그를 잃은 것보다 전세계의 자유의 대의와 아프리카에서 스티브 비코가 갖는 중요성을 이해하는 것이 독자들에게는 더 중요하리라는 판단 때문이다.

초판이 출판된 지 근 10년 만인 1987년 말에 이 책은 리처드 아텐보로우가 제작·감독하여 전세계에 개봉한 영화(원제는 Crying Freedom, 국내에는 「자유의 절규」라는 제목으로 비디오가 출시되어 있다—옮긴이)의 기초가 되었다. 1976년과 1977년에 남아프리카에서 일어난 사건들을 묘사함으로써 폭압적인 아파르트헤이트 정책을 세상에 드러내고, 그 과정에서 이 나라에서 지금 벌어지고 있는 비극을 고조시킨 기본 원인들을 폭로해낸 이 장편영화는, 비코의 인격과 카리스마 그리고 지도자로서의 자질이 그 중심 주제를 이루고 있다.

망명중 일찍이 몰랐던 사실을 하나 깨닫게 되었다. 남아프리카에서 우리는 '민족주의자'(the Nationalist)라는 말을 아프리카너 민족주의자(Afrikaner Nationalist ; 아파르트헤이트 정책을 지지하는 백인들—옮긴이)들을 가리킬 때 사용했는데, 바깥 세계에서는 그 말이 자유를 위해서 싸우는 아프리카 민족주의자(African Nationalist)들을 칭할 때 쓰인다는 사실이었다. 그래서 나는 본문을 수정하여 남아프리카 집권당을 의미할 때는 '민족주의자'가 아니라 '아프리카너 민족주의자들'이라는 말을 썼다.

스티브 비코는 그 기질과 경향상 비폭력적 수단을 통한 정치화를 선호했다. 물론 그 점은 당시 만델라(N. Mandela)와 시술루(W. Sisulu), 음베키(T. Mbeki), 탐보(O. Tambo) 그리고 그 밖의 아프리카 민족회의(African National Congress, ANC)의 지도자들이나 소부퀘(R. Sobukwe)를 위시하여 범아프리카주의자 회의(Pan-Africanist Congress, PAC)의 다른 지도자들도 마찬가지였다. 하지만 후자는 그 단계에서 폭력을 대체할 그 어떤 대안도 보지 못했지만, 비코는 백인들이 폭력적 대응이 불가피하도록 만들지만 않는다면 비폭력적 공개 활동이 지니는 유익한 잠재력을 여전히 생각하고 있었다는 데 차이가 있다. 그래서 그는 개인적 생활에서는 폭력을 피하려 애썼지만, 공격을 받으면 응수하는 데 망설임이 없었다. 이 책에 언급된 일화 가운데는 그가 자신을 때린 취조관에게 반격했던 이야기도 있다.

하지만 취조를 당하면서 받은 분노에 대한 비코의 접근법이 아마도 가장 인상적으로, 어떤 점에서는 소름이 끼칠 정도로 잘 드러나 있는 것은 그가 마지막으로 투옥되기 불과 석 달 전에 했던 인터뷰일 것이다. 그 인터뷰는 비코가 죽은 후 얼마 지나지 않아 1978년 1월에 잡지 「신공화국」*New Republic*에 게재되었다. 다음의 발췌문에서 스티브 비코는 후에 그가 어떻게 치명적인 폭행을 당하게 될지를 예언이라도 하듯 말하고 있다.

당신은 자긍심을 갖고 살게 되거나 죽습니다. 당신이 죽으면 아무것에도 신경을 쓸 수가 없습니다. 하지만 당신이 죽는 방법 그 자체가 정치적인 일이 될 수 있죠. 당신이 폭동의 와중에서 죽는 것이 그런 경우입니다. 사실 많은 폭동들은 말 그대로 잃을 것이 전혀 없을 때 발생합니다. 그러므로 당신이 죽음에 대한 두려움 ― 이것은 대단히 비이성적인 것이지요 ― 을 극복할 수 있다면 그때 당신은 저항할 수 있습니다. 취조를 당할 때도 마찬가지입니다. 취조하는 경찰관에게 저는 이런 말을 했습니다. "일이 진전되기를 원한다면 가장 좋은 방법은 우리가 말을 하는 것입니다. 어떤 형태의 폭력도 쓰려 하지 마시오. 폭력으로는 어떤 것도 얻어낼 수 없을 겁니다." 그리고 이 말은 또한 전적으로 옳습니다. 나를 고분고분하게 만

들기 위해 그들이 어떤 일을 할지 정확히 알 수 없는 그런 상황에서
그들이 내게 말을 건네면 나는 인간으로서의 그들에게 감화를 받게
될 겁니다. 하지만 그들이 폭력을 사용하는 순간, 그들은 내 마음속
에 자신들이 경찰이라는 것을 각인시키게 됩니다. 그리고 내가 아는
[인간이 아닌] 경찰을 대하는 방식은 단 한 가지입니다. 가능한 한
아무런 도움을 주지 않는 것이죠. 그래서 나는 입을 닫아버립니다.
그리고 이렇게 말하겠죠. "이건 당신들에게 달려 있는 일이오."

　　체포된 첫날, 우리는 육박전을 치렀습니다. 어떤 친구가 나를
곤봉으로 치려고 했죠. 나는 그에게 황소처럼 덤벼들었습니다. 내
생각에, 그는 곤봉으로 위협하는 정도까지만 하고 더 심하게는 하지
말라는 지시를 받았던 것 같습니다. 내 얼굴에 자국 같은 것을 남기
지 않으려고 맨손을 사용했으니까요. 물론 그는 당신이라도 이런 상
황에서는 말할 수밖에 없는 바로 그 말을 내뱉었습니다. '널 죽여 버
릴 거야'라고. 겁을 줄 작정이었겠죠. 그때 내 대답은 "그러는 데 얼
마나 걸릴 것 같아?"였습니다. 내 반응을 관찰한 그들은 내가 전혀
걱정하거나 두려워하지 않는다는 것을 알 수 있었습니다.

　　그들이 나를 때려눕힌다면 그건 내게 유리한 일입니다. 나는
그걸 이용할 수 있으니까요. 그들은 내가 체포되기 열흘쯤 전에 감
옥에서 어떤 사람──나의 친구──을 죽인 바 있습니다. 이제 그들
이 나를 폭행한다면 그것은 그 살해 사건의 유용한 증거가 될 것입
니다. 최소한 그 친구의 죽음을 초래한 어떤 종류의 가능성이 존재
했는지를 보여주게 되겠지요. 그래서 나는 그들이 할 수 있는 것을

어서 하기를 바랐습니다. 그래야 내가 그것을 이용할 수 있을 테니까요. 그들이 폭력을 행사하면, 내가 어떤 사실을 누설하게 되지 않을까 하는 두려움은 없었습니다. 이 특별한 사안에 대해서 내게는 누설할 것이 전혀 없었기 때문이지요. 나는 매우 유리한 입지에 있었고 그들은 매우 취약한 입지에 있었던 것입니다.

나의 생각은 그들이 자신들의 계획을 성실하게 수행하도록 가만히 있지는 않겠다는 것입니다. 그들이 나를 다섯 번 때리고자 한다면, 그들은 오직 내가 그것을 허용하는 한에서만 그렇게 할 수 있습니다. 그들이 나를 처음 때릴 때 매섭고 당당하게 그에 맞선다면, 그들은 다음 네 번을 계획대로 할 수가 없습니다. 이것은 싸움입니다. 따라서 그들이 나를 구타하려 하면 그럴 수 없는 상황을 만들어, 그들이 계획보다 더 심한 짓을 하도록 만들고, 그것에 대해 내가 줄 수 있는 만큼 돌려준다는 것이 내 구상입니다. 걷잡을 수 없는 사태에 이르도록 말이지요.

여러분도 아시다시피 취조 경찰관이 나를 다루는 데는 한 가지 난점이 있습니다. 바로 그가 나와 진짜 싸울 수가 없다는 것이죠. 왜냐하면 싸움은 그가 한 인간으로서 내게 반격해야 한다는 걸 의미하기 때문입니다. 그러나 여러분도 아시듯이 그는 구타 방법까지 이미 지시를 받은 상태입니다. 그런데 취조가 싸움이 되어버렸으니 이제 그 지시들을 더이상 적용할 수 없게 된 거죠. 그래서 그는 뒤로 물러서야만 했고 더 많은 지시를 받아야 했습니다. 나는 그들에게 말했습니다.

"잘 들어, 너희들이 너희 방식대로 일을 처리하고 싶으면 내게 수갑을 채우고 발도 함께 묶어야 할 거야. 그래야 내가 대응을 할 수 없을 테니까. 너희가 나를 대응하도록 내버려두면 나는 반드시 저항할 거야. 그렇게 되면, 너희들이 의도치 않게 나를 죽여야만 하는 상황이 벌어질지도 모르지."

남아공에서 2002년에 발행된 스티브 비코 사망 25주기 추모 우표

프롤로그

나는 남아프리카의 보안관찰법에 의해 거주를 제한당했으며, 정부에 의해 어떤 것도—심지어 일기나 엽서조차—쓰지 못하게 금지당했다. 또한 나의 감시를 맡은 보안경찰은 내가 보안관찰 처분을 위반하지 않는다는 것을 확인하기 위해 밤이건 낮이건 불시에 우리집에 들이닥칠 것이라고 협박하곤 했다.

나의 가정은 길가로부터, 그리고 집 옆을 밀착 순찰하는 보안경찰 차량들로부터 지속적으로 감시당하고 있었다. 모든 전화 통화를 감청하고 편지를 죄다 가로채는 것은 차치하고라도 그들이 집 내부에 도청 장치를 해놓았다는 명백한 단서들이 있었다.

이런 이유들 때문에 나는 이 책의 많은 부분을 직접 펜으로 써야만 했다. 딱 두 번 타자기를 사용했는데, 그것도 자판을 두드리는 소리가 나지 않도록 음악을 틀어놓고서였다. 글은 이층 창가에 있는 책상에서 썼다. 그곳에서는 나를 감시하는 보안경찰들의 틀에 박힌 일과를 좀더 잘 관찰할 수 있어 그들이 집쪽으로 다가올 경우를 대비할 수가 있었던 것이다.

보안관찰 처분 때문에 나는 스티브 비코 살해에 대한 반정부 발언이나 저술을 금지당했다. 이용해 볼 수 있는 법적 구제방식은 전혀 없었다. 거주제한 상태인 나는 직계가족 외에는 한 번에 한 사람하고만 말을 하거나 만날 수 있었고, 여행도 금지되었으며, 공개적으로 의사소통을 하거나 출판물에 내 말이 실리는 것도 허용되지 않았다.

남아프리카에는 나처럼 보안관찰 처분을 받은 사람들이 44명 있었다. 보안관찰 처분의 주요 목적은 현행법으로는 더이상 탄압할 수 없는 반정부 인사들을 처벌하고 그들이 침묵을 지키도록 만드는 것이다. 이 44명 가운데 가장 유명한 사람은 위니 만델라로, 그녀는 1987년 현재 24년째 투옥중인 아프리카 민족회의(ANC)의 지도자 넬슨 만델라의 부인이다.

스티브 비코 역시 보안관찰 처분을 받은 바 있는데, 내가 그와 같은 경험을 했다는 사실을 알게 된다면 그는 깜짝 놀랄 것이다. 이 책의 독자들은 비코와 내가 처음 만났을 때 우리를 갈라놓았던 높은 장벽에 대해 곧 알게 될 것이다. 사실 나는 보안관찰 처분, 구속, 추방, 그리고 재판 없이 국가가 행하는 모든 유형의 처벌을 비난하는 신문 사설을 종종 써왔음에도 불구하고, 비코를 만나기 전까지는 보안관찰 처분을 받은 인물과의 회합을 다루는 법규조차 알지 못했다.

"제3자가 방으로 들어오면, 그가 커피 한 잔을 가져다 주러

온 것이라 해도 우리 둘 중 한 사람은 나가야 합니다." 비코는 내게 건조하게 말했었다. 우리가 처음 만나는 동안 보안경찰은 그의 사무실 바깥에 차를 대놓고 내가 도착하는 것을 지켜보았다. 그 무렵에는 내가 비코와 흑인의식운동(Black Consciousness Movement) 지지자들을 공격하고 있었기 때문에 경찰은 아마 호기심이 일었을 것이다. 인종차별에 대항하는 그들의 태도가 '과격하다'고 생각했던 나는, 홀로 제 길을 가겠다는 그들의 입장을 흑인 배타주의라고 공격했고 심지어 '역(逆)인종차별'이라는 문구를 사용하기도 했다.

첫 만남에서 오는 긴장이 사라지자 우리는 곧 친구가 되었다. 그 후 2년이 넘는 시간 동안 나의 아내 웬디와 나는, 스티브 비코와 그의 지지자들이 당하는 탄압에 어쩔 수 없이 마음이 끌려 그들의 운동에 가담할 정도에 이르렀고, 이로 인해 우리는 보안경찰의 시각으로는 '한통속'이 되었다.

이는 남아프리카 흑인 정치의 현실에 대한 보안경찰의 무지가 어느 정도인지를 보여준 것이다. 비코 조직의 주변부에 우리가 가담한 것은 정치적이라기보다는 개인적인 것이었고, 백인인 우리는 그 정치 운동의 중핵 그룹에 결코 다가갈 수 없다는 현실을 그들은 결코 알지 못했다. 비코의 지지자들 중 몇몇은 우리의 관계를 불쾌해 했다. 내가 그의 대의를 돕게 만든 우리 사이의 신뢰를 그들은 이해하지 못했다. 그들과 내가 하나가 된 것은, 그의 친구들과 지지자들 그리고 동료들이 1977년 10월 19일까지 지도했던 비코 살해에 대한 대규모 항의 과정을 통해서였다. 그 일로 우리들 중 상당수는 모든 흑인의식운동 단체들과 더불어 개개인이 보안관찰 처분을 받았다.

나는 살아오는 동안 내내 자유롭게 해왔던 일상적인 일들을 하지 못하게 된 채 내 집에 갇힌 죄수가 된다는 것에 이상한 기분이 들었다. 처음에는 내 침실에서 내가 집필하는 것을 보안경찰이 막을 수 있다는 생각을 비웃었다. 그들이 어떻게 벽을 뚫고 볼 수 있단 말인가? 그러나 현실은 그렇지 않았다. 물론 이론적으로는 그들의 시야를 벗어난 곳에 있으면 글을 쓸 수가 있었다. 하지만 보안관찰 처분의 심리적 효과로 인해 나는 창문이 있는 방에서는 지나치게 신경을 쓰게 되었고, 얼마 지나지 않아 망상이 나를 짓누르게 되었다. 매순간 보안경찰이 들여다보고 있을 거라는, 내가 글 쓰는 것을 알아차릴 거라는 생각이 들었던 것이다.

이층에서 집필을 했던 것은 그 때문이었다. 이층 창문을 들여다 보려면 그들에게는 사다리나 정교한 감시 장치가 필요할 것이고, 나는 그들이 내 집 안으로 쳐들어오기 전에 그들을 보거나 소리를 들을 수 있을 테니까.

문제는 매일 써낸 원고를 숨기는 일이었다. 원고를 숨길 만한 장소로 내가 생각할 수 있는 곳들은 죄다 너무 뻔한 곳같이 여겨졌다. 처음에 써낸 원고들은 그랜드 피아노 안에 숨겼다. 그런데 예전에 본 영화에서 피아노 속에 물건을 숨겼다가 들통나는 장면이 나왔던 것이 생각났다. 결국 나는 방대하게 수집해 놓은 레코드판을 이용했다. 보안경찰은 수백 장의 판들을 다 뒤져야 내가 선택한 판——딱 어울리게도, 윈스턴 처칠의 연설과 자유 언론의 옹호자인 에드워드 머로우의 논평이 함께 수록된 두 장짜리 판——을 찾을 수 있을 것이다.

이 책의 대부분을 나는 밤에 집필했다. 수없이 걸려오는 전화나 한 번에 한 사람씩 찾아오는 호의적인 친구들의 방문에서 벗어날 수 있는 시간이었기 때문이다. 보안관찰 처분의 애로사항 중 하나는 언제나 집에 있기 때문에 찾아오는 사람들의 호의를 피할 수가 없다는 것이었다. 특히 감시자들이 차의 번호판을 살펴본다는 것을 알면서도 공개적으로 우리집에 운전을 하고 오는 데는 용기가 필요했던 만큼, 찾아온 이들을 그냥 보내는 경우는 거의 없었다.

오래지 않아 나는 똑같은 말을 하고 또 하는 데 지쳐버렸다. 평범한 생활을 할 때 우리는 여러 사람들과 함께 대화를 나누는 경우가 얼마나 허다한지를 잊고 지낸다. 그럴 때는 보통 서로 이야기를 하는 중에 자신의 생각을 한 번만 말하면 그만이다. 그러나 한 번에 한 사람씩 찾아오는 사람들과 매번 그날의 같은 화제를 논하노라면 나는 어느새 한 가족의 남편, 아내, 심지어 아이들한테도 똑같은 문구와 질문 그리고 대답을 되풀이하고 있는 것이었다.

낮 시간의 집필과 관련한 또다른 애로사항은 현관의 벨소리였다. 벨이 울릴 때마다 나는 긴장해야 했다. 대부분은 다섯 아이들 중 하나의 학교 친구가 온 것이었는데, 그럴 때 나는 그 아이들과 한 방에 있을 수가 없었다. 더 나쁜 것은 보안경찰이 일상점검을 나왔을 수도 있다는 것이었다. 낮 시간의 집필에는 정말 너무 많은 방해가 따랐고, 그래서 허둥지둥 원고를 숨기기 바빴다.

책이 완성되자 그것이 출판되느냐 마느냐는 나와 내 가족이 남아프리카를 탈출하는 것에 달려 있다는 점이 명백해졌다. 친구들이 이 책의 초고를 영국의 출판업자에게 몰래 가져다 주기는 했지만, 스티브 비코에게 일어났던 일을 충분히 기술하고 있음에도 불구하고 그 초고는 미완의 것이었다. 더 큰 파급력이 기대되는 완성본은 내가 직접 가지고 나가야 했다. 그래야만 이 원고를 위해 다른 사람이 체포되는 위험을 감수하지 않아도 될 테니까.

이 원고가 '뜨거운' 것이었던 데는 세 가지 이유가 있었다. 무엇보다 그것은 집필 금지에 대한 명백한 위반이었다. 또한 스티브 비코 살해라는 글의 주제는 정치적인 폭약이었다. 그리고 세번째로, 남아프리카 정부에 대한 국제적인 경제 제재를 호소하는 내용을 담은 원고는 최고 수준의 반역죄로 간주되는 집필 행위였다. 그래서 나는 원고의 안전 이상으로 우리 가족의 안전을 걱정하지 않을 수 없었다.

우리가 생각했던 탈출 계획은 정말 아마추어적인 것이었다. 아내와 나는 집 안에 있는 전자 '도청기들'을 피해 정원에서 얘기를 나누면서 여러 가지 가능성들을 생각했다.

우리의 첫번째 선택은 들키지 않고 보츠와나(Botswana ; 남부 아프리카의 내륙국. 동쪽으로는 짐바브웨, 북쪽과 서쪽으로는 나미비아, 그리고 남쪽으로는 남아프리카 공화국과 국경을 접하고 있다—옮긴이)에 도착하는 것이었다. 경비행기를 가지고 있는 친구가 우리를 태워다 주는 데 동의하고, 내가 들키지 않고 집을 빠져나와 비행장에 갈 수만 있다면 가장 좋은 계획이었다. 그러나 불행히도 보츠와나까지는 그 친구가 소유한 경비행기의 연료 적재량을 넘어서는 거리였다. 그래서 우리의 두번째 선택은 좀더 가까운 레소토(Resotho)에 도착하는 것이 되었다. 비록 레소토가 남아프리카 영토로 완전히 둘러싸여 있긴 했지만, 그 곳은 남아프리카의 정치 망명자들을 기꺼이 숨겨주기로 유명한 독립된 흑인 통치 국가였기 때문이다. 또한 레소토에는 보츠와나까지 가는 항공편이 있었다.

우리 계획의 처음 부분은 여유가 필요한 일이었다. 보안경찰들이 우리가 탈출 준비를 하고 있다는 의심을 하지 않도록, 탈출에 필요한 돈을 아내인 웬디가 우리의 은행 계좌에서 몇 달에 걸쳐 꾸준히 인출해야 했기 때문이다. 그러나 그때 우리의 탈출 계획을 서두르도록 만든 일이 생겼다.

다섯 살 난 막내딸 메리가 우편으로 티셔츠를 받았는데, 그 셔츠에는 산성 물질인 닌히드린이 배어 있었다. 그 셔츠 때문에 아이는 피부에 화상을 입는 고통을 당했다. 이 일은 남아프리카 전역에서 보안관찰 처분을 받은 사람들과 그들의 가족들이 당하는 공격의 하나였다. 그리고 흑인보다 백인 보안관찰 처분자에게 더 가혹한 공격이 가해진다는 것이 공통된 현상이었다.

스티브 비코처럼 보안관찰 처분을 받은 흑인은 그가 속한 사회 내부에서는 영웅이었다. 그는 타운십(township ; 남아프리카에서 흑인들만 거주하도록 제한해 놓은 흑인 지구—옮긴이)에서 자기 동포들의 갈채와 지지를 받았다. 그러나 교외에 사는 백인 이웃들 속에서 보안관찰 처분을 받은 백인은 천민이었다. 더 나쁘게, 그는 자기 인종을 배신한 자로서, 그런 이들에게 적대감을 표출하는 것이 애국자의 의무라고 생각하는 백인들의 분노의 대상이 되었다.

협박 전화나 지나가는 자동차 운전자의 적의에 찬 시선은 흔한 일이 되었고, 심지어 우리집에 누군가가 총을 쏘는 일이 벌어지기도 했다. 그렇지만 티셔츠 사건은 우리를 경악하게 했다. 다섯 살 난 아이에게 그런 일이 일어났는데 더 광기어린 일이 일어나지 않으리라고 생각할 수가 없었다.

전직 보안경찰 출신이지만 현재는 정부의 철천지원수인 내 친구 도널드 카드는, 보안경찰관인 G. 킬리르스와 B. 유스터가 우리집에 총을 쏘았고, 역시 보안경찰관인 L. 판 스칼베이크와 J. 마라이스가 유독물을 묻힌 티셔츠를 보낸 장본인들이라는 확실한 증거를 확보했다.

스티브의 친구들이 나탈에서 우리에게 보낸, 앞면에 스티브 비코가 그려진 티셔츠가 들어 있는 소포를 판 스칼베이크와 마라이스가 가로채는 것을 우편배달부가 보았던 것이다. 그 후 그들이 보안경찰 사무실에서 그 작은 티셔츠의 안쪽에 닌히드린을 분사하는 것을 본 흑인 청소부가 있었다. 스웨덴에서 제조된 닌히드린은 종이에서 지문을 채취하기 위해 고안된 것으로 전세계 경찰들이 공통으로 사용하는 물질이다. 그것은 사람의 피부에 있는 아미노산에 반응을 보이기 때문에 무언가를 만진 후 수주일이 지난 뒤에도 그것을 사용하면 흔적을 찾아낼 수 있었다. 지문이 보라색으로 선명하게 드러나는 것이다.

메리는 셔츠를 입으려다가 고통스러운 비명을 질렀다. 의사의 치료를 받고 아이가 진정되고 나서야 무슨 일이 일어났는지가 명확해졌다. 나는 손을 살짝 티셔츠에 대보았다. 손은 한 시간 이상 화끈거리며 아팠다.

이틀 동안 메리의 얼굴과 어깨에 보라색 얼룩이 남아 있었으나 다행히도 상처는 오래가지 않았다. 그럼에도 불구하고 이 사건—그리고 이 전에 있었던 총격 사건—때문에 우리는 국외로의 탈출을 더 빨리 서둘렀다.

우리는 실행 가능한 계획을 세우고 일주일 안에 행동으로 옮겼다. 나는 회색 머리카락을 검게 물들이고 안경을 벗었으며, 가톨릭 신부로 변장했다. 그런 다음 웬디가 일상적인 외출을 가장하여 밖으로 차를 몰고 나갔고, 나는 차 밑바닥에서 커다란 코트를 덮고 숨어 있었다. 아내는 시 경계를 벗어난 곳에서 나를 내려주었다. 거기서부터 친구가 기다리고 있는 지점까지 지나가는 차를 얻어 타고 가면 그 친구가 나를 레소토 국경까지 태워주기로 되어 있었다. 도로 사정 등을 감안할 때 국경까지 약 4,5백 킬로미터를 가는 데는 열두 시간 이상이 소요되었다. 그동안 웬디는 집으로 돌아가서 아이들과 함께 영화를 보기로 했다(아이들이 아빠를 찾으면 몸이 불편해서 잠자리에 드셨으니 방해해서는 안 된다고 말할 작정이었다). 다음날 아침에 웬디와 아이들은 다른 경로를 통해 국경을 건너는 지점까지 와야 했다.

가족들은 보안관찰 처분을 받은 것이 아니므로 일반 관광 비자로 국경초소를 통과할 수 있지만, 가족들보다는 내가 먼저 빠져나가야 했다. 우리 생각에, 가족들이 나보다 앞서 지나가면 국경초소들로부터 취합되는 전산 기록을 보고 보안경찰이 내가 탈출할 수도 있다는 경각심을 갖고 감시를 강화할 것 같았다.

내가 집에서 빠져나온 날은 그 해의 마지막 날이었다. 우리가 이 때를 탈출 시기로 잡은 건, 계속되는 파티와 축하 행사들로 보안경찰들이 해이해질 것이라고 믿었기 때문이다. 레소토에 도착하는 대로 내가 웬디에게 전화를 걸어 암호로 정한 메시지를 전하면, 친정집에 머물러 있던 아내가 다섯 아이들을 데리고 국경을 향해 출발할 계획이었다.

웬디가 다음날 아침 오전 10시 정각에 전화를 받기로 한 친정집은, 우리가 살고 있던 이스트런던에서 약 240킬로미터 정도 떨어진 트란스케이(케이프 주에 있는 코사족의 명목상의 자치국—옮긴이)의 수도 움타타에 있었다. 보안경찰을 속이기 위해 그녀는 오전 일찍 아이들을 데리고 해변에 나가는 척하면서 도청이 되는 전화기로 친구에게 전화를 해 내가 몸이 좋지 않아서 함께 가지 못하고 집에 남아 쉰다고 말하기로 했다. 그런 뒤 집을 빠져나온 아내가 몇 마일쯤 달리다가 해안도로를 벗어나 친정집으로 가서 내 전화를 기다리는 것이 우리의 계획이었다. 만일 오전 10시에 전화가 오지 않으면 그녀는 내가 붙잡힌 것으로 알고 나의 탈출 시도에 연루되는 것을 피하기 위해 아이들을 데리고 즉시 집으로 돌아가야 했다.

다섯 아이들 중 위의 두 아이, 열네 살의 제인과 열세 살의 딜런만이 이 계획을 알고 있었다. 우리는 밑의 아이들에게는 말을 해서는 안 된다고 생각했다. 숨겨진 마이크 옆에서 멋모르고 분별없는 말을 할 수도 있으니까. 집 안 어디에 도청기가 있는지 몰랐기 때문에 우리가 탈출 전 계획을 논의한 곳도 항상 집 밖의 정원이나 수영장이었다.

지금 와서 그 탈출 계획을 회상해 보면 성공했다는 것이 기적으로 여겨진다. 계획은 순진하기 짝이 없게 세워졌고 모든 걸 운에 맡기는 셈이었다. 또한 타이어의 펑크라든지 레소토의 엉성한 전화 서비스 등과 같은 통제할 수 없는 요소들이 너무나 많았기 때문에 지금 돌이켜보면 정말 어처구니없는 계획이 아닐 수 없었다.

예상치 않게 지체되는 일들이 생기는 바람에 여섯 시간이나 늦었음에도 불구하고, 나는 오전 10시를 그야말로 겨우 몇 분 앞두고 마세루(Maseru ; 레소토의 수도—옮긴이)에 도착했고, 그 즉시 깨끗한 회선을 찾아 아내와 통화를 했다. 방해 요인이 너무 많아서 그렇게 늦어졌음에도 내가 겨우겨우 제 시간에 마세루에 도착한 것은 친구 브루스 하이그가 레소토 국경 근처의 지독한 도로를 기가 막힌 솜씨로 운전한 덕택이었다. 당시 프리토리아 주재 오스트레일리아 대사관의 이등 서기관이던 브루스는 약속 시간이 지난 후에도 5시간 동안이나 레소토쪽 국경에서 나를 기다려 주었다. 게다가 그는 나의 도착을 위한 준비에도 몇 시간을 기꺼이 바쳤던 것이다.

브루스와의 약속 장소로 가는 도중에 나는 몇 번이나 가슴 두근거리는 순간들을 경험했다. 웬디가 시 경계를 벗어난 곳에서 내려준 뒤, 나는 킹윌리엄스타운과 스튀테르헤임을 거쳐 북쪽으로 가는 차를 얻어 타고 남아프리카 출신의 진짜 신부인 친구와 만나기로 한 장소를 향해 갔다. 그가 나를 국경까지 데려다주기로 되어 있었던 것이다.

내가 변장을 하고 있다는 사실을 잊고 있었던 나는, 경찰차가 옆에 멈춰 서서 운전중이던 경관이 나를 뚫어지게 쳐다보는 듯하자 들켰다는 생각이 들었다. 그러나 곧 안경을 벗고 머리를 검게 염색한 채 신부 옷차림을 한 내 모습이 평소의 나와는 영 딴판으로 보인다는 것을 깨달았고, 경찰은 무심히 차를 몰고 가버렸다. 나를 알아챘다고 느꼈던 응시의 눈길은 그저 무료함이 담긴 시선일 뿐이었던 것이다.

얼마 뒤에 내가 얻어 탄 차의 타이어에 펑크가 났다. 다른 차들이 도와주려 멈춰 섰을 때 나는 사람들의 눈에 띄지 않게 피하고만 싶었다. 또 경찰차 두 대가 내가 탄 차에 접근해 와서——한 대는 앞에서, 그리고 다른 한 대는 뒤에서——몇 마일을 가다가 밤의 어둠 속으로 속력을 높여 사라져 간 일도 있었다.

신부인 친구를 만나 그가 운전하는 차를 타고 국경 근처의 외진 지역을 갈 때 도로가 험한 탓에 타이어에 또 펑크가 났다. 우리가 타이어를 교체하고 있을 때 차 한 대가 빠르게 접근해 오는 것이 보였다. 순간 나는 경찰차일지도 모른다는 생각이 들어 길가 도랑에 뛰어들었다. 그리고 나흘간 내린 폭우로 인해 제법 물이 깊어진 도랑에서 그 차가 지나갈 때까지 숨어 있었다.

정말 가슴이 철렁했던 것은 국경을 가르고 있는 강에서였다. 보통 때는 쉽게 건널 수 있는 좁은 개울이었지만 물이 불어난 텔레 강은 성난 급류가 되어 나뭇가지와 관목들을 다 휩쓸어 가고 있었던 것이다. 원고가 든 가방을 들고는 걷든 헤엄치든 도저히 강을 건널 수가 없었다. 그래서 나는 예비로 세워두었던, 위조 여권을 사용하는 계획으로 방향을 전환했다. 이는 텔레 교(橋) 국경 초소의 근무자들을 잘 속여넘겨야 한다는 것을 의미했다.

이 두번째 방안을 궁리하고 있는 동안 또다시 가슴 철렁한 일이 생겼다. 갑자기 탐조등 불빛 같은 것이 도로와 근처의 땅을 환하게 비춘 것이었다. 나는 어쩔 수 없이 강변의 젖은 모래 속에 몸을 숨긴 채 불빛이 지나갈 때까지 꼼짝 않고 누워 있어야 했다. 나중에는 강변도로에서 비쳐오는 자동차 전조등의 강한 불빛을 내가 탐조등 빛으로 잘못 알았나보다, 라고 생각했다. 나는 영국에 도착한 후에야 그 빛이 그날 스테르크스프루이트 이웃 마을에서 경비원에게 총을 쏜 은행 강도들을 수색중이던 경찰이 임시로 설치한 탐조등 빛임을 알게 되었다.

국경초소 정문에서는 뜻밖에도 굉장한 행운이 따라주었다. 정문이 잠겨 있어, 문이 열리는 시간인 오전 7시까지 몇 분간을 기다리고 있을 때, 레소토의 우편 검사관이 랜드로버 차를 몰고 왔던 것이다. 나를 진짜 신부라고 생각한 그는 국경 검문소를 통과하여 레소토까지 태워주겠다고 했다. 국경 근무자들은 우편업무 관계로 자주 국경을 넘는 그를 잘 알고 있었고, 아마 내가 그의 차에 타고 있으니 그와 아는 사이일 거라고 생각하는 듯했다. 성 테레사 가톨릭 선교원이 불과 몇 마일 떨어진 곳에 있었기 때문에 크팅 마을의 미사를 집전하기 위해 신부들이 레소토로 건너가는 것은 흔한 일이었다.

초소 경비원은 나의 위조 여권을 보는 둥 마는 둥 통과시켰고, 우편 검사관은 브루스 하이그가 나를 기다리고 있는 레소토 쪽 도로 몇 마일 위쪽에서 나를 내려 주었다.

우리는 마세루까지 미친 듯이 차를 몰고 갔고, 결국 나는 영국 고등판무관실에서 웬디에게 운명을 건 전화를 했다. 그리고 그날 저녁 웬디와 아이들이 국경을 통과했다. 이스트런던의 우리 동네에 있던 보안경찰이 나의 탈출을 알아챈 때는 우리가 마세루에서 재회한 뒤였다. 나중에 이웃들로부터 들은 말에 따르면 보안경찰은 다음날 라디오 방송의 뉴스를 듣고서야 우리가 탈출한 것을 알았다고 한다.

마세루에서 우리는 소형 전세 비행기를 타고 남아프리카 영토 위를 두 시간 반 동안 비행하여 보츠와나로 갔다. 남아프리카 정부는 우리가 그들의 영공으로 비행을 시도하면 강제 착륙시키겠다고 협박했으나 그렇게 하지는 않았다. 우리는 무사히 보츠와나에 도착하여 예정된 항공편으로 잠비아와 튀니지를 경유하여 런던으로 날아갔다.

런던에서 나는 만사를 제쳐두고 비코 원고의 완성본을 출판사에 전달했다. 임시 거처에 겨우 자리를 잡은 상황에서 우리는 남아프리카 보안경찰이 보낸 특사의 경고를 받았다. 우리가 아파르트헤이트 반대 연설을 하거나 남아프리카 정부에 대한 아파르트헤이트 반대 운동에 참여하지 못하도록 경고함으로써 우리가 '그들의 손이 미치지 않는 곳'에 있다고 생각하지 못하게 하려는 것이었다.

웬디와 나는 이러한 엄포를 깨끗이 잊어버렸다. 1978년부터 나는 남아프리카 정부와 그들의 아파르트헤이트에 반대하는 강의와 집필, 방송 활동을 하는 것을 업으로 삼았다.

처음에 나는 비코의 이야기와 아파르트헤이트에 관한 고발에 대해 언론 매체가 제한적이고 일시적인 관심을 보일 것이라고 생각했다. 그러나 언론의 반응은 시작부터 우리가 상상했던 것 이상으로 놀랄 만한 것이었다. 보도와 인터뷰가 세계 전역에서 이루어졌고 나는 해마다 몇 차례씩 순회강연을 하게 되었다. 주로 미국에서였지만 유럽과 오스트레일리아, 뉴질랜드, 일본, 인도 및 나이지리아에서도 강연을 했다.

비코 전기의 원판은 1978년과 1979년에 걸쳐 영어, 프랑스어, 독일어, 덴마크어, 스페인어, 스웨덴어, 핀란드어, 일본어, 노르웨이어, 헤브루어, 아이슬란드어, 우르두어(파키스탄과 인도 북부 이슬람 교도의 제1언어—옮긴이) 등 12개 언어로 출판되었다.

그리고 나와 비코의 우정을 소재로 하고 이 책을 원작으로 한 리처드 아텐보로우의 영화 「자유의 절규」(Crying Freedom)가 1986년에 짐바브웨에서 촬영을 시작하여 1987년 런던에서 마무리되었다.

비코의 생애에 일어난 사건들과 나의 저술 및 경험들은 영화의 전경(前景)으로, 혹은 개인적 관심 소재로서 각본 속에 녹아 있다. 케이프타운 근교의 크로스로드 무허가 정착촌에서 일어난 1975년 사건과 1976년의 소웨토(Soweto) 학생 봉기(1976년에 정부가 타운십 지역의 학교들에게 전체 교육 과목의 절반에 해당하는 수업시간 동안 영어 대신에 아프리칸스 어를 사용하도록 강요함으로써 촉발되었던 봉기—옮긴이) 및 그에 뒤이은 대량 학살 등 그 시기의 굵직한 역사적 사건들은 아파르트헤이트의 본질을 폭로하는 기록적 배경으로 작용하고 있다.

짐바브웨에서 영화를 촬영하던 마지막 날, 나는 비코 전기 초판이 인쇄에 들어갈 무렵 받았던 것과 똑같은 느낌을 받았다.

보안경찰이 내용을 검열하거나 스티브 비코를 죽음에 이르게 한 자신들의 야만적인 구타에 관한 세세한 기록들을 은폐하기엔 너무 늦었다는 것이다.

책과 영화는 스티브 비코라는 젊은 순교자의 이름으로 세계의 의식을 끌어올리는 역할을 해야 할 것이다.

나는 지금도 여전히 전세계 사람들이 아파르트헤이트에 관해 알아야 할 모든 것을 알게 된다면, 이 살인적인 정책을 자행하고 있는 체제를 평화적인 방법으로 전복하기 위한 경제 제재 및 외교 제재라는 국제적 행동을 압도적 다수가 지지할 것이라고 믿고 있다. 불행하게도 일시적 고통이 따르겠지만, 아파르트헤이트 정권에 대한 경제 제재만이 자유세계에 주어진 책임 있는 유일한 행동인 것 같다.

스티브 비코와 다른 흑인 애국자들이 남아프리카에 자유를 가져오기 위해 시작했던 일들을 국제 여론에 알리고, 그럼으로써 그 일을 완성시키는 길에, 이 책과 그에 기초한 영화가 작은 도움이나마 되기를 희망한다.

✚ 위 지도의 행정구역은 1996년 이전 것이다. 1994년에 다인종이 참여하는 총선거가 처음 시행되고 만델라가 초대 흑인 대통령이 되면서 행정구역 명칭에도 변화가 생겼다. 1996년에 바뀌어 현재에 이르는 남아공 행정구역 명칭은 다음과 같다. 트란스발→가우탱, 노던 트란스발→노던 프로방스(2002년에 림포포로 개칭), 이스턴 트란스발→음푸말랑가, 노스웨스트 트란스발→노스웨스트 프로방스, 오렌지 자유주→자유주. 나머지 지역들은 그대로다.

1. 배경

백인 이주자들

스티브 비코는 오롯이 남아프리카와 그 역사가 낳은 인물이다. 때문에 그의 입장과 철학에 영향을 미친 요소들을 특별히 분석하면서 이 나라의 역사를 간략히 정리하는 것이 필요하다.

남아프리카의 기록된 역사는 1652년 백인 이주자들이 도착하는 것에서 시작된다. 지금의 케이프타운 시가 있는 곳에 네덜란드가 항해 기지를 세웠던 것이다. 그러나 이 나라에 사람이 거주한 역사는 이보다 훨씬 더 전으로 거슬러 올라간다. 고고학자들은 그곳이 지구상의 초기 인류 주거지 가운데 하나임을 보여주는 유적들을 찾아낸 바 있다. 네덜란드 이주자들이 도착했을 때 그들은 케이프 지역과 내륙 오지에 흙빛 피부의 수렵민과 유목민들이 살고 있는 것을 알게 되었다. 코이산(Khoisan)족이 그들이다. 대부분의 내륙지방에는 흑인 반투어족(Bantu語族)이 살고 있었다. 학교에 다니는 남아프리카 어린이들은 백인들과 '반투' 원주민들이 같은 시기에 이곳에 왔다고 배운다. 그러나 방사성 탄소 연대 측정법에 의하면 일찍이 5세기에 흑인 공동체들이 트란스발(Transvaal)에 있었음이 입증된다. 반투어족이 해안을 향해 남하한 것은 14세기로 추정된다. 그들은 아마도 15세기 무렵에 케이프 지방에 있는 감투스 강 쪽까지 자리를 잡았을 것이다.

케이프 반도에 백인 이주자들의 수가 많아진 것은 독일과 프랑스에서 일군의 이주자들이 그곳에 왔기 때문이었는데, 프랑스 이주자들은 유럽의 종교 탄압을 피해 도망쳐 온 위그노 교도들이었다. 이 집단들은 오래지 않아 단일한 백인 문화집단으로 녹아들어가서 자신들만의 언어인 아프리칸스어*를 발전시켰다. 이들의 후손이 우리가 알고 있는 아프리카너(Afrikaner ; 원래는 '아프리카의 원주민' 이란 뜻이었으나 20세기 이후 아프리칸스어를 사용하는 네덜란드계 남아프리카 백인을 뜻하게 됨. 보어인의 후손—옮긴이)들이다. 아프리칸스어는 네덜란드어에서 파생되었으며 독일

✦ 아프리칸스어는 계통상 게르만어에 속하며 약 200여 년 전에 만들어진 젊은 언어로 네덜란드어와 매우 유사한 문법 및 단어 구조를 지녔다. 이 언어는 1870년대에 영국에 대항하기 위한 문화적 표현의 도구로서 이용되었으며, 이후에도 영국화 과정에 반대하면서 발전되었고, 1925년에는 마침내 영어와 더불어 남아프리카 공화국의 2개 공용어 중 하나로 인정되었다. 백인들 사이에서 아프리칸스어 사용은 아프리카너 민족주의자들에 의해 독려되었는데, 백인들 외의 혼혈계들도 아프리칸스어를 쓰긴 했지만 1948년부터는 아파르트헤이트와 밀접한 연관을 가지면서 아프리카너의 독점적 지배를 상징하는 아파르트헤이트 정권의 언어가 되었다. 아파르트헤이트 정권의 붕괴와 함께 아프리칸스어는 제1공용어의 지위를 잃고 열 개의 공식 언어 중 하나로 남아 있게 된다.

어의 영향도 조금 받았는데, 그것은 이들 유럽어를 간소화시킨 언어였다. 백인들이 점점 더 내륙으로 이주하여 테이블 베이 항으로부터 멀어지고, 따라서 이른바 동방 항로를 항해하는 배들을 통해 전해지는 유럽의 영향에서 멀어져감에 따라 이들의 언어는 점점 더 뚜렷하게 실용적으로 변화해 갔다.

1814년 영국은 자국과 네덜란드, 스웨덴이 참가한 나폴레옹 전쟁 전후 처리의 일환으로 이 식민지 전체를 합병했다. 영국은 상호 적대적인 아프리카너 농장주들과 흑인 원주민들 사이의 완충지대로 이스턴 케이프(Eastern Cape ; 남아프리카 공화국 남동쪽에 위치한 주(州)로 인도양과 면해 있다─옮긴이) 지역을 개발하기 위해 1820년 4천 명의 영국인 이주자들(나의 고조부도 그 안에 있었다)을 이 지역으로 이주시켰다. 영국은 또한 노예제를 폐지했으며, 토마스 프링글과 존 페어벤이라는 두 명의 이주 언론인이 요구한 대로 언론의 자유를 받아들였다. 노예제 폐지를 포함한 여러 이유들 때문에, 그리고 영국 식민 정부의 흑인 정책이 지나치게 자유주의적이라고 생각했기 때문에 많은 아프리카너들이 식민지로부터 내륙 오지로 이주했다. 이것이 우리가 알고 있는 대이동(그레이트 트렉Great Trek. 1830~40년대에 영국화 정책에 반대하여 약 1만 2천~1만 4천 명에 이르는 아프리카너들이 영국의 남아프리카 케이프 식민지에서 탈출하여 북방 내륙으로 집단 이주한 사건─옮긴이)이다. 이들은 북부(트란스발)와 중부(오렌지 자유국) 지역에 두 개의 독립 공화국을 세웠다. 후자의 명칭은 네덜란드 왕실인 오라녜(Orange) 가를 기리는 것이었다.

20세기에 접어들면서 영국은 케이프 주와 나탈 등 두 곳의 연안 지방을 통치했고, 아프리카너들은 북부의 두 공화국을 통치했다. 그러던 중 트란스발에서 세계 최대의 금광이 발견되자 지구촌 방방곡곡에서 광산 시굴업자들과 광부들이 이 지역으로 몰려왔다. 이들 대부분은 영어권 국가들인 영국과 미국, 캐나다, 오스트레일리아, 뉴질랜드에서 온 사람들이었다. 이는 새로운 문제가 되어 트란스발 공화국의 대통령인 아프리카너 지도자 폴 크뤼에르(Paul Kruger)를 괴롭혔다. 이 새 이주자들이 이제 이 지역의 아프리카너들을 수적으로 압도하는 다수파가 되었기 때문이었다. 크뤼에르의 표현을 빌리면 오이틀란더(Uitlander ; 외국인이란 뜻. 비〔非〕네덜란드인으로 주로 영국인을 가리킴—옮긴이)인 이 사람들은 시민권, 특히 투표권을 강력히 요구했다. 그들은 자신들이 트란스발의 세입을 거의 다 충당하고 있으므로 시민이 될 충분한 자격이 있다고 주장했고, 이들의 요구를 영국 식민정부가 후방에서 지원하고 있었다. 자신들의 일가붙이에게 시민권을 얻게 해주려는 영국 정부의 열의는 금에서 나오는 세금 수입을 빅토리아 여왕에게 바칠 수 있다는 전망에 상당한 영향을 받은 것이었다.

미래의 아프리카너 지도자인 포르스테르(Vorster)가 하게 될 일의 비극적 전조가 보이는 가운데, 크뤼에르는 목소리를 높이는 다수파와의 중요한 협상을 모두 거부하고 너무 적은 것을,

너무 늦게 양보하려 하며 완강히 버텼다. 결국, 상황은 폭발했다. 처참한 희생자들을 낳을 수밖에 없었던 보어 전쟁(1899~1902년 트란스발 공화국 및 오렌지 자유주가 영국과 벌인 전쟁. 이 전쟁에서 영국이 승리하여 두 나라는 영국령이 되었지만, 국내외의 비판으로 영국은 곧 아프리카너들의 자치를 인정하게 된다—옮긴이)이 터진 것이다. 제국의 군대를 괴롭히는 아프리카너 게릴라들에게 식량이 공급되고 은신처가 제공되는 것을 막기 위해 영국은 아프리카너들의 농장을 불태우고 그들을 열악한 환경의 강제수용소에 수용했다. 2만 명이 넘는 아프리카너 여성들과 어린이들이 그 수용소에서 아무런 보살핌도 받지 못한 채 병들어 죽어갔다.

전쟁이 끝난 직후에 영국은 아프리카너 지도자 루이스 보타(Louis Botha)와 얀 스뮈츠(Jan Smuts)가 통치하는 국가를 백인의 통일 국가로 간주하고 남아프리카 전체를 그들에게 되돌려 주었다. 예전의 두 아프리카너 공화국과 영국의 두 식민지는 연방법으로 통합되어 1910년에 하나의 자주국인 남아프리카 연방으로 완전히 독립했고, 그 속에서 이제 아프리카너는 백인 다수파가 되어 있었다. 나라를 공동으로 통치해야 했던 두 백인 집단, 즉 영국계와 아프리카너(대략 추정하여 각각 40퍼센트와 60퍼센트)의 역사적 배경에 비추어 볼 때 이 연방은 앞날에 대한 극히 단순하고도 피상적인 타개책이었다. 이러한 분할 체제에서 자신들의 고유한 열망을 묵살당한 막대한 수의 다수파인 흑인의 역사적·정치적 배경에 비추어 볼 때 이 타개책은 훗날 인종적 재앙을 부른 하나의 원인이 되었다.

남아프리카에서는 1910년이 될 때까지 백인들의 정치적 사고 속에서 흑인 정치가 논점이 되는 일은 거의 없었다. 통일에 즈음해서, 영국 식민체제가 도입한 조건부 참정권에 기초하여 흑인의 투표권을 유지시켜야 한다고 주장한 것은 케이프 주가 유일했다. 두 아프리카너 공화국은 흑인에게 참정권을 아예 부여하지 않았었고 나탈도 거의 마찬가지로 보수적이었다. 1910년의 타개책에서 흑인에게 주어진 최소한의 권리라고는 오직 발전하지 못할 운명뿐이었고, 그것은 점점 더 악화될 수밖에 없었다.

1913년에는 흑인의 토지 소유권을 전 국토의 겨우 10퍼센트 정도에 해당하는 특수 지역으로 제한시키는 법률(원주민 토지법. 흑인들이 지정된 지역 외의 땅에 대해서는 구입이나 임차를 못하게 한 법으로, 당시 인구의 65%가 넘는 흑인들에게 전체 토지의 13%에 해당하는 척박한 지역만을 할애하여 아파르트헤이트의 토대를 만들었다. 이후 도입된 원주민법 및 집단거주지역법과 함께 흑인들의 지역분리를 공식화하려 한 대표적 인종차별법—옮긴이)이 제정되었다. 흑인의 권리에 대한 계속되는 맹공은 아프리카너 국민당의 창시자 전(前) 보어군 장성 야메스 헤르초흐(James Hertzog)가 명료하게 표명한 바 있는 아프리카너 민족주의가 생겨나면서 더욱 격렬해졌다. 헤르초흐는 아프리카너가 백인 사회 내에서 60퍼센트를 차지하는 다수파를 형성하고 있다는 사실과 그들의 인종적 보수성을 이용하면 보타와 스뮈츠를 제거하고 국가의 통치권을 획득할 수 있으리라는 점을 분명히 파악했다. 그래서 그는 1914년에 보타와 스뮈츠의 온건 정책에 반대하는 아프리카너 국민당을 창설했다. 아프리카 쇼비니즘과 완고한 반(反)흑인주의라는 양대 원칙이 선거 기간 동안 성공을 거두어, 그의 당은 1924년 선거에서 백인 광부들의 입장을 주로 대표하는 인종주의적 백인 노동당과 연합하여 정권을 잡게 된다.

입법적 측면에서 볼 때 이는 아파르트헤이트, 혹은 법을 통한 인종차별 계획의 시작을 알리는 것이었다. 비록 그것이 가장 극단적인 형태로 법제화된 것은 1948년 헤르초흐의 정치적 후계자들에 의해서이지만 말이다. 헤르초흐는 그의 후계자들에게는 없었던 금기를 갖고 있었는데, 케이프 주의 혼혈계(mulattoes ; 남아프리카 원주민과 초기 백인 이주민 사이의 혼혈 후예들. 주로 케이프 주에 거주한다—옮긴이)의 투표권을 다루고 있는 1910년 헌법 조항들의 파기를 유보한 것 등이 그에 포함된다. 그런데다 스뮈츠가 1939년에 남아프리카 의회에서 반(反)히틀러 정서를 결집시키면서 헤르초흐를 권좌에서 물러나게 한 투표를 강행하자 헤르초흐의 계획은 좌초되고 말았다. 헤르초흐는 히틀러 전쟁 말기에 사망하였다. 하지만 그를 정치적으로 계승한 국민당 지도자인 다니엘 말란(Daniel Malan)이 아프리카 쇼비니즘과 완고한 반(反)흑인주의라는 헤르초흐의 오랜 원칙을 이용하여 1948년 선거에서 승리하였다.

지금까지도 권력을 쥐고 있는 아프리카너 국민당은 지난 40

년 동안 아파르트헤이트라는 인종분리 정책을 체계적이고 무자비하게 실행함으로써 세계인의 혐오의 대상이 되었으며, 아파르트헤이트 정권에 대한 흑인 대중의 증오를 받게 되었다.

흑인의 대응

남아프리카에서 흑인의 정치란 무엇인가? 처음에는 백인의 이주에 대해, 그리고 그후에는 아파르트헤이트의 법적 고삐를 조인 것에 대해 흑인은 어떻게 대응했는가? 백인이 개척지 케이프에서 확장해 나오는 것에 대해 대다수의 흑인들은 처음에는 전쟁으로 대응했다. 1779년부터 100년이 넘는 기간 동안 코사족과 개척 농장주들 사이에서 9차례 이상 전쟁이 벌어졌다. 흑인들이 수적으로 크게 우세했음에도 불구하고 창은 총의 적수가 되지 못했다. 코사의 군사력은 19세기 말에 이르러 무너지고 말았다. 다른 흑인 대부족인 줄루족은 나탈에서 격전을 벌였으나, 이들도 결국 1879년 영국의 무기 앞에 무릎을 꿇었다.

그후 100년 동안 백인 권력에 대한 흑인의 정치적 대응은 대체로 유화적인 것이었다. 잇따른 흑인 정치조직들의 포괄적인 목표는 백인 지배자들을 협상의 테이블로 불러들여 공존하는 사회 내의 공평한 분배를 얻는 것이었다. 이스턴 케이프는 처음부터 흑인 정치의 본원이었다. 그곳이 남아프리카 흑인 교육의 본산이었던 점이 그 부분적인 이유였다. 포트헤어 대학, 러브데일 연구소, 힐드타운 대학과 같은 교육기관들은 남아프리카뿐만 아니라 멀리 케냐와 탄자니아, 말라위, 잠비아 같은 나라의 흑인 지도자들을 배출해냈다. 야바부(T. Jabavu), 수마(A. B. Xuma), 음짐바(P. Mzimba), 마키와네(E. Makiwane), 소가(A. K. Soga), 루부사나(W. Rubusana), 두베(J. Dube), 펠레미(M. Pelemi), 구메데(J. Gumede), 세메(P. Seme) 같은 초기 흑인해방운동의 지도자들이 모두 이 교육의 산실에서 태어났으며, 1948년 아프리카너 국민당이 권력을 차지한 이후 질풍노도의 시기에 부상한 세 사람의 가장 중요한 흑인 지도자 — 넬슨 만델라, 로버트 소부퀘, 그리고 스티브 비코 역시 이스턴 케이프 출신이었다.

1869년, 상당수의 흑인 유권자들이 백인 후보인 조지 우드(G. Wood)의 의회 진출을 돕기 위해 케이프의 선거권을 얻었던 때에 흑인 정치운동이 처음 그 모습을 드러냈다는 것은 참 아이러니한 일이다. 케이프에서는 흑인 유권자들이 흑인 후보를 젖히고 백인 후보의 승리를 도왔던 선거구가 적어도 한 군데 이상이었다. 이것은 흑인이 인종에 따라 투표하지 않는다는 첫 징후였다. 그러나 흑인 유권자의 수가 점점 많아짐에 따라 백인들은 투표 자격을 높이려 했고, 이런 움직임 앞에서 흑인들의 비인종적인 태도는 유지되지 않았다. 흑인들은 압력단체로 활동하는 흑인만의 결사와 조직 쪽으로 점차 눈을 돌리게 되었다. 이러한 흑인 압력단체들은 오래 전부터 권력을 쥔 백인 정치인들에게 흑인의 정치 참여를 허용해 달라고 로비를 했다. 그러나 만족할 만한 진전이 없자 흑인 지도자들은 해외의 원조를 구하는 일에 박차를 가했다. 1887년 킹윌리엄스타운 회의를 마친 후 야바부 박사는 케이프 원주민회의(Cape Native Convention)를 창설했다. 그 회의를 대표하여 그는 1909년 런던을 방문했는데, 영국이 남아프리카 연방에 완전한 독립을 부여하고자 내건 인종적 처리방안에 이의를 제기하기 위해서였다.

야바부는 소기의 목적을 이루지 못한 채, 연방법의 규정에 대해 나라 안의 상당수 흑인들이 분노하고 있는 분위기에서 귀국했다. 흑인 법률가인 세메는 야바부 지지자들의 상당수를 남아프리카 원주민 민족회의(South African Native National Congress)라는 더 전투적인 흑인 조직 쪽으로 끌어갔다. 루부사나, 펠레미, 마피켈라, 마크가토, 만게나, 음시망, 그리고 부커 T. 워싱턴(Booker T. Washington)의 제자로 미국식 교육을 받은 두베 박사 등 유력한 흑인 지도자들이 세메를 지지하고 있었다. 야바부는 새 조직과는 거리를 두고 케이프 정권 내에 있는 백인 자유주의자들의 선의에 희망을 걸면서 별개의 조직인 남아프리카 인종회의(South African Races Congress)를 조직했다. 보타와 스뮈츠는 인종 문제에 대한 헤르초흐의 호소가 지닌 힘을 진작부터 느끼고 있었기 때문에 1913년 인종별 토지구역을 지정한 토지법안을 도입했다(영토에 대한 아파르트헤이트가 탄생한 것이다).

토지분리계획이 흑인들에게 유리할 것이라고 믿었던 야바

부는 이 법안을 지지했다. 원주민 민족회의는 이 문제를 놓고 (흑인과 백인이 영토와 국부를 균등하게 나눈다는 가정하에) 분리에 원칙적으로 반대하지 않았던 두베와, 소수파의 지지를 받으면서 분리를 거부하고 1917년에 의장직을 승계하는 마크가토를 지지하는 성원들로 분열하였다. 이러한 전개는 향후 일부 흑인 지도자들이 영토를 분리하는 '홈랜드'[+] 정책을 받아들이고, 남아프리카 전역에서 흑인이 가져야 할 완전한 권리와는 비교도 안 될 정도로 작은 것을 얻기 위해 동족을 '팔아넘긴 자들'로 비판받게 되는 시기의 전조가 되었다.

토지 분리정책의 첫번째 비극적인 결과는 1921년의 불후크(Bulhoek) 학살이었다. 당시 퀸스타운 근처 불후크에 불법 거주하고 있었던 일군의 흑인들은 자신들이 살던 땅에서 물러나기를 거부하였고 그들을 철거시키기 위해 순찰대가 출동하였다. 순찰

+ 1950년대부터 1994년까지 실시된 남아공 정부의 '홈랜드 정책'에 의해 설정되었던 보호령 구역을 일컫는 이름이다. 남아공 정부는 피지배 흑인들의 몇몇 부족들을 각기 고립된 '홈랜드'(반투어를 쓰는 흑인들의 땅이라는 뜻의 아프리칸스어 '반투스탄'이라 불리기도 한다)에 수용함으로써 인종간 분리, 종족간 고립 전략을 관철시켰다. 그 정책에 포섭된 각 부족의 흑인 지도자들에 대한 비코의 비판이 뒤에 등장한다. 이는 흑인들을 완전히 추방해 10% 이내로 제한된 기존의 보호구역으로 몰아 넣은 것인데, 4개의 독립국가(트란스케이, 보푸타츠와나, 벤다, 시스케이)를 포함한 10개의 분리 홈랜드들은 각각의 독특한 흑인국가로 간주되었다. 홈랜드 정책의 목적은 흑인들을 더이상 남아프리카 공화국의 시민권을 가진 시민으로 인정하지 않으려는 것이었다. 홈랜드 이주에 동참하지 않는 흑인들에게는 강제력을 행사했는데, 그 주된 수단은 백인 지역에서 그들이 노동하지 못하도록 금지시키는 것이었다. 이들 홈랜드들을 국제 사회는 독립국가로 인정하지 않았다. 1994년에 치러진 다인종 총선을 통해 이 홈랜드는 공식적으로 폐기되었고, 남아프리카 공화국은 9개의 주로 편제되었다.

대는 총을 쏘아 그들을 진압했는데, 이는 같은 종류의 학살로 막을 내린 1960년 트란스발의 샤프빌 경찰서 앞 시위(통행법에 반대하는 흑인들의 평화적 항의시위에 경찰이 발포하여 250여 명의 사상자를 낸 유혈 사태—옮긴이)를 예견하는 또 다른 전조였다.

아프리카너 민족주의자들의 시대에 때때로 흑인의 분노와 좌절이 이와 유사한 시위의 형태로 터져 나오는 것은 당연한 일이었다. 가장 큰 폭발력을 가진 사건은 1976년의 소웨토 봉기였고, 10년 뒤인 1987년에는 산발적인 폭동과 열차 폭파가 그 뒤를 이었다. 두 사태는 모두 창과 마찬가지로 돌도 총과 최루탄의 적수가 아니라는 사실을 입증해 주었다.

원주민 민족회의는 1917~24년에 점점 더 공격성을 띠어가면서 소극적인 저항과 파업——이것은 후에 아프리카 민족회의(African National Congress, ANC)와 범아프리카주의자 회의(Pan-Africanist Congress, PAC)가 취하려 한 방법들이다——으로 방향을 돌렸다. 그러나 파업을 하려면 일정 기간 동안 파업 노동자들을 부양할 재원이 필요했다. 흑인의 파업 시도를 매번 좌절시키는 요인이었던 뼈에 사무치는 가난을 피할 수 있게 하는 것도 그러한 재원이었다. 가장 성공적인 파업 지도자들 중에는 클레멘트 카달리, 국외로 추방당한 말라위안 등이 있고, 소극적 저항이라는 발상에 착안한 주요 인물은 나탈의 변호사 모한다스 간디*였다. 후에 그는 남아프리카에서 전개했던 소극적 저항의 방법을 통해 인도를 영국의 지배로부터 벗어나게 하여 마하트마

(Mahatma ; 위대한 영혼—옮긴이)라는 명성을 얻게 된다.

이 무렵에 남아프리카는 백인과 흑인, 아프리카너와 영국계 후손들, 그리고 소위 '유색 인종들' 간의 인종적 차이에 대한 자각이 정치적으로 고무되었으며, 그에 따라 야기된 다른 복합적인 문제들을 가지고 있었다. 또한 이 시기에는 '중국 문제'는 물론 소위 말하는 '인도 문제'까지 새로이 생겨나고 있었다. 인도인들은 나탈의 사탕수수밭에서 일할 값싼 노동력으로, 그리고 중국인들은 금광에서 일하기 위한 노동력으로 남아프리카에 들어왔다. 중국인들의 경우 백인 광부들의 반대에 부딪혀 상당수가 본국으로 돌아갔으나 일부는 계속 남아 있었다. 인도인들을 귀환시키려는 시도는 별 성과를 보지 못했다. 그런 까닭에 지금 거의 1백만 명 가량의 인도계 남아프리카인들이 있는 것이며, 이들 대부분이 나탈에 살고 있는 것이다. 간디는 얀 스뮈츠의 인도인 차별 조치들에 반대하는 투쟁을 통해 처음으로 두각을 드러냈다. 왕성한 활동력을 과시하는 남아프리카 인도인회의(SAIC)가 1923년 탄

✦ 인도 건국의 아버지 간디는 1893년 소송사건을 의뢰받아 1년간의 계약으로 남아프리카 더반으로 건너가게 된다. 당시 남아프리카에 이주해 있던 약 7만 명의 인도계 사람들이 받는 박해에 직면하여 그는 남아프리카연방 당국에 대한 인종차별 반대 투쟁단체를 조직, 1914년까지 그 지도자로 활동하였다. 이 시기에 전개한 인종차별 반대 투쟁인 사티아그라하(Satyagraha ; '진실에의 헌신'이라는 뜻)가 인도 독립운동의 모태가 되었다. 1913년에 간디의 주도하에 이루어진 나탈 주에서 트란스발 주까지의 '사티아그라하 행진'은 전세계의 이목을 집중시켰다. 이 투쟁으로 간디는 남아프리카 당국에 체포되었으나, 세계 여론의 공격 앞에 굴복한 당국은 아시아인 구제법을 제정하여 인도계에 대한 차별을 폐지하기에 이른다. 이 투쟁으로 간디는 남아프리카의 간디에서 세계의 간디가 되었다.

생하게 된 것은 그의 열성적인 기초 작업 덕이었다.

다음해인 1924년에 흑인과 '인도계'의 정치 운동은 새로운 급박한 상황을 맞게 되었다. 아프리카너 민족주의 정권이 1924년 처음으로 들어섰던 것이다. 헤르초흐 정부는 15년의 통치기간 동안(불황기 몇 년에 걸친 경제 실정[失政]으로 헤르초흐의 지지기반이 한계에 이른 마지막 6년간은 이전의 보타-스뮈츠 당인 남아프리카당과 연정을 구성하고 있었음) 아프리카너 민족주의자들이 1948년에 세우게 되는 아파르트헤이트라는 거대한 구조물의 입법적 토대를 닦아 놓았다. 헤르초흐 정부는 공적 사회에서 흑인이 정치적으로 진출할 수 있는 모든 전망에 제동을 걸었을 뿐만 아니라 그런 전망들을 뒤로 물러가게 했다. 중앙 의회의 흑인 간접 대표제라는 것은 의자 몇 개를 주는 것이 다였는데, 그 의자들을 차지하고 앉은 것도 백인들이었다.

원주민 민족회의의 개척자적인 노력의 결과로 아프리카 민족회의(ANC)가 설립된 것이 바로 이때의 일이다. 이 조직이 흑인의 정치적 열망을 명백히 표현하는 조직이라는 데 대해 흑인들 사이에서 논란의 여지가 없었으며, 그후 40년간 이 조직은 흑인의 대의를 위한 선봉에 서게 될 것이었다. 알버트 루툴리(Albert Luthuli) 의장과 그의 후임자인 넬슨 만델라, 1948년 아프리카너 국민당 행정부 이후의 질풍노도기에 흑인해방운동에 우뚝 선 이 두 거인의 지도 아래 아프리카 민족회의는 나라 전역에 걸쳐 대대적인 지지를 얻어갔다.

비코의 선배 운동가들

대중 운동에 처음으로 분열이 일어난 것은 백인들에게 타협을 호소하던 만델라의 인내심이 한계에 다다랐을 때였다. 만델라는 이제 더이상 이성에 호소해 보았자 시간낭비일 뿐이며 아프리카너 민족주의의 협상거부를 흔들어 깰 수 있는 것은 오직 폭력뿐이라는 판단을 내렸다. 그 폭력 투쟁은 송전탑과 발전소들을 선별적으로 타격하는 것으로 시작될 예정이었다. 그래도 소수 백인 정권이 여전히 꿈쩍도 하지 않는다면 경찰서와 군사 시설물들이 다음 타격 목표였다. 이러한 방법이 큰 효과를 거두지 못한다면, 필요한 경우 폭력은 전면적인 내전으로까지 치달을 것이었다. 만델라는 이러한 계획에 착수하기 위해 아프리카를 순회하며 원조를 구했고 누구의 도움이건 모두 받아들이겠다고 선언하였다.

수는 적지만 전투적이었던 남아프리카 공산당은 아프리카 민족회의(ANC)가 동유럽권 국가들의 지원을 얻는 데 핵심적인 역할을 하였고, 만델라 자신은 아프리카 주요 국가들 모두의 지원을 받는 데 성공하였다. 그러나 서방 국가들의 지원을 얻어내기 위해 그가 했던, 그리고 후에는 그의 친구이자 동지인 올리버 탐보(Oliver Tambo)가 했던 시도는 완전히 좌초했다. 결국 ANC에 대한 외부의 물질적 지원은 공산 국가들과 아프리카 국가들, 그리고 도와줄 재원이 빈약했던 제3세계에서만 나왔던 것이다.

ANC와 공산당이 연합하자 ANC 운동의 소장파, 즉 로버트 소부퀘(Robert Sobukwe) 같은 이들이 동요하기 시작했다. 소부퀘가 걱정했던 것은 공산당이 ANC에 영향력을 행사할지도 모른다는 점뿐만 아니라 그 연합에서 백인들이 분명 점점 더 많은 영향력을 행사하고 있다는 점이었다. 그는 그러한 경향 때문에 흑인 운동이라는 투쟁의 본질이 희석되고 있다고 보았던 것이다.

물론 ANC에서 범아프리카주의자 회의(PAC)가 분리되어 나온 데는 또다른 이유들이 있었다. 이는 후에 자유헌장(Freedom Charter)이라고 알려지게 된 ANC의 원칙적인 공공정책을 둘러싼 논쟁 속에서 잘 드러나게 되었다. ANC는 백인들을 포함한 다양한 집단들에게 국가는 '그 안에 사는 모든 이들의 것'이라는 점을 재확인하면서, 자유헌장은 다인종 공존〔평등〕주의에 입각하여 해방된 남아공의 정책 지침을 폭넓게 진술한 것이라고 보았다. PAC는 자유헌장을 다양한 관점에서 비판하였는데, 그 언어가 부당하게 인종적이고, 백인들에게 과도하게 유화적이며, '아프리카주의자'라는 일반적인 접근법으로는 부족하다는 것이었다. 하지만 틀림없는 것은 이들 견해의 충돌이 균열에 어떤 역할을 했다기보다는 양측의 이론가들이 그러한 충돌을 인정했다는 점이다.

소부퀘와 만델라가 결별한 것은 1959년이었다. 그 해 소부퀘는 PAC를 창설하였고 ANC를 지지하던 상당수의 젊은이들이 그를 따라 나섰다. 1961년까지 이 두 운동은 흑인 대중 속에서 방대한 수의 지지자들을 확보하였는데, 바로 그 해(1961년)에

ANC와 PAC 모두 활동을 금지당했으며, 소부쿼와 만델라 그리고 그들의 수석 참모들이 투옥되었다. 만델라의 죄목은 폭력을 통해 아프리카너 국민당 정부의 전복을 기도했다는 것이었다. 두 사람은 모두 테이블 베이 근처의 로벤 섬에 수감되었다. 소부쿼는 형기가 끝나자마자 보안관찰 처분을 받았고, 벽지인 킴벌리 지역으로 거주제한을 당했다. 만델라는 현재 24년째 수감생활을 하고 있는데, 남아프리카 정부는 그의 형기를 결코 감해 주지 않겠다고 밝힌 바 있다(만델라는 1990년 2월, 27년간의 수감생활을 마치고 석방되었다—옮긴이).

남아공의 현행법에 따르면 국내에서는 누구도 만델라가 한 말을 인용하거나 옮겨 말할 수 없다. 따라서 그와 같은 나라에 사는 국민들은 그의 견해에 대해 토론하거나 논쟁할 수가 없는 것이다. 하지만 그가 뛰어난 사람이라는 사실은 그의 여러 연설들을 통해 알 수가 있는데, 그 중 일부를 발췌하여 여기에 옮겨 놓는다. 첫 재판에서 만델라가 받은 혐의는 남아프리카 노동자들에게 파업(1961년 3월의 '집에 있기' 운동)을 선동한 것과 적법한 여행증명서 없이 남아공에서 출국한 것, 두 가지였다. 만델라는 그 재판을 백인 지배에 대한 신랄한 고발의 장으로 만들면서 법정의 도덕적 권위에 도전하였다.

나는 이 소송과 관련하여 이 법정에 대한 기피 신청을 제기합니다. 나는 이 법정이 나를 재판할 권리에 도전하고자 합니다. 그 첫번째 이유는 내가 공정하고 타당한 재판을 받지 못할까 두렵기 때문이며, 두번째 이유는 내가 선출권을 갖지 못한 의회가 만들어 놓은 법에 복종해야 할 법적 또는 도덕적 의무를 가지고 있지 않다고 생각하기 때문입니다. 피해자라는 자들이 검사가 되어 기소를 하고 재판장 자리에 앉아 있습니다. 대체 어떠한 정의가 그러한 것을 가능케 한단 말입니까?

백인이 모든 법을 만듭니다. 그가 자기 법정 앞으로 우리를 끌고 와서 기소합니다. 그리고 그가 우리를 심판하는 재판장 자리에 앉습니다. 이 법정에서 나는 백인 판사를 마주하고 있습니다. 나는 백인 검사에게 심문을 받습니다. 나는 백인 경관의 호송을 받으며 피고인석으로 들어섭니다. 이 법정 구석구석에 백인 지배의 공기가 감추어져 있습니다. 이 나라의 의회를 백인이 지배하고 있기 때문에 내게는 투표권이 없다는 사실이 새삼 생각나는군요. 내게는 땅이 없습니다. 소수의 백인이 내 나라의 제일 좋은 땅들을 부당하게 취한 뒤 내 동포를 강압하여 가난에 헐벗은 땅, 사람과 물건들이 비좁게 들어찬 보호구역에 살게 하기 때문입니다. 우리는 그곳에서 굶주림과 죽음에 유린당하고 있습니다. 이곳은 정의를 나누는 공정한 법정이 아니라 백인들이 자신들의 지배로부터 해방되기를 요구하는 이들을 처벌하기 위해 사용하는 도구에 불과합니다.

나는 1944년에 아프리카 민족회의(ANC)의 일원이 되었고, 18년 동안 조직의 목표를 따라왔습니다. ANC는 종족간의 차이를 넘어서서 모든 아프리카인의 단결을 추구하였습니다. 그리고 자신이

나고 자란 땅에 사는 아프리카인들을 위하여 정치적 힘을 획득하려 하였습니다. 더 나아가 ANC는 자기가 속한 민족이 무엇이냐에 상관없이, 피부색이 무엇이냐에 상관없이 남아프리카가 자신의 집이어야 하며, 민주주의와 인간평등의 원칙을 신봉하는 모든 사람은 아프리카인으로 대우받아야 한다고 믿었습니다. 모든 남아프리카인들은 모든 영역에서 완전히 동등한 권리와 기회, 그리고 완전한 민주적 권리를 갖는 것에 기초하여 정치에 대해 직접 발언하는 자유로운 삶을 살 자격이 있다고 믿었습니다.

이 나라에서는 생각있는 아프리카인이라면 누구나 끊임없이 양심과 법 사이에서 갈등하도록 내몰립니다. 50년의 존속 기간 내내 ANC는 우리들의 요구에 역대 남아공 정부가 주목할 수 있도록 가능한 모든 것을 해왔습니다. 하지만 이 정부는 '우리 동포와 그들의 요구에 대해 오직 폭력으로만 답함으로써 이 나라를 폭력의 장으로 만들어 왔습니다'. 우리가 만들지 않은 역사가 우리의 의식을 규정해 왔습니다. 아프리카인들이 성공할 기회를 조금이나마 가질 수 있게 해달라는 요구를 강력하게 제시하면 정부의 무력과 테러에 직면한다는 사실을 철저히 깨닫게 만든 이 나라 백인 정부의 역사가 우리의 의식을 결정해 왔습니다.

정부의 폭력은 대항적 폭력만을 낳을 뿐입니다. 정부측이 정신을 차릴 기미가 보이지 않는다면, 정부와 우리 동포 사이의 분쟁은 궁극적으로 무력에 의해 해결될 것입니다.

나는 모든 종류의 인종차별을 증오합니다. 이 증오 속에서 나를 견디게 해주는 것은 국내외 압도적 다수의 사람들이 나처럼 그것을 증오한다는 사실입니다. 나는 아이들에게 체계적으로 주입되는 인종적 편견을 증오합니다. 그 증오 속에서도 나를 견디게 해 주는 것은 국내외 압도적 다수의 사람들이 그 증오 속에서 나와 함께 한다는 사실입니다. 인구의 소수가 삶의 좋은 것들을 독점적으로 보유해야 한다고 강요하고, 나머지 대다수를 굴종과 열등감의 울타리 안에 가두어 놓으며, 그들을 소수 지배계층의 명령에 따라 행동하게 하고 명령 받은 곳에서 투표권 없는 노예 상태로 일하게 하는, 그 인종적 우월감을 나는 증오합니다. 그 증오 속에서도 나를 견디게 해 주는 것은 국내외 압도적 다수의 사람들이 나와 함께 한다는 사실입니다.

나는 우리 동포와 남아프리카에 대한 나의 소명을 다해 왔습니다. 나는 내가 결백하며 이 법정에 끌려 왔어야 할 범죄자들은 내가 아니라 이 정부의 요인들이었다는 것을 후세의 사람들이 모두 알게 되리라는 점을 추호도 의심하지 않습니다.

만델라는 파업을 선동한 혐의에 대해서 3년 형을, 그리고 적법한 허가 내지 여권 없이 남아프리카를 떠난 두번째 혐의에 대해 2년 형을 선고받았다. 그는 프리토리아 중앙교도소에서 5년간 수감 생활을 했다. 그곳에서 그는 24시간 중 23시간을 독방에 감금되어 지냈다.

1963년 6월 11일, 경찰은 요하네스버그 교외의 리보니아 소재 ANC 지하본부를 급습하여 월터 시술루, 고반 음베키, 레이몬드 음흘라바, 아메드 카스라다, 데니스 골드버그, 라이오넬 번스타인 외 여러 명을 체포하였다. 이 리보니아 재판은 1963년 10월에 시작되었는데, 만델라는 독방에서 끌려나와 외국 군대의 남아프리카 무력 침공 지원과 혁명에 의한 정부 전복 음모, 그리고 사보타주(sabotage ; 고의적인 사유재산 파괴나 태업을 이르는 말—옮긴이) 혐의로 피고석에 선 이들에 합류되었다. 이 지도자들에 엘리아스 모쪼알레디와 앤드류 음랑게니가 합류되어 피고인은 총 아홉 명이 되었다. 검찰측의 핵심 증인들은 거의 모두가 장기간 고립된 채 구금되어 있는 상태였다. 만델라가 피고측 변론의 포문을 열었다. 1964년 4월 20일자 법정 진술에서 그는 자신이 움콘토 웨 시즈웨(Umkonto we Sizwe ; '국민의 창' 이라는 뜻을 가진 ANC 전투 조직—옮긴이)라는 ANC 사보타주 담당조직의 창설자 중 한 명이었다고 밝혔다.

내가 첫번째 피고입니다. 나는 학사 학위를 땄고 요하네스버그에서 올리버 탐보와 동업하여 여러 해 동안 변호사 생활을 했습니다. 나는 허가 없이 이 나라를 떠났다는 죄목과 1961년 5월 말에 사람들에게 파업을 선동했다는 죄목으로 5년 형을 살고 있는 기결수입니다.

모두(冒頭) 발언을 통해, 나는 재판 개정 초반에 정부측이, 남아프리카의 투쟁에 외국인들이나 공산주의자들의 영향력이 행사되고 있다고 시사한 내용은 전적으로 틀렸다는 점을 주장하고 싶습니다. 한 개인으로서, 그리고 동포의 지도자로서 내가 행한 모든 것은 남 아프리카에서의 내 경험과 아프리카인으로서의 내 이력에서 비롯된 것이지 어떤 제3자가 말해준 것 때문이 아닙니다. 트란스케이에서 보낸 젊은 시절에 나는 나이 드신 분들이 옛날 우리 부족의 이야기를 해주시는 것을 새겨들었습니다. 그 이야기들 중에는 우리의 조상들이 선조의 땅을 지키기 위해 벌인 전쟁담들이 있었습니다. 그때 나는 우리 동포에게 봉사하고 자유를 향한 그들의 투쟁에 나 자신을 바칠 기회가 내 삶에 주어지기를 희망했습니다. 내가 이 재판에서 받은 모든 혐의와 관련하여 내가 한 행동은 모두 그러한 동기에서 비롯된 것입니다.

이제 폭력이라는 주제를 다루어야겠습니다. 지금껏 법정에 전해진 것 중 일부는 사실이고 일부는 사실이 아닙니다. 하지만 내가 사보타주를 계획했다는 것을 부인하지는 않습니다. 내가 그것을 계획한 것은 경솔한 판단 때문이 아닙니다. 내가 폭력을 좋아해서도 아니었습니다. 나는 백인들이 우리 동포에 대해 독재를 행하고, 그들을 착취하고, 억압한 수많은 시간 동안 발생했던 정치적 상황을 차분하고 진지하게 평가한 결과 그 사보타주를 계획한 것입니다.

나는 내가 '국민의 창'의 창설에 조력한 이들 중 하나이며 1962년 8월에 체포되기까지 그 조직의 사업에서 두드러진 역할을 했던 점을 분명히 인정합니다. 나 그리고 그 조직을 시작했던 이들이 그같은 일을 했던 이유는 두 가지였습니다. 첫번째로, 우리는 아프리카 동포의 폭력은 정부 정책의 결과 필연적인 것이 되었다고 믿었습니다. 책임 있는 지도부가 우리 동포의 정서를 조절하고 인도하지 않으면 폭발적으로 테러리즘이 일어나 이 나라 여러 인종들 사이에 지금까지의 전쟁에 의해서도 생기지 않았던 극렬한 적대감과 비참한 감정이 생길 것이라고 믿었습니다. 두번째로, 우리는 폭력이 없이는 아프리카 동포들이 백인 우월주의 원칙에 항거하는 투쟁에서 성공을 거둘 수 있는 길이 전혀 없음을 느꼈습니다. 그 원칙에 반대를 표명할 수 있는 합법적 방법들은 모두 법률에 의해 폐지되었고, 우리는 우리의 열등한 상태를 영구히 받아들이거나 아니면 정부에 맞서야 할 입장에 처하게 되었습니다. 그리고 우리는 법에 맞서는 쪽을 선택했습니다. 우리는 우선 비폭력적인 방식으로 법을 위반하였습니다. 그 방식을 처벌하는 법률이 생기고 정부가 자신의 정책에 대한 반대를 억누르기 위해 무력을 과시하는 것에 의지하자, 그때서야 우리는 폭력에 폭력으로 맞서기로 결정하였습니다.

하지만 우리가 선택한 폭력은 테러리즘이 아니었습니다. '국민의 창'을 조직한 우리는 모두 ANC의 일원이었고, 우리의 뒤에는 정치적 분쟁을 해결하는 수단으로 비폭력과 협상을 사용한다는 ANC의 전통이 흐르고 있었습니다. 우리는 남아프리카가 어느 한 집단이 아니라 백인이건 흑인이건 그 안에 사는 사람 모두의 것이라고 믿었던 것입니다. 우리는 인종간의 전쟁을 원하지 않았고, 최후의 순간까지 그것을 피하려고 노력했습니다. 하지만 견디기 힘든 사실은 50년간의 비폭력이 아프리카 동포들에게 가져다 준 것이라곤 점점 더 억압적으로 변해가는 법과 점점 더 줄어드는 권리뿐이었다는 점입니다. 이에 네 가지 형태의 폭력 즉 사보타주, 게릴라전, 테러리즘, 공개 혁명이 고려되었습니다. 우리는 첫번째 방법을 채택하기로 결정하고 그 방법을 더이상 쓸 수 없는 상황에 이르면 다른 어떤 결정을 내리기로 하였습니다.

최초의 계획은 우리나라의 정치경제적 상황을 주의 깊게 분석한 바에 기초했습니다. 우리는 남아프리카의 외국 자본과 무역에 대한 의존도가 상당히 높다고 생각했습니다. 우리는 발전소들을 계획적으로 파괴하고 철도와 전화 통신에 장애를 초래하면, 겁먹은 자본이 이 나라에서 빠져나가려 할 것이고, 상품들은 산지에서 항구로 일정에 맞춰 도착하기가 더 어려워져, 결국에는 국가 경제 전반에 심각한 누수 현상이 생기게 될 거라고 예상했습니다. 그러면 이 나라의 유권자들이 자신의 입장에 대해 재고해 보지 않을 수 없게 될 것이라고 우리는 믿었습니다.

경제 기간시설에 대한 공격은 정부 건물들 및 다른 인종분리정책의 상징들에 대한 사보타주로 이어질 예정이었습니다. 그러한 공격들은 우리 동포들을 고무시키는 원동력이 될 것이었습니다. 또한 그 공격들은 폭력적 수단의 채택을 촉구하고 있던 사람들에게 출구를 제공할 것이었고, 우리는 우리의 지지자들에게 우리가 이전보다 더 강경한 노선을 채택하여 정부의 폭력에 맞대응하여 투쟁하고 있다는 구체적 증거를 제공할 수 있게 될 것이었습니다. 게다가 대중적 행동이 성공적으로 조직되고 그래서 그에 대해 대량 보복이 가해진다면 다른 나라들도 우리 대의에 공감하기 시작할 것이고, 남아프리카 정부는 크나큰 압력을 감당해야 할 것이라고 생각했습니다.

이것이 당시의 계획이었습니다. '국민의 창'은 사보타주를 실행하기에 앞서 성원들에게 어떤 일이 있어도 작전의 계획 혹은 수행 중 사람을 다치게 하거나 죽게 해서는 안 된다는 엄격한 지시를 하달했습니다.

폭동이 일어난다면 정부가 우리 동포들을 무차별적으로 살육할 기회를 얻게 된다는 점을 우리는 경험을 통해 확신하고 있었습니다. 하지만 바로 남아프리카 땅이 이미 무고한 아프리카인들의 피로 물들어 있기 때문에 무력에 대항하여 우리 자신을 지키기 위한 무력 사용을 장기적 과제로서 준비하는 것이 우리의 의무라고 느꼈던 것입니다. 만일 전쟁이 불가피하다면, 우리는 우리 동포에게 가장 유리한 조건하에서 그 싸움이 진행되기를 원했습니다. 우리측에 가장 큰 승산을, 그리고 양측에 가장 적은 인명 손실을 초래할 것으로 보이는 싸움은 게릴라전이었습니다. 그래서 우리는 미래에 대한 대비책으로서, 우리가 하게 될지도 모를 게릴라전을 준비하기로 결정했습니다. 백인이면 누구나 의무적으로 군사 교육을 받지만 아프리카인들은 아무런 훈련도 받을 수 없는 상황이었습니다. 게릴라전이 시작될 경우 지도력을 행사할 수 있는 훈련받은 핵심 인물들을 양성하는 것은 우리의 관점에서는 필수적인 일이었습니다.

정부가 제기한 주장 중 또 하나는 ANC와 공산당의 지향과 목적이 똑같다는 것입니다. 나는 그 점과 나 자신의 정치적 입장을 설명하고자 합니다. 정부측은 틀림없이 내가 ANC에 맑스주의를 도입하려 했다고 주장할 것이기 때문입니다. 그 주장은 거짓입니다. ANC의 이념적 신조는 예전부터 늘 그래왔듯이, 아프리카 민족주의입니다. 그것은 "백인을 바다 속에 처넣어라!"라는 절규에 표현된 극단적 개념이 아닙니다. ANC가 대변하는 아프리카 민족주의는 모든 이들의 자기실현과 자유이며, 그것은 결코 사회주의 국가의 청사진이 아닌 우리의 자유헌장에 소중히 담겨 있는 그대로의 개념입니다. 우리는 토지의 재분배를 요구할 뿐 국유화를 요구하지 않습니다. 국유화의 대상은 광산, 은행, 독점 기업입니다. 이는 현재 한 인종이 거대 독점 기업들을 모두 소유하고 있는 까닭에 정치권력이 분산된다 하더라도 이 기업들의 국유화가 이루어지지 않는 한 인종적 지배가 영구화될 것이기 때문입니다.

공산당은, 내가 그들의 정책을 정확히 이해하고 있다면, 맑스주의의 원칙에 입각한 국가의 건설을 표방합니다. 공산당은 백인 우월주의가 낳은 문제들을 해결할 단기적 처방으로서 자유헌장을 위해 일할 태세가 되어 있지만, 그들은 자유헌장을 자기 강령의 시작으로 여길 뿐 끝이라고 보지 않습니다. ANC의 주요 목적은 아프리카 동포가 완전한 정치적 권리와 단결을 획득하는 것입니다. 반면, 공산당의 주된 목표는 자본가들을 제거하고 그들을 대체하여 노동자 계급의 정부를 세우는 것입니다. 공산당은 계급간의 차이를 강조하려 했지만, ANC는 계급간의 조화를 추구했습니다. 이 점이 극히 중대한 차이점입니다.

　　ANC와 공산당이 종종 서로 긴밀히 협력했던 것은 물론 사실입니다. 그러나 협력은 공동의 목적 —— 이 경우에는 백인 우월주의의 철폐 —— 이 존재한다는 증거일 뿐, 이해관계가 같은 완전한 공동체였다는 증거는 아닙니다. 세계 역사에서 이와 비슷한 예들은 수도 없습니다. 그 가장 두드러진 사례는 히틀러에 맞서 함께 싸웠던 영국, 미국, 그리고 소련간의 협력에서 찾아볼 수 있습니다. 히틀러가 아닌 다음에야 어느 누구도 그러한 협력에 대해, 처칠 혹은 루스벨트가 공산주의자라거나 공산주의의 도구가 되어버렸다거나, 영국과 미국이 세계 공산화를 앞당기려고 노력했다고는 감히 말하지 못할 것입니다.

　　그러한 협력의 또다른 예를 바로 '국민의 창'에서도 발견할 수 있습니다. '국민의 창'이 창설된 직후 나는 일부 조직원들로부터 공산당이 우리 조직을 지원할 것이라는 이야기를 들었습니다. 그것은 곧 사실로 나타났고, 시간이 더 흐른 단계에서는 공개적인 지원이 이루어졌습니다.

　　나는 식민지 국가들의 자유를 위한 투쟁에서 공산주의자들이 언제나 적극적인 역할을 해왔다고 믿습니다. 이는 공산주의의 단기적 목표들이 자유 운동의 장기적 목표들과 늘 일치하기 때문입니다. 그런 까닭에 공산주의자들은 말레이 반도, 알제리, 인도네시아 등과 같은 나라들에서 자유를 얻기 위한 투쟁에 중요한 역할을 해왔습니다. 하지만 그 나라들 중 어느 나라도 지금 공산주의 국가는 아닙니다. 마찬가지로 2차 세계대전 당시 유럽에서 일어난 지하 레지스탕스 운동에서도 공산주의자들은 중요한 역할을 했습니다. 심지어 오늘날 공산주의의 가장 지독한 적 중 한 명이라 할 장제스조차도 지배계급에 맞서 공산주의자들과 함께 협력하여 싸웠고, 그 투쟁으로 인해 1930년대에 중국의 통치권을 장악하게 되었습니다. 공산주의자들과 비공산주의자들의 이러한 협력 양식은 남아프리카의 민족해방 운동에서도 되풀이 되었습니다. 공산당이 보안관찰 처분을 당하기 전에는 공산당과 ANC가 모두 참가한 공동 운동이 관행으로 받아들여졌습니다. 아프리카 공산주의자들은 ANC의 회원이 될 수 있었고 실제로 되었으며 일부는 민족위원회, 지방위원회, 지역위원회에서 활동하였습니다. 민족위원회 간부로 활동한 이들로는 공산당 서기를 지낸 아버트 은줄라, 마찬가지로 서기를 지낸 모지스 코타네, 그리고 공산당 중앙 위원이었던 J. B. 막스가 있습니다.

　　내가 ANC에 가담한 것은 1944년이었습니다. 젊은 시절에 나는 ANC가 공산주의자들을 받아들이는 정책을 실행하고 특정 이슈들에 대해 이따금 공산당과 긴밀히 협력함으로써 결국 남아프리카 민족주의라는 개념을 희석시키고 말 거라는 견해를 지니고 있었습니다. 당시 나는 ANC 청년연맹의 일원으로서 ANC에서 공산주의자들을 축출하자고 제안한 그룹의 일원이기도 했습니다. 그 제안은 압도적 반대로 거부당했는데, 반대표를 던졌던 이들 중에는 가장 보수적인 정치적 견해를 지닌 분파들도 일부 포함되어 있었습니다. 그들이 기존의 정책을 옹호한 이유는, ANC가 애당초 같은 경향의 정치적 견해를 가진 단일 분파가 아니라 다양한 정치적 신념을 지닌 사람들을 수용하면서도 민족해방이라는 공동의 목적을 위해 통합되는 아프리카인의 의회로 건설되었다는 점 때문이었습니다. 나는 결국 그러한 관점을 받아들일 수밖에 없었고 지금까지도 그 견해를 지지하고 있습니다.

공산주의에 대해 뼛속 깊이 편견을 지니고 있는 남아프리카의 백인들로서는 경험이 풍부한 아프리카 정치인들이 대체 왜 그리도 기꺼이 공산주의자들을 친구로 받아들이는지를 아마도 이해하기 힘들 겁니다. 하지만 우리에겐 그 이유가 분명합니다. 지금 이 단계에서 억압에 대항해 투쟁하는 이들 사이의 이론적 차이란 구입하기 부담스러운 사치품에 지나지 않습니다. 더 중요한 것은 공산주의자들만이 지난 수십 년간 남아프리카에서 아프리카인들을 인간 대접하고 자신들과 동등한 존재로 대우할 준비가 되어 있던, 즉 우리와 함께 앉아서 먹고, 우리와 함께 이야기하고, 우리와 함께 살고, 우리와 함께 일할 준비가 되어 있던 유일한 정치 집단이었던 것입니다. 그들은 또한 정치적 권리와 사회적 몫을 찾기 위해 아프리카인들과 함께 일할 준비가 되어 있던 유일한 정치 집단이었습니다. 이러한 점 때문에 오늘날 남아프리카에서는 많은 이들이 자유와 공산주의를 동일시하는 경향이 있습니다. 그들의 그러한 믿음을 고무하는 것이 있으니, 바로 민주 정부와 아프리카인의 자유를 옹호하는 사람은 누구든 공산주의자로 낙인찍어 버리고 (공산주의자가 아닌) 그들 중 상당수를 공산주의법으로 탄압하여 보안관찰 처분을 내리는 입법부입니다.

우리가 공산주의자들을 우리의 대의를 지지하는 이들 중 하나라고 여기는 것은 국내 정치에서만이 아닙니다. 국제적으로 보아도 공산 국가들은 늘 우리를 도와왔습니다. 유엔과 그외 국제조직에서 공산권은 식민주의에 대항한 아시아와 아프리카의 투쟁을 지지해왔고, 일부 서구 강국들보다 우리의 어려운 처지에 더 공감하는 것 같아 보이는 경우도 자주 있습니다. 전세계가 아파르트헤이트를 비난합니다만, 공산권은 대부분의 백인 국가들보다 더 큰 목소리로 솔직하게 아파르트헤이트를 반대하고 있습니다. 상황이 이렇고 보면, 공산주의자들이 우리의 적이라고 선언하는 사람은 1949년의 나처럼 경솔하고 성급한 정치가뿐일 것입니다.

이제 제 입장에 관한 얘기로 방향을 돌려보겠습니다. 나는 그간 내가 공산주의자임을 부인하는 정도에 그쳤지만, 지금은 내 정치적 신념이 무엇인지를 정확히 밝히지 않을 수 없게 되었다고 생각합니다. 무엇보다도 나는 나 자신을 아프리카 애국주의자라고 늘 생각해 왔습니다. 나는 계급 없는 사회라는 사상에 매력을 느끼고 있습니다. 그 사회의 매력은 부분적으로는 맑스주의 서적을 읽은 경험에서, 또 부분적으로는 이 나라에 있던 초기 아프리카 공동체들의 구조와 조직을 향한 내 존경심에서 솟아난 것입니다. 그때는 주요 생산 수단인 토지가 부족의 소유였습니다. 부자와 빈자가 따로 없었고 착취가 존재하지 않았습니다.

맞습니다. 나는 맑스의 사상으로부터 영향을 받았습니다. 하지만 간디, 네루, 은크루마, 나세르 등 다른 지도자들에게서도 마찬가지로 영향을 받았습니다. 우리 모두는 약간의 사회주의적 형태를 통해 우리 국민이 세계의 선진국들을 따라잡고 대대손손 내려오는 극단적 빈곤을 극복할 필요를 인정합니다. 하지만 그렇다고 해서 우리가 공산주의자라거나 맑스주의자라는 것은 아닙니다. 사실 나는 공산당이 우리의 특수한 현 정치 투쟁 단계에서 특정한 역할을 맡을 수 있는가에 대해서는 얼마든지 논의할 수 있다고 믿고 있습니다. 인종 차별을 철폐하고 자유헌장을 토대로 민주적 권리들을 획득하는 것이 현재 우리에게 주어진 기본적인 과제입니다. 공산당이 그 과제를 촉진하는 한, 나는 그들의 도움을 환영합니다. 나는 모든 인종을 우리의 투쟁에 나서게 할 수 있는 수단 중 하나가 공산당이라는 점을 깨닫고 있습니다.

맑스주의 문헌을 읽고 맑스주의자들과 대화를 나누어 본 바에 따르면, 공산주의자들은 서양의 의회체제를 비민주적이고 반동적인 것으로 여긴다는 인상을 받았습니다. 하지만 나는 그와는 반대로 그러한 체제를 옹호하는 사람입니다. 대헌장(Magna Carta), 권리청원 그리고 권리장전 등은 전세계 민주주의자들이 숭상하는 문헌들입니다. 나는 영국의 정치제도와 그 나라의 사법체계를 대단히 존경합니다. 나는 영국 의회를 세계에서 가장 민주적인 제도로 여기고 있으며, 내게 그 나라 사법체계의 불편부당함과 독립성은 언제나 존경의 대상입니다. 미국 의회나 그 나라의 권력분립 원칙, 그리고 사법부의 독립도 역시 내게 비슷한 감정을 불러일으킵니다.

나의 생각은 서구와 동구 모두로부터 영향을 받아왔습니다. 그 모든 것에 힘입어 나는 정치적 타개책을 찾을 때 절대적으로 공정하고 객관적이어야 한다는 것을 느끼게 되었습니다. 나는 사회주의를 제외한 어떤 특정한 사회 체제에도 얽매이지 않을 것입니다. 서구로부터도 동구로부터도 최상의 것을 차용할 수 있도록 나 자신이 자유로워져야 합니다. 우리가 외국으로부터 금전적 지원을 받았다는 주장에 대해서는, 우리의 정치투쟁이 언제나 내부의 금전적 지원으로 수행되어 왔다는 점, 즉 우리 동포와 우리의 지지자들이 모은 자금에 의해 운영되었다는 점을 지적하고 싶습니다. 특별한 운동을 벌이거나 중요한 정치 재판, 가령 내란음모 사건 같은 재판이 있을 때마다, 우리는 우리에게 공감하는 서방 국가들의 개인과 조직들로부터 금전적 원조를 받은 바 있습니다. 그러나 우리는 그런 자금 제공을 넘어서는 어떤 것이 필요하다고 생각해 본 적이 결코 없었습니다.

하지만 1961년에 '국민의 창'이 만들어지고 새로운 단계의 투쟁이 시작되었을 때, 우리는 그 투쟁이 우리의 빈약한 재원에 과중한 부담을 줄 것이며 부족한 자금 때문에 활동 규모가 제약받게 될 것임을 깨달았습니다. 내가 1962년 1월에 해외로 나갈 당시 내렸던 지침들 중 하나는 아프리카 국가들로부터 자금을 모으는 것이었습니다. 덧붙여 말해야 할 것이 있습니다. 그것은 내가 해외에 있는 동안 아프리카의 정치 운동 지도자들과 토론을 하면서 당시까지 독립을 이루지 못하고 있던 지역의 지도자들은 거의 한 명도 빠짐없이 서방국가뿐 아니라 사회주의 국가들로부터도 온갖 형태의 지원을 받아왔다는 사실을 알게 되었다는 점입니다. 또한 우리가 잘 아는 몇몇 비(非)공산 국가인 아프리카 국가들이, 그리고 심지어는 반공산주의 국가들까지도 그와 비슷한 원조를 모두 받아왔다는 사실도 알게 되었습니다.

정부는 흔히 남아프리카인들이 아프리카의 다른 나라 국민들보다 경제적으로 더 잘 산다는 식으로 비판에 답하곤 합니다. 그 말이 사실인지 아닌지는 모르겠습니다만 그런 나라들의 생계비 지수를 고려하지 않은 채 과연 어떤 비교를 할 수 있을지 의심스럽습니다. 설령 그 말이 사실일지라도, 우리 아프리카 동포들에 관한 한 그 점은 부적절합니다. 우리의 불만은 우리가 다른 나라 사람들과 비교하여 가난하다는 것이 아니고, 바로 우리나라에 사는 백인들과 비교하여 가난하다는 것, 그리고 우리가 그러한 불균형을 시정할 수 있는 가능성이 법적으로 차단되어 있다는 것입니다. 아프리카인들이 겪고 있는 인간 존엄성의 상실은 백인 우월주의 정책의 직접적 산물입니다. 백인 우월주의는 흑인 열등주의를 내포합니다. 그리고 그러한 생각은 백인 우월주의를 지키기 위해 고안된 법률로 인해 더욱 확고해집니다.

아프리카인들이 원하는 것은 남아프리카 전체를 공유하자는 것뿐입니다. 우리는 사회의 안정과 우리의 몫을 원합니다. 무엇보다 우리는 평등한 정치적 권리들을 원합니다. 그런 권리가 없다면 우리가 영원히 무력한 상태로 남아 있을 것이기 때문입니다. 나는 평등한 정치적 권리라는 이 말이 이 나라의 백인들에게는 혁명적으로 들릴 것임을 알고 있습니다. 흑인이 다수 유권자가 될 테니까요. 바로 이 점 때문에 백인은 민주주의를 두려워합니다. 하지만 그들의 두려움 때문에 모두를 위한 인종적 조화와 자유를 보장해 줄 유일한 해답에 이르는 길이 가로막혀서는 안 됩니다. 모두에게 선거권을 부여하면 인종적 지배라는 결과를 낳을 거라는 추측은 사실이 아닙니다. 피부색에 바탕을 둔 정치적 구분은 그 모두가 인위적인 것이며 그것이 소멸하면 어느 한 가지 피부색이 다른 색을 지배하는 것도 끝이 날 것입니다. ANC는 인종주의에 맞서 싸우며 반세기를 보냈습니다. ANC가 승리한 후에도 그 정책은 변치 않을 겁니다.

ANC의 싸움은 바로 그런 것입니다. 우리의 투쟁은 진실로 민족적인 것입니다. 그것은 우리 자신의 고통과 우리 자신의 경험에서 우러나온 아프리카 동포들의 투쟁입니다. 그것은 살 수 있는 권리를 얻기 위한 투쟁입니다. 나는 평생을 아프리카 동포들의 이 투쟁에 바쳐왔습니다. 나는 백인 지배에 맞서 싸워왔고, 흑인 지배에 맞서 싸워왔습니다. 나는 모든 사람이 동등한 기회를 부여받아 함께 조화롭게 사는 자유민주사회의 이상을 소중히 여겨왔습니다. 그것은 내 삶의 목적으로서 내가 삶 속에서 성취하고자 하는 이상입니다. 하지만 필요하다면 기꺼이 나의 목숨을 바칠 이상이기도 합니다.

만델라가 로벤 섬에 수감되어 남은 생을 철창 안에서 보내기 전 남아프리카인들이 그에게서 마지막으로 들은 말은 이런 것이었다. 그의 말을 여기에 기록한 것은 내가 보기에 그 말들이 스티브 비코에 대한 이 이야기에 적합해 보여서이기도 하거니와 생활

방식, 인품, 지적인 힘 등 많은 면에서 만델라가 남아프리카의 주요한 흑인 지도자들의 정통 계보에 있었고, 그 계보가 바로 비코에 이르러서 절정에 달했다는 점 때문이다.

남아프리카의 역사는 자기 동포의 대의에 자신의 정력을 다 바친 용감한 지도자들의 이름에 언젠가는 그에 마땅한 깊은 경의를 표하게 될 것이다. 온건파에서 행동파까지 다양한 스펙트럼을 보였던 이들, 야바부에서 소가, 음짐바, 마키와네, 루부사나, 펠레미, 세메, 구메데, 보크웨, 수마, 마크가토, 마피켈라, 만게나, 음시망, 두베, 루툴리, 만델라, 소부퀘, 탐보, 시술루 그리고 비코까지, 가장 초기 인물부터 가장 최근 인물에 이르기까지 이 흑인 대변자들의 공적이 인정받게 될 것이다. 하지만 나는 우리나라 역사에서 특별한 한 자리를 스티브 비코가 차지하게 될 것이라고 믿는다. 이는 그 자신의 뛰어난 자질 때문만이 아니라 그가 국가의 손에 죽은 첫번째 주요 지도자가 되었기 때문이기도 하다.

흑인의식운동의 막이 오르다

만델라가 수감되고 소부퀘가 보안관찰 처분을 받으면서 남아프리카 흑인정치는 몇 년 동안 지도력의 공백 상태를 겪었다. 1960년대 말에 이르러 그러한 공백을 메운 사람이 반투 스티브 비코였다. 비코는 새로운 유형의 지도자였다. 그는 한 눈에 알 수 있는 사람이 아니었다. 그는 자신을 지도자라고 선언한 적이 결코 없었고, 사실 대개는 자신에 대한 숭배를 제지하고 모습을 드러내지 않는 역할을 맡으려 하는 경우가 잦았다. 그는 흑인 해방투쟁을 지도한 것은 소수의 사람들이라기보다는 다수의 사람들이라고, 또 흑인의식운동은 대중운동이며 자신은 그 운동의 목소리를 내는 많은 사람들 중 하나에 불과하다고 생각하기를 더 좋아했다. 하지만 이 점에서 그는 자신을 속이고 있었다. 이른 청년 시절부터 그는 자신이 참가한 어떤 회합에서건 사람들이 그에게 결정을 맡길 수밖에 없을 정도로 명백한 지도자였고 많은 동시대인들이 그를 그렇게 바라보았던 것이다.

사실, 흑인 청년들에게 자유를 위한 새로운 국면의 투쟁을 준비할 것을 제창했던 흑인의식운동의 주요한 토대를 다지고 그것을 착상한 인물이 바로 그였다.

흑인의식운동의 근저에 깔린 사상은, 해방 투쟁에 대한 흑인들의 기존의 자세를 완전히 떨쳐버리고 새로운 심리적 자세로서 흑인을 위한 새로운 유형의 자립과 존엄성을 정립한다는 것이었다. 이러한 철학에 입각하여 흑인의식운동으로부터 많은 흑인 조직들이 생겨났는데, 그 대표적 조직으로는 흑인민중회의(Black People's Convention, BPC)와 흑인으로만 구성된 남아프리카 학생조직(South African Students' Organization, SASO) 등이 있다. 비코와 그의 동료들은 이 단체들을 출범시키기 위해 자유주의적 성향의 단체들에 대하여 냉혹한 비판을 가했는데, 그것은 남아프리카 전국학생연합(National Union of South African Students, NUSAS) 같은 다인종 조직에서 백인들로부터 흑인들을 먼저 분리시켜내야 한다고 생각했기 때문이었다.

가장 용감한 친흑인파 백인 청년조직들 중 하나인 NUSAS를 흑인 학생들이 깨뜨리고 나온 것이, 흑인의식운동이 처음 대중적으로 표명된 일이었다는 것은 대단한 아이러니다. NUSAS는 주로 케이프타운, 버트바터스란트(요하네스버그), 나탈(더반과 피터마리츠버그), 그리고 로즈(그레이엄즈타운) 등의 자유주의적인 대학들에 재학중인 영어를 사용하는 백인 학생들로 구성되어 있었다. 그 지도부와 간부들은 인종주의적 불의에 항거한 혐의로 되풀이해 투옥되고 보안관찰 처분을 받았으며 기소되었다.

NUSAS가 다인종 조직을 건설하고 유지하기 위해 영웅적으로 노력하였음에도 그 노력에 반하는 결과가 나온 것은 국가적 환경 탓이었다. 이 나라에는 아쉽게도 흑인 학생보다 백인 학생의 수가 더 많았다. 이런 사실과 남아프리카의 사회정치적 통합을 가로막는 일군의 법적 장애들은 NUSAS의 지도부가 백인 지향적이라는 것을 뜻했다. 바로 이런 사실이 흑인 학생들에게 흑인만을 위한 남아프리카 학생조직을 띄울 진수대 노릇을 하였던 것이다.

NUSAS의 이상에 헌신한 자유주의적 백인 학생들에게 커다란 충격을 준 SASO 창설에 관한 착상은 스티브 비코의 머리에서 나온 것이었다. 하지만 이 조직의 형성 과정을 처음 공개적으로 가장 잘 설명한 것은 그 논쟁의 양 반대편에 있던 두 대변인이었다. 그 중 한 명인 NUSAS의 지도자 클리브 네틀턴은 다음과 같이 인상적이고도 통찰력 있는 분석을 내놓았다.

SASO의 창설은 남아프리카 학생 세계의 전통적 지형도를 파괴하는 결과를 낳았다. 그 오랜 지형도를 살펴보면, 아파르트헤이트를 지지하며 아프리칸스어를 사용하는 대학들의 대표체 아프리칸스학생동맹(Afrikaanse Studentebond)이 한 편에 있고, 흑인 대학을 포함해 영어를 사용하는 대학들의 대표체 NUSAS가 그 반대편에 있다. SASO의 창설로 그러한 지형에 새로운 힘이 진입한 것이고, 그로 인해 흑인 학생들의 시각을 충분히 대변하지 못하던 NUSAS의 무능함이 드러난 것이다. SASO는 또한 이 사회 전체에서 새로운 운동인 흑인의식운동을 반영한다는 점에서 중요하다.

인종주의에 기반한 사회 속에 존재하는 비인종주의적 조직 NUSAS가 직면한 주요 문제는, 조직은 비인종주의적 이상을 설파하지만 그럼에도 불구하고 조직원들의 삶은 그 이상을 실현할 수 없다는 것이다. 백인 학생과 흑인 학생들이 합동 회의와 세미나를 연다거나 때때로 사회적 행사에서 만나는 것은 가능하지만, 그들은 서로 다른 세계에 살고 있다.

영어를 사용하는 백인 학생들은 학생으로서의 영역 바깥에서는 자신들의 정체성을 찾을 수가 없다. 반면에 흑인 학생들은 흑인 민족 전체의 열망에 강렬한 공감을 느끼고 있으며, NUSAS 총회 같은 포럼에서는 자신들이 흑인 학생만이 아닌 모든 흑인 민족을 대변한다고 생각한다.

남아프리카에서는 합법성과 다인종주의가 쉽사리 한데 어울리지 못한다. NUSAS의 한 위원회가 개인의 권리를 침해하는 법률들을 조사한 적이 있었다. 이는 백인 학생들이 아주 중요하다고 느끼는 주제였다. 하지만 흑인 학생들은 이 문제에 처음으로 새로운 반응을 보였다. 어느 흑인 학생 대표가 말했다. "흑인이 남아프리카에서의 자유의 침해에 대해 얘길 해야 무슨 소용이 있습니까? 우리에겐 자유가 아예 없기 때문에 법률 한두 가지가 이리저리 바뀐다고 해도 우리의 처지는 전혀 달라지지 않습니다."

1967년의 NUSAS 총회는 하나의 전환점이었다. 로즈 대학에서 흑인 대의원들을 따로 분리하여 숙박시킨 일은 끔찍한 것이었는데, NUSAS는 이에 대해 아무런 조처도 취할 수 없었다.

흑인 학생 사회는 이제 첫째는 학생으로서, 둘째는 피억압 공동체의 일원으로서 그들이 직면한 무수한 문제들을 극복할 힘이 자신들의 단결에서 비롯된다는 신념으로 하나가 된다. 그러한 정서가 아래에 간결하게 표현되어 있다.

1. 흑인 학생들이 헌신해야 할 첫번째 대상은 아파르트헤이트의 무거운 짐과 부당함을 함께 감당하고 있는 흑인 공동체이다. 다양한 열망을 가진 사람들을 포함하고 계급적 서열을 공고히 하는 데 기여할 뿐인 학생 통일조직을 권장해서는 안 된다. 과거의 예에서 우리는 흑백 학생의 협력이 서로에게 기대하는 내용이 달라지면서

좌절하고야 마는 경우를 흔히 볼 수 있었다.

2. 학생들은 이미 분열되어 있다. 흑인 학생들은 '체제'에 대해 거칠지만 무기력한 비난을 내뱉으며 효과 없는 강령에 경건히 발 디디고 서 있기보다는 홀로 제 갈 길을 가는 것이 더 효과적이라고 느끼고 있다.

3. 흑인학생들은 반드시 흑인으로서의 자각, 자존심, 성취와 잠재력을 증진함으로써 흑인 사회의 의식 수준을 향상시켜야 한다. 결국에는 이것이 인종들 사이의 '간극을 메우려는' 끝없는 시도에서 나타나는 감상적이며 이상주의적인 자세보다 훨씬 더 가치 있는 것임이 증명될 것이다.

SASO의 창설은 자유주의적 백인들 사이에 상당한 혼란을 야기했고, 이 점에 대해서는 주의 깊게 살펴볼 필요가 있다. 문제는 독자적인 흑인 조직을 인정하는 것과 비인종주의에 대한 신념이 상호 대립하는 것처럼 보인다는 점이다. 하지만 문제의 본질은 NUSAS가 백인의 주도권을 전제로 하여 창설되었고, 백인의 금전적 지원에 의해 운영되며, 회원의 대부분을 차지하고 있는 백인들의 견해를 반영한다는 점이다. 다른 한편으로 SASO 역시 꽤 많은 문제를 안고 있다. SASO의 초기 목적은 흑인 학생들 사이에 흑인의식운동을 조직하는 것, 그리고 그 운동의 틀 내에서 백인 권력 조직들에 대립하는 것으로 보인다. 초기에는 그러한 대립이 자유주의적 조직들을 상대로 이루어지는데, 이들 조직은 모두 중도파적인 성격에 기반하고 있어서 가장 공격하기 쉽고 활용하기 좋다. 또한 어떤 집단이건 대립지점을 선명하게 드러내고자 하는 집단이라면 명백한 극단들을 설정하고 그들 사이에 대립을 야기하기 위하여 중도파를 제거해 버릴 필요가 있다. 그러므로 SASO가 더 극단적인 우익 조직들이 아닌 NUSAS를 첫 공격 상대로 택한 것은 하등 놀랄 일이 아니다.

SASO는 현재의 남아프리카에서는 비인종주의적 이상을 구현하기가 불가능하다는 것, 그리고 계획과 현실을 일치시키기 위해서는 그 이상을 미루는 편이 더 낫다는 것을 깨달았던 것이다.

네틀턴의 상세한 설명은 이 문제를 경탄할 정도로 잘 요약하고 있다. 그런데 SASO 운동에서 스티브 비코의 수석 참모였던 바니 피티아나 역시 흑인의식운동에 대해 이에 버금가는 경탄할 만한 설명을 한 바 있다. 이 초기 단계에서 비코는 으레 뒷자리에 모습을 숨기고 있었다. 처음에는 대중에게 자신을 드러내지 않는 것이 향후의 지도력을 한 단계 더 높여줄 것이라고 생각했기 때문이었으며, 실제로도 그랬다. 다음은 피티아나의 말이다.

올바른 질문을 던지는 것과 새로운 의식을 북돋우는 것, 그리고 그 의식을 표현할 새 형식을 제안하는 것, 이것이 우리의 새 방향이 기본 목표로 삼는 것들입니다.

인종에 대한 질문이 우리를 종종 당혹스럽게 하는 것은 사실입니다. 그 질문은 마치 빅토리아 여왕 시대의 섹스 문제처럼 논의하지 않는 편이 나을 것입니다. "오, 아시지요. 난 당신을 한 인간으로 사랑한답니다. 당신이 흑인이란 생각은 결코 해본 적이 없어요!" 우리에게 우호적인 친구들은 이런 식의 몸짓을 하지요. 많은 이들이 색맹이 되고 싶어합니다. 그들에게 피부색이란 단지 조물주의 창조에 의해 일어난 우연한 사고에 지나지 않기 때문입니다. 하지만 우리에게 피부색은 훨씬 더 근본적인 무엇입니다. 그것은 복종의 동의어이며 권리를 박탈당한 자들의 신원 증명서입니다. 한스 모겐소 (Hans Morganthau ; 정치의 본질은 권력투쟁이며, 국제 정치는 힘을 둘러싼 국가간 투쟁이라고 간주한 국제정치학자—옮긴이)의 현실주의 학파는 권력이란 인간이 다른 사람의 생각과 행동을 통제하는 힘이라고 정의합니다. 정치권력은 공적 권위의 소유자와 국민간의 상호 통제 관계들을 가리킵니다. 공적 권위의 소유자들은 피지배자의 동의에 따라 권력을 행사합니다. 피지배자들은 그 권위가 오용되고 있거나 부정하게 사용될 경우, 궁극적으로 그것을 철회할 권리를 가집니다. 따라서 권력은 정치의 핵심 요소입니다.

남아프리카의 인구는 2천 5백만 명이 넘습니다. 그 중에 백인은 단 5백만 명뿐입니다. 하지만 모든 정치경제 권력이 이 소수 백인들의 손아귀에 있습니다. 그들은 역량 있는 모든 입법 기관의 선거권과 피선거권을 가집니다. 그들은 권력의 중앙과 핵심적 자리들 그리고 더 좋은 직업들을 모조리 독점합니다. 그들 백인들은 고용, 스포츠, 그리고 정치 영역에서 흑인과 경쟁하지 않아도 되도록 법에 의해 보호받습니다. 그들은 교육, 복지, 기타 사회 보장 제도에서 정당한 몫 이상을 착복하고 기술적 숙련도에서 다른 인종들과 큰 차이를 유지함으로써, 결국 이 나라의 부의 대부분을 소유하고 있습니다. 이른바 유색 인종들은 백인의 권위에 철저히 복종하며 지냅니다. 서로 다른 유색 인종 집단들이 각각 완전히 고립된 채 살아가도록 만드는 것이 정부의 정책입니다. 거기서 비롯된 분명한 결과로서 그 집단들은 서로에 대한 편견, 콤플렉스, 의심을 키워왔습니다. 그들은 권력의 호의를 얻기 위해 경쟁하고 있습니다. 생활 조건, 사회 시설, 보수의 크기 등에 차별이 있습니다.

백인 정복자들이 처음으로 흑인 부족민과 조우했던 순간부터 그들의 것이 표준으로 자리잡기까지, 흑인 부족민에 대한 세뇌의 세월이 계속되었음을 참작해야만 합니다. 백인들의 자본주의적 가치관에 따라, 이제 흑인들은 가진 돈이 얼마나 많은가를 보고 사람의 지위를 판단하게 되었습니다. 이런 식으로 흑인들조차 계급적 조건을 가치 기준으로 삼게 된 것입니다. 지금의 시급한 과제는 이러한 상태로부터 흑인의 마음을 해방시키는 일입니다.

그러므로 흑인의식이란 그 어떤 침략도 받지 않았던 이전의 상태, 욕망 때문에 자아를 상실하지 않았던 때의 의식이라고 할 수 있습니다. 그러므로 우리 운동의 첫번째 단계는 흑인이 자기 자신을 응시하도록 하고, 빈 껍데기 같은 그들의 마음에 생명을 불어 넣는 것입니다. 그들에게 자존심과 존엄함을 불어 넣어, 자신을 아무렇게나 이용하도록 내버려둠으로써 자신의 고국에서 악이 흥하도록 내버려둔 범죄에 자신들 또한 공범임을 깨닫게 하는 것입니다. 우리가 내적 성찰 과정이라고 할 때 그 말이 뜻하는 바는 바로 이런 것입니다. 그것은 우리 자신의 마음이 의식을, 흑인 의식을 갈망하게 합니다. 파농은 이렇게 적고 있습니다. "나는 무언가가 될 잠재적 가능성이 아니다. 나는 온전히 그대로의 나이다. 나는 보편적인 것을 찾아야 할 필요가 없다. 내 안에는 가능성으로서의 그 무엇이 존재하지 않는다. 나의 흑인 의식은 자신을 흑인의 밖에서 찾지 않는다. 내 흑인 의식은 존재 그 자체다. 내 흑인 의식은 그 자신을 추종한다. 이것이 우리 흑인이 추구하는 모든 것이다. 존재하기. 우리는 우리가 아주 효율적으로 우리의 존재됨을 다스리고 이러한 목적을 스스로 충족시킬 수 있다고 믿는다. 우리는 결코 우리의 목적과 열망을 '우리' 내부가 아닌 다른 곳에서 찾지 않을 것이다. 따라서 우리에게는 자기 진단과 우리 자신의 재발견이 필요하다. 흑인들은 더이상 흑인이 아닌 사람들의 지배나 인도를 받을 수 없다."

나는 토착 흑인들의 생활방식에 가치 있는 것이 전혀 없었다고 생각하지 않습니다. 종족은 가족의 확장으로 간주되었고, 모든 집단적 과업은 공공선에 복무하였으며, 추장은 단지 종족 재산의 관리자에 불과했습니다. 이보다 더 나은 집단적 정부 체계란 있을 수 없습니다. 흑인들은 백인 사회의 착취적 본성을 거부해야 합니다. 서구 사회의 규준들은 당연하게도 자본가가 자신의 생존을 위해 필요로 하는 규준들입니다. 따라서 백인들은 서구적 문화에서 당연한 것인 착취를 절대 기꺼이 포기할 리가 없습니다.

문화는 크게 보면 인간이 특정 사회에서 거쳐야만 하는 사회화 과정에 따라 각 개인에게 부과되는 사회적 산물입니다. 문화는 살아 있는 전통, 즉 한 민족의 집단적 생활방식을 대표하는 관념과 신념들의 총체입니다. 흑인들의 문화적 지향은 흑인 빈민지구에서의 그들의 생활방식의 영향을 받은 것입니다! 그들은 수용소에서 그들의 인간성을 지켜줄 '영혼의 힘'을 생성해내야만 했습니다. 나는 다양한 인종 집단의 문화들을 개발하겠다는 정부의 시도를 '억압된 문화 관념'으로 봅니다. 정부 정책의 목적은 숨통을 끊는 것일 따름입니다. 반면 흑인의식운동은 다른 요인들의 영향을 받으면서도 흑인들의 욕구와 중점 사항들을 분명히 말하고 그러한 필요에 따라 작용할 새로운 문화와 가치를 단호히 정립하려 합니다.

의식을 깨우기 위해 반드시 우리 흑인의 뿌리를 집단적으로 탐구하고 우리 역사를 다시 써야 한다는 사실을 어리석게 확대 해석해서는 안 됩니다. 나는 과거에 찬사를 보내는 대가로 현재와 미래를 희생하고 싶지는 않습니다. 하지만 현재와 미래를 위해서 그것이 필요할 수도 있습니다. 상반되는 경향들과 그것들이 투쟁해서 생긴 결과들을 모두 이해함으로써 과거의 사건들에 대한 올바른 해석을, 즉 역사를 알 수 있기 때문입니다. 과거의 사건들이 현재와 미래를 만들 수 있다――이것이 우리의 역사론입니다.

현재 남아프리카에 존재하는 정당들을 통해 무언가 변화가 생기길 바라는 것은 망상에 지나지 않습니다. 백인 유권자들에게만 호소하는 정당은 필시 백인들의 주장을 정책적 기준으로 삼고, 그들의 인종적 적대감을 이용하고, 그들을 투표권 없는 다수에 반하는 하나의 패권 집단으로 만들기 때문입니다. 이는 흑인들이 백인에 의존하지 않는 하나의 진지로 자신을 구축해야 한다는 뜻이 됩니다. 그들은 자족적 정치, 사회, 경제 단위로 나아가야 합니다. 이러한 방식은 그들이 자존적 민족으로 그들의 잠재력과 가치를 더 깊이 실현하는 데 도움이 될 것입니다. 그렇게 생성된 자신감을 통해 그들은 자존심을 느끼고 그들이 처한 현실을 자각하게 될 것입니다. 남아프리카의 현재 상태에 의미 있는 변화를 가져오기 위해 우리에게 필요한 것이 이것입니다. 미래를 여는 방법은 방향없는 다인종 공존주의가 아니라 확신에 찬 일방의 접근입니다. 흑인 여러분, 여러분의 주인은 바로 여러분 자신입니다.

극단적인 아이러니가 벌어지고 말았다. 흑인들의 단결된 대응을 억제하기 위해 고안된 아파르트헤이트가 오히려 그런 대응을 유도해 버린 것이다. 인종주의자들은 공동의 다인종 사회에서 흑인들이 극히 미미한 몫을 요구하는 것에 대해서조차 그 정당성을 부인함으로써, 가장 명석한 흑인 청년들로 하여금 그런 사회의 미미한 몫이 아니라 가장 주요한 몫을 자신들이 내건 조건대로 줄 것을 요구하게끔 만든 것이다.

청년 스티브 비코와 그의 동료들은 남아프리카의 흑인 의식이라는 잠자는 거인의 어깨를 흔들어 그를 잠에서 깨운 것이다. 그것만이 아니다. 그들은 그 거인을 일으켜 세우고 온 몸을 곧추 세우도록 몸을 펴게 했으며, 그를 납작 엎드려 있게 만들었던 모든 사람들에 대해 난생 처음으로 전면적인 도전 자세를 취하도록 한 것이다. 백인 권력에 대한 흑인의 새롭고 총체적인 대응으로서 흑인의식운동이 탄생하였고, 이와 동시에 남아프리카 인종투쟁의 새 시대가 열렸다.

그리고 이와 더불어 스티브 비코의 지도력도 사람들에게 점점 인식되기 시작했다. 그는 자신은 배후에 머무른 채, 한 개인에게 종속된 운동보다는 모든 이들의 운동을 만들 목적으로 폭넓은 전선에서 집단적 지도력을 형성하기 위해 온갖 노력을 다했다. 그럼에도 불구하고 집단 내 가장 유능한 그룹마저도 그가 다른 누구보다 나은 자신들의 공인된 안내자라는 것을 인정하며 그에게 의지하게 되는 필연적 과정을 그 자신의 겸손함으로 막을 수는 없었다. 흑인의식운동이 처음부터 많은 수의 재능있는 지도자들과 대변자들을 양산하긴 했지만, 그 몇 달, 그 몇 년 사이에 점차 그 거대 집단의 전면으로 나선 것은 다름 아닌 비코라는 이름이었고, 1970년대의 동이 틀 무렵에는 청년 스티브 비코야말로 남아프리카 흑인 정치의 최전선에 선 거대한 신세력을 체현하고 있는 사람이라는 징후들이 이미 드러나고 있었다.

백인 인종주의자들에 대항하여 흑인들을 동원하는 과정에서, 흑인의식운동 옹호자들은 자유주의를 공격함으로써 자신들의 동료 흑인들을 백인 반인종주의자들, 즉 자유주의자들로부터 먼저 분리시켜야 한다고 믿었다. 따라서 나는, 비코 같은 이들의 공격을 받으며 흑인의식운동을 처음으로 알게 된 사람들 중의 하나였다. 그들이 공격했던 것은 내가 남아프리카의 정치적 맥락에서 개인적으로 지니고 있던 모든 정치적 신념들이었다. 무엇보다 나는 '가부장적 온정주의'와 '부정적 영향'으로 인해 비판받던 그 자유주의자들 중 하나였다. 그들 중에는 당시 내가 영웅시하던 인물인 앨런 페이턴(Alan Paton ; 남아프리카 공화국 자유당의 창건자로 비인종주의를 주창한 인물—옮긴이)도 있었다. 우리 자유주의자들은 비인종주의적인 공동 사회인 남아프리카, 모든 아파르트헤이트의 종말, 그리고 인종, 신조, 피부색과 무관한 형제애 등의 가치를 신봉하였다. 억압된 우리 사회의 흑인 청년들에게는 그런 관념이 참으로 비현실적으로 느껴지리라는 것을, 그리고 그런 이상을 실현하려 했지만 성공적이지 못했던 우리의 노력이 더이상 적합하지 못하다는 것을, 우리는 알지 못했다.

확실히 우리는 너무 적은 수였다. 반(反)아파르트헤이트적인 견해를 지닌 백인 남아프리카인은 극히 소수였으며, 자신을 자유주의자라고 말하던 우리 중의 상당수조차 인종주의로부터 거리를 두기까지는 길고 긴 정치적 행로를 거쳐야 했다.

내 경우에 그 점은 분명했다.

나의 백인 세계

내가 어떤 우월한 입지에서 스티브 비코의 중요성과 그의 철학을 평가하고 관찰했는지를 밝히기 위해서는, 내 사고를 형성하고 그에 영향을 주었던 내 자신의 이력을 설명해야 할 것이다. 나는 1933년 12월 15일에 이스턴케이프 주의 트란스케이 지역에서 태어났다. 트란스케이는 나중에 첫번째 '반투스탄' 또는 '홈랜드'가 된 곳이다. 대다수의 남아프리카 백인들처럼 나도 인종 문제에 극히 보수적인 집안에서 태어났다. 아버지는 상인이었고 외할아버지도 마찬가지였다. 상인이란 부족 보호구역 내의 부족민들에게 담요, 구슬 목걸이, 양동이, 괭이, 삽, 그리고 그 밖의 다양한 생활필수품들을 팔고, 그들로부터 곡식, 모피, 가죽, 양모, 날담배 등을 사들이는 농촌의 상점 주인을 말한다. 그런 까닭에 상인의 자식은 특이한 환경에서 자라게 된다. 이른 나이에 부족어를 배우고(내 경우에는 코사어였다), 도시의 편의 시설에서 멀리 떨어져 백인들이 극히 원시적이라고 여기는 사람들을 가까이 접하면서 사는 것이다.

내가 어릴 때 본 흑인 가운데는 읽거나 쓸 줄 아는 사람은 거의 없었고, '유럽식 의복'이 아닌 허리에 두르는 밑 가리개와 원주민 외투를 입는 후진적인 사람들, 주술과 같은 극단적인 미신에 지배당하고 그 결과 놀라울 정도로 잔혹하고 잔인해 보이는 사람들이 대부분이었다. 부족민들은 거래를 할 때는 한없이 친절하고 예의바르지만 파벌 싸움이나 의식(儀式)상의 살인 행위와 같은 그들 사회의 특수한 상황에서는 야만적인 모습을 보이곤 했다. 그들은 파벌 싸움을 벌일 때 도끼를 사용했는데 전사들은 상대방의 몸을 말 그대로 쪼갰으며, 주말마다 그런 충돌로 인한 사망자 수가 상당할 정도였다. 어떤 이유에서인지 모르지만 그 도끼 전투는 늘 일요일에 벌어졌다. 그래서 월요일 아침이면 우리 동네에만도 죽음을 알리는 종소리가 줄잡아 수십 회씩 울리곤 했다. 게다가 가정 폭력은 거의 살인적 수준이어서 아내와 아이들에 대한 구타가 가끔씩 치명적 결과를 낳을 지경이었지만, 부족 사회는 이를 잘못한 것에 대한 당연한 대가로 받아들였다.

이러한 환경에서 자라나면서 어려서부터 읽고 쓰기를 배우던 나는 성인 부족민들조차 알파벳을 한 글자도 쓰지 못한다는 것을 눈치채면서 흑인들이 열등하다는 말이 이해된다고 생각했다. 그리고 깊게 패인 문화적 골을 결정한 인자는 인종과 피부색이라는 백인의 일반적인 입장을 쉽게 받아들였다.

나의 유년기는 두 세계로 분명하게 구분되어 있었다. 하나는 코사족의 세계였다. 그곳에서 내 또래 놀이 친구들인 트왈리드코보, 바투니 등의 관심사는 진흙으로 작은 황소나 장난감 창을 만드는 것과 달리기, 칼싸움 등 전적으로 육체적 활동의 세계에 있었다. 다른 하나는 영국 학교 이야기와 미국 만화책이 있던 나의 백인 세계였다. 그곳은 흑인 친구들로선 도저히 이해할 수 없는 세계였다. 나는 그들에게 딕 트레이시, 배트맨, 슈퍼맨, 릴 애브너, 로운 레인저, 호파롱 캐시디, 그리고 캡틴 마블 이야기를 해주기 위해 애썼으나 헛일이었다. 그것은 따로 존재하는 하나의 세계, 언어, 그리고 온전한 문화였던 것이다. 내 침대 옆에는 해리 와튼, 밥 체리, 번터, 그리고 리무브의 부엉이 이야기들이 실린 「연간 그레이프라이어즈」*Greyfriars Annual*가 놓여 있었다. 하지만 내 놀이터에는 허리에 밑 가리개를 두른 소년들이 있었고, 그들 중 일부는 열다섯 살도 되기 전에 도끼 전투에서 목숨을 잃을 것이었다.

나의 어린 시절은 백인 남아프리카 소년의 전형적인 유년기가 아니었다. 대부분의 남아프리카 백인 아이들은 나와는 반대로 원주민 부족 거주지 바깥에서 살고 아무런 부족어도 배우지 않는다. 실제로 내가 한참 떨어진 킴벌리의 기숙학교에 다닐 때, 그곳의 여러 친구들은 나를 호기심의 대상으로 바라보았다. 그들은 트란스케이가 마치 달의 보이지 않는 뒷면에 있으며 그곳에 사는 이들은 누구나 무시의 대상을 넘어 마치 원시인이라도 되는 것처럼 이야기했다.

'흑인들은 우리와 결코 같을 수 없다', '그들은 우리와 같기를 원치 않는다', '그들은 분명 하느님이 따로 떼어 두고 다른 피부색, 다른 냄새, 다른 말, 다른 태도 등을 가지고 (당연히 그 모든 것에서 우리보다 열등한 존재로) 다른 곳에 살도록 의도하신 까닭에 검게 창조되었다' 등등, 백인들이 일반적으로 받아들이던 흑인에 대한 판에 박힌 관념이 다른 백인 아이들과 접촉하게 되면서 내게도 강하게 자리잡게 되었다. 성직자들이 가끔 우리에게 그런 것은 기독교적인 사고방식이 아니며 인종주의적 사고는 비기독교적인 것이라고 말했지만, 그들의 말은 우리를 결코 설득할 수 없었다. 그것은 모두 우리가 직접 보아 알 수 있다고 여기던 것과는 모순되는 학문적 이론일 뿐이었다.

　케이프타운의 대학에 입학해 법대생이 된 1952년, 나는 아프리카너 국민당 치하에서 간헐적으로 벌어지던 흑인들의 도심 폭력 사태 중 하나가 시작되는 것을 보았다. 그리고 그 해에 나의 로마법 강사였던 해럴드 레비가 우리나라의 인종 문제에 대해 어떤 생각을 가지고 있는지를 내게 물었을 때, 내가 한 대답은 그에게 깊은 충격을 주었다. 내가 앵무새처럼 따라 읊었던 상투적 문구는, 최고의 흑인은 보호구역 안에 있는 사람들로서 그들은 교육을 통해 오염되지 않고 소박한 부족 상태로 보존되어 있다는 것이었다. "그들을 보호구역으로 되돌려 보내거나 쏴 버리거나, 둘 중에 하나지요. 그들이냐, 우리냐 그거지요."

　그의 혐오 어린 표정은 내게 깊은 영향을 미쳤다. 그는 내가 엄청나게 존경하던 사람이었기에 그가 내 대답에 충격을 받았다는 사실은 그 대답이 올바르고 상식적인 것이라는 나의 확신, 혹은 그러한 '과격함'이 필시 영리함이라는 나의 확신을 뒤흔들어 놓았다. 그리고 로마법과 로마-네덜란드 법, 특히 유스티니아누스 법전에 분명히 씌어진 기독교에 기반한 많은 법률 원칙들을 통해 면면이 통용되어 온 정의의 원칙들과 나의 확신에 찬 완고함 사이에 어떤 골이 패어 있는지가 점점 더 분명해지면서 나의 완고함은 더욱 흔들리게 되었다.

　나의 동요는 미국에서 온 흑인 교환학생과 법대 강의 하나를 잠시 함께 듣게 되었을 때 더욱 심해졌다(당시는 아프리카너 국민당이 대학들을 분리시키는 법령을 아직 통과시키지 않은 때였다). 그 미국인 흑인 젊은이는, 놀랍게도 미국식 억양으로 말을 했던 것이다! 영화에서 본 것과 똑같이……

그것은 흑인들은 자동적으로 백인과는 다른 억양으로 말을 하는 것이 아니라는 것을 뜻했다. 그것은 곧 억양은 인종과는 아무런 관련이 없다는 뜻이었다. 그러니까 일본인이나 인도인, 또는 코사 족까지도, 어릴 때부터 버킹엄 궁전에서 자라기만 한다면 정확히 영국의 왕처럼 말을 할 것이란 의미가 되는 것이다.

그리고 그것은 곧 언어 외의 다른 모든 것들도 그렇다는 뜻이다. 문화는 인종이나 피부색이 아닌 환경에 달린 것이라는 생각을 포함해서.

이 생각은 정말 연쇄반응처럼 새로운 결론들을 만들어냈다. 그 정점에 해당하는 결론은, 그 모든 것들이 환경에 의해 결정된다면 동일한 환경결정 원리에 의해 우리 남아프리카 백인들 역시, 잘못된 사실에 입각한 사실상 거짓임이 분명한 생각을 그대로 물려받은 희생자인지도 모른다는 것이었다. 나는 에이브러햄 링컨과 윌리엄 윌버포스(William Wilberforce ; 18세기 말~19세기 초 영국의 박애주의 정치가. 당시 영국이 점령한 해외 식민지에서 행해지던 노예제 철폐를 주장했다―옮긴이)와 영국 자유당원들 등에 관한 책이나 그들이 직접 쓴 많은 책들에서 더 진전된 해답을 찾았다. 그리고 그 무렵에 앨런 페이턴의 소설 『절규하라, 사랑하는 조국이여』가 출간되었고, 뒤를 이어서 나딘 고디머(Nadine

Gordimer ; 남아공의 여성 작가. 인종간의 협력과 이해를 촉구하는 작품을 많이 남겼다. 1991년 노벨문학상을 수상했다—옮긴이) 같은 위대한 남아공 작가들의 작품들이 출간되었다. 그 작품들로 인해 내 의식에서 아파르트헤이트의 정당성을 주장하는 생각이 갈기갈기 찢겨져 나갔으며, 그후 20년 동안 나는 인종주의 탈피 교육이 완료되었다고 믿고 있었다. 스티브 비코를 만나기 전까지는 말이다.

하지만 그 문제에 관해 스티브 비코가 내 눈을 어느 정도 열어 주었는지 설명하기 위해서는 먼저 내 눈이 얼마나 닫혀 있었는지를 말해야만 한다. 스무 살에 아파르트헤이트가 하나의 거대하고 추악한 거짓이라는 결론을 내린 나는, 동시에 그것에 맞서 싸워야 한다는 결론도 내렸다. 그래서 나는 법학 공부를 그만 두고 정치에 투신하였다. 아파르트헤이트는 아프리카너 국민당의 산물이었으므로 나는 일단 당시 주요한 백인 야당이었던 남아프리카 통일국민당(통칭 United party, 정식 명칭은 United African Nationalist Party. 1934년 헤르초흐가 이끄는 국민당과 스뮈츠가 이끄는 남아프리카당이 합당함으로써 성립되었다—옮긴이)의 당원이 되려고 했다. 하지만 그 당의 정강 서류를 읽자마자 나는 그 당이 아파르트헤이트에 전면 반대하고 있는 것이 아니라는 결론을 내렸다. 사실 그 당의 정강은 아프리카너 국민당의 인종 차별 상표를 물에 탄 것에 불과하였다. 통일국민당은 모나지 않은 분리를 원했다. 단지 더 '인간적인' 노선에 입각한 분리를. 그 당은 내가 있을 당이 아니었다. 나는 악에 맞서는 데 있어 단지 그 악이 조금 누그러진 형태에 안주하는 것에서는 아무런 의미도 찾을 수가 없었다.

당시의 정세에서 내 눈에 현실성 있는 미래를 가진 것으로 보였던 다른 유일한 정당은 신생 연방당(Federal party)이었다. 그 당이 옹호하는 것은 인종이 아닌 교육 수준을기준으로 하는 선거권 부여, 그리고 미국 연방제와 비슷한 중앙 정부 권력의 지방 이전 등이었다. 나는 당의 그런 노선에 매력을 느꼈다. 첫째, 그 안에는 봇물 터뜨리듯 선거권을 완전 개방하지 않고도 모든 인종 차별을 폐지한다는 의미가 함축되어 있었고, 둘째, 남아프리카의 연방화가 스와질란드, 레소토, 보츠와나, 나미비아, 짐바브웨, 잠비아 등과 함께 합리적이고 더 큰 남부 아프리카 연방으로 이어질 수 있기 때문이었다.

2년 후 연방당은 나를 어느 국회의원 선거구에 후보로 지명했다. 하지만 백인 유권자들은 비인종적 선거권 부여라는 생각에 두려움을 감추지 못했고, 나는 1천 표도 얻지 못한 채 완패하고 말았다. 나이가 스물 세 살밖에 되지 않았던 데다 금방 기운을 되찾곤 하던 나는 그 일로 낙담하지 않았다. 아파르트헤이트를 포기하도록 백인 유권자들을 설득할 수 있을 때까지는 오랜 시간이 걸릴 것이라고 결론 내린 나는, 백인 정당에서의 활동을 접고 언론계로 들어갔다. 내 동료 백인들을 웅변으로 개종시키지 못한다면 펜을 가지고 그렇게 노력하리라! 적어도 나의 의도는 그런 것이었다. 30년의 세월이 흘러 백만 마디, 어쩌면 그 이상 될지도 모르는 아파르트헤이트 반대의 말을 쓰고 난 지금, 나는 그러한 내 노력이 성공의 영예를 얻지 못했음을 알고 있다. 사람들은 편견을 쉽게 버리지 못하며, 압도적 다수인 흑인들을 두려워하는 소수 백인들은 특히 그러하다. 그리고 아파르트헤이트를 거부하는 백인들의 수가 증가해 왔음에도 불구하고 남아프리카 백인들의 대다수는 여전히 그것을 신봉하고 있다.

1958년에 언론인의 길을 걷기로 최종 결정한 나는, 언론인으로서의 방대한 경험을 단기간에 집약해내야 한다는 것을 깨달았다. 처음에는 법, 두번째는 정치에서 내가 불운한 시도를 하고 있는 동안, 내 연배의 언론인들이 이미 5년간의 수습기를 거치면서 획득해 놓은 능력을 따라잡기 위해서였다. 그에 따라 나는 해외로 나가 영국과 캐나다에서 2년 동안 언론인으로 일했다. 그 당시 내가 맡았던 일들 중 가장 인상적이었던 것은 런던의 「데일리 헤럴드」*Daily Herald*지에 근무할 때 미국 최남단을 여행하며 그곳의 인종 차별과 남아프리카의 아파르트헤이트를 비교한 것이었다. 아칸소 주의 리틀 록이란 곳에서는 내가 도착한 지 겨우 한 시간이 지났을 때 KKK단(미국의 반흑인 비밀 테러단체—옮긴이)이 카르텔유 윌즈라는 흑인 남자의 집을 다이너마이트로 폭파시켰다. 그 흑인은 기꺼이 내 인터뷰 제의에 응해주었고, 그것은 당시 미국 남부의 흑인들뿐만 아니라 백인들과도 가졌던 흥미진진한 여러 인터뷰의 시발이 되었다.

나는 미국 남부와 남아프리카에서 표명된 인종주의가 분명
여러 면에서 서로 유사함에도 불구하고 사실과 양상의 측면에서
몇몇 흥미로운 차이들이 있음을 발견했다. 중요한 차이는 워싱턴
의 연방 정부가 남부의 인종주의를 인정치 않는 반면, 남아프리
카에서는 국가가 인종주의를 사실상 권장하고 법률에 입각해 실
행한다는 점이었다. 남아프리카에서는 백인이 흑인에게 린치를
가한 일이 한 번도 없었으며, KKK단 같은 공개 조직도 없었다.
아프리카너 국민당은 휘황찬란한 의회 공간에서 성문법을 다듬
어 제정하는 식의 방법으로 자신들의 인종적 편견을 실행하길 선
호한다. 캘빈주의적이라고 주장하는 자신들의 양심에 대고 그러
한 방법을 정당화하기 위해 몇 시간 동안 위선적인 종교적 열변
을 토하고 난 다음에 말이다.

나는 샤프빌 사건이 발생한 해인 1960년에 남아프리카로 돌
아와 이스트런던의 「데일리 디스패치」*Daily Dispatch*지에서 취
재 기자로 일하기 시작했다. 내가 거기 들어간 것은 그 신문의 전
반적인 정치적 입장에 탄복했기 때문이고, 또한 그 신문이 이스
턴 케이프 주의 내 고향집 부근에 배포되기 때문이기도 했다. 나
는 1965년에 편집위원으로 임명되었는데, 당시 대부분의 직원들
이 나이와 경력에서 나보다 몇 년씩이나 앞서 있었음에도 서른
한 살의 내가 그들보다 높은 직위에 임명되는 것에 분개하는 사
람은 아무도 없었다. 매일같이 아파르트헤이트를 비난하는 논설
의 수위를 높이고, 그로 인해 신문 발행을 금지시키겠다는 정부

의 잦은 위협에 시달리며 때론 직원들의 생계가 위태로워지기까지 했지만, 그들은 내게 결코 흔들림 없는 지지를 보여주었다.

나는 정부의 위협에 대해서는 거의 염려하지 않았다. 정치부 기자로 의회 기자실에서 보낸 2년 동안 아프리카너 국민당 인물들의 사고방식을 파악했던 나는, 그들이 우리 신문에 대응하기보다는 개인으로서의 나를 공격할 것이라는 점을 알고 있었기 때문이다. 그래서 나는 '위험한' 논설들에 대해서는 내 개인적 견해임을 표명하는 전략으로 신문사의 피뢰침 노릇을 하려 애썼다.

더 강경해진 논조에 대한 첫 반응은 백인 사회의 분노에 찬 비난이었다. 그 결과 많은 광고 계약이 해지되고 구독이 끊겼다. 하지만 얼마 지나지 않아 발행부수와 광고수익이 모두 상승세로 돌아섰고 이어서 해마다 꾸준한 성장을 하게 되었다. 전국의 광고주들이 점차 커가던 소비시장에서 흑인 고객의 눈길을 붙들려 하던 차에 예기치 않게 흑인들의 신문구독 붐이 일었다는 점에서 이것은 순전히 행운이었다.

「데일리 디스패치」지의 편집권을 넘겨받았을 때 나는 3년간은 체포나 구속, 혹은 보안관찰 처분을 받지 않게 해달라고 기도했다. 그런데 총 12년을 그 자리에 있게 되었으니 덤으로 얻은 9년의 시간을 깊이 감사드려야 했다! 그 12년 동안 남아프리카의 정치 발전은 급격하고도 격렬했다. 백인 정치권에서는 진보당(Progressive party)이 1958년에 건설되어 있었다. 그 당은 내가 이전에 함께 했던 연방당보다 내용 면에서 견실하기는 했지만 사실상 그와 동일한 정강 정책을 가진 조직으로서 연방 운동 실패 후 건설된 것이었다. 자유당(Liberal party)도 이미 창당되어 있었지만, 그 당의 1인 1투표제 정책은 선거에서 백인들로부터 털끝만큼의 지지도 받을 가능성이 없었다. 작가 앨런 페이턴의 지도 아래 몇 년 동안 대담한 걸음을 내딛던 자유당은 아프리카너 국민당이 그 당의 여러 핵심 당직자에게 보안관찰 처분을 내리고 다인종 정당을 법적으로 금지한 후 해산되고 말았다. 백인 유권자들은 자격요건에 따른 선거권 부여라는 비교적 신중한 정책을 가졌던 진보당조차도 너무 위험스럽고 과격하다고 생각하고 있었다. 이후 진보당이 의회에서 한 석을 얻기까지는 10년 이상의 세월이 흘러야 했다. 그 한 석의 주인공은 의회에서 홀로 반인종주의 대의를 옹호함으로써 투표권이 없는 남아프리카 흑인 대중으로부터 존경과 사랑을 받았던 당당한 여성, 헬렌 수즈먼(Helen Suzman)이다.

그러므로 내가 스티브 비코와 첫 만남을 가지기 바로 전의 몇 년간은 다음과 같은 것이 전반적인 정치 상황이었다. 아프리카너 국민당은 백인 의회를 확고히 장악하고 있었고, 1948년 아파르트헤이트 선거에서 승리할 때에 비추어 봐도 권력의 입지를 훨씬 더 확고하게 굳혀 놓은 상태였다. 도시 지역(반[反]국민당 우세 지역)과 비교하여 농촌 지역(아프리카너 국민당 우세 지역)에 특혜를 주는 선거방식과 아프리카너 국민당원의 한 표가 반대표 두 개와 거의 맞먹도록 설정해 놓은 선거구 덕분에 아프리카너 국민당은 의회 의석의 3분의 2를 차지하였다. 헬렌 수즈먼의 의석을 뺀 나머지 의석들은 모두 1974년이 될 때까지, 한때 얀 스뮈츠가 이끌었던 통일국민당이 차지하고 있었다. 하지만 1974년 총선에서 진보당이 선전한 후 통일국민당의 의석수는 줄어들었고 이후 내부 분열이 일어 1977년 통일국민당은 결국 해산하였다. 1977년 11월 30일에 있었던 총선이 끝난 후의 상황은 다음과 같았다.

아프리카너 국민당	135석
진보당	17석
신(新)공화당(구〔舊〕통일국민당)	10석
남아프리카당(South African party)	3석

1977년 11월에 대부분의 남아공 백인 유권자들은 분명, 어쩔 수 없다면 전면적인 내전을 벌여서라도 흑인해방운동에 맞서 대항한다는 쪽으로 표를 던졌다.

하지만 백인 유권자들이 무력으로 뒷받침되는 인종주의 정책을 그런 식으로 공인한 것은 몇 년 전에 시작되어 점점 더 심해지던 법률적 인종주의가 최고조에 달한 결과였다. 아프리카너 국민당은 30년 동안 억압적 인종주의 법률들을 계속 늘려 방대한 양을 축적했다. 그들은 아파르트헤이트 규정과 규칙들을 무려 수백 가지에 이르도록 점차 늘려서, 흑인들로 하여금 투표를 하지 못하게 하고, 특정 부류의 일을 하지 못하게 하고, 백인들과 정치적으로든 사교적으로든 스포츠를 통해서든 만나지 못하게 하고, 그들과 성관계를 갖지 못하게 하고, 도시에 살지 못하게 하고, 일거리를 찾아 자유로이 이주하지 못하게 하고, 아파르트헤이트에 대해 효율적인 투쟁을 수행할 수 없게 하고, 노조를 만들지 못하게 하고, 백인과 엘리베이터나 건물 현관 또는 공용 화장실을 같이 쓰지 못하게 하고……. 정말이지 그 어떤 중요한 영역에서도 백인들과 조금이라도 공정한 조건을 누리며 경쟁할 수 없도록 했다. 흑인은 복잡하게 구성된 특별 신원증명수첩인 신분증을 휴대해야만 했고, 어떤 상황에서건 정부의 승인이 제대로 박힌 신분증을 내밀지 못하면 감옥에 갈 수도 있었다. 히틀러의 뉘른베르크 법 이래, 세계 어느 정권도 특정한 집단에게 남아프리카의 소수인 아프리카너 국민당 정부가 자신의 국민인 다수의 흑인들에게 강요한 것과 같은 극악무도한 인종주의적 규제를 가한 적이 없었다.

아프리카너 국민당의 정책들은 모두 남아프리카의 4백 5십만 백인들 중 3백만 명이 권력 전체를 움켜쥐고, 1천 6백만 흑인들과 1백만의 '혼혈계' 주민들, 1백만의 '인도계' 주민들, 그리고 비(非)아프리카너 백인들과 반(反)국민당 백인들을 지배할 목적하에 만들어졌다. 3백만 명이 2천만 명 이상의 국민들을 분리하여 지배하기 위하여 개발된 것이 '홈랜드' 정책이었다. 전국의 15퍼센트도 안 되는 땅이 '홈랜드'로 따로 지정되었다. 1천 6백만 흑인들이 약 9개의 '독립된 홈랜드'의 시민으로 분리되면, 그들은 더이상 남아프리카라는 더 큰 나라의 시민이 아닌 것이 되고, 그렇게 된다면 남아프리카 국토의 주요 지역에서 4백만 백인들이 규모가 제일 큰 인종 집단으로 남을 수 있다는 것이 그 정책의 구상이었다. 그 정책이 시행되자 4백만 줄루족은 콰줄루라는 작은 홈랜드의 시민이 되었고, 4백만 코사족은 두 개의 코사족 홈랜드인 트란스케이와 시스케이의 시민이 되었다. 주요한 두 흑인 '인종' 집단이 그렇게 배치되었고 나머지는 다른 여섯 개의 홈랜드 시민으로 편제되었다.

'홈랜드'란 말은 그 지역이 해당 '인종 집단'의 자연적 고향이라는 의미를 함축하기 위해 사용된 말이다. 그러나 이른바 홈랜드의 시민들 중 상당수는 원래 자신들의 고향이었다는 그곳을 한 번도 본 적이 없을 뿐더러, 때론 그들의 조상이 몇 세대 전부터 그 고향 땅이라는 곳에서 한참 먼 대도시 지역에 살았던 경우도 매우 많았다. 아프리카너 국민당은 경건한 어조로 주장한 바, 자신들은 줄루족, 코사족, 스와지족, 벤다족, 츠와나족, 소토족 집단들이 단독으로 자신들의 인종적 정체성을 보존하게 함으로써 각각 자기 집단의 문화와 언어, 그리고 '민족적 자긍심'을 지닐 수 있도록 해주기 위해 그러한 정책을 선택했다는 것이다. 하지만 그것은 말도 안 되는 위선이다. 응구니어(줄루어, 코사어, 스와지어, 은데벨레어 포함)는 대부분의 남아프리카 흑인들이 사용할 수 있다. 게다가 줄루어와 코사어는 서로 거의 똑같아서 영어와 아프리칸스어가 공유하는 것보다 더 많은 공통 어휘와 표현을 갖고 있다. 그런데도 영어를 쓰는 백인들과 아프리칸스어를 쓰는 아프리카너 백인들을 서로 분리된 홈랜드들에 살도록 하려는 배려는 전혀 없다. 백인은 피부색만 희면 인종을 초월하지만, 흑인은 피부색이 똑같이 검어도 그렇지가 않다니!

흑인들은 그렇게 인종에 따라 분리되어 홈랜드 땅으로 들어가길 원하는지의 여부를 단 한 번도 여론조사와 같은 정당한 방법을 통해 스스로 밝힐 기회를 허락받지 못했다. 그것은 아프리카너 국민당 정권이 분리와 지배라는 목적을 달성하기 위한 산술적 필요성 때문에 자기들을 위해 내린 결정일 뿐이다. 압도적 다수의 흑인들이 기회만 있다면 홈랜드 정책을 다른 모든 명시적 아파르트헤이트 방안들과 함께 거부할 것이라는 사실은 거의 확실하다. 하지만 일부 흑인들은 홈랜드 분배를 받아들였다. 그들은 그것이 최선의 선택은 아니라는 점을 분명히 했지만(최선의 선택은 말할 것도 없이 분리되지 않은 남아프리카에서 동등한 권리를 누리는 것이다), 자기들 땅이라고 부를 수 있고, 아파르트헤이트의 채찍이 미치지 않는 땅에서 적어도 정상적인 삶을 사는 편을 택한다고 밝혔다. 그런 사람 중 하나가 대추장 카이저 마탄지마인데, 그는 약 2백만 코사족이 살 홈랜드로 덴마크만한 트란스케이 땅의 독립을 받아들였다. 하지만 트란스케이 예산의 대부분은 국민당 정부로부터 나온다. 그래서 많은 흑인들은 그것이 프리토리아(Pretoria ; 남아프리카 공화국의 행정수도—옮긴이)의 돈줄에 묶인 정체불명의 독립이라는 점을 지적하는 것이다.

알버트 루툴리, 넬슨 만델라, 로버트 소부퀘, 그리고 스티브 비코의 정치적 계승자들은, 마탄지마와 콰줄루의 추장 가차 부텔레지, 보푸타츠와나의 추장 루카스 망고페, 가잔쿨루의 교수 허드슨 은찬위시, 시스케이의 추장 레녹스 세베, 그리고 레보와의 세드릭 파투디 박사 등의 홈랜드 지도자들이 흑인의 영토 유산을 조각조각 나누는 것을 받아들임으로써 인종적 · 부족적 아파르트헤이트에 협력하고 그럼으로써 홈랜드 분배에 협조한, '동족을 팔아넘긴 자들'이라고 공격하였다. 이 홈랜드 지도자들은 모두 한결같이 강하고 분명한 어조로 아파르트헤이트를 비난했지만(많은 추종자를 거느리고 있던 부텔레지는 특히 더 그랬다) 그들의 마음 깊은 곳에는 더 급진적인 흑인 지도자들, 특히 지금 대도시 지역에서 반기를 들고 있던 흑인 청년들에 대한 불쾌감이 자리하고 있었다. 그 청년들은 나라 전역에서 모든 흑인을 해방시킨다는 총체적 대의를 위해 타협적 입장과는 완전히 결별해야 한다고 생각하고 있었다. 마찬가지로 혼혈계 청년 운동가들과 인도계 운동가들도 정부가 인정한 혼혈계 대표자 평의회(Colored Persons' Representative Council)와 남아프리카 인도인 평의회(South African Indian Council)의 회원들에 대해 그와 비슷한 분노를 표명하고 있었다.

ANC와 PAC가 당국의 금지 조치를 당한 후 흑인 저항정치는 대중적인 공백 상태에 빠졌다. 남은 회원들은 지하로 몸을 피할 수 있었지만 핵심 지도부가 투옥되었으므로 ANC와 PAC의 대중적 영향력은 작아질 대로 작아진 상태였다. 대부분의 홈랜드 지도자들이 쓸데없이 큰 빵 덩어리를 전부 얻겠다고 싸우느니 그 중 일부라도 얻고 만족하는 것이 실용적이라는 판단을 내린 것은 그 무렵이었다. 하지만 ANC와 PAC 지지자들은 비록 살벌한 공안법과 지도력의 공백 상태로 인해 반대 의사를 공개적으로 명료하게 표명하지는 못했지만 그러한 실용주의에는 여전히 결사반대하는 입장이었다.

그 지도력의 공백 상태에 발을 내디딘 사람이 바로 비범한 재능의 소유자 반투 스티브 비코였다. 그는 그 공백을 메우며 그 전에 어떤 흑인 지도자도 해낼 수 없었던 방식으로 흑인 투쟁의 철학과 목적을 명쾌히 밝혔다. 그의 지도력은 눈에 띄지 않는 방식으로 나타났다. 그것이 그의 스타일이었다. 사실, 그의 성격이 매우 과묵하고 이기적이지 않은 탓에 꽤 많은 시간이 흐르고서야 흑인들 사이에 그가 해온 일들이 알려지기 시작했다. 게다가 그가 불과 스물한 살의 나이로 그런 일들을 했다는 사실 자체도 지지자들의 이목을 집중시키는 것이었다.

내가 비코를 처음 만난 것은 그로부터 몇 년 후였는데, 그것도 비코의 친구이자 내 친구이기도 했던 이들로부터 근 1년 이상 재촉을 받은 끝에 이루어진 일이었다. 나는 그가 어떤 입장을 지지하는지를 알고 있었고 그런 입장을 마땅찮게 생각하던 사람이었기 때문에 그런 재촉에도 불구하고 그를 만나고 싶지 않았던 것이 사실이다. 그는 이미 5년 동안 흑인의식운동의 창시자이자 주된 전도사 노릇을 한 사람이었고, 나는 그 운동을 흑인 인종주의의 발현으로 보았다. 최선을 다해 백인 인종주의를 반대해 온 나로서는 어떤 형태의 흑인 인종주의에 대해서도 관용을 베풀고 싶은 마음이 없었다. 나는 한 형태의 인종주의를 또다른 형태의 인종주의로 바꾸어 봐야 아무 소용이 없다고 여겼는데, 비코의 운동에 대해 읽고 들어온 모든 것은 나로 하여금 그 운동을 배타적인 역인종주의로 여기게 했던 것이다.

나의 새로운 공부가 이제 막 시작될 예정이었다. 하지만 스티브 비코와의 만남을 통해 그것이 어떻게 시작되었는지를 말하기에 앞서 개인적으로 한 사람을 소개해야겠다. 바로 나의 아내 웬디이다. 그녀는 나와 함께 비코를 겪었고, 그 경험에 함축된 의미를 나보다 더 빨리 파악했으며, 타고난 정치적 통찰력으로 정통 자유주의자로서 종종 미궁에 빠지곤 하던 나를 내가 전혀 몰랐던 심오한 흑인 정치의 심연으로 인도했다. 트란스케이에서 태어났고 나와 비슷한 내력에, 인종적 편견도 비슷했지만 그녀는 내가 겨우겨우 해낸 것보다 훨씬 빨리 그런 것들로부터 벗어났으며, 완강한 보수주의를 던져버리는 경주에서 나를 한참 뒤로 제쳐버렸다. 내게는 강연과 책, 그리고 나를 깨우치는 경험들이 필요했지만, 그녀는 혼자 힘으로 그 대부분을 해냈다. 그녀의 인식이 얼마나 빨랐던지 몇 년 후 비코는 한 번씩 내게 "웬디는 아는데 당신은 왜 모르는 거야?"라고 말하곤 했다.

비코와 친해지기 전에 웬디와 나는 정통 남아프리카 자유주의자의 견해를 공유하고 있었다. 우리의 공통된 견해는 내 사설과 칼럼들에 반영되어 일주일에 한 번씩 여섯 개 신문에 게재되었다. 내 입장은 아파르트헤이트를 전면적으로 반대하는 것이었으므로, 이미 1972년에 포르스테르 총리가 화를 내며 "당신이 쓰고 있는 허튼 생각이 흑인들에게 혁명을 선동하고 있단 말이야!"라는 말을 내게 던진 적이 있었다. 그때 내 대답은 선동은 정작 당신네 아파르트헤이트 법률들이 하고 있다는 것이었다.

하지만 비코 덕분에 나는 아파르트헤이트 법률들보다 흑인들이 투쟁해야 할 더 큰 문제가 있다는 것을 알게 되었다. 비코의 흑인의식운동은 법률적 억압뿐만 아니라 심리적 억압에, 경제적 착취를 가능하게 한 아파르트헤이트 법령들뿐만 아니라 바로 그 착취에 과녁을 겨누고 있다는 사실을 알게 되었던 것이다. 그리고 투쟁이라는 말은 백인 정당의 정치 과정 내에서 상상되고 획정된 한계를 훨씬 뛰어넘는다는 것도 알게 되었다. 스티브 비코를 알아가면서 나는 그의 특별한 천재성이 사슬을 끊기 위해 존재했던 것임을 깨닫게 되었다. 법적 아파르트헤이트라는 사슬 못지않게 흑인들을 옥죄어 온 심리적 사슬 말이다.

2. 인간 비코

스티브 비코를 소개받다

나를 협박하여 스티브 비코를 처음 만나게 만든 사람은 한눈에도 너무나 매력적인 미모의 흑인 여성이었다. 비서가 벨을 울리고 말하길 닥터 람펠레가 사무실에 와서 나를 만나고 싶어 한다는 것이었다. 이름을 듣고 그가 흑인이라는 것을 안 나는 백인에게 순종적인 다소 기죽은 듯한 반백의 지긋한 의사를 떠올렸다. 하지만 그런 상상은 현실과 동떨어져도 한참 동떨어진 것이었다.

그녀는 문을 휙 열어제치고 들어왔다. 청바지와 흰 스웨터를 입은 그녀는 호리호리했다. 허리에 손을 얹은 채 도전하듯 내 책상 앞에 서서 그녀는 고함을 지르다시피 격하게 나를 비난했다. "부텔레지나 만탄지마 같은 배신자들로 머릿기사를 온통 도배하는 이유가 뭐죠? 진짜 흑인 지도자를 알고 싶지 않아요? 스티브 비코에게는 언제쯤 갈 거죠? 당신도 알다시피 그 사람은 보안관찰 처분 상태라 당신에게 올 수가 없어요. 그러니 당신이 그를 보러 가는 게 어때요? 도대체 뭐가 문제죠?"

이 여자는 정말 걸물이었다. 남아프리카에는 흑인 의사가 거의 없고, 흑인 여의사는 정말 드물었다. 나는 잠비아, 런던, 그리고 또다른 곳에서 그런 종류의 열변을 토하기 위해 언론사 사무실로 성큼 걸어 들어오는 신념에 찬 침착한 흑인 여성들을 만나본 적이 있지만, 우리나라에 그런 여성이 존재하리라고는 한 번도 생각지 못했다. 남아프리카의 흑인 여성들, 아니 사실 남성이건 여성이건 간에 대부분의 흑인들은 백인 앞에서는 지나치게 기가 죽어 있었던 것이다.

이 여자는 남아프리카 흑인의 신인류 — 흑인 의식을 갖고 있는 — 였다. 순간 나는 지금 내 앞에 있는 사람과 같은 종류의 인간을 만들어낸 운동이라면 그것은 남아프리카의 흑인들이 3백 년 동안 필요로 해온 자질을 갖추었을 것임을 직감했다. 흥분되는 순간이었다. 우리나라에서 국가 전체라는 방정식에 새로운 요소가 더해진 것을 발견한 순간이었던 것이다. 그리고 그 순간이 바로 내 눈 앞에서 펼쳐지고 있었다. 처음의 충격에서 벗어난 후 나는 순전히 기쁨에 차서 입을 다물지 못하고 싱글벙글 웃는 것으로 그 열변에 답했던 것으로 기억한다. 이 놀라운 의학박사 람펠레는 곧 마음을 진정하고 의자를 끌어당겨 앉더니 끈기 있고 조용하게 흑인 정치의 현실과 흑인의식의 철학에 대해 감탄이 절로 나오는 설명을 하기 시작했다. 그녀는 자신이 나의 다른 약속들을 일순간 죄다 시시한 것으로 만들어 버렸을 거라고 굳게 믿는 듯했다(그 생각은 거의 정확했다).

앞에서 설명한 것처럼 나는 그때까지 흑인의식운동에 대해 부정적인 태도를 취하고 있었다. 얼마 안 되는 남아프리카의 백인 자유주의자 중 한 사람으로서 나는 인종을 정치적 사고의 한 요소로 보는 것에 전적으로 반대하며 비인종주의 정책과 철학에 철저히 전념해 왔다. 당시 비코와 흑인의식 철학, 그리고 그가 만든 조직들에 대해 아는 바가 거의 없던 상태인 나에게 그와 그의 철학, 그리고 조직은 자유주의적 입장을 거부하는 것으로 대표되었다. 이 비코라는 사람이 자유주의적 입장을 거부한다는 것은 그가 NUSAS에서 조직을 분리하여 흑인으로만 구성된 SASO를 창설하고 흑인 학생들은 흑인으로서 '그들 자신의 일을 함'으로써만이 정치적 자립을 이루어 나갈 수 있다고 주장했던 것을 보면 드러나는 사실이었다. 흑인 학생들은 흑인인 그들 자신만의 정체성을 발전시켜야 한다는 그의 주장이 내게는 인종주의로 비쳤기 때문에 나는 SASO의 창설을 백인의 자유주의적 결의에 대한 배신행위로 간주했다. 또한 흑인공동체운동과 흑인으로만 구성된 스포츠 단체들 및 정치범 가족들을 부양하기 위한 신용기금 등등 비코가 창설한 다른 흑인의식운동 단체에 대해서도 마찬가지 생각이었다. 그 조직들은 내게는 전도된 아파르트헤이트 정신 즉 전도된 인종주의로 여겨졌던 것이다.

람펠레는 내 말을 끝까지 끈기 있게 들었다. 그리고는 또다시 거의 고함을 지르다시피 분통을 터뜨렸다. "이것 봐요, 당신은 모든 걸 잘못 알고 있어요! 우리는 인종주의자가 아니에요. 우리는 단지 우리 자신이기를 고수하는 것뿐이라고요. 당신은 반드시 비코에게 가서 그와 얘기를 해보아야 해요. 그가 모든 걸 설명해 줄 거예요."

약속이 정해졌다. 그날 나는 차로 한 시간 거리인 이스트런던에서 킹윌리엄스타운까지 차를 몰고 가면서 비코에 대해서 들었던 말들과 그에 관해 읽었던 글들을 마음속에 다시 떠올리고 있었다.

내가 알고 있던 바로는, 그는 지적으로 탁월한 사람이었고, 일찍이 열렬한 추종자들이 생길 정도로 카리스마적인 인품의 소유자이기도 했다. 흥미로웠던 것은 그에 대한 NUSAS 백인 지도부의 태도였다. 나는 NUSAS의 명예 부의장이었기 때문에, 비코가 조직을 분리해 나간 것과 그 과정에서 보여준 NUSAS의 이상에 대한 거부 등에 관해 NUSAS의 백인 지도부가 분개할 것이라고 생각했다. 그러나 그들은 그 일을 매우 유감스럽게 여기고 있었음에도 이상하게 비코의 입장에 대해 비판적이지 않았다. 나는 그런 태도가 흑인을 비판하는 것을 일반적으로 꺼려하는 백인 자유주의자들에 내재한 일종의 나약한 굴종이라고 보았고, 때문에 이 모든 일에 대해 그들이 명백하게 묵인한 것을 적잖이 못마땅해 한 바 있었다. 사실, 나는 사설과 연설 등을 통해 SASO를 매몰차게 공격하고, 스펙트럼에서 그들의 반대편에 서 있는 아프리카너 민족주의자들처럼 그들 역시 인종주의자라고 비난하면서, 매우 비판적인 태도를 취한 바 있었다. 나는 백인이 아름답지도 추하지도 않은 것처럼 흑인도 아름답거나 추하지 않으며, 백인으로 태어난 것이 장점이나 단점이 아닌 것처럼 흑인으로 태어난 것도 장점이나 단점이 아니라고 주장하면서, 흑인의 자긍심이나 '검은 것이 아름답다'는 등의 말들을 못마땅하게 생각하고 있었다. 그리고 이 모든 생각은 자유주의적으로 충분히 타당하고, 그 근거도 충분했다.

그러나 내가 깨우쳐야 했던 것처럼, 흑인이라는 사실의 미묘한 느낌 하나하나를 포괄적으로 이해할 수 있으려면 불문곡직 흑인이 되어보아야만 할 뿐, 학술적 혹은 이론적 이상주의를 통해 이러한 삶의 총체성을 이해한다는 것은 불가능하다. 비코가 NUSAS의 젊은 백인 지도부에게 전달코자 애썼던 것은 바로 이런 점이었다. 이런 사실이 그의 개인적 카리스마와 함께 그들을 감화시켰고 그들이 흑인의식운동에 대해 비난하기를 그렇게 꺼리도록 만들었던 것이다.

나는 스티브 비코의 짧지만 질풍 같은 생애의 기본적인 면면을 알아보았다. 1946년 12월 18일 킹윌리엄스타운에서 태어난 그는 브라운리 초등학교를 2년간 다니는 것으로 학교생활을 시작하여 찰스 모건 고등학교를 4년 다닌 다음 대학입학시험을 준비하기 위해 러브데일 학교로 전학했다. 러브데일 학교는 고작 석 달밖에 다니지 못했다. 고학년생들이 일으킨 소요 사태로 학교가 문을 닫았기 때문이었다. 그래서 그는 나탈에 있는 가톨릭 학원인 마리언힐로 학교를 옮겼다. 그곳에서 그는 우등생이었다. 1966년 그는 의학을 공부하기 위해 나탈 대학에 입학했다. 초반에는 공부를 잘 해냈으나 정치에 뛰어들면서부터 성적이 나빠져 학업을 계속할 수 없게 되었다. 그러나 이 무렵 그는 이미 SASO와 흑인공동체운동(the Black Community Programs)을 포함하여 자신이 설립하거나 설립을 도운 몇몇 조직들에서 인지도 높은 지도자였고, 자신이 착수한 흑인의식운동의 신념을 전파하면서 이 단체들의 전임 조직자가 되었다. 그 신념은 이 단체들의 결성에 동기를 부여하는 철학이었다. 그후 얼마 안 있어 그는 보안관찰 처분을 받고 킹윌리엄스타운 지역으로 거주를 제한당했다.

비코의 아버지 음짐카이 비코는 스티브가 네 살 때 돌아가셨다. 스티브에게는 형과 누나, 그리고 여동생이 있었다. 그는 1970년에 움타타 출신의 논치켈렐로(은치키) 마샬라바와 결혼하여 어린 아들 둘을 두었다.

첫 만남을 위해 차를 몰고 가면서 SASO의 혈기어린 젊은 창설자 비코가 썼던 글들에 대해 곰곰이 생각하자 불현듯 화가 치밀어 올랐다. 그 글은 비코가 보안관찰 처분을 받은 후인 1972년에 『남아프리카에 관한 학생의 관점』이라는 한 권의 책으로 나왔는데, 베일리 인종혼합연구소와 공동으로 H. W. 반 데르 메르베와 데이비드 웰쉬가 편집한 이 책에는 다음과 같은 내용이 들어 있었다.

"어떤 인종도 아름다움과 지성, 그리고 힘을 독점적으로 소유할 수는 없다. 따라서 우리가 승리하는 순간 우리 모두가 기회를 가지게 될 것이다." 나는 에메 세제르(Aimé Césaire)가 남아프리카를 염두에 두고 이 말을 했다고는 생각지 않는다. 남아프리카의 백인들은 돌아올 수 없는 길 위에 스스로 섰다. 이 나라에서는 흑인들의 몸과 마음을 노골적으로 착취하는 것이 백인 인종주의의 일상이다. 따라서 백인과 흑인 간의 상호배타적인 이해관계를 극복하고 우리가 그러한 가치들에 대한 평등한 기회를 가지게 될 수 있을지는 매우 불투명하다.

흑인들은 구체적인 현실 속에서 그들의 가난이 그들의 검음과 관련되어 있다는 걸 금방 알게 된다. 이 나라에 강요된 전통적인 억압 때문에 가난한 사람은 언제나 흑인일 것이다. 그러므로 흑인들이 나라의 부가 소수의 수중에 집중되어 있는 체제로부터 벗어나기를 원한다는 것은 놀라운 일이 아니다. 릭 터너(Rick Turner)가 "모든 흑인 정부는 사회주의적일 가능성이 많다"라고 선언했을 때 그가 이런 생각을 하고 있었음은 의심할 나위가 없다."(릭 터너는 1978년 1월 자신의 집에서 총에 맞아 숨졌다. 십중팔구 보안경찰이나 그들의 측근이 저지른 짓일 것이다.)

우리는 이제 아주 오랫동안 흑인 세계의 신뢰를 받아온 집단——급진적 그룹을 포함한 자유주의 집단——을 거론하려 한다. 지금까지 흑인운동이 행한 가장 큰 과오는 아파르트헤이트에 반대하는 사람은 누구나 동맹군이라고 확신했다는 것이다. 흑인 세계는 오래전부터 집권당을 총체적인 권력 구조라기보다는 분노의 대상으로만 바라봐 왔다. 흑인들이 사용해 온 정치적인 어휘들은 어떤 의미에서는 자유주의자들로부터 물려받은 것이었다. 사실, 현상유지를 위한 쓸모없는 협상을 벌이는 동안 '대중을 진정시키는 것' 이 흑인 지도자의 일거리가 된 지 오래니까…….

이러한 상황이 지속될 수 없음은 물론이다. 흑인들의 정치 운동이 금지되거나 아예 소멸될 지경에 이르도록 탄압받고 있었을 때, 새로운 유형의 흑인 지도자들은 본질적으로 자신들의 일이라고 생각한 투쟁에 자유주의자들이 개입하는 것을 의혹의 눈길로 바라보기 시작했다. 흑인운동에 대한 탄압은 자유주의자들이 '흑인들의 권리를 위한 싸움' 이라는 그들의 과업을 계속할 수 있도록 다시 한번 무대를 열어주었다. 자유주의자들은 아파르트헤이트에 반대하는 효과적인 방법이라고 자신들이 주장해 왔던 '통합' 이라는 것이 남아프리카에서는 이룰 수 없는 일이라는 생각을 한 번도 해본 적이 없었다. 흑인과 백인이 손에 손을 잡고 공동의 적에 맞서기를 희망한다면 그보다 먼저 남아프리카의 체제 전체를 면밀히 분석해 보아야만 한다. 사실대로 말해서, 흑인과 백인은 모두 성급히 만들어진 통합 조직에 발을 디뎠으나 그 조직은 파멸의 씨앗——회원들의 열등의식과 우월의식——을 내재하고 있었다. 자유주의 이데올로기의 깃발 아래 제안된 '통합' 의 신화는 깨져야 한다. 왜냐하면 인위적으로 통합된 조직은 사람들로 하여금 무엇인가 성취되고 있다고 믿게 만들지만, 실상 그것은 죄의식에 시달리는 백인들의 양심을 달래주는 것이면서 흑인들에게는 수면제와 같은 것이기 때문이다. 통합의 신화는, 그러한 조직을 이루는 것 자체가 흑인 전체의 해방을 향한 한 걸음이라는 잘못된 전제의 결과물이다. 이 나라에서는 서로 다른 인종의 사람들을 함께 어우러지게 하는 것이 어렵기 때문이다.

정치의 본질은 권력을 지닌 집단이 되는 길로 스스로를 이끄는 것이다. 대부분의 백인 반체제 단체들은 백인 권력 기구가 행사하는 권력에 대해 잘 알고 있다. 그들은 국방 예산의 규모가 얼마인지 즉각 통계 자료를 인용해낸다. 그들은 경찰과 군대가 흑인 시위대를—그 시위가 평화적이건 아니건—얼마나 효과적으로 진압할 수 있는지 정확히 알고 있다. 그들은 보안경찰이 흑인 세계에 어느 정도 침투해 있는지 알고 있다. 그런 까닭에 그들은 흑인들이 무력하다는 것을 전적으로 확신하고 있다. 그런데 그들은 왜 계속 흑인들을 대상으로 말을 하는가? 이 나라의 문제가 백인의 인종주의라는 것을 알고 있으면서 그들은 왜 백인 세계에 말을 걸지 않는가? 이 질문들에 답하기 위해 노력하다 보면, 자유주의자들은 사실상 그 자신의 양심을 달래고 있거나, 기껏해야 피부색이 같은 친척들과의 온갖 유대관계를 끊지 않는 한에서만 흑인과 자신을 동일시하려 애쓰고 있다는 가슴 아픈 결론에 도달하게 된다. 백인인 그는, 자신이 원하는 것은 무엇이든 서슴없이 얻어낼 수 있다는 점에서 백인 전유의 특권구역에 출입할 허가증을 태어날 때부터 소유하고 있다. 그러나 흑인과 자신을 동일시하는 까닭에 그는 자신의 백인 사회와 백인 전용 해변, 레스토랑, 영화관 등을 돌아다닐 때 자신은 여느 백인들과는 다르다고 여기면서 마음의 짐을 덜어낸다. 하지만 그의 마음 이면에서는 있는 그대로의 자신이 너무나 편안하다는 것, 따라서 변화하려고 번민할 필요가 없다는 암시를 끊임없이 하고 있다. 그가 국민당원들에게 투표하지 않는다 할지라도(어쨌든 국민당 지지자들이 다수이므로), 그는 국민당원들의 보호를 받으면서 안정감을 느끼고 그러면서 무의식적으로 변화의 사상을 회피하게 된다.

나는 자유주의자들과 그들의 참여에 냉소를 보내는 것이 아니다. 흑인의 곤경에 대한 제일 큰 책임이 그들에게 있다고 주장하는 것도 아니다. 나는 하나의 집단이 특권을 누리면서 타인의 피땀으로 살아가도록 만드는 체제 내에서, 억압당한 집단과의 전면적인 동일성이라는 것은 불가능하다는 근본적인 사실을 설명하는 것이다. 백인 사회 전체는 흑인에게 너무나 어마어마한 빚을 지고 있다. 따라서 그 어떤 백인도 흑인 세계에서 터져 나올 수밖에 없는 비난의 봇물을 피할 수 있으리라 기대해선 안 될 것이다. 백인들은 집권당과의 연대를 선언할 때만 특권을 누릴 수 있게 되는 것이 아니다. 그들은 특권을 지니고 태어난다. 그리고 흑인의 힘을 무자비하게 착취하는 체제로부터 양분을 얻어먹으면서 그 체제 내에서 자라난다. 자유주의자들은 스스로의 힘으로 자기 자신들을 위해 싸워야 한다. 그들이 진정한 자유주의자라면 그들 자신이 억압받고 있음을 깨달아야하며, 자신들과 동일하다고는 도저히 말할 수 없는 흑인들의 자유가 아니라 바로 자신들의 자유를 위해 싸워야 한다. 내가 보여주고자했던 것은 남아프리카에서는 정치권력이 언제나 백인 사회에 있다는 점이다. 백인들은 공격자의 편에 선 죄를 지었을 뿐만 아니라 능숙한 책략을 써서 흑인들이 도발에 대응하는 것을 통제해 왔다. 그들은 흑인들에게 발길질을 했을 뿐만 아니라 발길질에 어떻게 대응해야 하는지도 말해 주었다. 흑인들은 오랫동안 어떻게 하는 것이 발길질에 대한 최선의 대응인가라는 그들의 조언을 인내심을 갖고 들어야 했다. 고통스러울 정도로 느리지만, 흑인은 이제 자신이 적합하다고 보는 방식으로 발길질에 대응하는 것이 자신의 권리이자 의무임을 깨달았음을 보여주기 시작했다.

흑인의식운동에 대한 촉구는 오래전부터 흑인 세계의 어떤 집단에게서나 나올 수 있었던 가장 적극적인 요구이다. 그것은 흑인들이 백인을 반사적으로 거부하는 차원을 넘어선 것이다. 이 운동의 진수는 권력의 정치라는 게임에서 주요한 역할을 하기 위해서는 '집단의 힘'이라는 개념을 이용해야만 하고, 이를 위한 튼튼한 토대를 구축해야 한다는 흑인의 깨달음, 바로 그것이다. 역사적으로, 정치적으로, 사회적으로 그리고 경제적으로 가진 것 없고 물려받은 것 없는 집단으로서, 그들은 활동하기 위한 가장 강력한 토대를 갖고 있다. 그러므로 흑인의식운동의 철학은 자기 자신에 대한 자존감을 일으켜 세우겠다는 흑인의 결단과 집단적 자긍심을 표현하는 것이다. 이 같은 사고의 심부에는, 억압자의 손에 들린 가장 강력한 무기는 피억압자들의 마음이라는 흑인들의 깨달음이 놓여 있다. 억압받는 자들이 억압자에 의해 너무나 효과적으로 교묘히 다뤄지고 통제되어 자신들이 백인에게 부채를 지고 있다고 믿게 되는 순간, 권력을 쥔 자의 간담을 정말로 서늘하게 할 일을 그들은 전혀 할 수 없게 되는 것이다. 따라서 흑인의식운동의 노선에 따라 사고를 한다는 것은 흑인들이 자기 자신을 무슨 기계의 보조 장치나 빗자루의 연장된 부분이 아니라 그 자체로 완전한 하나의 존재로 보게끔 만드는 일이다. 결국 그들은 누군가가 인간으로서의 자신의 존엄을 눌러버리려 시도하는 것을 견딜 수 없게 될 것이다. 이렇게 되는 순간, 흑인의 모습을 한 진정한 인간이 빛을 발하기 시작하는 것을 보게 될 것이다.

나는 흑인의식운동이 손쉽게 감지될 수 있는 무엇인 것처럼 말해왔다. 지금 상황에서 이는 과장된 말일 수 있지만, 다양한 흑인 집단들의 자의식이 점점 강해지고 있는 것은 사실이다. 그들은 자신들의 태도를 통제하던 과거의 잔재인 마음의 감옥을 없애기 시작했다. 느린 속도지만, 그들은 자신들의 독립을 막아온 '도덕론'을 벗어던지고 있으며, 흑인의 제도에서 백인을 특별히 배제시키는 것으로부터 바람직한 결과가 나온다는 것을 이제 깨우쳐 가고 있다. 물론 이러한 의식운동은 본질적으로 내면을 바라보는 과정이므로 커져가고 있는 이 힘을 백인들이 잘 알지 못한다고 해서 놀라울 것은 없다.

우리는 백인이 우리의 식탁에 앉아 있다는 것을 깨닫고 있다. 우리는 백인이 그 자리에 있을 권리가 없다는 것을 알고 있다. 우리는 그들을 우리의 식탁에서 내보내고 그들이 거기 놓아둔 모든 장식들을 치울 것이다. 그리고 진짜 아프리카풍으로 그 식탁을 꾸민 다음 그들에게 요구하고 싶다. 원한다면 우리가 바라는 조건대로 우리와 동석하라고.

이 이론의 많은 부분에서 드러난 일반화의 부당함을 생각하니 내 마음속에는 분노가 끓어올랐다. 모든 백인들을 한 덩어리로 싸잡아 비난하는 싸늘한 일반화는 그 자체로 모욕적인 것이었다. 패트릭 던컨, 피터 브라운 같은 자유주의자들과 다른 많은 사람들이 비인종주의적 대의에 헌신한 것 때문에 투옥되고, 보안관찰 처분을 받거나 가택연금을 당하는 고초를 겪었다. 앨런 페이턴은 수년 동안 보안경찰의 추적을 받은 바 있었다. 그들이 비밀리에, 혹은 무의식적으로 아파르트헤이트 정부로부터 편의를 제공받았다고 비난하는 것은 얼마나 비틀린 논리인가? 수많은 자유주의자들이 아파르트헤이트가 적용되는 시설들을 거부했다. 더 구체적으로 말하자면 '백인 전용 해변, 레스토랑, 영화관' 등을 이용하지 않았다는 것이다. 아기들을 '백인의 특권을 지니고 태어난다'고 비난하는 것은 얼마나 비정상적인 사고인가? 이런 생각들이 단지 청년시절의 과격함 때문이라는 것이 이러한 감정의 분출에 대해 내가 해줄 수 있는 가장 너그러운 해석이었다.

돌이켜보면, 비록 백인 전용 레스토랑과 영화관 그리고 해변 등의 특권을 누린 몇몇 자유주의자들이 있었다는 것은 인정해야 하지만 말이다. 예를 들자면, 나같이······.

그럼에도도 불구하고, 나는 비코를 처음으로 만나기 위해 차를 몰고 가면서 백인 자유주의에 대한 그의 포괄적인 접근법에 이의를 제기해야겠다고 결심했다. 그러한 접근법은, 그가 꿈꾸는 미래의 남아프리카가 수용해야 할 선행조건으로서 아파르트헤이트에 반대하는 백인들에게 모조리 성인(聖人)이 되라고 하는 지나친 요구처럼 들렸기 때문이다. 어쨌든 남아프리카가 온전히 그만의 나라인 것은 아니잖은가. 적어도 일부는 나의 나라이기도 한 것이다. 그리고 나는 이러한 점에서 어떤 색소를 지니고 태어났다는 것에 대해 그에게 사과하고픈 마음이 전혀 없었다. 아슬아슬한 만남이 예고되었던 것이다.

우리의 첫 만남

나는 킹윌리엄스타운으로 들어가면서 빅토리아 시대의 건물들로 이루어진 그 작은 식민도시가 남아프리카의 급진적인 흑인 저항 운동의 본부가 되어 있는 아이러니에 대해 반추해 보았다. '폐하'의 어진 시민들(킹윌리엄스타운이라는 이름은 '윌리엄 폐하의 도시'라는 뜻이다—옮긴이)은 자신들의 한복판에 독사가 은신하고 있다는 것을 아마도 모를 것이다. 내가 비코를 만나기로 한 곳은 레오폴드 가(街) 15a번지에 있는 흑인공동체운동 사무실이었는데, 그는 1973년에 보안관찰 처분을 받아 킹윌리엄스타운 구역으로 거주를 제한당한 후 그곳에서 이스턴케이프 집행위원으로 일하고 있었다.

시내 중심부 한가운데 있는 레오폴드 가는 가로수 그늘이 아름다운 거리로 무척 찾기 쉬웠다. 하지만 15a번지에 있는 것은 분명 정문이 굳게 닫힌 자그마한 교회였다. 자세히 보아도 그 교회가 정말 15a번지였다. 그래서 나는 내심 교회집사가 나와 내 궁금증을 풀어줄 것이란 기대를 갖고 그 문을 두드렸다. 문은 즉시 열렸다. 나를 기다리고 있었던 것으로 보이는 흑인 청년 몇 명이 내게 들어오라는 신호를 보냈다. 건물에 들어가서 나는 그곳이 결코 교회가 아니라는 것을 알게 되었다. 내부에는 책상, 파일 캐비닛, 타자기, 복사기, 책꽂이 등을 완벽하게 갖춘 제대로 만들어진 사무실들이 있었다. 내가 스티브 비코를 만나러 왔다고 하자 그들은 사무실들을 통과하여 '교회' 뒤뜰로 안내해 주었다.

나는 모종의 긴장감을 느끼고 있었다. 그 전에 나는 보안관찰 처분을 받은 사람을 한 번도 만나본 적이 없었다. 그리고 알고 있었던 것이라곤 고작해야 그가 한 번에 한 사람과만 이야기를 나눌 수 있고, 그의 말을 인용할 수 없으며, 보안경찰이 그를 주의 깊게 감시하고 있다는 것뿐이었다. 게다가 나는 왜 비코가 굳이 나를—아파르트헤이트를 자유주의적으로 반대하고 있음에도 불구하고, 전체 백인 집단과 똑같이 그의 운동이 비판했던 정통 백인 자유주의자인 나를— 만나고 싶어 하는지 분명히 알지 못하고 있었다.

자그마한 교회 뒤뜰에는 잡초가 무성했다. 높게 자란 나무 한 그루가 뜰에 떡하니 버티고 서서 교회 건물의 대각선 방향 반대쪽 구석에 있는 작은 건물 위로 가지를 늘어뜨리고 있었다. 그 건물에는 세 개의 사무실과 현관이 있었는데 그 현관 앞에 비코가 나와 서 있었다. 나의 첫 인상은 그의 몸집에 관한 것이었다. 내 키는 180센티미터에 조금 못 미치는데 그는 나보다 적어도 5센티미터는 더 커보였고, 컨디션이 최상일 때의 헤비급 권투선수보다 무게가 더 나가 보이는 육중한 몸집을 하고 있었다. 호감 가게 생긴 그의 얼굴에는 나를 환영한다기보다는 평가하는 듯한 표정이 드러나 있었다. 그는 조금 머뭇거리면서, 메마르고 단단한 손으로 악수를 하며 나를 맞았고, 그의 사무실로 보이는 곳으로 나를 안내하고는 앉을 소파를 가리켰다. 나를 마주한 채 의자 끄트머리에 걸터앉은 그는 양 팔꿈치를 무릎 위에 올리고 넓게 벌린 두 다리 사이로 주먹을 마주 모았다. 나는 그 자세가 도전을 뜻하는 것이라고 생각했다. 그리고 나 역시 도전적인 기분이었기에 입을 열어 그에게 흑인의식운동에 대해 더 많은 것을 알아보려고 왔으며, 내 생각에 그 운동은 흑인 인종주의적 색채를 너무 많이 띠고 있는 것 같다고 했다. 내 기억에 그때 내가 했던 마지막 말은 "난 내가 백인으로 태어났다는 것이나 내가 지지하지도 않는 인종주의 정책들 때문에 당신에게 사과할 생각은 조금도 없소!"라는 것이었다.

　　그의 반응은 놀라웠다. 그는 내내 진지한 표정을 하고 들었다. 하지만 내 이야기가 끝났을 때 그의 얼굴에는 갑자기 활기찬 미소가 가득 감돌았다. 그리고는 몸을 의자에서 미끄러뜨려 거의 의자에 등을 대고 누운 자세를 취했는데, 이런 자세를 나는 이후에 줄곧 보게 되었다. 그것은 긴장을 완전히 푼 자세였다. 나중에 나는 그의 그런 자세가 편하게 긴긴 이야기를 나누고 싶다는 분명한 의사 표시임을 금방 알아보게 되었다. 그는 즉시 『남아프리카에 관한 학생의 관점』에 실린 자신의 '반자유주의적' 글은 20대 초반의 열정으로 쓰여졌으며, 실제로 지나친 점들이 좀 있었다고 인정했다. 하지만 그는 전술적 차원에서는 그 글에 깔린 기본적 원칙을 옹호하였으며 흑인 해방이 흑인들의 심리적 자립에서 시작되어야 한다는 점, 그리고 선의를 가졌으되 오히려 그런 자기실현에는 방해가 되는 조력자들로부터 떨어져 나와야만 그러한 심리적 자립을 시작할 수 있다는 점을 반복해서 밝혔다.

"난 자유주의나 백인 자유주의자들을 그 자체로 거부하는 것이 아닙니다. 내가 거부하는 것은 백인 자유주의자들의 지도를 받아서 흑인 해방을 달성할 수 있다는 생각뿐이죠." 그가 말했다.

"하지만 그게 왜 꼭 백인 지도자여야 하나요?" 나는 물었다. "흑인 자유주의자들이 지도자가 되면 되지 않습니까?"

"그게 말처럼 그렇게 쉽질 않습니다. 이 나라의 총체적인 정치 구조가 그 반대로 되어 있거든요. 그런 생각은 솔직히 현실의 정치가 아니지요. 예컨대 현실에는 다인종 정치 조직을 금지하는 법들이 있지요."

"아무리 그래도 당신의 최대 적은 분명히 백인 인종주의자들입니다. 아파르트헤이트에 찬성하는 아프리카너 국민당이나 통일국민당 놈들이지 거기에 반대하는 백인 자유주의자나 진보당원이 아니란 말이에요. 왜 그들을 먼저 공격하는 겁니까?"

"물론 아프리카너 국민당이나 통일국민당 같은 백인 인종주의자들이 큰 적이지요. 하지만 우리가 그 적들에 대항할 채비를 갖추려면 먼저 우리에게 방해가 되는 친구들로부터 거리를 두어야 합니다. 자유주의자들은 적이 아니라 친구지만, 지금으로선 그 친구가 우리의 발목을 붙잡고 있는 꼴이에요. 너무 온건하고 우리의 투쟁에는 너무 부적합한 방안을 제시하면서 말이죠."

"그래요, 좋습니다. 하지만 난 '흑인들만의 사업'이라는 전반적인 구상을 보면 기분이 좋지 않습니다. 오늘 흑인들에게 흑인의식을 심어줬다고 치면 그걸 내일 어떻게 누그러뜨리죠? 흑인의식이 백인에 대한 증오나 흑인 인종주의로 발전하는 걸 어떻게 막는단 말입니까?"

"그럴 필요가 없습니다. 흑인의식은 부정적인 태도나 증오 따위가 아니거든요. 흑인의식은 심지어 아프리카너 국민당까지도 증오하지 않고 단지 지금 그들이 표방하는 것만 증오하는 흑인들의 긍정적인 자신감이에요. 좋습니다, 당신은 아마 주변적인 이유 때문에 백인에 반대하는 경우들을 알 거예요. 우린 그런 것들은 삼가려고 할 겁니다. 그리고 솔직히 그런 건 우리의 주요 관심사나 최우선 과제가 아니죠. 우리의 주요 관심사는 남아프리카 국민의 대다수를 차지하는 흑인들을 해방시키는 것입니다. 궁극적으로 모든 사람이 자유롭고 당당한 시민으로, 흑인뿐만 아니라 백인도 그렇게 사는 나라를 만드는 거지요. 하지만 지금은 흑인들에게 의미 있는 일에 집중해야만 합니다. 그러니까 지금 이 단계에서는 백인들의 감수성이 아니라 흑인들의 감수성에 몰두해 있는 것이지요."

나는 그가 왜 나와 이야기를 나누고 싶었는지 물어보았다. 그랬더니 그는 다시 한번 만면에 미소를 지으며 대답했다. "당신을 실제로 만나 어떤 사람인지 알아보고 싶었어요. 대부분의 흑인들이 당신을 멋진 사람이라고 생각하고 있거든요. 당신이 쓴 사설들 때문에 흑인들 중에는 당신 추종자들이 무척 많아요. 하지만 난 알고 싶었어요. 당신이 정말 흑인의식운동을 제대로 다뤄줄 수 있을 정도로 멋있는 사람인지 말이죠. 그 운동이 당신네 기자들이 다루는 '반투스탄' 따위의 소재보다 흑인들에겐 훨씬 중요하거든요." 그는 SASO와 흑인의식운동 회원들은 자신들의 계획과 입장에 대해 신문들이 공평하게 싣지 않는다고 느끼고 있으며, 그래서 「데일리 디스패치」지가 그와는 달리 모범을 보여주기를 바란다고 말했다. 나는 우리 신문의 뉴스란은 내용이 공정하다면 모든 뉴스가 실릴 수 있고 투고란도 각양각색의 견해에 열려 있기 때문에 그들이 원하는 대로 가능한 한 많은 기사를 보도할 수 있다면 우리 역시 좋을 것이라고 대답해 주었다. 나는 그 자리에서 흑인의식운동을 전담할 흑인 기자를 배정하겠다고 약속했고, 그 기자가 흑인의식운동 관계자들의 전적인 협조를 얻어 그들의 발언을 기사에 인용할 수 있도록 해달라고 요청했다.

"좋습니다, 뉴스 부분은 충분하겠군요. 그러면 의견란은 어쩌죠? 당신의 신문은 의견란이 있어서 아프리카너 국민당, 통일

국민당, 진보당, 홈랜드 주민, 혼혈계노동당 등등을 대변하는 사람들의 시각을 죄다 싣고 있잖아요. 흑인의식운동 칼럼을 만드는 건 어떻습니까?"

"그렇게 하죠." 내가 말했다. "간행물법의 한도 내에서 그런 칼럼을 쓸 수 있는 사람을 찾아주세요. 그럼 제가 정기적으로 싣도록 하죠."

다른 주제들까지 포함하여 충분히 논의한 후 나는 우리가 몇 시간 동안이나 이야기를 나누고 있었다는 것을 깨닫고 떠날 채비를 했다. 나와 함께 내 차가 있는 곳으로 가던 그는 교회 건물 밖에 주차되어 있던 내 갈색 메르세데스 벤츠를 발견하고는, 자본주의의 상징이라 할 그 고급 자동차를 보지 않겠다는 양 과장된 몸짓으로 양손을 들어 자신의 두 눈을 가렸다.

"하느님 맙소사." 그는 그 광채에 눈이 부시다는 듯 애써 얼굴을 돌리며 말했다. "민중의 투사가 어떻게 저런 물건을 타고 다닐 수가 있죠!"

"이봐요." 나는 말했다. "당신은 흑인다운 일을 하고 난 백인다운 일을 하는 거지요. 백인이 부귀영화를 누릴 날도 얼마 남지 않았는데 누릴 수 있는 동안에는 누리고 살아야지 않겠어요?" 이 말을 듣더니 그는 소리 내어 웃었다. 내 차가 모퉁이를 돌아 시야에서 사라질 때까지 그는 그렇게 웃고 있었다.

이것이 나와 스티브 비코와의 첫 만남이었다. 내가 만난 사람이 비범한 재능의 소유자라는 것을 알기에 충분한 만남이었다.

그의 빠른 두뇌와 명쾌한 설명, 뛰어난 정신력은 매우 인상적이
었다. 그에게는 지도자의 풍모와 분위기가 있었다. 집에 오는 길
에 나는, 그동안 언론인으로서 영국, 캐나다, 미국, 독일 등의 정
계 거물들을 만나고 인터뷰도 해보았지만 비코라는 이 사내야말
로 정말 강렬한 인상을 준 인물이라는 결론을 내렸다. 그후 달이
가고 해가 가면서 우리는 가까운 친구가 되었고, 나는 곧 그 점을
한 치도 의심하지 않게 되었다. 하지만 스티브 비코야말로 내가
만날 수 있었던 사람 가운데 가장 위대한 사람이었다는 것을 깨
달은 것은 나중의 일이었다.

친구가 되다

스티브와 나는 자넴필로 진료소에서 다시 만났다. 이후 계속된
우리의 만남은 대부분 그곳에서 이루어졌다. 레오폴드 가(街)의
'교회'에 본부를 둔 흑인공동체운동은 흑인 자조(自助) 계획으로
글자 교실, 의복 만들기, 건강 교육과 같은 여러 가지 사업을 운
영하고 있었고, 자넴필로 진료소는 주요 건강 사업들 중 하나가
시행되는 곳이었다. 킹윌리엄스타운에서 몇 킬로미터 떨어진 언
덕 위에 있던 그 진료소는 도시의 병원에 갈 수 없는 수천 명의
농촌 흑인들에게 도움을 주고 있었다. 그곳은 람펠레 박사 휘하
의 소수 직원들로 운영되고 있었으며, 수술실과 산부인과 병동,

기본 영양학 수업 시설 등을 갖추고 있었다.

스티브는 우리가 처음 만나던 날 내게 그 진료소를 구경시켜 주고 싶다고 했다. 그리고 며칠 후 내게 전화를 걸어 일요일에 그곳에서 식사도 하면서 하루를 보냈으면 한다고 나와 웬디, 그리고 아이들을 초대했다. 우리는 아이가 다섯이나 되므로 꽤 큰 부대가 될 거라고 내가 말하자, 그는 멋진 아프리카 대가족 같다며 우리 모두를 환영한다고 했다. 일요일에 웬디와 나, 그리고 세 살 난 막내부터 열한 살 난 첫째까지 다섯 명의 아이들이 가득 탄 차가 킹윌리엄스타운을 향했다. 약속한 대로 우리는 레오폴드 가에서 스티브를 만났는데 우리 차를 본 그는 짐짓 끔찍한 인상을 지어 보이고는 우리 앞으로 차를 몰아서 진료소로 안내했다.

람펠레 박사가 그곳에서 우리를 맞아 주었다. 벤츠 차를 본 그녀는 특유의 방식으로 놀라움을 표현하면서 흑인의식운동의 신봉자들이 이상한 부류의 사람들과 교제하고 다닌다는 나쁜 인상을 흑인 지역민들에게 심어주지 않으려면 그 차를 어디에 숨겨야 할지 모르겠다고 큰 소리로 작전을 짜는 것이었다.

"제일 작고 제일 싼 벤츠예요." 내가 변명했다.

그러자 그녀는 자신의 전매특허인 조롱이 담긴 커다란 목소리로 대답했다. "그건 변명이 못되죠. 그래도 벤츠는 벤츠니까! 우리가 뭘 하러 여기에 왔는데요! 사람들이 여기서 이걸 보기만 하면 우리하고 다시는 말도 하지 않을 거라고요!"

내가 벤츠에 대한 이 농담들을 이렇듯 자세히 이야기하는 이

유는, 당시에는 좋은 분위기에서 그런 장난을 했지만 스티브와
그의 지지자들의 마음속에는 사치품으로 여기는 것들에 대한 강
한 반감이 존재했던 것이 사실이었기 때문이다. 대부분의 '민중'
들이 TV를 가지고 있지 못했으며 그것이 필수품도 아니라는 이
유로, 스티브가 자신들의 조직에도 TV류의 것을 사지 않으려 했
다는 것을 나중에야 알게 되었다.

우리는 환대를 받으며 모두 스무 명 가량이 떼지어 진료소
바로 옆에 있던 람펠레의 자그마한 집에 들어가서는, 술을 마시
며 마라톤 토론을 벌였다. 우리집 작은 애들은 전혀 거리낌없는
아프리카 방식으로 여러 어른들의 무릎 위를 이리저리 옮겨 앉으
면서 사교적이고 친근한 분위기를 이루고 있었지만, 웬디와 나는
모두 어떤 시험을 치르고 있는 것이 분명했다. 그것은 우리의 사
적이고 공적인 정치적 입장에 대해 모든 부분에 걸쳐 질문을 던
지면서 철저히 탐색하는 품평회였던 것이다. 우리가 만족스런 대
답을 하면 질문자들의 얼굴에는 금방 흐뭇한 미소가 잔물결 치듯
일었지만, 불만족스런 대답을 할 때면 보일 듯 말 듯 불편한 기색
이 엿보였다.

우리는 흑인의식운동의 불가피한 인종주의적 측면들에 대
한 의구심을 고수했다. 하지만 그날 이후 우리가 믿음직한 막역
지우로 점점 그 집단 속으로 빨려들어간 것을 보면 시험에 무난
히 합격했던 것이 틀림없었다. 그후 해가 갈수록 우리 사이에는
깊은 우정이 쌓였다. 처음에는 정치적인 이유로 시작된 관계였지

만 점점 정치적 고려를 넘어서 인간적으로 서로에게 끌리는 개인적인 우정으로 발전해 갔던 것이다.

웬디와 내게는 그 만남이 각별히 즐거운 경험이었다. 무수히 많은 인종적 장벽들이 존재하는 남아프리카에서 흑인과 백인 간의 깊은 우애라는 것은 흔치 않은 일이었기 때문이다. 흑인과 백인이 가벼운 친구인 경우는 있을 수 있었지만, 사회적 환경으로 볼 때 관심이 가는 흑인, 그러니까 흑인으로서가 아니라 인간으로서 관심이 가는 흑인을 만나본 백인은 거의 없었다.

스티브와 그의 지지자들에게서 발견되는 놀라운 점은 역설적이게도 흑인의식운동의 전령들인 그들이 자신들의 피부가 검다는 사실에 대해서는 까맣게 잊고 지낸다는 것이었다. 이 말에 대해서는 충분한 설명이 필요하다. 흑인의식운동가들에게는 완전한 자존심, 즉 안정감과 자신감이 있었고 이 점을 부인하기는 어려웠다. 그것은 남아프리카의 다른 흑인들이 백인을 대할 때는 거의 보기 힘든 것이었다. 그들은 '우리들과 똑같이' 걷고, 말하고, 의자에 꾸부정하게 앉았다. 그들은 이야기할 때 부자연스럽다거나 남 눈치를 보는 기색이 없었다. 침묵이 길어져도 그때 말할 것이 없다면 그뿐, 개의치 않았다. 그들은 순종하거나 변명하는 법 없이 모든 면에서 당당했다. 다른 대부분의 나라에 사는 사람들에게는 이런 것을 특별하게 여기는 것이 오히려 특별해 보이겠지만, 우리 남아프리카 사회는 너무나 비정상적인 사회이다. 이 사회는 요람에서 무덤까지 흑인의 모든 가치를 무시하고 그

가치가 조금이라도 드러나려고 하면 백인 인종주의자들의 정치적 편의를 위해 만들어진 인종적 한계에 부딪치도록 설계되어 있다. 따라서 이런 환경에서 흑인들에게 자신감 있는 자세를 일깨우는 흑인의식운동의 가치가 얼마나 큰 것인지는 그 사회를 관찰하는 사람이라면 누구든지 느끼지 않을 수 없다.

웬디와 내가 스티브 주변의 사람들이 '우리와 똑같이' 걷고, 말하고, 행동했다고 느끼는 것은 어찌보면 무례한 것으로 여겨질 수도 있다. 그것을 두고 우월감에서 비롯된 동정심의 표현이라거나 온정적 가부장주의라거나, 심지어는 인종주의라고까지 말할 수 있을 것이다. 하지만 사실 내 지적은 그와 반대되는 의미이다. 심리적으로 해방되어 자유로워진 흑인들을 만난다는 것은 다수가 당연한 권리를 누리지 못하는 나라에서 사는 남아프리카의 기득권층 백인에게는 하늘의 계시이자 교훈이었다. 그것은 마치 독재의 한복판에서 억압이라곤 도무지 겪어본 적이 없는 듯 행동하는 일군의 반체제적 인물들을 만난 것과도 같았고, 마치 노예화된 사막에서 자유의 오아시스를 발견한 것과 같았기 때문이다.

몇 년 전 잠비아를 방문했을 때 나는 그곳에서 이와 비슷한 자신 있는 태도를 지닌 어린 흑인들을, 그 중에서도 특히 흑인 소녀들을 보고 깊은 인상을 받았다. 잠비아의 독립 기념일에 그 나라를 방문한 이후 10년 만에 다시 찾은 그곳에는, 이제 자신들이 이류 시민이라는 심리적 비하라든가 굴종 같은 것을 전혀 모르는 신세대 잠비아인들이 있었던 것이다. 그 소녀들은 어떤 사람의 의자 팔걸이 양쪽에 걸터앉아 이렇게 말했다. "그럼 아저씨는 무슨 일을 하시는데요?"

애석하게도 남아프리카의 백인 남성들 중에는 흑인 여성을 인종적으로, 그리고 성적으로 조금이라도 평등한 관계로 만나본 사람이 거의 없다. 그들에게 흑인 여성은 부엌에서 눈에 띄지 않게 집안 허드렛일을 하거나 교복 차림으로 예의를 갖추어 머리를 낮춘 채 서둘러 사라지는 존재일 뿐이다. 전혀 거리낌없이 "지금 정말 말도 안 되는 이야기를 하고 있군요. 내가 술이나 한 잔 더 갖다 드리죠"라고 무심하게 말할 수 있는 람펠레 같은 여성도 남아프리카의 백인 남성들은 거의 만나본 적이 없다.

스티브의 친구가 된 지 얼마 되지 않았을 때에는 우리 둘 다 적응해야 할 점들이 많이 있었다. 그는 나의 자본주의적 관념과 자유주의적 접근법에 적응해야 했고, 나는 그의 급진적 감수성에 적응해야 했다. 그런 사실을 보여주는 한 가지 일화가 있다. 그를 처음 만난 지 얼마 되지 않아 나는 그와 이야기를 나누려고 킹윌리엄스타운으로 차를 몰고 갔다. 그곳에는 '잭스 플레이스'라는 아주 좋은 레스토랑이 하나 있었는데, 오르막길을 오르면서 나는 스티브를 거기 데려가 점심을 먹음으로써 아파르트헤이트의 장벽을 부수는 것도 좋겠다는 생각을 했다.

레스토랑에서 그를 거부한다면 그가 당혹스러워 할 것 같아 나는 먼저 그 주인에게 가서 내 의향을 전했다. 그는 개인적으로는 그 생각에 반대할 이유가 없으며 허가를 받는다면 당국도 그런 일을 문제삼지 않는다고 말했다. 일이 조금이라도 꼬이지 않도록 하기 위해, 그 주인이 허가를 받아보겠다고 해서 그러라고 했다. 그는 정부 부처들에 몇 통의 전화를 걸어보더니 즐거운 표정으로 흑인 손님을 점심 식사에 데려와도 좋다고 말했다.

스티브에게 아무렇지도 않게(사실 속으로는 그런 내 모습에 즐거워하면서) 잭스 플레이스에 가서 함께 점심 식사를 하자고 하던 내 모습을 떠올리면 지금도 나의 순진함에 얼굴이 붉어온다. 그는 정중하게 거절하면서 자기가 원하는 때 언제라도 흑인 친구들을 데려갈 수 없는 곳이라면 단지 나와 함께라는 이유로 그곳에 갈 수는 없다고 말했다. 그렇지만 그는 그 말이 내게 어떻게 들릴지를 예민한 통찰력으로 눈치챘음이 틀림없었다. 왜냐하면 갑자기 마음을 바꾸어 내게 "좋아요, 갑시다. 재미있겠네요"라고 말했기 때문이다.

지금 와서 보면 우리 둘 다 말하지 않은 것이 많았다. 나는 그가 모욕을 느낄까봐 내가 '허가'를 받았다는 것을 말하지 않았고, 그는 자신과 맘펠라(람펠레의 이름 —— 옮긴이)가 진료소에서 나와 함께 먹으려고 특별한 성찬을 준비해 두었다는 이야기를 하지 않았다. 맘펠라가 그 방에 들어서자 그는 짐짓 큰 목소리로 그녀에게 말하며 그 억양을 통해 자신이 하려는 바를 그녀가 망치면 안 된다는 뜻을 전했다. 이렇게 말이다. "맘펠라, 난 도널드랑 잭스 플레이스에 점심 먹으러 가기로 했어요. 어떻게 생각해요?" 그녀는 크게 화를 냈다.

"끔찍한 생각이라고 생각해요! 세상에, 그런 델 간다니 미쳤어요, 스티브? 어떻게 원칙을 저버릴 수가 있죠? 점심은 여기서 먹어요. 당신들 둘 다! 밥도 다 차려놨단 말이에요. 자, 가요!"

그렇게 돼버렸다. 스티브는 이미 잭스 플레이스가 어떤 곳인지 한번 보려고 그곳에 가본 적이 있었고, 너무 호사한 곳이라 '민중'이 있을 곳이 아니라는 것을 알게 되었다는 것을 나는 나중에야 들었다. 나는 다시는 그런 식의 '변변찮은 인종차별 철폐'를 시도할 생각을 하지 않게 되었다. 그 사건은 내가 배워가는 과정의 일부였던 것이다.

개인적인 추억 몇 가지

앞서 나는 스티브가 내가 만나본 가장 위대한 사람이라는 말을 했다. 위대함을 결정짓는 것은 무엇인가? 위대함을 어떻게 측정하는가? 사람마다 각기 다른 기준이 있기 마련이다. 내가 만나보게 되는 영광을 누렸던 사람 중 가장 위대한 사람이 스티브 비코라고 말할 때, 그것은 정말 말 그대로 그가 대다수 사람들의 운명을 결정짓는 삶의 영역인 정치에서, 내가 만나본 그 어떤 사람도 갖추지 못한 감동할 만한 자질과 능력들을 지녔다는 뜻이다. 이 말은 그가 단지 굉장한 정치가라는 뜻이 아니다. 그는 그보다 훨씬 더 큰 사람이다. 그는 에이브러햄 링컨을 정치가라고 말할 때와 같은 의미의 정치가였다. 원대한 포부를 가지고 있었고 인간사와 정치에 대해 넓은 포용력을 지니고 있었으며, 그러한 것들을 말 이상의 무언가로 전했다는 점에서 그렇다. 그는 자신이 이해한 것을 나누어줄 줄 알았다. 그는 자신의 포부를 사람들이 공유하도록 만들 수 있었는데, 더구나 그런 일을 하면서도 말을 아낄 줄 알았다. 자신의 생각들을 거의 행동을 통해 전하는 것 같아 보였기 때문이다.

언론인으로서 여러 나라의 많은 저명인사들과 인터뷰를 해보았지만 내가 볼 때 그들 중 누구도 스티브 비코의 위치에는 근접하지 못했다. 카리스마에 관한 한 그에 가장 근접한 사람은 내가 남아프리카와 미국에서 오랜 시간 토론을 벌였던 로버트 케네디였다. 그러나 케네디의 카리스마는 환경과 이력 그리고 정치 행사들에서 비롯된 것이었던 반면, 스티브 비코의 카리스마는 온전히 자기 자신의 카리스마였다. 그는 어릴 때부터 누가 보아도 명백하고 독특한 지도자의 태도와 자질을 지니고 있었다. 내가 독특하다고 하는 것은 그의 지도력이 자신만의 고유한 스타일을 지녔기 때문이다. 그의 스타일이란 나서지 않고 자기를 선전하지 않지만 동료들은 즉각 알아차리는 그러한 것이었다. 어린 시절부터 그를 알고 지냈던 아엘레드 스튜프 신부는 그가 대단한 인물이라는 점이 소년기에도 벌써 드러났다고 말한다. 이튼학교 출신으로 앨리스 소재 연방 신학대학 총장이 된 학식 깊은 스튜프 신부가, 자신의 절반밖에 살지 않은 어린 청년의 지도력에 경의를 표하고 그것을 인정할 수 있었던 것은 그런 이유에서였다. 나는 스튀프 신부의 마음을 안다. 나 역시 스티브보다 열세 살이 많았지만, 스티브를 대할 때면 늘 실제보다 더 나이가 많고 더 현명한 사람과 이야기를 나누고 있는 듯한 느낌이었고, 해서 다른 많은 사람들처럼 모든 종류의 문제에 대해 그의 조언을 구하곤 했다.

그에게는 자신이 개인적으로 겪어온 영역을 벗어나는 주제들에 대해서조차 문제의 핵심을 뚫고 들어가 단 하나뿐인 최고의 해법을 찾아내는 천재성이 있었다. 예를 들자면, 내가 직원 문제로 며칠 동안 번민의 시간을 보내다가 그의 자문을 구하면 그는 신문사 운영에 대해 아는 것이 거의 없음에도 불구하고, 담뱃불을 붙였다가 그 담배의 꽁초를 비벼 끄는 사이에 그 문제를 해결해 버리는 것이었다.

그와 함께 나탈 대학을 다녔던 학생들은 나에게 그가 어떻게 토론 중에 튀어보이지 않으면서도 가장 확고한 영향력을 행사했던가에 대해 이야기를 해주었다. 그들이 말한 바에 따르면, 그는 절대 앞자리에 앉지 않고 늘 방의 뒤편에 자리를 잡았으며 거의 말이 없었다고 한다. 하지만 그들 모두가 발언권을 행사하고 나면 으레 그를 바라보게 되고 그의 제안이 언제나 사태를 마무리해 버린다는 것이다.

그에게는 카리스마와 인품, 그리고 지혜를 넘어서는 뛰어난 자질들이 있었다. 그에게는 바위 같은 정직함이 있었고, 그의 정신적 잠재력에 대해 지고한 존경심을 품게 만드는 용기가 있었다. 이러한 점은 이 책에서 적당한 시점에 관련 사건들을 통해 이야기할 테니, 여기서는 다만 그의 용기가 사형 집행 소총수들 앞에 서서도 자신의 입장을 철회한다는 것은 생각지도 않는 그런 종류였다는 점을 말하는 것만으로도 충분할 것이다.

정말 위대한 대부분의 사람들이 그렇듯이 스티브 비코에게서는 거만의 흔적을 찾을 수가 없었다. 그에게는 또한 더할 나위 없는 유머 감각이 있었다. 그리고 아프리카너 국민당의 사고방식을 철두철미하게 경멸했음에도 스티브는 자신을 박해하는 이들에 대해 증오심이나 원한 같은 것을 가졌던 적이 한 번도 없었다. 오히려 그는 때때로 자신을 다루었던 간수와 조사관들에 대해 거의 애정 어린 태도로 이야기하곤 했다.

아프리카너 민족주의의 대변자들이 (자신들이 한 번도 만나보지 못한) 스티브를 백인 혐오자라고 묘사하는 것을 듣거나 읽게 되면, 스티브와 친한 많은 백인 친구들 — 스튀프 신부, 프랜시스 윌슨, 데이비드 러셀, 리차드 터너, 트루디 토머스, 그리고 그 외에도 웬디와 나를 포함한 많은 이들 — 은 정말 헛웃음만 나왔다. 웬디와 나만 해도, 스티브와 가까운 친구들이라면 누구나 그런 것처럼, 그가 우리를 전적으로 신뢰한다는 것을 우리 자신이 알고 있었고 그로 인해 깊은 만족감을 느꼈다. 그가 만일 사실과는 정반대로 인종주의자였다면, 적어도 우리 부부는 그의 눈에 비친 남아프리카의 백인들을 조금이라도 이해하는 데 우리가 조금이라도 도움을 준다고 생각하게 되었을 것이다. 하지만 스티브에게 그런 도움은 전혀 필요 없었다. 그는 인간을 혐오하는 부류의 사람이 아니었다. 상대가 포르스테르, 크뤼에르 , 심지어 강경파의 대두 트뤼우르니크트일지라도 말이다. 그는 그들과 그들의 고민거리를 너무 잘 이해했기 때문에 그들을 혐오할 수가 없었다. 그가 싫어한 것은 그들의 인종주의적인 사상뿐이었다. 그가 그들을 혐오하고 그들에 반대하고 그들에 대한 반대 활동에 가담한 것은 그런 취지에서였지만, 그들의 무자비한 완강함 때문에 스티브는 체제와 결국은 충돌할 수밖에 없었다.

한 인간으로서의 스티브가 가진 자질에 대해 쓰려면 끝도 없이 쓸 수 있고, 그의 생각과 견해를 글로 옮길 수도 있을 것이다. 그러나 가끔 이 종이 위에 그가 말하는 습관과 목소리의 억양까지도 실제로 들을 때처럼 완벽하게 옮겨 적을 수 있었으면, 하는 심정이 들 때가 있다. 그의 말투는 너무나 특이했고, 그만큼 그만의 성격을 잘 보여주는 것이었다. 그는 대개 거의 웅얼거림에 가깝게 발음을 흐리는 경향이 있었다. 흥분해서 빠르게 말할 때는 특히 그랬다. 그는 앞니 사이가 많이 벌어져 있었다. 그래서 특별히 노력을 하지 않으면 분명한 발음이 힘들었고, 대부분의 시간을 쟁점이 되는 사고와 말들에 몰두해 있었기 때문에 자잘한 발음문제에 대해서는 신경을 쓸 수가 없었다. 그는 깊고 듣기 좋은 목소리를 가졌고, 다른 많은 흑인의식 운동가들처럼 대화를 할 때 미국식 말투를 많이 썼다. 그는 전화를 하건 사람을 만나건 늘 "하이"(Hi)라고 인사말을 건넸다. 그렇게 인사할 때면 거의 미국 남부식으로 모음을 길게 빼서 소리를 냈다. 그는 남자를 모두 "가이"(guy)라고 했다. 보안경찰에 대해서만은 예외였는데, 그는 보안경찰을 칭할 때는 단 한 명을 거론한다 할지라도 "체제"(the system)라고 했다.

그는 영어를 아주 잘했고, 조심스럽게 말을 할 때조차도 어휘 선택이 인상적이었다. 발음은 쉽고 편안했으며 아프리카식 억양이 약간 드러날 뿐이었다. 하지만 "번"(burn), "턴"(turn), "커늘"(colonel ; 치안감)은 예외여서, 그도 다른 많은 남아프리카 흑인들처럼 그것들을 "벤"(ben), "텐"(ten), "케늘"(kennel ; 개집)로 발음했다. 한번은 그가 무슨 말을 하는지 웬디와 내가 못 알아들은 적이 있었다. 그는 그때 우리에게 보안경찰 조사관들이 "케늘을 데리고 들어왔다"며 감방에서 "케늘을 보게 되다니 얼마나 놀랐는지 모른다"라고 했다. 다행히 우리는 그의 말을 자르고 질문하지 않아도 되었다. 잠시 후에 그가 그 '케늘'이 자신에게 몇 가지 질문을 했다는 말을 듣고서 이해가 되었기 때문이다.

그의 이름 "비코"를 정확히 발음하면 "씨소"와 비슷하게 들린다. "비-코"는 대충 가깝게 흉내 낸 발음이다. 아주 정확하게, 완벽한 코사어 발음을 고려하여 설명하자면, 그 "비"는 그대로 발음되지 않는다. 그것은 연음 '비'로서, 파이프 애연가들이 파이프에 불을 붙이고 그 불을 살리기 위해 한 모금 빨 때 나는 소리처럼 들린다. 그리고 첫번째 음절이 강하게 발음된다. 하지만 스티브는 보통 자신의 이름을 코사족이 아닌 사람들이 발음하기 쉽도록 그냥 비코라고, 일반적인 '비'를 사용하여 발음했다. 나는 언젠가 그에게 자기 이름을 계속 그렇게 잘못 발음하는 것이 정치적 미봉책이라고 말했다. 그러자 그는 그후로 전화 몇 통을 걸면서 매번 '비' 소리를 과장해서 크게 내고 공들여 길게 끌면서 통화를 시작했다. 담배 파이프를 빨아들이는 소리를 "비히"라고 표시할 수 있다면, 그가 전화에 대고 낸 소리는 "비히이이이코예요!"였던 것이다.

그는 풍부한 유머 감각을 가지고 있었고, 사소한 것이라도 그것이 그의 장난기 가장 깊은 곳에 자리 잡은 웃음보를 건드리기라도 하면 걷잡을 수 없이 웃음을 터뜨리곤 했다. 그의 웃음은 정말 잊혀지지 않는다. 한번은 우리 막내아들 개빈이 방으로 뛰어 들어와 "아빠-학교에요-한-애가-시계가-있는데요-물에도-끄떡없고요-밟아도-끄떡없고요-자석에도-끄떡-없어요!" 하고 숨 쉴 겨를도 없이 말하는 것을 보고 까무러치게 웃던 그의 모습이 떠오른다.

"어이, 이봐!" 스티브가 개빈에게 말했다. "죽여주는 시계 같은데! 네 아빠가 하나 사주셔야겠다!" "어이, 이봐!"라는 말도 그의 특징이었다. 어떤 날은 아침에 내게 전화를 걸어 기분이 좋아 날아갈 듯이 "하이이이이(Hiiii)! 어이, 이봐요, 오늘 아침 사설 끝내줬어요! 와! 당신이 녀석들을 한 방 먹인 걸요!"라고 말했다. 또 전화를 걸어 "하이이이이(Hiiii)! 내가 코 작은 배달부 한 명을 시켜 편지를 보내니까, 한 5분 있으면 도착할 거예요"라고 말한 적도 있었다. 그 배달부는 다름아닌 스티브의 친한 친구이자 동료인 말루시 음푸믈루와나였다. 'Mpumlwana'가 코를 뜻하는 'mpumlo'에 지소사(diminutive ; 대개 단어 뒤에 '작은 것'을 의미하는 접미사를 붙이는 것을 지소사라 한다. 예컨대 우리 말에서 '송아지, 강아지' 등에 붙는 '아지'도 지소사의 일종이다―옮긴이)가 붙은 말이었던 것이다.

그에게 우스운 이야기를 해주면 그는 신경 써서 열심히 말을 하지 않아도 이야기에 함축된 미묘한 의미들을 모두 이해하는 것 같았다. 우리 형이 언젠가 했던 말을 이야기해 주었을 때도 그는 매우 재미있어 했다. 우리 형은 다른 많은 트란스케이 상인들처럼 영어로 표현하는 것이 부적절하다 싶을 때면 자주 코사어 표현을 사용했다. 한번은 그가 집에 돌아오는 길에 술을 좀 마신 상태로 엘리어트데일의 어느 골프 클럽 모임에 참가했는데, 당시 그렇고 그런 사이라는 추문이 쫙 퍼져 있던 남녀 지역유지 두 사람이 나란히 붙어 앉도록 위원 좌석이 지정되어 있는 것을 눈치챘다. 우리 형은 영국식 코사어를 사용하여 이렇게 말했다. "이러기로 딱 '약속(arrangiwe ; 영어 arrange와 발음이 비슷한 영어식 코사어―옮긴이)이라도' 해놓은 것 같군 그래!" 그후 우리 가족들은 무언가 미리 정해져 있는 것 같은 상황을 말할 때는 언제나 그 표현을 사용하게 되었다.

어느날 내가 스티브와 점심 식사를 하고 있을 때였다. 웬디가 방에서 나가고 없는 동안 나는 그를 부추겨, 웬디가 돌아오면 나와 그녀에게 자신을 위해 피아노 두 대로 곡을 하나 연주해 줄 수 있겠냐고 부탁해 보라고 했다. (나는 웬디가 그런 요청을 받으면 짜증을 내리라는 것을 알고 있었다. 하지만 그녀와 내가 최근에 배운 그 곡을 스티브가 좋아할 것이라는 점도 알고 있었다.) 웬디가 돌아오자 그는 예정대로 요청을 했고, 그 말에 그녀는 나를 의심스런 눈초리로 쏘아보며 "이러기로 딱 '약속이라도' 해놓은 것 같군요"라고 말했다. 스티브는 바로 이렇게 맞받아쳤다. "아뇨, 그렇다기보다는 제안(suggestiwe ; 영어 suggest와 발음이 비슷한 영어식 코사어—옮긴이)한 거죠!"라고. 그 말에 우리는 정말 자지러졌다. 특히 그가 '제안하다(suggest)'의 코사어 발음을 "싸흐제스트"로 길게 끌어 발음한 것은 정말 웃겼다.

말이 난 김에 덧붙이자면, 그는 우리가 들려주는 연주를 좋아했다. 우리는 흑인의식운동의 제안자에게 백인 작곡가의 음악을 연주해 주는 것은 말이 안 되는 일이라고 그를 놀리면서, 피아노 두 대로 흑인 작곡가들의 곡으로만 이루어진 메들리 음악을 들려주었다. 우리가 그에게 연주해 준 곡은 스콧 조플린, 패츠 왈러, 달러 브랜드, 그리고 듀크 엘링턴 등의 곡이었다. 자넴필로 진료소 바로 옆에 살던, 그가 좋아하는 코사족 작곡가 티암자세의 곡도 여기 포함되었음은 물론이다. 스티브는 이 노(老)작곡가의 집을 자주 방문하곤 했는데 특히 그의 합창곡을 좋아했다. 언젠가는 내가 직접 작곡한 「아프리카 서곡」을 케이프 주립오케스트라의 연주로 녹음한 카세트 테이프를 들려주자 그는 깊이 감동하여 연주가 끝날 무렵에는 눈가에 눈물을 머금었다. "이건 순수한 아프리카 음악이에요. 이건 진짜예요. 티암자세의 작품만큼 훌륭해요." 내가 그 곡을 그에게 바친다고 하자 그는 말로 형언키 어려운 감동을 받은 듯 꽤 오랫동안 침묵을 지켰다. 그가 그 카세트 테이프를 하나 달라고 하기에 나는 편곡을 조금 더 한 후 다시 녹음할 때까지 기다려야 한다고 말해주었다. 하지만 그가 죽을 때까지 그 일은 이루어지지 못하고 말았다.

그는 내가 언론인 친구를 통해 얻어 준 「신이여, 아프리카를 축복하소서」(Nkosi Sikelele i Afrika ; 아프리카 송가) 레코드도 좋아했다. 그 레코드는 무조레와 주교, 조슈아 은코모, 은다바닝기 시톨레 등을 포함하여, ANC가 짐바브웨 문제에 대해 공동전선으로 단결하였던 루사카협정의 서명자들이 부른 것을 담은 앨범이었다. 내가 세상에서 가장 아름다운 찬가라고 생각하는 그 '아프리카 송가'를 스티브의 장례식 날 2만 명의 추도 인파가 부르는 것을 들으며 나는 그 레코드를 떠올렸다.

스티브는 대부분의 음악을 좋아했고, 그래서 다양한 종류의 레코드들을 집에 소장하고 있었다. 그가 특히 좋아했던 음악은 멜로디의 독창성보다는 하모니를 더 중시하는 아프리카 '굼바'(gumba) 음악이었다.

그는 기회만 괜찮으면 파티도 좋아했다. 그가 세번째 구금 (101일간의 구금)에서 풀려난 직후에 가졌던 어느 즐거운 저녁이 기억난다. 웬디와 나는 축하용 샴페인을 한 상자 사들고 갔다. 자넴필로 진료소의 비좁은 라운지에 모두 열다섯 명 정도의 사람들이 빼곡이 모여 다음날 새벽까지 술판을 벌였다. 스티브는 독일 TV 방송국 팀과 촬영을 할 때 공연히 끼여들던 진료소 일꾼 한 명에 대해 농담을 하며 무척 즐거워했다. "이 친구가 자꾸 차 마실 분 안 계시냐면서 카메라 앞으로 나서는 거야. TV에 얼굴이나 좀 나오게 해보려고 말이야." 그렇게 말하며 스티브는 웃었다.

그날 딱 하나 우울했던 일은, 스티브의 가까운 친구 한 명이 전날, 예정대로 킹윌리엄스타운으로 스티브를 만나러 오기 직전 케이프타운으로 거주제한을 당한 것이었다. 하지만 연극적 기질이 대단했던 스티브는 한밤중에 라운지를 떠나더니 보안관찰 처분을 당한 그 사람의 어깨에 팔을 두르고 돌아왔다! 우리는 놀랐다가 이내 신이 났다가, 다시 어안이 벙벙해졌다. 대체 어떻게 그럴 수가 있단 말인가? 우리는 스티브에게 질문 공세를 피부었다. "이봐, 여긴 우리나라잖아! 가고 싶은 데로 가는 거라고!"라고 대답하던 그때의 그 기쁨과 자랑스러움이 가득하던 스티브의 표정이 떠오른다.

스티브는 보안관찰 처분을 받고 있음에도 불구하고 이따금 케이프타운이나 더반같이 먼 곳으로 가기도 하고, 요하네스버그까지도 한 차례 이상 가는 등 남아프리카 여기저기를 널리 여행했다. 한번은 요하네스버그를 매우 적법하게 여행한 일도 있었다. 그때 그는 SASO와 BPC 지도자들의 재판에 나가 증언을 해야 했던 관계로 그런 목적에 부합하는 범위 내에서 운전을 해도 좋다는 허가를 받았던 것이다.

평평하고 메마른 지형의 오렌지 자유주를 지나는 길에 그는 따분하고 외로워져서 젊은 백인 두 명을 태워주게 되었다. 그들은 스티브와 말을 나누기를 꺼리는 것 같았지만 스티브는 이야기를 나누려고 그들을 태웠기 때문에 (그들은 요하네스버그까지 내내 차를 얻어 타는 중이었다) 그들의 입을 열게 하기로 작정했다.

"자네들 영어 쓰나, 아니면 아프리칸스어 쓰나?" 스티브가 묻자, 조금 머뭇거리더니 그들 중 한 명이 말했다. "둘 다 영어 쓰는데요." 하지만 스티브는 억양을 듣고 그들이 아프리카너들이라는 것을 알 수 있었다. "실망이네." 그는 말했다. "자네들이 아프리칸스어를 쓰는 친구들이었으면 했거든. 아프리칸스어 연습이나 좀 할까 했는데."

대답이 없자, 스티브는 아프리칸스어로 말했다. "나하고 얘기 좀 하지"(Kom, praat met my).

"아뇨, 우린 아프리칸스어 잘 몰라요." 한 명이 대답했다. 하지만 스티브가 영어를 많이 하면 할수록 그들은 점점 더 말하기를 어려워했다. 결국 그는 웃음을 머금고 이렇게 다그쳤다. "말 좀 해봐. 너희 아프리칸스어 쓰지, 그렇지?" 그들은 정말 마지못해 하며 그렇다고 했다.

"그런데 왜 아니라고 했어?" 그는 계속 물고늘어졌다.

"그게 말이죠, 흑인들이 아프리카너들을 좋아하지 않는다는 걸 아니까요"라고 그들은 말했다. 그러자 스티브는 그런 상황에서 으레 그렇게 하듯, 사람은 누구나 어떤 상황에서도 자신의 조상이나 인종, 또는 문화를 수치스러워 하거나 그것에 대해 말하지 않으려 해서는 결코 안 된다는 취지의 일장 훈시를 했다. "언어나 문화에 대해서는 부끄러워 할 게 하나도 없어. 사실 너희들은 그것을 자랑스러워 해야 한다고!" 그후로 그들은 긴장을 풀고 호의를 보였으며, 요하네스버그까지 가는 내내 떠들어댔다. 아프리칸스어로 말이다!

스티브는 그 여행을 즐겨 회상하며 "정말 좋은 녀석들이었어요"라고 말했다. 그에게는 그들과 깊이 있는 정치, 인종 문제를 다루지 않을 정도의 분별력이 있었던 것이다. "그랬더라면 정말 심한 상처가 되었을 거예요. 그들은 어쩔 줄 몰라 했겠죠. 실제로 내가 그런 문제에 집착하지 않았는데도 그 아이들은 여행 도중에 인종적 편견을 상당 부분 버렸어요."

장담하건대 그들은 분명 그랬을 것이다.

분별력은 스티브의 가장 뛰어난 재능 중 하나였다. 분별력, 그리고 사려 깊음. 그의 성격의 이러한 측면은 그가 목숨을 잃은 직후 나의 친구이자 그의 친구이기도 한 트루디 토머스 박사가 쓴 글에 잘 드러나 있다. 그녀는 스티브가 가진 인간성의 진수를 단 몇 마디 말로 포착하여 다음과 같은 명문장을 남겼다.

스티브는 특별했다. 그와 함께 한다는 것은 특별한 기회였다. 그를 안다는 것은 나를 살찌우는 경험이었다.

그는 함께 있으면 즐거운 매력 만점의 사람으로, 대범하고 편안하며 부드럽고 점잖으며 예의바르면서도 유머가 있었다. 그는 늘 자신을 완벽하게 다스렸고, 완벽한 평정을 유지했으며 조금도 잘난 척하지 않았다. 과장하거나 설명할 필요도 없이, 그는 정말 진국이었다. 그는 늘 즐겁고 자신에 찬 모습이어서 함께하는 이들의 기분마저 고양시켰다.

그는 금욕주의자가 아니었다. 그는 삶을 사랑했고, 좋은 것들을 사랑했으며, 그 흥취를 나눌 줄 알았다. 그렇지만 그는 모든 사람이 공평한 몫을 가져야 한다고 생각했다.

나는 지금 그를 볼 수 있다. 그는 새로 산 체크무늬 겨울 셔츠를 입고 눈부시게 서 있다. 보기 좋은 모습이다. 칭찬을 즐기면서도 옷 색깔이 너무 밝지 않을까 다소 염려하는 모습이다.

나는 지금 그를 볼 수 있다. 그는 어떤 학생이 준 맥주를 벌컥벌컥 들이키고 있다. 그 학생은 이 비상한 사람과 이야기를 나누고 그의 말을 듣기 위해 흐르는 냇물처럼 끊임없이 킹윌리엄스타운을 찾아오던 방문객들 중 한 사람이다. 그는 맥주로 불러오기 시작한 자신의 배를 어루만지고 있다.

그는 멋을 즐기는 사람이었다. 비록 세세한 특징보다는 인상을 기억해서, 아내가 자신이 전날 무슨 옷을 입고 있었냐고 물어 그를 시험에 들게 하면 종종 난감해 하긴 했지만.

사람이 중요했고(결국 이것이 그의 중심 철학이었다), 거기에는 당신도 포함되어 있었다. 그와 함께 있으면 누구든 자신이 가치 있는 사람이라고 느끼고 책임감을 갖게 된다. 그는 자신의 유배지에 찾아온 유력 인사나 거물급 인사들과 환담을 나눔으로써 시베리아로 의도된 유배지를 메카로 말끔하게 바꾸어 놓았다.

하지만 그는 언제나 모든 사람에게 똑같이 열려 있었고 가장 낮은 곳에 있는 사람들에게 관심을 쏟았다. 101일간의 구금(기소되지 않음)에서 풀려난 직후, 그는 흑인공동체운동이 운영하는 한 탁아소의 연례 크리스마스 파티의 개최를 도왔다. 나는 애초의 바람과는 달리 그곳에 참가하지 못하게 되었는데, 그는 아이들에게 매우 중요하다고 생각되는 행사에 내가 불참한 것에 대해 나중에 부드러운 어조로 비판하였다.

그 운동에서 운영하는 진료소의 의사가 구금된 일이 있었다. 그때 그는 아픈 사람들이 와도 치료할 의사가 없는 것을 염려하여 백방으로 뛰어다니면서 원외 진료를 해줄 대리 의사를 구했다. 그런 사람을 과격한 혁명가의 이미지로 재단하는 것은 있을 수 없는 일이다. 그는 언제나 평화적이고 건설적이며 창조적인 길을 선호했다.

내가 그를 처음 만난 것은 그가 흑인공동체운동을 책임지고 있을 때였다. 그때 우리는 가내공업과 종합의학, 그리고 아동복지에 대한 관심사가 같았다. 그는 매우 활동적이고 유능한 일꾼이었다.

그는 람펠레 박사와 함께 공동체 건강 센터를 설립하였다. 그것은 그들이 의대생일 때부터 꿈꾸어 온 것이었다. 규모는 작지만 더 갖추어야 할 것 없이 적합한, 아름답게 꿈꾸어 온 센터 이곳저곳을 우리에게 안내하면서 그가 자랑스러운 마음을 숨기지 않던 것이 떠오른다. 지금으로부터 불과 3년 전의 일이다.

깃발이 펄럭이는 희망과 약속의 나날들이었다. 그런데 지금 맘
펠라는 보안관찰 처분을 받은 상태이고 스티브는 죽고 없다. 포부를
가진 흑인들에게 우리가 해주는 일이란 그런 것인가? 그것이 흑인
의 꿈과 능력과 성취에 대한 대가인가?

스티브는 명석했다. 그와 함께 있으면 위대한 지성과 대면하고
있다는 놀라운 느낌이 들었다. 이상하게도 '영리하다'는 말은 그와
어울리지 않았다. 그는 결코 남에게 보이기 위한 지적 훈련을 즐기
지 않았다. 그의 지성은 분별과 진실, 질서를 위한 도구에 불과했다.

스티브가 옆에 있으면 언제나 좋은 구상이 끊이지 않았다. 그리
고 모든 구상은 객관성의 잣대로 면밀하게 검증되었다. 여론이나 감
상주의, 근거 없는 제휴 따위는 그를 유혹할 수 없었다. 그는 더할 수
없이 무지막지한 괴롭힘을 당하는 와중에도 자신의 가장 큰 적대자
들에 대해서조차 극도로 공정한 판단력을 유지했다.

그는 위원회에서 헤아릴 수 없을 만큼 귀중한 존재였다. 논점이
흐려지거나 부적절한 내용이 끼여들기 시작할 때면 그는 빠르고 노
련한 분석을 내놓고 핵심적인 내용을 알기 쉽게 드러내 보이면서 진
행과정을 제 궤도에 올려 다시 앞으로 나가도록 만들 수 있었다.

이 모든 면이 합쳐져서 명석하고, 사려 깊고, 유능하고, 인간적
이며 매력적인 한 사람이 되었다. 그리고도 아직 더 많은 것이 있다.
그의 인품과 지성이 아낌없이, 그리고 흔들림 없이 뒷받침해 준 그
의 정신적 자질 속에 그의 위대함이 자리하고 있는 것이다.

드높은 위상에도 불구하고, 그리고 끊임없는 박해와 좌절에도 불구하고, 그는 언제나 가장 겸허하고 가장 온건하며 가장 인내력 있는 사람이었다. 그를 만나고 나면 누구나 밖으로 나가 사람들에게 이렇게 말하고 싶어진다. "이리 와서 이 사람을 보세요, 와서 이 사람과 이야기 좀 해보세요, 그러면 당신은 다시금 올바른 균형을 찾게 될 거예요, 진정한 전망을 얻게 될 거라고요."

스티브를 움직인 힘은 오직 선과 진실을 향한 모색이었다. 증오와 탐욕과 편견, 그리고 이제는 익숙해져 버린 둔감함으로 어둡고 추잡해진 우리 남아프리카 사회에 새로운 모색이 필요한 곳은 너무나 많다. 그는 일편단심 확고하게 그러한 모색을 했다. 그가 특히 착안한 것은 흑인의식, 즉 흑인도 다른 모든 사람들처럼 가치 있는 존재라는 뜨거운 확신이었다. 하지만 그에게 그러한 통찰은 상호 비방을 위한 것이 아니었다. 그것은 흑인들이 다른 사람들과 완전히 똑같은 권리를 가져야 한다는, 그들이 두려움 없이 그 권리들을 요구해야 한다는 뜻이었다. 완전한 인간성이란 완전한 인격적 책임을 뜻했다. 끝까지 책임을 다하느냐(설령 죽음에 이를지라도), 아니면 인간의 지위를 손상시키느냐, 이것이 지상 명령이었다.

스티브는 사태를 내다보는 힘이 있었고, 목적을 가지고 있었고, 평형감각이 있었다. 그에게는 확실한 중심이 있었다.

미쳐버린 혼돈의 세상 속에서 그는 늘 정상적이고 사려분별이 있었으며 선했다. 그러한 내면적 가치들이 그의 기준점이자 등대요 길잡이였다. 수입된 이데올로기나 기성의 이데올로기가 아닌 바로 그러한 것들이 그의 방침을 만들어냈다. 스티브를 만나는 사람이면 누구나 자석처럼 끌리는 힘을 경험했다. 나는 그것이 사람들이 기꺼이 기준으로 삼을 만했던, 누구도 꺾을 수 없는 그의 위풍당당하고도 뒤틀림 없는 성격 때문이었다고 생각한다.

어떤 사람들은 그가 인위적으로 주요 인물로 부각되었고 그의 죽음이 정치적으로 이용되고 있다고 말하기도 한다. 그들의 생각은 그릇된 것이다. 엄청난 다수의 저항의 함성은 오직 가장 깊은 내면의 슬픔과 분노와 절망에서 솟구쳐 나온 것으로서 외부에서 자극할 필요가 전혀 없다는 것이 너무도 분명하다. 그리고 또한 그 함성이 가라앉고 난 다음에도 그는 우리의 가슴 속에 누구도 누그러뜨릴 수 없는 저항의 상징으로 남아 있을 것이다.

스티브가 살아 있었다면 아마 선동적 선전물들을 만든 혐의를 받았을 것이라고들 한다. 하지만 몸소 답변할 수 없는 사람을 비난하는 것은 부도덕하다. 또한 그런 것이 죽음이나 재판 없는 구금을 정당화할 수도 없다.

스티브가 죽기 전에는 그의 이름을 들어본 적이 있는 흑인들은 전체 흑인의 백분의 일에 불과했다고 추정된 바 있다. 그러면 대략 16만 명 정도가 된다. 스물여섯 살에 사람들을 만나 이야기하는 것을 금지당했고, 서른 살에 운명을 달리 한 사람치고는 그리 적은 수는 아니다. 설혹 그를 알았던 사람의 수가 적었다 하더라도 그의 사상을 잘 모르는 사람은 거의 없고, 이제 그 사상이 점점 중요한 힘으로 한 나라의 틀을 만들고 있다.

나는 그를 파멸시키는 것은 불가능하다고 생각했었다. 놀랍게도 그의 육신에 대한 나의 생각은 틀렸다. 나는 분명 그의 육신이 그의 초월적인 정신과 똑같은 특질들을 가지고 있다고 생각했던 것이다. 그의 정신은 수천수만의 가슴과 머리를 밝게 비추면서 지금도 계속 살아 있다. 그 정신이 그들을 정화하고, 그들을 강하게 하고, 올바른 길을 밝혀주고, 그들을 인도하여 모든 시민이 공정한 몫을 가질 수 있는 정의롭고 평화로운 땅으로 이끌기를 나는 바란다.

트루디가 스티브의 셔츠에 대해 한 말은 딱 맞는 말이다. 그는 사람들 눈에 잘 띄지 않게 옷을 입었고 옷도 별로 없었지만 자신에게 잘 어울리는 옷을 입었다. 대부분의 경우 그는 목의 단추를 푼 민소매 셔츠와 폭이 넓은 벨트를 한 청바지에 노란 빛이 도는, 너무나 친숙한 구두를 신었고, 법정에 출두할 때는 수수한 양복을 입었다.

그는 수차례 기소를 당했는데, 사소한 고소 사건에서는 재기 넘치게 자신을 직접 변론하곤 했다. 그럴 때면 그는 언제 자신의 능변을 발휘해야 하는지, 언제 너무 영리한 티를 내서는 안 되는지를 잘 알고 있었다. 한번은 속도위반 혐의로 교통 법정에 선 적이 있었는데, 그는 굴종하는 느낌은 전혀 없으면서도 겸손한 자세를 보이면서 판사를 대했다. ("이봐, 이 판사란 사람들한테는 자신이 중요한 사람이라고 느끼게 해줄 필요가 있거든.") 그때 그 법정에 대한 예의는 다 갖추면서도 가장 중요한 논점을 갈파하는 그의 모습을 보면서 나는 피고석에 섰던 만델라의 연설을 떠올렸다. 이전에 그 둘은 같은 혐의로 기소 당한 적이 있었는데, 그때 만델라는 무거운 벌금형을 받았던 반면, 스티브는 주의만 받고 형을 면제받았던 것이다.

법정 밖에서는 증인석에서 스티브에게 무자비한 질문 공세를 당한 젊은 백인 교통순경이 스티브와 함께 담배를 피우고 있었다. 나는 그 젊은이의 얼굴에서 영웅에 대한 숭배라고밖에 할 수 없는 표정이 떠오른 것을 알아차렸던 기억이 난다.

"말해주세요, 비코 씨……." 그는 그렇게 말했다. 아마 그는 평생 처음으로 흑인에게 '씨'라는 존칭을 붙여 보았을 것이다.

스티브를 처음으로 만난 많은 백인들이 그랬듯이, 판사 역시 그에게서 깊은 인상을 받은 것이 분명했다. 그가 받은 여러 재판 중 하나에서, 나는 검사가 법원 경찰에게 하는 말을 우연히 듣게 되었다. "이 비코란 자는 보통 사람이 아니야!"

법정에 출두할 때를 빼고는 스티브가 넥타이를 맨 모습을 나는 좀처럼 보지 못했다. 언젠가 잠비아에 갔다가 돌아오는 길에 내가 그에게 카운다(Kaunda) 대통령이 이끄는 통일민족독립당 (United National Independence party)의 당원용 넥타이를 가져다 준 적이 있는데, 그는 SASO-BPC 관련 재판에서 증언을 하는 동안 그 넥타이를 하고 나왔다. 재판이 끝나고 그가 내게 이야기해 준 바에 따르면, 휴정 시간에 국선변호사가 그에게 그 넥타이가 어디서 난 건지 물어보더란다. "친구가 줬습니다"라고 스티브가 대답했더니, "어떤 친구요? 밝히기 꺼려지지 않는다면 이름을 물어도 될까요?"라고 물었다.

"천만에요, 그 사람 이름을 말하는 게 뿌듯한 걸요. 도널드 우즈라는 친구예요."

하지만 정말 너무나 뿌듯했던 것은 나였다.

킹윌리엄스타운 근방에는 대학이 하나도 없었던 까닭에 스티브는 보안관찰 처분을 받은 후 의학 공부를 계속할 수 없었고, 그 때문에 통신대학에서 법학을 공부했는데 사망 시점까지 잘 해내고 있었다. 그는 많은 시험에 합격했다. 그가 죽은 후 나는 그를 가르쳤던 남아프리카 대학의 교수로부터 감동적인 편지 한 통을 받았다. 남아프리카 대학은 전국에서 가장 큰 통신대학으로 로버트 소부쿼와 넬슨 만델라가 로벤 섬에 갇혀 있으면서 학위를 딴 대학이기도 하다(정부는 그 이후 감옥에서 그런 식으로 공부하는 것을 금지했다).

트루디 토머스의 헌사에서 매우 잘 묘사된 스티브의 또 다른 타고난 성품은 타인에 대한 그의 사려 깊은 마음이다. 그 성품 때문에 그는 정치범의 가족들을 돌보기 위한 기금인 지멜레 신용기금 창설을 주도하는 역할을 했다. 그런 식의 사려 깊은 마음은 큰일 뿐만 아니라 자잘한 일들에까지도 미쳤다.

언젠가 나의 친구이자 스티브의 친구이기도 한 이들 몇몇이 구속되어 있었을 때의 일이다. 스티브는 음식을 가져다 줄 수 있도록 해달라고 교도소 관계자들을 들볶았다. (그는 먹는 것을 좋아했고, 교도소 음식이라는 게 어떤 건지 잘 알고 있었으니까!) 면회일에(그들은 이른바 최고로 가혹한 테러법 조항에 걸려 구금생활을하고 있는 것은 아니었다) 웬디는 그들을 면회하기 위해 킹윌리엄스타운으로 가기로 하고 스티브에게 전화를 걸어 그들이 무슨 음식을 좋아할지 물어보았다. "고기죠, 웬디, 고기라고요! 맛있게할 수만 있다면 양고기로 해줘요"라고 말했다.

웬디는 고기를 요리해서 감옥에 가지고 갔고, 이스트런던으로 돌아오기 전에 스티브를 찾아갔다. 꽤 오랫동안 토론을 한 후웬디가 집에 돌아오자마자 그에게서 전화가 걸려왔다.

"웬디, 고기 잊지 않았어요?"

"그럼요." 그녀가 대답했다. "이미 갖다 줬지요." 그는 그녀가 떠나고 난 다음에야 고기 생각이 났다면서 그녀에게 그 이야기를 꺼내지 않은 게 미안했다고 말하며 고마움을 표했다.

스티브는 넓은 의미에서 진정한 종교적 영성을 지니고 있었지만 종교적 관습을 따르지는 않았다. 그래서 나는 그에게 왜 큰아들의 이름을 '은코시나티'('신이 우리와 함께 하신다')라고 했는지 물어보았다.

"사실 그 이름은 우리 어머니가 일방적으로 지으신 거예요. 어머니는 아주 독실한 신자셔서, 은치키와 내가 그 결정을 따른거지요. 하지만 둘째 이름은 내가 독단으로 사모라 마셀(Samora Machel)의 이름을 따서 사모라라고 지었지요."

그렇다면 그가 마셀의 정치적 견해에 전적으로 동의한다는 뜻인지를 묻자 그는 이렇게 대답했다. "꼭 그렇지만은 않아요. 하지만 마셀은 모잠비크의 독립을 이끌었고, 내겐 그것만으로도 충분해요. 게다가 그의 강령들 중에는 정말 좋은 게 많거든요."

비코의 사람됨을 충분히 설명하려면 그의 성적매력을 언급하지 않을 수가 없다. 사실 그는 바람둥이라는 평판을 얻고 있었는데 그의 매력을 생각하면 그럴 만도 했다. 하지만 그가 각별히 가깝게 지낸 여성은 아내인 은치키와 대학 동창인 맘펠라 람펠레 두 명뿐이었다. 그는 그 두 사람과 각각 다르지만 특별한 관계를 맺고 있었다.

나는 그 두 사람 모두를 높이 샀다. 은치키는 조용하고 헌신적이면서 자기를 내세우지 않았지만 강인했다. 반면 맘펠라는 왈가닥에 외향적이면서 은치키와 마찬가지로 강인했다. 두 사람 모두 웬디와 나에게 가치 있는 칭찬들을 해주곤 했다. 내가 스티브의 장례식 문제를 은치키와 의논할 때였다. 웬디와 나는 남아프리카 흑인들에게 가장 귀한 그날 '나서기 좋아하는 백인들' 같이 보이고 싶지 않았기 때문에 그의 가족으로부터 떨어져서 군중 속에 머무는 것이 낫겠다고 했다. 그러자 은치키는 목이 메어오는 듯 이렇게 말했다. "오, 도널드, 당신과 웬디는 우리의 형제자매예요!" 그런 은치키와 대조적으로 맘펠라는 격의없고 활달한 태도가 특징적이었다. 어느날 저녁 그녀가 우리집에 전화를 걸어 나를 바꿔달라고 했다. 내가 체스 클럽에 갔다고 웬디가 말하자 그녀는 성을 내며 "이런 멍청이 바보!"라고 했다는 것이다. 화내는 걸 즐기듯이 '바-부' 하고 길게 늘려 발음하며 말이다.

스티브의 또다른 주목할 만한 친구로는 타미 자니가 있었다. 한때 BPC 운동가들 중 독방 수감 최고 기록(423일) 보유자였던 그는, 더이상은 불가능해 보일 정도로 대의에 헌신적이며 강인한 인물이었다. 타미는 힘이 세고 덩치가 커서 겉모습은 권투 챔피언 같지만 흑인의식운동의 최고 두뇌 중 한 명이었다.

그리고 또 한 사람, 덩치가 크고 늘 즐거워하던 피터 존스가 있다. 케이프타운 출신의 '혼혈계'인 그는 언제나 스티브와 붙어 다녔다. 실제로 스티브가 경찰의 검문에 걸려 죽음을 부른 구속의 덫에 빠졌을 때도 그와 함께였다. 친구들 사이에서 'PC'로 불리던 피터는 재미로 똘똘 뭉친 사람이었다. 그는 큰 발에 항상 샌들을 신고 있었는데, 언젠가 내가 나도 모르게 그의 발가락을 밟은 적이 있었다. 그는 마치 과학적인 탐구를 하는 듯한 어조로 내게 이렇게 묻는 것이었다. "도널드, 당신이 내 발을 계속해서 밟는 이유는 무엇 때문일까요?"

스티브의 많은 친구들을 만나고 난 후, 나는 그에게 내 친구인 진보연합당(Progressive Federal party)의 지도자 콜린 에글린을 데려가도 되겠냐고 물어보았다. 그는 한껏 부드러운 목소리로 이렇게 말했다. "당신 친구라면 누구든 만나지요. 당신 생각에 그게 콜린 에글린에게 도움이 된다면 그분도 만나죠. 제겐 도움이 되지 않을 테지만." 나는 콜린에게 도움이 될 것 같다고 말하면서 스티브에게도 어느 정도는 도움이 될 거라고 생각했다(그러나 그런 말을 하지는 않았다). 스티브가 그렇게 말한 것은 진보당이 비인종주의적 정책과 헬렌 수즈먼이라는 대단한 인물과의 연합이라는 두 가지 특성을 갖고 있음에도 불구하고, 비코의 지지자들은 비코가 어느 당 소속의 백인 정치인들과도 너무 많이 접촉하는 것을 경계한다는 뜻이었다. 그들이 아프리카너 국민당보다 진보당을 선호하는 것은 분명하다. 그러나 그들은 백인 일색의 의회에서 활동함으로써 '체제'의 일부인 모든 정당에 대해 여전히 분노하고 있었다.

어쨌든 나는 1977년 중반에 두 사람을 만나게 해주었고, 그들의 마라톤 대화를 전부 들었다. 눈에 띄게 비범한 지성의 소유자들이 만나는 자리였기 때문에 나는 그곳에 있을 수 있는 것을 영광으로 여겼다. 처음에는 두 사람 모두, 특히 스티브 쪽에서 신중한 모습이었지만 곧 서로 친해졌고, 토론이 끝날 무렵에는 서로 연락을 유지하면서 양측 집단 사이에 대화를 시작하자는 데 합의했다. 스티브가 내게 최고의 찬사를 보낸 것은 그 토론이 끝날 즈음이었다. 콜린이 스티브를 위해 자신이 할 수 있는 일이 없겠냐고 묻자 스티브가 이렇게 대답한 것이다. "있지요. 절대 (내쪽으로 고개를 끄덕이면서) 내 친구를 꾀어서 당신네 당 의원 후보로 나서게 하지는 말아주십사 하는 겁니다. 이 사람은 지금 이대로 더 좋은 역할을 할 수 있거든요. 백인들만의 구조 밖에서 순수한 독립을 즐기면서 말이죠."

콜린은 웃으며 그러마고 했다. (부분적으로는 분명, 내가 출마

할 경우 자신의 백인 표를 빼앗기기 때문이기도 했으리라!) 그들이 나눈 대화를 세세히 밝히지는 못하지만, 각기 자신의 영역에서 어떻게 하면 국내의 모든 집단을 하나의 회의 테이블로 모이게 하는 데 기여할 수 있을까 하는 것이 전반적인 주제였다는 것은 말할 수 있다. 두 사람 모두 폭력을 피하기 위해 할 수 있는 모든 것을 할 필요가 있다고 강조했다. 스티브는 "폭력에는 추잡함이 따릅니다. 폭력이 사용되면 재건 기간에 너무 많은 증오의 찌꺼기가 남습니다. 폭력 자체에 대한 엄연한 공포는 제쳐 놓더라도, 혁명 후에 너무 많은 문제들이 양산되지요. 가능하다면 우리는 어떻게든 평화적이고 조화로운 혁명을 원합니다. 저는 그런 것이 여전히 가능하길 바랍니다. 비록 정부의 행동으로 보면 아프리카너 국민당은 야당을 도발하려 하는 것 같습니다만……."

만남이 끝난 후 스티브와 콜린은 각기 나에게 상대편의 지적 수준에 깊은 인상을 받았다고 말했다.

그 무렵 나는 스티브에게 상당히 많은 놀림을 당하고 있었는데, 이런 우정어린 장난들은 영원히 생생한 기억으로 내게 남아 있을 것이다. 나는 그때 막 새 회사차를 받았는데 앞에서 언급했던 차와 똑같은 은색의 메르세데스 벤츠였다. 스티브는 그 차가 포르스테르 총리의 것과 같은 것임을 알게 되었다. 그러더니 도무지 끝도 없이 놀려대는 것이었다.

"얼마 주고 샀어요?" 그가 매정하게 말했다.

"정말 이건 내 차가 아냐. 알잖아, 스티브. 신문사 거라고."

"얼마 줬는데요?" 그가 말했다.

"글쎄, 제일 작은 급인데, 난 잘 모르겠어."

"얼마 줬는데요?"

"솔직히 말하는 거야, 내가 직접 산 게 아니어서 말이야."

"그럼 그건 그렇다 치고," 스티브는 정말 즐거워하며 말하는 것이었다. "얼마 줬어요?"

"너 잘났다!" 나는 그 말밖에 못했다.

경찰국가에서 산다는 것

나와 내 가족이 그 추억의 일요일 저녁식사를 했던 자넴필로 진료소는 우리와 우리의 새로 사귄 친구들에게 중요한 만남의 장소가 되었다. 그곳은 킹윌리엄스타운에서 몇 킬로미터 떨어져 적당히 한적했으므로, 보안관찰 처분을 받은 비코 그룹의 몇몇 사람들과 토론을 하기에 꽤 안전한 곳이었다. 보안경찰이 규칙적으로 덮치기는 했지만 온갖 종류의 '원격 조기 경보' 신호들이 있어서 그들의 접근을 경계할 수 있었기 때문에, 보안경찰이 들이닥쳤을 때는 보안 처분을 받은 사람들은 규정대로 각방에 따로따로 한 사람하고만 만나고 있게 되었던 것이다.

나는 그후 몇 년 동안 때로는 혼자, 때로는 웬디와 함께 다양한 장소에서 스티브를 만났다. 그의 전화와 내 전화 모두 도청 당했기 때문에 우리는 만날 장소를 정하는 데 쓰일 일종의 암호를 개발해냈다. 그 암호로 된 대화에서 중요한 구실을 한 것은 코사어였다. 감청 업무를 담당한 보안경찰들이 일상적인 코사어를 알고 있었을지도 모르지만, 그들은 우리가 다양하게 웅얼거리며 발음하는 코사어를 결코 해독할 수 없었다. 좌절감을 느낀 그들은 우리가 전화로 대화를 하고 난 다음이면 어김없이 곧바로 양쪽 집에 전화를 걸어 말도 없이 가뿐 호흡소리를 들려주곤 했다. 하룻밤에 내가 서너 통, 스티브는 여섯 통이나 그런 전화를 받은 적도 있었다.

우리의 암호 얘기로 돌아가 보자. 자넴필로 진료소는 진요카(코사어로 '뱀들이 있는 곳'이라는 뜻)라고 불리는 농촌 구역에 있었다. 그래서 우리는 코사어를 웅얼거려 람발란트에서 만나기로 약속하곤 했다. '르'(r) 소리가 로흐 로몬드(Loch Lomond)의 '흐'(ch) 소리처럼 발음되는 코사어 '람바'는 퍼프 애더라는 남아프리카의 독사를 가리킨다. 그것은 알아듣기가 꽤 쉬웠기 때문에 들킬 염려가 있었지만, 보안경찰의 감청요원들은 전혀 그 뜻을 알아채지 못했다. 암호를 이용할 때 우리가 원칙으로 삼은 금언은 이것이었다. "보안경찰의 무능함을 절대 과소평가하지 말라." 우리가 처음 만났던 레오폴드 가의 그 교회 뒤뜰에서 만나고 싶을 때는, 거기를 '뜰에서'라는 말로 "에이야디니"(eyadini ; '뜰에서'[at the yard]와 발음이 흡사하다—옮긴이)라고 말하곤 했다. 그런 식으로 비코는 '뜰의 비코'가 되었는데, 두 번이나 전화에

다 대고 "여기 스코틀랜드 뜰이야!" ('스코'가 비코의 코사어 발음
과 유사하다—옮긴이)라고 노골적으로 말했던 적도 있었다.

어느날 밤, 웬디와 나는 우리 큰아들의 기숙학교가 있는 킴
벌리에서 이스트런던의 우리집으로 돌아오던 중 킹윌리엄스타
운을 지나게 되었다. 킴벌리에서 그곳으로 거주를 제한당한 상태
였던 로버트 소부쿼와 이야기를 나누었던 우리는 그 만남에 대해
스티브에게 말해주기로 했다. 나는 공중전화로 그에게 전화를 걸
어 "Umhleli wa se Monti"라고 ('이스트런던의 편집자'라는 뜻으
로 웅얼거린 말. 그러나 'Umhleli'가 사람 이름처럼도 들리므로 안전
했다) 밝혔다. 우리는 10분 후 '뜰에서'에서 만났다.

또 한번은 스티브가 전화를 걸어 애써 무심한 어조로—암
호를 써서—우리를 자넴필로 진료소로 초대했을 때의 일이다.
그곳에 가는 길에 웬디는 그가 무심한 어조였음에도 불구하고 그
목소리에서 무언가 흥분한 기색이 느껴졌다고 말했다. 당시는 맘
펠라가 멀리 노던트란스발의 짠닌으로 추방당한 직후였기 때문
에 우리는 도무지 이유를 알 수 없었다. 맘펠라가 보안경찰의 호
송하에 1천 킬로미터 이상 떨어진 곳으로 실려 간 후 스티브가
그녀를 무척 그리워한다는 것을 알고 있었기 때문에 우리는 다소
풀이 죽은 모습의 그를 예상했던 것 같다. 자넴필로에 도착한 순
간 우리는 스티브의 목소리에 왜 들뜬 기색이 있었는지를 알게
되었다. 맘펠라, 그녀가 그곳에 있었던 것이다. 그녀는 자신이 받
은 보안관찰 처분 명령서에 행정적인 오류가 있는 것을 발견하곤

곧바로 차를 한 대 빌려서 먼 길을 되돌아왔던 것이다. 이름의 철자가 틀리게 기입되어 있었고 신분증 번호의 순서가 뒤섞여 있었다. 그래서 그녀는 이 행정상의 문제를 가지고 체제에 도전하기로 작정한 것이다.

그녀는 진료소에서 즉시 의사로서의 직무를 재개하였으며, 실제로 돌아온 직후에 아기를 받아냈다. 그녀가 받은 보안관찰 처분에 따르면 그녀가 한 번에 두 명 이상과 함께 있는 것은 금지되어 있었기 때문에, 그녀와 아기 엄마 그리고 신생아가 함께 있는 것이 '불법 회합'에 해당되는 것 아니냐며 많이들 농담을 했다. 맘펠라는 우리에게 아침 식사를 만들어 주었다. 어디서 왔는지 모르게 스튀프 신부도 갑자기 나타나 함께 그 경사를 나누었다. 우리는 모두 언제고 보안경찰이 들이닥칠 것임을 예상하고 있었음에도 불구하고 편안하고 즐거운 아침 시간을 보냈다.

나는 그때 맘펠라와 스티브의 강철 같은 담력을 존경스러워했던 기억이 난다. 그녀가 진료소로 돌아온 것을 정보원들이 보안경찰에 몰래 알렸을 것이고, 그렇다면 그들이 언제라도 그곳을 덮칠 수 있다는 것을 분명히 알았을 텐데도 두 사람 중 누구도 긴장한 기색을 전혀 보이지 않았던 것이다. BPC 지부는 평소 하던 방식대로 상황을 어떻게 활용할지 계획을 세웠고 며칠 뒤 대언론 성명서를 냈다. 보안경찰이 진료소에 와서 그녀가 그곳에 있는지를 확인하고 간 후의 일이었다. 보안경찰은 그들이 때로 취하는 묘한 방식으로 법조문을 가지고 사태에 대처했을 뿐 즉각 그녀에

대한 행동을 취하지는 않았다. 대신 법적 자문을 구한 뒤 해당 장
관으로부터 새로운 (철자와 번호를 정확히 기입한) 보안관찰 처분
명령서에 서명을 받아서 그녀를 다시 한 번 짠넌으로 이주시켰
다. 하지만 그녀는 10일간이나 진료소에서 지낸 뒤였고 그 시간
만큼 체제에 맞섰다는 만족감을 느낀 터였다.

스티브와 그의 친구들은 가능한 위험을 계산한 후 그럴 만한
가치가 있는 일이라고 생각하면 그 위험을 감수하면서 자주 체제
에 도전하곤 했다. 그럼에도 대개는 보안관찰 처분을 위반하다가
붙잡히지 않기 위해 신경을 많이 썼다. 진료소에서 스티브와 함
께 많은 사람들이 술을 마시던 어느날 밤, 나는 '이곳에 보안경찰
이 나타난다면 어떻게 될까?' 라는 생각을 했다. 내가 귓속말로
비코에게 그렇게 물었더니 그는 대답을 해줄 요량으로 나를 바깥
으로 데리고 나갔다.

어두운 밤이었다. 내 눈이 어둠에 익숙해지고 나자 그는 내
게 어떤 방향을 가리켜 보였다. 우리가 서 있던 자리 사방에서 수
많은 담뱃불들이 거리를 달리 하며 반짝이는 것이 보였다. "체제
가 어떤 방향에서 접근하건 우린 멀리서부터 미리 경보를 얻을
수 있어요"라며 그는 미소를 지었다. "그러면 집에는 보안관찰
처분을 받지 않은 사람들만 남고 우린 미리 정해놓은 방향으로
각기 흩어지는 거지요."

우리가 '킹' 이라고 부르던 그 작은 마을에 갇혀 지내면서 스
티브가 어떻게 전국적인 지도자 역할을 할 수 있었는지 놀라울

따름이었다. 전국에서, 전세계에서 사람들이 찾아와 그의 문을 두드렸다. 남아프리카의 수많은 흑인들에 관한 한 그는 의심할 나위 없이 완벽한 지도력을 구사했다. 가끔은 그를 방문하는 이들이 보안경찰의 추적을 받고 있거나 거주제한 지역을 벗어난 '위험인물'인 경우도 있었다.

어느날 웬디와 나는 '그 뜰'에서 스티브를 만났다. 그는 여섯 살짜리 아들 은코시나티와 함께 있었다. '애를 보고 있는 중'이라며 한 팔을 은코시나티의 어깨에 올려놓고 서서 우리에게 말을 걸던 그의 모습이 생각난다. 집에 수배중인 손님이 와 있는데 은코시나티가 옆집에 사는 흑인 경찰의 아이와 놀다가 우연히 그 사람의 이름을 입 밖에 내는 일이 생길까봐 하루 종일 아이를 데리고 있는 중이었던 것이다. "그래요," 스티브는 은코시나티의 귀를 잡아당기며 웃는 얼굴로 말했다. "이 녀석이 보지 말아야 할 것을 봤어요. 그래서 하루 종일 나랑 있어야 한답니다!"

스티브는 뛰어난 유머 감각을 타고난 덕분에 일부 보안경찰들까지 그를 '스티브'라는 애칭으로 부를 정도로 모든 부류의 사람들을 쉽게 다룰 수 있었다. 하지만 그는 웃음거리와 진지한 문제 사이에 분명한 선을 그었다. 체제에 대처할 때에도 마찬가지였다.

예를 들면, 어느날 밤 여러 명의 보안경찰들이 어떤 문건을 찾으러 그의 집에 온 적이 있었다. 그 문건은 실제로 집 안에 있었다. 스티브는 그들을 안으로 들이기에 앞서 서면으로 된 수색

영장을(그들에게는 그런 영장이 필요 없다는 것을 뻔히 알면서) 요구했다. 그런 전술에 미리 대비해 놓았던 그들은 두툼한 허가 서류를 내밀었다. 그러자 그는 "당신들을 안으로 들어오게 하기 전에 창문으로 그걸 읽어봐야겠어요"라고 말하고는 앞문을 잠그고 자신의 어머니 방에 문건을 잽싸게 감춘 후 창문으로 머리를 내밀었다. 그들은 허가 서류를 그에게 갖다 대었고 그는 꼼꼼하게 첫 쪽을 읽는 척했다. 그리고는 계속 정색을 한 채 "다음 장"하고 말했다. 그 보안경찰은 의무를 다하듯 한 쪽을 넘겼고, 스티브는 머리만 창문 밖으로 내민 상태에서 읽기를 계속했다. 다음 쪽을 읽으려 할 때는 그저 머리만 까닥했을 뿐이었다. 그러자 '그 불쌍한 놈은 분명 팔이 아파오기 시작했겠지만' 서류는 다음 쪽으로 넘어갔다. 마침내 그 촌극이 다 끝나고 나자("솔직히 말해서 딱 예배 때 교구목사님을 위해 성경책을 들어 보여주는 애 꼴이었다니까요"), 그는 그들을 안으로 들어오게 했다. 그들은 그의 어머니 방을 제외한 모든 곳을 샅샅이 뒤졌지만 문건은 찾아내지 못했다. 이것은 그가 보안경찰을 데리고 장난을 쳤던 예이다.

하지만 그는 그들이 자유를 앗아가도록 내버려두지는 않았다. 한번은 그가 악명 높은 헤르하르뒤스 하틴그 순경이 이끄는 보안경찰 몇 명을 집 안으로 들어오게 했던 적이 있었다. 집 안에 있을 때 하틴그 순경이 연발 권총을 꺼내는 실수를 했다. 스티브는 전광석화처럼 빠르게 그의 팔뚝을 가라데 식으로 짧게 내리치면서 반대편 손으로 하틴그의 손에 들린 그 무기를 비틀어 빼앗았다. "이 집에서 총은 절대 안 돼!" 놀란 하틴그에게 권총을 되돌려주며 그는 그렇게 말했다. 어찌된 셈이었던지 그 일은 무사히 넘어가게 되었다.

또 한번은 구속되어 있던 그가 취조실에 끌려가 그 방 한가운데 놓인 의자에 앉혀진 적이 있었다. 그를 둘러싸고 사방의 벽에 보안경찰 일곱 명이 차례로 서 있었다. 하틴그가 그 방에 들어오더니 곧장 스티브가 앉아 있는 곳으로 걸어와 그의 뺨을 세차게 후려쳤다.

"그래서 어떻게 됐어?" 내가 물었다.

"그를 쳐서 벽에다 바로 올려 붙였죠." 스티브가 대답했다. "틀니가 박살났어요."

"그래서?"

"당장 방에서 나가 버리더군요. 무엇을 해야할지, 또 어떻게 반응해야 할지를 몰라 상관에게 별도의 지시를 받으러 간다는 느낌을 받았죠."

하지만 스티브는 하틴그에 대해 그리고 다른 모든 사람들에 대해 개인적 원한 같은 것은 품지 않았다. 그는 하틴그 같은 이들, 그리고 크뤼에르나 포르스테르 같은 이들이 자신들의 환경과 교육, 내력이라는 감옥에 갇힌 죄수들이라는 것을 깨닫고 있었다. 그리고 어쩐지 하틴그도 그런 스티브의 마음을 느끼고 있었던 것이 틀림없는 듯하다. 그 일이 있고나서 어느 땐가 구속되어 있던 스티브를 그가 구타하려 했을 때 스티브가 그의 팔을 붙잡아 제지하며 "그만 둬요, 하틴그! 나보다 연장자를 때리고 싶지 않단 말이오"라고 말했자, 하틴그는 "미안하네, 스티브. 내가 제정신이 아니었어"라며 사과했다. 그리고는 은치키가 스티브에게 약간의 음식과 갈아입을 옷을 가져다 줄 수 있도록 해주었다.

이러한 사건들은 나중에 킹윌리엄스타운의 보안경찰 한센 경정에 의해 심하게 왜곡되었다. 그는 비코 사망사건에 대한 심리에서 증언할 때 그 일들을 스티브가 하틴그를 이유 없이 폭행한 사건으로 진술했다. 더 나아가 한센은 증언을 통해 당시 자신이 그 자리에 있었다고까지 주장했다. 하지만 스티브가 내게 말한 바에 따르면, 그 몸싸움이 벌어지는 동안 하틴그의 상관은 단 한 사람도 그곳에 없었다. 바로 그랬기 때문에 하틴그가 '아마도 별도의 지시를 받으러' 방에서 나갔을 것이라는 데 의심의 여지가 없었던 것이다.

스티브는 모두 합쳐 네 번 구속되었다. 그 중 두 번은 단기간에 그쳤고, 한 번은 101일 동안, 마지막은 살해당하던 때까지였다. 내가 그를 처음으로 알게 되었을 때 그는 보안관찰 처분을 받은 상태였지만 그때까지 구속된 적이 없었기 때문에, 그의 동료들은 그가 그 그룹에서 단 한 번도 '빵에 갇혀' 있어 보지 않은 유일한 사람이라며 그를 놀려대곤 했다. 그때 나는 그에게 대체 왜 정부가 그를 한 번도 구속하지 않은 것이냐고 물어보았다.

"그 개자식들이 나에 대한 신뢰를 무너뜨리려고 기를 쓰는 거 같아요"라며 그는 웃었다.

그렇게 된 데는 정치적 문제들과 관련한 그 자신의 빈틈없는 예방조처들이 일정 부분 작용했다. 그는 중요한 쟁점 사안들에 대해 결코 모험을 하지 않았고, 그들이 자신을 무난히 기소할 수 없도록 법망 안에 머물렀다. 그들이 얼마나 계속해서 그를 잡아넣으려 시도했는지는 하느님만이 아실 것이다. 그는 보안관찰 처분 명령위반(한 번에 두 사람 이상과 이야기를 나눈 것)에서부터 교통 법규위반(교차로에서 완전히 정차하지 않은 것, 속도위반), 그리고 증인들이 서약한 증언을 바꾸도록 설득하여 '정의의 결과를 무효화한 것' 까지 다양한 혐의로 모두 다섯 번을 기소당했다.

그는 그 모든 재판에서 승소하였는데, 마지막 것이 중요성과 재판 기간, 법률 비용 등의 면에서 가장 큰 재판이었다. 검찰측의 목적은 그에게 가능한 모든 혐의를 다 씌워서 무거운 과징금을 물게 함으로써 BPC의 현금 재원을 누출시키려는 것임이 명백했다. 마지막 재판에서는 위증교사도 한 가지 죄목이었다. 스티브가 흑인 학생들——이들은 자신들의 학교를 방화한 혐의를 받고 있었다——에게 이미 경찰에게 한 진술을 번복하라고 시켰다는 것이다. 하지만 그것은 사실이 아니었다. 그 젊은이들은 조언을 구하기 위해 스티브를 찾아왔다. 그들은 보안경찰에게 구타를 당하고 읽지도 못하게 하는 진술서에 서명하도록 강요당했으며, 한 명씩 끌려가 종이로 덮여 있어 내용이 보이지도 않는 서류의 하단에 서명하게 되었는데, 바로 그 서류가 지금 진실한 자백으로서 대법원에 제출되어 있다고 했다.

　　스티브는 그들에게 증인석에 나가서 지금 말한 내용 그대로 판사에게 이야기하라고 충고했다. 그들은 그의 말을 따랐고, 무죄 판결을 받았다.

　　그리고 이제는 스티브가 '학생들이 자유로운 상태에서 스스로의 의지로 한 자백을 부인하게 하여 위증을 하도록 설득한!' 혐의를 받았다. 검찰측은 그 모든 해당 학생들을 테러법에 의거하여 즉각 구속했고 그들이 제대로 증언을 해야 풀려날 수 있다고 했지만, 윌프리드 쿠퍼 박사와 데니스 쿠니에게 변론을 맡긴 스티브는 자신이 승소할 것이라고 확신했다.

　　다행히도 그 학생들의 수가 열두 명이 넘었기 때문에(이는 검찰측이 재판을 오래 걸리게 만들어서 변론비용을 더 들게 하려는 수작이었다), 경찰이 조작한 이야기(다름 아닌 하틴그가 구술한 내용이다)는 반대 심문을 버티고 넘어갈 수가 없었다. 상황이 너무 복잡하여 증인들이 서로 상반된 진술을 할 수밖에 없었던 것이다. 결국 실상이 무엇이었는지가 그대로 드러나게 되었고, 스티브는 무죄판결을 받았다. 하지만 그는 변호사 비용을 모으느라 어려움을 겪었다. 나도 친구들로부터 가까스로 그 비용의 일부를 거뒀지만 그 돈의 대부분은 흑인 단체들의 도움과 기부금, 그리고 BPC의 재원으로 충당되어 정부가 적어도 조금은 흡족해 할 수 있게 되었다.

　　스티브가 자신의 법정 비용을 일부나마 지불하기까지는 상당한 시간이 걸렸다. 그래서 우리는 이 일을 해내기 위한 암호를 한 가지 개발해냈다. 나는 서고에서 더이상 필요가 없는 수많은 법서들을 끄집어냈다. 가령 내가 1,000랜드*(약 1,200달러, 랜드 는 남아프리카의 화폐 단위―옮긴이)를 모금했다면, 나는 스티브 에게 전화를 걸어 그에게 줄 책이 한 권 있다고 말한다. 그는 배 달부를 보내어 안에 그 돈이 담긴 책을 가져간다. 언젠가 한번은 그에게 책을 두 권 보낼 수 있게 되어 우리 둘 다 기쁨에 들뜨기 도 했었다(내가 가끔 괴롭히곤 하는 몇몇 인정 많은 백인 친구들 덕 분이었다).

수년 동안 남아프리카 의회 전체의 유일한 진보당 의원이었 던 헬렌 수즈먼이 누가 돈을 주었는지 스티브에게 알리지 않는다 는 조건으로 내게 그를 위한 얼마의 돈을 보내온 적도 있다. 수년 동안 나와 친한 친구사이였던 그녀가 그렇게 익명을 전제로 한 것은 자신이 생색을 내며 자비를 베푸는 백인처럼 보이는 것을 꺼려해서였다. 그녀는 오래 전부터 자신의 재산으로 정치범들을 위한 사설 기금을 운용해 왔는데, 스티브에게 주는 돈도 그 기금 에서 나온 것이었다. 내가 그 돈을 가져다주자 스티브는 기뻐하 면서도 한편으로는 기부자가 누구인지 궁금해 했다. 하지만 기부 자가 익명으로 남고 싶어 한다고 말하자 그저 "음, 나는 그냥 감 사 편지를 쓰고 싶었던 건데"라고 말하며 그 이상 캐묻지는 않았 다. 나는 마음이 불편해서 "사실은 기부자가 국회의원이야"라고 말했다. 그 말은 정말 그의 호기심을 자극했다.

"남아프리카의 국회의원이라! 참, 누군지 알고 싶네요. 하지만 더 긴 말은 하지 않겠어요."

"음, 자네도 알다시피 그녀가 익명으로 남고 싶어하니까." 나는 그렇게 말했다. 그러자 남아프리카 의회에 여성 의원이라곤 딱 한 사람뿐이라는 것을 알고 있던 그는 흡족한 미소를 지었다. "그 익명의 숙녀분께 누군지 몰라도 제가 정말 감사드린다고 전해 줘요!"

보안경찰은 스티브의 전화 통화와 우리집 전화 통화를 모두 감청하고 있었기 때문에 우리가 서로 통화를 할 때는 특히 격앙되는 것 같았다. 어느날 밤 내가 스티브와 통화하다가 다음날 밤에 신문사 모임을 위해 더반에 간다는 말을 한 적이 있었다. 그리고 내가 더반에 간 날 자정 무렵, 우리집으로 한 통의 전화가 걸려왔다. 웬디가 전화를 받자 웬 남자가 "우린 당신이 오늘 밤 혼자 집에 있다는 걸 알아. 좀 있다 가서 죽여버릴 거야"라고 했다. 그녀는 친구들에게 전화를 걸어 그 협박에 대해 상의했는데, 그런 협박은 대부분 허풍이므로 무시하는 편이 낫다는 것이 중론이어서 그렇게 하기로 했다.

새벽 4시경, 그녀는 다섯 발의 총성—처음에는 한 발, 그 다음에는 빠르게 연속해서 네 발—이 울리는 소리를 들었다. 그날 아침 집 앞에서 다섯 개의 총알 자국이 발견되었고, 벽에는 스프레이로 칠한 '비코—빨갱이 본부'라는 커다란 글자들과 함께 망치와 낫이 그려져 있었다. 나중에 그 총알은 보안경찰 B. 유스터 경사가 발사한 것이고, 그림은 G. 킬리르스 경위가 그렸다는 것을 한 사립 탐정이 밝혀냈지만 경찰은 그 증거에 대한 후속 조치를 취하기를 거부했다.

이러한 사건들이 일어난 것은 스티브와 우리의 우정이 보안경찰의 분노를 샀기 때문인 것 같다. 보안경찰뿐만이 아니었다. 많은 남아프리카 백인들은 피부색을 뛰어넘은 우정을 보면 화를 낸다. 람펠레가 구류를 살고 나온 뒤 스티브의 재판에 모습을 나타냈던 적이 있었다. 그녀는 법정에서 웬디를 발견했고, 두 사람은 다정하게 포옹하고 키스를 나누었다. 그러자 한 젊은 백인 경관이 이글거리는 눈빛으로 웬디를 노려보면서 "저런 여잔 총살감이야!"라고 큰 소리로 자기 동료들에게 말하는 것이었다. 그의 눈엔 분명 웬디가 백인 종족의 배반자로 보였을 것이다.

나는 스티브가 구속되어 있는 동안에는 그를 전혀 면회할 수가 없었다. 하지만 그가 위증교사 혐의로 수감되었던 때, 우리가 그의 보석금을 마련하고 있는 동안 웬디가 어렵사리 그를 만났다. 다음은 그녀가 들려준 그 면회 이야기다.

우리는 스티브가 다시 '빵에 갇혀' 있다는 이야기를 들었다. 그리 놀랄 일은 아니었다. 그리고 이번엔 상황이 그리 나쁘지도 않았다. 그가 체포는 되었지만 구속되지는 않은 것이다. 남아프리카에서는 그 두 가지가 엄연히 다르다. 구속은 보통 구속된 사람을 보안경찰 외에는 아무도 만날 수 없다는 것을 뜻한다. 통상적인 체포는 어떤 사람이 고소를 당해서 교도소의 전권 아래 있는 미결수가 된다는 것을 뜻하며, 그 경우 보안경찰은 그 수감자에게 접근할 수 없다.

스티브는 '정의의 결과를 무효화시킨' 혐의로 기소된 상태였는데 우리 동네인 이스트런던 감옥에 수감되어 있었다. 그래서 나는 그를 만나러 가기로 작정했다. 이전에 차를 몰고 그 감옥 옆을 지나간 적은 자주 있었지만 그 안에 들어가 본 적은 한 번도 없었다. 실은, 몇 달 전에 그 지역의 백인 지방자치 선거운동을 돕기 위해 수차례 차를 몰고 그곳을 지나 다녔는데, 그때마다 나는 스티브가 그 안 어딘가의 독방에 갇혀 있다는 생각을 했다. 지리적으로는 그렇게 가까우면서도 실상은 그렇게 먼 곳에 말이다. 그때 나는 속으로 '안녕' 하고 말을 건네며 동시에 내가 지지하는 백인 지방자치 후보에 대한 열정을 애써 북돋우곤 했다.

이제 나는 차를 몰고 감옥 정문을 통과하여 작은 단층 건물들과 사무실 구역, 그리고 파릇파릇한 잔디밭과 정돈된 화단 옆을 지나, 마침내 진짜 감방 건물로 보이는 곳──낡고 꺼림칙한 어두운 빛깔의 이층짜리 붉은 벽돌 건물을 발견했다. 그곳에는 아무런 방문객 환영 표시도 없었고, 주차장 표시도, 안내 화살표도, 심지어는 '감방' 임을 표시하는 팻말조차도 없었다.

나는 차의 시동을 끈 채 건물 쪽을 주시하며 귀를 기울였다. 건물 한복판에는 두 짝으로 된 거대한 여닫이 목재 문이 있었다. 그 문 외에, 일정한 간격으로 여러 개의 작은 창문들이 있었는데 모두 두꺼운 철망으로 덮여 있었다. 그 창문들을 통해 노랫소리, 고함치는 소리, 웃음소리들이 들려왔다. 나는 불안해지기 시작했다. 금방이라도 누군가가 내게 다가와 대체 거기서 뭘 하고 있느냐고 다그쳐 물을 것 같았고, 차를 빼라고 할 것 같았다. 무엇보다 그곳에 오려면 넉달 전에 미리 내무부에 신청을 했어야 한다고 말할 것 같았다. 그러나 아무 일도 일어나지 않았다. 그래서 나는 다시 건물을 훑어보며 어떻게 해야 안에 들어갈 수 있을지 생각했다. 목재 문은 우스꽝스러워 보였다. 대들보로 문짝을 가로질러 놓은 데다 거기에 엄청나게 큰 못들을 박아 놓았던 것이다. 정말 가관이었던 것은 두 문짝 복판에 있는 무쇠로 만든 두 개의 둥근 문고리였다. 그 문고리들을 들어 올려 쿵쿵 문을 두드리다가는 킬킬거리는 히스테릭한 웃음을 멈출 수가 없을 것 같아 도저히 자갈밭을 건너갈 수가 없었다.

그때 왼쪽에 있던 창문들 중 하나가 다른 것들보다 약간 더 크고 그 위에 '백인들'(Blankes)이라는 표시가 있는 것이 눈에 띄었다. 그곳으로 다가간 나는 철망을 통해 가까스로 젊은 사내 두 명이 사무실 안을 왔다갔다 하는 것을 볼 수 있었다. 그들은 모두 허리춤에 권총을 차고 있었다.

"안에 들어가서 구속자를 면회하려면 어떻게 해야 하죠?"

"그냥 문을 두드리세요, 부인."

문은 여전히 거기 있었다. 나는 문고리를 들어올려 쿵쿵 두드렸다. 그랬더니 반갑게도 작은 네모 판자가 미끄러져 열리면서 눈 하나가 나를 쳐다보았다.

"수감자를 면회하고 싶어요." 나는 그 눈을 보고 말했다.

판자가 미끄러져 닫히더니, 요란하지만 공허하게 철커덕거리는 소리가 수차례 들려왔다. 문을 열고 있는 것이었다. 한 쪽 문이 열렸다. 안으로 한 발짝을 내딛은 나는 그곳이 철창으로 둘러쳐진 현관이라는 것을 알았다. 간수는 열린 문을 다시 닫고 있었다. 중년의 백인이었다. 옆에는 권총을 차고, 벨트에는 큼직한 열쇠가 몇 개 달린 고리를 달고 있었다. 성격 좋고 친근하지만 멍청해 보이는 사람이었다. 나는 안쪽을 둘러보다가 아까 그 두 젊은이가 있던 사무실을 발견했다. "여기 책임자를 만나고 싶은데요."

"그건 안 되겠네요, 부인. 법정에 나갔거든요."

"그럼 그 밑의 사람이라도 만날 수 있나요?"

두 젊은이 중 한 명이 현관으로 와서는 그 간수에게 손짓을 했다. 그러자 간수는 성큼성큼 달려와 교도소 본관과 현관을 분리해주는 그 철창의 문 하나를 열쇠로 열었다. 젊은이는 다시 사라졌고, 나는 복도를 위아래로 쳐다보며 기다리고 있었다. 그곳은 매우 소란스러웠다. 흑인 백인 할 것 없이 죄수들이 놀랍게도 활기찬 표정으로 지나다니는 모습을 보면서 나는 병원을 떠올렸다. 한 가지 분명한 차이가 있다면 이곳에는 휠체어나 환자운반용 침대들이 없다는 것과 더 떠들썩하다는 점이었다. 이윽고 간부로 보이는 백인 남자 한 명이 천천히 내게 다가와 호기심에 찬 눈초리로 나를 쳐다보았다. 철창에 얼굴을 붙인 채로는 용무를 밝히지 않기로 결심한 나는 할 수 있는 한 거만한 태도로 "사무실에서 뵙고 싶군요"라고 말했다. 그는 고개를 끄덕였고 다시 열쇠담당 교도관이 나를 철창에서 나와 복도로 들어가게 해주었다.

그 관리의 사무실(그만이 아니라 세 사람이 같이 쓰는 사무실이었다)에서 나는 "스티브 비코라는 수감자 때문에 왔어요. 그는 미결수인 걸로 아는데요, 그에게 어떤 것들이 허용되는지 알고 싶어요."

"아, 예, 부인. 그는 편지를 받을 수 있습니다." 그가 말했다. "면회도 가능합니다. 책과 신문을 읽을 수 있고요. 음식과 담배, 돈도 받을 수 있습니다."

나는 그 말을 모두 받아 적은 후 감사의 뜻을 표하고는 그 수감자를 만나볼 수 있겠냐고 물어보았다. 그가 "그럼요" 하고 막 대답을 하려는데 우리가 말을 나누는 동안 방안을 서성이던 그의 동료 한 사람이 재빨리 말했다. "안 됩니다, 부인. 이 감옥에서는 백인이 반투족(흑인)을 면회할 수 없습니다." 방금 이야기를 나누던 관리와 나는 깜짝 놀라 서로를 쳐다보았다. 그는 내가 흑인을 면회하려 한다고는 추호도 생각지 못했고, 나는 그가 내 말을 못 알아들었다는 사실을 깨닫지 못했기 때문이다.

"그렇지만 이 감옥에서 흑인을 면회하는 백인이 정말 없단 말인가요?"

"전혀 없습니다, 부인." 그들은 굳은 어조로 말했지만, 당황해하고 있었다.

"하지만 백인 의사나 성직자들이 흑인들을 면회하지 않나요?"

"네, 부인. 그런 일을 해줄 흑인들이 있으니까요."

"그렇지만 전 킹윌리엄스타운 감옥에서는 흑인들을 면회했는걸요."

"그렇겠죠, 부인. 거긴 새 감옥이라 그런 시설이 있거든요."

"그럼 여긴 그런 시설이 없단 말이에요?"

"없죠. 여긴 그런 게 하나도 없어요."

이쯤 되자 그들은 둘 다 매우 불편한 듯 내 시선을 피하면서 공연히 어색하게 왔다갔다 했다. 나는 포기했고, 그들의 안내를 받아 아까 그 간수에게 갔다. 그는 나를 내보내고 문을 잠갔다.

자갈밭에 서자 좌절감이 밀려왔다. 나는 그 감정에 밀려 다시 젊은이 두 명이 있던 사무실의 '백인'이라고 써붙인 창문으로 갔다.

"여기 전체를 책임지는 사람이 누구죠?" 내가 물었다.

그들이 말했다. "교도소장이죠."

"어디 가면 만날 수 있죠?"

"저 길 아래쪽 본관에 계십니다."

나는 그 길을 걸어 내려가 본관임이 분명한 건물에 이르렀다. 주변을 둘러싼 정원과 지붕에 남아프리카 국기가 펄럭이는 깃대가 서 있는 것으로 보아 틀림없어 보였다. 거드름을 피우는 제복경찰 두 사람이 현관 앞에 서 있었다. 나는 내 소개를 한 후 교도소장을 만나게 해달라고 했다. 둘 다 매력적으로 생긴 사람들이었는데, 그 중 하나가 앞으로 다가와서는 자신이 교도소장이라고 밝히고 자기 사무실로 안내했다. 두꺼운 카펫이 깔린 방에는 커다란 책상이 놓여 있었고, 벽에는 포르스테르의 초상화가 걸려 있었다.

내가 말을 꺼내기에 앞서 그의 비서가 안으로 들어왔다. 나와 인사를 나누고 난 그녀는 아프리칸스어로 교도소장에게, 곧 있을 오렌지 자유주 경찰 밴드의 이스트런던 공연 초대권을 자신이 발송하고 있다고 이야기했다. 그리고는 '도널드 우즈 씨와 그의 아내' 가 한 장을 받을 예정이라며 마침 내가 지금 여기에 왔으니 그 초대권을 직접 전해도 되겠냐고 물었다.

교도소장은 물론 그래도 좋다고 하면서 도널드와 내가 공연에 꼭 왕림해 주었으면 하는 바람이라고 했다. 교도소장이 비코를 만나게만 해준다면야 그런 일도 참아낼 준비가 되어 있었으므로, 나는 우아한 태도로 초청을 수락했다.

나는 비서를 바라보았다. 그녀의 현실은 카펫, 책상, 그리고 초상화가 있는 이곳이었다. 그런데 불과 30미터도 안 되는 거리에는 내가 방금 다녀온 곳, 그녀는 아마 단 한 번도 보지 못했을 재소자들의 세계가 있는 것이다.

교도소장과 나는 협상을 진전시켰다. 놀랍게도 그는 스티브를 만나게 해주겠다고 했다. 그는 부소장을 불러 나를 데리고 다시 감옥으로 가서 면회를 주선해 주라고 했다. 나는 다시 그 간수와 그 현관이 있는 곳으로 돌아왔다. 다만 이번에는 부소장과 함께였으므로 모든 것이 일사천리였다. 죄수 비코의 이름이 불렸다. 나는 "비코, 비코" 하고 오만하게 부르는 외침이 통로 저편으로 희미해져 가는 소리를 들었다.

그가 오기까지는 한참이 걸렸다. 기다리는 동안 나는 규정된 카키색 죄수복 바지에 남방을 입은 흑인 죄수 한 명이 조금 떨어진 통로에 서 있는 것을 알아챘다. 그는 불안해 보였고 순종적인 모습이었다. 그것은 이 나라의 무수한 흑인들의 얼굴에서 내가 보아왔던 표정, 백인 '주인'의 기분이나 변덕에 비위를 맞춰주려고 기다리고 있는 표정, 바로 그것이었다. 그는 그곳에 서서 기다리라는 말을 들은 듯 거기에 서 있었다. 그때 뚱뚱하고 기름기가 번들거리는 백인 간수 한 명이 나타나더니 그 흑인 옆을 지나면서 갑자기 그를 와락 덮칠 듯 위협하는 시늉을 하고는 아프리칸스어로 그에게 고함을 지르기 시작하는 것이었다. 그 간수는 전혀 화가 난 기색이 아니었다. 그저 장난삼아 괴롭히는 것이었다. 매를 맞을까 두려운 듯 흑인은 팔로 얼른 제 몸을 가렸다. 그는 한 팔로는 복부를 감싸 안고 다른 팔로는 머리를 가린 채, 간수가 던져대는 질문과 조롱에 더듬더듬 대답을 했다. 간수는 이제 걸음을 옮겨 내 쪽을 향해 왔다. 그는 내가 자신을 쳐다보는 것을 보았던 것이다. 그가 나를 바라보았을 때 나는 깨달았다. 그에게는 자기 행동에 대한 수치심이나 그도 아니면 내게 도전하는 듯한 태도조차 없을 뿐 아니라, 그의 눈에는 하얀 피부를 가진 내가 방금 자신이 한 행동에 대해 자동적이고도 암묵적으로 공감하는 사람으로 보인다는 것을 깨달았다.

그는 따분한 표정으로 내 옆을 지나 잠시 사라졌다가 다시 그 흑인에게로 돌아왔다. 그가 접근하자 흑인은 이제 조건반사 동작이 되어버린 듯 조금 전에 취했던 자세를 취하며 흠칫 뒤로 물러서기 시작했다. 간수는 무척 재미있어 했다. 관객(나)의 존재가 그것을 훨씬 더 신나게 만드는 모양이었다. 하지만 이번에는 무어라 고함만 지르더니 모퉁이를 돌아 사라져 버렸다. 흑인은 팔을 떨어뜨리고 다시 그 불안한 경계근무를 계속했다.

다른 방향에서 소리가 들렸다. 나는 스티브를 보기 위해 창살에 얼굴을 바짝 붙였다. 그는 보이지 않았지만 일단의 간수와 경찰들을 볼 수 있었다. 그는 틀림없이 그 속 어딘가에 있을 것이었다. 조금 지나자 그의 얼굴이 보였다. 그의 그런 모습을 전에는 한 번도 본 적이 없다는 것을 깨닫고 나는 조금 충격을 받았다. 바닥을 내려다보고 있던 그의 얼굴은 우울했고 자기 속으로 침잠한 듯이 보였으며 화가 난 표정이었다. 자신이 왜 불려나오는지 궁금했을 텐데 그는 그런 기색을 보이지 않았다. 이쪽으로 가까이 오게 되자 그는 고개를 들어 사람들의 머리 틈으로 주변을 응시하다가 내 눈을 발견했다. 그런 것을 보면 그도 궁금증은 어쩌지 못했던 것 같다.

나는 그때 보았던 그의 표정 변화를 결코 잊지 못할 것이다. 완전한 내적 침잠에서 시큰둥한 호기심으로, 다시 강렬한 호기심으로, 그리고 나를 알아보곤 얼굴 가득 벌거숭이 미소로, 마치 슬로우 모션이 돌아가는 것 같았다. 하지만 그것은 오래 가지 않았다. 예상치 못했던 나의 면회에 잠시 동요하는 듯했던 그는, 저들이 나를 철창으로 들여보냈을 때는 이미 마음을 가다듬고 그 오랜 절제력을 되찾은 상태였다. 우리는 이리저리 움직이는 사람들 속에서 마치 처음 만나는 사람들처럼 뻣뻣한 자세로 악수를 했고, 상투적인 인사말을 나누었다. 이어서 우리는 면회실로 안내되었다. 그곳에는 한쪽 벽을 따라 긴 벤치가 놓여 있고 벤치 옆에 작은 탁자가 하나, 그리고 그 탁자에 바짝 당겨놓은 좌석 부분이 파란색 철제 주방 의자가 하나 있었다. 면회 온 사람이 앉는 자리인 것이 분명한 그 의자는 그 칙칙한 실내에서 마치 옥좌처럼 보였다. 벤치는 피면회자용이었다. 나는 주방 의자에 앉지 않고 탁자를 돌아가 벤치에 앉았다. 스티브도 거기 앉았다. 교도소 부소장이 우리의 말을 듣기 위해 면회실 안에 있었는데, 그는 문 근처에 자리를 잡고 얼굴을 우리에게서 살짝 돌린 채, 엿들으면서도 어떻게든 위엄을 유지해 보려고 애쓰고 있었다.

그렇게 우리는 그곳에 있었다. 기묘한 상황에서 평상심을 찾으려고 애쓰는 어색한 세 사람이었다. 생각해 보면 나는 스티브에게 잘 지내느냐고 다섯 번은 물어보았고, 그의 대답에는 한 번도 귀를 기울이지 않았던 것 같다. 그는 자신이 그곳에 오래 있지 않게 되기를 기대한다고 했고(사실 그렇게 되었다), 자기가 잘 있다는 말을 어머니에게 꼭 전해주어야 한다고 했다. 우리는 미결수로서 그에게 허용된 '권리' 들에 대해 이야기했고, 약간의 읽을 것과 먹을 것을 내가 가져다 주기로 했다. 면회 중에 스티브가 교도소 부소장에게 면회시간에 대해 물었는데 그의 어조가 너무 무례하고 퉁명스러워서 나는 매우 놀랐다. 부소장은 아주 예의바르게 대답했다. 스티브가 내게 그 이유를 말한 것은 나중의 일이다. 스티브는 그때 내가 거기 있는 한 부소장을 그런 식으로 대해도 아무런 문제가 생기지 않을 것임을 알고 있었던 것이다. 그것이 그가 심리전에서 점수를 따는 방법이었다. 내가 가버리면 그 부소장과 다른 모든 이들이 가면을 벗고 감옥의 모든 다른 '깜둥이들' (kaffir ; '이교도' 라는 뜻의 아랍어. 흑인을 극도로 비하하는 아프리칸스어로 쓰인다—옮긴이)을 대하는 것과 똑같이 자신을 대할 것이라는 것을 그는 알고 있었다.

그의 우울한 표정은 또다른 방어법이었다. 스티브의 죽음에 대한 심리에서 보안경찰은 스티브가 자신과 조사관들 사이의 의사소통을 단절시킨 방식을 여러 가지 거론했는데, 그 중 하나가 그때 내가 본 그런 모습이었다. 그는 자신을 완전히 차단해 버렸다. 그에게 그들은 존재하지 않았고, 그들의 말이 그에게 다가갈 수 없었다. 그들은 그를 다치게 할 수 있었다. 심지어 죽일 수도 있었다. 하지만 그들은 그에게 다가갈 수 없었고, 이것이 그들을 미치게 만들었을 것임이 분명하다.

20분쯤 뒤에 나는 작별인사를 하고 그곳을 떠났다. 면회를 하면서 나는 스티브와 제대로 된 대화를 하지 못했다. 나는 마음이 편치 않았고 그것을 느낀 스티브는 계속 말을 했다. 그가 한 말의 반도 제대로 듣지 못한 나는 끝에 가서는 불쾌한 기분이 들었다. 내가 그 시간을 잘 쓰지 못하는 것처럼 느껴졌던 것이다. 하지만 지금 돌이켜 보면, 어색하긴 했어도 더없이 인간적인 접촉이었다는 점에서 그 만남은 성공적이었으며, 그것만이 중요하다는 것을 깨닫는다.

시간이 흐른 뒤 내가 스티브에게 그 감옥에 대한 나의 인상을 이야기했더니 그는 부드럽게 웃으며 "그래요. 오래된 감옥이죠"라고 말했다. 그게 다였다. 분노도, 비통함도 없이, 그저 모든 것을 있는 그대로 떠안을 뿐이었던 것이다.

나는 그가 감옥에 있을 때만 소설을 읽는다는 것을 알고 있었다. 그렇지 않을 때는 너무 바빴다. 그래서 면회하고 온 다음날 그에게 문고본 책 여섯 권을 가져다 주었다. 그 가운데 네 권은 가벼운 읽을 거리였고, 나머지 두 권은 『멋진 신세계』(영국 작가 올더스 헉슬리의 SF 소설—옮긴이)와 『1984년』(조지 오웰의 디스토피아 소설—옮긴이)이었다. 그는 그곳에 있던 짧은 시간 동안 그 책들을 다 읽었다. 나는 그와 함께 『1984년』을 놓고 토론했던 기억이 있는데, 그때 우리는 권력 유지를 위해 의식적으로 그리고 고도로 세련된 방법으로 개인의 가치를 망가뜨리는 체제에 대해 이야기를 나누었다.

나는 지금 너무나 고통스럽다. 보안경찰은 스티브를 인간으로 대우하지 않았다. 그는 감방의 콘크리트 바닥에 벌거벗은 채 누워 있어야 했다. 그들은 그에게서 존엄성을 앗아갔다. 우리가 『1984년』에 대해 토론하며 이야기했던 바로 그 존엄성 말이다. 그들은 의식적으로 그런 짓을 하고자 했던 것이 아니다. 그들에게 그는 단지 '또 한 놈의 깜둥이'에 불과했던 것이다. 그리고 그것이야말로 내가 그들을 결코 용서할 수 없는 이유이다.

언젠가 내가 스티브에게 보안관찰 처분을 당한 채 사는 것이 어떤지 질문했을 때였다. 순진하게도 나는 그에게 한 번에 두 사람 이상을 만나지 못하게 금지하는 것이 정치적 공모를 막기 위한 것인지를 물어 보았다.

"전혀 아니죠." 그는 대답했다. "보안관찰 처분이 뭔지 모르시겠어요? 그건 예방책이 아니에요. 국가가 정상적인 법률로는 처벌할 수 없는 사람들을 처벌하는 방법이죠. 보안관찰 처분의 상당수 조항들은 단지 사람을 불편하게 만들거나 성질을 돋우기 위해서 고안된 거예요. 처음에는 한 주에 한 번씩 경찰서에 출두해야 하는 게 별로 불편해 보이지 않아요. 하지만 1년만 지나고 보면 참기 힘들 정도로 불편하게 느껴지죠. 한 번에 한 사람하고만 이야기를 할 수 있다는 것은 당신이 말한 모든 것을 마지막 사람에 이를 때까지 다음 사람, 또 다음 사람에게 똑같이 반복하게 만들어서 당신을 불편하게 만들려고 고안된 겁니다. 보안관찰 처분은 자기 집에 있을 때조차 계속 뒤를 돌아보며 안절부절 못하도록 만드는 것이죠. 그런 종류의 긴장을 유지하도록 하는 것이고요. 그 외에도, 그 모든 조항들은 보안관찰 처분을 위반함으로써 법을 위반할 수밖에 없도록 하기 위해 고안된 겁니다. 아무 근거도 없이 범죄자로 몰 수는 없잖아요. 그래서 그들은 인위적인 조항들을 만들어냈고, 그것들을 어기다 잡히면 당신은 범죄자가 되는 거죠."

내가 그후에 몸소 알게 되었듯이, 그것은 모두 사실이었다. 자신이 받은 것과 똑같은 처벌을 내가 감내하게 될 것을 알았다면 그가 얼마나 웃었을까 모르겠다.

그는 내가 그런 처벌을 받을 염려는 없다고 믿었다. 내가 백인이고 또 '언론인으로서의 국민적인 명망'이 있다고 여겼기 때문이다. 그는 또한 자신이 구속되어도 육체적 학대는 없을 것이라고 믿었다. '그 전에 그들이 그를 늘어지도록 흠씬 때린 경우가 없었기 때문' 이었다. 그는 보안경찰이 흑인들 사이에서 그의 정치적 중요성을 알고 있기 때문에 자신에게 몹쓸 짓을 하지는 않을 것이라고 생각했다. 그는 또한 자신에 대한 나의 글들이 (그는 정말 겸손해서 여러 차례 내게 그런 글을 쓰지 못하게 하려 했다) 자신을 보호하는 방책이 된다고 믿었다. 그러나 그의 이 모든 생각은 틀렸다.

그가 구금 중에도 자신은 고문으로부터 안전하다고 생각했던 또다른 이유는, 자신이 극렬분자나 폭력 옹호자가 아니고 중대한 정부 전복 기도에 가담한 적도 없다는 것을 보안경찰이 안다고 믿었기 때문이다. 보안경찰이 그런 미묘한 논리적 측면까지 중요하게 여길 거라고 생각하는지 묻자, 그는 그래도 정권이 법이란 것을 때로는 눈곱만큼은 고려하는 것처럼 보인다고 대답했다. "그 사람들은 그래도 아직은 완전한 파시스트는 아니거든요." 그는 그렇게 말했다.

1975년 8월에 나는 스티브에게 한 가지 구상을 제시했다. 나는 새로 경찰총장이 된 크뤼에르와는 그가 내각에 임명되기 전부터 아는 사이였다고 말하고서, 내가 크뤼에르에게 그의 보안관찰 처분 명령을 철회해 주거나 안 되면 최소한 완화시켜 주기라도 하라고 개인적으로 탄원한다면 반대하지 않겠느냐고 물어보았다. 그는 전혀 반대하지 않는다면서 공개적으로 말하고 집필할 자유와 이동의 자유를 얻는다면 자신이 건설적인 활동을 하는 데 큰 도움이 될 거라고 했다. 스티브는 탄원서를 단 한 줄도 제시하지 못했다. 무엇보다 먼저 자신이 보안관찰 처분을 받은 사유를 그는 한 번도 들은 적이 없었기 때문이었다. 이론상으로는 보안 관찰 처분을 받은 사람은 장관에게 그 사유를 물을 자격이 있었다. 하지만 실상은 다음과 같다. 모든 보안관찰 처분 명령서는 그 처분 당사자가 공공의 안녕을 위협하는 활동에 종사하고 있고, 이로 말미암아 이런저런 활동을 할 수 없도록 보안관찰 처분과 거주제한에 처해진다는 사실을 장관이 납득하고 있다는 취지의 말로 시작된다. 따라서 당신이 장관에게 보안관찰 처분의 사유를 물으면, 장관은 당신이 공공의 안녕을 위협하는 활동에 종사하고 있다는 사실을 자신이 납득하고 있다는 대답을 듣게 된다.

나는 프리토리아로 여행을 가서 크뤼에르 경찰총장을 만나기로 약속을 잡았다. 내가 그를 처음 만난 것은 1969년 프리토리아의 영국 대사관에서 열린 파티에서였다. 나는 그때 그가 꽤 쾌활한 사람이라는 인상을 받았다. 불가피하게 나와 정치적 언쟁을 벌이기는 했지만, 그는 그날 파티가 끝날 때까지 뛰어난 유머 감각을 잃지 않았다. 나는 거나하게 마신 위스키 덕분에 그를 '지미 삼촌(Oom)'이라고 불렀다. 아프리카너들은 흔히 나이 든 사람들을 '삼촌'이라고 부름으로써 존경심을 친근하게 표시한다. 그날 밤 그가 나의 정치적 관점을 공격하다가 예전에 포르스테르 총리가 나에 대해, 괜찮은 녀석 같은데 정치적 관점이 '너무 왼쪽으로 가 있다'라고 하는 소리를 들었다고 말했던 것을 보면 '지미 삼촌'도 분명 나에게 우호적이었음이 틀림없었다.

당시에는 신문 편집장들과 내각의 장관들은 적어도 비공식적으로는 관계를 맺고 있었고, 정치적 견해와는 상관없이 크리스마스 카드를 교환하거나 상을 당한 사람에게 애도의 편지를 보내는 등 최소한의 예의는 지키고 지내는 사이였다. 그래서 2년 후 '지미 삼촌'이 경찰총장이 되었을 때 나는 그에게 축하 메시지를 보내 친근한 답장을 받았으며, 나중에는 그와 그의 아내로부터 크리스마스 카드를 받기도 했다. 그가 경찰총장 자격으로 이스트 런던을 처음 방문했을 때는 내가 시민 대표의 일원으로 자리를 함께 했다. 그는 그때 다른 사람들이 보는 앞에서 내게 짓궂은 농담을 했는데 다분히 호의적이었다. 또 환영의 점심 만찬이 끝나고 나서는 나와 화기애애하게 이야기를 나누었다. 그런 까닭에 스티브의 일로 그를 만나러 출발하면서 나는 그를 설득해 스티브의 보안관찰 처분을 철회하거나 누그러뜨릴 수 있을 것이라는 비현실적인 희망을 한껏 품고 있었다.

남아프리카 내각 각료들은 프리토리아 외곽에 있는 브레인티리온이라는 곳에 산다. 주요 관리들의 관저가 모두 모여 있는 곳인 셈이다. 크뤼에르는 시간을 낼 수 있는 날이 토요일 오후뿐이어서 토요일에 나를 그의 집으로 초대했다. 햇빛이 눈부시고 따뜻한, 더할 나위 없는 트란스발의 겨울날이었다. 그날은 또한 트란스발 주의 프리토리아를 연고지로 한 팀과 오렌지 자유주의 블룸폰테인을 연고지로 한 팀간에 지역대결 럭비 결승전이 열리는 날이기도 했다. 나는 '지미 삼촌'이 나처럼 럭비를 좋아한다는 것을, 그래서 만일 그 결승전이 블룸폰테인 대신 프리토리아에서 열렸다면 그와의 약속을 잡지 못했을지도 모른다는 것을 알고 있었다! 그날은 날씨가 너무 좋았기 때문에 나는 호텔에서 브레인티리온까지 걸어갔는데 약속시간보다 약 10분 일찍 크뤼에르의 집 정문에 도착했다. 그래서 나는 문 바로 안쪽에 있는 정원 벤치에 앉아 시간이 되길 기다렸다.

나는 그때 그곳에 경비원들이 없는 것을 보고 놀랐고, 그래서 크뤼에르가 나를 맞으러 정문을 열고 나왔을 때 그 이야기를 했다. 그는 웃으며 말했다. "자네 눈엔 안 보일 수도 있겠네만 없는 게 아니네."

그는 손짓으로 나를 이끌어 자신의 서재로 안내했고 마실 것을 주었다. 우리는 함께 위스키를 마셨다. 나는 보통 그 시간에 술을 마시지 않지만, '외교적 임무'를 수행하고 있는 그 경우에는 마셔야 한다고 생각했다.

평상복 바지에 목의 단추를 푼 남방을 입고 모직 슬리퍼를 신은 그의 모습은 무척 편해 보였다. 그의 아들이 테니스를 치려고 와 있다가 안으로 들어와 나와 인사를 나누었다. 우리는 잠시 후에 방송될 럭비 결승전에 대해 이야기를 나누었다. 얼마간 가벼운 대화가 오간 후 그의 아들은 자리를 떠났고, 크뤼에르가 말했다. "그래, 무슨 일로 나를 만나자고 한 건가?"

"스티브 비코라는 제 친구에 대해 말씀을 좀 드리고 싶은데요." 내가 말했다. 그는 기묘한 반응을 보였다. 양손을 머리로 올리고 두 발을 마루에서 들어올리며 짐짓 우스꽝스럽게 당황스러운 척하는 몸짓을 해보였다. "어!" 하며 그가 말했다. "하느님 맙소사, 스티브 비코라! 그 친군 항상 골칫거리지. 비코에 관한 건 다 알고 있네." 그리고는 비코가 '이 나라에서 가장 위험한 인물'이라고, 아니면 '이 나라에 매우 위험한 인물'이라고 덧붙여 말했다. 그가 쓴 정확한 표현은 기억나지 않는다.

"왜지요?" 나는 물었다. "무슨 근거로 그렇게 말씀하시는 겁니까?" 크뤼에르는 그저 위스키를 홀짝거리면서 혼자 미소를 짓고, 마치 개인적으로 슬픈 일을 되새기고 있는 것처럼 고개를 저었다. 나는 말했다. "하지만 그 친구가 대체 뭘 했단 말입니까? 그 친구가 한 일 중에 그릇된 일이나 위험한 일이 뭐가 있나요?"

크뤼에르는 스티브의 SASO 설립을 거론하고 '흑인들의 그 권력 추구' 운운하며 무언가를 이야기하였다. 나는 SASO가 보안관찰 처분을 받은 조직이거나 불법적인 조직도 아니며 스티브가 유죄를 선고받은 적도 결코 없음을 지적했다. "스티브는 저의 절친한 친굽니다." 나는 말했다. "그 친구를 잘 알게 되었습니다만 절대 극렬분자가 아니란 말씀을 드릴 수 있습니다. 오히려 그 친구는 제가 만나본 사람 중에 정말 가장 온건한 축에 들어요." 나는 조금 더 자세한 이야기를 하면서 '지미 삼촌'이 스티브를 직접 만나 그가 어떤 사람인지 판단했으면 좋겠다고 말했다. 즉 스티브는 정부가 자신을 위해서라도 공개적으로 활동하도록 허락해야 할 부류의 흑인 지도자라는 말이었다. 만일 더 젊은 흑인들이 타운십에서 폭력을 쓰기라도 할 경우 정부와 협상에 나설 비중 있는 진정한 흑인 지도자를 당시 정부는 갖고 있지 못했기 때문이었다(이는 소웨토 봉기가 일어나기 7개월 전의 일이었다).

"지도자 없는 폭도들하고는 협상할 수가 없습니다." 나는 그렇게 지적했다. 나는 자식을 다섯 명이나 둔 부모로서 나라를 위해 협상을 통한 비폭력적인 해결책을 찾고 싶어한다는 점을 부각시켰다. 자연스럽게 형성된 지도자, 특히 스티브와 같은 온건한 지도자를 탄압하는 것은 아무런 의미가 없다는 말을 덧붙이면서, 나는 내 이야기를 이렇게 끝마쳤다. "이것 보세요, 지미 삼촌, 그 친구가 정말 폭력이나 정부 전복을 옹호한다면 그 친구를 기소할 법률이 천 가지는 있잖아요. 그가 지금 받고 있는 제한들을 철회해 주고 그 법들을 어기면 그때 가서 경찰이 덮치게 하는 게 낫지 않나요?"

그는 그 점에 대해 생각해 보는 듯했다. 그러더니 비코에 대한 자료를 다시 살펴보고 상황을 재확인해 보겠노라고 했다. "하지만 약속해 줄 수 있는 건 없네." 그는 말했다. "자네에게 보증해 줄 수 있는 게 없다는 말일세."

다음으로 나는 그에게 보안경찰의 문제점을 제기했는데, 그가 총장으로서 보안경찰 내부의 '독소들을 척결해야' 한다고 말했다. 그는 보안경찰이 어려운 여건에도 불구하고 그 지독한 일을 잘하고 있다고 했고, 그 말에 나는 많은 수의 보안경찰들이 심각할 정도로 폭력적이고, 가학적이며, 범죄자적인 경향이 있다고 답해주었다. 나는 킹윌리엄스타운에서 흑인들이 증오하는 경관으로 하틴그 순경을 거론했다. 익명을 요청한 누군가의 제보에 따르면 하틴그가 레오폴드 가의 흑인공동체운동 사무실 강도 사건에 연루되어 있다는 이야기였다. 서류들이 도난당하고, 타자기들이 박살났으며, 가구들이 다 부서져 버린 사건이었다.

"누구든 시켜서 그런 문제들을 조사하셔야 합니다"라고 말하면서 나는 스티브 비코, 하틴그 그리고 보안경찰의 월권행위 등 모든 것에 대해 바로 전날 국가안보국(BOSS) 국장인 H. J. 판 덴 베르그 총경과 논의하였다고 덧붙였다. 내가 하틴그에 대해 한 말에 대해서는 판 덴 베르그와 크뤼에르 모두 우려를 표시했다. 나는 그 두 사람이, 그런 행동이 있었던 게 사실이라면 이는 보안경찰이 원하는 바가 아니라는 말을 한 것으로 알아들었다.

나는 프리토리아를 떠나면서, 공안 관련 최고위급 관리 두 사람에게 스티브의 거주제한과 보안경찰의 월권행위 문제들을 제기하였으므로 그 문제들과 관련된 사람들, 그 중에서도 특히 스티브에게 좋은 결과가 있을 것으로 믿었다. 나는 또한 내가 하틴그 문제를 내 신문에 대문짝만하게 1면 머릿기사로 내는 대신 사적으로 제기한 것에 대해 판 덴 베르그와 크뤼에르 모두 고마워한다는 인상을 받았다. 사실 그 경우에는 정보 제공자의 이름을 밝힐 수 없었으므로 내게는 선택의 여지가 없기도 했거니와 '흥미 위주의 이야기'를 신문에 내는 것보다 실제로 그 월권행위들을 교정하게 만드는 것에 나는 더 관심을 갖고 있었던 것이다.

크뤼에르의 집에 있는 동안 그가 럭비 중계방송을 듣고 싶어

한다는 것과 그의 아들이 그와 시간을 보내려고 집에 와 있는 것을 알고 있던 나는 그만 자리를 뜨려고 두 번 일어섰다. 하지만 그는 매번 손을 저으며 나를 다시 의자에 앉혔고, 또 술을 권했고, 다양한 주제로 나와 이야기를 나누었다. 그러다 마침내 내가 그곳을 나서게 되었을 때 내가 택시를 타고 온 것을 안 그는 자기 차로 호텔까지 나를 직접 데려다 주었다. 그 와중에 뒷좌석에 있던 강아지 두 마리가 그의 귀와 목을 핥았기 때문에 그는 꽤 고생을 했다. 그의 환대와 친절함에 감동한 나는 이스트런던으로 돌아오자마자 그에게 감사 편지를 썼고, 거기에 스티브의 보안관찰 처분 명령을 다소 완화해 주셨으면 한다는 말을 덧붙였다.

그 일이 있은 후 내가 처음으로 충격을 받은 일은, 장관이 비코의 자료를 재검토한 결과 '그에 대한 제한을 풀어줄 명백한 이유들'을 발견할 수 없었다는 뻣뻣한 공식 서한이었다.

두번째 충격은, 스티브가 흑인공동체운동을 위해 더이상 일을 하지 못하게 하는 등 스티브에 대한 제한이 오히려 강화된 것이었다. 스티브의 반응이 재미났다. "봐요, 노력할 만했네요. 할 수 있는 만큼 최선을 다 하신 거죠. 새로운 제한이 내 일을 막지는 못할 겁니다. 그런 건 나보다는 정권에 더 해가 되는 하찮은 일이지요."

세번째 충격은 보안경찰이 우리집에 찾아와서는 하틴그가 흑인공동체운동 사무실에 침입했다고 내게 말한 사람의 이름을 밝히라고 한 것이었다. 나는 그 이름을 밝히기를 거부한 죄명으로 후에 6개월 형을 선고받았다. 나는 그 판결에 맞서 대법원에 까지 항고하였고, 2년 후 순전히 사소한 법규정 덕분에 승소하게 되었다. 형을 선고한 판사가 전에 내게 소환장을 발부한 판사가 아니었던 것이다. 그것은 판결이 무효가 될 만한 큰 실수였다.

얼마 지나지 않아 나는 나에 대해 그런 조처를 취한 사람이 실은 판 덴 베르그 총경이 아니라 크뤼에르의 보안경찰 본부장인 헬덴휘에이스였으며, 그가 행동을 취하기 전에 크뤼에르의 조언을 구했다는 것을 알게 되었다. 그는 내가 보낸 감사 편지에 '친애하는 지미 삼촌'이라고 쓰여 있는 것을 본 후, 총장과 상의도 하지 않고 일을 진행시키고 싶지가 않았던 것이다. 이에 대해 그 일이 내포하는 정치적 의미 때문에 분명 불안해 했을 크뤼에르는 그 일에서 손을 떼고 헬덴휘에이스에게 '그냥 법대로 하라'고 말 했던 것이고.

그러한 사건들을 통해, 나는 스티브가 '투쟁'이라고 부르는 활동에 점점 더 깊이 개입하게 되었다. 그것은 마치 멈출 수 없는 물결과 같아서 스티브와 같은 운동가와 친구가 되면 사람들은 차례로 그 속에 뛰어들게 되는 것이었다. 스티브는 내가 형을 선고 받은 것을 걱정하지 않았다. 오히려 그 일이 내 '정치적 신뢰도'에 '놀라운 기여를 할' 것이라고 하며 사태 전개를 즐거워했다. 그는 내 애처로운 반응에 크게 웃었다.

기실 내 반응은 코사어 어구로 "그런다고 네 발치에나 가겠 냐!"(Umnqundu wakho)라는 것이었다. 그 뒤부터 한참 동안 나는 스티브가 전화를 할 때마다 그에게 그 말로 인사를 했다. 그의 아내 은치키가 웬디에게 전한 말로는, 스티브는 내가 전화로 건네는 그 인사를 듣고 너무 재미있어 하며 "그런 코사어로 전화 통화를 시작하는 백인을 한번 상상해 봐"라고 말하면서 침대에 쓰러져 자지러지곤 했다고 한다.

때때로 스티브는 내게 운동가의 역할이 무엇인가를 가르치곤 했다. "당신은 약속을 지키지 못한 것에 대해 절대 변명해서는 안 돼요. 운동가들은 그런 것에 대해 해명할 필요가 없어요. 만약 당신이 약속을 지키지 못하는 일이 생긴다면 나는 그럴 만한 이유가 있을 거라고 생각할 거예요."

스티브와 절친한 친구인 마페틀라 모하피라는 이가 있었다. 어느날 그가 내 사무실에 와서는 자신이 흑인의식운동에 관한 칼럼 하나를 쓰겠다고 제안했다. 나는 그런 칼럼이라면 기꺼이 신문에 싣겠다고 했고, 그는 그 일을 훌륭히 해냈다. 마페틀라는 눈이 인상적인 잘생긴 남자였다. 그는 처음에 전혀 속내를 드러내지 않았기 때문에 나에게 일종의 적대감과 의심을 품고 있다는 것을 나는 알 수 있었다. 그 당시 스티브는, 흑인의식운동을 하기에 충분할 만큼 급진적이지 않은 백인들과 교류한다는 것 때문에 지지자들에게서 상당한 비판을 받고 있었다. 나는 마페틀라가 그와 비슷한 의구심을 느끼고 있는 것이라고 생각했다. 하지만 시간이 흐름에 따라 그는 나를 신뢰하게 되었으며 우리는 서로 매우 잘 어울렸다. 그제야 그는 스티브처럼, 끝없는 탄압에도 변함

없는 무시무시한 유머감각을 드러내게 되었다.

그의 확신에 찬 칼럼이 제 실력을 발휘하게 되자 그는 곧 보안관찰 처분을 받게 되었는데, 당시 보안경찰은 즈벨리차 타운십에 그와 그의 가족을 가두어 두면서도 그들에게 살 거처를 마련해주지 않으려 했다. 결국에는 그들이 직접 그곳에 작은 집을 하나 어렵사리 마련했는데, 관계당국은 그곳에서도 그들을 퇴거시켰다. 그리고 나서 마페틀라는 구속되었는데, 그 원인이 되는 사건은 다음과 같았다.

마페틀라가 친구를 방문하러 몇 달에 한 번씩 보츠와나에 간다는 것을 알고, 그에게 보츠와나에서 장학금을 받고 공부할 수 있도록 해달라고 계속 졸라대는 세 명의 흑인 청년들이 있었다. 마페틀라는 스티브에게 조언을 구하였고, 스티브는 그 요구를 못들은 척하라고 했다. 스티브는 그 젊은이들이 몽상에 빠져 있다고 생각했으며 어떻게든 그들에게 연루되면 골치 아픈 문제가 생길 것이라고 덧붙였다. 하지만 그 청년들은 계속 고집을 피웠고, 결국 마페틀라가 지고 말았다. 스티브에게 여행비용을 빌리기까지 하면서도 그 사실을 알리지는 않은 채, 마페틀라는 다음 방문 때 그들을 데리고 가서 보츠와나 국경 안에 내려주었다.

일주일도 되지 않아 그들의 부모가 경찰서에 가서 자신의 아이들을 '유괴한' 혐의로 마페틀라를 고소했다. 보안경찰에게 그것은 단 한 가지를 의미했다. 해외에서 테러 교육을 시킬 작정으로 청년들을 모집했다는 것. 마페틀라는 구속되었지만 활달함을 잃지 않았으며, 아내인 노흐레에게 쓴 걱정하지 말라는 내용의 편지를 밖으로 몰래 빼돌리기도 했다. 마페틀라도 스티브처럼 어떻게든 살아남아야 한다는 생각이 확고한 사람이었다. 두 사람은 모두 이전에 구금과 독방 감금을 겪은 적이 있었고, 자신이 그런 것들을 감당할 수 있다는 점을 알고 있었다. 마페틀라는 체제가 아무리 기를 써도 그것을 이겨내고 살아남을── '빵에 갇혀서' 는 특히 더──필요성을, 다시 나와서 계속 투쟁하기 위해 그래야 할 필요성을 자주 이야기했다.

그런데 어느 끔찍했던 밤, 스티브가 웬디와 내게 전화를 걸어 마페틀라가 죽었고 보안경찰이 그가 스스로 목을 맸다고 주장한다는 말을 했다. 그 전화가 끊긴 직후 다시 전화벨이 몇 번 울렸다. 우리가 수화기에서 들을 수 있었던 것은 킬킬거리는 광기 어린 웃음소리뿐이었다. 스티브도 똑같은 일을 겪었다. 한밤에 감청 업무를 보던 보안경찰들이 장난을 친 것이었다.

우리는 다음날 차를 몰아 킹윌리엄스타운으로 갔다. 스티브와 그의 동료들이 일하던 모습과 그들이 마페틀라의 죽음에 관한 진실을 폭로하기 위해 취했던 냉정한 대처를 보니 가슴이 뭉클했다. 스티브는 보안경찰이 가능한 한 부검을 빨리 시작해서 모하피 가족의 주치의들이 거기에 동참할 수 없게 할 것이라고 생각했다. 그는 담당 경관에게 전화를 걸어 짐짓 확신에 찬 목소리로, 자신이 프리토리아와 계속 연락을 주고받았는데 흑인 의사 두 명이 그 부검에 참가하기로 정해졌다고 말했다. 그런 다음 스티브는 날카로운 목소리로 이렇게 덧붙였다. "11시에 바로 부검을 시작할 겁니다. 그렇게 결정됐어요!" 그는 그 결정이 프리토리아의 결정이 아닌 자신의 결정이라는 얘기를 하지 않았고, 그 경관은 '그 결정'에 대해 아무런 의심도 하지 않았다. 정말 놀랍게도, 흑인 의사 람펠레와 음사울리가 보건소 의사와 함께 부검의 전 과정에 참가하도록 허용되었다.

스티브와 맘펠라의 모습은 웬디와 내게 섬뜩하기도 하고 감동적이기도 했다. 그들은 가까운 친구의 죽음에 대해 가슴속 깊이 슬퍼하면서도 겉으로는 한결같이 냉정하게 마페틀라의 안구와 혀 등 외관의 법의학적 세부 사항을, 그 중에서도 특히 턱 밑이 아닌 목 측면에 나 있는 찰과상을 분석했다. 만약 그가 목을 매어 자살했다면 찰과상은 턱 밑에 나 있어야 했다. 그들이 가장 중요시 한 것은 애도가 아니었다. 그건 나중에라도 할 수 있는 것이니까. 진실을 발견하고, 어떻게 하면 마페틀라의 죽음이 대의에 기여할 수 있는지를 알아내는 것이 최우선이었다.

케이프타운의 법정 변호사인 윌프리드 쿠퍼 박사가 마페틀라의 가족측 변호사로서 그의 사망에 대한 심리를 훌륭하게 맡아주었다. 그 심리 내내 스티브는 의료진과 긴밀한 관계를 유지했다. 그는 이렇게 말하곤 했다. "판결은 중요하지 않아요. 판사는 보안경찰의 잘못을 은폐할 테죠. 체제가 체제에 유죄판결을 내릴 수는 없는 노릇이니까요. 중요한 건 증거예요. 사실을 알려야 한다고요. 보안경찰이 쓴 방법을 대중에게 폭로해야 한다는 거죠."

그것은 분명 폭로되었다. 「데일리 디스패치」지는 심리 과정을 자세하고 충실하게 다룬 기사들을 실었는데, 증인석에 나와 노련하게 반대심문을 받는 보안경찰의 모습을 폭넓게 기술한 기사가 신문에 게재된 것은 역사상 처음이었다.

스티브는 아프리카너 국민당이 아직 없애지 못한 합법의 영역을 이용해야 한다고 주장했다. "우리는 남아 있는 법이 있다면 그것을 최대한 이용해야 합니다"라고 그는 말했다. 모하피 심리는 스티브 자신의 심리를 예언적으로 미리 보는 것 같았다. 뻔한 일이지만 보안경찰은 무죄 판결을 받았다. 하지만 판사조차 차마 그 죽음이 자살에 의한 것이라고 판결을 내리지는 못했다는 것은 의미심장한 일이었다. 당시의 정황으로는 쿠퍼 박사측의 승리라고 할 만했다.

나는 모하피 심리의 증인들 중 우리 신문사의 기자였던 텐지 웨 음틴초에게 각별한 관심이 있었다. 그녀는 스티브가 흑인의식운동 쪽을 담당케 하라며 내게 보내 준 대단한 아가씨였다. 사무실에서 '텐지'라고 불렸던 그녀는 수습기간을 잘 보내고 유능한 기자가 되었다. 하지만 흑인의식운동에 대한 그녀의 헌신과 그 안에서의 위상은 추호도 흔들릴 여지가 없었다. 나는 나중에 그녀가 그 전국적인 운동을 이끄는 여걸 중 한 명이라는 것을 알게 되었다. 텐지는 예쁜 외모에 체구가 아주 작았다. 마페틀라처럼 그녀도 백인들에 대한 의구심에서 오는 서먹함을 버리고 마음을 터놓기까지 오랜 시간이 걸렸다. 하지만 맘펠라처럼 일단 사람을 받아들이기로 하고 나면 더이상 가리는 구석이 없었다.

어느날 그녀가 근심스러운 얼굴로 내 사무실에 나타났다. "무슨 일일까, 우리 텐지씨가?(Kuteni, mta' kwetu)" 나는 코사어로 물었다. 그녀는 그 말에 미소를 지었지만 다시 걱정스러운 얼굴이 되어 자기가 곧 구속될까봐 두렵다고 말했다. 보안경찰이 그녀의 집에 대한 감시를 강화하고, 이제는 그녀가 가는 곳이면 어디든 내놓고 그녀를 미행하고 다녔기 때문이었다. 그녀의 어머니는 병을 앓고 계셨다. 그래서 텐지는 자기가 돈을 벌지 않으면 어머니가 무일푼이 될까봐 걱정하고 있었다. 나는 그녀가 만일 구속된다고 해도 매달 어머니께 월급을 보내드리겠다고 그녀를 안심시켜 주었다. 그리고 우리는 보안경찰의 감시에 대해 꽤 오랫동안 의논을 했다.

그녀는 그로부터 이틀 후에 구속되었다. 나는 보안경찰 본부에 그녀를 만날 수 있게 해달라고 몇 번이나 요구했지만 몇 달이 지난 뒤에야 허락을 받았다. 감옥의 면회실은 도청당하는 것이 확실했기 때문에 그녀는 내게 말을 가려서 했다. 하지만 나중에는 구타와 고문을 당했으며, 구금 첫날 조사관이 어떤 기계의 단추를 누르자 "무슨 일일까, 우리 텐지 씨가?" 하는 내 목소리가 나왔다는 이야기를 해줬다. 우리의 모든 대화가 녹음되었던 것이다. 모하피 심리 때 그녀는 취조 경관들의 이름을 나열하며 자신이 받은 고문에 대해 증언하였다. 그녀는 재판부 앞에서 자신의 코에서 목까지 수건을 덮고 거의 의식을 잃기 직전까지 양 끝을 당겨 목을 조르던 상황을 소름이 끼치도록 실연해 보였다.

그 심리에 참석하는 동안 웬디와 나는 남아프리카가 전쟁 상태에 놓여 있음을 깨달았다. 스티브, 마페틀라, 맘펠라, 텐지 그리고 그들의 친구들과 같은 흑인 저항 운동에 나선 인물들과 아프리카너 국민당 사이의 이 전쟁 상태를 이 나라의 백인들은 거의 모르고 있거나 느끼지 못하고 있었다. 그러나 이후에 일어난 사건들은 좋건 싫건 간에, 우리가 그 전쟁으로 이끌려 들어가고 있음을 확실하게 보여줄 것이었다.

텐지에 얽힌 한 가지 경험은 특히 감동적이었다. 그녀는 스티브를 영웅으로 생각했다. 스티브가 101일 간의 구금에서 풀려난 직후인 어느날 (그는 평소보다 훨씬 날씬해 보였다!) 웬디와 나는 킹윌리엄스타운 감옥 앞에서 그를 만났다. 아직도 '빵에 갇혀' 있는 텐지와 맘펠라 그리고 말루시 음푸믈루와나(스티브의 특별한 친구이자 그의 참모) 등을 면회하기 위해서였다. 내가 텐지를 면회하고 있는 동안 스티브는 밝은 빛깔의 양복을 입고 매우 매력적인 모습으로 감옥 입구에서 웬디와 담소를 나누고 있었다. 교도관이 텐지를 면회실에서 데리고 나가던 때, 불과 1,2초밖에 안 되는 찰나에 감옥 입구가 그녀의 시야에 들어왔다. 나는 웬디에게 신호를 보냈고, 웬디는 서둘러 스티브를 불렀다. 그리고 그 짧고 감동적인 순간 동안 텐지는 몇 달 만에 처음으로 스티브를 보았다. 교도관이 데리고 나가기 전에 그녀의 눈에 눈물이 글썽이던 것과 그 가녀리고 작디작은 체구가 BPC식 경례를 하려고 유쾌하게 주먹을 불끈 쥐어 올리던 모습이 지금도 기억난다.

그날 우리는 그곳에서 말루시도 만났다. 말루시는 언제나 원기 왕성하고 늘 미소를 짓는 사람으로, 철심처럼 단단한 진짜 괴짜였다. 그의 모험담은 책 한 권은 족히 채울 것이어서 그의 친구들은 그가 언젠가 그런 책을 쓰기를 바랄 따름이었다.

햇빛이 찬란하게 빛나던 그날 아침에 그 감옥에서 웬디와 스티브 그리고 나는 세상 모두에게 보란 듯 보안관찰 처분을 위반하였다. 우리는 스티브가 그렇게 오랫동안 구금당하고 난 다음에 만나서 너무 즐거웠기 때문에 그리고 서로 할 말이 너무도 많았기 때문에, 거기 서서 그저 거침없이 웃고 이야기했다. 스티브가 '케늘'이 방안으로 들어온 이야기를 한 날이 그날이었다.

그는 굉장히 기분이 좋은 상태였지만 아주 진지하게 내게 말했다. "놈들이 당신을 노리고 있어요, 아세요? 크게 한 건 하려고 당신을 노리고 있답니다. 당신이 놈들 성질을 돋우고 있는 것 같은데요, 흑인이 그러는 건 참을 수 있어도 백인이 그러는 건 못 참거든요. 이봐요, 내가 받은 조사 대부분은 당신에 관한 거였단 말이에요. 놈들은 당신이 모스크바 스파이와 같은 뭔가 무시무시한 사람이라고 생각해요. 난 놈들에게 말해줬죠. '구식 자유주의자를 보고도 못 알아보나? 이봐, 우즈는 자유주의자란 말이야. 그가 관심을 가지는 건 개인의 인권이라고.' 놈들은 그래도 당신이 무슨 일을 꾸미고 있느냐고 계속 물어봤어요. 당신의 견해는 매일 아침 당신 사설을 통해 공개적으로 알려진다고 내가 말을 하면 할수록 놈들은 더 의심을 하더군요. 놈들은 당신의 글이 더 음흉한 활동을 은닉하는 거라고 생각해요. 흑인들이 당신을 어떻게 생각하느냐고 물어 보기에, 당신을 좋아한다고 했죠. 놈들은 당신이 거물이라고 생각하고 그 때문에 열 받은 것 같아요.”

스티브는 보안경찰이 취조를 하는 동안 이따금 자신을 감옥 밖으로 데리고 나가 차에 태우고 이스트런던 시를 여기저기 다니곤 했다고 말했다. 그 중 두 번은 내 집 옆을 지나갔는데, (“그렇게 가까운데도 그렇게 멀게 느껴지더군요.”) 그들은 그에게 “네 백인 친구네 집이 저기 있잖아. 그 놈 만나러 갈까?”라고 말하곤 했다는 것이었다. 스티브는 보안경찰이 나와 우리 신문을 미워하는 정도가 꽤 심각했다고 계속해서 말했다. “구금당해 있는 동안 나보다 당신에 대해서 더 많이 물어봤어요.”

그는 자신이 한 달 이상을 갇혀 있던 아주 작은 독방을 설명해 주었다. 그곳은 가로가 여섯 자(약 180센티미터) 세로가 여덟 자(약 240센티미터)였지만 천정이 높아서 밀실 공포증을 느끼게 하는 효과가 있었다. 스티브는 머리에 담요를 뒤집어쓰면 벽들이 더 멀리 떨어져 있어 보이고 그 방이 전체적으로 더 넓어 보일 수 있다는 사실을 발견했다고 말했다.

스티브는 자신이 독방에 갇혀 있는 동안 기억력이 아주 좋아져서 오랫동안 잊었다고 생각했던 특정한 날들이 차례차례, 그리고 세세하게 생각났고 사건들도 연대순으로 기억할 수 있게 되었다고 말했다. 음식은 양은 많았지만 먹기에 역겨울 정도였다고 했다. 가령 메뉴가 빵과 죽이라면, 죽에 빵을 처박아 넣은 접시를 감방에 쑥 밀어 넣어주는 식이었다.

그의 조사관들은 '백인들'만의 문제라고 여기는 것들에 그가 관심 있어 하는 것을 보고 놀라워했다고 한다. 당시 진행중이던 뉴질랜드 럭비 팀의 순회 경기가 그런 예였는데, 보안경찰들은 그 순회 경기가 어떻게 되어가고 있는지 알고 있느냐고 그에게 물어 보았다. 그는 그렇다고 했다. "그럼 스프링복(남아프리카 공화국의 럭비 팀—옮긴이) 팀은 어떻게 생각하지?

스티브는 "나라면 보쉬를 플라이하프 자리에 포진시키지 않을 거예요. 개빈 코울리를 거기에 쓰지요"라고 대답했다. 그들은 그 말을 듣고는 넋이 나간 것 같았다고 했다. 백인의 스포츠를 흑인이 그렇게 잘 알다니!

그는 또한 구금 기간 내내 자신에 대한 폭행은 전혀 없었고, 취조가 힘들기는 했지만 위협을 느낄 정도의 거친 어조조차도 거의 없었다고도 말했다. 하지만 그는 어떤 때는 조사관들이 섹스에 관한 질문을 하는 데만 몰두하는 모습을 보여 그 비열성에 분노하기도 했다. 보안경찰들은 스티브를 카사노바라고 생각했고, 거기에는 아마 질투심도 섞여 있던 것으로 보인다. 나는 그가 받은 어느 재판에서 누군가 이렇게 말하는 것을 들었다. "아, 비코. 여자들한테 굉장한 놈이지." 지독하다고까지 할 정도로 심술궂은 어조였는데, 보안경찰도 공식적으로 그 점을 비코가 꼼짝 못할 약점이라고 생각하는 것이 분명했다.

비코의 관점

스티브 비코를 탄압한 자들은 그를 폭력적인 인물로 묘사하기 위해 많은 억측을 제기해 왔는데, 지금이 여러 주제에 대한 그의 견해를 상세히 설명하기에 적당한 시점인 것 같다. 나는 스티브와 나눈 오랜 개인적 대화뿐만 아니라, 그가 다른 이들에게 말한 것을 '비공개를 전제로' 기록한 노트와 녹음 테이프를 통해 그의 견해들을 알게 되었다. 생애 마지막 2년 동안 스티브는 지지자들에게 조언을 하고 그들을 지도하여 이끌어 오느라 너무 바빴기 때문에 그의 인기는 일을 방해하는 위협 요소가 되었다. 그래서 내가 사실상 그의 일정을 챙기는 비서가 되었다. 외교관, 학자, 정치가, 언론인 등 전세계에서 사람들이 나를 찾아와 비코와의 인터뷰 약속을 잡으려 했다. 그가 얼마나 바쁜지 알고 있었던 나는 그의 입장을 세계 언론과 외국 정부에 전하는 데 중요한 전달자 역할을 할 것으로 보이는 이들을 제외하고는 가능한 한 모든 방문객을 차단했다.

그런 중요한 전달자 역할을 한 사람 중 남아프리카 주재 호주 대사관의 브루스 하이그와 캐나다 기독교연구소의 버나드 질스트라가 있었다. 두 사람 모두 스티브와 폭넓은 대화를 나누었고, 그 가운데 일부는 여기에 기록되어 있다. 나는 스티브의 말을 다소 길게 인용했다. 질스트라가 표현했듯이, 비코 스스로가 말하도록 하기 위해서는 가능할 때마다 그리고 적당한 국면마다 그가 한 말을 그대로 옮기는 것이 적절하다고 여겨지기 때문이다.

　　브루스 하이그와 스티브의 첫번째 대담은 1977년 1월 13일에 있었는데, 브루스는 내게 그 내용을 다음과 같이 상세하게 설명해 주었다.

　　우리는 당시의 호주의 정치 및 경제 상황에 대해 이야기를 나누었다. 그는 많은 것을 알고 있었고 내게 휘틀럼(Edward Gough Whitlam ; 1972년 호주 노동당 당수로 총리에 취임하였으나 3년 만에 해임당했다―옮긴이)이 해임 당하게 된 경위를 자세히 물었다. 내가 왜 그렇게 호주에 관심이 많으냐고 묻자 그는 스칸디나비아 반도의 나라들, 영국과 미국 그리고 호주가 자신이 주목하는 나라들이라고 했다. 광범한 분야의 쟁점들에 대해 어떤 일들이 행해지고 있는지, 특히 민주주의 과정이 어떻게 발전해서 기술관료 사회의 요구에 대처하고 있는지 보기 위해서였다.

　　도착하자마자 우리는 차에서 내려 나무 그늘의 잔디밭에 앉았다. 비코는 남부 아프리카에서 어떤 식으로 사태가 전개될지에 대해 자신이 느끼는 바를 간략하게 개괄하면서 대화를 시작했고 시종 논의를 주도했다. 그는 로디지아(Rhodesia ; 짐바브웨로 독립하기 이전의 남로디지아. 북로디지아는 1964년 독립하여 잠비아가 되었다―옮긴이)에서 다수결에 의한 통치로의 이행은 불행하게도 폭력에 의해 이루어질 것이고 그 결과 은코모-무가베(Nkomo-Mugabe ; 짐바브웨의 독립을 이끈 두 흑인 민족주의자―옮긴이)파가 결국 정권을 잡게 될 것이라고 보았다. 나미비아 문제(나미비아는 1990년 독립할 때까지 남아프리카의 식민지였다―옮긴이)에 대한 해결책도 폭력적일 가능성이 많았다. 하지만 나미비아가 남아프리카에 국방을 위탁하고 있는 점을 고려하여 그곳의 투쟁이 로디지아보다 더 오래 걸릴 것이라고 그는 생각했다. 그는 남아프리카인들이 나미비아에 도로를 내고 많은 수의 비행장과 몇 군데의 대규모 군사기지를 지었다고 말했다. 투른할레(Turnhalle) 출신의 정부(친 남아공 성향의 정부―옮긴이)라면 어떤 정부건 남아프리카 정부에 기존의 나미비아 주둔 방위력을 유지해 달라고 요청할 것으로 예상되었다.

그럼에도 불구하고 일단 로디지아가 흑인 통치하에 들어가게 되는 순간, 남아프리카는 나미비아에서 싸우든 아니면 독립된 로디지아와 미래의 국경을 사이에 두고 싸우든 간에 모든 국경에서 적대적인 이웃국가들과 대치하게 될 것이었다. 남아프리카는 이제 사실상 전시체제에 들어간 것이다. 짐바브웨가 건국되고 나면 남아프리카는 전쟁을 치르게 될 것이다. 비코는 남아프리카가 그런 전쟁을 치르면서 내부의 조직화된 불안에 직면한다면 남아프리카에서 흑인들이 다수결에 의한 통치를 성취하는 것은 시간문제일 것이라고 말했다.

브루스 하이그가 스티브와 한 다음의 인터뷰는 스티브의 첫 구금 기간이 끝난 직후에 이루어진 것으로, 그는 구금 생활에 대해 다음과 같이 서슴없이 논했다.

비코는 자신이 구금당한 이유라고 생각하는 바를 이야기했다. 처음에 몇 번 보안경찰의 신문을 받고 나자 그는 소웨토 봉기 이후 얼마나 많은 학생들이 보츠와나와 스와질란드로 달아났는가 하는 점과 그들이 거기서 무얼 하고 있는가를 보안경찰이 알고 싶어 한다는 것을 분명히 알 수 있었다. 보안경찰은 거기에 관해 아는 바가 거의 없었고, 비코는 그런 질문에 도움이 되어줄 수가 없었다.

비코는 수천 명의 학생들이 보츠와나와 스와질란드로 달아났으며, 많은 학생들이 다른 아프리카의 나라로 가서 공부를 하고 군사 훈련을 받고 있다고 나에게 이야기해 주었다. 그는 보츠와나에 있는 상당수의 학생들이 남아프리카를 변화시킬 방법을 마련하는 일을 하고 있다고 말했다. 그들과 남아프리카 학생들 사이에는 의사소통 통로들이 있었다.

비코는 자신이 생각하기에 타운십의 학생들이 점차 더 잘 조직화되어가고 있다고 말했다. 불필요한 유혈사태를 피하자는 것이 그들의 의도이며, 앞으로는 인명 손실을 피하기 위해 시위 규모도 줄어들게 될 것이라고 믿었다. 그러나 1976년의 소요 기간(소웨토 봉기 이후의 기간—옮긴이)에는 인명 손실이 드문 일이 아니었다. 수천 명의 학생들이 가담한 시위에서 100명 이상이 총에 맞았고 그 중 반 정도가 목숨을 잃었다. 앞으로는 그러한 유혈참사를 피하기 위해서 적은 수의 인원을 동원하여 가능한 한 큰 규모의 혼란을 만들어내는 것이 목표가 될 것이라고 비코는 생각했다.

(아프리카너) 민족주의자 정부가 현재의 태도를 고수한다면 남

아프리카에서 평화적인 변화가 이루어질 전망은 밝지 않다는 것이 비코의 생각이었다. 그러나 그는 당시까지의 시위와 보이콧이 어느 정도는 도움이 되었다고 보았고 그 예로서 대부분의 나라들이 남아프리카에 대해 채택한 스포츠 정책을 들었다. 국민당이 낸 성명에도 불구하고 그는 국민당이 외부의 압력에 민감하다고 믿었다. 물론 그들이 아파르트헤이트 체제를 포기하기 위해 필요한 근본적 변화들을 생각할 수 있으려면 그보다 훨씬 더 많은 압력이 필요하긴 했다.

그는 외교관들이나 자신을 방문하는 세계적으로 유명한 인물들과의 접촉을 나열하면서 그것들이 자신을 보안경찰로부터 지켜주는 역할을 한다고 하였다. 물론 비코 자신의 인품과 개성이 가진 힘도 도움이 되었을 것이다. 그는 어느 누구와 함께 있어도 두드러져 보이는 사람이다.

비코는 남아프리카에 주재하는 외국 대사관들이 이곳에서 벌어지고 있는 사건들에 대해 지나치게 보수적으로 접근한다고 믿었다. 그는 그들 중 다수가 태만함 때문에, 또는 고의적으로 사태의 추이에 대한 왜곡된 견해를 본국의 외무부에 제시하고 있다고 느꼈다. 앤드류 영(Andrew Young ; 흑인 민권운동가 출신으로 카터 행정부 당시 UN대사—옮긴이)에 대해 논평하면서, 비코는 그가 남아프리카 흑인들의 곤경을 이해하고 있는 것 같다고 말했다. 그가 한 최근의 발언들은 키신저와 그 외의 사람들이 남아프리카에 대해 제시한 견해와 비교해 보면 가뭄 속의 소나기 같은 것이다. 비코는 앤드류 영이 이제 카터 행정부 내에서 확고한 지위를 확보하기를 바랐다.

당시 BPC는 소웨토 폭동 일주년 기념식 기간 동안 활동을 자제했었다. 비코는 BPC 간부들이 불필요하게 체포되지 않기 위해서 그러는 것이라고 말했다. 결과적으로 그들은 보안관찰 처분을 받거나 투옥될 경우 운동가로서 할 수 있는 역할보다 훨씬 유용한 조직력의 강화라는 역할을 수행하고 있었다.

브루스 하이그의 이러한 말을 내가 기록해 두었던 것은, 스티브가 나에게 브루스가 마음에 들기 시작했으며 정말 솔직하게 그를 대했다고 말했기 때문이다. 그런 감정은 서로 마찬가지였으며 브루스가 우리 둘 모두의 견실한 친구가 되었다는 말을 덧붙여도 무방할 것이다.

다음에 나오는 내용은 버나드 질스트라가 나에게 준 것으로, 1977년 7월에 스티브와 나눈 폭넓은 대화를 기록한 것이다. 버나드는 그 토론을 다음과 같이 소개하고 있다.

1976년 가을에 나는 남아프리카에서 거의 한달을 보냈고, 올 여름에도 비슷한 시간을 보냈다. 나는 흑인뿐 아니라 수많은 백인들과 (특히 내가 알아듣고 읽을 수 있는 말을 사용하는 아프리카너들과) 그들 나라의 정치적, 경제적 미래에 대하여 이야기를 나누었다. 7월에 있었던 스티브 비코와의 인터뷰는 내가 경험한 가장 인상적인 대화 중 하나였다. 이것은 그가 자신의 생각을 직접 말하는 것을 녹음한 주요한 인터뷰로는 마지막 것이었을 가능성이 높다. 인터뷰 내용은 다음과 같았다.

질스트라 흑인의식운동의 정확한 뜻은 무엇입니까?

비코 제가 흑인의식이라고 할 때 그것은 억압받은 민족의 문화적, 정치적 부활을 뜻합니다. 이것은 분명 2차 대전 후 아프리카 전대륙의 해방이라는 문제와 관련이 있습니다. 아프리카는 백인 불패신화의 종말을 경험한 것입니다. 그 전에 우리는 주로 두 부류의 사람들, 즉 백인 정복자들과 흑인 피정복자들을 알고 있었습니다. 아프리카 흑인들은 이제 백인들이 영원한 정복자는 아니라는 것을 알고 있습니다. 나는 흑인의식운동의 문화적 깊이를 강조하지 않을 수 없습니다. 백인불패신화의 종말을 인식한 흑인들은 어쩔 수 없이 이런 질문을 던지게 됩니다. "나는 누구인가? 우리는 누구인가?" 우리의 근본적 대답은 이렇습니다. "사람은 사람이다!" 그래서 '흑인' 의식은 이렇게 말합니다. "피부색은 잊어버려라!" 하지만 10년에서 15년 전까지 마주하고 있었던 현실 때문에 우리는 그런 생각을 분명하게 표현할 수 없었습니다. 그럼에도 결국 이 대륙은 급속한 탈식민화 시대를 맞게 되었습니다. 탈식민화란 아프리카 전역에서 일어난 흑인의 열등의식에 대한 도전을 뜻했습니다. 그 도전에 백인 자유주의자들이 함께 했습니다. 그래서 꽤 오랜 시간 동안 백인 자유주의자들이 흑인들의 대변자 노릇을 했습니다. 하지만 어느 순간 우리 중 몇몇이 우리 자신에게 묻기 시작했습니다. "우리의 자유주의 대리인들의 입장이 우리의 것이 될 수 있는가?" 우리의 대답은 두 가지였습니다. "아니! 그들은 그럴 수 없어"라는 대답과 "백인 자유주의자들이 우리의 대변자인 한, 흑인 대변자는 존재할 수 없을 것이다"라는 것이었죠. 백인으로서 흑인의 대변자 노릇을 하는 것은 불가능합니다.

남아프리카 바깥의 여러 흑인 국가들에서는 그 점을 쉽게 깨달았습니다. 하지만 우리는 어땠습니까? 사회는 백인 집단과 흑인 집단으로 분리되어 있었습니다. 그 강요된 분리는 없어져야만 했습니다. 그래서 많은 비인종주의적 그룹들이 그 목적을 달성하기 위해 일했습니다. 하지만 거의 모든 비인종주의적 그룹들은 여전히 백인 일색이었고, 더군다나 학생들의 세계에서는 더 그랬습니다. 그런 식으로 우리는 여기서 똑같은 오류, 즉 백인과 흑인의 긴장 상태를 여전히 백인들의 견지에서 해소하려고 하는 오류에 직면해 있었던 것입니다. 그래서 우리는 흑인들 자신이 흑인의 어려움에 대해 내놓고 말해야 한다는 것을 깨닫기 시작했습니다. 우리는 더이상 "우리는 누구인가?"라는 질문을 외면한 채 백인들에게 의존할 수는 없었습니다. 그 질문의 대답에는 단일한 목적만이 있어야 했습니다. 하지만 우리의 백인 대리인들은 항상 이 목적에 섞여 있었습니다.

질스트라 기독교는 흑인의식운동과 어떻게 부합됩니까?

비코 저는 영국 국교회의 전통 속에서 자랐습니다. 때문에 그건 저에게 중요한 문제입니다. 하지만 골치 아픈 문제이기도 하지요. 남아프리카에서는 기독교가 대부분의 사람들에게 완전히 형식상의 문제이기 때문입니다. 흑인인 우리는 기독교가 아프리카에서는 식민화 과정 전반에 밀접하게 연관되어 있다는 사실을 잊을 수가 없습니다. 그것은 기독교도들이 이곳에 가져온 문화의 형태가 그들은 기독교적이라고 하지만 사실은 서구적인 것이며, 아프리카에 관한 한 제국주의 문화로 표출된다는 것을 뜻합니다. 선교사들도 그런 차이를 제대로 구별하지 않았습니다. 이 중요한 문제는 비교적 작은 것들을 통해서 쉽게 알 수 있습니다. 가령 옷 문제를 예로 들어 보겠습니다. 아프리카인이 기독교인이 되면 보통 그 사람은 전통 복장을 벗고 서양인처럼 옷을 입어야 합니다. 흑인들에게 소중한 많은 관습들도 마찬가지여서, '기독교적인' 이유라고 하는 것들 때문에 그 관습들을 버려야 했습니다.

하지만 그 관습들은 단지 서구적 관습과 충돌하는 것일 뿐이었습니다. 게다가 교회 내의 사회적 위계는 백인에서 흑인으로 내려가는 식이었고, 교회 의식들을 주관하는 책무는 전적으로 백인들이 맡았습니다. 그것은 특히 주류 교회들의 성격이 흑인다운 것의 영향을 거의 받지 않았다는 뜻이 됩니다. 많은 흑인들, 특히 젊은 흑인들이 기독교에 회의하기 시작한 것은 그런 상황 때문이라는 것을 부인해서는 안 됩니다. 젊은 흑인들은 아프리카에 필수적인 탈식민화는 또한 아프리카의 탈기독교화를 요구하는 것이 아닌지 묻습니다. 그러한 질문의 가장 긍정적인 결과는 흑인 의식의 맥락에서 '흑인' 신학이 발전한다는 것입니다. 기독교 정신이 우리 대륙에서 무엇을 뜻하는지를 알아내기 위해 흑인신학이 도전하는 것은 기독교 자체가 아니라 기독교의 서구적 모델이기 때문입니다.

질스트라 BPC에 대해 말씀해 주시기 바랍니다.

비코 1960년대에는 ANC와 PAC가 보안관찰 처분을 받았습니다. 그래서 우리는 경찰력과 백인 자유주의자들의 좌익적 소란만이 남아 있는 현실과 마주하게 되었습니다. 그런 현실 속에서 우리는 어떻게 하면 새로운 의식이 사람들을 사로잡을 수 있을까 하는 문제를 풀어야 했습니다. 정부는 학교를 통제했습니다. 흑인의식운동에 관한 한 학교에서는 성과가 좋지 않았습니다. 우리는 지식 계급의 참여를 얻어내야 한다는 점을 잘 알고 있었습니다. 하지만 우리는 또한 지식 계급이 대중을 자신들이 조종해서 사용할 수단으로 여기는 경향이 있다는 것도 알고 있었습니다. 그래서 우리는 흑인 대학 졸업자들의 의식 변화를 추구하면서 동시에 그들 지식인들이 자신과 흑인 공동체의 욕구를 동일시할 수 있도록 하는 데 초점을 맞추었습니다. 이로부터 SASO가 출범하게 된 것입니다. 이 조직은 기존 구조의 부당함에 도전했지만, 그 방식은 사뭇 새로웠습니다. 사실, 우리가 지식인들과 흑인 공동체의 진정한 욕구 사이의 관계와 흑인의식을 강조한다는 점 때문에 처음에는 기존 체제를 지지하는 사람들로 오해를 받았습니다. 자유주의자들은 우리를 비판하였고 보수주의자들이 우리를 지지했습니다. 하지만 그것은 그리 오래 가지 않았습니다. 정부가 우리를 탄압하는 조처를 취하는 데 4년이 걸렸습니다. 심지어 요즘에도 여전히 우리는 인종주의적이라는 비난을 받고 있습니다. 그것은 오해입니다. 남아프리카의 모든 다인종 집단은 백인이 우월하고 흑인은 열등한 관계로 이루어져 있다는 것을 우리는 알고 있습니다. 따라서 백인들이 자신들은 그저 인간일 뿐 우월한 인간이 아님을 깨닫도록 만들어야 합니다. 그것은 흑인들도 마찬가지입니다. 그들이 자신들 역시 인간일 뿐 열등한 인간이 아님을 깨닫도록 해야 합니다. 이것은 우리 모두에게 남아프리카가 유럽이 아니라 아프리카라는 것을 말해줍니다.

이러한 생각이 점차 통하기 시작했습니다. 흑인의식운동이 추진력을 얻은 것이죠. 하지만 우리는 그러한 생각을 말하는 사람들이 주로 학생과 대학 졸업자들이라는 현실적인 문제점을 여전히 안고 있었습니다. 폭넓은 토론이 전혀 없었습니다. 이 때문에 우리는 SASO 활동으로부터 BPC를 조직하는 일로 옮겨가야 했습니다. 새로운 의식의 발전에 대중이 동참할 수 있도록 하기 위해서였습니다. BPC는 1972년에 창설되었습니다. 정부가 행동에 나서기 시작한 것도 그때였습니다. 정부는 BPC의 개별 지도자들에게 보안관찰 처분을 내렸습니다. 그러나 BPC는 현재 폭넓은 지지를 받고 있습니다. 민중들은 그 조직을 위하여 돈과 시간을 아끼지 않습니다. 그들이 흑인 지도자에 대한 재판이나, 경찰서 골방에서 '의문의' 죽음을 당한 지도자들의 사인 규명 심리에서 법정을 가득 메운 모습만 보아도 알 수 있는 일입니다. 어떤 점에서 BPC는 흑인들 사이에서 가장 강력한 조직이지만, 정확하게 그렇다고 하기는 어렵습니다. ANC와 PAC는 보안관찰 처분을 받은 조직이고, 그런 이유로 그 조직들은 현 세대와의 단절이라는 문제를 안고 있기 때문입니다. 지금의 세대들은 ANC나 PAC의 영향을 받아본 적이 없는 온전한 한 세대인 것입니다. 어찌 되었건, 민중들과 BPC 사이에는 실제로 강한 일치감이 존재합니다. 내가 이런 식으로 말한다고 해서 이 조직들 사이의 관계가 경쟁관계라는 인상을 주고 싶지는 않습니다.

질스트라 홈랜드 정책에 대해서는 어떻게 생각하십니까?

비코 일부 흑인들이 홈랜드에서의 분리 정책을 지지하는 것은 평화를 위해서이지, 운동으로서 지지하는 것은 아닙니다. 이 부분에서 우리는 가차 부텔레지가 어떤 종류의 지지를 받고 있는지를 자세히 살펴보아야 합니다. 줄루족 중에는 그를 종족적 차원에서 지지하는 사람들이 있습니다. 그는 지금껏 비도시적 환경의 전통적 부족장으로서 많은 요소들을 결합해냈습니다. 그는 아파르트헤이트를 강하게 비판합니다. 하지만 오늘날 그는 정부로부터 보수를 받는 줄루족 지도자입니다. 그는 그런 식으로 추종자를 얻습니다. 우리는 그를 반대합니다. 그는 정부가 깔아놓은 멍석 위에서 일함으로써 대의를 흐립니다. 이 때문에 나는 흑인들 사이에 분열이 발생할 위험을 감지합니다. 하지만 우리는 젊은 세대들에 대한 BPC의 대단한 흡인력을 기반으로 진짜 분열을 피하기를 바랍니다. 이해할 수 있는 일이지만, 가차 부텔레지의 지지층은 '노인들'입니다. 노인들에게 필요한 안정을 가차 부텔레지가 지켜주기 때문입니다. 하지만 우리는 젊습니다. 우리는 불평등의 해결을 희망 사항이 아닌 의무라고 여깁니다. 여기에 노인들의 딜레마, 의무와 빵 사이의 딜레마가 있는 것입니다.

질스트라 젊은 세대가 BPC를 지지한다는 증거가 어디 있습니까?

비코 한 마디로 소웨토에 있지요! 대담함, 헌신, 목적의식, 명쾌한 상황 분석 — 이 모든 것이 소웨토나 다른 곳의 젊은이들 사이에 퍼진 흑인의식 사상의 직접적인 결과입니다. 이는 양적으로 분석되는 것이 아닙니다. 운동의 힘은 사람들의 습관을 변화시킬 수 있다는 데 있기 때문입니다. 그 변화는 물리적 힘의 결과가 아니라 헌신의 결과요, 도덕적 설득의 결과입니다. 그것은 젊은이들의 마음을 얻는 것입니다. 그들은 우리가 단순히 빵의 문제를 다루고 있는 것이 아니라는 점을 깨닫고 있습니다. 이런 점에서 진정한 추진력은 그들에게 있는 것입니다. 나는 홈랜드 지도자들과 비교할 때 BPC에 전략적 약점이 있다는 것을 알고 있습니다. 부텔레지는 회합을 조직하고 싶으면 정부 기구를 사용할 수 있습니다. 하지만 그것은 진정한 힘이 아닙니다.

질스트라 공산주의에 대한 입장은 어떠신지요?

비코 이것은 우리를 매우 복잡하게 만드는 주제입니다. 대략 집히는 대로 여러 가지 것들을 말해보겠습니다. 우리 BPC 가담자들은 법의 한도 내에서 활동을 해야 하고 그렇지 않으면 전혀 활동할 수 없게 될 것이라고 마음을 굳혀 왔습니다. 그렇다면 BPC가 공산주의 단체가 아니고 그렇게 될 수도 없다는 뜻이 됩니다.

조직들은 어느 정도 지하활동을 할 수도 있습니다만, 우리 같은 조직은 터놓고 공개적으로 활동하는 것이 훨씬 더 효과적입니다. 게다가 공개 운동에는 타협적 요소가 있어야만 하고, 우리는 그 점을 장점으로 여깁니다. 더 나아가 오늘날 남아프리카에서 공산주의자가 되면 흑인 민중의 도구가 아닌 모스크바의 도구가 되기 쉽습니다. 어떤 맑스주의자들은 더 유연하고 더 현실적입니다. 하지만 그럴 때 우리는 우리가 누구에 대해 말하고 있는지를 정확히 알아야 합니다.

　　BPC는 비폭력 단체이긴 합니다만, 새로운 상황에 직면하면 다른 전략이 필요할 것이라는 점을 잊지 말아야 합니다. 우리는 화해가 필요하다는 가정에서 시작합니다. BPC는 흑인들에게 ANC와 PAC 다음의 세번째 편대가 아닙니다.

질스트라 남아프리카의 흑인들에게도 앙골라와 로디지아 같은 아프리카 국가들의 흑인들을 분열케 했던 차이가 보입니까?

비코 적어도 이 점 한 가지는 분명히 말씀드리겠습니다. 우리는 지도자들의 개인적 야망 때문에 분열되어 있는 것이 아닙니다. 내 야망이 무엇이겠습니까? 내게는 개인적 야망이란 없습니다. 내게 있는 것은 희망입니다. 나는 내 한계들을 알고 있습니다. 나는 통치자가 아닙니다. 내 희망은 미래의 남아프리카에서 정의를 행하는 일에 종사하는 것입니다.

질스트라 미국에 대한 입장은 어떠십니까?

비코 아, 이거. 얘기가 순식간에 바뀌는군요! 우리는 남아프리카가 국제정치의 견지에서 볼 때 실리주의 정치와 미국과 소련 간 권력 게임의 볼모라는 가정에서 출발합니다. 우리에게는 미국이나 소련의 아프리카 정책에 대한 환상이 전혀 없습니다. 남부 아프리카에서 지금까지 체면을 살린 것은 러시아입니다. 앙골라와 모잠비크에서 분명히 그렇습니다. 그래서 이제 미국이 잠을 깨고 자신에게 이렇게 묻는 것 같습니다. "우리는 친구를 만드는 일에서 왜 지금까지 러시아보다 처졌는가?" 그 이유는 매우 간단합니다. 미국은 과거부터 앙골라, 모잠비크, 로디지아, 남아프리카 등의 소수파 정부와 유대관계를 유지했습니다. 그러나 앙골라와 모잠비크의 국내 상황은 지난 몇 년 동안 근본적 변화를 겪어 왔습니다. 로디지아의 상황도 급속히 변하고 있습니다. 이것은 남부 아프리카에 대한 워싱턴의 주요 관심이 프리토리아(Pretoria ; 남아프리카의 행정 수도. 입법 수도는 케이프타운이고, 사법 수도는 블룸폰테인이다—옮긴이)로 옮겨오게 되었다는 것을 의미합니다. 이러한 미국의 관심은 남아프리카를 우쭐하게 만드는 효과를 가집니다. 투자의 보호와 무역의 확대, 그리고 문화적 교류가 지속될 것이기 때문이지요.

최근 몇 년간의 이러한 상황 전개에 의해 미국은 이제 취약한 처지에 놓이게 되었습니다. 자신이 썩 잘한 것이 아니라는 것을 깨닫고는, 미국은 주위를 둘러보며 이렇게 자문합니다. "우린 어디서 지지를 받지?" 그리고 그런 질문을 할 때, 워싱턴은 대개 상황을 공산주의와 자본주의, 동양과 서양, '제1세계'와 '제2세계' 사이의 균열이라는 맥락에 놓습니다. 그러한 갈등을 통해 '제3세계'의 문제들을 제대로 이해할 수 있겠습니까? 어찌되었건, 그간 제3세계의 해방 운동을 지지해 준 것은 모스크바지 워싱턴이 아니었습니다. 더군다나 해방 투쟁 진영의 많은 사람들은 억압에 대한 맑스주의적 분석이 자신들이 처한 상황을 적절하게 진단해 준다고 생각합니다. 그리고 이 모든 것에 덧붙여, 미국이 제3세계에 개입한 것은 자신의 경제적 이익 때문이라는 강력한 증거가 있습니다. 러시아는 요하네스버그에 지킬 자본이 없습니다. 미국은 있지요.

질스트라 카터 행정부의 등장이 제3세계에 대한 미국 외교 정책의 기본적인 변화를 뜻한다고 보십니까?

비코 인권을 강조하는 것을 보면 닉슨과 포드 대통령의 정책과는 다른 변화를 예고하는 것 같아 보입니다(카터의 입장은 이후 레이건 행정부에 의해 뒤집혔다—영어판 편집자 주). 우리 눈에는 미국이 제3세계에서의 영향력을 회복하려는 현재의 시도를 통해 국제정치 무대에서 자신의 도덕성을 한 단계 높이고 있는 것으로 보입니다. 미국은 남아프리카에서 자신의 장기적인 정책을 실현하기 위해 연대할 수 있는 집단을 찾아야 합니다. 그런 집단을 찾기 위해 미국은 로디지아의 얀 스미스 정권과 프리토리아의 포르스테르 정권에 대해 점점 더 드러내 놓고 비판적인 자세를 취하고 있습니다. 카터가 UN 대사로 앤드류 영을 선택하고 그를 남부 아프리카로 보낸 것도 마찬가지 이유 때문인 것으로 보입니다. 카터는 그런 식으로 제3세계 일반이, 그리고 특히 남아프리카가 받아들일 만한 새로운 얼굴로 단장하고 싶어 합니다. 그는 앤드류 영의 피부색을 제3세계로 들어가는 특별 여권으로 사용합니다. 하지만 영에게는 미국적 체제를 조성하겠다는 것 말고는 아무런 계획도 없습니다. 그가 소웨토에서 테니스를 치는 이유는 그것입니다. 카터는 닉슨과 포드가 했던 것을, 즉 미국적 체제가 더 효율적으로 움직이도록 만드는 작업을 그들보다 더 교묘하게 하고 있습니다.

나는 미국 자본주의가 제3세계에서 자국의 경제적 이익을 추구하는 데 대해 매우 비판적이기는 하지만, 동시에 러시아에 대해서도 아무 환상이 없습니다. 제국주의적이기는 러시아도 미국 못지않습니다. 그 점은 앙골라 같은 나라들에서 러시아가 하는 역할뿐만 아니라 그 나라 내부의 역사만 보아도 분명합니다. 하지만 러시아인들의 오명은 좀 덜한 편입니다. 제3세계의 눈에는 그들의 이력이 좀더 깨끗해 보이며, 그 때문에 그들은 미국과의 권력 게임에서 더 나은 출발선에 있었습니다. 혁명 그룹들에게는 그들의 정책들이 더 수용할 만한 것으로 여겨지며, 그들은 '금기'가 아닙니다. 이것이 아마도 제3세계가 직면한 가장 큰 문제라 하겠습니다. 우리가 갈라져 있는 것은, 우리 중 일부가 러시아 제국주의를 순전히 한시적 단계로서는 받아들일 수 있다고 생각하는 데 반해, 나를 포함한 다른 사람들은 러시아가 정말로 흑인 민중의 해방에 관심이 있는지 회의하고 있기 때문입니다.

질스트라 흑인공동체주의에 대해 설명해 주시겠습니까?

비코 흑인의식운동은 자본주의 대 공산주의의 딜레마를 받아들이고 싶지 않습니다. 이 운동은 흑인공동체주의의 진정한 표현인 사회주의적 해법을 선호합니다. 우리 투쟁의 현 단계에서 이러한 대안을 구체적으로 내보이는 것은 쉽지 않습니다만, 그것은 지배자의 피부색이 바뀐다고 해서 반드시 체제가 변하는 것은 아니라는 사실을 인정한다는 뜻입니다. 공명정대한 체제를 추구하는 과정에서 우리는 경제 정책에 대한 토론이 현존 체제들로부터 완전히 분리된 '순수'한 것일 수는 없다는 점을 알고 있습니다. 글을 통해 우리는 때때로 집단적 기업에 대해 이야기합니다. 그것은 우리가 개인주의적이며 자본주의적인 기업 유형을 거부하기 때문입니다. 하지만 우리가 말하는 것이 러시아의 모델은 아닙니다. 나는 우리가 새로운 모델을 추구하는 과정에서 현재의 상황으로부터 어쩔 수 없이 영향을 받는다는 점을 강조하지 않을 수 없습니다. 마찬가지 이유로, 백인 지배가 해체된 후 이곳에 있을 전환기에 대해서도 상세한 내용을 제시하기란 불가능합니다. 아직은 너무 시기상조라는 것이죠.

질스트라 흑인공동체주의는 흑인 기독교의 영향을 받았습니까?

비코 간접적으로 받았을 뿐입니다. 우리는 기독교도와 맑스주의자 간의 대화를 통해 대안을 찾아가고 있는 것처럼 보이는 남아메리카의 전개 상황을 눈여겨봐야 하겠습니다. 이렇게 고도로 복잡한 문제들을 다룰 때 우리에겐 큰 약점이 있다는 것을 잊지 않으셨으면 합니다. 우리의 최고의 사상가들은 국외에 있거나 보안 관찰 처분하에 있거나 혹은 투옥되어 있기 때문이지요.

질스트라 미래에 대해서는 어떻게 생각하십니까? 어떻게 예측하고 계시는지요?

비코 다시 어려운 문제군요. 여러 측면에서 봤을 때, 저는 갈등이 전면적으로 고조되는 지점에 이르렀다고 생각합니다. 먼저, 아프리카너들은 공작 정치의 결과 극히 취약한 입장에 놓이게 되었습니다. 그들은 흑인들과 권력을 공유하는 것은 불가능하다고 마음을 굳힌 상태입니다. 공명정대한 사회가 되려면 권력의 공유는 필수적인 것이기 때문에 아프리카너들의 그런 입장은 갈등을 불가피하게 만드는 요소입니다. 아프리카너 지도자들은 후퇴할 경우 자신이 가졌던 예전의 입장과 충돌하게 되고 그렇게 되면 지지자들로부터 신뢰를 잃게 됩니다. 따라서 아프리카너는 거짓말을 고수할 수밖에 없습니다. 아프리카너가 스스로 초래하고 택한 입장 때문에 갈등은 불가피할 것입니다. 그 갈등은 흑인의 입장에서 비롯된 결과가 아닙니다. 마찬가지 이유 때문에 동등한 자격으로 원탁회의를 여는 것도 불가능할 것 같습니다. 그러한 회의를 열기 위해서는 흑인들의 정치적 평등권이 먼저 전제되어야 하기 때문입니다. 그리고 아프리카너에게는 골치 아픈 요소가 또 하나 있습니다. 그들에게는 갈 수 있는 '홈랜드'가 없습니다. 앙골라가 독립할 때의 포르투갈인들과는 다릅니다. 그런 아프리카너들이 지금 권력을 잡고 있습니다. 따라서 그들은 문제의 일부

일 뿐 아니라 해결책의 중요한 일부이기도 합니다. 우리의 문제가 해결된 후에도 아프리카너들은 남아프리카에 있을 겁니다. 그러므로 선의가 유지되어야만 합니다.

질스트라 아프리카너들이 변할 순 없을까요?

비코 부분적으로는 변할 수 있습니다. 하지만 그러려면 50년은 걸릴 것이고 그건 너무 깁니다. 그리고 변화의 역학에서 아프리카너들이 유일한 요소가 아닙니다. 남아프리카 국경지대에서 갈등이 확대된다는 점도 미래를 예측할 수 있게 해주는 요소입니다. 과거에는 일종의 완충장치 역할을 했던 국경 국가들이 있었습니다. 그런데 그것이 지금 빠르게 변하고 있습니다. 그런 변화는 앙골라와 모잠비크에서 일어났고, 지금은 나미비아와 짐바브웨에서 일어나고 있습니다. 이 점은 남아프리카에 대한 외부의 군사적 압력이 증가할 것이라는 것을 뜻합니다. 우리는 여기에다 세번째 요소를 곧장 추가해야만 합니다. 즉 남아프리카 내에서, 그 중에서도 특히 수많은 소웨토들 내부에서 운동이 오래도록 지속되고 있다는 점입니다. 이 나라의 흑인 민중은 날이 갈수록 더 도전적으로 되어갈 것입니다. 두려움에 굴하지 않는 새로운 흑인 세대가 전면에 나설 것입니다. 흑인들의 이러한 내부로부터의 압력이 변화를 지지하는 네번째 요소를 강화할 것입니다. 국제 여론이라는 요소 말입니다. 이것은 이미 프리토리아 정부가 고려해야 하는 아주 중요한 요소가 되어 있습니다. 마지막으로 고려해야 할 다섯번째 요소는 일부 남아프리카 백인들의 진정한 변화입니다. 우리 사회의 기반인 인종을 폐지하기 위해 우리의 투쟁에서 흑인과 백인들 사이에 유용한 연합이 형성될 수 있습니다. 주로 전체 인구 중 영어권 집단과의 연합이 되겠지만, 교회 지도자가 아닌 대학에서 지도적인 입지를 지닌 일부 아프리카너들도 함께 할 것입니다. 그들은 지금 이미 아프리카너 민족주의의 시대가 끝이 났다는 것을 느끼기 시작하고 있습니다. 미래는 민족이 아니라, 의미 있는 합의를 통해 결정되는 최선책들을 가지고 만들어 가야 한다는 것을 그들은 알고 있습니다.

질스트라 그 다섯 가지 요소들이 모든 것을 망라하고 있지 않다는 것은 분명하지만, 그러한 요소들에 비추어 본다면 정부로부터 기대할 수 있는 것은 무엇이겠습니까?

비코 말씀드렸다시피, 갈등이 고조될 것이고, 경찰력도 마찬가지로 증강될 것이라고 생각합니다. 그리고 아프리카너 정권이 더욱 비타협적으로 나온다면 우리 흑인들은 전략을 다시 생각해 봐야 할 것입니다. 정부의 힘이 강력하고 오래 버틸 수 있다는 것은 사실입니다. 하지만 정부도 사방의 갈등 고조, (국경 지대와 도시 타운십들에서) 무력 사용의 적나라한 결과와 국제 여론의 압력, 일부 백인들의 태도의 변화 등을 알고 있기 때문에, 이 모든 요소들이 합쳐져서 아프리카너 정권의 마음을 돌려놓을 수도 있을 것입니다. 민중은 일단 자신들의 힘을 표출하기 시작하면 멈추지 않을 겁니다.

질스트라 1인 1투표 대의정치 체제를 실시하라는 압력, 특히 해외로부터의 압력에 대해서는 어떻게 생각하십니까?

비코 지금 1인 1투표제를 실시했다간 흑인 대중에게 경제적 재앙이 닥칠 것입니다. 하지만 백인들에게는 가장 훌륭한 해법이 되겠지요! 그렇게 되면 아시다시피 흑인들 사이에 경쟁이 심화될 것이고, 외국에서 현 정권을 비난하는 가장 중요한 근거는 사라질 것입니다. 하지만 그것이 흑인에 대한 경제적 억압이라는 현실은 바꾸어 놓지 못할 것입니다. 그것은 그대로 남아 있게 될 겁니다.

질스트라 40년대와 50년대에 아프리카너들이 자신들의 경제적 지위를 향상시켰던 일을 오늘의 흑인들은 왜 할 수가 없습니까?

비코 아프리카너들에게는 조직된 전위가 있었기 때문입니다. 전환이 가능해지기 전에 흑인들에게도 그러한 것이 필요합니다. 그러므로 오늘날 흑인들에게 필요한 것은 자제력입니다. 우리를 좌절시키는 어려움은, 상황이 흑인들에게 조직된 전위를 발전시키도록 허락하지 않는다는 점입니다. 이는 우리의 많은 지도자들이 투옥되어 있거나 보안관찰 처분을 받고 있기 때문만은 아닙니다. 그뿐만 아니라 자연과학, 기계공학과 같이 전위를 구성하는 데 필요한 많은 핵심 학과에서 흑인이 배제되어 있기 때문이기도 합니다. 유능한 조직적 전위가 없다면, 흑인 국민들은 자신들이 정당하게 맡았어야 하는 책임들을 제대로 맡을 수가 없습니다.

하지만 미래의 전환이 혼돈 상태로 끝나지 않으려면 백인 국민들도 그들의 내부에서 근본적인 변화를 일으킬 준비를 해야 합니다. 그들은 흑인들이 충분한 참여권을 갖는 정치 구조를 수용해야 할 것입니다. 제가 뜻하는 바는 50년대와 60년대에 미국 흑인들이 했던 민권 운동에서 잘 나타나 있습니다. 그들은 존재하고 있는 헌법의 실행을 요구했습니다. 하지만 우리는 새로운 헌법을 요구합니다. 그러한 새 헌법을 백인들이 흑인들에게 부여할 수는 없습니다. 새 헌법은 상호 교환의 결과여야 합니다. 그 헌법에는 전환 이후 백인을 포함한 모든 남아프리카 시민들이 해야 할 역할이 명기되어야 합니다. 백인들의 참여가 절대적으로 필요합니다. 우리는 비례 대표제를 선호합니다. 이 나라의 미래 정치 체제는 어떤 식이건 인종주의적인 것이어서는 안 됩니다. 그것은 흑인들이 백인들에게 복수해서는 안 된다는 뜻이기도 합니다만, 공정함을 달성하기 위해서는 백인측에서도 상당한 경제적 희생을 할 필요가 있다는 뜻입니다. 그 희생이 무엇이 될지는 지금으로서는 정확히 말할 수 없습니다. 백인들의 봉급과 임금을 5년간 동결해야 할지도 모릅니다. 흑인들이 백인들의 집을 접수한다는 뜻은 아닙니다. 하지만 보츠와나의 수도 가보로네에서 그랬던 것처럼, 주거 지역은 반드시 모든 인종 집단들에게 개방될 것입니다. 이런 것들은 몇 가지 제안일 뿐입니다. 경제적 격변은 어떻게든 피해야만 하겠지요.

질스트라 그러한 필수적인 전환을 위해 미국과 다른 나라들이 기여할 수 있는 것이 무엇일까요?

비코 미국과 남아프리카의 관계를 한 번 더 보지요. 오늘날 남아프리카에서 가장 중요한 현상은 자유를 얻기 위한 흑인들의 합법적 투쟁입니다. 워싱턴과 다른 서구 국가의 수도들이 해주어야 하는 것은 그 투쟁을 공개적으로 인정하는 것입니다. 그러한 인정을 배경으로 미국은 남아프리카 국내 정치의 방향에 영향력을 행사할 수 있고, 행사해야만 합니다. 하지만 미국은 자신의 구체적인 조처가 자유를 위한 흑인들의 투쟁에 도움이 되는 경우에만 그런 영향력을 의미 있게 행사할 수 있습니다. 여기에 몇 가지 제안이 있습니다. 우선 그 투쟁이 곧게 나아가고, 올바른 방향 설정 하에 일관성을 가지려면, 흑인들에게 적절한 인쇄물과 이동의 자유가 필요합니다. 카터 행정부가 인권 정책에 관심을 가진다면 프리토리아에 압력을 넣어 언론의 자유와 흑인을 위한 운동의 자유를 보장하도록 해야 합니다. 덧붙여서, 카터 행정부가 흑인들이 어떤 정신을 가지고 사는지 알고자 한다면, 설사 로벤 섬에 갇혀 있다 하더라도 인정받는 흑인 지도자들과의 접촉 통로를 개설해야 할 것입니다.

두번째로, 워싱턴은 남아프리카에 경제적 압력을 가해 국내 산업에 대한 투자 수익이 상당 정도 줄어들도록 할 수 있습니다. 외국 투자를 놓치면 흑인들이 가장 큰 해를 입을 것이라는 주장이 종종 제기됩니다. 단기적으로는 분명 흑인들이 해를 입을 것입니다. 많은 흑인이 실업을 감수하게 될 테니까요. 하지만 유럽과 북아메리카에서는, 외국 투자가 이 나라의 경제 체제를 지탱해 주고 있고 그럼으로써 현재의 불공평한 정치 체제를 간접적으로 지원해 주고 있다는 사실을 이해해야 합니다. 따라서 우리 흑인들은 외국 투자에 관심이 없습니다. 만일 남아프리카에 공명정대한 사회가 탄생하는 데 기여하고 싶다면 워싱턴은 남아프리카에 대한 투자를 말려야 합니다. 우리 흑인들은 그 결과를 기꺼이 감수할 것입니다. 우리는 고통에 매우 익숙합니다.

이상이 스티브 비코가 버나드 질스트라와 나눈 대담의 핵심이었다.

스티브가 죽은 후 친(親)포르스테르 성향의 신문들은 어느 신문기사의 보도를 왜곡하면서 있는 힘을 다해 그를 헐뜯었다. 그 신문들은 「뉴욕 타임스」지의 저명한 남아프리카 특파원 존 번스가 쓴 기사를 자기 식으로 해석하며 인용하였다. 그들은 스티브가 번스에게 말한 문장 하나를 특히 부각시켰다. 아프리카너 국민당 정부가 계속 뻣뻣하게 나오면 젊은 흑인들이 더 극단적인 형태의 폭력으로 눈을 돌리게 될 것이 거의 확실하다는 말이었다. "흑인들은 타운십에서 나와 백인들의 교외 지역으로 가서 그곳을 파괴하고 방화할 것입니다. 그것은 불가피한 일입니다. 백인들로서는, 대면하여 격퇴할 수 있는 국경의 조직된 군대보다 밤을 틈타 휩쓸고 지나가 버리는 얼굴 없는 군대가 훨씬 더 불안할 것입니다."

아프리카너 민족주의 신문들은 그 말을 스티브가 예측한 것이 아니라 그런 폭력을 옹호한 것으로 만들어 버렸다. 그들은 그가 단지 폭력이 발생할 것이라고 말한 것이 아니라 발생해야 한다고 말한 것이라는 암시를 했다. 하지만 존 번스가 인터뷰 전체를 기록해 두는 성실하고 빈틈없는 언론인이라는 것을 알고 있던 나는 그와 접촉했고, 그는 인터뷰를 그대로 옮겨 적은 보고서를 기꺼이 내게 제공했다.

인터뷰가 이루어진 것은 1976년 8월 2일 킹윌리엄스타운의 흑인공동체운동 사무실에서였다. 비코는 보안관찰 처분을 받고 있는 중임에도 한 번에 한 사람하고만 이야기를 나눌 수 있다는 규정을 무시하고 세 시간 가량 나와 내 아내를 함께 만났다. 그는 흑인의식운동 회원들 사이에 정치적 목적 달성을 위해 폭력을 사용하는 문제를 놓고 견해 차이가 있다고 말했다. "평화적인 입장부터 완전히 폭력적인 입장까지 다양한 스펙트럼을 보입니다." 그는 그렇게 말했다. 하지만 그는 그 조직이 현 시점에서 폭력을 목적으로 조직되어 있는 것은 아니라고 말했다. "현재 우리에게는 무장투쟁 조직이 하나도 없습니다"라고 그는 말했다. "우리는 무장투쟁에 가담하지 않을 것입니다. 그것은 PAC와 ANC에 맡겨둘 것입니다. 우리는 우리의 강력한 요구를 가지고 백인들에 맞섬으로써 그들이 제정신을 찾도록 할 수 있다는 전제하에 활동합니다."

그는 이렇게 덧붙였다. "우리는 이제까지 폭력에 대해 논의하지 않았습니다. 우리가 평화적 활동에만 국한하고 있는 것은 정확히 말해 우리가 공개 활동을 하기 때문입니다. 그렇다고 해서 우리가 폭력을 미리 배제해 놓았다는 뜻은 아닙니다. 대신 우리에게는 해방을 촉진할 다른 방법들이 있다는 거지요. 경제를 무력화시키는 것 같은 방법 말입니다."

비코는 폭력에 대한 SASO의 태도와 흑인의식운동의 태도가 SASO 재판에서 쟁점이 되었다고 말하면서 경찰은 SASO가 혁명적 음모에 연루되었다는 주장을 입증할 어떤 증거 문서도 제시하지 못했다고 지적했다. 그런 다음 그는 전국 곳곳에서 벌어지고 있던 테러리스트 재판들을 간략히 설명한 다음, 흑인의식운동을 테러리즘에 연루시키려는 시도가 자주 있었지만 아무런 성과도 없었다고 말했다. 폭력을 조장하는 데 개입한 것은 주로 ANC였고 PAC도 어느 정도는 그랬다는 점을 그는 다시금 강조하였다. 프리토리아의 SASO-BPC 재판에 대해서 그는 "재판에 임하는 우리의 입장은 협상을 해야만 한다는 것입니다"라고 말했다. 그것은 흑인과 백인 사이의 정치적 협상을 의미했다. "우리는 교섭에 찬성합니다"라는 게 그의 말이었다. 그는 이렇게 덧붙였다. "하지만 변화의 다른 모든 가능성들도 고려의 대상이라는 것은 의심의 여지가 없습니다. 그리고 체제가 변화에 대해 비타협적으로 나온다면 그러한 가능성들이 점점 더 많은 지지를 얻게 될 것입니다."

그는 폭력이 불가피해 보인다고 말했다. "소웨토에서처럼 산발적인 폭발들이 발생할 것입니다. 그리고 시간이 지나면서 그러한 폭발은 산발적인 것에서 조직적인 것으로 변할 것입니다. 결국은 우리의 해방이 협상의 대상인지 아니면 무력에 의한 것인지를 백인들이 결정해야만 하는 결정적인 순간이 도래할 것입니다. 그런 상황에서는 백인들이 갈 때까지 가보자는 식의 무력 투쟁을 선택하도록 영향력을 행사할 만큼 보수적인 세력들도 있을 것입니다. 그때 백인들이 내리는 선택에 따라 우리측의 반응은 달라질 것입니다."

비코는 이렇게 덧붙였다. "설사 백인들이 협상에 나서더라도 그들은 자신들에게 유리하게 협상을 하려고 할 것입니다." 그것은 본질적으로 흑인 중산층을 포섭하고 가차 부텔레지 같은 지도자들을 교묘히 조종하는 것을 뜻한다. 또한 흑인들을 내부에서 분열시키고, 흑인의식운동과 다른 흑인 급진주의자들을 각기 고립시키려는 시도이다. 그는 그런 분열상들이 분명히 나타날 것이고 그럼으로써 흑인 해방에 '오랜 세월'이 걸리게 될 것이라고 말했다. 그는 계속해서 "어떤 식으로 보건, 무장투쟁 가능성이 적다고 보기는 어렵습니다."라고 말했다. 그는 자신이 전에 지적했듯이 백인들이 자기들에게 이로운 협상에 의한 해결책을 선택할 가능성이 많다고 말했다. 그것은 그들이 '온건파' 흑인들과만 협상할 것이라는 뜻이었다. 하지만 백인들이 그보다 더 영향력 있는 흑인들, 즉 흑인의식운동 회원들과 그 운동과 비슷한 입장을 취하는 다른 흑인들과 협상할 만큼 '충분히 명석하다'고 하더라도, "어쨌든 (협상은) 결렬될 것입니다. 그러므로 결말은 똑같습니다"라고 그는 말했다.

우리가 폭력의 문제와 폭력이 얼마나 임박한지에 대해서 다시 묻자 비코는 "산발적인 폭발의 중요성이 커질 것입니다. 그리고 지금까지 아주 잘 보호되어 온 백인 사회는 자신들의 보안체계가 실제로는 얼마나 허술한지 깨닫게 될 겁니다. 흑인들은 타운십에서 나와 백인들의 지역으로 가서 그곳을 파괴하고 방화할 것입니다. 그것은 불가피한 일이지요. 그렇게 되면 백인들은 공포에 질리게 되겠지요"라고 대답했다. 이 부분에서 비코는 백인 사회에 이미 상당한 불안이 존재하고 그런 불안은 해외로 돈을 유출하려는 절박한 시도들에 반영되어 있다고 지적했다. 계속해서 그는 "백인들로서는 대면하여 격퇴할 수 있는 국경의 조직된 군대보다 밤을 틈타 휩쓸고 지나가 버리는 얼굴 없는 군대가 훨씬 더 불안할 것입니다"라고 말했다.

비코는 정부가 다가올 투쟁에 대비하고 있는 경찰과 군대 양자의 긴밀한 협력 관계를 만들어낼 것이고, 백인의 입장을 대변하는 신문들은 위협에 대한 적절한 대책을 세우라고 점점 더 정부를 압박하게 될 것이라고 예상했다. 그러는 사이 돈은 계속해서 해외로 유출될 것이다. "내가 생각할 때 3,4년 안에 위기가 정말로 절정에 달할 수도 있습니다. 내 말은 그렇게 되면 변화가 생길 것이라는 게 아닙니다. 그러한 순간이 오면 공포라는 것이 더이상 추상적인 개념이 아닐 것이란 말이지요."

이 인터뷰는 부분부분 요약된 형태로 「뉴욕 타임스」 지에 실렸다. 내가 그 기사를 오려서 비코에게 보여주었더니 그는 글이 자신이 뜻했던 것보다 훨씬 더 '거칠게' 읽힌다고 평을 했다. 그는 남아프리카 문제의 긴박감에 미국의 여론이 강한 충격을 받을 수 있도록 자신이 존 번스에게 '너무 아양을 떨긴' 했지만, 그가 보안관찰 처분을 받았기 때문에 외국의 언론인들이 주로 그렇게 했듯이 요약 보도의 논조가 어느 정도 차분해지기를 바랐다고 했다. 그는 서글픈 표정으로 싱긋 웃어보였다. "존 번스는 논조를 조금도 누그러뜨리지 않았군요. 정말이지 불안할 정도로 정확해요." 그러나 스티브는 자신이 그 인터뷰에서 짚었던 핵심 사항들이 정확히 반영되어 있는 것에 만족한다고 하면서 「뉴욕 타임스」지의 높은 국제적 평판으로 볼 때 그 인터뷰가 바람직한 효과를 가져왔으면 좋겠다고 했다.

스티브 비코는 불과 22살의 나이에 SASO 학생신문에 「내 마음대로 쓴다」라는 제목의 칼럼을 '프랭크 토크'라는 필명으로 기고한 바 있다. 그 글들은 그가 공개적 집필을 금지 당하고 있던 20대 중반에 예술의 경지까지 발전시켰던 말과 사상들을 일찍이 편하게 받아들이고 있었음을 보여주었다. 그 초기의 글들 중 세 편에서 임의로 발췌한 글들을 보면 청년 비코의 스타일을 알 수 있다.

1948년을 목전에 두고 태어난 나는 세상을 인식하기 시작한 이후 줄곧 제도화된 인종 분리 정책의 틀 속에서 살아 왔다. 나의 우정과 사랑, 교육, 생각 그리고 내 삶의 다른 면면들은 분리 정책이라는 배경 속에서 형성되었다. 살아오면서 나는 체제가 나에게 가르친 것들의 일부를 벗어 던지는 법을 터득했다. 바라건대 내가 지금 하려고 하는 일은 체제에 반대하는 활동들을 제3자의 관점이 아니라 흑인의 관점에서 생각하는 것이다. '흑인의식운동'이라는 새로운 접근법이 포함하고 있는 내용을 이해하는 것이 절실하게 필요하다는 것을 알고 있는 흑인의 관점 말이다.

치료를 시작하려면 그전에 기본적인 원리를 이해해야 한다. 지금 기침없이 '아파르트헤이트를 반대하며 투쟁하는' 많은 조직들은 너무나 간단한 전제 위에서 활동하고 있다. 그들은 있는 것을 한번 흘끗 보고는 문제를 잘못 진단해 버린다. 그들은 부작용이라는 것은 까마득하게 잊고 있으며 근본 원인에 대해 깊이 생각조차 하지 않았다. 그런 까닭에 치료랍시고 임시방편으로 그 무엇을 쓴다 해도 병을 치유하지는 못할 것이다.

아파르트헤이트라는 것은 작건 크건 간에 모두 명백한 악이다. 외부에서 들어온 소수가 다수의 삶을 결정할 권리를 갖고 있다는 오만한 생각은 그 무엇으로도 정당화될 수 없다. 그러므로 설령 아파르트헤이트 정책이 성실하고 공정하게 이행되었다 하더라도 그것은 토착민들은 물론이고 올바른 관점에서 그 문제를 바라보는 사람들의 완강한 반대와 비난을 받아 마땅하다.

흑인 민중의 물질적 궁핍에 대한 문제를 다루느라 여기서 시간을 허비해서는 안된다. 이 문제를 다룬 방대한 문헌들이 이미 나와 있다. 그러나 정신적인 빈곤에 관해서는 조금 말할 필요가 있다. 무엇이 흑인을 정상적으로 생활할 수 없게 하는가? 흑인은 자신의 무능력이 자기의 천성이라고 믿고 있는가? 자신의 열망을 실현하기 위해 기꺼이 죽을 수 있는 보기 드문 품성이 흑인의 유전자 구조 속

에는 없단 말인가? 그렇지 않다면, 흑인은 단순히 패배했기 때문에
정신적 빈곤을 겪고 있는 것인가? 이에 대한 대답은 뚜렷하지 않다.
그러나 다른 무엇보다도 마지막 생각이 가장 답에 가까울 것이다.
백인 지배의 이면에 있는 논리는 흑인이 이 나라에서 보조적인 역할
만을 하도록 만들자는 것이다. 불과 얼마 전까지만 해도 의회에서
흑인들의 교육 체계가 논의될 때면 이런 말이 아무렇지도 않게 오가
곤 했었다. 오늘날에도 여전하다. 비록 훨씬 더 세련된 언어를 사용
하긴 하지만 말이다. 악의 실행자들은 마침내 자신들의 기계에서
'흑인'이라는 종류의 사람의 형태를 가진 상품을 생산해내는 큰 성
공을 거두었다. 비인간화가 이런 정도까지 진행되었다는 것이다.

　　스뮈츠 정부하에서 흑인들은 탄압받긴 했지만 그래도 사람이었
다. 그들은 우리가 여기서는 짐작하지 못하는 여러 이유들로 인해
체제를 바꾸지는 못했다. 그러나 오늘날 우리나라에 있는 흑인은 인
간다움을 잃어버린 것처럼 보인다. 복종이라는 외피 속에 웅크린 채
흑인은 두려움에 가득 찬 눈으로 백인 권력구조를 바라보며 자신이
'팔자'라고 생각하는 것을 받아들이고 있다. 마음 깊은 곳에서 쌓여
가는 모욕 위에 분노가 솟아오른다. 하지만 그는 이를 잘못된 쪽으
로 분출한다. 타운십에 사는 그의 동료를 향해, 그리고 흑인들의 재
산을 향해……. 흑인은 더이상 지도자를 신뢰하지 않는다. 1963년
의 대규모 체포(리보니아 재판 사건을 말한다. 이 책의 1장에 나오는,
만델라가 구금 중 기소된 그 사건이다—옮긴이)가 지도부의 어수룩한
행동 때문이었다고 비난받았기 때문이다. 신뢰할 만한 사람이 없다

는 것이다. 혼자 화장실에 있을 때 그의 얼굴은 백인 사회에 대한 말 없는 비난으로 일그러지지만 사장의 성마른 호출에 대답하며 서둘러 화장실을 나설 때는 양과 같은 복종의 표정으로 밝아진다. 집으로 돌아가는 버스나 전차에서 흑인은 목청을 높여 백인을 비난하는 합창에 끼여들지만 경찰이나 고용주가 있는 자리에서는 정부를 칭찬하기에 급급하다. 그의 가슴은 백인 사회의 안락함을 갈구하지만 그런 부를 충분히 누릴 만큼 '배우지' 못한 사실 때문에 그는 자기 스스로를 책망하게 된다. 과학 분야에서 백인이 이룩한 업적들── 자신은 겨우 어렴풋이 이해할 뿐인 ── 을 보면서 흑인들은 저항해봐야 아무 소용이 없다는 확신을 갖게 되며, 변화를 가져올 수 있다는 희망은 죄다 던져 버리게 된다. 힘이 빠질 대로 빠진 흑인은 스스로의 비참함에서 헤어나지 못한 채 완전히 패배하여 인간의 그림자이자 껍데기가 되었고, 탄압이라는 멍에를 지고 양처럼 겁에 질려 있는 노예가 되어 버렸다.

쓸쓸하게 들릴 수도 있겠지만, 이 점은 우리가 현실을 변화시키기 위한 계획에 착수하기에 앞서 가장 먼저 인정해야만 하는 진실이다. 변화를 위한 유일한 매개수단은 인간성을 잃어버린 바로 우리 흑인들이라는 것을 깨닫게 되면 진실을 있는 그대로 보는 것이 더욱 필요해진다. 그러므로 첫번째 단계는 흑인들이 자신의 정체성을 찾도록 빈껍데기 같은 그들의 마음에 생명을 불어 넣는 것이다. 그들에게 자존심과 존엄함을 부여하고, 자신을 아무렇게나 이용하도록 내버려두고 그럼으로써 자신의 고국에서 저질러진 범죄에 자신들 또한 공범임을 생각토록 하는 것이다. 우리가 내적 성찰 과정이라고 할 때 그 말이 뜻하는 것이 바로 이런 것이다. 그것은 곧 '흑인의식'이 정의하는 바이기도 하다.

어느 작가는 이런 주장을 한 바 있다. 식민주의자들은 기존의 아프리카 사회에 구축되어 있던 구조들을 완전히 파괴하고 자신들의 제국주의를 관철시키 위해, 그저 민중을 장악하고 그들의 두뇌에서 모든 형식과 내용을 비우는 데 만족하지 않았다고 한다. 그들은 피억압 민중의 과거로 눈을 돌려 그 과거까지도 왜곡하고, 손상시키고, 파괴하였다는 것이다. 더이상 아프리카 문화는 거론되지 않았고, 아프리카 문화라는 말은 곧 야만을 의미하는 것이 되어버렸다. 아프리카는 '암흑의 대륙'이었으며 종교적 관행과 관습들은 미신으로 간주되었다. 아프리카 원주민 사회의 역사는 종족간 전쟁과 내분으로 전락했다.

아프리카의 아이들이 학교에 다니며 자신들이 물려받은 유산을 혐오하는 법을 배우는 것도 놀랄 일이 아니다. 그들 앞에 제시되는 아프리카의 이미지가 그만큼 부정적인 것이기 때문에 그들은 백인 사회와 자신을 긴밀하게 동일시하는 것에서만 위안을 얻게 된다.

따라서 '흑인의식'을 불러일으키기 위해 구상된 일부 접근법이 과거를 조명하고, 흑인의 역사를 다시 쓰는 길을 모색하며, 그 역사 속에서 아프리카적 전통의 핵심을 구성하는 흑인 영웅들을 발굴하는 것이라는 데는 의심의 여지가 없다. 인도계 사회의 경우, 남아프리카에 간디 관련 서적이 방대하게 축적되고 있을 정도로 이미 그런 방향으로 가고 있다고 할 수 있을 것이다. 하지만 아프리카 흑인 영웅들에 대한 문헌은 극히 드문 실정이다. 긍정적인 역사를 지니지 못한 민족은 엔진 없는 자동차와도 같다. 그들의 정서는 쉽게 제어할 수 없고 인식 가능한 방향으로 유도할 수가 없다. 그들은 언제나 더 성공한 사회의 어두운 그늘에서만 산다. 그리하여 우리나라 같은 곳에서 사람들은 어쩔 수 없이 폴 크뤼에르 기념일, 국가 영웅 기념일, 공화국 기념일 등을 경축해야만 하는 것이다. 이런 날들은 수치스런 열패감을 다시 되살아나게 한다.

아파르트헤이트 기구 내에서 흑인 지도자들을 발견할 수 없다면 흑인 세계의 지도자는 누구인가? 분명 흑인 민중들은 자신들의 지도자가 자의건 타의건 지금 로벤 섬에 갇혀 있거나 추방당해 있거나 혹은 망명중에 있는 이들이라는 것을 알고 있다. 만델라, 소부퀘, 카스라다, M. D. 나이두 등 많은 이들이 민중의 진정한 지도자로서 우리 마음에 영예로운 자리를 차지하고 영원히 남아 있게 될 것이다. 그들에게는 공산주의자, 파괴자 또는 그와 비슷한 이름의 낙인이 찍혀 있을지도 모른다. 실제로 그들은 법정에서 그와 비슷한 위법 행위를 했다는 판결을 받았을 것이다. 하지만 그러한 점이 그들이 지닌 가치의 진정한 본질을 훼손하는 것은 아니다. 그들은 오늘날 필적할 만한 예를 찾기 힘들 만큼 헌신적으로 활동한 이들이었다. 우리가 흑인으로서 처한 곤경에 대해 그들이 보인 관심 때문에 그들은 자연스럽게 흑인 대중의 지지를 받게 되었다. 그들이 했던 몇몇 일들에 대해서는 의견을 달리할 수 있겠지만 우리는 그들이 민중의 말을 했다는 것을 알고 있다.

　　그렇다면 내가 이렇게 말하는 것이 지금 우리에게는 어떤 희망도 없다는 뜻인가? 내가 두려운 점은 다양한 아파르트헤이트 기구에 가담하고 있는 흑인들의 정치적 판단력이 더 날카로워지지 않는한, 우리는 빠르게 막다른 길로 치닫게 된다는 사실이다. 우리가 우리 자신을 파괴하는 일에 공범 역할을 했다는 신세대들의 비난은 맞는 말일지도 모른다. 독일에서 끌려갈 유태인을 선별하는 일을 맡았던 하급 관리들은 다름 아닌 유태인들이었다. 결국 히틀러 패거리는 그들마저 체포하였다. 일단 아파르트헤이트 기구 바깥의 반체제적 요소들이 완전히 잠재워지면, 그 기구는 곧바로 체제 내에서 소란을 피우는 이들을 덮치려 할 것이다. 그런 일이 벌어지면 우리의 세계는 13%에 불과한 홈랜드의 경계선 안에 영원히 갇히게 될 것이다.

　　그러나 지금의 단계에서는 좀 낙관적이어야 할 것 같다. 나는 좌익 출신들이 아파르트헤이트 기구에 합류하는 것을 전적으로 반대한다. 어떤 전략을 세울 때 우리는 적의 힘이 어느 정도인지를 자주 인식해야 한다. 그런데 내가 평가할 수 있는 한, 체제 내에서 싸우고자 하는 우리 모두는 체제가 우리에게 미치는 영향을 완전히 과소평가하고 있다. 내가 보기에 이 단계에서 합리적인 방법은 좌익이 다양한 아파르트헤이트 기구들을 압박하는 것이다. 그 기구들이 체제 안에서 할 수 있는 한계를 실험하는 방향으로 움직이도록 그리고 모든 것이 허위임을 입증하고 체제를 무력화하도록 말이다.

　　정부가 저지르는 잔혹한 행위들에 대해 흑인들은 어떤 상황에서도 놀라서는 안 된다는 것이 내가 언제나 가지고 있는 생각이다. 그 생각은 백인들이 소수 이주자들임에도 불구하고 최고 지배자의 권리를 지니고 있다는 애초의 사실에서 논리적으로 자연스럽게 도출된다. 그들이 무력으로 원주민들을 위협해서 외국 땅인 이곳에서 영원한 지배자 자리를 차지할 수 있을 만큼 잔인했었다면, 똑같은 흑인들에게 지금 그들이 하는 모든 일은 그 애초의 잔인함에 비추어 생각하면 논리적으로 당연한 일이 된다. 어떤 상황에서건 그들에게 정의를 기대하는 것은 순진한 것이다. 그들에게는 자신과 자신의 '선거구민들'에게 자신들이 흑인들보다 여전히 우위에 있음을 증명해야 하는 것이 거의 의무에 가깝다. 그 우위를 증명하는 방법은 단 하나뿐이다. 흑인들의 저항이 아무리 사소할지라도 그 저항의 후면을 무자비하게 내리치는 것이다.

우리는 남아프리카 정권이 이를 실현하기 위해 유지하는 방대한 보안 계통에 대해 생각해 보아야만 한다. 그들은 자신들의 고용을 정당화하기 위해 고용주들에게 항상 무언가를 보고해야만 한다. 단지 "폰돌란드에 다녀왔는데 원주민들은 잘 처신하고 있고, 평화로우며, 만족하고 있는 상태입니다"라고 보고하는 것으로는 충분치가 않다. 그것이 만족스럽지 못한 이유는 악을 자행하는 자들이 자신들의 체제의 잔인성을 알고 있기 때문이고 따라서 흑인들이 만족하고 있다고 예상할 수는 없기 때문이다. 그래서 보안 졸개들은 사람들이 만족하고 있다고 주장하는 대변자들이 누구인지를 알아내고 그가 만족하지 못하고 있음을 인정할 때까지 그를 두들겨 패기 위해 다시 폰돌란드로 되돌려보내진다. 이런 상황에서 그 희생자는 보안관찰 처분을 받거나 더 나아가 그 수많은 법률 조항들 중 하나에 걸려 재판을 받게 된다. 일부 재판들에서 검찰측이 소송의 근거로 삼는 유치한 증거를 보면, 나는 정말 그들이 숨바꼭질하는 아이들이라도 체포해서 국가 전복 혐의를 뒤집어씌울 능력이 충분히 있는 자들이라는 생각이 든다.

이것이 우리가 이 나라에서 열리는 수많은 정치범 재판들을 볼수밖에 없는 배경이다. 만일 1년 동안 굵직한 정치범 재판이 한 건도 열리지 않는다면 무언가가 심각하게 잘못된 것처럼 여겨진다. 그것은 누군가 업무를 다하지 못한 것에 대해 상관의 비난을 받을 만한 일로 여겨진다. 정말 이상한 점은 사람들이 재판받을 일이 전혀 아닌데도 테러법과 같은 최고의 악법으로 체포된다는 것이다.

에메 세제르는 언젠가 이렇게 말했다. "라디오를 켜고 미국에서 니그로들이 린치를 당했다는 소식을 들을 때면 나는 우리가 이제껏 속아왔다고 말한다. 히틀러는 죽지 않았다. 라디오를 켜고 아프리카에서 강제 노동이 법제화되어 시행되기 시작했다는 소식을 들을 때면 나는 우리가 이제껏 분명 속아온 것이라고 말한다. 히틀러는 죽지 않았다."

작품을 완성하려면 다음의 말만 덧붙이면 될 것이다. "라디오를 켜고 폰돌란드 숲에서 누군가 구타와 고문을 당했다는 소식을 들을 때면 나는 우리가 이제껏 속아왔다고 말한다. 히틀러는 죽지 않았다. 라디오를 켜고 누군가 감옥에서 비누 조각 하나에 미끄러져 죽었다는 이야기를 들을 때면 나는 우리가 이제껏 속아온 것이라고 말한다. 히틀러는 죽지 않았다. 프리토리아에 가면 그를 찾아낼 수 있을 것이다."

보안경찰의 눈 밖에 난 사람들을 향한 잔혹 행위의 실례를 찾으려 하는 것은 아마도 너무 멀리 보는 것일 게다. 남아프리카의 흑인들이 살아남기 위해서는 투쟁해야만 한다는 주장에 대해 그 진실성을 입증하려 애쓸 필요가 없다. 그것은 우리 삶의 수없이 많은 면면에 그 자체로 존재하고 있으니까. 타운십의 고립된 생활 속에서 어른이 될 때까지 산다는 것은 기적이다. 우리는 그곳에서 살아남기 위해 흑인이 흑인을 죽이게 되는 절대적인 빈곤 상황을 접한다. 그곳은 야만적인 파괴 행위와 살인, 강간 그리고 다른 범죄들의 온상인 것이다. 이런 일들이 계속 벌어지고 있는 동안에도 악의 진정한 근원인 백인 사회는 타인종의 출입을 금지한 채 해변에서 일광욕을 하거나 자신들의 으리으리한 집에서 휴식을 취하고 있다.

흑인들 중 현재 자행되고 있는 일들에 대해 미력한 항의나마 하는 이들은 보안경찰의 방문, 때로는 보안처분이나 가택연금 등에 의해 주기적으로 위협을 받는다. 반면에 흑인 사회의 나머지 사람들은 경찰에 대한 절대적인 공포 속에 산다. 보통의 흑인에게는 자신이 법률을 하나도 위반하지 않고 있다고 전적으로 확신할 수 있는 순간이란 결코 없다. 흑인들의 생활과 행동을 지배하는 법률들이 너무도 많기 때문에 사람들은 때때로 경찰이 희생양을 기소할 법 조항을 찾으려면 그저 법전을 열어 아무 쪽이나 펼치면 된다고 느낄 정도다.

이 나라 경찰의 행동 철학은 "놈들을 괴롭혀라! 놈들을 괴롭혀라!"인 것 같다. 그리고 그들이 그 말을 매우 과도하게 실천한다는 점을 덧붙일 필요가 있다. 그래서 심지어는, 일반적으로 예절이 있다고 알려진 젊은 교통순경들조차 성인인 흑인을 때리는 것을 때때로 적절하다고 생각하는 것이다. 흑인들을 철저히 겁에 질려 있게 하고, 백인이 지적으로는 그렇지 않더라도 최소한 힘으로는 '초인적인 인종'이라는 이미지를 영구화하는 것이 저들의 계획이라는 것이 명백해 보일 때도 있다. 백인들은 자신들의 전위——남아프리카 경찰——를 통해 목적을 달성하면서 "누군가 당신을 존경하게 만들 수 없다면, 당신을 두려워하게 만들라"는 금언을 진실이라고 느끼게 된 것이다.

흑인들이 백인들을 존경할 수 없다는 것은 분명하다. 적어도 이 나라에서는 그렇다. 백인의 이름으로 행해지는 모든 것에는 부도덕과 적나라한 잔인함이라는 너무도 분명한 특징이 있어서, 아무리 큰 위협을 느낀다 해도 백인 사회를 존경할 수 있는 흑인은 아무도 없다. 하지만 백인들이 소중히 여기는 가치들과 그들이 누리는 안락과 안정을 위해 자신들이 치르고 있는 대가를 경멸함에도 불구하고, 흑인들은 이 사회의 백인들이 발산하는 야만성에 완전히 압도당한 것 같아 보인다.

이러한 두려움이야말로 남아프리카 흑인들의 영혼을 갉아먹는 것이다. 그것은 우체국 보조 직원이건, 경찰이나 형사건 그도 아니면 제복 군인, 보안경찰 그리고 심지어는 호전적인 백인 농부나 상점주까지, 헤아릴 수 없는 수의 요원들을 통해 체제가 분명 고의적으로 형성해 놓은 공포이다. 그것은 흑인들이 자유인으로 행동하는 것은 말할 것도 없고 사람처럼 행동하는 것도 불가능하게 할 정도로, 흑인들의 의식적 행동들 안에 너무도 근본적으로 자리잡고 있는 공포이다. 고용주에 대한 하인의 태도로부터 상점에서 백인 점원을 대하는 흑인 남자의 태도에 이르기까지, 우리는 그러한 두려움이 분명하게 배어 나오는 모습들을 본다. 개별적인 상황에서 자신들의 인간다움조차 지키지 못하는 사람들이 어떻게 전반적인 억압에 맞서 저항할 마음의 준비가 되어 있겠는가? 햇볕과 우유의 이 나라에 무언가 문제가 있다는 것을 깨달을 만큼 지각 있는 해외 방문객들이 흔히 떠올리게 되는 질문이 이런 것이다.

하지만 이것은 위험한 종류의 두려움이다. 왜냐하면 그것은 표피적인 것에 불과하기 때문이다. 그 근저에는 언제 폭발할지 모르는 가늠할 수 없는 분노, 존경받을 가치가 없는 집단에 대한 적나라한 증오가 자리하고 있다. 예전의 프랑스나 스페인 식민지였던 일부 국가에서 흑인들이 백인이 되기를 갈망하는 것이 가능했던 까닭은 동화의 기회가 있기 때문이다. 이와는 달리 남아프리카에서 백인이라는 존재는 경찰의 야만성과 협박, 이른 아침의 불시 단속, 타운십 안팎에서의 일상적인 괴롭힘 등과 결합되어 있기 때문에 어떤 흑인도 진정으로 백인이 되고 싶어 하지는 않는다.

백인들은 언제나 독점과 안락함 그리고 안전을 배타적으로 요구해 왔기 때문에, 흑인들은 평화와 번영 그리고 건전한 사회를 향해 나아가는 과정의 주된 장애물이 백인이라고 생각하고 있다. 백인은 이 모든 부정적인 측면과 결부됨으로써 알아볼 수 없을 정도로 추악한 존재가 되었다. 가장 좋은 것은 그런 까닭에 흑인들이 백인됨을 기껏해야 찬탈과 증오, 파괴의 대상으로, 더 인간적인 열망에 의해 대체되어야 할 것으로 보는 것이다. 가장 나쁜 것은 흑인들이 백인이 찬탈한 안락함 때문에 그 사회를 선망하는 것이다. 그러한 선망의 중심에 있는 것은, 버스를 타고 시내를 벗어나면 보게 되는 안락한 정원 의자들을 백인에게서 빼앗아 자신의 것으로 만들겠다는 소망과 내밀한 결심으로서, 이는 대다수 흑인들의 마음속 깊은 곳에 있는 것이다. 하루하루 시간이 갈수록 사람들은 "어떤 인종도 아름다움과 지성 그리고 힘을 독점적으로 소유할 수는 없다. 따라서 승리하게 될 때 우리 모두가 그러한 가치들을 소유할 수 있는 기회를 가지게 될 것이다"라던 에메 세제르의 말이 틀렸음을 점점 더 확신하게 된다.

흑인들에 대한 이 부당한 억압을 행하는 것이 실은 특정한 집단, 즉 정부인 상황에서 내가 백인들을 싸잡아 이야기하는 것이 어떤 사람들에게는 놀라운 일일지 모른다.

어찌 되었건, 백인들 사이에서 흑인에 대한 생각에 정말 근본적인 차이가 존재한다고 하더라도, 정부에 불만을 가진 백인들이 여전히 체제의 과실을 향유하고 있다는 사실 하나만으로도 그들을 뉘른베르크에서 재판하기에 충분할 것이다. 칼 야스퍼스가 형이상학적 범죄 개념에 대해 쓴 말을 들어보라.

"인간들 사이에는 인간이기 때문에 가능한 연대가 있다. 그것을 통해 개인은 세상에서 자행되는 모든 부당함과 잘못된 일 그리고 특히 자신의 면전에서 벌어지는 범죄, 자신이 무시해 버릴 수 없는 범죄에 대한 책임을 공유한다. 내가 그 범죄를 막기 위해 할 수 있는 모든 것을 하지 않는다면 나는 그 일의 공범이다. 내가 사람들이 살해당하는 것을 막기 위해 내 생명의 위험을 무릅쓰지 않았다면, 침묵을 지켰다면, 법률적으로 혹은 정치적으로나 도덕적으로는 결코 적절히 이해되지 않는 의미에서 나는 죄책감을 느낀다……. 그런 일이 있는 후에도 내가 여전히 살아 있다는 것이 속죄할 수 없는 죄처럼 내 어깨를 무겁게 한다. 인간관계의 심장부 어딘가에서 다음과 같은 절대 명령 하나가 떠오른다. '범죄적인 공격이나 생명을 위협하는 삶의 조건 앞에서는 모두를 위한 삶을 받아들이거나 아니면 삶을 전면적으로 거부하라.'"

따라서 백인들이 흑인들에게 벌어지고 있는 일이 마음에 들지 않는다면, 그들에게는 그것을 바로 지금 여기서 중단시킬 힘이 있다. 반면 우리에게는 그들을 한 무리로 싸잡아 비난할 온갖 이유가 있다.

물론, 흑인들 역시 그런 상황이 존재하도록 묵인하고 있다는 비난을 받아야 한다고 말할 수도 있을 것이다. 그 논지를 한 발 더 밀고 나아간다면, 흑인 경찰들이 있고 흑인 특수 요원들이 있다는 사실을 지적할 수도 있을 것이다. 뒤의 이야기를 먼저 다루면, 나는 흑인 경찰 같은 것은 전혀 존재하지 않는다고 단연코 말한다. 체제를 적극적으로 떠받치고 있는 흑인은 누구든 이미 흑인 세계의 일부로 간주될 권리를 잃었다. 그들은 은화 30냥을 얻기 위해 자신의 영혼을 판 것이고, 자신이 빌붙으려 애썼던 백인 사회가 사실상 자신을 받아들이지 않는다는 것을 이제 깨닫고 있다. 그들은 불행이라는 변두리 세계에 사는, 백인들의 피부색을 알 수 없는 하인들이다. 그들은 우리의 영역으로 뻗어 들어온 적(敵)이다.

반면 나머지 흑인 세계는 순전히 힘이 없기 때문에 통제당하고 있다. 적 앞에서는 미소 짓지만 화장실에서 볼일을 볼 때는 그들을 욕하는 거지 인종이 태어나는 것은 힘이 없기 때문이다. 그들은 낮 시간에는 기꺼이 '주인님' 하고 소리치면서, 집으로 가는 버스 안에서는 백인을 '개 같은 놈'이라고 부른다. 정복당한 흑인들의 이 양면성의 중심부에 놓여 있는 것 역시 두려움이라는 관념이다.

이 두려움은 이제 다른 양상을 띠게 되었다. 방금 체포되거나 보안관찰 처분을 받은 누군가에 대해 사람들이 이렇게 말하는 것을 우리는 흔히 듣게 된다. "아니 땐 굴뚝에 연기 나랴." 혹은 내놓고 말하는 사람이라면 "스스로 자초한 거야. 놀랄 일이 아니지." 이런 반응은 어떤 의미에서 보안경찰을 거의 신성시하는 것이다. 그들이 틀렸을 리가 없다, 그들은 리보니아 모의를 분쇄할 수 있었던 이들인데, 우리가 모르는 무언가가 있지 않은 한 보안관찰 처분을 내릴 정도로 보안경찰이 그 사람을 경계할 이유가 무엇이란 말인가? 정도는 다르지만 아프리카너, 영국계 그리고 흑인 사회에서도 발견되는 이런 종류의 논리가 위험한 것은 그것이 중요한 점은 완전히 놓치면서 보안경찰의 비이성적인 행동을 강화시켜 주기 때문이다.

사실, 정부와 보안 계통 역시 엄청난 권력을 쥐고 있음에도 불구하고 두려움에 지배당하고 있다. 끔찍한 두려움 속에 사는 다른 모든 사람들처럼, 그들도 적절한 논리보다는 힘을 과시함으로써 저항하는 이들을 충분히 겁에 질리게 할 수 있기를 희망하면서 비이성적 행위들에 의지한다. 이런 두려움이 바로 남아프리카에서 대부분의 시간에 이루어지는 보안 활동들의 근원인 것이다. 만일 그들이 자신들의 이해관계에 해가 되는 세 명의 선교사가 있다는 것을 알지만 그들의 정체를 모르고 있다면, 그들은 머리를 써서 그 선교사 셋이 누구인지를 알아내기보다는 그 셋이 끼여 있기를 바라며 여든 명의 선교사들을 추방해 버리는 쪽을 택할 것이다.

그리고 물론 보안경찰이 지닌 권력의 근거가 되는 법률들은 매우 모호하고 포괄적이어서 그 모든 것이 허용된다. 따라서 남아프리카의 보안 체제는 정보 지향적이라기보다는 무력 지향적이라는 결론을 내릴 수 있다. 물론 그런 식의 사고방식이 이 나라에서는 국가 안보에서부터 백인들의 럭비 게임 방식에까지 두루 적용되고 있다는 점도 덧붙일 수 있을 것이다. 그것이 이미 그들의 생활방식이 되어버린 것이다.

따라서 '승리하게 될 때 우리 모두가 그러한 가치들을 소유할 수 있는 기회를 가지게 될 것이다'라는 말을 받아들이기가 매우 어렵다고 해도 놀랄 일이 아닐 것이다. 두려움의 삼각 구도——흑인들을 두려워하는 백인들, 백인들을 두려워하는 흑인들, 흑인들을 두려워하며 백인들의 두려움을 진정시키고자 하는 정부——때문에 이 사회의 두 인종 사이에 신뢰감을 구축하기란 어렵다. 따로 산다는 사실은 어쩌면 더 심각할지도 모르는 또다른 양상을 보탠다. 즉 양 집단이 서로 정반대 되는 것들을 열망하게 된다. 지금까지 백인들의 전략은 흑인들이 자신들의 식탁에서 떨어진 빵 부스러기를 받아 먹을 정도까지 그들의 저항을 체계적으로 근절하는 것이었다. 반면에 우리 흑인들은 백인들의 그러한 전략에 명확히 반대한다는 것을 보여주었다. 그리고 이제, 그 결과로 매우 흥미로운 분기점이 형성되기 시작했다.

논쟁과 토론들

스티브 비코와 나는 정치와 그 외의 다른 문제들에 대해 여러 차례 열띤 토론을 벌였다. 억압적인 정권하에 살지 않는 이들은 간단한 대화로 견해를 나누었다고 해서 그 대화 당사자가 모두 곤경에 처할 수 있다는 점을 상상하기 어려울 것이다. 하지만 우리 두 사람에게 그것은 분명 엄연한 사실이었고, 그런 이유 때문에 우리는 정치에 대해 이야기를 나눌 때 보안경찰이 숨겨 놓은 마이크에서 멀리 떨어진 안전한 곳에 있도록 늘 주의를 기울였다.

　스티브는 웬디와 나를 킹윌리엄스타운 북쪽의 자그마한 숲 속 공터로 데리고 가기를 좋아했다. 그곳에서는 숨겨진 마이크를 두려워하지 않고 정상적인 크기의 목소리로 말할 수 있었다. 그는 또한 생각에 잠기기 위해 혼자 그곳에 가곤 했다. 하지만 어느 날 그의 뒤를 밟은 보안경찰이 그곳을 발견하고야 말았고, 스티브는 다시는 그곳에 가지 못했다.

미국에 대한 그의 비판적인 자세에 대해 그와 장시간 논쟁을 벌인 곳도 그곳이었다. 그는 내가 지나치게 맹목적으로 미국적인 것을 옹호하며 서구 민주주의를 비현실적으로 이상화하는 견해를 갖고 있다고 생각했다. 그가 동구권을 옹호하였다든가 어떤 의미에서건 공산주의의 옹호자였다는 뜻은 아니지만, 그는 UN에서 남아프리카 정부를 비난하고 제재를 가하는 데 더 적극적이었던 것은 동구권 국가들이라고 느끼고 있었다.

이 문제와 다른 문제들에 대해 우리는 '그 뜰'에서 끝장을 볼 때까지 모든 것을 토론했다. 그는 미국적 이상들 중 많은 부분을 좋아하긴 했지만 남아프리카 투자에 대한 서구의 보호주의적 태도와 서구 자본주의에 대해서는 냉소적이었다. 젊은 남아프리카 흑인들은 점점 반(反)서구적 경향이 되어가고 있는데, 이는 서구 국가들이 반(反)아파르트헤이트 조치가 필요하다고 느끼면서도 단지 포르스테르 정권의 '손목을 살짝 비틀었을 뿐' 외교적, 경제적 관계는 그대로 유지함으로써 그 정권을 강화하는 데 기여했기 때문이라는 것이 그의 설명이었다.

나는 미국 헌법의 민주주의적 가치들, 즉 헌법이 보장하고 있는 개인의 자유와 입법, 사법, 행정부 간 견제와 균형 등을 내 주장의 근거로 삼았다. 그 가치들이 저 빛나는 워터게이트 사건의 장을 열었고, 미국의 최고 공직자마저도 그릇된 행동을 했다는 이유로 권좌에서 축출될 수 있었던 것이다. 이에 대한 스티브의 대답은 나를 놀라게 했다. 그도 개인의 자유가 보장된다는 것에 감탄하고 그것을 바라지만, 그것이 그가 가장 우선시하는 관심사는 아니라는 것이었다. 그는 이렇게 말했다. "민중이 굶주리고, 일자리를 얻지 못하고, 착취당하고 있을 때, 그들의 더 중요한 관심사는 개인의 자유보다는 먹을 것과 사회 보장이지요."

나의 대답은 이러했다. "그건 정말 제3세계식 주장이네. 다른 모든 가치들은 개인의 자유에서 비롯되는 게 확실해. 보게나, 스티브. 언젠가 자네하고 내가 세계 여행을 할 거야. 우린 동구권에 갈 텐데, 거기서는 자네의 흑인 지도자로서의 이미지가 나를 보호해 주는 역할을 할 거야. 그런데 서구로 가보세. 거기선 아무도 보호받을 필요가 없단 말일세!" 스티브는 잘 알겠다는 듯이 웃었고 그와 같은 발견을 하게 될 여행을 꼭 같이 가게 되기를 바란다고 말했다.

그후에도 우리는 그 여행이 어떨지, 누구를 방문할지 등에 대해 자주 이야기하곤 했다. 우리는 서구와 동구를 모두 다녀온 후 아프리카 전역을 여행하기로 계획을 세웠다. 스티브는 한 번도 외국에 나가본 적이 없어서 내가 먼 곳, 특히 미국을 여행한 이야기를 항상 즐겨 들었다.

그는 미래의 남아프리카——아자니아(Azania ; '흑인들의 땅'

이라는 뜻으로 아파르트헤이트가 철폐된 미래의 남아프리카를 일컫는 말—옮긴이)——가 동구와 서구, 그 어느 쪽의 지배도 받지 않아야 한다는 원칙을 고수하겠다는 BPC의 결의가 얼마나 중요한지를 강조하곤 했다. "우리는 양쪽에서 배울 게 많습니다. 하지만 둘 중 어느 한 쪽의 노예도 되어서는 안 되지요." 그는 그렇게 말했다. 내가 동구권이 아프리카 해방운동을 후원하면서 보내는 냉소를 비난하자 그는 부분적으로만 그 말에 동의했다. "냉소, 맞습니다. 하지만 실질적으로 도움이 되는 물질적 원조를 수반했지요. 그건 가벼운 경고나 하는 것보다는 더 가치 있는 일이지요"라고 그는 말했다. 나는 동구권 나라들의 원조를 받았지만 나중에는 그들을 차버린 아프리카 나라들이 여럿 있음을 지적했다.

"하지만 그것이 바로 내가 말하려는 요점이에요." 그는 그렇게 말했다. "당신은 요점을 놓치고 있어요. 러시아는 나중에 잽싸게 들러붙지 않는다는 것 말이에요. 그들은 아프리카에 물질적 원조를 하고, 그후에는 철수하거나 쫓겨나죠. 반면에 식민주의에 반대하는 서구권의 원조는 서구의 경제적 제국주의로 귀결되었던 경우가 여럿입니다. 나는 러시아에 대해 어떠한 환상도 갖고 있지 않고, 그 사람들의 기본 이데올로기도 거부해요. 단지 지금까지 그들의 개입방식이 아프리카에는 더 이로웠다는 거지요. 물론 그게 그들의 목적에 부합하는 것이겠지만, 앤드류 영 같은 사람의 미사여구보다는 더 실질적인 도움이 되거든요. 앤드류 영 같은 사람들은 제법 괜찮은 사람들이지만, 그 사람들의 방법은 우리에게 조금도 득이 되는 게 없지요. 우리가 여기서 평화로운 해법을 찾을 수 있으려면, 그들은 입을 닫고 포르스테르에게 정말 강경하게 대응하는 것부터 시작해야 해요. 제재나 봉쇄 그리고 필요하다면 전부 다 동원해서 말이지요. 우리 흑인들은 제재가 우리에게 더 불리하다는 주장에 반대해요. 그렇게 말하는 자들은 언제나 백인들이에요. 진정 우리의 친구가 되고자 하는 사람들이라면 친구답게 행동해야지요."

스티브는 다른 많은 것들에 대해 솔직하게 이야기했다. 하지만 아프리카너 국민당 정부가 남아프리카를 통치하고 있는 상황에서 그 모든 말을 여기에서 되풀이할 경우 많은 사람들이 위험에 처하게 될 것이다. 다만, 스티브가 시간이 지나고 나면 미래의 정부에서 한 몫을 할 수 있는 전향적인 각료라고 생각했던 사람에 대해서는 여기서 밝혀도 괜찮을 것 같다. 그 사람은 체육부 장관인 피트 쿠어른호프 박사인데, 스티브는 그가 '국민당이라는 자신의 환경에 의해서도 완전히 억눌리지 않은 인간적 자질'을 가지고 있는 것 같다고 말했다. 덧붙여서 그는 "거기서 뛰쳐나오려고 하는 꽤 좋은 사람이 있는 것 같군요!"라고 말했었다.

스티브의 그런 말들과 자신의 정치적 입장을 표명한 몇몇 견해들을 서로 모순되지 않게 이해하는 것은 내게는 어려운 일이었다. 스티브는 존 번스와 인터뷰를 하면서 1당 지배가 아프리카에 알맞다는 말을 했던 적도 있었다. 어느날 우리는 그 점에 대해 몇 시간 동안 논쟁을 벌였는데, 그때 나는 격한 어조로 그의 주장이

'전체주의적인 헛소리'라고 했고 그는 내 견해가 '추억의 글래드스턴(Gladstone ; 19세기 후반의 영국 자유당의 정치가—옮긴이)식 자유주의'라며 공격했다. 내 주요 논지는 아프리카 국가의 국민들이 그렇게 의견 통일을 이룬다면 1당 체제를 명시하는 법을 일부러 만들 필요가 전혀 없다는 것과 공인된 유일 정당이라는 것은 정부의 불필요한 재탕에 불과하므로 1당 국가보다는 정당이 아예 없는 국가가 더 이치에 맞다는 것이었다.

대부분의 사람들과는 달리, 스티브는 자신의 주장을 접을 줄 아는 큰 그릇이었다. 두 시간이 넘는 논쟁을 벌인 후 그는 그 점에 대한 나의 견해를 받아들였다. 아니 그 이상이었다. 그는 그 주제에 대해 자신은 한 번도 생각해 보지 못한 측면들을 내가 제기했다면서 자신의 입장을 바꿀 만한 타당성이 있는 측면들이라고 말했고, 더 나아가 내가 할 수 있는 것 이상으로 내 주장을 더 명쾌하고 설득력 있게 발전시켜 버렸다! 그후 나는 스티브의 최소한의 부분적인 전향, 즉 영국 의회정치의 이상 — 합리적인 정책들을 개발하기 위해 연합이나 정견 토론을 무제한으로 조직할 수 있도록 허용하는 것 — 으로의 전향을 언제나 자랑스럽게 생각했다. 실제로 지금 나는, 내게 너무나 많은 것을 가르쳐 주었던 스티브이지만 적어도 두 가지 문제에 대해서는 그가 나의 영향을 받았다고 생각한다. 위에 언급한 것이 그 하나이고, 다른 하나는 내가 서구 민주주의 일반, 특히 미국을 옹호하는 말을 숱하게 한 후 스티브가 그에 대해 덜 냉소적인 태도를 취한 것이다.

번스와 인터뷰를 하던 무렵인지 아니면 그 인터뷰를 한 직후인지 모르겠지만 웬디와 내가 자넴필로에 가서 수년간 중국에서 살았던 번스가 그곳의 강제노동 수용소를 어떻게 설명했는지를 스티브에게 말해준 적이 있다. 사람들이 별것도 아닌 가공의 '사상적 과오' 때문에 수용소에 갇히게 되는 과정과 베이징 정권하의 억압적인 생활상들이 이야기의 개략적인 내용이었다. 스티브의 반응은 도발적이었다. "중국인들이 사회 보장과 충분한 먹을 것을 얻기 위해 기꺼이 시민적 자유들을 희생할 준비가 되어 있다는 것을, 그렇게 생활수준이 높은 나라에서 온 미국인이 상상하기란 힘들 것 같군요." 그래서 그가 예상했던 대로 또 한 번 긴 논쟁이 벌어졌다.

지금 돌이켜보면, 수많았던 그 토론들을 '논쟁'이라고 말하는 것은 적절치 않은 것 같다. 스티브는 점수 몇 점을 올리려고 가치없는 말싸움을 거는 사람이 아니었다. 그가 한 말들 중에는 일부러 도발하는 것도 있긴 했지만, 그것은 틀림없이 생각을 드러내서 말하고 집중해서 듣는 과정, 즉 쟁점을 더 명확히 이해하고 말하기 위한 것이었다. 그의 재치있는 응답은 언제나 효과적이었지만 결코 기분 나쁘지는 않았다. 그를 알고 지낸 모든 시간 동안 그는 단 한 번도 내 가슴에 상처를 입히지 않았다.

유감스럽게도 이와 똑같은 말을 그가 나에 대해 할 수는 없을 것이다. 내가 그의 가슴에 깊은 상처를 입힌 적이 한 번 있기 때문이다. 스티브가 점심을 먹으러 왔을 때 우리는 작은 강아지를 쓰다듬어주고 있었다. 새까만 털의 그 강아지 이름은 찰리였다. 스티브는 이렇게 물었다. "이 녀석 귀여운데요, 이름이 뭐예요?" 나는 말했다. "응, 아주 까매서 SASO처럼 흑인의식을 담은 이름을 생각했지." 그는 당혹스러움을 감추려 애썼고, 나는 그때 개와 개의 이름에 대한 아프리카 흑인들의 태도에는 백인들이 알고 있는 익살스런 전통이 전혀 없다는 것이 불현듯 떠올랐다. 사실, 개를 나타내는 코사어 단어인 'inja'는 강한 비난이 담긴 심히 모욕적인 말이다. 영어에서보다 훨씬 더 그렇다. 하지만 스티브는 "녀석을 포르스테르라고 부르는 편이 낫겠어요"라고 대답하며 그냥 지나가려 했다.

나는 그 일을 나중에 스티브의 장례식에서 군중이 이렇게 외칠 때 떠올리게 되었다.

"포르스테르! 개새끼!"

"크뤼에르! 개새끼!"

"하틴그! 개새끼!"

그리고 이렇게 소리쳐 노래부를 때였다.

"보어인들은 개새끼들이다!"

우리 — 스티브와 웬디 그리고 나 — 가 킹윌리엄스타운 북쪽의 숲속 공터로 차를 몰고 다닐 때면, 우리는 두 대의 차에 나누어 탔다. 스티브에게 내려진, 한 번에 한 사람하고만 있어야 하는 보안관찰 처분 때문이었다. 목적지까지 가면서는 우리 중 한 명이 그의 차에 타고, 돌아올 때는 나머지 한 명이 그와 함께 오곤 했다. 때로는 우리 셋이 레오폴드 가의 마당에서 이야기를 나누기도 했다. 스티브와 나는 커다란 나무 밑 의자에 앉았고, 웬디는 목소리가 쉽게 들릴 수 있는 거리지만 분명 우리와 따로 있다고 주장할 수 있는 곳에 차를 주차시켜 놓고 그 안에 있었다. 보안경찰이 차를 타고 다가올 경우에 대비해서였다. 스티브가 내게 충격을 준 말을 한 것도 그곳에서 그렇게 이야기를 나누던 중이었다.

그는 특정한 상황에서는 재판 없이 구금시켜도 무방한 경우가 있을 수 있다고 말했다. 나는 스티브의 그런 이해할 수 없는 말에 흥분하며 "뭐라고? 자네들이 이 나라의 정권을 잡으면 크뤼에르나 포르스테르 같은 자들을 구금시킬지도 모른다는 뜻인가?"라고 물었고, 그는 "불안정하고도 미묘한 전환의 시기에는 안정화를 위해 그럴 필요가 있을 수 있지요. 그래요. 그런 경우라면 난 그렇게 하겠어요"라고 답했다.

나는 "그렇다면 그들을 대신해서 내가 먼저 나서서 그들을 기소하거나 아니면 석방해야 한다고 자네와 싸울 걸세!"라고 말했다. 그는 그 말에 미소 짓더니 이렇게 대답했다. "그러실 거라는 거 알고 있답니다."

그 무렵 나는 백인 독자들을 교육시킬 목적으로 내 주간 칼럼에 글을 하나 쓴 바 있었다. 「ALF를 맞이할 준비를 하라」라는 제목의 그 글을 다음에 싣는다.

이 글은 남아프리카인들에게 ALF를 소개하고, 그 운동을 맞이할 준비를 시키려는 의도로 쓰여졌다. ALF가 아직 탄생하지 않았기 때문에 실질적인 소개글로는 다소 이른 감이 있다. 하지만 이 글이 남아프리카라는 무대에 ALF가 출현할 바탕을 마련해 줄 것이다.

나는 ALF가 수많은 흑인들의 열망을 선명하게 구현하기 위해 곧 조직될 정치 운동의 이름이 될 것이라고 확신한다. 또한 나는 그 운동이 과거의 PAC와 ANC라는 경쟁적 조직들을 포함하여 모든 흑인 정치 집단들을 통일하기 위해 노력할 것이며, 흑인들의 그러한 단결의 주요한 동력은 현 BPC의 청년 지도자들에게서 나올 것이라고 확신한다.

그들은 과거의 분열로부터 벗어나기 위해 새로운 이름을 원할 것이고, 그 이름 속에 그들이 실현하길 원하는 새로운 남아프리카에 관한 것을 다 담기를 원할 것이다. 그들은 그 운동을 흑인들의 공동 전선으로 여길 것이므로, '전선'(Front)이라는 단어가 그 이름에 들어갈 것이다. 그들은 그 운동을 해방운동이라고 여길 것이므로, '해방'(Liberation)이라는 단어도 그 안에 들어갈 것이다. 그들은 자신들이 새 나라의 이름으로 마음에 품고 있는 '아자니아'(Azania)라는 단어도 그 안에 새겨지길 원할 것이다. 그 결과가 ALF, 즉 아자니아 해방전선(Azania Liberation Front)이다.

로디지아에서 볼 수 있었던, '흑인 정치의 발목을 잡아온 분열상'을 없애려는 간절한 열망에서 탄생한 흑인들의 통일 조직은 그러한 운동을 통해 자신을 표현할 것이다. 그리고 그 영향력은 엄청날 것이라고 나는 확신한다. 의심의 여지없이 ALF는 공식적으로 출범한 순간 곧 보안관찰 처분을 받을 것이다. 하지만 공식 출범은 실제적으로 활동을 개시하고 난 한참 후가 될 것이어서 운동의 효과가 심각한 타격을 입지는 않을 것 같다.

반대로, 백인 지배에 대한 흑인들의 저항이 큰 효과를 보느냐 그렇지 않느냐는 인접 국가들과 OAU(아프리카 통일기구 ; 1963년에 결성되어 2002년에 해체된 아프리카의 국제기구로서 민족주의 운동의 결집체였다―옮긴이) 및 UN의 인정 여부에 따라 달라지므로 그렇게 보안관찰 처분을 받는 것은 오히려 ALF의 신뢰성 구축에 도움이 될 것이다.

이 운동은 어떤 경우에도 폭력에 의존하는 의미에서의 혁명 운동이 되지는 않을 것이다. 이 운동의 기본적인 역할은 만델라와 소부퀘 그리고 비코와 같은 인물들에게 흔들림 없는 권한을 위임하는 것이 될 가능성이 높다. 그때까지는 백인 지도자들과의 협상에서 홈랜드 주민이 아닌 흑인 대중들을 대변하기 위해 가차 부텔레지의 인카타 운동(Inkatha movement ; 가차 부텔레지가 주도하는 홈랜드 중심의 정치 운동―옮긴이)과 연합하게 될지도 모른다.

이는 물론 그런 협상이 있을 것임을 전제할 때의 이야기다. 하지만 투자의 회수, 무역 제재, 대규모의 군사적 개입을 포함하는 동서 양진영의 점증하는 압력은 로디지아(짐바브웨)와 남서아프리카(나미비아)에서 실현된 다수결에 의한 정치와 흡사한 일련의 변화를 남아공에도 필연적으로 가져오게 될 것이다.

세상을 다 가지겠다는 백인 민족주의의 결정은 장기적 관점에서 반드시 실패하고야 말 것이다. P. W. 보타가 공식적으로 아무리 많은 총알 공장들을 짓는다 하더라도 말이다. 따라서 백인 지도자들이 흑인 지도자들과 협상해야 하는 날이 오는 것은 불가피한 일이다. 그런 대화와 지금 정부가 주도하는 대화의 주요한 차이는 거기에 참가하는 흑인 지도자들이 대다수 흑인들로부터 권한을 위임받은 사람들일 것이라는 점뿐만 아니라, 아프리카의 나머지 나라들과 전세계로부터도 그런 권위를 인정받은 사람들일 것이라는 점이다.

이것이 ALF의 주요한 역할이 될 것이라고 나는 생각한다. 그리고 그 지도자들이 백인들의 두려움이라는 것을 대할 때 어느 정도까지 관용을 가질지는 백인 지도자들이 그들과 얼마나 빨리 진짜 논의를 할 준비를 갖추는가에 달려 있을 것이다.

현재 상태로는 ALF가 모든 관계 당사자들에게 관대하고, 자비롭고 유익할 것이라는 보장은 전혀 없다. 현존하는 모든 조건이 그것이 합리적으로 가능하다는 것을 예시해 주기는 하지만 말이다.

그러나 분명한 것은 흑인들의 태도가 조금이라도 더 강경해지면 백인들이 제대로 위임된 권한을 갖춘 흑인 지도자들과 협상할 수 있는 기회는 그만큼 더 늦어지게 된다는 것이다.

이는 아프리카의 다른 곳에서 이미 벌어진 일이다. 그리고 그 일이 이곳에서는 일어나지 말라는 보장이 없다. 따라서 우리는 ALF가 마침내 공식적으로 모습을 드러내면 백인 정부가 보안관찰 처분, 협박, 전쟁 선포 그리고 영구적인 효과가 없게 마련인 여타의 도피

책들로 이에 대응하기보다는 사태의 심각성을 인정하고, 제대로 협상에 임할 수 있는 상식을 갖게 되기를 희망한다.

스티브는 이 글을 쓴 것을 두고 나를 타박했다. "어이, 이봐요. 염병할 보안경찰은 그 글을 되는 대로 심각하게 받아들여서 우리가 무슨 음모를 꾸미고 있다고 생각할 거예요. 그 놈들이 어떤 자들인지 알잖아요." 나는 언론인으로서 정직하게 믿는 바를 써야 하고, 향후 발생 가능한 사건의 추이에 대해 예측한 것을 공개적으로 기록해야 한다고 대답했다.

"맞아요, 하지만 놈들의 정신상태를 알잖아요. 놈들은 그 글처럼 자신들에게 불길한 암시를 하는 글은 뭐든지 읽어요. 그게 얼마나 추론에 불과한지는 문제가 안 돼요. 그런 자들은 음모론을 아주 좋아하거든요." 이런 말을 하며 웃을 때 우리는 스티브 자신의 심리 때 보안경찰이 바로 그 글을 제시할 것이라고는 꿈에도 생각지 못했다.

내가 스티브를 마지막으로 방문해 긴 대화를 나눈 것은 그가 마지막으로 구속되기 이틀 전이었다. 나는 자넴필로에서 그와 함께 아침 시간을 보냈다. 내가 비인종주의 단체인 남아프리카 스포츠회의(South African Council on Sport)와 논의를 하고 난 직후였다. 그 단체는 아프리카 스포츠 최고회의(Supreme Council for Sport in Africa)에 가맹되어 있었고, 아파르트헤이트와는 아무 관련이 없음에도 남아프리카의 스포츠 규약을 가지고는 국제적인 승인을 받을 실질적인 힘이 전혀 없었다. 또한 BPC의 후원 없이는 그러한 힘을 얻지도 못할 것이었다.

나는 인종주의적 스포츠를 반대하는 이들이 양날의 칼을 얻기 위해서, 즉 한편으로는 도편추방으로 인종주의적 스포츠 단체를 제재하기 위해 그리고 다른 한편으로는 인종주의의 흔적을 말끔히 없애버리는 단체에게 국제적 승인이라는 보상을 해주기 위해, BPC가 이 단체를 후원해 주어야 한다는 의견을 스티브에게 제시했다. 그는 처음에는 내 생각에 반대했고, 정치적 아파르트헤이트가 지속되는 동안에는 남아프리카의 어떤 스포츠 기구라도 승인하는 데 반대한다는 것이 BPC의 입장이라고 말했다. 하지만 그 문제와 관련된 모든 면들을 상세히 논의한 후에는 그 제안에 불리한 점보다는 이점이 더 많다는 데 동의하게 되었다. 흑인스포츠회의 구성을 연기하고, 대다수 흑인들의 지지로 남아프리카 스포츠회의를 후면 지원하며, 최후로 절연하기 전에 스포츠 통합론자들에게 몇 달간의 마지막 기회를 준다는 것이 그때 제기된 방안이었다. 그는 자신의 동료들에게 그 생각을 전하겠다고 말하면서 "제게 시간을 좀 주세요. 장거리 여행을 한 번 다녀와야 하거든요"라는 말을 덧붙였다.

운명적인 검문에 걸렸을 때 그가 그 여행을 하고 있던 중이었던 것인지, 아니면 케이프타운의 BPC 문제들을 추스르기 위해 그 여행을 다른 일과 병행하고 있었던 것인지, 그도 아니면 평소처럼 누군가를 만나기 위해 어딘가를 가고 있었던 것인지 말할 수 있는 사람은 아무도 없다. 그러나 스티브를 아는 사람이라면 누구나 그 여행의 목적이 보안경찰이 주장하듯 정치적인 살인과 광범위한 유혈사태를 촉구하는 팸플릿들과 관련된 것은 아니었다고 말할 수 있다. 그런 것은 절대 그의 노선이 아니며 그의 방식도 아니다. 그는 팸플릿 작성자가 아니다. 그 팸플릿에서 나열된 조야한 언어는 결코 비코답지 않은 것으로, 그는 슬로건식 표현을 경멸한 사람이었다.

하지만 이런 중상과 또다른 많은 것들에 대해 그는 자신을 변호할 기회를 가질 수 없었다. 그가 만일 그런 혐의를 받고 피고인석에 섰더라면 어떤 식으로 대처했을까는 그가 1976년에 SASO-BPC 재판에서 증언하던 때에 오간 다음의 대화를 통해 헤아려 볼 수 있다.

질문자 왜 대립을 추구합니까?

비코 대립 자체로 나쁜 것은 없습니다.

질문자 대립은 폭력으로 이어집니다. 폭력을 긍정하는 겁니까?

비코 아니오. 대립이 반드시 폭력으로 이어지는 것은 아닙니다. 당신과 나는 지금 대립하고 있지만 폭력은 전혀 없으니까요.

배석한 변호사가 동료에게 이건 대립이 아니야, 학살이지.

스티브는 늘 매우 순발력 있게 유머를 구사했고, 그의 근본적인 성향은 너무나 분명하게 인간적인 것에 부합하는 것이었다. 자신을 탄압하는 자들에 대해 말할 때조차도 그랬다. 그래서 후에 보안경찰이 그가 유혈사태를 촉구하는 팸플릿 선전에 연루되어 있다고 주장한 것은 정말이지 부당해 보였다. 뿐만 아니라 그는 보안경찰의 전술을 너무도 잘 알고 있었기 때문에 동료들이 '자백했다' 는 진부한 책략에 결코 우롱당하지 않았을 것이다.

그는 그런 종류의 사안에 대해 자주 이야기했었다. "아시겠지만, 그자들은 네 친구 누구누구가 죄다 불었다고 말을 하죠. 심지어 다른 구속자들이 '자발적으로' 쓴 진술서들을 보여줘요. 하지만 그건 진짜 멍청한 짓이죠. 그것이 정말 그 친구가 직접 쓴 것이라 하더라도, 정말 그 말들에 눈곱만큼의 진실이 담겨 있다 하더라도, 그래서 대체 뭘 얻을 수 있다고 생각하는 거지요? 설사 놈들이 당신을 두들겨 패서 원하는 모든 것을 시인하게 한다고 해도 당신은 법정에 설 때까지 기다렸다가 판사에게 그 모든 것이 말도 안 되는 소리라고 말하기만 하면 돼요. 당신은 강압에 못 이겨 그런 말을 한 것이고, 그건 채택될 수 없는 증거가 되기 때문에 아무런 의미가 없지요."

스티브가 마지막으로 구금되어 있는 동안 포트엘리자베스 보안경찰은 틀림없이 그가 그런 자백을 하도록 만드는 데 몰두했을 것이다. 그가 죽은 후 그들은 그의 생전에는 그에게 공적으로 제기하지 못했던 억지 주장들을 통해 그의 이름을 더럽히려 애썼다. 그들이 사용한 방법, 즉 스티브가 내게 설명해 주었던 바로 그 방법은 그들의 손에 그가 죽은 후 열렸던 심리에서 그들이 스스로 한 증언의 일부를 이루고 있었다.

국가의 영웅에게 경의를 표한다! 비코의 죽음을 알린 「데일리 디스패치」지의 호외 1면에 실린 비코의 초상화. 돈 케니온(Don Kenyon) 그림.

비코의 장례식 장면들 비코의 둘째 아들 사모라(왼쪽 페이지 맨위), 장례식에 몰려
든 군중들(왼쪽 페이지 아래 그림 4컷), 위 그림은 비코 장례식장에 온 1984년 노벨
평화상 수상자이자 당시 남아공 성공회 주교였던 데스몬드 투투(Desmond Tutu).

비코의 친구들 맨위의 사진은 1977년 비코가 곧 그의 목숨을 앗아갈 보안경찰들에게 체포당할 당시 그와 함께 체포되었던 피터 존스(Peter Johnes). 이 책의 「에필로그」에 실린 존스의 기록을 통해 당시 비코가 당했던 고문의 정도를 짐작할 수 있다. 밑의 사진은 이 책의 저자 도널드 우즈(Donald Woods). 자신이 보안관찰 처분을 받은 기사가 실린 「데일리 디스패치」지를 읽고 있는 모습.

아프리카너 민족주의자들 맨위 왼쪽부터 시계방향으로 비코의 사망에 관한 심리법정의 프린스(M. Prins) 수석판사, 당시 남아공 국가안보국 국장이었던 판 덴 베르그(H. J. van den Bergh), 비코 사망에 가장 큰 책임이 있는 크뤼에르(J. T. Kruger) 경찰총장, 당시 남아공 총리였던 포르스테르(B. J. Vorster).

비코의 선배 운동가들 왼쪽 페이지 맨위 왼쪽부터 시계방향으로 1994년의 넬슨 만델라 (Nelson Mandela), 1976년 로벤 섬에 수감되었을 당시의 만델라, PAC(범아프리카주의자 회의)를 이끌었던 로버트 소부퀘(Robert Sobukwe), 현 남아프리카 대통령인 타보 음베키(Thabo Mbeki). 위는 1994년 남아공 최초의 다인종 선거에서 투표하는 만델라.

영화화된 비코의 삶과 투쟁 이 책을 영화화한 리처드 아텐보로우 감독의 「자유의 절규」(Crying Freedom)에서 스티브 비코와 도널즈 우즈를 연기한 덴젤 워싱턴과 케빈 클라인.

3. 재판

1976년, 스티브 비코는 남아프리카 역사에서 가장 기념비적인 재판 중 하나로 꼽히는 재판의 주역이 되었다. 아홉 명의 흑인 청년들이 국가전복 의도를 지녔다는 혐의로 대법원에 기소되었다. 다시 말해서 그들의 생각이 재판정에 올랐던 것이다. 국가는 피고인들의 철학, 곧 SASO(남아프리카 학생조직)와 BPC(흑인민중회의)가 선언한 흑인의식철학이 인종 대립을 야기시키고 백인 질서에 반대하는 흑인들의 의견을 결집시킴으로써 공공의 안녕에 위협이 되었음을 입증하려 하였다.

기존의 백인 질서에 반대하는 흑인의 의견을 결집하는 것, 그것이야말로 정확하게 흑인의식운동의 모든 것이었기 때문에 피고인들은 자신들의 기본 철학을 부정하지 않으면서 자신들을 변호해야 하는 복합적인 문제를 안고 있었다. 검사는 SASO와 BPC의 방식이 인종간의 적개심을 고조시키기 위해 반백인 감정을 부추기고 있으며, 이는 궁극적으로 혁명을 목표로 하고 있다는 입장을 취했다. 피고측은 이에 대해 백인 인종주의에 대한 적개심은 흑인들에게 이미 광범위하게 퍼져 있기 때문에 일부러 부추길 필요가 전혀 없다고 반박했다. 또 아파르트헤이트에 대한 반대 견해를 규제하는 국가의 법 테두리 내에서라도 흑인들은 불만의 원인을 평화적으로 없애기 위해 의견을 결집할 권리를 갖고 있으며, 이런 이유들로 흑인의식운동은 검찰의 주장처럼 파괴의 철학이라기보다는 건설의 철학이라는 것이 그들의 주장이었다.

피고인들이 모두 이 철학을 전수받은 사람들이고 스티브 비코가 이 철학의 최초 발의자였기 때문에 변호인단은 피고측 증인으로 비코를 소환했다. 그가 이미 보안관찰 처분을 받은 상태가 아니었다면 피고인들 가운데 있었을 것이 거의 분명했던 역설적인 상황이었다. 그러나 그는 피고측 증인으로서 재판을 좌지우지하기에 이르렀으며 앞세대의 넬슨 만델라가 그랬던 것처럼 법정을 흑인들의 의견을 표출하는 장으로 바꾸어 놓았다.

간추린 재판 기록 중 일부를 아래에 옮겨 놓는 것은, 스티브 비코의 몇 안 되는 대중발언 중 하나인 이 재판을 통해, 자유를 위한 투쟁에서 올바른 흑인 지도력의 역할에 대한 스티브 비코의 생각을 그 자신의 목소리로 직접 들어볼 수 있기 때문이다.

소고트 비코씨, 제 생각엔 제일 먼저 당신 개인사의 중요한 일들부터 훑어보아야 할 것 같습니다. 당신은 1946년에 킹윌리엄스타운에서 태어났습니다. 맞습니까?

비코 예.

소고트 그리고 1965년에 파인타운 근처에 있는 마리언힐 학교에 입학했죠?

비코 맞습니다.

소고트 1966년부터 의과대학에 다녔나요?

비코 1966년에 예비학부생으로 나탈 대학에 들어가서 제적당한 1972년 6월까지 다녔습니다. 제적 당시 의대 3년생이었습니다.

소고트 제적당한 사유를 말해줄 수 있겠습니까?

비코 대학본부측이 제시한 이유는 성적 불량이었습니다.

소고트 그렇다면 당신은 제적 이유가 뭐라고 생각하나요?

비코 도전적이었다는 거겠죠. 드릴 수 있는 말씀은 이게 다군요.

소고트 의학 공부에 관심이 있었나요?

비코 제적당할 무렵에는 이미 그만 둘 작정이었습니다.

소고트 그래서 1972년에 그만두었고요. 맞나요?

비코 맞습니다.

소고트 그리곤 무슨 일을 했죠?

비코 흑인공동체운동을 위해 일했습니다.

소고트 흑인공동체운동이요?

비코 예, 1972년 8월에 발족한 흑인공동체운동 말입니다.

소고트 활동 지역은 어디였습니까?

비코 보안관찰 처분을 받았던 1973년 3월까지는 더반에서 일했습니다.

소고트 그 다음엔 어디로 갔죠?

비코 킹윌리엄스타운으로 갔습니다. 그곳에 조직 지부를 건설해 달라는 흑인공동체운동의 요청을 받았기 때문입니다.

소고트 그래서 그때 그 활동을 시작했나요?

비코 맞습니다.

소고트 그게 1973년 2월부터죠?

비코 실제로는 1973년 4월부터 1975년 12월 9일까지입니다.

소고트 1975년 12월에 그 활동을 중단한 이유는 무엇입니까?

비코 거주제한 명령을 받았기 때문입니다.

소고트 흑인공동체운동은 그렇다 치고, 당신은 법학에 관심을 갖게 되었죠?

비코 예, 그랬습니다. 1973년에 남아프리카대학에 등록을 했죠.

소고트 SASO의 결성과 부상(浮上)을 둘러싼 정황을 설명해 주시겠습니까? 당신이 나탈 대학에 들어갔을 때 그곳에는 영향력 있는 학생단체인 NUSAS(남아프리카 전국학생연합)가 있었죠?

비코 맞습니다.

소고트 NUSAS의 조직 구조 내에서 흑인 학생들이 어떤 생각을 하고 있었는지 재판장님께 설명해 주시겠습니까?

비코 어디서부터 말할까요? NUSAS를 비판한 견해부터 말해볼까요?

소고트 그게 좋을 것 같군요.

비코 대학에 들어가서 초기엔 NUSAS에 관심을 가지고 그들의 비인종주의적 접근법을 전적으로 수용했습니다. 그래서 저는 그들의 편에 서서 다른 견해를 가지고 있던 사람들, 곧 백인 자유주의자들이 일반적으로 가지고 있는 비인종주의에 대한 헌신성 같은 것에 비판적이었던 사람들과 논쟁하기 시작했죠.

소고트 다른 견해를 가졌다는 사람들이 누군지 좀 상세히 말해줄 수 있겠습니까?

비코 그러죠. 학내에는 여러 학생들이 있었습니다. 몇몇은 모코아페 박사 같은 내 친구들이었고 다른 이들은 친구는 아니었지만 정치적인 관심이 많은 학생들이었죠.

소고트 모코아페 박사라면 저기 앉아 있는 4번 피고 말인가요?

비코 그가 몇 번인지는 모르겠군요. 예, 그 사람 맞습니다.

소고트 그들의 태도는 어땠나요?

비코 그들은 비인종주의라는 개념에 대한 백인 자유주의자들의 애착을 깊이 불신했습니다. 그들은 이런 개념이 언제나 이상으로서만 제기될 뿐이고 사실상 백인들은 현상유지에 만족하여 그 상태를 변화시키려 하지 않는다고 생각했습니다. 하지만 나는 그들의 견해에 동의하지 않았습니다. 나는 백인들 역시 상황이 바뀌기를 원하고, 이 나라가 생산하는 모든 것을 우리와 공유하기를 원한다고 믿었으니까요.

소고트 NUSAS를 비판한 그런 견해들 말인데요, 백인 학생들의 역할에 대한 그들의 비판적 견해들을 잘 보여주는 구체적인 예들이 있습니까?

비코 글쎄요, 지금은 구체적인 예들이 기억나지 않습니다만, 그러한 견해를 표명한 데는 학생들이 공감한 공통된 이유가 있었습니다. NUSAS의 몇몇 지도자들이 학생조직을 운영하면서 흑인 학생들에게 모멸감을 줄 만한 행동을 저질렀다는 것이 바로 그 이유입니다.

소고트 그게 어떤 일이죠?

비코 NUSAS를 비판하는 학생들은 종종 NUSAS의 특별 의장이 누가 옆에서 듣는 줄 모르고 했던 말을 언급하기도 했습니다. 또 NUSAS 회의가 열리는 동안 흑인의 출입이 금지되어 있는 대학 관사에서 열린 비공개 학생 파티에 NUSAS의 간부들이 있었던 경우를 언급하면서 조직의 분리를 이야기하기도 했습니다. 이런 일들 때문에 흑인들은 자유주의적 학생들의 비인종주의에 대한 애착이 믿을 수 없는 것이라고 느끼기 시작했던 거죠.

판사 흑인은 관사에 들어갈 수 없다는 것이 대학의 공식 방침이었나요, 아니면 대학에는 사회적 평등이 공식 방침으로 존재했었나요?

비코 흑인은 관사에 들어갈 수 없다는 것이 대학의 공식 방침이었습니다. 그러나 당시 NUSAS의 간부들은 파티 개최 장소를 마음대로 결정할 수 있었습니다. 그런데 흑인들이 들어갈 수 없다는 것을 알면서도 그런 파티를 백인 학생들의 공관에서 열었던 경우가 많았다는 겁니다.

소고트 그렇다면 이런 점을 물어보고 싶군요. NUSAS 회의가 열렸던 곳에서 흑인 학생들의 숙소에 관한 불만 사항이 표출된 경우가 있었나요?

비코 예, 1967년 그레이엄즈타운의 로즈 대학 회의에서 그런 일이 있었습니다. NUSAS 회의 사상 처음으로 숙소가 완전 통합된다는 이야기를 들었습니다. 그래서 회의에 가는 도중 기차 안에서 우리는 그러한 조건이 충족되지 않는다면 나탈 대학 대표(흑인부)로서 항의 연서를 내고 회의에서 철수하여 돌아간다는 취지로 토론을 했습니다. 로즈 대학에 도착했더니 회의 조직자는 우리가 머물 곳이 어디인지 제대로 말을 못 하더군요. 우리는 모두 다른 장소에 있는 강당에 들어가 있었는데, 나중에야 백인 학생들이 모두 숙소로 가고 그 다음으로 인도계 학생들 일부가 갔다는 것을 알아차리게 되었죠. 마침내 그 조직자가 우리에게 되돌아와서는 우리가 묵을 교회를 찾아냈다고 말하더군요. 그 순간 기차 안에서 우리가 했던 결정을 실행해야 할 충분한 이유가 있다는 걸 느꼈습니다.

소고트 비코 씨, 기차에서 그런 결정을 내린 사람이 누구였나요? 이름을 거명할 수 있습니까?

비코 당시 나탈 대학 의장이던 로저스 라바반, 벤 은쿠바네, 조니 마손와네, 폴 데이비드 그리고 제가 있었습니다. 생각해 보니 샨 마라지와 같이 나탈에 있는 다른 대학 학생들도 있었군요.

소고트 좋습니다. 이제 그날 밤에 일어났던 중요한 사건을 얘기해 보죠.

비코 예, 그날 밤 우리는 조직 집행부에게 허를 찔렸습니다. 우리가 분과 회의를 시작하자마자 집행부는 로즈 대학 평의회가 흑인들에 대한 숙소 제공을 허용치 않은 것을 비난하는 결의안을 제출했습니다. 이는 문제에 대한 일부 흑인 학생들의 입장을 분열시켜 놓기에 딱 좋은 것이었습니다. 이렇게 하면 NUSAS 집행부보다는 대학평의회에 비난이 넘겨진다는 것을 그들은 알고 있었겠지요. 제가 볼 때 NUSAS는 오래전부터 이런 일이 달성되기 어려운 목표라는 것을 알고 있었습니다. 그렇다면 사전에 더 대비를 해두었어야 합니다. 통합 개최지를 구할 수가 없다면 시간이 닥치기 전에 대회를 일단 연기했어야 하는 거지요. 우리 대표단에서는 이 문제를 논의했습니다. 의견의 일치를 보지 못했기 때문에 저는 비인종주의적 개최지를 구할 수 있을 때까지 회의를 연기해야 한다는 개인적인 제안을 내놓았습니다. 그 제안서가 제출된 것이 자정이었는데 새벽 5시 30분에 투표가 끝났던 것으로 생각됩니다. 이 안건을 놓고 토론이 진행되는 동안 저는 다양한 입장들을 명확히 바라볼 수 있었고, 그 과정에서 새로운 구상을 떠올릴 수 있었습니다.

소고트 새로운 구상이라니, 어떤 겁니까?

비코 오래 전부터 제가 비인종주의라는 교리를 거의 종교처럼 부여잡고 있었다는 사실을 깨달았습니다. 저는 거기에 대해 질문을 던지는 것을 신성모독이라고 여겼고, 그래서 다른 학생들로부터 제가 받는 공격을 수용하지 않았었지요. 하지만 그날의 토론 과정에서 저는 비인종주의 사상을 지지하는 백인들에게 많은 결함이 있다는 것을 깨닫기 시작했습니다. 이 감동적인 사상을 실천하고자 하는 간절한 마음에도 불구하고, 그들은 집에 돌아가면 자신들의 고유한 경험에 지배당합니다. 아시다시피, 그들이 이런 문제를 가진 것은 고유한 경험에서 오는 우월감 때문입니다. 그들은 우리를 원래 열등한 존재로 여기는 경향이 있었고 우리를 2류로서 받아들이길 원했습니다. 그들은 우리가 왜 그 교회에 묵는 것을 고려할 수 없는지를 이해하지 못했습니다. 그때 저는 이 나라에서 우리 자신이 처한 상황에 대해 우리가 이해하고 있는 것과 이들 백인 자유주의자들이 이해하는 것이 같지 않다는 것을 깨닫기 시작했습니다.

소고트 예, 그렇다면 이 NUSAS 회합 이후 어떻게 일이 진전되었는지 말해주실 수 있습니까?

비코 그러죠. 우선 저는 로즈의 체험을 많은 흑인 학생들과 함께 나누는 것으로 시작했습니다. 처음에는 저의 학교에서, 그리고 나중에는 어디서든 다 그 이야기를 나누었죠. 그런데 그 무렵 독창적인 생각이 떠오르기 시작했습니다. '그래, 우리는 백인 학생들이 한 일을 가지고 그들을 비난할 수 없어. 그들은 그들의 삶 속에서 얻게 된 자기들의 경험이 있는 거야. 우리는 흑인 학생으로서 우리가 하는 일을 적극적으로 바라보아야 해' 라는 생각이었죠. 우리는 대학에서 흑인 학생이 겪는 문제에 초점을 맞춘 상담이 흑인 학생들에게 필요하다는 것을 느끼기 시작했습니다. 에

전처럼 NUSAS가 계속 그 일을 하되 특별히 흑인 학생들만을 대
상으로 하는 그런 상담 말입니다.

소고트 그래서 NUSAS에 반대했던 이 일단의 사람들은 시간이 지
나면서 그 규모가 더 커졌나요 아니면 작아졌나요?

비코 점점 커져갔습니다. 점점 더 많은 흑인 학생들이 NUSAS에
대한 지지를 철회하고 독립하여 구체화되기 시작한 그 신(新)사
고를 수용하기 시작했습니다.

소고트 대학기독인운동(University Christian Movement, UCM)
회의가 1968년에 있었죠?

비코 맞습니다.

소고트 당시 그 신사고를 표명한 적이 있었나요?

비코 예, 우리는 그렇게 하기로 결정했습니다. 제가 말하는 우리
란 관련 흑인 대학들 가운데 흑인의 회합에 관해 더 많이 사고하
기 시작한 학생들, 즉 이 구상을 좀더 큰 소리로 알려야 한다고
생각하기 시작한 학생들을 뜻합니다. 그래서 우리들 다수가 몇몇
대회에 갔습니다. 1968년에 요하네스버그에서 열린 NUSAS 대
회에도 갔지만 그 대회에는 흑인 학생들이 거의 참가하지 않았다
는 것을 알게 되었습니다. 그래서 우리는 NUSAS 회의에 이어 7
월에 스튀테르헤임에서 열린 UCM 회의로 갔습니다. 그 회의에
는 전국 각지의 대학에서 많은 수의 흑인 학생들이 와 있었고 사
실상 그 회의의 다수파가 그들이었습니다. 연단이 다소 넓어진
기분이었습니다. 여러 대학의 학생들을 대표하는 단체들에게 좀

더 믿음을 주면서 말을 할 수 있다고 생각했습니다. 그리고 흑인 학생들만 모이는 상황을 이용해서 학생들에게 이 구상을 전하고 함께 토론했습니다. 그 회의에서 이 문제를 특별히 다룰 회의를 시급히 열자는 결정이 내려졌습니다.

소고트 누가 그런 결정을 내렸습니까?

비코 제가 말씀드린 대로 우리는 흑인 학생들만 모일 수 있는 상황을 조성했습니다.

소고트 어떻게 그런 상황을 만들 수 있었나요?

비코 그게 말이죠, 스튀테르헤임에서 우리는 법적인 문제에 직면했습니다. 그곳은 도시 지역이지요. 집단거주지역법(the Group Areas Act)[+]의 소위 72시간 조항, 즉 흑인은 허가 없이 도시 지역에 72시간 이상 있을 수 없도록 한 규정이 적용되는 곳입니다. 따라서 회의는 이 문제에 직면했고 UCM 지도부는 이 문제를 학생들의 결정에 맡기기로 했습니다. 이 점에 관해 매우 격렬한 논쟁이 있었는데, 어떤 학생들은 항의의 수단으로 이 법규를 지키지 않아야 한다고 주장한 반면, 다른 학생들은 시간에 맞춰 시 경계

[+] 1948년 총선에서 승리한 말란의 국민당 정부는 1949년의 혼합결혼금지법, 1950년의 인구등록법, 공산주의탄압법 등 아파르트헤이트 정책의 시발점이 되는 일련의 인종차별법들을 제정하는데, 집단거주지역법 역시 1950년에 제정된 대표적인 아파르트헤이트법이다. 법의 핵심 내용은 백인거주지역에는 흑인이 살 수 없도록 하는 것이었다. 이로 인해 흑인 노동력 부족이라는 문제가 발생하자 국민당 정부는 일부 흑인들에게 백인 거주지에 대한 제한적 출입을 허용함으로서 부족한 노동력을 충원하는 편법을 취했다.

를 상징적으로 걸어서 넘어갔다가 다시 돌아오는 식으로 법규를 지켜야 한다고 했습니다. 저는 그렇게 하는 것이 다소 위선적이라고 느끼는 학생들 중 하나였습니다. 우리는 이 법에 이의가 있다는 입장을 취해야 하며 우리 흑인 학생들은 스스로 체포되어야 하고, 그곳에 있었던 백인 학생들은 우리와 함께 체포되든지 아니면 우리를 체포하는 것에 대해 항의해야 한다고 생각했습니다. 이 전술을 둘러싸고 논쟁이 벌어졌고, 결국 꼼짝없이 흑인들이 독자적으로 이 문제를 결정해야만 하는 상황이 되어버렸습니다. 흑인들이 그 일을 당한 당사자들이었으니까요. 결국 회의에서 흑인들이 독자적으로 이 문제를 검토하는 것으로 결정이 났습니다. 우리끼리 따로 모였을 때 우리는 흑인 학생인 우리에게만 유일하게 영향을 미치는 이 문제를 논하기 시작했고 그러는 중에 이 문제가 UCM이나 NASUS와 같은 더 넓은 성향의 조직 내에서는 충분히 고려될 성질의 것이 아니라고 생각했습니다. 결국 12월에 흑인학생조직이라는 이 특수한 안건을 그 자체로 다룰 회의를 열기 위해 분투하자는 공식적인 결정이 내려졌습니다.

소고트 지금 말씀하시는 게 SASO가 조직으로서 처음 싹튼 순간인가요?

비코 예.

소고트 그럼 그 조직 자체의 첫 회의는 언제 열렸습니까?

비코 1970년, 아 죄송합니다. 1969년이군요. 회의는 터플룹이라고 불리던 북부 대학에서 7월 초에 열렸습니다.

소고트 자, 이제 흑인의식운동 문제입니다. 그것은 어쨌든 1968년 회의에서 모습을 드러내었던 거죠?

비코 완성된 형태로는 아닙니다만 그때 그 운동의 단초가 학생 지도부의 사고 속에 스며들기 시작했다고 생각합니다.

소고트 이제 터플룸에서 1969년 7월에 열렸던 회의에 관해 말씀해 주시죠.

비코 예. 회의는 매우 건설적이었습니다. 우리는 그 전의 모임, 즉 12월 모임에서 나온 최종 설계도를 검토하고 그것을 SASO의 헌장으로 채택했습니다. 그런 다음 우리는 기본적인 정책 문제들을 숙고했습니다. 긴급한 문제는 기존의 학생 조직들과 우리의 관계가 어떠해야 하느냐는 것이었지요. 이에 대해 많은 논의가 있었습니다. 몇몇 사람들은 완전한 절연을 원했지만, 다른 사람들은 약간의 관계는 유지해야 한다는 입장이었습니다. 결과적으로 우리는 NUSAS에 가맹하지는 않되 그것을 전국적인 학생 조직으로 승인은 하기로 결정했습니다. 이러한 입장 차이가 생겨나게 된 배경에는 각 대학에 따라 학생들의 입장에 차이가 있었기 때문이었음을 설명해 드려야겠군요. 몇몇 흑인 대학들은 대학당국에 의해 NUSAS에 참여하는 것을 실질적으로 금지당한 상태였습니다. 이 때문에 이 대학들은 NUSAS를 비판하여 학교당국과 어깨동무를 하게 되는 것에 거부감을 느꼈으며, NUSAS를 다소 동경하는 경향을 보였습니다. 따라서 그들은 NUSAS에 대해 그런 식의 유연한 자세를 취하는 쪽을 택했습니다.

소고트 그럼, 선거를 했습니까?

비코 예, 선거를 통해 새 집행부를 꾸렸습니다.

소고트 당신도 어떤 직위에 선출되었습니까?

비코 예, 조직의 초대 의장으로 선출되었습니다.

소고트 그 자리에서 또 어떤 사람들이 집행부가 되었나요?

비코 팻 마차카가 부의장이, 울리아 마샬라바가 서기가 되었습니다. 그리고 데나밀레라는 사람이 회계를 맡았습니다. 제가 기억하는 사람들은 그렇습니다. 다른 사람들은 기억나지 않는군요.

소고트 피고인들 중에 그 회의에 참가했던 사람이 있습니까?

비코 아뇨, 이들은 당시 아무도 참가하지 않았습니다.

소고트 법정에 선 아홉 명의 피고인들 중 그들이 체포되기 전부터 당신이 알고 있었던 사람들은 누구입니까?

비코 체포되기 전에 알았던 사람은 쿠퍼 씨, 미에자 씨, 레코타 씨, 모코아페 씨, 무들리 씨 등입니다.

소고트 당신은 의장으로서 여러 대학에서 순회연설을 하였죠?

비코 예, 그랬습니다.

소고트 그 회의에서 착상한 SASO 구상에 대한 흑인 학생들의 반응은 어땠습니까?

비코 가는 곳마다 다들 격려해 주었습니다.

소고트 그렇다면 비코 씨께서 흑인 학생들 사이에 여전히 SASO 결성에 반대하는 입장이 있다고 재판장님께 말씀하셨던 게 잘 이해되지 않는군요.

비코 아닙니다. 제가 관심 있게 학생들을 지켜 볼 수 있었던 저의 학교에서 그런 입장들을 살펴볼 수 있었습니다. 근본적으로 친(親)NUSAS적이었던 일부 학생들의 태도는 모호했습니다. 그들은 그때 벌어지고 있던 일이 NUSAS가 옹호했던 비인종주의의 정신 전체에 반대하는 것이라고 생각했습니다. 이들과는 반대로 SASO가 더 멀리 나가지 않았다고, 그러니까 인도계와 혼혈계가 아프리카인들과 함께 참여하게 되면 비인종주의 조직들이 그랬던 것과 본질적으로 똑같은 무정형의 조직이 되고 말 것이라고 생각하는 학생들도 있었습니다.

소고트 그들은 순수한 아프리카인만의 조직을 원했던 건가요?

비코 예, 일부는 순수한 아프리카인만의 조직을 원했습니다.

소고트 NUSAS와 절연한 것은 언제였습니까?

비코 공식적인 결정은 1970년에 내려진 것으로 압니다. 그러나 두 단체 사이에도 급격한 입장의 변화가 있었습니다. NUSAS는 SASO의 출현으로 인해 절멸의 위기에 처했다고 느끼면서 여러 대학들에서 SASO가 성장하는 것을 막아야 한다고 생각했고, 우리는 우리 나름대로 NUSAS에 대해 더욱 비판적이 되었습니다. 두 조직이 대학에서 주목받기 위해 경쟁하고 있다는 것이 명백해졌습니다. 따라서 살아남기 위해 우리는 학생들에게 우리 마음 이면에 숨어 있던 NUSAS에 대한 우리의 생각을 말해야만 했습니다. 학생들이 왜 우리와 함께 해야 하는지를 정확히 알 수 있도록 말이죠.

소고트 그래서 그런 것이 받아들여졌나요?

비코 예, 받아들여졌습니다. 그래서 1970년에 NUSAS에 대한 승인을 철회한다는 결정을 내렸습니다.

소고트 아시겠지만 '비(非)백인' 이라는 용어 문제가 떠올랐었죠?

비코 학생들은 '비백인' 이라는 용어를 더이상 쓰지 않겠다는 결정을 내렸습니다. 그들이 볼 때 이 용어는 자신들의 존재를 부정하는 말이기 때문에 자기들을 서술하는 말로 적합하지 않다고 생각했습니다. 그들은 무언가가 아닌 걸로 서술된 존재였습니다. 이는 어떤 표준의 것이 있으며, 그들은 그 표준이 아니라는 암시였습니다. 그들은 위엄과 자신감을 갖기 위한 긍정적인 삶의 관점은 긍정적인 서술에 담겨야 한다고 생각했고, 그래서 '비백인' 이라는 용어 대신 '흑인' 이라는 용어를 썼습니다.

소고트 다음으로, 비코 씨, 1970년에 포트엘리자베스에서 SASO 집행부 회의를 했죠?

비코 맞습니다.

소고트 거기서 채택된 중요한 결정들이 있다면 어떤 것인지 재판장님께 말씀해 주시죠.

비코 많은 결정들이 채택되었습니다. 특히 기억나는 건 두 가지입니다. 다음해인 1971년을 위한 강령을 검토하고 여러 대학이 중요한 기념일로 채택해야 한다고 생각했던 몇몇 날들을 그 강령에서 승인하였던 일입니다. 우선 예를 들자면 '고통의 날' 이라고 불렀던 날이 있는데 5월 10일이었던 것으로 기억합니다. 두번째는 이미 여러 대학에서 기념하고 있었던 날인 샤프빌 기념일이 있습니다. 그 회의에서 우리는 이 날을 SASO 달력의 공식 기념일에 포함시키기로 결정했습니다.

소고트 또 어떤 결정들이 있었나요?

비코 우리는 또한 이른바 '연민의 날' 이라는 것을 조직하기로 했습니다.

소고트 국제연합학생회의로 알려진 가나 회의에 대표를 파견한 바 있지요?

비코 예, 가나에서 회의를 열었던 연합학생협회로부터 초청장을 받았습니다. 우리가 받은 초청장은 NUSAS와의 공동 초청장이었습니다. 그래서 우리는 전보를 보내 NUSAS와 공동대표단을 구성할 계획이 없다는 것을 알리고 원한다면 우리를 단독으로 초대해 달라고 했습니다. 우리는 마침내 와도 좋다는 초청장을 받았고 린델웨 마반들라를 우리의 대표로 임명했습니다.

소고트 흑인 조직들과 관련해서 내려진 결정이 있었나요?

비코 예, 우리는 그 회의에서 우리가 학생들뿐만이 아니라 전체 흑인 사회를 위해서도 중요한 '특별한 철학' 을 대표하는 사람들이라는 것을 깨달았고, 이 철학을 국내의 흑인 조직들과 함께 나누는 것이 필요하다고 느꼈습니다.

소고트 그것은 어떤 철학이었습니까?

비코 우리는 우리가 제창한 흑인의식운동이 이 나라에서는 독특한 접근법이라는 것을 깨달았고, 그 철학을 다른 조직들과 함께 나누기를 원했습니다. 초점은 그것을 어떻게 잘 조정해내는가 하는 것이었습니다. 우리는 국내의 흑인들 사이에서 중요한 일을 하고 있는 많은 조직들이 있다는 것을 알게 되었으며, 그 조직들이 서로의 활동이 겹쳐지지 않도록 일의 영역을 구분하고 함께 노력한다면 더 좋은 성과를 얻을 수 있을 거라고 생각했습니다.

소고트 그래서 이와 관련해서는 어떤 결정을 내렸나요?

비코 이들 조직들과 일련의 개별적인 회합을 조직하기로 했습니다. 우리는 다음 한 해 동안 국내 흑인의 지위 향상을 위해 공동의 노력을 기울이는 것에 관한 우리의 관점을 공유하고자 그 회합에 SASO의 대표단을 보낼 생각이었습니다.

소고트 그렇다면 비코 씨, 역사적으로 볼 때 이는 흑인민중회의, 그러니까 BPC로 가기 위한 활동을 시작한 것이라고 말해도 될까요?

비코 그렇습니다.

소고트 '샤프빌 기념일'을 제정한 문제로 돌아가죠. 그 밑바탕에 깔린 생각은 어떤 것이었나요?

비코 두 가지 주요한 이유가 있었습니다. 첫째로, 이 나라 안에서 흑인의 해방을 추구하다가 살해당한 사람들이 있습니다. 우리의 대의를 위해 죽은 사람들을 기리기 위해 그 사건들을 기억하는 것은 흑인 학생인 우리에게 당연한 일로 여겨졌습니다. 두번째 이유는, 이 나라에 사는 우리 흑인들이 약자의 처지에서 무소불위의 권력을 지닌 제도화된 정부기구와 마주하고 있다는 것에서

기인합니다. 우리가 지속적인 기념식을 통해 이 제도들에 대한 우리의 혐오감을 보여준다면 그런 죽음에 가장 책임이 큰 경찰력을 제한해야 한다는 것을 백인들이 납득하게 될 것이라고 생각했습니다. 이것이 두 가지 이유입니다. 첫번째 이유는 사실적인 것이고, 두번째 것은 심리적인 것이지요.

소고트 SASO를 설립하기 전에 샤프빌 기념식에 참석해 본 적이 있습니까?

비코 예, 있습니다.

소고트 그저 학생 신분으로 간 것입니까? 아니면 어떤 공식적인 자격으로 갔던 것입니까?

비코 아뇨, 아닙니다. 그냥 학생으로 갔던 겁니다.

소고트 사람들이 말한 대로 그런 곳에서 백인종에 대한 인종적 적개심이 고취되거나 격화되었다고 느끼셨습니까?

비코 아니라고 말씀드리겠습니다. 그 반대로 그런 기념식들이 어느 정도 마음의 평온을 가져다 주었다고 말씀드릴 수 있습니다. 그 속에서 사람들은 희생자들과 자기를 동일시하면서 어느 정도의 충만감을 느꼈습니다.

소고트 당신은 그후에 그 사건의 주역을 추모하는 SASO의 기념식에 참석했나요?

비코 예, 참석했습니다.

소고트 그렇다면 그런 행사들이나 기념식에서 인종적 적개심이 고취되거나 격화되었던가요?

비코 결코 그렇지 않습니다. 우리 역사의 특수한 사건 앞에서 모두 하나가 되어 있다는 종교적이고도 평온한 느낌이 그 행사의 지배적인 분위기였습니다. 우리는 여러 저명한 성직자들의 설교를 들었습니다. 이 모든 일이 진행되는 동안 거기 모인 대다수의 사람들이 감동받았음을 저는 추호도 의심하지 않습니다. 어떤 의미에서 사람들은 그것을 성서적인 희생과 연관지으려 했습니다. 말하자면 그 사람들이 우리를 위해 죽었고 그런 까닭에 우리는 우리의 투쟁에 자신을 바쳐야 한다는 의미에서 말입니다.

소고트 그렇군요. 비코 씨, 이제 연민의 날을 살펴보죠. 그날이 어떤 날인지 우리한테 짧게 말씀해 주시겠습니까?

비코 연민의 날은 흑인이 수시로 겪어 왔던 고통의 상황들, 그러니까 딤바자 같은 곳에서 사람들이 굶어 죽어가는 일이나 포트엘리자베스에서 일어난 홍수 같은 일들을 기억하기 위한 날입니다.

소고트 지금 딤바자 같은 곳에서 사람들이 굶어 죽어간다고 말씀하셨는데요, 맞습니까?

비코 예.

소고트 딤바자가 어디죠?

비코 딤바자는 제가 있는 킹윌리엄스타운 외곽의 재정착 구역입니다.

소고트 그럼 그곳에서 사람들이 굶어 죽어간다고 말씀하신 것은 무슨 말인지요?

비코 노던 케이프, 노스웨스트 케이프 그리고 웨스턴 케이프 주에서 그곳으로 이주한 가족들은 비참한 지경에 처해 있었습니다. 대부분의 경우 남자들은 일을 할 수가 없는 상태였고, 여성들은 그곳에 도착했을 때 일자리가 없었습니다. 그들은 정부의 배급을 받고 있었는데 대부분 이삼 주씩 배급이 밀려있는 상황이었습니다. 한 달치 배급이었을 텐데 말입니다. 교회가 개입을 해야 했지요. 성공회 교회 목사와 함께 그곳에 가서 서너 집을 방문한 적이 있습니다. 더 많은 집들은 가볼 수가 없었습니다. 그 모든 집들에는 의자나 낡아빠진 침대, 난로와 주전자 몇 개를 제외하고는 가구라곤 없었고 아이들은 고통받고 있는 게 분명했습니다. 제가 굶어 죽어가고 있다고 말한 건 그런 것입니다.

소고트 말씀하신 딤바자 외에 또 어떤 일이 있었습니까?

비코 포트엘리자베스와 그 주변에서 홍수가 났었습니다.

소고트 그런 고통과 재난 같은 사실적 이유 외에 별도로 연민의 날을 정한 목적이 있었습니까?

비코 학생들의 사회에 관한 의식을 발전시켜 그들이 자신을 사회의 한 부분으로 보도록 하는 것, 그리고 연민의 날에 우리가 생각하게 되는 문제들을 해결하는 데 자신들의 정력을 기울이도록 하는 것이 연민의 날의 주요 목적이었습니다.

소고트 1971년에 당신과 바니 피티아나가 케이프타운에 있는 판더 메르버 교수의 인종혼합학연구소 회의로 알려진 회의에 참석했던 것은 단지 당신과 관련된 사소한 일들을 처리하기 위해서였나요?

비코 맞습니다.

소고트 그 회의에서 연설을 했나요?

비코 했습니다.

소고트 회의에서 한 연설의 주제는 무엇이었나요?

비코 저는 백인 인종주의와 흑인의식운동에 관해 말했고 바니 피티아나는 흑인의식운동을 광범위하게 설명했습니다.

소고트 그에 이어 『남아프리카에 관한 학생의 관점』이라는 책을 발행했군요, 맞습니까?

비코 예, 맞습니다.

소고트 그 책에 당신이 그곳에서 했던 연설이 나와 있습니까?

비코 예, 나와 있습니다.

소고트 이제 SASO 결의안을 좀 언급하고 싶군요. "SASO는 첫째, 열등의식을 통해 흑인들 스스로 만든 심리적 억압으로부터 둘째, 인종주의적 백인 사회에서 산다는 것에서 생겨나는 심리적 억압으로부터 흑인들을 해방하기 위해 일하는 흑인 학생 조직이다." 자 그렇다면, 흑인의식운동의 개념은 어쨌든 이 결의안과 연결되어 있는 것이지요?

비코 예, 그렇습니다.

소고트 그 연결점을 설명해 주시겠습니까?

비코 기본적으로 흑인의식운동은 흑인과 흑인의 처지를 향해 눈을 돌리고 있습니다. 그런데 이 나라에서 흑인은 두 가지 힘에 지배당하고 있습니다. 흑인은 무엇보다 먼저 제도화된 기구, 어떤 일들을 못하도록 제약을 가하는 법, 힘겨운 노동환경, 빈약한 임금, 열악한 생활환경, 변변치 못한 교육 등에 의해 외부 세계로부터 억압당하고 있습니다. 이것들은 모두 외적인 요인들입니다. 두번째는 우리가 제일 중요하다고 보는 것으로서 흑인이 자기 내면에 스스로 소외감을 키워왔다는 것입니다. 흑인은 자기 자신을 거부하고 있습니다. 그것은 바로 좋은 것은 모두 백인이라는 말과 결부시키기 때문입니다. 달리 말해 흑인은 좋은 것을 백인과 동일시합니다. 이런 일이 일어나는 것은 그의 생활 때문입니다. 어릴 때부터 그가 자라온 과정 때문입니다.

예를 들어, 학교에 가면 그 학교는 백인의 학교와 같지가 않죠. 그곳에서 받는 교육은 백인 아이들이 학교에서 받는 교육과 같을 수가 없다는 결론에 도달하게 되는 것입니다. 학교에서 흑인 아이들은 보통 너덜너덜 해어진 교복을 입거나 그도 아니면 아예 교복이 없죠. 반면에 백인 아이들은 언제나 교복을 입고 다닙니다. 심지어 스포츠 단체에서도 이런 예를 보게 됩니다. 모두 아이들이 느낄 수 있는 일들이지요. 백인 학교에서는 모든 게 빈틈이 없고 훈련과 육성이 제대로 되고 있습니다. 럭비 팀에 들어가려면 팀이 열다섯 개나 되지요. 우리의 학교에는 팀이 세 개뿐입니다. 열다섯 개의 백인 팀 아이들은 모두 저마다 운동복을 갖고 있지만 우리는 세 팀이 서로 운동복을 나누어 입어야 합니다. 자, 이것이 우리의 아이들이 어른이 되면 갖게 되는 자기부정의 뿌리 중 하나입니다. 가정이 다르고, 거리가 다르고, 불빛이 다릅니다. 그래서 흑인들은 자신의 인간성 속에 뭔가 불완전한 것이 있다고, 완전함이란 백인에게나 어울리는 것이라고 믿기 시작하게 되는 겁니다. 이런 감정은 일을 하고 생활을 꾸리게 되는 어른이 되어서도 내내 따라 다닙니다.

소고트 어른이 되어서도 내내 따라다니는 것을 어떻게 알 수 있죠? 그런 예를 들어주실 수 있겠습니까?

비코 제 마음을 아프게 했던 일 하나가 특별히 생각나는군요. 더반에 사는 인도계 노동자와 대화를 나눈 적이 있습니다. 그는 세탁회사의 소형 트럭 운전사였죠. 그 사람은 제게 하루하루 살아가는 이야기를 해주면서 "나는 더이상 살기 위해 일하는 것이 아니라 일하기 위해 사는 것"이라고 말하더군요. 그가 계속해서 세세한 이야기를 하자 저는 그 말이 진실이라는 것을 알 수 있었습니다. 그는 출근할 때 시내로 가는 버스를 타려면 한참을 걸어가야 하므로 새벽 네 시에 일어나야 한다고 하더군요. 그곳에서 그는 수도 없이 내려지는 사장의 지시를 받고 이리저리 길을 따라 운전을 하며 하루 종일 일을 합니다. 하루가 끝나면 똑같은 노선으로 이동하여 집으로 돌아옵니다. 집에 도착하면 8시 30분이나 9시가 되어 있지요. 너무 피곤해서 자는 것밖에는 아무것도 할 수가 없습니다. 내일 아침 일찍 또다시 시간에 맞춰 일을 하러 가야 하니까요.

소고트 이 예가 도시 지역에 사는 흑인 노동자의 전형적인 생활인지 아닌지에 대해 어떻게 판단할 수 있으십니까?

비코 통근 시간과 기타 여러가지 요소들 그리고 다양한 근무여건 등을 감안하더라도 다분히 전형적인 예라고 생각합니다. 타운십은 흑인들이 일하는 지역에서 멀리 떨어져 있고 교통 환경은 끔찍하기 때문이지요. 전차도 택시도 만원이고, 가는 길은 내내 위험합니다. 그야말로 온갖 고충을 다 겪고서야 일터에 도착합니다. 그리고 일을 시작하지요. 일할 때도 평안한 순간은 없습니다. 사장은 생산력을 끌어올리기 위해 그의 마지막 땀방울까지도 짜내려고 그를 혹사시키니까요. 이런 것은 흑인이 공통적으로 겪는 일입니다. 동일한 이동 경로로 직장에서 돌아오면 그가 할 수 있는 일이라곤 자신의 마지막 방어막인 가족들에게 짜증을 내는 것뿐입니다.

소고트 당신네 동포들이 느끼는 열등의식은 왜 있는 걸까요?

비코 제가 교육에 대해 조금 말씀드린 바가 있습니다만 좀더 상세히 말해야겠군요. 흑인 학생들은 전적으로 부적절한 영역에서 백인 학생들과 경쟁하게 되어 있습니다. 우리는 본래 농민과 노동자 집안 출신입니다. 그러므로 우리는 일상에서 첨단 기술 사회를 접할 기회가 전혀 없습니다. 그 영역에서 우리는 이방인이지요. 흑인 어린이가 백인의 경험에 잘 부합하는 주제로 에세이를 쓰라는 지시를 받을 때 그 흑인 학생은 자신에게 낯선 어떤 것을 붙들고 씨름해야만 합니다. 의학이나 다른 분야에서 수많은 문제들을 해결하는 능력을 보이고 있는 것은 백인의 문화이기에 그것은 낯설 뿐만 아니라 어떤 의미에서는 우월한 대상입니다.

그렇게 되면 그는 자신들의 문화보다 우월한 것으로서 백인 문화를 바라보게 됩니다. 노동자 문화를 경멸하게 되고 이는 흑인의 내면에 자신과 자기 동료들을 대하는 중요한 결정 요인인 자기혐오감을 심어주게 됩니다.

당연히, 현존하는 문제들을 수용하기 위해 흑인들은 양면적인 입장을 키워 나갑니다. 그 전형적인 예를 들어 보죠. 이스턴 케이프에서 전기 부문 사업들 중 하나에 근무하던 사람이 있었습니다. 그는 전기를 설치하는 일을 하고 있었습니다. 흑인 조수를 둔 백인이었죠. 그는 천장 위에 있어야 했고 흑인은 천장 아래 있었습니다. 그들은 전선을 밀어올리고 전선이 들어 있는 전깃줄을 밀어 넣는 등등의 일을 함께 하고 있었습니다. 그런데 그 백인 남자는 내내 욕지거리를 내뱉었습니다. "이걸 밀어, 이 멍청아." 이런 식의 말이었죠. 그런 말을 들으니 당연히 기분이 나빴습니다. 그 백인과는 아주 잘 아는 사이였고 그는 제게 곧잘 말을 걸곤 했습니다. 그래서 함께 차를 마시는 동안 그에게 "왜 이 사람에게 그런 식으로 말을 하는 겁니까?" 하고 물어봤죠. 그랬더니 그는 흑인 조수의 면전에서 제게 "그게 알아듣는 유일한 말이거든요. 이 녀석은 게으름뱅이에요"라고 말하더군요. 그런데도 그 흑인은 미소를 짓고 있었어요. 제가 그에게 그게 사실이냐고 물었더니 "익숙한 일인 걸요"라고 말하는 겁니다. 듣기 역겨웠습니다. 잠깐 동안 제가 흑인 사회를 이해하지 못한다는 생각이 들더군요. 두 시간쯤 지난 후에 나는 그 흑인 친구에게 다시 가서 "그게 진심이었어요?"라고 물었습니다. 그는 다른 사람이 되어 있었습니다. 매우 괴로워하더군요. 그는 자신은 너무나 그 일을 그만두고 싶지만 할 수 있는 일이 뭐가 있겠냐고 제게 말했습니다. 그에게는 기술도 없고 다른 직업에 대한 확신도 없었습니다. 일자리는 그에게는 일종의 사회보장 같은 것이었습니다. 그에겐 모아놓은 돈도 없었으니까요. 오늘 일을 하지 않으면 내일을 살 수가 없는 겁니다. 일을 해야만 하고 그 일자리를 감수해야만 하는 것이죠. 그런 일자리를 감수해야만 하기 때문에 사장에게 어떤 식으로건 이른바 불손한 태도를 감히 보이지 못했던 겁니다. 이것이 이 나라에 현존하는 문제에 대해 많은 흑인들이 보이는 양면적인 태도의 전형이라고 저는 생각합니다.

소고트 문헌에서 그리고 일부 서구 문화에서 사용되는 '검다'라는 단어의 용법이 합당한 것인가요?

비코 무슨 말씀이신지?

소고트 '검다'라는 말을 사용할 때 검다는 것은 무엇을 상징합니까? 또 언어에서는 어떻게 사용되고 있습니까?

판사 내포적인 의미를 말하는 것입니까?

비코 당신이 하신 말씀을 제대로 이해한 것인지 모르겠습니다만, 일반적인 문헌에서 '검다'라는 말을 쓸 때 그것은 보통 나쁜 측면과 결합되어 있다고 생각합니다. 암시장(black market)이란 말을 쓰고 집안에 먹칠할 놈(black sheep)이라고 하지요. 아시다시피 나쁘다고 여겨지는 것은 마찬가지로 죄다 검다고 말합니다.

판사 거기서 '검다' 라는 말은 분명 흑인과는 아무런 관계도 없지
요. 그것은 그저 세월에 걸쳐 내려오는 관용어가 아닐까요? 보통
어둠이나 밤이란 원시인에겐 불가사의한 것이었을 테니까 말입
니다. 제가 원시인이라고 할 때 거기에는 백인도 포함됩니다. 그
래서 어둠의 세력에 대해 말을 할 때는 마술, 검은 주술(black
magic)이란 말을 쓰지요. 이런 것이 그 이유가 아닐까요?

비코 물론 그런 것이 이유지요. 하지만 제 생각엔, 역사적으로 그
리고 흔히 언급되다 보니 그런 생각이 생긴 것입니다. 그런 이유
로 흑인에게도 그런 종류의 연상 작용이 생겨나게 된 것이겠죠.
검은 주술이니 암시장이니 하는 말이 생긴 것은 정확히 말해 그
것이 자신처럼 열등하고, 쓸모없고, 사회가 거부한 존재이기 때
문이라고 흑인은 보는 것입니다. 그리고 다시 이 논리에 따르면
으레 희다는 것이 천사와 잘 어울리고 신이나 아름다움에도 어울
리는 것처럼 보이는 것이죠. 이런 것이 흑인의 내면에 자기를 비
하하는 느낌이 생기도록 만드는 것 같습니다.

소고트 당신이 '검은 것이 아름답다' 라는 문구를 쓸 때 그런 문구
는 흑인의식운동의 접근법에 부합하는 것인가요?

비코 예.

소고트 그런 슬로건의 의도는 무엇입니까?

비코 그 슬로건은 인간의 지위를 되찾고자 하는 시도의 매우 중
요한 일부분을 나타내는 것입니다. 그것은 흑인이 자기 자신에
대해 갖는 편견의 뿌리를 뒤흔드는 것입니다. '검은 것이 아름답

다'라고 말을 하면 사실상 "이것 봐, 있는 그대로의 네가 좋아. 인간으로서의 너를 존경하도록 해"라는 말을 하고 있는 것입니다. 이는 지금 아프리카인의 삶에서는 특히 여성들이 사회에 보이기 위해 자신들을 치장하는 것과도 또한 연관되어 있습니다. 그들이 옷을 입는 것, 화장을 하는 것 등등은 자신의 진짜 모습을 부정하고 싶어 하는 것이고 어떤 의미에서는 자신의 피부색으로부터 도망치고자 하는 것입니다. 그들은 피부색을 엷게 하는 크림을 바르고 머리카락을 펴는 용품을 사용합니다. 제가 생각할 때, 그들에게는 자신들의 본래 상태, 즉 검은 모습이란 미의 동의어가 아니며 피부가 가능한 한 엷은 색이 되고 입술이 가능한 한 붉어지고 손톱은 가능한 한 분홍빛을 띨 때 미에 가까워지는 것이라는 일종의 믿음이 있습니다. 그러니까 '검은 것이 아름답다'라는 말은 자기를 부정하도록 만드는 그 믿음에 정확히 이의를 제기하는 것이죠.

판사 비코 씨, 당신들은 왜 '검다'는 단어를 골라 쓰는 거죠? 제 말은 '검다'라는 것이 '희다'라는 말과 똑같이 오랜 세월에 걸쳐 오늘에 이른 별 뜻 없는 표현이라는 겁니다. 눈은 희다고 생각합니다. 그리고 눈은 가장 순수한 형태의 물이라고 생각하기 때문에 순수를 상징하는 것이죠. 그러니까 '희다'라는 말은 백인과는 아무 상관도 없는 게 아닐까요?

비코 옳은 말입니다.

판사 하지만 그렇다면 당신은 왜 당신네 동포들을 흑인이라고 말하는 거죠? 왜 갈색인이 아니죠? 제가 볼 때는 검다기보다는 갈색에 더 가까운데 말이에요.

비코 똑같은 식으로 본다면 저는 백인들이 희다기보다는 분홍빛에 더 가깝다고 생각합니다.

(웃음)

판사 조용히 하세요. 그렇지만 왜 '갈색'이라는 단어는 쓰지 않습니까?

비코 왜냐하면 역사적으로 우리는 '검은' 사람들로 정의되어 왔기 때문이죠. 우리가 '비백인'이라는 용어를 거부하고 우리가 생각하는 대로 우리 자신을 명명할 권리를 떠안았을 때 우리 앞에는 원주민, 아프리카인, 카피르, 반투 등등 유효한 수많은 대안들이 있었지만 우리는 그 말을 택했습니다. 그것이 가장 융통성 있는 단어라고 생각하기 때문이지요.

판사 그렇군요. 하지만 당신들은 실수한 셈입니다. 수세기 동안 실제로 어둠의 세력을 암시하는 데 쓰인 '검다'라는 말을 쓰고 있으니까요.

비코 맞는 말입니다. 그런 맥락에서 그 말이 사용되어 왔다는 바로 그 이유 때문에 우리를 가리키는 말로 그것을 선택하여, 우리가 스스로를 긍정적으로 존중할 수 있는 위치까지 그 말을 격상시키는 것이 우리의 목표인 것입니다. 우리가 설령 '갈색인'으로 불리기를 선택한다 하더라도 우리 사회의 백인 인종주의자들의 문헌과 연설에는 '흑인들'이라는 표현이 여전히 열등함을 뜻하는 것으로 쓰일 것이기 때문입니다.

판사 그렇지만, 주술에 대해 말할 때 당신들은 지금까지도 검은 주술이라는 표현을 쓰지 않습니까?

비코 예, 그래요. 우리는 검은 주술이라고 합니다.

판사 그렇다면 좋은 의미에서 그런 말을 쓰는 겁니까? 아니면 나쁜 의미에서입니까?

비코 그것을 거부하지 않는 겁니다. 우리는 그것을 우리 문화유산의 신비스러운 한 부분이라고 여깁니다. 과학적으로는 충분히 통찰된 바가 없다고 생각하고요.

판사 나는 당신에게 주술에 관해 묻고 있는 게 아니오. 그 용어에 대해 말하고 있는 거지요. 당신들은 주술을 검은 주술이라고 부르나요?

비코 예. 우리도 검은 주술이라고 합니다.

판사 그렇다면 왜 당신은 '검은'이라는 말을 쓰는 것이죠? '검은'이라는 말을 어떤 의미로 사용하고 있죠?

비코 한번 보죠. 이 나라에서 검은 주술을 이야기하는 것은 예컨대 런던에서와는 다른 일입니다. 런던에서 일종의 주술을 의미하는 것으로 암흑의 주술(black magic)을 이야기할 때는 그 말이 흑인 사회에서 유래한 것이라는 어떤 내포도 없습니다. 하지만 이 나라에서 주술이나 미신을 말할 때는 자동적으로 대부분의 사람들 마음속에는 '검다'라는 말이 연상됩니다. 백인은 미신을 믿지 않는 사람들이고, 의사 일을 하는 백인 주술사 같은 건 없고,

주술사가 의사인 사람들은 우리라는 거죠.

소고트 맞는 말인지 잘 모르겠군요.

(웃음)

판사 그래요. 우리에게도 주술은 널려 있습니다.

비코 글쎄요, 그것이 우리 식의 주술이 아닌 건 확실하다는 말씀을 드려야겠군요.

판사 많은 백인들이 주술사 의사를 찾고 있지요?

비코 우리 주술사 의사 말입니까? 그래요, 좋습니다. 그들도 찾아오긴 하죠. 하지만 주술사 의사들은 우리이고 주술은 우리의 문화지요.

판사 당신은 내 말을 곡해하고 있군요. 나는 백인이 주술을 흑인의 탓으로 돌리고 있다는 사실을 말한 겁니다.

비코 그래요, 어떤 경우로 보면 맞는 말입니다. 흑인들을 미신적인 존재라고 보는 데는 어떤 멸시의 의미가 포함되는 경향이 있다고 생각합니다.

판사 하지만 주술은 당신네 동포에게 수많은 슬픔을 안겨주고 있지 않은가요? 내 말은, 세쿠쿠네랜드 근방, 혹은 더 멀리 짠닌 근방까지 살인 사건을 다루러 순회재판을 다녀보면 언제나 주술이 관련되어 있고 그 사람들은 엄청나게 끔찍한 일들을 저지르고 있다는 것이지요. 아이가 죽어 가면 그들은 누군가가 아이에게 주문을 걸었다고 생각하고 몇몇 사람들을 그냥 죽여 버립니다. 자, 당신은 그런 일을 정당화할 수는 없겠지요?

비코 물론입니다. 우리는 미신을 인정하지 않습니다. 우리는 주술을 인정하지 않습니다. 그러나 '검은 주술'이라는 말과 관련해서 생각해 보아야 할 것이 있다는 거지요. 그게 우리가 말하려는 전부입니다. 제 말은 저도 당신과 마찬가지로 그런 것을 거부한다는 겁니다. 제 자신이 그런 것을 믿지 않기 때문이죠. 하지만 믿는 사람들에 대해서 사회가 하듯이 경멸하지는 않습니다. 저는 문화적 차이라는 틀로 그것을 이해합니다. 이는 제가 교육을 받으면서 수많은 문헌 자료와 세계의 다른 문화들을 접할 수 있었기 때문이라고 말씀드리겠습니다. 제 신념 속에는 그런 것이 들어설 자리가 없지만 그것을 믿는 사람들을 저는 여전히 이해하며 그들에게 말을 건넬 수 있습니다. 저는 그들을 야만인이라고 배척하지 않습니다.

판사 하지만 나는 주술이 사람들로 하여금 책임질 수 없는 일을 저지르게 하고 서로에게 해를 입히게 한다는 점에서는 비판받아야 한다고 생각합니다.

비코 그 말씀이 맞습니다, 그렇지요.

소고트 당신은 흑인들이 자신이 흑인이라는 사실에 반응하는 방식을 바꾸기 위해 언어 세계의 '검다'라는 단어를 재구성하는 데 너무 많은 관심을 두는 건 아닌가요?

비코 그 단어는 분명 사람을 겨냥하는 말입니다. 흑인 말입니다.

소고트 당신은 흑인의 고유한 열등감과 자기혐오, 이 모든 것을 당신이 어떻게 이해하고 있는지 말하는 것 같군요, 그렇죠?

비코 그렇습니다.

소고트 언어 세계에서 흑인들은 어떻습니까? 그들은 언어에 대해 어떤 느낌을 가지고 있나요?

비코 예, 그건 또 다른 어려운 영역인 것 같군요. 우리는 두 가지 언어, 즉 영어와 아프리칸스어를 공식 언어로 인정하고 있는 여기 남아프리카 사회에서 살고 있습니다. 우리 흑인들은 학교에서, 대학에서, 혹은 우리가 공부하는 학과의 연구를 수행하면서 이들 언어를 사용해야 합니다. 불행히도 우리가 읽는 책은 영어로 되어 있습니다. 영어는 우리의 제2국어이지요. 또한 우리는 아프리칸스어도 배워야 합니다. 반투교육 제6차 표준과정이 소웨토 지역의 학교에서 아프리칸스어 사용을 확대하도록 규정한 요즈음에는 특히 더 그렇죠. 흑인들은 대학 입학시험에서 언어와 씨름해야 하고 그 언어를 완벽하게 알기도 전에 이제는 대학의 학과목들을 배우는 데 그것을 적용해야 합니다. 결과적으로 우리는 책 속에 들어 있는 모든 것을 결코 제대로 파악할 수가 없습니다. 저는 지금 평균적인 사람들을 기준으로 말을 하고 있는 것입니다. 특별한 경우들을 말하는 게 아니라는 말이죠. 우리는 구문은 이해하겠지만 책 속에 있는 논리를 능숙하게 이해하지는 못합니다. 그것은 바로 우리가 책 속에 있는 몇몇 단어들을 제대로 이해하지 못하기 때문입니다. 흑인들이 대체로 말이 어눌한 것은 이 때문이고 점점 내성적인 성격이 되는 것도 이 때문입니다. 흑인들은 말을 하기보다는 느끼는 편입니다. 아프리칸스어에 대해서도 이 점은 마찬가지로 적용됩니다. 하지만 영어가 아프리칸스어보다는 더 심하겠지요. 아프리칸스어는 본래 이 나라에서 발전해 온 언어이고 관용어구가 많기 때문입니다. 이 언어가 아프리카인의 언어에 훨씬 잘 부합하는 반면 영어는 완전히 외국어입니다. 그래서 사람들은 영어를 이해할 때 어떤 지점을 넘어서 더 나아가기가 힘들다고 느끼는 것이지요.

소고트 그렇다면 그것은 흑인, 특히 흑인 학생들이 열등한 존재라는 것과는 어떤 연관이 있습니까?

비코 역시 과거 NUSAS 시절에 있었던 일로 예를 들어 보지요. 그 조직의 백인 학생들이 흑인인 여러분이 매일같이 겪어온 어떤 일을 토론하고 있습니다. 그런데 당신의 표현력은 그들만 못합니다. 게다가 당신 옆에 있는 백인 학생들 중에는 문학 석사를 밟고 있는 친구들이며, 우등생들, 매우 유창하게 말을 하는 친구들, 머리가 비상한 친구들이 많이 있습니다. 당신은 머리가 좋을지는 모르지만 표현을 명료하게 하지 못합니다. 당신은 어쩔 수 없이 자신이 경험해 온 일, 그들은 겪어보지 못한 일을 논할 때조차 그들이 하는 말에 "그래"라고 말을 해야 하는 보조적인 역할을 할 수밖에 없습니다. 표현력이 떨어지기 때문이지요. 이것은 또한 많은 흑인 학생들에게 무력감을 심어줍니다. 그리고 그것이 단순한 언어의 문제가 아니라고 생각하기 쉽게 되며 또한 지적 능력과 결부시켜 버리기도 합니다. 저 친구가 나보다 정신적으로 더 월등하다고 느끼게 되는 것이죠.

판사 대체 그런 말을 하는 이유가 뭐죠? SASO의 공식 언어는 영어가 아닌가요?

비코 맞습니다.

판사 자 봅시다. 당신은 언어에 반대하며 불평하고 있소. 그러나 그것은 당신들이 사용하고 있는 바로 그 언어잖소?

비코 아뇨, 아니지요. 저는 언어에 대해 불평하고 있는 게 아닙니다. 저는 단지 열등의식을 키워나가는 과정에 언어가 어떻게 작용하는지를 설명하는 것뿐입니다. 저는 언어 자체를 반대하며 불평하지 않습니다. 문제의 핵심은 우리에게 언어가 열 가지는 있다는 점입니다. 한 자리에서 열 가지 언어를 모두 사용하며 말을 할 수는 없습니다. 그러므로 공용어를 선택해야만 했습니다. 그러나 불행히도 학습 과정에서 진짜로 벌어지고 있는 일은 이런 것입니다. 충분히 파악하지 못하기 때문에 충분히 표현할 수가 없고, 그래서 여러분보다 표현력이 더 좋은 사람들이 바로 옆에 있을 때 여러분은 그들이 자신보다 더 머리가 좋기 때문이라고 그래서 그들이 자신보다 이런 일들에 대해 더 잘 말할 수 있을 것이라고 생각하게 되는 것이죠.

판사 당신네 언어는 관용어법 위주이지요. 당신네 민족이 영어보다 아프리칸스어를 말하기가 더 쉬운 건 아프리칸스어가 당신네 언어처럼 관용어법이 아주 많은 언어여서가 아닐까요?

비코 그건 사실입니다. 그런데 불행하게도 아프리칸스어는 역사적으로 흑인들의 거부를 불러일으키는 정치적인 의미를 가지고 있습니다.

소고트 어찌되었든 제가 이해하는 한, 당신이 말하고자 하는 바는 흑인이 언어 영역에서 자신을 조금은 이방인이라고 느낀다는 것이지요?

비코 그렇습니다.

소고트 비코 씨, 역시 열등의식 문제에 관해서 말인데요. 프랭크 토크가 쓴 「내 마음대로 쓴다」라는 이 글과 기소에 첨부된 8번 문서 「두려움——남아프리카 정치의 가장 중요한 결정 요소」라는 글이 있죠. 누가 쓴 건가요?

비코 제가 썼습니다.

판사 당신이 썼다고 했습니까?

비코 제가 그 글을 썼습니다.

판사 8번 첨부문서 말입니까? 이건 프랭크 토크가 쓴 것이라면서요?

비코 그렇습니다.

판사 9번 피고인이 프랭크 토크 아닌가요?

비코 아뇨, 아닙니다. 그는 절대 프랭크 토크가 아니었어요. 제가 프랭크 토크였습니다.

(웃음)

소고트 재판장님, 공소장에는 그가 그 글을 편집했다고 되어 있습니다. 그러나 사실 9번 피고인이 그 글을 썼으리라고는 결코 생각할 수 없었습니다.

비코 그건 제가 쓴 겁니다.

소고트 그 글 속에서 당신은 "타운십에서 어른이 될 때까지 산다는 것은 기적이다"라고 했는데요. 이게 무슨 뜻이죠?

비코 내일 무슨 일이 일어날지 모를 정도로 불확실한 타운십 내의 폭력성을 말하는 것입니다. 만약 제가 흑인이 아니며 당신들의 자리에서 하룻밤을 보낸다면 사회의 나쁜 요소라 불렀던 것들에 내가 노출되어 있지는 않다는 것을 금세 느낄 것입니다. 그러나 당신이 타운십에 있다면 길 하나를 건너는 것도 때로는 위험합니다. 거기다 어른이 되면 제일 문제가 되는 건 아이들을 여기저기 심부름 보내야만 할 일이 생긴다는 것이죠. 그러면 아이들은 위험한 상황에 맞닥뜨리게 됩니다. 강간과 살인이 타운십의 생활에서는 흔히 보이는 장면이니까요.

소고트 밤에는 상황이 어떤가요?

비코 밤에는 특히 최악이지요. 여기 마보파네에서 며칠간 머문 적이 있었는데 두 건의 심한 폭행 장면을 목격했습니다. 가해자와 피해자는 아무 관계가 없는 사람들이었습니다. 월말이라 아마도 돈을 좀 가지고 있을 것이라는 것 말고는 아무런 명백한 이유도 없이 다수의 젊은이들이 나이 든 사람을 폭행하는 것을 보게 됩니다. 이런 것은 제게는 놀랍지도 않습니다. 흔하게 겪는 일이니까요. 하지만 저는 아무래도 좋다며 그런 일을 받아들이는 법을 결코 배우지 못했습니다. 그것은 우리 사회에 존재하는 더 큰 폭력을 떠올리게 하는 쓰디쓴 일이기 때문입니다. 그런 점에서 제가 그런 표현, 즉 어른이 될 때까지 산다는 건 기적이라는 표현을 사용할 때, 그 정확한 의미는 바로 아무런 이유도 없이 죽을 수 있는 이 모든 위험 가능 지역을 벗어났다는 것입니다. 그렇게 된 것은 누가 당신을 잘 살펴주어서도, 누가 당신을 잘 보호해 주어서도 아닙니다. 그건 단지 기적일 뿐입니다. 때로 기적이 일어나기도 하니까요.

판사 이 문제에 대한 당신의 입장은 어떤 것인지 알고 싶군요. 그런 말은 유입 통제를 정당화하는 것 아닌가요? 그런 지역으로 잠입하는 사람들이 많은 상황에서 그 사람들 가운데서 나쁜 요소들을 찾아낸다는 것은 어렵지 않습니까? 들어오는 요소들을 통제하기란 불가능하니까 말입니다. 참고삼아 말하자면, 몇 해 전에 나는 뉴클레오 타운십으로 이주하고 싶어 하는 사람들을 대상으로 법률 자문을 해준 적이 있지요. 내가 기억하기론 당시 3만 7천 명의 사람들이 그곳으로 갈 자격을 얻지 못했습니다. 그런데도 그들은 그냥 그 지구로 들어가 불법 체류를 하고 있더군요. 일이 이런 식이기 때문에 당신이 타운십에서 보는 그런 유형의 범죄가 생기는 것 아니겠소?

비코 예, 재판장님. 피상적으로 그 사태를 바라본다면 그렇습니다. 그러나 더 근본적인 이유가 있습니다. 그곳에 사는 사람들에게 풍족한 삶이 없다는 것이 그것입니다. 풍족한 생활을 할 때 규율이 확립되고 사람들은 원하는 바를 얻게 됩니다. 그런데 이 사회는 사람들에게 그런 것을 제공하는 사회가 아니기 때문에 국가가 유입 통제 같은 조치를 취하는 것임은 말할 필요도 없습니다.

판사 그것은 또다른 얘기죠. 당신은 그 얘기를 계속할 수 있겠지만 나는 이제 이 문제에 관한 소견을 듣고 싶소. 유입 통제는 타운십에 사는 사람들의 고용을 보장해 주지요?

비코 그렇습니다.

판사 그렇지만 그곳에 불법 체류하고 있는 사람들은 일자리가 없는 사람들입니다. 그래서 그들은 살기 위해 도둑질을 해야 하는 거겠죠. 그렇지 않다면 그 사람들은 존재할 수가 없겠지요?

비코 저는 유입 통제 문제에 관해 그렇게까지 많이 토론하고 싶지는 않습니다.

판사 아니, 단지 관심을 갖고 있는 문제여서 물어본 것뿐입니다. 유입 통제가 흑인이 억압받고 있는 이유들 중 하나로 꼽히고 있으니까 말입니다.

비코 그렇습니다. 유입 통제 문제의 진짜 핵심은 그것이 필요하다면 모든 이들에게 동등하게 적용되어야 한다는 데 있습니다. 도시의 유입 통제는 사회적으로 필요한 것으로 생각할 수 있습니다. 하지만 그것이 적용되는 지역에서는 피부색에 관계없이 적용되어야 합니다. 모든 사람에게 적용되어야 한다는 말입니다. 백인은 내일 케이프타운으로 마음대로 이사할 수 있고 또 그 다음 날 더반으로 그리고 또다른 곳으로 명부에 이름을 올리지 않고도 이사를 할 수 있는 반면, 제가 한 지역에서 다른 지역으로 이사를 하려면 온갖 자질구레한 관료적 수속 과정을 거쳐야만 합니다.

오로지 제가 흑인이라는 이유만으로요.

판사 하지만 백인들은 대개 완전고용 상태에 있으니까 그런 상황이 생기지 않는 것이겠지요. 그렇지 않습니까? 안됐지만 흑인들이 이미 인구 과밀 상태인 지역으로 들어오면서 그들의 처지가 그렇기 때문에 범죄가 뒤따른다고 말할 수는 없는 것 아닙니까?

비코 재판장님, 그와 똑같이 흑인들이 가는 곳에는 상당히 많은 수의 흑인들이 완전고용 상태에 있습니다. 제가 더반에서 취직을 해야 했던 경우 유입 통제 시스템을 전부 다 거쳐야 했습니다. 보십시오. 우선 저는 직업이 있었습니다. 경쟁자는 없었고 저를 원하는 곳이 있었습니다. 부동산 거래를 도울 셈이었죠. 그러나 어떻든 이사를 하는 것은 어려웠습니다. 그리고 둘째로—이것은 유입 통제에 대한 불만의 일부입니다만—그것은 매우 자존심 상하는 시스템입니다.

판사 좋습니다. 대개의 경우 문제가 생기는 건 일을 적용하는 방식 탓이지요.

비코 옳은 말씀입니다. 어떤 경우, 흑인들은 시내에 매독을 옮길지도 모른다고 생각하는 의사들 앞에 발가벗은 채 서 있어야 합니다. 이건 비인간적인 방식으로 행해집니다. 세 명의 사람들이 의사 앞에 발가벗겨진 채 한 줄로 서 있습니다. 의사는 흑인들을 샅샅이 훑어보아야만 합니다. 저라면 동물 취급을 받고 있다는 느낌이 들었을 겁니다. 더반에서 이런 일이 이루어지는 방에 들어가면 '옷을 벗은 원주민을 조심하라'는 커다란 안내문이 있습니다. 그들은 흑인들을 제자리에 두려고 애쓰고 있습니다. 제 말은 동등하게만 적용된다면 문제가 없다는 겁니다.

소고트 원인이 무엇이건 간에 당신이 말하는 것은 타운십에서는 한 사람의 육체적 삶이 안전하지 못한 상태에 노출되어 있다는 것이죠. 이런 것이 흑인의 자신감, 혹은 열등감, 혹은 그 밖의 어떤 것에 영향을 미칠까요?

비코 자신이 불완전하다는 느낌의 한 원인인 불안감을 조성하지요. 흑인들은 완전한 인간이 아니라는 거죠. 흑인들은 원하는 때밖에 나갈 수가 없습니다. 그런 느낌을 아실 겁니다. 그것은 마음의 감옥입니다.

소고트 그렇다면 비코 씨, 당신은 평범한 사람들의 대화를 관찰, 조사하는 일에 실제 관여한 적이 있습니까?

비코 연구 목적으로 말입니까? 예, 있습니다.

소고트 재판장님께 그것이 어떤 일이었는지 간단히 말씀해 주시겠습니까?

비코 재판장님, 그것은 1972년에 수행된 문맹퇴치를 목적으로 한 연구였습니다. 우리가 사용했던 이 특별한 방법은 사람들의 음절 교육을 분석하는 데 주안점을 둔 것이었습니다. 여러분이 사람들에게 언어를 가르칠 때 알파벳만을 따로 가르치지는 않을 것입니다. 음절을 가르쳐야 하는데요, 그들에게 특별한 의미를 지닌 단어부터 시작해야 하지요. 소위 생성어라고 하는 것들이죠. 연구의 처음은 사람들이 일하고, 모임을 만들고, 자유롭게 이야기를 나누는 사회의 여러 장소에서 이루어졌습니다. 거기서 연구자의 역할은 아주 수동적인 것입니다. 연구자는 거기서 그들이 나누는 대화를, 그리고 또 그때 사용되는 단어들을 주의 깊게 듣기만 하면 되었습니다. 우리는 또한 그들의 대화 내용을 묘사하기 위해 그림을 이용하기도 했습니다. 저는 제리 모디사네, 바니 피티아나와 함께 이 일에 관여했습니다.

소고트 그 연구는 누구를 위해 진행했던 겁니까?

비코 우리 자신을 위해서였습니다. 저는 SASO가 만든 문맹퇴치 프로그램에 참여해 달라는 요청을 받았습니다.

소고트 구체적으로 어떤 환경에서 연구가 이루어졌나요?

비코 우리는 쉽게 접할 수 있는 환경을 선택했습니다. 우리는 병원에서 의사나 간호사를 보기 위해 줄을 지어 기다리고 있던 여성들이 나누는 말을 들었습니다. 그들 몇몇은 아기를 품에 안고 있거나 업고 있었습니다. 싸구려 술집에서 사람들이 나누는 이야기도 들었습니다. 저는 맥주를 사러 그런 술집들을 숱하게 들렀습니다. 또한 우리는 버스나 전차에서 사람들이 하는 말도 들었습니다.

소고트 자신들의 생활 여건에 관해 사람들은 어떤 말을 하던가요? 뭐 아무 거라도 좀 들려주시죠. 백인이나 백인 정부 얘기가 조금이라도 도마에 올랐나요?

비코 그런 상황에서 가장 두드러진 점은 흑인이 당하고 있는 억압에 대한 '항변'이 끊이지 않고 되풀이된다는 것입니다. 때로는 일반적인 내용인가 하면 때로는 특수한 경우였습니다. 그러나 그 속에 언제나 들어 있는 것은 제 식대로 말하자면 백인 사회에 대한 기탄없는 비난이었습니다. 언어가 너무나 거친 경우도 자주 있어 몇몇 경우는 이 재판정에서 차마 입에 올릴 수 없을 정도입니다. 한 예로 제가 타고 다녔던 버스를 들어보겠습니다. 대부분의 경우에 화제는 시내로 들어가는 길에 버스가 서는 정류장에 따라 달라졌습니다. 움라지에서 나오는 길에는 흑인 남성들의 숙소를 지나게 됩니다. 숙소에는 몇몇 금지사항이 있습니다. 여자를 들일 수 없다든지 하는 것들 말입니다. 하지만 아침에 그곳을 지날 때마다 매번 숙소에서 나오는 여자들이 줄을 잇고 있었습니다. 그러면 사람들은 거기에 관해 이야기를 나누기 시작합니다. 저런 독신 남성들에게는 여자가 많다는 이야기부터 시작되지요. 거기서부터 화제는 거의 자동적으로 왜 그런 것이 금지되어 있는가 하는 문제로까지 나아갑니다. "백인 남자들은 이 친구들이 어디서 성적 욕구를 충족시킬 거라고 생각하지?" 이런 종류의 말이 나오고, 그러면 그때부터 의견이 들끓는 거죠. 그리고 버스는 다시 제이콥스 공단 지대를 지나갑니다. 버스가 제이콥스 남단을 통과할 때면 끊임없이 공장으로 들어가고 공장에서 나오는 사람들의 장사진을 보게 됩니다. 그러면 노동자들의 문제가 이야기의 중심이 되곤 하는 식입니다. 특별히 무슨 얘기가 오갔는지는 기억하지 못하겠지만 어디서 시작했건 항상 화제의 중심은 백인 사회에 대한 비난으로 되돌아왔습니다. 아시다시피 타운십에서는 사람들이 정부에 관한 이야기를 하지 않습니다. 지방 의회나 시 의회 이야기도 하지 않습니다. 그들은 백인 이야기를 하지요. 물론, 명백한 구조적인 문제가 있지만 그들에게는 그저 백인이 문제일 뿐입니다. 게다가 제가 말씀드렸다시피 재판정에서 거론하기 어려울 정도로 험악한 말들이 오가는 경우도 잦습니다.

소고트 당신은 킹윌리엄스타운의 긴스버그에 살았던 적이 있죠? 맞나요?

비코 예, 그렇습니다.

소고트 그 지역은 더 가난한 시골이지요?

비코 예, 천 가구 정도가 사는 작은 지구로 매우 빈촌이지요.

소고트 그곳에서의 생활이 당신에겐 친숙한 것이지요?

비코 맞습니다.

소고트 그렇다면 이런 식의 의견 표출 말인데요, 당신이 그곳에 사는 동안에도 그런 것이 있었나요?

비코 그럼요. 그건 아주 흔했던 일입니다.

소고트 어떤 식으로든 억압받고 있다는 생각이 언급된 적이 있었습니까?

비코 예, 종종 있었지요.

소고트 자, 비코 씨, 당신이 사람들을 '의식화' 하기 시작했을 때 그것은 흑인의식운동이라는 사상을 그들에게 전해준다는 것인가요?

비코 : 맞습니다.

소고트 당신이 이 일을 할 때 당신이 재판장님께 이미 말씀드린 바 있는 그들의 처지의 다양한 측면들, 그러니까 기아 문제라든지 노동자 문제 등등과 당신이 말하는 내용은 관계가 있습니까? 말씀해 주시지요.

비코 맞습니다. 우리는 바로 흑인의 여건과 흑인의 생활 조건을 거론하고 있는 것입니다. 우리는 흑인들이 자신들의 문제를 찾아내고, 그 문제들의 해법을 찾으려 시도하며, 상황을 분석하여 스스로에게 해답을 내릴 수 있도록 하기 위해 노력하고 있습니다. 그들에게 일종의 희망을 주는 것이 우리의 목적입니다. 흑인 사회의 주요한 문제는 그 사회가 패배한 사회처럼 보인다는 것입니다. 사람들은 종종 투쟁을 포기한 듯 보입니다. 자신은 이제 일하기 위해 사노라고 제게 말했던 그 사람처럼 말입니다. 그는 깊은 패배감에 매몰되어 있었습니다. 지금 우리가 싸워야 할 대상은 바로 그 패배감입니다. 사람들은 생활고에 굴복해서는 안 됩니다. 희망을 키워나가야 합니다. 자신의 문제를 깨닫는 일에 동참하고 그 문제를 함께 해결해 나가기 위해 흑인들은 자심감을 되찾고, 그렇게 해서 스스로 인간다워져야 합니다. 이것이 흑인의식운동의 핵심입니다.

소고트 이 사람들이 이미 불만이나 가난과 같은 자신들의 불안정한 처지에 익숙해 있지 않은가라는 질문을 드리고 싶군요.

비코 그게 전부가 아니지요. 주어진 힘든 상황에 적응하는 것이 가능한 것은 정확히 말해 그렇게 살아야만 했기 때문입니다. 매일같이 그렇게 살아야 했기 때문이라는 거지요. 그러나 적응한다고 해서 잊고 있는 것은 아닙니다. 이들은 매일매일 도살장에 끌려가는 소 신세입니다. 그것은 언제나 마지못해 하는 일입니다. 여태까지도 늘 마지못해 해왔지요. 생이 다할 때까지 그럴 겁니다. 하지만 이들은 끊임없이 자학하며 살 수는 없다는 의미에서 적응하는 것입니다. 적응한다는 것은 전기공사 일을 하던 사람이 내게 말했던 것과 같은 것입니다. "그는 늘 그렇게 말하는 걸요." 이것이 그의 해명입니다. 이런 식으로 그는 그 나름대로 그럴 듯하게 적응하고 있는 셈입니다. 그러나 마음 깊은 곳에서 그는 충돌을 느낍니다. 그는 매일매일 "'이봐' 하고 날 부르지 마. 나에게 소리치지 마. 나에게 욕하지 마"라고 속으로 외치지만 그 대답을 돌려줄 수는 없습니다. 지켜야 할 일자리가 있기 때문이지요. 그는 적응했습니다. 하지만 자신의 처지를 잊고 있는 것은 아닙니다. 그리고 그러한 처지를 인정하지도 않습니다. 저는 이것이 중요하다고 생각합니다.

소고트 BPC나 SASO의 문서에서 당신이 백인이나 백인 정부를 '압제자'라고 부를 때 이것이 백인 정부나 백인들에 대한 흑인들의 감정이나 태도를 변화시키는 것은 아닌지요?

비코 아니지요. 그것은 토론을 위한 공동의 기반을 닦아놓는 것에 불과합니다. 그런 표현 속에 들어 있는 내용은 대개 흑인들이 자신의 문제에 대해 더 강경한 표현들까지 써가며 일상적으로 말하고 있는 것들이니까요. 하지만 흑인이 직면하고 있는 문제들을 우리가 이야기할 때 우리는 함께 이야기할 출발점을 확정하고 있는 것에 불과합니다. BPC나 SASO의 목표는 주로 회원을 모으는 것이고 BPC가 특히 그렇기 때문이지요.

소고트 이제 재판장님께 외국인 투자와 관련한 SASO의 입장이 무엇인지 말씀해 주시죠.

비코 외국인 투자를 거부하는 것입니다. 외국인 투자는 이 나라의 아파르트헤이트에 대해 비판적인 정부의 회사들이 이 나라에서 흑인을 착취하는 것일 뿐 다른 무엇도 아닙니다. 다른 말로 하자면 해롤드 윌슨(Harold Wilson ; 영국의 정치가. 영국 노동당의 좌파 이론가로 총리를 역임했으며, '과학혁명 시대의 사회주의'를 제창했다―옮긴이)은 이 땅의 체제를 비판하는 입장에 서 있지만, 다른 한편으로 그 나라의 여러 회사들은 이 나라에 투자를 하러 옵니다. 다른 이유들도 있겠지만 이 나라에 값싼 흑인 노동력이 존재하기 때문이라는 것이 정확한 이유지요.

소고트 투자가 진행된다면 SASO가 생각하는 바람직한 방향은 무엇입니까?

비코 외국 투자가들이 이상적인 형태의 경영을 통해, 비숙련 흑인 노동자를 기계의 연장으로 보는 백인 사회의 관념을 부정해 주었으면 하는 것이 우리의 바람입니다.

소고트 그렇군요. 그런데 만일 그들이 그렇게 하지 않는다면요?

비코 글쎄요, 우리는 그들이 우리를 팔아먹고 있다고 느낄 테고, 그렇다면 그들은 떠나는 것이 더 낫겠지요.

소고트 그들이 떠나는 편이 더 낫다고요?

비코 그렇습니다.

소고트 외국인 투자를 거부하는 이면에 숨어 있는 다른 생각이나 문제의식이 있다면, 그것은 그들이 위선적으로 착취에 참여했다는 것인가요?

비코 맞습니다.

소고트 다른 이유들이 있다면요?

비코 이 나라에 투자하고 있는 회사들과 그 본국 정부와의 관계에서 또 하나의 이유를 찾을 수 있습니다. 우리는 남아프리카 정부가 자국의 정책에 대한 세계의 비판에 특히 민감하다는 것을 알고 있으며, 가능한 한 많은 사람들과 나라들을 그 비판에 동참하도록 만드는 것이 우리 정치 운동의 중요한 부분이라는 것 또한 알고 있습니다. 이 나라에 자국의 회사들이 투자하는 것에 외국 정부들이 불편을 느끼고 그럼으로써 남아프리카가 점차 태도를 바꾸게끔 그 나라들이 압력을 가할 것이라는 계산하에서 우리는 이 부도덕한 구조에 참여하는 외국회사들에게 압력을 가하는 것입니다. 그것은 세계가 수긍하고 흑인인 우리가 수긍하는 방향으로 정책을 바꾸게끔 남아프리카를 압박하자는 계산 아래 이루어진 정치적 행동이었습니다.

소고트 당신은 재판장님께 당신네 동포가 외국인 투자를 거부하는 몇몇 이유들을 말씀하셨습니다. 이와 관련한 다른 논지가 있습니까?

비코 나라의 부는 그 나라의 사람들이 누려야 합니다. 외국인 투자자들이 들어오면 그들은 남아프리카의 기술보다 더 선진적인 기술을 통해 우리나라의 부를 개발하여 이 땅에 정당하게 속하는 이윤을 빼앗아갑니다. 그리고 그 돈들은 우리 사회가 아닌 다른 사회를 이롭게 하는 데 쓰이지요.

판사 그 반(反)외국인투자 노선 뒤에는 남아프리카의 경제를 약화시키려는 목적이 있는 것 아닙니까?

비코 아니오. 그렇지 않습니다.

판사 그럼 광범위하게 비고용을 양산하려는 것은 아닙니까?

비코 물론 아니지요.

소고트 실질적으로 외국인 투자를 철수하는 문제에 관해 당신네 동포들은 어떻게 생각하고 있습니까?

비코 그들은 철수하지 않을 것입니다. 외국 회사들이 앞서 설명한 이유들로 인해 철수할 것이라고 우리는 한 순간도 생각한 적이 없습니다.

소고트 설령 그들이 원하지 않는다 할지라도 그들이 철수할 여지에 대해서 생각해 본 적은 없습니까?

비코 당시 우리가 이해했던 것은 샤프빌 사태 이후 확실히 외국 회사들이 경제에 투자를 하거나 참여하는 문제 전반이 엄격해졌다는 것입니다. 저는 지금도 그렇다고 생각하는데요. 그런 이유로 남아프리카 경제에 직접적으로 관련된 회사는 어느 누구도 마음대로 철수할 수 없게 되었다는 사실이었습니다.

소고트 그런가요?

비코 예, 물론이죠. 당신이 공장에 기계를 투자하고 있다든지 하면 당신은 영국으로 그 기계를 가지고 갈 수 없습니다. 기계들은 여기 남겨두고 가게 되지요. 만약 어떤 투자자가 이를 불편하게 느낀다면 다음 투자자에게 또는 남아프리카 회사에 그 기계를 파는 것이 그가 할 수 있는 일의 전부입니다. 그런 의미에서 누군가 어떤 식으로든 경제 체제를 붕괴시키고 싶어 한다 해도 그것은 불가능하다는 거지요.

제리 모디사네는 그렇게 생각하는 것이 흐리멍덩한 입장이라고 주장한 바 있습니다. 아무 소용이 없다는 것이죠. 그렇게 생각한다면 우리가 할 수 있는 일은 아무것도 없었으니까요. 우리가 외국인 투자 자본의 기를 꺾어놓는 강령을 채택해야 한다는 것이 그의 견해였습니다. 그에 반대하는 논거는 우리의 관심이 투자를 막는 강령을 만드는 데 있는 것이 아니라 투자를 막는 운동을 준비하는 데 있다는 것이었습니다. 우선 우리는 이곳에 투자한 사람들이 상황을 알지 못했다고는 생각지 않았으니까요.

소고트 그러니까, 그 일은 실패했군요.

비코 예, 그렇습니다.

소고트 왜 외국인 투자가 당신네 동포들의 관심사인지를 설명해 주실 수 있나요?

비코 우리가 문제를 평화적으로 해결하고자 한다면 다른 나라 사람들과 다른 나라 정부로부터 우리의 노력에 대한 지지를 얻는 것이 필수적인 일이라고 믿고 있습니다. 우리는 남아프리카가 우리뿐만 아니라 우리와 같이 아파르트헤이트를 이야기하는 다른 나라 사람들의 말에 귀를 기울여 우리의 관점에 공감할 수 있기를 바랍니다. 이를 위한 하나의 압력 형성 수단으로서 우리는 이 외국인 투자 문제 전체를 바라보고 있습니다.

이제 몇몇 외국인 투자자들이 제기해 온 논리를 짚어 보겠습니다. 그들은 외국인 투자로 인해 고용이 창출되고 그럼으로써 흑인들이 도움을 받는다고 합니다. 그들은 자신들의 이윤 일부를 복지 사업에 기부함으로써 흑인들의 장래 문제에 관심이 있는 것처럼 보이기 위해 애를 쓰고 있습니다. 우리는 이것이 온정주의라고 느꼈습니다. 우리는 외국인 투자자들이 고용인들에게 토큰을 더 많이 준다든지 사회복지의 차원에서 토큰을 보조해 준다든지 하는 물질적 시혜보다는 고용인들을 인간으로 바라보는 데 눈을 돌려야 한다고 생각했습니다.

이 나라에서 외국 자본으로 세워진 산업이 단지 사업주가 손을 뗀다는 이유만으로 망하는 법은 없습니다. 회사를 인수하는 다른 사업주가 언제나 나타나기 마련이니까요. 그러므로 일자리와 근무 여건이라는 관점에서 볼 때, 외국인 투자로 경영되는 회사에 고용된 흑인들은 계속 고용 상태를 유지하게 되는 거지요. 우리가 공격하는 것은 정확히 말해 이 사람들이 남아프리카의 변화에 영향력을 가진 위치에 있을 때라도 그들이 남아프리카인이 아니고 본국으로 돌아갈 처지이기 때문에(아마도 본국으로 가면 더 자유주의적인 입장을 취하겠지요). 이런 영향력을 행사하지 않는다는 사실입니다. 이것이 우리가 공격하는 지점인 것입니다. 수많은 흑인들의 삶의 고달픔을 그들은 덜어주지 못합니다. 그리고 그들이 철수한다 하더라도 우리가 특별히 더 고통받지 않을 것임은 확실합니다. 왜냐하면 남아프리카 사업주나 외국인 사업주나 차이가 없기 때문이지요.

소고트 '흑인의 처우개선을 위한 일이라는 신념을 가지고, 지도자라는 미명하에 해외에 나가 남아프리카에 있어 달라고 외국인 투자자들을 설득하는 꼭두각시 흑인을 비난' 하는 결의안은 무엇입니까?

비코 그것은 본질적으로 반투족 지도자들, 제 생각으로는 특히 가차 부텔레지에 대한 공격입니다. 그가 그런 일을 했지요. 시스케이족의 세베도 또한 그런 일을 했고요. 그들은 외국인 투자를 유치하기 위해 외국으로 나가고 있습니다. 흑인 동포의 대표인 우리가 무엇을 생각하는지는 전혀 이해하지 못한 채로 말입니다. 우리는 그들이 꼭두각시라고 믿고 있습니다. 백인 사회의 이익을 위해 우리의 이익에 반하는 일을 하는 꼭두각시 말입니다. 제가 백인 사회라고 하는 것은 사회의 정부 권력 구조를 말하는 것입니다. 따라서 우리는, 그들이 섬기는 사람들이 그들에게 기대하는 것을 말하면서 마치 자신들이 흑인 동포를 대변하고 있는 것처럼 말하는, 그들의 위선을 공격하고 있습니다.

소고트 비코 씨, 결의안 제42항 "SASO는 남아프리카가 흑인과 백인이 모두 사는 나라이며 앞으로도 계속 함께 살 나라임을 믿는다"라는 구절에 관해 말씀을 좀 해주시죠. 이것은 무엇을 의미합니까?

비코　그러니까, 남아프리카 사회는 다원 사회이고 그 분절을 이루는 모든 공동체가 사회 발전에 공헌해 왔다는 사실을 인정한다는 의미입니다.

소고트　그 조항을 당신처럼 열린 사회에 대한 승인으로 이해한다면 어떤 식으로 사람들에게 투표권을 부여할 수 있을까요? 또 백인은 어떤 투표권을 가지게 되나요?

비코　우리 회원들에게 반(反)백인주의 감정을 조장하는 것은 우리의 의도가 아니라는 점을 강조하고 싶습니다. 하지만 역사를 통해, 우리는 독점적인 권리를 누리는 사람들과 함께 계획을 세울 수는 없다는 사실을 인정할 수밖에 없습니다.

판사　당신네 동포들이 1인 1투표제를 지지한다는 뜻입니까?

비코　예.

판사　아프리카 내에서 지금 그것이 가능한 구상입니까? 아프리카 어디서 그것을 찾을 수 있나요?

비코　심지어 이 나라 내에서도 백인들에 대해서는 1인 1투표제가 적용되고 있지요.

판사　이 나라는 별개로 하고, 아프리카의 다른 나라들을 한번 봅시다. 다른 나라들 중 1인 1투표제를 실시하고 있는 나라가 있습니까?

비코 예.

판사 어떤 나라지요?

비코 멀리 갈 것도 없이 보츠와나가 있지요.

판사 그렇군요. 보츠와나는 남아프리카의 역사와 전통의 영향을 받고 있지요. 그런데 남아프리카와 특별히 다른 나라라고 할 수 있을까요?

비코 그럼, 어디 말입니까? 재판장님, 예를 들어 주시지요.

판사 좋소. 어디든 남부 아프리카 밖에 있는 나라로는 어떤 나라가 있나요?

비코 가나가 그렇지요.

판사 은크루마(가나의 정치가. 영국에서 서아프리카 민족운동을 지도했으며, 가나 공화국이 정식 출범할 때 초대 대통령이 되었다―옮긴이) 시절에 이미 없어지지 않았나요?

비코 없어지지 않았습니다. 가나는 지금 군부 체제지만 시 의회, 지방 의회, 혹은 그 나라의 정부 조직을 구성하는 선거의 개념은 1인 1투표제에 기초해 있는 것이 현실입니다.

판사 글쎄요, 그건 종속적인 기구들 같소. 그런 게 아니고 국가에 영향을 미치는 중요한 투표에 관한 한 아프리카에 1인 1투표제를 두고 있는 나라가 있을까요?

비코 그럼요. 예를 들자면 케냐가 있지요.

판사 바로 근자에 내가 접한 바로는 아프리카에는 46개국이 있는데, 그 46개국 가운데 내 생각에 민주적인 형태의 정부가 있는 나라는 5개국에 불과하오. 그런데 그 나라들이 바로 남아프리카 주변에 있지요.

비코 저도 같은 자료를 보았습니다. 제 생각에는 그들이 말한 것은 29개국에 비군사 정부가 있지만 그 29개국 중 많은 나라들이 1당 국가라는 것입니다. 1당 국가라고 해서 반드시 비민주적인 것은 아니지요. 국민이 선출한 정부라면 말입니다.

판사 그렇소. 하지만 당신 말은 시험에 들게 되는군요. 러시아도 그런 원리에 따라 운영되고 있으니까 말입니다.

비코 그건 그렇습니다.

판사 그렇다면 내 생각엔 245개 나라들 중 불과 14개국만이 공산 국가인데, 그 나라들에서는 국민이 선거로 뽑은 사람들이 실제 통치를 하고 결정을 한다는 말입니까?

비코 저는 러시아 사회에 가본 적이 없습니다. 그러니까 그런 문제에 대해서는 논할 수가 없군요.

판사 좋소. 하지만 당신은 그곳이 1당 국가이고 그들 역시 당신 같은 주장을 한다는 걸 알 거요. 모든 사람들이 투표권을 가지고 있지만 그게 무슨 가치가 있단 말입니까?

비코 그렇습니다, 재판장님. 하지만 최근 들어 야당이 성장하고 있는 케냐의 예를 들어보겠습니다.

판사 오딩가 오깅가가 암살당했을 때 야당은 사라졌다고 생각했는데요.

비코 아닙니다. 오딩가 오깅가는 암살당하지 않았습니다. 그는 아직 살아 있습니다.

판사 톰 음보야는요?

비코 톰 음보야는 정부여당에 있었지요. 그 당이 여전히 집권하고 있습니다.

판사 그렇군요. 하지만 그가 모종의 열성 지지자들을 규합한 것이 발각되었다고, 그래서…….

비코 재판장님, 톰 음보야와 카리우케를 착각하고 계시군요. 살해된 사람은 카리우케입니다. 사람들 사이에 그런 생각을 불러일으킨 사람이 톰 음보야가 아니라 카리우케지요. 하지만 카리우케 역시 정부여당 내부에서 파견되어 활동했던 사람입니다. 보시다시피 케냐는 1당 국가에서 당 내부의 생각 차이가 어떤 일을 만들어내는지를 너무도 잘 보여주고 있습니다. 카리우케는 집권당 내의 부르주아 계급이 케냐에서 전면적으로 발전해 나가는 데 반대하며 케냐의 평민과 노동자, 고용인 편에 서서 그들을 대변했습니다. 다른 편에는 카리우케에게 줄곧 공격을 받는다고 느끼는 케냐타가 있었지요. 그래요, 카리우케는 의회에서 자신의 견해를 발표할 수 있었지요. 전국적으로 집회를 열 수도 있었고요. 하지만 그는 여전히 집권당인 케냐 아프리카 민족연합(Kenya African National Union, KANU) 내부에서 활동했습니다. 이것이 1당 국가의 본질입니다. 자기 사람들을 쪼개어 다른 당을 만들게 할 필요가 없다는 거지요.

판사 알겠습니다. 하지만 카리우케는 그 모든 것에도 불구하고 살아남지 못했지요.

비코 오, 그렇군요. 재판장님. 여러 정치인들이 살아남지 못하지요. 페르부어르트(남아프리카 공화국의 정치가. 독자적인 아파르트헤이트 정책을 추진했다. 1958년 남아공의 총재로 선출되었고, 1966년 의회에서 피살되었다—옮긴이)도 그랬고요.

(웃음)

판사 좋습니다. 당신은 지금 케냐를 거론했습니다만, 아프리카의 다른 나라들에서도 1인 1투표제를 실시하고 있다고 말할 작정인가요?

비코 예, 그렇습니다.

판사 민주주의라, 그건 선진 사회를 전제하는 것 아닙니까? 1인 1투표제가 실시되는 곳이면 무조건 민주주의가 있단 말인가요?

비코 예, 그렇지요. 그렇고말고요. 그리고 그것이 사회가 발전해가는 과정의 일부라고 저는 생각합니다.

판사 좋습니다. 그러나 선거권을 가진 사람들이 분별력있게 자신의 표를 행사할 수 있을 때에라야 민주주의가 진정으로 성공하는 것이지요.

비코 예, 재판장님. 예컨대 스위스에서 후보의 이름을 읽지 못하는 사람들을 위해 기호를 사용하는 것이 바로 그 때문이지요.

판사 하지만 그들은 정부가 하는 일들을 충분히 잘 알고 있기에 투표를 통해 거기에 영향을 미칠 수 있는 것 아닙니까? 내 말은 자신이 누구에게 투표하는지를 분명히 알아야 한다는 뜻입니다.

당신들은 무엇에 대해 투표를 하는 건가요? 당신들이야 외국인 투자와 같은 특정한 정책에 대해 투표를 한다고 치지만 농민들은 외국인 투자에 대해 뭘 안단 말입니까?

비코 재판장님, 민주주의가 시행되는 곳의 확고한 원칙들 중 하나는 의견 수렴 체계입니다. 정책을 입안한 사람들과 그 정책을 받아들이거나 거부해야 하는 사람들 간의 토론이 그런 것이지요. 다시 말해 교육, 즉 정치 교육 체계가 있어야 합니다. 그렇다고 해서 이것이 글을 아는 것과 필연적으로 결부되는 것은 아닙니다. 아프리카에서는 언제나 여러 부족장들이나 추장들이 국민들을 통치해 왔는데 그들도 글을 쓸 줄 몰랐다는 것이죠.

판사 그랬죠, 하지만 당시에 비해 지금의 정부는 더욱 세련되고 전문화되어 있지요.

비코 그리고 사람들에게 설명을 해주는 방법도 있습니다. 사람들은 들을 수 있으니까요. 읽고 쓸 수 없을지는 몰라도 들을 수는 있습니다. 그러니까 그들은 자신들 앞에 놓인 문제들을 이해할 수 있습니다.

판사 그렇다면, 금본위제를 한번 봅시다. 이 정부가 금본위제로 갈 것인가 아니면 금본위제를 폐지할 것인가를 놓고 우리가 논쟁을 벌여야 한다면 당신은 현명하게 표를 던질 수 있을 만큼 그 문제에 대해 충분히 안다고 생각하십니까?

비코 저 개인이요?

판사 예, 당신 말입니다.

비코 보통의 아프리카너보다는 아마도 그 문제에 대해 더 잘 알 겠지요, 재판장님.

판사 그래요, 그럴 테지요. 자, 그렇다면 정부가 당신의 투표에 기반해서 정책을 결정해도 될 정도로 당신이 그 문제를 잘 알고 있다고 생각하십니까?

비코 예. 어떤 문제에 대해서건 정부에게 조언을 해도 좋을 만한 자격이 제게 있다고 생각합니다. 만일 제가 문제를 이해하지 못한다면 제가 신뢰하는 누군가에게 그 문제를 설명해 달라고 할 겁니다.

판사 어떻게 그렇게 말할 수 있죠? 그건 당신의 표란 말입니다. 그러니 투표권을 가진 다른 열 사람은 말할 필요도 없지요.

비코 어떤 사람이나 똑같습니다. 그것이 바로 사안들을 설명하는 정치적인 과정이 존재하는 이유지요. 영국의 보통 사람은 영국이 유럽경제연합의 회원이 되는 것이 자국에 이익인지 불이익인지를 자연발생적으로 이해하지는 못합니다. 그러나 그것이 공개적으로 결정해야 할 사안이 되면 정치 조직가들이 나서서 자신들의 관점을 설명하고 그 관점을 지지해 달라고 호소합니다. 그러면 보통 사람들은 여러 사람의 말에 귀를 기울이면서 자신이 가진 표를 어느 쪽에 행사할 것인지 결정하는 겁니다.

판사 영국이 세계에서 가장 경제적으로 몰락한 나라들 중 하나인 까닭이 아마 그런 점 때문 아니겠습니까?

비코 저는 사물을 좀더 긍정적으로 바라보는 편입니다. 그래서 영국을 세계에서 가장 민주적인 국가들 중 하나라고 말하고 싶은 데요.

판사 좋소, 하지만 지금 영국은 파산 상태이지요?

비코 그것은 하나의 국면이라고 생각합니다, 재판장님. 영국은 전에는 부유한 나라였지요. 다시 사다리를 오르게 될지 어떨지 아직은 모릅니다. 그런 것은 역사의 한 시기일 뿐이라고 봅니다.

판사 좋습니다. 하지만 그 역사의 어딘가에서 뭔가 잘못되어 버렸죠. 그리고 그건 아마도 그 민주주의 때문일 겁니다.

비코 저는 그렇게 생각하지 않습니다. 부분적으로 그것은 전반적인 탈식민지화 과정 때문이었다고 생각합니다. 그 과정에서 영국인들은 자신들이 과거에 누려왔던 안정된 생활을 빼앗기고 말았죠. 이제 그들은 어쩔 수 없이 자국의 자원에 다시 의존해야 하는데 가진 게 그리 많지 않은 겁니다. 지리적으로 영국은 인구 5천 6백 만의 작은 나라이고 경작할 땅도 별로 없으니까요.

판사 하지만 영국에도 한때는 훌륭한 정부가 있었겠지요.

비코 영국이 한때 자원이 풍부했을 수도 있고, 어떤 때는 부의 분배가 하층민에게 미치지 못할 만큼 허리띠를 졸라맸을 수도 있었겠지요. 그러니까 애덤 스미스 시절 같은 때 말이죠. 그러나 심지어 영국의 산업을 주도한 소수의 사람들이 방방곡곡에서 대공업을 일으켜 부자가 되었던 자유방임주의의 시대에도 정부는 부자가 되었지만 국민은 더 가난해졌습니다.

판사 그들에게는 투표권이 있었지요.

비코 그들은 투표권을 쟁취했습니다. 그리고 그들은 국민을 착취하는 데 반대하는 좀더 사회주의적인 정부로 차차 돌아섰지요. 그 나라의 사람들은 부를 국민들에게 되돌리기 위한 과정을 다시 만들어내고 있습니다.

소고트 비코 씨, 재판장님께서 당신에게 던졌던 질문들 중 몇몇을 제가 좀더 심도 깊게 다루고 싶은데요. 이 나라에서 1인 1투표제의 채택과 그 운용에 장애가 되는 요소들이 있다면 말씀해 주시겠습니까?

비코 기본적으로 말씀드릴 수 있는 것은 남아프리카의 흑인은 여러 아프리카 국가들이 독립을 쟁취했던 시대와 비교하면 많은 점에서 달라져 있다는 것입니다. 우선 그들은 매우 서구화되어 있을 뿐만 아니라 모든 면에서 서구식 제도를 점점 더 많이 수용해 가고 있습니다. 또 실용적인 영역이나 혹은 그 이상의 영역에서의 문자해독 능력, 즉 교육 수준이 매우 높아졌습니다. 세번째로 그들은 식민주의자들이 거주해 온 아프리카의 여타 국가들과는 성격을 달리하는 문제에 직면해 있습니다. 즉 백인들이 단순한 식민지 개척자가 아니라 이 나라의 일부인 상황에 우리가 놓여 있다는 점입니다. 그러므로 재판장님, 저는 우리 사회를 구성하는 다양한 요소들을 수용해 나가는 것이 이 나라 정치 발전을 위한 과정이라고 생각하는 바입니다. 1인 1투표제를 원한다는 것이 우리의 입장입니다. 백인들은 이에 대해 회의적입니다. 이제 협상을 통해 타협할 수 있는 지점을 찾아내야 합니다. 여러분도 아시다시피 입장이 없으면 협상도 없습니다. 우리의 입장은 백인에게 배타적인 것이 아닙니다. 우리는 타협 지점을 찾아내야만 합니다.

소고트 이제 흑인이 추구하는 경제적 가치의 개념을 재판장님께 간단히 말씀해 주시겠습니까? 당신네 동포들은 경제적인 면에서 어떤 사회를 이루려고 하는지 말씀해 보시죠.

비코 좋습니다. 경제적 관점에서 볼 때 논의의 출발점은 아프리카인인 우리에게는 일정한 형태의 경제가 있었다는 것입니다. 설령, 원시적인 형태였다 하더라도 말이죠(제가 '원시적'이라는 용어를 사용하는 것은 여러분도 아시다시피 그 시기 이후 지식의 총 영역이 그만큼 넓어졌기 때문입니다). 우리의 경제는 주로 농작물 위주의, 그리고 소와 양 따위와 크고 작은 가축들 위주의 농업 경제였습니다. 이 사회는 전체적인 운영에 필요한 몇몇 기본 원칙들을 가지고 있었습니다. 그 중 첫번째는 토지에 대한 사적 소유권의 개념을 가지고 있지 않았다는 사실입니다. 토지는 부족의 소유였고 족장의 책임하에 부족이 점유하고 있었습니다. 족장은 "저기가 우리의 목초지가 될 것이다. 너는 여기에 정착해라. 여기가 네 농장이다"와 같은 말을 할 수 있었죠. 족장이 그런 말을 하면서 당신에게 주는 것은 서구 사회에서 일반적으로 매우 비싼 것으로 여겨지는, 토지에 대한 권리증서가 아닙니다. 그는 단지 거기에 머물 수 있는 권리를 당신에게 주는 것뿐입니다. 이러저러한 이유로 부족이 분할지를 사용할 필요가 있을 경우 그는 당신에게 다른 곳을 제공합니다. 여기에는 의문의 여지가 없습니다. 하지만 당연히도, 이런 일을 그가 완전히 독단적으로 하지는 않습니다. 아시겠지만 사람들과 상의를 하죠. 족장이 소집하는 여러 회합에서 모든 사람들은 자유롭게 의견을 개진합니다. 제가 여기서 말하고자 하는 요지는 이 경제 제도가 특정한 기본 원칙들을 가지고 있다는 점입니다.

지금 우리는 흑인공동체주의를 주창하고 있습니다. 그것은 많은 점에서 아프리카 사회주의와 유사합니다. 우리는 지금 상술한 경제 개념을 수용하기 위해 본래의 부족적 전통을 불러냈습니다. 우리는 또한 산업을 수용할 필요가 있습니다. 우리는 산업과 정치 사이의 총체적인 관계를 수용할 필요가 있습니다. 그러나 이러한 해석에는 일정 정도의 가변성이 존재합니다. 엄밀히 말해 어느 누구도 아직은 그 공동체를 완벽하게 정의하지 못했기 때문이죠. 일례로 아프리카 사회주의를 신봉한다는 케냐는 과거의 영국 사회와 매우 흡사하고 그 접근법은 매우 자본주의적입니다.

소고트 당신들의 경제 정책은 어떤 방향입니까?

비코 우리가 생각한 것은 우리 사회에 공유의 개념을 도입하자는 겁니다. 이것이 우리가 믿고 있는 것에 대한 기초적인 설명입니다. 우리는 기본적으로 우리가 자본주의를 지향하는 사회를 다루고 있다는 것을 알고 있습니다. 비록 그 속에 사회주의적 요소가 다수 포함되어 있긴 하지만 말입니다. 예를 들어 남아프리카의 라디오 방송이나 철도 같은 여러 시설들은 국유화되어 있다는 점을 말씀드리는 겁니다. 이제 다시 한번 우리는 협상을 할 생각이 있다고 말하는 바입니다. 나라의 미래에 관심이 있는 두 진영의 서로 다른 두 가지 견해에 대한 대화에 나설 생각이 있다는 말입니다. 우리는 우리의 견해를 발전시켜 나가겠지요. 그렇게 하는 것이 자유기업 제도를 소중하게 생각하는 사람들에게 우리가 말을 걸 수 있는 기반입니다. 그러면 이 두 가지 견지에서 비롯된 종합적인 어떤 것이 분명히 나오겠지요.

판사 당신들의 강령 중에 사유재산은 모두 몰수되어야 한다는 내용이 제시된 부분이 있습니까?

비코 아니오.

소고트 자, 비코 씨. 이제 당신들의 자유의 쟁취 문제를 다루어 볼까요?

비코 첫째로, 우리가 분석한 바에 의하면 가장 중요한 점은 우리 사회 내에 제도화되어 있는, 또한 다수 백인의 후원 속에 보호를 받고 있는 백인 인종주의가 엄연히 존재한다는 사실입니다. 달리 말하면 백인 어린이는 이 제도와 더불어 살기를 원하는지 그렇지 않은지를 선택하지 않아도 된다는 거지요. 그 아이는 태어남과 동시에 제도 속으로 들어갑니다. 아이는 백인 학교와 기관들에서 성장하고 성장의 모든 단계에서 백인 인종주의의 세례를 받습니다. 그들은 그들이 누리는 특권들을 흑인 사회는 누리지 못하도록 독점하고 있습니다.

　그러면 이제 분석해 보죠. 백인들을 인종주의라는 관념에서,

그리고 특권과 부의 독점에서 벗어나게 하기 위해 우리가 이 단단하고 오래된 고치를 깰 수 있을까요? 우리가 그들을 개인적으로 설득할 수 있을까요? 우리는 백인 사회가 그 설득에 귀를 기울이지 않을 것이라고 생각합니다. 그들은 백인 자유주의자들의 말에도 귀를 기울이지 않을 겁니다. 자유주의는 백인 사회 내부에서 자라난 것이 아닙니다. 우리 흑인들은 멍청하게 서서 상황을 방관할 수가 없습니다. 우리는 흑인으로서, 흑인의 목소리로 우리가 원하는 바를 말할 때 백인 사회로부터 반응을 일으킬 수 있을 뿐입니다. 자유주의자의 시대에는 자유주의자들이 말하는 것을 메아리처럼 따라 하는 것을 제외하고는 흑인의 목소리가 잘 들리지 않았습니다. 이제 우리가 흑인으로서 우리가 원하는 바를 명료하게 말하고 그것을 백인에게 이해시켜야만 하는, 그것도 힘주어 이해시켜야만 하는 때가 왔습니다.

우리는 결코 실패를 마음에 두지 않습니다. 우리에게는 선택의 여지가 전혀 없습니다. 우리는 역사를 분석했습니다. 우리는 역사가 필연적인 방향으로 움직인다는 것을 믿습니다. 그리고 이 경우 그 필연적인 방향은 이 나라의 백인 사회가 결국은 흑인들의 생각을 수용해야만 한다는 것입니다. 우리는 그 역사 속의 일개 대리인일 뿐입니다. 여러 대안들이 있습니다. 우리의 한편에는 사람들이 알고 있는 여러 단체들이 있는데, 이들 중 어떤 이들은 폭력을 택했고 또 어떤 이들은 다른 활동 방법을 선택했습니다. ANC(아프리카 민족회의)와 PAC(범아프리카주의자 회의)가 폭력적인 방법을 택했음을 우리는 알고 있습니다. 그러나 우리는 그것만이 유일한 대안이라고는 믿지 않습니다. 우리는 평화적인 수단으로 우리가 원하는 방향으로 갈 수 있다고 믿습니다. 그리고 우리가 공개적인 운동을 조직하기로 결정했다는 사실은 우리 활동이 합법적인 한계 내에서 이루어질 것임을 의미합니다. 우리는 이 특별한 노선을 취할 것을 승인했습니다. 우리는 진실로 향하는 길에는 위험이 가득하다는 것을 압니다. 우리들 중 몇몇은 저처럼 보안관찰 처분을 받고 있습니다. 다른 이들은 여기 있는 이 사람들처럼 체포되어 있습니다. 그러나 역사는 필연적으로 우리가 믿는 방향으로 움직여 갈 것이며 백인들이 귀를 기울여야만 하는 상황을 만들어낼 것입니다.

저는 백인들이 계속해서 귀머거리 상태로 있지는 않을 것이라고 믿습니다. 이 정부가 반드시 히틀러의 노선에 기울어져 있는 것은 아닙니다. 저는 정부가 시간을 버는 것이라고 생각합니다. 상황에 따라 포르스테르 씨는 일부 문제들을 미룰 수도 있습니다. 하지만 '아니오'라고 말하는 목소리가 커져감에 따라 그도 그 소리에 귀를 기울이게 될 것이라고 저는 믿습니다. 그는 흑인의 감정을 수용해야만 할 것입니다.

소고트가 유도하고 보스호프 판사가 묻는 질문에 따라 증인 진술을 마친 후 스티브 비코는 K. 애트웰 검사의 반대심문을 받았다. 검사는 SASO와 BPC의 성격에 관해, 그리고 특히 이 조직

의 일부 문건에 나온 지나친 단어 구사에 관해 비코에게서 불리
한 자백을 쥐어짜냄으로써 기소당한 조직들에 해가 되는 증거를
얻으려 애썼다.

애트웰 비코 씨, 당신이 SASO와 BPC 양대 조직의 창설자 중 한
사람이고 흑인의식사상을 제일 먼저 주창한 사람이라고 하던데
맞습니까?

비코 맞습니다.

애트웰 또한 이 조직들의 구조적 얼개를 짜고 우리가 당신들 조직
의 문건을 통해 알게 된 기본 정책들의 많은 부분을 당신이 만들
어냈다고 하던데요?

비코 예, 대부분 맞는 말입니다.

애트웰 그렇다면 당신이 SASO 같은 조직체를 만들어야겠다는 생
각이 간절하던 무렵 이미 당신과 몇몇 다른 창립 회원들은 특정
한 정치적 성향을 가지고 있었겠군요?

비코 맞습니다.

애트웰 창립 당시부터 SASO는 독특한 조직이었더군요. 그렇지
않습니까?

비코 그랬습니다.

애트웰 사실상 이전의 우리 역사에는 이와 비슷한 조직이 없었지
요? 내 생각에는 SASO에 버금가는 조직은 역사상 없었던 것 같
은데요?

비코 국외에는 모르겠지만 국내에는 없는 게 분명하군요.

애트웰 또한 추측건대, 그 조직은 수많은 위험이 가득한 모험이었고 당신은 매우 주의를 기울여 이 일에 착수했겠지요?

비코 맞습니다.

애트웰 과거 이 나라에서 흑인을 위해 일했던 조직들은 다소 험난한 행로를 거쳤던데요?

비코 맞는 말입니다.

애트웰 문건들 속에는 과거 조직들을 '흑인의 존엄과 정당함을 지키기 위해 우뚝 서서 60년대에 보안관찰 처분을 당했던' 과 같은 표현으로 언급한 부분들이 있지요. 내 추측에 그것은 보안관찰 처분을 받은 ANC와 PAC를 지칭하는 것 같은데, 맞습니까?

비코 흑인 사회에 관해 당신이 한 가지 알아둘 점이 있군요. ANC와 PAC가 흑인 사회의 역사에서 중요한 운동인 것은 그 조직들이 사람들의 삶에 영향을 미치고 그들의 신뢰를 이끌어냈다는 의미에섭니다. 당신의 운동이 새로운 운동이고 모든 사람들과 함께하기를 원한다면, 사람들이 기본적으로 신뢰를 갖고 있던 과거의 조직들에 대해 함부로 말하는 것은 유리한 일이 되지 못합니다. 그래서 BPC나 SASO는 과거의 운동들에 대해 어떤 비판적인 태도도 취하지 않는 것입니다. 우리는 우리 자신에 대해서는 적극적으로 말하지만 백인 사회와 그 권력 기관 등을 제외하고는 어느 누구에 대해서도 가능한 한 말을 아끼고 있습니다.

애트웰 SASO와 BPC가 그 접근법에서 흑인들의 심리적 억압에 상당한 관심을 기울인다고 생각하는데 내 생각에 동의합니까?

비코 예. 하지만 앞선 증인 심문에서 말씀드린 것처럼 전체 공동체 발전 강령은 실제로 심리적 억압의 한 형태인 고통을 경감하는 것을 지향하고 있습니다. 그리고 심리적 해방이라고 할 때는 가혹한 실제 생활 여건으로부터 해방되는 것 역시 포함하는 것입니다.

애트웰 그때 당신은 흑인들이 폭력으로 국가를 전복해야 한다고 생각했나요?

비코 그렇지 않습니다.

애트웰 군사 전문가인 한 참고인은 남아프리카가 군사적으로 너무 강하기 때문에 주민들의 어떤 공격이건 격퇴할 것이라는 견해를 피력한 바 있습니다. 당신은 이 견해에 찬성하십니까?

비코 글쎄요, 최근에는 백인 군대의 위력에 대해 연구한 바가 없습니다.

애트웰 하지만 타당한 견해라고 생각지 않소?

비코 타당하다고 생각하지 않습니다.

애트웰 그 군사 전문가는 또한 이 나라에서 흑인이 변화를 위해 활동할 수 있는 가장 생산적인 영역은 흑인 노동자의 영역이라고 했소. 그 말에 동의하나요?

비코 당신이 근본적인 변화를 말하는 것이라면 아마도 그런 말이 가능하겠지요. 하지만 더 적합한 다른 영역들도 있다고 생각합니다. 예를 들어 사회적인 관심을 끌고 있는 스포츠 분야를 보십시오. 스포츠는 또한 다른 영역에서의 변화를 예시하는 것입니다. 저는 지금 이 나라가 스포츠 분야에서는 상당한 압력이 가해져서 결실을 맺는 단계에 와 있다고 생각합니다.

애트웰 그렇지만, 당신은 흑인이 가장 큰 압력을 행사할 수 있고 흑인의 능력이 가장 잘 발휘될 수 있는 분야가 어디라고 생각합니까?

비코 지금 말씀드리지 않습니까, 스포츠라고요.

애트웰 스포츠에서 흑인들이 어떻게 대단한 압력을 행사한단 말이오?

비코 남아프리카 럭비연맹, 남아프리카 크리켓운영단 및 스포츠를 관리 감독하는 흑인 영역의 다양한 스포츠 단체들의 중요성이 점점 커지면서 그 단체들은 막대한 영향력을 형성하여 폭넓은 관중들을 동원하는 정도에 이르렀습니다. 가차 부텔레지 같은 닳고 닳은 정치인들조차 지금 여기에 편승하고 있는 것을 봅니다. 제 생각에 그 이유는 간단합니다. 스포츠는 금방 결과가 드러나는 분야이기 때문이죠. 스프링복(남아프리카 공화국 럭비 팀 이름—옮긴이)은 국내에서 오직 자기들끼리만 경기를 하지 않는 한 계속 백인만의 팀으로 남아 있지는 않을 겁니다.

애트웰 그러면 당신은 스포츠가 근본적인 변화를 불러올 수 있다고 생각하는 겁니까?

비코 스포츠가 변화의 전조를 보여준다고 생각합니다. 이 나라의 백인들이 아주 비합리적이지 않은 한 스포츠 분야에서는 서로 섞이게 되죠. 그러면 결국 전체적으로 섞이게 마련인데요, 이렇게 되면 여러분은 다른 영역에 대해서도 생각을 해야만 합니다. 영화에 대해서, 쇼나 무용 등등에 대해서, 그리고 정치적 권리에 대해서도 생각을 해야 합니다. 눈덩이 효과지요. 이렇게 생각이 확장되다 보면 남아프리카 백인들의 마음속에 이 나라가 변해야 하며 그 변화는 거스를 수 없다는 생각이 각인될 것입니다. 역사는 궁극점을 향해 필연적인 방향으로 움직이니까요.

애트웰 그러니까 당신은 흑인이 가장 유능할 수 있는 주된 분야가 실상 노동자의 영역이라는 것에 동의하지 않는군요?

비코 지금으로서는 분명히 말씀드릴 수가 없군요.

애트웰 비코 씨, 나는 단지 흑인 조직들이 사용하는 몇몇 용어들과, 당신이 그런 용어들을 어떻게 이해하는지를 이 자리에서 분명히 하고 싶은 것뿐입니다. 먼저 당신들은 '의식화시키다' 라는 단어를 쓰지요?

비코 예.

애트웰 자, 여기 '의식화' 의 정의가 있소. 내가 읽어보겠소. "의식화는 주어진 사회적·정치적 무대 속에서 살아가는 개인이나 집단이 자신들의 처지를 자각하게 되는 과정이다. 여기서 자각이라 함은 자신이 처한 물질적 상황에 대한 자각이라기보다는 자신과 환경에 대한 자기의 영향력을 평가하고 개선시켜 나가는 능력이다. 따라서 남아프리카를 예로 들자면, 어떤 사람이 억압받는 상황에서 살아가고 있다는 것 혹은 차별적이고 더 열등한 교육 제도 속에 처해 있다는 것을 자각하는 것으로는 부족하다. 그는 곤경을 헤쳐 나간다는 생각에 전념해야 한다. 그러한 일에는 복잡하고 위험한 요소들이 있다는 사실을 곧 깨닫게 되겠지만, 위험과 난관에도 굴하지 않고 끝까지 해내야 할 투쟁을 하고 있다는 기본적인 믿음을 가지고 항상 활동해야 한다. 그러므로 의식화에는 해방의 과정, 노예 상태에서 벗어나는 과정에 사람들을 참여시키고자 하는 열망이 내재되어 있다. 우리는 흑인의식운동의 틀 속에서 활동하고 있다." 자, 의식화를 이렇게 설명해 놓은 것에 대해 할 말이 있소?

비코 상당히 맞는 말이라고 생각되는데요.

애트웰 이것이 당신이 의식화를 이해하는 방식이고 또한 SASO와 BPC가 그것을 이해한 방식입니까?

비코 예.

애트웰 그러면 의식화를 목적으로 사용되는 그 용어를 접하게 되면 그것을 애초에 사용했던 의미와 같은 것으로 보면 되지요?

비코 예, 분명 그렇겠지요.

애트웰 그러면 체제에 관한 말은 있습니까?

비코 예.

애트웰 '체제'라는 용어를 당신들은 어떻게 사용하나요?

비코 '체제'라는 용어의 근본 의미는 사회 속에서 작용하는 힘이라는 것입니다. 사회 속에서 작용하는 이 힘은 제도화되어 있건 그렇지 않건 간에 당신이라는 존재를 통제하고, 당신의 행동을 지도하고, 통상 당신 위에 군림하는 권위입니다. 여기에는 분명 정부가 포함되어 있고 정부 요원들, 특히 경찰들이 포함되어 있습니다. 우리에게는 보통 경찰을 체제로 간주하는 경향이 있습니다. 그러나 체제는 또한 전체적인 억압의 과정을 의미합니다.

애트웰 그렇다면, SASO와 BPC의 문건들을 보면 체제를 거론하건 '정부' 혹은 '백인'을 거론하건 간에 이 세 가지 용어가 같은 대상을 의미하는 것으로 쓰인다는 느낌을 받게 되는데요?

비코 예, 용어들의 호환성에는 정당한 논거가 있습니다.

애트웰 어떤 필자가 쓴 공격적인 발언을 보면 '백인들이 이런 일을 했다' 혹은 '정부가 이런 일을 했다' 혹은 '체제가 이런 일을 했다'라고 하고 있는데요, 이 모든 것이 기본적으로 같은 의미입니까?

비코 때때로 '백인'이라는 용어는 다른 용어와 호환되어 사용되는데, 그것이 '백인 인종주의'입니다. '백인 인종주의'는 다시, '체제'와 밀접하게 결합되어 있는 것으로 이해할 필요가 있습니다. 달리 말하자면 제도화된 인종주의가 있습니다. 그것은 정부의 요원들을 통해 자신을 드러냅니다. 그런데 제도화되어 있지 않은 인종주의가 있다면 그것은 길거리에서 자신을 드러냅니다. 예를 들어서 이 법정의 바로 바깥에서도 흑인과 백인의 관계 전반이 인종주의의 일정한 형태를 보여줍니다. 이곳의 바깥에는 화장실이 없습니다. 오늘 아침에 저는 '백인용'이라고 표시된 화장실에 들어갔습니다. 주위의 모든 사람이 거의 저를 제지하고 싶은 듯 쳐다보았습니다. 그래서 저는 흑인용 화장실은 어디 있냐고 물어보았죠. 다행히도 그들은 저를 막지 않았습니다. 그러나 그들이 제게 보여주었던 것이 바로 인종주의입니다.

애트웰 SASO와 BPC에게, '체제'는 백인이고 '정부'는 백인 정부입니까?

비코 완전히 맞는 말은 아니군요. 체제의 일부이지만 흑인인 사람도 있으니까요. 그는 체제의 연장이라고 보아야 합니다.

애트웰 가차 부텔레지 같은 사람 말이오?

비코 가차 부텔레지는 피부색으로는 그리고 아마 포부로 보아도 분명 저와 마찬가지로 흑인입니다. 그러나 그는 체제 내에서 활동하고 있습니다. 그것은 백인 정부가 그를 위해 만들어낸 체제이고 그런 의미에서 그는 체제의 연장인 셈이지요.

애트웰 '자유 투사'인 자신을 설명해 보시죠.

비코 언젠가 제 직업이 무엇인지 알고 싶어 하는 보안경찰에게 그 표현을 썼던 건 맞습니다. 저는 '자유 투사'라고 했죠.

애트웰 비꼬는 말이라고 생각되는데, 아니오?

비코 글쎄요, 가볍게 말한 겁니다. 당신이 보안경찰을 내내 옆에 두고 살아야 한다면 그와 말을 나누는 방법을 터득해야 합니다. 그 말은 그런 방법들 중 하나이고요. 그들은 보통 하나의 언어만을 알아듣지요.

애트웰 1971년 7월에 당신이 SASO의 집행부 일을 계속하지 않고 물러난 이유는 무엇입니까?

비코 거기에는 두 가지 이유가 있습니다. 사실 당신은 제게 1970년의 의장직 재선에는 왜 나가지 않았냐고도 물을 수 있을 것입니다. 우리의 신념은 몇몇 개인들보다는 운동에 참여하고자 하는 많은 사람들을 규합하기 위해 노력해야 한다는 것입니다. 우리는 우상화된 지도자를 만들어내서는 안 됩니다. 우리는 사람들의 관심을 우상이 아닌 전달하고자 하는 내용에 집중시켜야 합니다. 이것이 당신이 발견하신 것처럼 SASO의 초기 의장들이 모두 1년간 재직하고 바뀐 이유입니다. 제가 맡았던 특별 칼럼, 「내 마음대로 쓴다」를 프랭크 토크라는 필명으로 쓴 이유 또한 그런 것이었습니다. 누군가가 논쟁거리들을 계속해서 다룰 경우 사람들은 그 개인에 대한 개인적인 우호 혹은 배척의 견지에서 그 사람을 대하는 경향이 있기 때문이지요. 우리는 사람들이 우리가 전달하는 내용에 집중해 주길 원했습니다. 1972년 6월에 몇몇 간부 그룹이 제게 집행부에 복귀해 달라는 요청을 했습니다만 저는 거절했습니다. 저는 소기의 목적을 달성했고 나름대로 그 조직에 공헌했으며 그때는 새로운 지도력이 출현해야 할 시기라고 생각했기 때문입니다. 2년 동안 집행부에 있었으면 그것으로 충분하다고 생각되었습니다.

애트웰 SASO의 운영 위원회가 결정에 대해 보도자료를 거의 내지 않았던 이유는 무엇이죠?

비코 운영 위원회는 홍보를 할 엄두를 낼 수가 없었습니다. 정확히 말하자면 조직이 그때까지 홍보의 대상이 될 정책 사항들을 정식화하지 못했기 때문이지요.

애트웰 그래서 1년 반 동안 결성을 비밀에 부쳤던 거군요?

비코 누가요?

애트웰 당신들이 충분히 강력하다고 판단될 때까지 비밀에 부쳤던 거죠?

비코 누가 누구에게 비밀에 부쳤다는 겁니까?

판사 애트웰 씨, 이 재판에서 그 점이 왜 중요한 거죠?

애트웰 재판장님, 제가 궁극적으로 말씀드릴 내용은 이 사람들은 자신들의 생각이 혁명적 개념이라는 것을 깨닫고 이를 공론화하기에 충분할 만큼 자신들이 강력해졌다고 느낄 때까지 오랜 시간 동안 그 결성을 비밀에 부쳐왔다는 것입니다. 그들이 이를 비밀에 부친 까닭은 자신들의 힘을 증강하고 있었기 때문입니다. 그들은 이 일을 언론에 알리거나 다른 사람들에게 알리고 싶어 하지 않았습니다. 왜냐하면 이런 종류의 일이 가져오게 될 탄압을 우려했고, 자신들이 조기에 궤멸될 수도 있음을 두려워했기 때문이죠.

비코 당신이 비밀에 부쳤다고 말한 그 헌장은 사실상 다양한 학생대표 회의체들에 보내졌습니다. 이 회의체들은 우리에게 가입하기 전에 대학 내규와 관련하여 총장을 방문해서 그 헌장을 보여주어야 했습니다. 저는 수많은 총장들에게 SASO에 관해 말을 했습니다. 그들은 헌장을 받아 보았습니다. 저는 특히 터플룹 대학의 보스호프 씨가 기억납니다. 저는 그에게 SASO에 관해 세세하게 말을 해주었습니다. 그랬더니 그는 헌장을 인정하고 결국 SASO를 인정했습니다. 자, 이래도 조직이 비밀에 부쳐져 있었단 말인가요?

애트웰 우리는 재판의 말미에서 SASO가 그들의 문건에서 점점 더 군사적인 언어를 사용했다는 것을 재판장님께 말씀드릴 것입니다.

비코 저라면 SASO가 점점 더 긍정적인 어법을 사용했다고 할 텐데요.

애트웰 자, 당신은 초기 문건들에 사용된 언어를 잘 알고 있지요?

비코 예, 일부 문건들은 제가 초안을 짰으니까요.

애트웰 '적나라한 테러리즘이 횡행하는 사태를 깊은 우려와 혐오감을 가지고 주목하고 있다'는 부분이 있는데요?

비코 맞습니다. 그 말은 그저 SASO에서 나올 법한 분노의 일반적인 표현이라고 보는데요.

애트웰 당신은 흑인들이 백인 정부로부터 '직접적인 테러'를 당하고 있는 존재라고 말하는군요?

비코 예.

애트웰 그것이 정당한 말이라고 생각합니까?

비코 여기 이 사람들을 기소하는 것보다는 훨씬 더 정당하다고 생각합니다. 우리가 일상적으로 겪어야만 하는 일은, 몇마디 말을 가지고 당신들이 이 사람들을 기소한 것보다 훨씬 더한 신체적 강압이라고 저는 생각합니다.

애트웰 어떤 사람들 말입니까?

비코 아홉 명의 피고인들 말입니다.

애트웰 좋습니다. 그 문제를 자세히 부연 설명해 주시겠지요. 비코 씨?

비코 저는 사람들이 경찰의 수색을 받고 구타를 당하는 폭력적인 상황을 말하고 있는 겁니다. 3월에 헨네만에서 파업을 일으켰던 사람들처럼 말입니다. 저는 샤프빌 같은 곳에서 비무장 상태의 사람들에게 발포를 하는 경찰을 말하고 있는 것입니다. 타운십에서 감수해야 하는 굶주림을 말하고 있는 것입니다. 바로 지금 빈터펠트에서 볼 수 있는 더러움을 말하는 겁니다. 딤바자에서 보게 되는, 먹을 것도 세간살이도 전혀 없는 상황을 말하고 있는 겁니다. 저는 이 모든 것들이 이 친구들이 말로 했던 것보다 더한 테러리즘이라고 생각합니다. 지금 이들은 기소되어 재판정에 서 있습니다만 백인 사회는 기소당하지 않았습니다. 이것이 제가 말하고자 했던 것입니다.

애트웰 피고들이 기소된 것을 당신은 어떻게 받아들입니까?

비코 그들이 인종적 적대감을 부추길 목적으로 흑인들을 선동했다는 혐의로 기소됐다고 들었습니다. 저는 이 사건에 줄곧 관심을 가져왔습니다. 처음에 이 사건에 관한 이야기를 들었을 때는 우리 사람들이 무슨 일을 벌인 것이라고 생각했습니다. 시간이 한참 흐른 후 국가는 이 사건의 수사를 종결했습니다. 그런데 그들이 어떤 일을 했단 말입니까? 당신들이 제작한 다량의 문건들

속의 소위 말하는 '음모들'은 보안경찰, 그리고 아마 애트웰 씨 당신의 마음속에만 존재하는 것입니다.

애트웰 당신은 저들을 당신 사람들이라고 하는군요?

비코 그들은 저와 함께 활동하고 있습니다.

애트웰 당신과 함께요?

비코 예.

애트웰 당신과 긴밀하게 접촉하고 있단 말이죠?

비코 실은 저들 중 몇몇은 모르는 사람들입니다. 하지만 우리는 우리 사회에 관한 신념을 공유하고 있습니다. 저들이 저와 함께 활동하고 있다고 말한 건 그런 뜻에서입니다.

애트웰 저들 중 몇몇은 모르는 사람들이라고요?

비코 그렇습니다.

애트웰 당신은 저들이 무슨 일을 했는지 모름에도 불구하고 저들을 변호할 작정이란 말이죠?

비코 제가 저들을 변호하는 것은 우리의 조직을 믿기 때문입니다. 저들이 SASO의 일원이라는 이유로 그리고 BPC의 일원이라는 이유로 기소당한 것이라면, 제게는 SASO와 BPC가 정당하다는 신념이 있습니다.

애트웰 당연히 당신과 SASO의 나머지 회원들 그리고 BPC의 회원들은 백인 체제에 반대하는 자유 투쟁에 함께 참가한 적이 있지요?

비코 예.

애트웰 그리고 추측건대, 당신은 이 재판의 피고인들에게 공감하고 있지요?

비코 글쎄요, 저는 법정으로 나오라는 소환장을 받고 여기 불려 왔습니다. 맹세코 진실을 말해야 한다는 것이 이 사건의 중요성에 대한 저의 생각입니다. 물론 저는 저의 회원들에게 공감합니다. 그러나 진실과 저의 회원들 사이에서 흔들리는 일은 없을 것입니다.

애트웰 우리는 이 재판에서 증거에 관해 말하고 있는데요, 이 사건의 증거를 제공하라는 말을 들은 건 언제였죠?

비코 제가 체티 변호사로부터 질문서라 할 만한 것을 받은 건 작년 연말 무렵입니다. 이 질문서에는 SASO의 결성에 관한, 그리고 1970년까지 제가 참석했던 여러 회의들에 관한 다양한 질문들이 들어 있었습니다. 저는 모든 질문에 할 수 있는 한 성심성껏 답했습니다. 그리고 저는 자발적으로 체티 씨에게 제가 직접 출석해서 저의 주장들을 변호해야겠다고 했습니다. 제가 그럴 수 있었던 것은 정확히 말하자면, 주위를 둘러보니 SASO의 창립 초기에 거기 있던 사람들 중 남은 사람이 사실상 거의 없다는 것을 깨달았기 때문입니다. 여기 있는 친구들 중에는 분명 아무도 없고 일반적으로 증인이 되기에 적합한 사람들 중에도 정말 몇몇 없었으니까요. 그뒤 11월 중순경에 법원으로부터 출석하라는 소환장을 받았습니다. 그래서 저는 제가 재판에 나오게 될 것이라고 믿으며 재판에 왔지만 증인으로 나오지 못했습니다. 저는 집으로 되돌아갔고 2주 전에 또다른 소환장을 받았습니다. 이것이 제가 여기 있는 이유입니다.

애트웰 그래서 실제로 당신은 증인에 자원한 거군요?

비코 예, 증언을 하겠다고 자원한 것 맞습니다.

애트웰 SASO와 BPC에 대해 잘못 알려진 것이 있다고 당신이 말하는 걸로 볼 때 이번 기회에 의혹을 일소해 보려고 그런 거겠죠, 그렇습니까?

비코 저는 이 조직들이 결성될 때 거기 있었던 몇 안 되는 사람들 중 한 사람입니다. 그래서 조직의 역사적 문제들에 대해 재판을 돕기에 적합한 사람이 저라는 사실을 알고 있기 때문입니다.

애트웰 보안관찰 처분을 받고 난 다음에 피고들 중 누구와 한 번이라도 접촉한 적이 있소?

비코 말씀드렸다시피 보안관찰 처분을 받은 후에 레코타와 미에자를 만났습니다.

애트웰 그들이 킹윌리엄스타운으로 내려왔나요?

비코 예, 볼 일이 있어 내려왔죠. 그런데 우리집이 킹윌리엄스타운에 있고 제가 SASO 소식을 궁금해 해서 조직의 발전에 관해 내게 이야기를 해주려고 찾아온 겁니다.

애트웰 SASO와 BPC가 ANC 또는 PAC의 방식과 결별한 것에 대해 일부 사람들이 느끼는 두려움을 해소하기 위해 당신이 한 일은 무엇이오?

비코 SASO 및 BPC에 관하여 그런 두려움이 표현된 적은 없었다는 것이 핵심입니다. 저는 SASO와 BPC가 어떤 단체인지는 모두에게 너무도 명백했다고 생각합니다. 우리는 인간 사회의 전체적인 발전을 이야기했습니다. 다른 말로 하자면 자신에게 내재된 심리적인 억압을 떨쳐버리는 흑인을 이야기한 것입니다. SASO와 BPC가 독려하고 있었던 일이 이런 것임을 그들은 우리 집회에서 매일매일 보아왔습니다.

애트웰 당신 말을 정확히 이해하자면 설령 두려움이 존재했다 하더라도 그것을 해소하기 위해 특별히 한 일은 없다는 것이죠?

비코 당신이 제 말을 정확하게 이해한다면 두려움이 표현된 적은 없었다고 말해야지요.

애트웰 하지만 백인들이 두려워했다는 건 명백하죠?

비코 우리 조직에는 백인이 없었습니다. BPC에 관해 하시는 말씀이라면 그 안에도 백인은 분명 없었습니다.

애트웰 BPC 내에는 백인이 없었지만, 당신은 분명 어떤 식으로건 간접적으로 백인들에게 호소를 했지요?

비코 과거에 백인 청중들에게 흑인의식운동에 관해서 연설을 한 적이 있는데 그런 두려움 같은 건 찾을 수 없었습니다. 케이프타운에서 어떤 백인 학생단체에게 연설을 하면서 우리의 관점을 이야기한 바 있는데 다행히도 현재의 아프리카너 학생들은 그것을 대단히 잘 수용했습니다. 그들은 제게 아프리카너 민족주의가 성장해 온 과정이 그러했다고 하더군요. 잘 되기를 바란다는 말도 했습니다. 나는 아프리카너학생동맹 의장인 요한 픽과 친해졌습니다. 최근에 요하네스버그에서 그를 만났는데 그는 나를 란트 아프리칸스 대학에 있는 그의 집무실로 초대했습니다. 그에게 두려움은 없었습니다.

애트웰 당신은 남아프리카의 백인들이 겁을 내고 있다고 생각하나요?

비코 일반적인 백인들은 정권의 선전에 영향을 아주 많이 받는 편이어서 변화가 얼마나 불가피한 것인지를 깨닫지 못하고 있지만 백인 지도자들, 특히 이 나라의 3개 주요 백인 당의 지도부는 변화의 불가피성을 인식하고 있다고 생각합니다. 이 변화가 어떤 방향으로 이루어질 것인가에 관한 모종의 두려움이 그들의 마음을 심란하게 만들고 있다고 생각합니다. 그래요, 그들은 분명 변화에 굴복하고 싶지 않을 것입니다. 변화에 맞대응을 하고 싶겠지요. 그러므로 지도자들에게는 분명 두려움이라 할 만한 것들이 있을 것입니다. 하지만 제가 정말 말씀드리고 싶은 건 보통의 백인들은 그런 걸 느끼지 못한다는 점입니다. 상점에서 그리고 우체국에서 백인이 흑인들을 대하는 것을 보면 변화의 불가피성을 인식하지 못하고 있음을 알 수 있습니다.

애트웰 BPC는 ANC와 PAC에 대해 어떤 인상을 가지고 있죠?

비코 우리는 그들을 흑인 동포의 역사 안에 존재하는 조직이라고 합니다.

애트웰 지지한다는 겁니까, 비난한다는 겁니까?

비코 애트웰 씨, 당신이 깨달아야 할 점이 있습니다. 당신 자신의 해방에서 비롯되는 투쟁, 당신을 위협하는 어떤 것으로부터 비롯되는 투쟁에서의 투쟁이라는 개념은 역사를 관통하며 지속된다는 것이지요. 시대가 달라지면 다른 사람들이 다른 방식으로 투쟁의 개념을 정립하겠지요. 예, 맞습니다. 그러나 투쟁은 우리와 한 몸입니다. 우리는 ANC와 PAC가 투쟁에 참여해 왔다는 것을 인정해야 합니다. 그들이 투쟁에 참여한 것은 이기적인 목적을 위해서가 아니라 흑인을 대표해서 흑인을 해방시키기 위해서였습니다. 우리는 그들의 방법에 뜻을 같이할 수도 있고 그렇지 않을 수도 있습니다. 그러나 그들이 역사 속에 투쟁을 전진시키기 위해 존재한다는 것은 사실입니다.

애트웰 그럼 찬동한다는 것으로 봐도 되겠죠?

비코 판단을 끝낸 것은 아닙니다. 역사 속에 일어났던 일을 인정하는 겁니다. 찬동한다는 것은 어떤 일이 일어났을 때 그것을 지지할지 비난할지에 대해 판단을 할 수 있도록 그 일을 체계적으로 분석하는 것을 포함하는 개념입니다. 이 경우에는 흑인 동포의 역사를 단순히 일부분만 언급했을 뿐입니다.

애트웰 BPC나 SASO의 문건들 속에 '보안관찰 처분을 받고 로벤 섬에 수감된 우리의 진정한 지도자들'을 언급했을 때는요?

비코 그건 맞는 말이죠.

애트웰 구체적으로 누구를 거론하고 있는 겁니까?

비코 만델라나 소부쾌, 고반 음베키 같은 지도자들을 말하고 있는 겁니다.

애트웰 그러면 그 사람들의 공통점은 무엇입니까?

비코 공통점은 그들이 사심 없이 흑인을 위한 투쟁을 전진시켜 낸 사람들이라는 것이죠.

애트웰 그들이라면 ANC의 지도자들이 거기 포함됩니까?

비코 그렇습니다.

애트웰 로벤 섬에 있었던 사람들 중에 당신이 알고 있는 사람이 있습니까?

비코 그럼요.

애트웰 이름을 말해 주겠습니까?

비코 소부퀘 씨를 만난 적이 있습니다.

애트웰 무슨 일로 만난 거죠?

비코 제가 만나고 싶었으니까요.

애트웰 그게 언제였습니까?

비코 1972년이었습니다.

애트웰 그를 통해 알고 싶은 무슨 특별한 일이 있었던 겁니까?

비코 그건 아닙니다. 저는 그때 흑인공동체운동을 목적으로 전국 순회를 하고 있던 중이었습니다. 그 해 몇몇 소송을 맡고 있던 스탠리 은트와사 씨로부터 약간의 정보를 취합해야 했는데, 그 일로 킴벌리에 갔을 때 소부퀘 씨를 볼 기회가 있었던 거죠.

애트웰 그게 1972년 언제였습니까?

비코 9월입니다.

애트웰 소부퀘는 이 나라의 흑인 투쟁사에서 특별한 의미가 있는 인물이죠, 그렇지 않나요?

비코 중요한 사람이지요.

애트웰 SASO나 BPC의 문건 중에서 명확하게 폭력을 거부한 부분이 있으면 말해줄 수 있습니까?

비코 그러려면 제가 문건들을 전부 훑어볼 수 있도록 주셔야 하겠군요.

애트웰 BPC 헌장에는 그런 말이 없죠? 폭력 거부 말입니다.

비코 예, 없습니다. 마찬가지로 국민당 헌장 어디에도 그런 말은 없지요.

애트웰 좋소. 하지만 당신네 동포들에겐 특유한 내력이 있소. 당신도 편견을 접해야만 했죠?

비코 예.

애트웰 당신을 감시하던 의심스러운 당국의 눈길이 무척 많았고요. 그렇죠?

비코 으음.

애트웰 두 조직 모두 출범부터 험난한 시간이 닥쳐올 것이라 예상했었죠?

비코 맞습니다.

애트웰 게다가 거부하는 사람들이 숱하리라는 것도 예상했고요?

비코 맞습니다.

애트웰 저항하는 사람들이 숱하리라는 것도 예상했고 말이죠?

비코 맞습니다. 그래서요?

애트웰 그래서 어느쪽 헌장에도 폭력을 거부한다는 점을 명시하지 않았나요?

비코 정확히 말해 우리가 그 점에 관해 한 번도 생각해 보지 않았기 때문이지요.

애트웰 일부 백인 학생들이 이상한 태도를 보이는 걸 알고 있습니까?

비코 아프리카너 학생들 말이군요.

애트웰 그렇소. 당신네 넹웨쿨루 씨는 어떤 연설에서 '이상한 논리를 지닌 이 이상한 사람들'에 관해 말하더군요?

비코 오, 그래요. 그가 그랬죠. 맞습니다.

애트웰 통상적으로 학생들은 내일의 지도자가 됩니다, 그렇지 않나요?

비코 물론이지요. 하지만 당신이 학생들이 지도자가 된다고 할 때 모든 학생 개개인을 말하는 것은 아니겠지요. 대학에는 쓰레기들도 그만큼 많답니다.

애트웰 비코 씨, 당신은 SASO가 BPC의 양성소였다고 생각하고 있습니까?

비코 후에 BPC가 채택하게 된 철학과 관련하여 골격에 살을 약간 붙였다는 의미에서만 그렇다고 생각합니다. 예, 그런 의미에서요.

애트웰 SASO와 BPC는 흑인들이 느끼는 것을 분명히 표현하기 위해 존재했던 것이죠. 내 말에 동의하나요?

비코 예, 문제점들에 대해 그들이 느끼는 것을 분명히 표현하기 위해서죠.

애트웰 자, SASO와 BPC가 명확히 표현하려 한다는 건 어떤 감정들입니까? 매우 전투적이고 거친 언어를 사용하며 의견을 표출하는 사람들의 감정입니까, 아니면 거의 말을 하지 않는 사람들의 감정입니까?

비코 애트웰 씨, 만약 당신이 설문 조사를 실시한다면 현재의 여건에 만족하는 흑인들은 겨우 1퍼센트에 지나지 않는다는 결과를 얻을 것입니다. 정치적 압력단체로서 BPC는 지금 있는 그대로를 보고 있는 겁니다, 맞지요? 그들은 다수자인 흑인들의 이익을 대변하고자 노력하고 있습니다. 그런데 다수자인 흑인들은 현재 벌어지고 있는 일들에 분노하고 있습니다. 그래서 BPC는 체제에 대한 이 분노를 명확히 표현하려 애쓰고 있는 것입니다. 그 분노의 형태는 다양합니다. 수많은 불만 사항들이 있습니다. 그것들을 하나씩 다 열거하자면 3주는 걸릴 겁니다.

애트웰 좋습니다. 나는 단지 어떤 흑인 집단의 감정인지를 알고 싶은 것뿐이오.

비코 지금 현재 벌어지고 있는 일들에 분노하고 있는 다수의 사람들이지요.

애트웰 그러한 감정들을 명확히 표현한다면, 그것은 악질적으로 백인을 반대하는 전투적인 사람들과 같은 이들의 감정일 수도 있겠군요?

비코 그들은 모든 흑인들을 대표합니다. 저는 그들이 모든 불만들을 종합적으로 다루고 있다고 생각합니다. 어떤 사람들은 자신이 불법 체류를 할 수밖에 없는 상황에 불만을 표출합니다. 자신들이 경험하고 있는 것이기 때문이지요. 다른 이들은 토지의 면적이 작다고 불만을 토로합니다. 이런 의견들을 취합하여 일반적인 흑인의 관점을 제시할 필요가 있는 것입니다.

애트웰 당신 말은 거의 대다수의 흑인이 그런 감정을 가지고 있다는 거군요?

비코 예, 물론입니다.

애트웰 그렇다면 피고들이 그런 적대감을 야기하거나 조장한 것, 혹은 그것을 심화시킨 것 때문에 고발된 건 알고 있습니까?

비코 혐의가 그렇다는 건 압니다.

애트웰 어떤 일을 야기한 것과 조장하거나 심화시킨 것은 다른 것이라 생각하시오?

비코 그럼요, 다르다고 확신합니다. 실제 단어들의 의미가 다르니까요. 당신이 흑인의 연대를 잘못 해석하고 있다는 생각이 다시 한 번 드는군요. 우리는 당신이 정규군이라 부를만한 열성 회원을 확보하려 하는 것이 아닙니다. 우리는 우리를 지지하고 우리의 말을 지지하는 다수의 흑인들을 확보할 것을 기대하고 있습니다. 현재 국민당을 지지하는 다수의 백인들이 있는 것과 마찬가지 이치입니다. 그들은 언제라도 행동에 서게 만들 수 있는 단일한 성격의 집단이 아닙니다. 그들 사이에도 광범위한 차이점들이 있습니다. 하지만 최소한 근간을 이루는 감정은 있지요. 국민당의 지지자들은 이른바 민족(die volk), 아프리카너 국민당 그리고 아프리카너 형제연맹(Afrikaner Broederbond)*의 일원입니다. 이 단체들이 그들의 대변인들이지요. 여러분은 그들에게 내일 당장 행동에 나서라고 촉구할 수는 없습니다. 그들은 전국에 뿔뿔이 흩어져 있으니까요. 하지만 그들에게는 일치감이 있고 자신들을 대변하는 국민당, 아프리카너 형제연맹, 그리고 여타 온갖 아프리카너 문화 단체들의 형식을 띤 전위를 가지고 있습니다. 이제 똑같은 경우가 흑인들에게 적용됩니다. 우리는 BPC가 사람들을 대변하고 그들에게 살 집을 제공하고 그들의 존엄성을 찾아줄 수 있는 여건을 창출하려고 노력하고 있습니다. 그래서 그들은 자신들이 인간이라는 것을 다시 한 번 느낄 수가 있는 겁니다. 지금 그들은 그런 것을 느끼지 못하고 있습니다.

✦ 1918년 6월에 결성된 청년남아프리카(Jong Suid-Afrika) 조직이 이듬해 이름을 바꾸어 아프리카너형제연맹(AB)이 되었다. AB의 목표는 아프리카너 민족주의를 확산하고 아프리카너 문화를 유지하며 아프리카너 경제를 발전시켜 남아프리카 정부를 지배하는 것이었다. 1930년대부터 정치적인 조직으로 변모하는 동시에 '비밀조직'으로 바뀌었다. 헤르초흐의 국민당(NP)과 얀 스뮈츠의 남아프리카당(SAP)이 통합하여 통일국민당(UP)을 형성할 때 영향력을 행사하였고, NP의 극우파 당원들이 독립하여 재연합국민당(HNP)을 결성할 때 이를 배후 조종하였다. 그후 HNP를 표면조직으로 하여 과격한 아프리카너 민족주의 운동을 좌지우지하였다. 2차 세계대전 동안 히틀러를 지지하고 영국과 손잡은 남아프리카 정부를 공격하면서 영향력을 확대했고 아파르트헤이트의 개념을 완성하였다. 1948년 선거에서 승리하면서 권력을 장악했고 1994년 아파르트헤이트가 폐지될 때까지 모든 총리와 대통령, 백인 의회 의원 및 국민당 내각 성원의 대부분을 배출하였다. 1993년 AB는 비밀조직을 해산하고 아프리카너형제연맹으로 개명하였으며 여성과 다른 인종에 조직을 개방하였다.

애트웰 당신은 모든 흑인들을 규합하길 원하는군요. 그렇지 않습니까?

비코 반드시 그렇지는 않습니다. 모든 아프리카너들이 국민당에 있지는 않으니까요.

애트웰 다른 문제로 넘어가죠. 남아프리카에 있는 흑인들의 수는 얼마나 되지요?

비코 2천만 명이 넘습니다.

애트웰 참고자료에 3천만 명 가량이라고 되어 있는 것 보이죠, 당신이 말한 것의 1.5배군요?

비코 예, 그렇군요.

애트웰 이 부풀린 수치에 어떤 의미가 있다고 봅니까?

비코 그와 관련하여 단 하나의 중요한 사항은 BPC가 가진 정보로 볼 때 많은 흑인들이 사실상 등록되어 있지 않다는 점입니다. 예를 들어 소웨토의 경우 현재 공식적인 흑인 인구는 약 80만명입니다. 그러나 소웨토에는 약 150만 명의 흑인들이 있습니다. 여섯 명이 등록되면 두 명은 등록되지 않기 때문이죠. 그 참고자료의 수치는 이런 생각에 바탕하여 나온 것입니다. 그 이상의 어떤 의미도 없습니다.

판사 그건 인구수가 인구조사로 취합되기 때문인가요?

비코 맞습니다.

애트웰 그러니까 인구수가 등록된 사람들, 실제로 가구조사한 사람들의 수와 반드시 일치하는 것은 아니란 말이죠?

비코 물론입니다. 재판장님, 인구조사관이 흑인인 우리집에 불쑥 찾아오면 그는 결코 "우리나라의 인구수를 조사하는 중입니다"라고 말하는 법이 없습니다. 또 다시 전형적인 백인의 행동이 나오는 겁니다. 그는 안으로 들어와서 이렇게 말합니다. "여기 몇 명이 살고 있소?" 그러면 흑인들은 거주 등록에 관해 제일 먼저 생각하게 됩니다. '우리집에 불법 체류자가 있다면 나는 체포될 것이다'라고 말입니다. 그래서 10명의 사람들이 있지만 등록된 사람이 6명이라면 그 흑인은 "여섯 명입니다, 나으리"라고 말하는 겁니다. 그러면 그는 6이라고 기입을 하고는 다음 집으로 가지요. (웃음) 이게 얼마나 상대적인 일인지 아실 겁니다. 조사관들이 숫자만 셀 뿐 재판에 회부하지는 않는다고 사람들에게 친절히 설명을 해준다면 그들은 바른 수치를 제공할 것입니다. 하지만 그들은 그런 사실을 모르고 있으며 인구조사관은 결코 말해주는 법이 없습니다.

판사 당신은 백인의 행동 때문에 1972년과 1973년의 파업을 낳은 극단적인 상황이 벌어졌다고 말한 바 있소.

비코 그렇습니다.

판사 그런 지나친 언어의 사용이 흑인들을 선동하고 당시의 사태를 더욱 악화시킬 수 있는 위험이 있는 것 아닌가요?

비코 재판장님, 제가 앞서 말씀드린 바 있듯이, 방금 언급하신 그 말은 그 말을 듣는 흑인의 입장에서는 매우 부드러운 표현이며 백인 사회에 대한 그의 경험의 일상적인 표현에 불과합니다. 만약 SASO와 BP가 사람들로부터 폭력적인 반응을 일으키려고 의도했다면 의도한 결과를 얻기 위해 더욱더 원색적인 언어로 표현할 만한 많은 상황들이 있었습니다. 그러한 결과를 얻기 위해서 매우 감정적인 언어를 사용하여 굶주림에 관한 말을 할 수 있었을 것입니다. 그들이 의도한 결과를 얻기 위해 타운십에서 접하게 되는 수많은 살인에 관해 말하고 그것을 어떻게든 사회정치 제도와 결부시킬 수 있었다는 겁니다. 하지만 그들은 결코 그렇게 하지 않습니다. 문제점들을 폭넓게 바라보는 것이 그들이 하는 일의 전부입니다. 그리고 제가 아는 것처럼 '백인들은 이렇다, 백인들은 저렇다, 백인들은 적이다, 백인들은 인종주의자다' 라는 말을 하며 돌아다니는 것은 SASO와 BPC가 열중하고 있는 일이 아닙니다.

이런 말들을 듣게 되는 것은 흑인들을 대상으로 그들이 갖고 있는 생각을 명확히 표현하도록 하기 위해 마련한 언어 강좌에서입니다. 생각을 명확하게 표현하는 것이 우리의 회원을 구성하는 첫 단계이고, 우리의 처지에서 인간으로 성장하는 출발점이기 때문입니다. 그런데 솔직히 말하자면, 저는 흑인들이 그런 말에 특별히 자극을 받아 폭력으로 나간다고 생각하지 않습니다. 그들은 중심이 되는 것을 알고 있습니다. 우리가 공통된 분노와 공통된 경험을 갖고 있다는 것이 그것입니다. 우리 사회를 구성하고 있는 것으로부터 출발해 보죠. 여러분이 우리 사회의 역사를 다시 살펴본다면, 아프리카너와 영국인 간의 문제를 기술하고 있는 과거 아프리카너의 문건들에서도 영국인과의 충돌에 관련된 문제들에 대해서는 우리와 마찬가지로 거친 언어들이 사용되고 있다는 것을 알게 될 것입니다. 출발점을 명확히 하고 문제가 무엇인지 확실히 드러내고 싶을 때 쓰는 방법이 그것입니다.

애트웰 사람들이 본래보다 더 적대적인 상태가 되는 데 그런 것이 영향을 미치지 않는단 말입니까?

비코 재판장님, 흑인들이 이런 종류의 말에 어떻게 반응하는지 전형적인 예를 말씀드릴 수 있습니다. 예를 들어 여기 이미 언급된 문건이 있습니다. 해리 넹웨쿨루가 폭력적인 백인 사회에 관해 말하고 있는 문건이죠.

자, 제가 그 집회에 있었습니다. 제가 봤을 때 거기 모인 군중들은 1천 명 이상이었습니다. 그보다 더 많았을지도 모르지요. 하지만 그가 이 폭력적인 백인 사회를 조롱하는 의미의 말을 했을 때, 오 맙소사, 사람들은 그저 웃을 따름이었습니다. 일어나서 "백인 사회를 타도하자!"라고 외친 사람은 아무도 없었습니다. 그들은 어떻든 백인 사회에 대해 자신들이 심리적으로 우위에 있다고 생각하는 순간 내면의 평화를 느낍니다. 그 가운데서 그들은 자신들의 문제를 함께 표현하고 그에 관한 이야기를 나누면서 웃을 수 있었던 것입니다. 수많은 SASO 집회 혹은 BPC 집회에서 보였던 행동이 이런 것이라고 저는 생각합니다. 말씀하신 것처럼 사람들이 흥분하는 것을 저는 단 한 군데의 집회에서도 본 적이 없습니다.

애트웰 이 문건들 어디에도 백인 정부가 하고 있는 좋은 일을 말한 부분은 없군요.

비코 좋은 일이라고 언급할 만한 일이 거의 없어서겠지요.

애트웰 자, 당신이 보게 될 것은 BPC가 그 부의장이었던 고(故) 은툴리 세지(흑인의식운동의 주요 지도자이자 흑인공동체운동의 조직자—옮긴이)에게 바친 헌사인데요. 예를 들어 그 문건의 세번째 항을 한번 보세요. "폭력적인 암살을 저지른 자는 백인 인종주의, 우월의식 그리고 우리 흑인 형제들에 대한 억압을 보호하는 정권이다. 그의 암살을 그에게 국한된 것으로 보아서는 안 되며 전체 흑인 사회에 대한 습격으로 보아야 한다." 그리고 다음에는 이런 부분이 계속되는군요. "가난과 질병 그리고 폭행에 의한 참혹한 피해가 피치 못할 상황에 의한 것도, 우연한 것도 아니라는 사실을 누가 부인할 수 있는가. 굶어 죽어가는 수천 명의 흑인 어린이들과 흑인 부모들이, 흑인 민족 전체를 지구상에서 말살시키려는 주도면밀한 시도를 상징적으로 보여준다는 것을 누가 부인할 수 있는가?"

당신네 SASO와 BPC에서는 지구상에서 흑인 민족 전체를 체계적이고 계획적으로 말살하려는 것이 정부와 체제의 의도라는 이런 종류의 감상을 진지하게 신봉하고 있단 말입니까?

비코 글쎄요, 마치 시의 표현처럼 아프리카의 정치에는 정당한 과장이라는 게 허용된다는 사실을 당신이 알아야 한다는 생각이 드는군요. 흑인이 체제의 여러 억압들에 억눌인 자신을 발견하게 되는 여러 상황에 관해서는 제가 이미 말씀드린 바가 있습니다. 저는 흑인이 경찰의 저격 대상이라는 것을 말씀드렸지요. 그리고 이것이 테러리즘이라는 말씀을 드렸습니다. 이제 저는 SASO와 BPC의 문건들에서도 당신은 그런 종류의 말을 찾을 수 있겠지만 그 조직들이 대부분의 시간을 그런 말들을 하며 보내는 것은 아니라는 점 또한 말씀드리고 싶습니다. SASO와 BPC의 중심 메시지는 흑인 공동체 내의 내면적인 문제입니다. 우리에게 극단적인 일을 행하면 우리는 극단적인 언어로 대응하게 됩니다. 애트웰 씨, 불행하게도 당신은 흑인으로 살아보지 않았습니다. 그래서 당신에게 이걸 설명할 수가 없군요. 제가 말하는 내용을 이해하려면 당신이 흑인이 되어 보아야 합니다.

애트웰 그래요, 이 문건을 맨 처음 읽었을 때 그런 느낌이 들었소만······.

비코 그건 당신이 백인이기 때문이지요.

애트웰 하지만 수천 명의 백인들이 이 문건을 손에 넣을 수 있었을 텐데요?

비코 그것은 백인들에게 보낸 것이 아닙니다.

애트웰 하지만 그들의 손에 들어갔을 수도 있잖소?

비코 그래요, 당신이 그것을 받아서 배포했다면 그렇겠지요. 그런 건 단지 당신의 추측일 뿐입니다.

애트웰 당신은 세지의 장례식에 참석했나요?

비코 예, 갔었지요.

애트웰 감정이 고조된 장례식이었죠?

비코 장례식은 어디나 다 감정이 고조되지요.

애트웰 어떤 종류의 연설들이 있었나요?

비코 계승을 독려하는 연설들이었습니다. 전형적인 아프리카식이지요. 주목할 만한 어떤 사람이 죽으면 연설의 주제는 보통 그가 하던 일을 남은 사람들이 이어나가야 한다는 것입니다. 그런 것이 장례를 주관했던 백인 성직자의 주제였습니다.

애트웰 백인 성직자가 장례를 주관했다는 말이오?

비코 예, 그랬습니다.

애트웰 나는 연설자들이 세지 씨의 좋은 점이라면 종류를 불문하고 다 드러낸 반면 그가 가졌던 약점은 죄다 무시했다는 말을 하고 싶은데요.

비코 그건 그렇죠.

애트웰 또한 백인에 관한 한 악행은 할 수 있는 대로 다 드러낸 반면 있을지도 모르는 선행은 죄다 무시했다는 거죠. 내 말에 동의하오?

비코 악행을 다 드러내지는 못했다고 생각되는데요.

애트웰 악행을 다 드러내지는 못했다고요?

비코 그렇죠, 그렇고 말고요.

애트웰 당신이라면 이보다 더 심하게 했을 텐데 말이죠?

비코 원한다면 더 심하게 할 수 있었을 테죠.

애트웰 당신이라면 더 심하게 했겠지요?

비코 반드시 제가 아니라도 어떤 사람이건 그렇게 하고 싶었다면 더 심하게 할 수 있었을 것입니다. 백인 사회를 나쁘게 묘사하고 그를 통해 거기 있던 모든 사람들을 분노케 하려는 의도가 있었다면 더 장황하고 끝없는 연설로 그들의 악행을 만천하에 드러낼 수 있었을 것입니다.

애트웰 보쿼 마푸나라는 사람이 백인 경찰관을 폭행한 일이 있었지요?

비코 저는 그가 교통순경을 폭행한 혐의로 고소당한 사건의 공판에 참석했습니다. 그의 말에 따르면 실제로 일어난 일은 정반대였습니다. 그는 백인 교통순경에게 구타를 당했고 이를 고소하러 갔습니다. 그러자 그 사실을 전해들은 그 교통순경이 역습을 하기로 한 겁니다. 순경의 소송이 우선이었죠. 그래서 마푸나는 이제 왜 순경을 때렸냐는 질문에 답해야만 하는 처지에 놓이게 되었던 겁니다. 사실은 순경이 그를 구타했는데도 말입니다.

애트웰 그는 유죄 판결을 받았죠?

비코 예.

애트웰 자, 다음 글을 당신이 썼습니까? "보안경찰의 눈 밖에 난 사람들에 대한 잔혹 행위의 예를 찾으려 하는 것은 아마도 너무 멀리 보는 것일 게다. 남아프리카의 흑인들이 살아남기 위해서는 투쟁해야만 한다는 주장의 진실성을 입증하려 애쓸 필요가 없다. 그것은 우리 삶의 수없이 많은 장면에 그 자체로 존재하고 있다. 범죄가 기승을 부리는 타운십에는 가난이 지천으로 깔려 있어서 살아남기 위해 흑인이 흑인을 죽이기까지 한다. 이 가난이 야만적 파괴행위와 살인, 강간 그리고 다른 모든 범죄들의 원인이다. 이런 일들이 계속 벌어지고 있는 동안에도 악의 진정한 근원인 백인 인종주의자들은 타인종의 출입을 금지한 해변에서 일광욕을 하거나 자신들의 으리으리한 집에서 휴식을 취하고 있다."

비코 예.

애트웰 이런 것이 당신의 진실한 감정입니까?

비코 예.

애트웰 그 다음에는 이렇게 말하는군요. "이것은 위험한 종류의 두려움이다. 왜냐하면 그 두려움은 표피적인 것에 불과하기 때문이다. 그 근저에는 언제 폭발할지 모르는 가늠할 수 없는 분노, 존경받을 가치가 없는 집단에 대한 적나라한 증오가 자리하고 있다. 예전의 프랑스나 스페인 식민지였던 일부 국가에서 흑인들이 백인이 되기를 갈망했던 까닭은 동화의 기회가 있기 때문이었다. 이와는 달리 남아프리카에서 백인은 경찰의 야만성과 협박, 이른 아침의 불시 단속, 타운십 안팎에서의 일상적인 괴롭힘 등과 결합되어 있기 때문에 어떤 흑인도 진정으로 백인이 되고 싶어 하지는 않는다. 백인들은 언제나 독점과 안락, 그리고 안전을 배타적으로 요구해 왔기 때문에, 흑인들은 자신들이 평화와 번영 그리고 건전한 사회를 향해 나아가는 과정의 주된 장애물이 백인이라고 생각하고 있다. '백인'은 이 모든 부정적인 측면과 결부됨으로써 알아볼 수 없을 정도로 추악한 존재가 되었다. 가장 좋은 것은 그런 까닭에 흑인들이 '백인'을 기껏해야 찬탈과 증오, 파괴의 대상으로 그리고 더 인간적인 내용을 가진 흑인들의 열망에 의해 대체되어야 할 것으로 보는 것이다. 가장 나쁜 것은 흑인들이 백인이 찬탈한 안락함 때문에 그 사회를 선망하는 것이다. 그러한 선망의 중심에 있는 것은 버스를 타고 시내를 벗어나면 보게 되는 안락한 정원 의자들을 백인에게서 빼앗아 자신의 것으로 만들겠다는 소망과 내밀한 결심, 그리고 그들에 대한 거부감으로서, 이는 대다수 흑인들의 마음속 깊은 곳에 있는 것이다." 대체 당신의 마음속에는 무슨 생각이 들어 있었던 거죠?

비코 당신이 그 논설 전체를 읽는다면 그 글이 모든 것을 말해줄 것입니다. 그 글은 타락한 우리 사회에 대한 논평입니다. 저는 역사가 초래한, 또한 지난 3백 년간의 억압이 초래한 흑인과 백인 간의 치솟는 증오에 주목합니다. 여기서 저는 이러한 상황이 시정되지 않는다면 강경한 행동, 특히 흑인측의 강경한 행동이 뒤따를 것이라고 경고하는 바입니다. 흑인들이 백인들과 함께 살 수 없다고 생각하게 되는 것은 너무나 당연한 일입니다. 때문에 그 글은 이러한 상황을 인식하라는, 남아프리카 사회에 대한 경고입니다.

애트웰 그런 경고가 경고의 말로 표현된 곳이 이 글 어디에 있습니까?

비코 도처에 있지요. 당신은 맥락을 이해하면서 이 글을 읽을 필요가 있습니다. 보시지요, 제목에서 저는 두려움에 기반하여 사회가 돌아가도록 만든 백인 사회의 만연한 사고를 근절시키려 노력하고 있습니다. 백인들은 흑인이 한 일을 논리적으로 살펴보지 않습니다. 그들은 백인의 입장에서 자신들이 어느 정도로 위협을 받고 있는가 하는 견지에서만 사태를 바라봅니다. 이것이 경찰의 야만성을 낳는 기초입니다.

애트웰 그러니까, 당신은 백인들이 기본적으로 흑인의식운동을 두려워한다는 내 말에 동의하는 거지요?

비코 모든 백인들이 그런 건 아니죠.

애트웰 그럼 당신네 동포들이 으레 그렇게 하듯이 우리가 백인을 전체로서 지칭한다면 당신은 그들이 흑인의식운동을 두려워한다고 말할 수 있겠습니까?

비코 제 생각엔 당신이 백인 전체로 지칭한다는 것은 대다수의 백인을 뜻하는 것 같군요.

애트웰 그래요, 그들은 어떻습니까?

비코 대다수의 백인들은 흑인의식운동에 대해 알지도 못한다는 말을 하고 싶군요.

그 재판에서 피고인 새스 쿠퍼, 에드먼드 미에자, 패트릭 레코타, 오브리 모코아페, 은크웬크웨 은코모, 판델라니 페폴로비두웨, 길버트 시디베, 압솔롬 신디, 스트리니 무들리는 유죄 판결을 받고 최소 5년 이상 로벤 섬에서 수감생활을 하라는 실형을 선고받았다.

흑인의식운동과 동일시된 남아프리카의 과도한 반역 사상
은 법적 차원에서도 이제 주요한 범죄가 되었고, 백인의 '제도'
에 대해 흑인이 '말' 로써 분노를 표현하는 것은 테러리즘이라는
법적 정의가 성립되었다.

스티브 비코는 장시간에 걸친 증언을 마친 뒤 자신의 거주제
한 구역으로 돌아갔다.

4. 살해와 심리

1977년 8월 18일, 스티브 비코와 그의 친구 피터 존스는 이스턴 케이프 주의 그레이엄즈타운 근교에서 보안경찰의 검문에 걸려 멈춰 섰다.

나는 그 다음날 말루시 음푸믈루와나의 전화를 받고 그들의 체포 소식을 들었다. 우리는 한참 동안 이 문제를 상의했다. 분명 스티브는 킹윌리엄스타운 행정구역을 벗어남으로써 보안관찰 처분 명령을 위반한 현장을 적발당한 것이었다. 그래서 우리는 그가 이 건으로 언제 고발이 될지 유추해 보았다. 우리는 또한 그가 보석을 받을 수 있을지 여부와 우리가 어떻게 보석금과 변호사 수임료를 거둘 수 있을지를 논의했다. 조금 뒤에 말루시가 다시 전화를 걸어와 스티브는 단순한 체포 상태에 있는 것이 아니라 구속되어 '취조' 차 포트엘리자베스로 옮겨졌다고 말했다. 그 때까지만 해도 웬디와 나, 또는 말루시나 은치키, 또다른 스티브의 가족이나 친구들은 사태를 심각하게 받아들이지 않고 있었다.

스티브는 전에도 구속된 적이 있지만 별 탈이 없었던 것이다.

우리는 그와 피터가 포트엘리자베스로 옮겨졌다는 사실에 약간 불안했다. 포트엘리자베스 보안경찰은 피터 후어썬 치안감이라는 자를 필두로 하여 특히 잔인한 것으로 악명을 떨치고 있었기 때문이었다. 취조 장소가 걱정이 되긴 했지만 우리 중 어느 누구도 스티브의 목숨이 어떻게 될까 두려워하지는 않았고, 그가 살해될 것이라곤 꿈에도 생각지 않았다. 우리가 생각할 때 그는 남아프리카 정치에서 너무도 중요한 인물이었고 핵심 인물들 가운데서 국제적으로 너무나 잘 알려져 있었기 때문에 다치게 하기엔 부담스러운 사람이었던 것이다. 게다가 그는 유머와 차분한 판단력, 순수한 성품으로 취조관들의 폭력성을 잠재우고 화를 진정시키는 요령을 아는 것 같았다. 비극이 닥쳤을 때 우리는 완전 무방비 상태였던 것이다.

스티브가 구속된 지 거의 한 달이 지났을 때 우리는 그의 죽음을 알게 되었다. 9월 13일 화요일 아침 10시에 나는 「데일리 디스패치」지의 내 사무실에 들어섰다. 그런데 비서인 린다 머레이가 울고 있는 것을 보았다. 말루시가 전화를 해서 스티브가 죽었다는 소문이 있다고 말했다는 것이었다. 나는 동요하지 않았다. 사실일 리가 없다고 굳게 믿었기 때문이었다. 나는 뭔가 착오가 있는 것이라며 그녀에게 걱정하지 말라고 했다. 실제로 나는 "스티브가 죽어? 말도 안돼! 아프리카너 민족주의자들이 미친놈들이라는 건 알지. 하지만 아무리 그래도 구속 상태에서 그를 죽게 할 만큼 미치지는 않았지"라고 말하면서 그런 생각 자체를 비웃었다. 그러나 조금 후엔 미묘하지만 소름 끼치는 생각이 밀려왔다. 그들이 그렇게 미쳤단 말인가?

나는 말루시에게 전화를 걸었다. 그는 없었다.

나는 그의 가족에게 전화를 했다. 오, 하느님! 그것은 사실이었다.

그 최초의 충격적인 몇 초 사이에 남아프리카는 내게 딴 세상이 되어버렸다. 그 나라의 모든 것이 이제는 달라졌다. 아프리카너 민족주의자들은 이제 더이상 그저 운이 없어 잘못된 길로 인도된 인종주의자들이 아니었다. 그들은 이제 무슨 일이든 못할 것이 없는 자들이며, 극악무도한 짓을 저지른 불구대천의 적이었다. 나는 일순간 그들이 진정 무엇을 위해 존재하는지를 깨달았다. 그들은 아이티의 뒤발리에(François Duvalier ; 아이티의 독재자. 1957년 대통령에 당선되었으며, 1964년에는 종신 대통령을 선언했다. 14년간의 장기집권 뒤 아들에게 대통령직을 물려주었다—옮긴이)의 통통 마쿠트(Tonton Macoutes ; 뒤발리에가 정권 반대자들을 제거하기 위해 만든 사병조직—옮긴이)나, 될 대로 되라는 듯 한계를 모르는 억압적 체제의 모든 정치 경찰 테러리스트들과 똑같은 부류의 인간들이었다. 그들에게 어길 수 없는 일이란 없었다. 백인의 인종적 순수성이라는 그들의 신은 그들에게는 너무나 위력적이어서 그것을 지키기 위한 전쟁의 어느 구석에도 도덕이 자리할 곳은 없었던 것이다.

나는 웬디에게 전화를 걸어 소식을 전했다. 그녀 역시 그 소식을 믿지 못했다. 마침내 그것이 사실임을 깨닫게 되자 그녀는 거의 말을 잇지 못했다. 그날 밤 우리는 둘 다 한숨도 자지 못했다. 웬디는 체제에 관해서 말했다. "나는 이제 아무 느낌이 없어요. 그들에 대한 두려움도 느껴지지 않아요. 그들이 할 수 있는 일들보다 더 나쁜 일은 없어요."

이른 새벽에 나는 허공을 응시하며 죽은 채 누워 있는 스티브의 영적인 상을 향해 침묵 속에서 있는 힘을 다하여 그에게 말을 걸었다. "누가 그런 짓을 했어? 어떻게 그런 일이 벌어졌지?"

사별의 시간 속에서 상상력은 얼마나 위대한지, 자기암시는 또 얼마나 생동적인지, 이 긴장감 넘치는 물음을 어언 한 시간 남짓 던지고 났을 때 불현듯 더할 수 없이 똑같은 스티브의 깨끗한 상이 나타나 내게 분명하게 답을 하는 것이었다.

"여기서 무얼 하고 있는 거야?" 내가 물었다.

그는 싱글싱글 웃고 있었다. 어찌나 싱글거리는지 말을 하려고 입술을 움직이기가 어려울 정도였다.

"언제나 하는 일이지요 뭐, 내 일 말이에요."

"어디 있는 거야?" 나는 내가 무엇을 묻는 건지도 잘 모른 채 그렇게 물었다.

"집이에요. 모든 게 정말 아주 정상적이네요."

"무슨 일이 벌어진 거지? 누가 그랬어? 어떻게 생긴 놈이 그런 거야?"

"사람은 셋이었어요. 그렇지만 주된 역할은 한 젊은 녀석이 맡았는데 정말 힘이 세더군요. 하지만 그런 건 괜찮아요. 정말이에요!"

이 말을 듣자, 그에게 행해진——분명 한 차례 이상이었을——구타로 인해 자신보다는 체제가 더 큰 피해를 입을 것이라는 의미에서 그가 괜찮다는 말을 한 것이라는 느낌이 들었다.

분명 어디에서도 이런 말들이 큰 소리로 들리지는 않았다. 이는 모두 내가 지치고 정서적으로 불안정한 상태여서 순전히 잠재의식에서 꾸며낸 생각과 상상 속에서 울려 퍼진 말들이었기 때문이다. 나는 웬디에게 말을 붙였다. 아내는 깨어 있었다. 그래서 그녀에게 내가 상상한 것들을 들려주었다. "그가 뭐라고 말했어요?" 아내가 말했다. 나는 그녀에게 비코와 나눈 말들을 들려 주었고 그녀는 나를 이해해 주었다. 우리 두 사람 다 그것이 순전히 상상이라는 것을 알고 있었다. 상상이 아무리 현실과 똑같다 할지라도 이 특별한 공허감을 메워줄 수는 없다는 것을 생각하면서 우리는 밤을 새워 얘기를 나누었다.

우리 둘은 다음날 하루를 밤보다는 쉽게 넘겼다. 초저녁까지 신문에 낼 논설을 준비했고, 「데일리 디스패치」지의 편집 담당자들과 함께 호외 1면 디자인 작업을 했기 때문이었다. 1면에는 스티브의 커다란 컬러 초상화를 넣고 그 옆에는 다음과 같은 문구를 써 넣었다.

"국가의 영웅에게 경의를 표한다."

비극에 대응하다

다음날 아침 남아프리카 전역의 신문 독자들은 스티브의 죽음과 정부의 통제를 받는 라디오와 텔레비전 방송이 전날 저녁에 빼먹고 내보내지 않은 그에 관한 많은 일들을 알게 되었다.

스티브의 죽음을 전해 듣고서 남아프리카의 여러 신문들이 웬디와 나에게 언론에 공개할 우리의 의견을 써달라고 부탁했다. 아직도 충격에서 헤어나지 못한 채 스티브가 죽었다는 사실을 도저히 받아들일 수가 없었던 상태에서 우리는 글을 썼다. 남아프리카의 신문독자들은 이 기사들을 다음날 아침에 읽어볼 수 있었다. 그 글들은 이렇게 솔직한 언어로 남아프리카 언론에 공개될 수 있었던 마지막 기사들에 속하게 되었다.

나의 기사는 다음과 같다.

내 친구 스티브 비코가 구속 중에 숨졌다는 소식을 막 들었다. 그는 나의 찬사가 필요 없는 사람이다. 그러나 나는 서른의 나이에 남아프리카 전역 흑인 젊은이들의 가슴과 마음속에 우뚝 선 존재였던 이 뛰어난 사람의 죽음 앞에서 느끼는 깊은 상실감을 기록할 필요가 있다.

그를 알고 지낸 3년 동안 나는 그가 이 나라의 가장 중요한 정치 지도자이자, 내가 만나보게 되는 영광을 누렸던 가장 위대한 사람임이 분명하다는 것을 점점 더 확신하게 되었다. 지혜와 유머, 연민과 지성 ── 그는 이런 특징들을 모두 지닌 사람이었다. 복잡하기 짝이 없는 문제에도 그는 한두 문장으로 문제의 정곡을 찌르며 명쾌한 해법을 제시할 수 있었다.

남아프리카의 모든 백인들을 위해 나는 그들의 두려움과 편견 그리고 소심함에 관한 비코의 생각들과 그가 그런 것들에 대해 내린 명쾌한 답들을 세상에 널리 알리고 싶었다. 그러나 정부는 보안관찰 처분을 통해 그가 일체의 공개 발언을 하지 못하도록 했다. 심지어 그가 죽은 후에도 그의 말은 법적으로는 인용할 수가 없는 것이다.

그는 재판 없이 투옥된 것이 한 차례 이상이었고 독방에도 여러 번 감금된 적이 있었다. 그런 시련을 겪고 나서도 그는 한결같이 강인했고 취조 과정을 말할 때도 한결같이 익살스러웠다. 그는 자신을 취조한 자들의 두려움과 그들의 목적을 자세히 이해했고 그들의 질문들을 세밀한 부분까지 다 기억하여 자세히 말해주기도 했는데 그중 어떤 것들은 믿어지지 않을 정도였다.

그와 그들 사이의 기지의 대결은 상대가 되지 않는 일방적인 싸움이었다. 그를 꺾을 수 있는 유일한 길은 죽음이었다. 그리고 이제 그렇게 되었다.

이 죽음과 관련된 책임 소재를 규명하기에 충분한 기본적 사실들을 우리는 알고 있다. 3주 전 구속되었을 당시 그는 매우 튼튼하고 건강했다는 점, 재판을 받지 않고 투옥되었다는 점, 그리고 사망에 이르기까지 내내 보안경찰의 보호하에 수감되어 있었다는 점 등이 그 기본적인 사실들이다.

그러므로 그의 사망 원인이 무엇이건 간에 — 다시 한번 반복하지만, 원인이 무엇이건 간에 — 나는 그의 구속과 관련된 모든 사람들에게 책임을 묻는 바이다. 그의 죽음이 그가 그들의 통제하에 있던 상황에서 발생했기 때문이고; 도덕적으로 그릇된 정권을 통해 행해지는 통제는 정당화될 수 없는 것으로 그것을 행사하는 사람들이 그로 인해 발생하는 모든 사태에 책임을 져야 하기 때문이다.

또한, 크뤼에르 총장은 그 같은 권력을 행사하는 부서의 수장이므로 나는 특히 그에게 이 비극의 책임을 묻는 바이다. 또한 나는 비코의 취조 과정에 더 직접적으로 관여했던 사람들이 맡았던 역할을 규명하기 위해 할 수 있는 일은 모두 다 할 것이다.

스티브 비코의 죽음이 알려지고 난 후 나는 백인 인종주의자들로부터 득의양양한 메시지들을 받았다. 그들은 그의 죽음에 환호하며 이것이 자신들의 대의를 도울 것이라고 믿고 있다. 스티브 비코의 중용이 이 나라의 부서져 가는 평화를 어느 정도까지 유지시키고 있었는지를 그들은 깨닫지 못한다.

지금 그들은 내게 구약성서를 인용하며 나의 슬픔을 인과응보라고 이야기한다.

이와 똑같은 맥락에서 나는 그들에게 신약성서에 나오는 다음과 같은 적절한 구절을 떠올리게 해줄 수 있을 것이다.

"나를 위해 울지 말고 너희와 너희의 자식들을 위해 울라."

웬디의 기사는 다음과 같다.

　나와 남편 도널드는 예전에는 스티브 비코를 알지 못했다. 그에 관한 얘기는 들었지만 그를 알지는 못했던 것이다. 우리가 그를 만난 것은 당시 여러 사람들이 끈질기게 종용했기 때문이었는데 그로 인해 깊고 헌신적인 우정의 기초가 다져졌다.

　우리는 한눈에 그에게 끌렸다. 그는 풍채가 당당했다. 키가 무척 크고 귀티가 나는 얼굴에 체격이 정말 좋았다. 그는 외향적인 사람이 아니었고 고도의 자기 절제력을 지니고 있었다. 그는 보통 감정의 동요 없이 조용조용 말을 했다. 그는 항상 예민한 감성 —— 사람들의 말에 귀 기울일 줄 아는 능력, 사람들이 진정으로 원하는 것이 무엇인지 알기 위해 그들이 하는 말을 가려듣고 올바른 판단을 내리는 능력 ——의 소유자였다.

　그는 민족의 지도자로서 무척이나 바빴기 때문에 사람을 알아보지 못하거나 그들의 이름이나 얼굴을 기억하지 못할 수도 있고 거기에 매번 변명을 할 수도 있었다. 하지만 그는 단 한 번도 사람을 알아보지 못하는 법이 없었다. 천성이 그런 사람이었기 때문이다.

　그는 매우 날카로운 지성의 소유자였다. 그가 여러 추상적인 개념들과 이데올로기, 도덕, 매일 일어나는 일상사에 대해 사람들과 이야기하는 것을 들으면 전율이 느껴질 정도였다. 한번은 누군가 "스티브와 함께 있으면 실망하는 법이 없죠"라고 말한 적이 있다. 이 말은 과장이 아니다. 그와 처음 만난 날 우리는 범상치 않은 사람과 얘기를 나누고 있음을 느꼈다. 그리고 매번 만날 때마다 그의 비범한 정신과 인품의 또 다른 면면들이 드러나는 것을 보았다.

그는 신성한 고결함과 놀라운 직관력을 갖고 있었다. 인간의 존엄에 대해 깊은 존경심을 가진 그는 혁명적 무정부주의자의 무절제하고 피상적인 감상주의에 경도되지 않았다.

그는 모든 사람들을 이해했으며 힘의 정치를 이해했다. 그는 자신의 적도 이해했다. 그는 단순한 정치인이 아니었다. 그는 이 나라가 얼마간 다시는 볼 수 없을 그런 유형의 정치가였다.

스티브와 나는 여러 차례 만난 적이 있다. 한번은 내가 이스트런던 감옥에 있던 그를 면회하기도 했다. 위기 상황이 끊임없이 촉발되는 이 나라에서 우리의 우정은 그렇게 깊어갔다.

그와의 유대는 우리의 삶을 바꾸어 놓았다. 우리는 보기 드문 지도자의 자질을 지닌 사람, 자기 동포의 해방을 향한 불굴의 헌신성을 지닌 사람의 친구가 되는 영광을 누렸다.

우리는 그를 깊이 사랑했다. 그가 죽었다는 사실을 인정해야 하는 고통스러운 감정은 오래도록 우리를 떠나지 않을 것이다.

며칠 뒤, 매주 금요일 남아프리카의 6개 신문에 실리는 나의 연합 칼럼의 그 주일분이 나왔다. 여기 그 글이 있다.

이 칼럼에서 나는 스티브 비코에 관한 내용을 자주 써왔다. 내가 3년 동안 친구가 되는 영광을 누렸던 이 탁월한 인물을 가능한 한 많은 남아프리카인들에게 알리려는 의도에서였다.

정상적인 사회에서라면 자유롭게 그에 대한 글을 쓰고 말을 하는 것이 가능했을 것이고 그의 특출한 재능을 대다수의 국민들이 알게 되었을 것이다. 그러나 그에게 내린 정부의 보안관찰 처분으로 인해 그는 공개적으로 발언을 하거나 글을 쓸 수 없었고, 또 사람들이 그의 말을 인용할 수도 없었다. 이는 백인들은 최소한 그에 관해 아무것도 모르거나 조금밖에 알지 못한다는 것을 의미했다.

이는 통치자들의 어리석은 행동이었다. 왜냐하면 그렇게 함으로써 가장 많은 것을 잃는 사람은 궁극적으로 그들 자신이기 때문이다. 온건한 지도자들을 탄압하는 것은 극렬한 저항만을 강화시킬 뿐이다. 통치자들은 자신들의 적이 '말'이라고, 그래서 몇몇 사람들의 입에서 어떤 말들이 나오는 것을 막으면 자신들이 이긴 것이라고 생각한다. 그러나 '말'보다 더한 그들의 적은 사상이다. 문제는 사상인데 그들은 사상을 탄압하는 법을 제정할 수 없다.

이 나라 통치자들의 아파르트헤이트 정책이 남아프리카에서 무한정 살아남을 수 없는 이유가 이것이며 그들이 통치할 날이 얼마 남지 않은 이유가 또한 이것이다. 너무 많은 사람들이 그들에 반대하는 사상을 가지고 있는데 비해 그들 자신은 너무 적은 것이다.

그렇다. 스티브 비코는 구속 상태에서 사망했다. 이 비극은 쓰라린 슬픔이지만 그의 죽음이 자신들의 이익이 될 것이라고 믿는 사람들에겐 더욱 쓰라린 고통이 될 것이다.

우리나라의 포르스테르 총리와 로디지아의 스미스 수상은 자신들이 마치 위기에서 국가를 다시 일으켜세웠던 처칠이라도 되는 양 당 대회에서 큰 소리를 쳤다. 그러나 그들이 처칠과 다른 점은 처칠

이 국민들을 규합하여 공동의 목표를 가지고 단결하도록 만들었다면 포르스테르와 스미스는 자국의 진정한 애국자들이 집단적으로 거부한 사상을 대변하고 있다는 것이다.

다시 한번 말하지만 원인의 제공자는 사상이다. 이 사상이 아파르트헤이트와 인종적 적대감을 낳았고 무허가 정착촌을 불도저로 밀어버리는 결과를 낳았으며 재판 없는 투옥을 허용하고 45명 — 이들 중 20명이 지난 18개월 동안 죽었다 — 의 반정부 인사들을 감금 상태에서 죽게 한 법을 만든 것이다.

이제 역으로 이에 반대하는 사상들, 고발과 분노, 비통함, 증오의 사상들이 이 사상에 이의를 제기하기 시작했다.

그런데 화해와 중용의 투사가 구속 상태에서 죽은 것이다.

그의 죽음으로 그가 우리 모두를 위해 갈구했던 평화를 향한 희망이 무너질 위기에 처해 있지만, 우리가 할 수 있는 일은 그의 지지자들이 더욱더 강한 결의로 그가 남긴 목표를 추구해 가길 바라는 것뿐이다. 이러한 결의가 통치자들로 하여금 재앙으로 가는 현재의 노선을 철회토록 할 것인가? 아니면, 우리 남아프리카는 참혹한 전쟁을 향해 갈 수밖에 없는가?

이 질문들은 더이상 스티브 비코의 살아 있는 관심사가 아니다. 그는 우리를 위해 자신이 할 수 있는 일을 다 하고 숨을 거두었다.

크뤼에르 경찰총장이 보인 첫번째 반응은 스티브 비코가 단식투쟁으로 숨졌다는 암시를 하는 것이었다. 그러나 나는 스티브가 언젠가 구속에 대한 자신의 입장을 내게 이야기했던 것을 기억한다. 그는 구속되어 있는 동안 자신이 다치는 일은 없을 것이라고 믿었지만 만일 그런 상황에서 자신이 죽는다면, 네 가지 방법 중 어떤 한 가지 방법을 써서 그가 죽었다고 발표되더라도 그것이 거짓임을 알아야 한다고 했다. 스스로 목을 매는 것, 질식, 출혈(예컨대 손목을 절단했다 하더라도), 단식이 그 네 가지였다.

그는 자신은 구속 상태에 있는 동안 자신의 목숨을 걸거나 위태롭게 하는 일은 결코 하지 않을 것이라고 내게 말한 바 있었다. 그는 생존을 중요하게 생각했다. 그리고 예전의 경험에 비추어 자신이 정신적으로나 육체적으로 무너지지 않고 독방 감금이나 긴 포로 생활 혹은 오랜 시간 동안의 취조 과정을 견딜 수 있다는 것을 알고 있었다.

다음날 나는 전국 주요 도시에서 열리는 대규모 항의 집회를 도는 순회 대중 연설에서 크뤼에르의 단식투쟁설에 이의를 제기하고 그와 그의 보안경찰이 스티브의 죽음에 책임이 있다는 사실을 고발하였다. 웬디 또한 내가 케이프타운 대학의 집회에서 연설을 하는 동안 로즈 대학에서 연설을 하는 등 대중적인 항의 연설 여행을 떠났다.

스티브의 죽음은 아프리카너 국민당이 트란스발 대회를 열고 있던 시점에서 일어난 것이었다. 그래서 당의 동지애적 분위기에 휩쓸려 있던 크뤼에르는 경박한 태도로 그 소식을 받아들이고 있었다. 그는 당의 대의원들이 박수를 보낼 때 무뚝뚝한 표정으로 정치인들이 얻게 되는 터프가이의 이미지를 흉내내면서 이렇게 말했다. "비코의 죽음에는 아무런 흥미도 느끼지 못합니다." 스프링스 출신의 크리스토펠 펜터라는 당의 대의원 한 사람이 키득거리고 있는 사람들 틈에서 일어나 크뤼에르를 높이 평가하며 크뤼에르 경찰총장의 '민주적 원칙'을 칭송하는 말을 했다. 그는 말하기를 크뤼에르 씨는 구속된 사람들이 그토록 원하는 바라면 그들에게 '죽을 때까지 단식을 할 민주적 권리'를 허용할 정도로 민주적인 사람이라는 것이었다. 크뤼에르는 낄낄거리는 대의원들 앞에서 의기양양해 하며 대답했다. "펜터 씨 말이 맞습니다. 민주주의란 바로 그런 것이지요."

크뤼에르는 나중에 아프리칸스어를 영어로 옮기는 과정에서 자신의 말이 잘못 전해졌다고 애써 항변했다. 그는 자신이 사용한 아프리칸스어 표현 'Dit laat my koud'는 '나는 아무런 흥미도 느끼지 못한다'라는 의미라기보다는 '미안하지만 그 문제에 관해 나는 중립적이다'라는 것을 뜻했다고 주장했다.

이것은 크뤼에르가 스티브 비코의 죽음과 관련하여 늘어놓은 숱한 거짓말 가운데 첫번째 거짓말에 지나지 않았다. 아프리칸스어로 'Dit laat my koud'라는 표현은 문자 그대로 '나는 아무런 흥미도 느끼지 못한다'는 말이다. 좀더 구어적으로 말하자면 '나는 신경 쓰지 않는다', 혹은 '아무런 느낌이 없다'는 뜻이다. 사실, 크뤼에르는 너무 멀리 나아갔다. 당시 그는 농담의 도를 넘어섰던 것이다. "사람이라면 어떤 사람이 죽더라도 유감스럽게 생각한다. 내 자신이 죽더라도 나는 유감스러울 것 같다."
이것이 그가 한 말이다. 첫번째 발언이 준 타격을 만회할 길을 찾
다가 더 큰 타격을 입은 전형적인 예이다.

항의가 거세지자 크뤼에르는 자신의 단식투쟁 설에서 후퇴
하기 시작했다. "나는 비코가 단식투쟁으로 죽었다는 말을 하지
않았다"라고 그는 말했다. 그러나 비코가 '단식투쟁을 따르다가'
죽었다는 성명 속에서 그가 그런 것을 암시했다는 사실을 모든
사람들이 알고 있었다. 크뤼에르는 여러 명의 의사들이 비코를
검진했으며 아픈 곳을 발견하지 못했고, 그가 제공된 모든 음식
과 음료를 거부했다고 주장하며 구체적인 상황까지 거론했다.

크뤼에르는 그 국면에서 국영 TV방송에 연속으로 여러 차
례 모습을 내비쳤다. 처음 나왔을 때는 비코가 정맥 주사로 영양
을 공급받았다고 주장했다. 이런 설명을 하면서 크뤼에르는 의료
에 대해서는 잘 몰라 당황스럽다는 표정으로 어설프게 주사놓는
시늉을 하기도 했다. "나는 의사가 아닙니다." 그는 그렇게 그럴
싸하게 말했다. 항의가 고조되자 그는 다시 TV에 출연하여 흑인
의식운동이 백인들에게 미치는 위험성에 관해 장황하게 말을 늘
어놓고 비코가 폭력을 모의하고 폭력을 옹호하는 팸플릿들을 작
성하는 데 개입했다고 주장함으로써 자신의 추종자들로 하여금
비코 살해를 그럴 만한 일로 수긍하도록 만들었다. 아프리카너
민족주의 언론은 이런 중상 모략을 충실하게 복창했고 케이프타
운의 당 기관지 「중산층」(Die Burger)은 더 나아가 '피를 부르는

비코의 팸플릿'(Lyke en bloed gevra in Biko-pamflet)이라는 도발적인 1면 머리글을 뽑아내기까지 했다. 이 머리글 때문에 나는 너무 화가 나서 「중산층」지를 남아프리카 언론협의회에 고발했다. 협의회는 요하네스버그에서 전원이 참석하는 심사위원회를 열어 「중산층」지에 대해 그 머리글은 사실을 반영한 것이 아니라 크뤼에르 총장의 주장만을 실은 것이라는 점을 명시하는 정정 기사를 내라고 지시했다.

아프리카너 민족주의 언론은 항의 집회에서 연설한 것과 관련하여 나를 개인적으로 공격하고, 내가 스티브의 죽음을 놓고 '백인에 대한 인종적 증오를 부추기고' 있다고 나를 고발했다. 그 후에 비코의 부검에 참석했던 사람들과 가까운 정보원을 통해 더 심한 사실들을 알게 된 나는 크뤼에르 총장에 대한 새로운 고발을 강행했다. 부검에 참석한 부검의들이 뇌손상의 증거를 발견한 사실을 그는 확인해 줄 것인가 아니면 부인할 것인가? 크뤼에르는 이번에는 대답을 하지 못했다.

그 상황에서 그가 개인적으로 나로 인해 (유하게 말해서) 심기가 불편해졌음이 분명했다. 사실 그 이전부터 나로 인해 심기가 불편해 있기는 했었다. 스티브의 거주제한을 풀어보려다 실패로 끝난 일 때문에 실형을 선고받았던 내가 이에 불복하여 낸 항소심에서 승리하자 크뤼에르는 어떤 사람의 면전에서 나를 맹비난했는데 그 사람이 나중에 그 일을 내게 말해주었다. 크뤼에르는 나를 자기 집에서 '환대해 주었더니 그 호의를 악용했다' 며 내가 찾아와서 장시간 있는 바람에 아들과 테니스를 치기로 한 약속을 지키지 못하고 말았다고 불평을 했다고 한다. 그리고는 성의를 다하여 나를 호텔까지 차로 태워주었는데 어떻게 그럴 수가 있냐는 말을 덧붙였다는 것이다.

스티브 비코의 죽음에 대해 크뤼에르가 일찍이 단식투쟁 설을 고수하자 나는 다음과 같은 말로 그에게 공개적으로 이의를 제기했다. 부검의들이 스티브가 단식투쟁으로 인한 영양실조 또는 그와 관련된 다른 이유로 죽었다는 판단을 내린다면 나는 직위에서 물러나 다시는 공개적인 글을 쓰지 않을 것이라고, 하지만 만약 비코의 죽음이 그의 보안경찰이 그에게 보고했던 것과는 다른 요인들에 의한 것이었다는 증거를 부검의들이 찾아낸다면 크뤼에르가 경찰총장직을 사임하고 남아프리카에서의 공직 생활에서 영원히 물러나야 한다고 말이다.

크뤼에르는 이러한 이의 제기에 답변을 거부했다.

장례식 날이 가까워질수록 웬디와 나는 온몸이 떨려왔다. 장례식은 말루시와 스티브의 다른 참모들이 준비하고 있었다. 우리는 둘 다 어떠한 일이 있어도 장례식에 참석해야 한다고 생각하고 있었다. 하지만 이 나라 어딘가에서 흑인들의 반(反)백인 감정이 한 순간 폭발하여 우리에게까지 미칠 수도 있다는 생각이 들었다. 이 감정에 북받치는 사건에 대한 그들의 분노와 슬픔은 그만큼 한이 없었던 것이다.

가족들이 장례를 준비하도록 부검의들이 스티브의 사체를

공개했을 때 나는 은치키와 함께 임시 시체 안치실로 갔다. 장의사는 작은 로비에 있는 커다란 서류 정리용 이중 캐비닛 같은 것 앞으로 우리를 인도했다. 그가 냉동 캐비닛의 위쪽 문을 열고 스티브의 사체가 시트에 덮인 채 누워 있는 기다란 '서랍'을 밖으로 당겼다. 나는 앞으로 손을 뻗어 얼굴 위의 시트를 벗겨냈다.

내 눈에 보인 것은 그의 얼굴을 지독하게 풍자해 놓은 만화였다. 앞이마는 커다랗게 멍이 들어 있었고 얼굴은 일그러져 있었다. 코와 눈 윗부분은 전체가 기형적으로 솟아올라 있었다. 은치키는 "오, 스티브! 오, 스티브!"라고 속삭이면서 소리 없이 흐느껴 울었다.

우리 두 사람은 얼굴을 자세히 살펴보려고 가까이 몸을 굽혔다. 부검을 할 때 뇌를 검사하기 위해 두피를 열었겠지만 얼굴 모습이 바뀐 것이 어느 정도까지 부검으로 인한 것인지는 알 수 없었다. 스티브의 눈은 열려 있었는데 은빛으로 뿌옇게 흐려져 있었다. 시신은 조금도 역겹지 않았다. 중후한 스티브의 위엄이 여전히 거기 있었다. 하지만 살아생전의 활기찬 모습과 무기력하게 텅 빈 죽음의 표정은 너무나 대조적이어서 기가 막혔다.

영양실조의 징후가 없었던 것은 분명했다. 은치키와 나는 그의 몸이 너무나 정상적이고 튼튼해 보인다는 것을 알아차렸다. 하지만 이것은 놀라운 일이 아니었다. 그 무렵에는 크뤼에르조차도 단식투쟁설이 먹혀들지 않을 것임을 깨닫고 있었기 때문이다.

웬디와 내가 장례식에 대해 가졌던 두려움에도 불구하고 다섯 시간이나 계속된 장례식에서는 아무런 불상사도 일어나지 않았고 나는 내 연합 칼럼에 다음과 같이 보도할 수 있었다.

구속 상태에서 숨진 사랑하는 지도자의 장례식에 모인 2만 흑인 군중을 보라. 그들의 슬픔에, 그가 죽은 상황에 대한 분노와 그 죽음에 백인 정치가가 보낸 냉소적인 반응에 대한 분노, 그의 죽음을 애도하는 수천 명의 사람들을 장례식에 참석하지 못하게 막은 데 대한 분노, 전반적인 인종적 상황에 대한 분노, 그리고 감정이 고조된 연설 속에 표현된 분노를 더하라.

그리고 이 방대한 흑인들의 물결 속에 섞여 있지만, 군중들이 개인적으로는 알지 못하는 수백 명의 백인들을 생각해 보라. 추측컨대 인종간에 적대적 긴장이 흐르는 이 땅에서는 한 번의 실수, 한 번의 충돌, 한 번의 재치 없는 발언으로도 충분히 비극적인 인종적 사건이 야기될 수 있다.

그러나 지난 주에 있었던 스티브 비코의 장례식에서 그런 종류의 사태는 일어나지 않았다. SASO와 BPC 같이 반(反)백인 조직이라고 하는 모든 조직의 연설자들이 연설을 하고 예식이 다섯 시간 동안 거행되었음에도 거기에 참석했던 단 한 명의 백인도 달갑지 않은 분위기를 느꼈다거나 감정에 북받친 군중들에게 직접적인 위협을 당하는 상황에 처했다거나 하는 일은 겪지 않았다.

국민당 정부와 그 정부의 장관들 개개인, 특히 크뤼에르 경찰총장에 대해서, 아파르트헤이트와 백인 인종주의, 보안법에 대해서,

그리고 3백 년 동안 이어진 편협함에 대해서는 거칠고 불같은 말들
이 쏟아졌지만, 군중들 가운데 있던, 혹은 귀빈석에 있던 백인들 중
어느 누구도 우정 외의 감정을 느끼지 못했다. 그것은 일종의 기적
이었다. 아내와 나는 군중들 가운데 서 있었는데 나중에는 두려움을
느꼈던 순간들에 대해 서로 비교를 하기도 했다. 내가 한 번 두려웠
던 때는 험상궂게 생긴 사내가 바로 내 가까이 서서 굳어진 표정에
찢어진 눈으로 나를 보고 있는 것을 알아챘을 때였다. 그의 뺨에는
커다란 칼자국이 나 있었다. 나는 그가 나를 베어버리려고 견주고
있는 듯한 상상이 들었다.

사람은 그런 경우에 자기가 백인이라는 사실을 확연히 자각하
게 되는 것이다. 그러나 내가 돌아서서 자기를 바라보는 것을 깨달
자 그의 목석같은 표정은 친근한 미소와 환영의 목례로 돌변했다.
내 생에서 그렇게 안도했던 순간이 또 있었을까!

헬렌 수즈먼, 알렉스 보라이네, 자끄 드 베르 같은 진보적 인사
들이 일찍 도착하자 스탠드 한쪽에 꽉 들어차 있던 수많은 흑인들이
헬렌의 자리를 찾아주려고 서둘러 길을 냈다. 그렇지만 그 자리에
있던 나머지 백인들 중 잘 알려진 사람들은 거의 없었다. 대부분은
젊은 사람들이었다. 아마도 그들 대부분은 자신들이 위험을 무릅쓰
고 그곳에 와 있었음을 잘 알고 있었을 것이다.

조의를 표하려는 자연스러운 동기를 제하고 그 자리에 참석했
던 많은 백인들을 움직인 것은 일종의 믿음이 아니었을까 하고 나는
생각한다. 남아프리카가 사람들을 인종이 아니라 인간으로서 판단

해 주는 그런 나라가 될 수 있을 것이라는 믿음 말이다. 그런 것이 분명 수많은 연설의 핵심이었다. 다들 인정하다시피 그것은 흑인 정치운동이라는 주요 주제의 작은 부분이었다. 흑인 정치운동이 그보다 더 시종일관하게 주장한 것이 있다면 그것은 사람들이 궁극적으로 꿈꾸는 세상은 비인종주의적인 사회라는 메시지였다. 나는 오랫동안 남아프리카의 흑인들이 그 성향상 인종주의자가 아니라고 믿어왔다. 그리고 누구든지 일반화할 수 있을 정도로 흑인들은 많은 백인들만큼 인종적 편협함에 쉽게 경도되지 않는다고 생각해 왔다.

그러나 이러한 상황에서는 그런 것 역시 일종의 기적이었다.

스티브 비코의 사적인 친구였던 몇몇 백인들이 군중들 속에서 눈에 띄었다. 데이비드 러셀 목사, 프랜시스 윌슨 박사 같은 명사들과 주요 기독교 교회 인사들은 물론이고 각계의 주요 사절단들이 다 망라되어 있었다. 비코라는 인물의 죽음이 맞는 슬프고도 장엄한 행사였다. 그러나 모든 연설과 조사가 끝난 뒤 집으로 돌아오는 길 내내 아내와 나의 크나큰 슬픔은 가시질 않았다. 우리가 너무나 가슴 아프게 그리워 할 사람은 많은 대중들이 그리워 할 존경받는 지도자, 학자들이 그리워 할 젊은 철학자, 외국의 기자들이 그리워 할 뛰어난 화술가가 아니라 우리의 다정한 친구 스티브 비코라는 사실을 우리는 새삼 깨닫고 있었다. 우리집에 오면 언제나 같은 의자를 찾던 모습, 목소리의 억양이며 담뱃불을 붙이는 동작, 맥주를 벌컥벌컥 들이켜는 모습, 아이들과 잡담을 나누느라 어깨를 구부정하게 구부리던 동작들이 너무도 생생하게 떠오르는 우리의 친구 말이다.

내 생각에, 그라면 자신의 장례식에서 인종주의적인 사건이 일어나지 않았던 이유에 대해 사람들이 모두 우정의 마음으로 거기 있었고 인종별로 따로따로 서 있는 것이 아니라 모두 함께 어우러져 있었기 때문이라고 말할 것 같다. 또한 그라면 분리와 고립에서 적의가 자라나는 것처럼 사랑은 가까이하고 접촉하는 것으로부터 자라난다고 말할 것 같다.

아파르트헤이트의 철천의 반대자가.

보안관찰 처분을 받다

그 다음 주에 나는 보안관찰 처분을 받기 전 남아프리카에서 마지막으로 준비한 대중 연설을 했다. 그 연설문 속에는 내가 보안관찰 처분을 받을 것이라는 암시가 있었다. 그러나 사실 내가 연설에서 언급한 침묵해야 하는 두려움은 공식적인 국가 기관이 내게 취하는 행위와 관련된 것이 아니었다. 그것은 나와 내 가족이 보안경찰 혹은 우익 광신도들로부터 수없이 많은 물리적 협박 전화에 시달린 것과 관련되어 있었다. 어떤 날은 하루에만 다섯 차례 폭탄을 터뜨리겠다는 협박 전화가 온 적도 있었다.

여기에 싣는 글은 피터마리츠버그에 있는 나탈 대학 캠퍼스에서 열렸던 대규모 집회에서 했던 연설의 몇 부분을 발췌한 것이다.

오늘날 남아프리카는 두려움이 지배하고 있는 나라입니다. 피지배자의 두려움과 지배자의 두려움 말입니다. 지배자들은 자신들이 소수이기 때문에 두려워합니다. 그리고 대다수의 사람들이 자신들을 점점 더 많이 증오하고 있다는 것을 인식하기 때문에 그들의 두려움은 더 커져 갑니다.

언제나 그렇듯이 두려움은 증오를 낳고 증오는 다시 더 많은 두려움을 낳습니다. 경고의 목소리가 갈수록 선동의 목소리로 느껴집니다. 반대파의 목소리는 반역과 내란의 목소리로 들립니다. 갈수록 중용이 극단론으로 느껴지고 평화의 중재자들은 폭력을 옹호하는 자들로 묘사됩니다. 남아프리카는 오늘날 내전을 향하고 있습니다. 우리가 이 점을 경고하는 것 자체가 우리 자신을 위험에 빠뜨리고 있습니다. 우리의 의도는 동료 시민들을 사랑하는 마음에서 경고를 해주려는 것임에도 그들은 우리가 막아보려 애쓰고 있는 바로 그러한 일을 우리가 옹호하는 것으로 보기 때문입니다.

사람들이 생각하고 싶어 하지 않는 일들을 실제로 소리 높여 말하는 것은 위험한 일입니다. 사람들은 그런 생각을 증오합니다. 그 생각들이 암시하는 모든 것을 두려워하기 때문입니다. 그들은 그러한 암시를 저 깊은 잠재의식 속으로 던져버리고 오늘의 즐거운 태양이 희망찬 현실을 반영하는 것으로 착각하고 싶어합니다.

스티브 비코는 남아프리카에 폭력과 유혈사태가 있을 것을 예견했습니다. 우리 모두 그렇지 않습니까? 그는 그런 일이 닥쳐오고 있음을 볼 수 있었습니다. 우리 모두 그렇지 않습니까? 그렇지만 스티브 비코가 그런 일을 옹호하거나 바랐다고 주장하는 것은 비열한 거짓말입니다. 주된 쟁점은 이 나라의 핵심적인 정치적 인물이 양호한 건강 상태로 구속된 지 3주 만에 보안경찰에 감금된 상태에서 의문의 죽음을 당한 45번째 남아프리카인이 되었다는 것입니다. 또한 거기에 책임이 있는 자들이 적절한 답을 할 때까지 이 의문사에 물음을 던지는 것은 모든 자유인들의 의무라는 것이 주된 쟁점입니다.

나는 스티브 비코의 죽음이라는 문제에 정의를 요구하는 것이 물리적 위험과 결부되어 있음을 알고 있습니다. 또한 나는 그러한 위험을 최소화하기 위해 할 수 있는 일이라곤 경계의 날을 세우는 것 외에는 없다는 것도 알고 있습니다. 하지만 나는 "그들이 이 문제에 대한 우리의 목소리를 잠재우기 위해 나 같은 사람들을 협박하고 우리와 같은 감정을 가진 수백, 수천의 남아프리카인들을 침묵하게 만드는 위협적인 행동을 한다 해도, 그 위협이 정의를 요구하는 우리의 합창을 줄이지 못할 뿐더러, 오히려 우리로 하여금 그 합창의 소리와 강도를 높이게 만드는 것임을 확실히 보여줄 것이다"라고 말할 것입니다.

협박을 받으며 산다는 건 대단히 불쾌한 일입니다. 하지만 상황은 지금 나를 그렇게 살도록 만들고 있으며 이전으로 되돌아갈 수 있는 가능성은 극히 희박합니다. 하지만 이런 위험을 조장한 히스테리와 증오의 분위기에 대한 책임은 이 정부, 특히 포르스테르 총리와 경찰총장 겸 법무장관 크뤼에르 그리고 그들에게 빌붙은 신문들에게 있습니다.

그들은 폭력적인 소요 사태의 발생을 조장했을 뿐만 아니라 몇 몇 경우에는 백인 극단주의자들의 무절제한 행동을 더욱 고무하는 발언을 하기도 한 장본인들입니다. 백인 극단주의자들이 어떻게 전화번호부에 등재되지 않은 전화번호들과 최루가스통을 입수할 수 있었는지 불가사의한 일이지요. 이보다 더한 것은 그들이 힘없는 사람들이 잡혀가서 변호사나 가족, 친지들을 접견하지도 못한 채——범죄자들조차 접견을 거부당하지 않는데——고문과 폭행을 당하도록 만든 구속 체계의 통솔자들이라는 것입니다.

여러 가지 근거들이 있습니다. 구속 중에 고문을 당했다는 호소를 수없이 많이 듣습니다. 포르스테르 총리가 이러한 주장을 사실이 아니라고 간주하든 그렇지 않든 간에 나는 그에게 말할 수 있습니다. 문자 그대로 수백만 명의 남아프리카인들이 보안경찰의 취조 과정에 전기고문과 구타, 거의 질식할 때까지 무언가로 목을 조르는 행위 등을 포함하는 고문이 자행된다는 사실을 믿고 있다고 말입니다. 또한 어떤 경우에는 고문이 살해로 이어지는 바람에 구속 중에 스스로 목을 매었다고 발표된 사례들이 많은 것이라고 믿고 있습니다. 이 문제가 조사 대상이 된 다른 여러 문제들보다 더 중요하다는 것은 분명합니다.

만약 포르스테르 총리와 크뤼에르 총장이 비코의 죽음이라는 비극으로 인해 이 나라의 이미지가 더이상 손상되지 않기를 바란다면 몇 가지 일들을 해야 합니다. 그것도 조속히 말입니다.

증거로 볼 때 심리가 필요하다고 생각되는 부분에 대한 기소 절차를 가능한 한 빨리 시작해야 합니다.

모든 구속 중 사망 사건과 고문 의심 사건을 다룰 사법조사위원회를 가능한 한 빨리 구성해야 합니다.

재판 없는 구금은 중단되어야 합니다.

크뤼에르 총장은 이 문제 전반을 대단히 부적절하고 예사롭게 취급한 데 대해 책임을 지고 스스로 물러나거나 해임되어야 합니다.

그리고 아프리카너 민족주의자들이 흑인 소요 사태에서 희생양을 찾는 행위를 중단하도록 만듭시다. 소요 사태는 선동가들 때문에 일어난 것이 아니라 아파르트헤이트 때문에 일어난 것입니다. 그들은 선동가로 추정되는 사람들 한 사람 한 사람을 다 가둘 수 있겠지만 오직 아파르트헤이트가 폐기되는 날에야 남아프리카에 영원한 평화가 찾아올 것입니다.

모든 아프리카너 민족주의자들에게 고하는 바입니다. 당신들이 믿거나 말거나, 당신들을 공개적으로 비판하는 우리들은 당신들을 미워하고 싶지 않습니다. 우리는 당신들의 문화와 당신들의 정체성을 전적으로 인정하는 다정한 동료 시민으로서 이 나라를 당신들과 공유하고 싶습니다. 이것은 희생이 필요 없는 일입니다.

제발 너무 늦기 전에 아파르트헤이트라는 광기에서 벗어나서 다른 사람들이 당신들을 바라보는 것처럼 이제 당신들 자신을 정직하게 보는 법을 배우십시오. 당신들은 30년 동안 권력을 쥐고 있으면서 흑인들, 인도계 사람들 그리고 혼혈계 사람들과 많은 백인들까지도 당신들의 정책에 등을 돌리게 만들고 말았습니다. 당신들을 제외한 모든 사람들이 잘못된 것입니까? 당신들의 교회를 제외한 모든 기독교 교회가 잘못된 것입니까?

당신들은 스스로에게 전세계를 상대로 싸울 태세임을 선언하고 있습니다. 설사 대다수의 자국 시민들이 그 싸움에서 당신들의 편에 서지 않을지라도 말입니다. 익히 알고 있는 당신들의 용기와 훌륭한 자질은 논쟁을 필요로 하지 않지요. 그것이 당신들의 인종주의입니다. 이 나라의 우리들 대부분을 위해 무엇이 좋은 일인지를 오직 당신들만이 결정할 수 있다는 것은 당신들의 아집일 뿐입니다. 이 나라는 당신들만의 집이 아닙니다. 우리 모두가 당신들과 공유하고 있는 집이지요. 당신들이 누릴 만한 권리들은 어떤 기준에 의해서도 지배력을 지닌 권리가 아닙니다. 아직은 아무도 당신들을 내쫓고 싶어 하지 않습니다. 당신들이 여기 있을 권리를 가지고 시시비비하는 사람들은 아무도 없습니다. 오직 당신들이 바라는 조건으로만 여기 있으려 하는 권리에 관해 시시비비하는 수백만의 사람들이 있을 뿐입니다.

지금은 위험한 시기입니다. 그런데 나는 여기서 모든 말을 다 하고 있습니다. 내가 그들에게 말할 수 있을 때 말하고 싶은 것입니다. 그래서 나는 증오의 하수인들이 나에게 극단적인 비난을 퍼붓는 가운데에서 수많은 끔찍한 가능성들을 의식하고 그것을 두려워하면서도 그들에게 말을 하고 있습니다.

이런 말을 해야만 하는 것은 그 어떤 두려움도 그들이 이 말을 들어야 할 필요성보다 더하지는 않기 때문입니다.

이 연설을 하고 얼마 안 있어 총선거 유세가 시작되었다. 그 무렵 크뤼에르는 자신의 단식투쟁설을 완전히 버렸다. 실제로 그는 어떤 인터뷰에서 만일 보안경찰이 부적절하게 행동했다는 것이 입증되면 '여러 사람이 잘릴 것'이라고 말했다. 그 비극적인 사건에서 자신의 곤란한 역할을 벗어던지기 위한 희생양으로 하급직 몇몇을 버릴 준비가 된 모양이었다.

한편 진보연방당 대변인들은 물론 비코의 친구들과 언론인들 등 남아프리카에 있던 우리 다수는 정부가 선거가 끝날 때까지 비코의 심리를 질질 끌 태세를 보이는 것이 걱정되었다.

심리가 열리기 전 몇 주 동안 정부측 선전자들은 국가의 통제하에 있는 라디오 및 텔레비전 방송 매체를 통하여 열심히 여론을 조정했다. 한 가지 예를 드는 것으로 충분할 것이다. 남아프리카의 법적 소송절차에는, 심리는 사망 사건과 관련하여 누구도 기소할 뜻이 없다는 취지의 검찰총장 증명서가 구비될 때에만 열릴 수가 있다고 되어 있다. 달리 말하자면 검찰총장이 "어떤 특정인이 그 죽음에 책임이 있는 자라는 것을 적시하는 어떤 정보도 나는 갖고 있지 않다. 그러니까 심리를 열어 내가 누구를 기소해야 하는지 결정해 달라. 그런 사람이 있다면 말이다"라고 말하고 있는 것이다.

국가의 정치 선전가들은 이 기회를 게걸스럽게 붙잡고 '검찰총장은 흑인의식운동의 지도자 스티브 비코의 사망과 관련하여 어느 누구도 기소되지 않을 것임을 확인했다'라는 '뉴스 속보’를 반복적으로 내보냈다.

이것이 절차상의 격식이었다는 사실에 관해서는 일언반구도 없었다. 다음 단계가 누가 기소되어야만 하는가를 결정하기 위한 심리였다는 일언반구의 설명도 없었다.

그 ‘뉴스 속보’는 왜곡된 인상을 전달하려는 의도에서 나온 것이었고 많은 수의 남아프리카 국민 대중에게 그런 인상을 심어주는 데 성공했다. 비록 심리가 있기 전이기는 하지만 광범위한 수사 결과 보안경찰의 모든 혐의가 벗겨졌으며 스티브의 사망은 사고사이거나 자살이었다는 인상 말이다. 심지어는 심리를 할 필요도 없다는 것이기도 했다.

우리는 심리가 열려야 한다고, 그것도 즉시 열려야 한다고 새롭게 요구하기 시작했다. 이러한 요구는 아프리카너 민족주의에 반대하는 신문들에 반영되어 해외의 반응을 불러일으켰고, 선거 유세가 끝나기 전에 심리를 열도록 정부가 지시하는 데 영향을 미쳤다.

경우야 어쨌건 심리 과정에서 드러난 소름끼치는 사건의 내막들로 인해 선거에서 정부가 지지표를 조금이라도 잃는 대가를 치렀다는 증거는 전혀 없었다. 그와는 반대로 정부는 상당히 많은 표를 얻었고 크뤼에르의 선거구에서는 그에게 몰표를 던져주어 그의 손을 들어주었다.

그러나 심리가 시작되기 전에 심리가 열리도록 압력을 가했던 상당수의 사람들은 보안관찰 처분을 받거나 구속되었다. 퍼시

쿼보자는 보안경찰에 연행되었고 그가 간행하던 「세계」(The world)지는 아무런 설명도 없이 발행을 금지당했다. 베이어 나우데, 테오 코트제, 데이비드 러셀, 세드릭 메이슨, 브라이언 브라운과 나는 보안관찰 처분을 받았고 말루시 음푸믈루와나, 텐지웨 음틴초, 케니 라치디 및 다른 BPC 간부들은 구속되었다.

8월 19일에 퍼시와 나는 버지니아의 윌리엄버그에서 열리는 아프리카-아메리카 연구소의 회의에 참석하기 위해 미국으로 가게 되어 있었다. 보안경찰이 그날 아침 일찍 퍼시를 연행하고 공항에 있던 나를 데리러 왔다. 내가 공항의 여권검사국을 통과하고 있을 때 세 명의 남자가 내게 다가왔다.

"우즈 씨?" 한 사람이 영어로 말했다. "우리는 프리토리아 보안경찰 본부에서 나왔습니다. 그 비행기는 못 타십니다. 우리와 함께 가시죠."

여권검사국 근처의 작은 사무실에서 그들은 나에게 크뤼에르 경찰총장이 서명한 서류뭉치를 내밀었다. 국가보안법의 조항에 의거하여 나를 보안관찰 처분에 처한다는 내용이었다. 보안관찰 처분 명령에 의해 나는 이스트런던 행정구역으로 거주를 제한당했으며 집필과 출판, 그리고 신문사나 출판사, 학교 혹은 기타 교육기관의 구내 출입을 금지당했고 아내와 아이들을 제외하고는 한 번에 한 사람 이상과 함께 있지 못하게 되었다. 또한 이스트런던의 지역 경찰서에 일주일에 한 번씩 보고서를 제출하라는 명령을 받았다. 보안관찰 처분 기간은 5년이었다.

"크뤼에르가 정말로 미쳤나 보군. 안 그래요?" 내가 말했다. 그들은 아무 말이 없었다.

그들은 나를 즉시 이스트런던으로 돌려보내라는 명령을 받았다고 설명했고 그들 중 두 사람이 오렌지 자유주의 윈버그까지 나를 태워갔다. 거기서 그들은 세 명의 다른 보안경찰들에게 나를 넘겨주었고 이들이 윈버그에서 알리왈 노스까지 나를 태우고 갔다. 거기서 또 두 사람이 나를 퀸스타운까지, 그리고 거기서부터는 또 두 사람이 나를 이스트런던까지 태우고 갔다. 12시간에 걸친 여행이었다. 차를 타고 가는 동안 나는 구속 중에 사망한 사건들에 관해 여러 가지 질문을 던졌지만 만족할 만한 답변을 듣지 못했다.

이스트런던에 도착해서 우리는 곧장 그곳의 보안경찰에게로 갔다. 거기에서 판 더 메르버 치안감이 내게 보안관찰 처분의 함의를 말해주었다. "우리는 한치의 빈틈도 없이 당신이 보안관찰 처분을 어기는지 어떤지 살필 거요." 그리고는 덧붙여 말했다. "아마 도를 지나치는 일은 없을 거요. 그러나 무슨 일이든 일어나기만 하면 어느 때고 당신 집에 들이닥칠 테니 그리 아시오. 믿어도 좋소." 그런 뒤에 그는 나를 우리집으로 데려와서 현관에다 여행가방과 함께 내려놓고 갔다.

보안관찰 처분하에서의 새로운 생활 방식에 적응하면서, 나는 그로 인해 내가 심리 과정에 참석할 수 없다는 사실을 깨달아야만 했다. 심리는 11월 14일에 시작될 예정이었다. 우리는 웬디가 심리 과정에 처음부터 끝까지 참석하면서 내게 정기적으로 전화를 걸어 그날그날의 일을 소상히 알려준다는 계획을 세웠다.

어떤 면에서 그것은 완전히 탁상공론이었다. 우리는 심리와 관련하여 가장 의견을 나누고 싶었던 사람을 더이상 만날 수가 없었던 것이다. 그러나 심리에 최대한의 관심을 기울일 필요가 있었다. 소름끼치는 증거가 나올 것임에도 불구하고 그것이 우리가 스티브 비코의 육신과 맺는 마지막 관계였기 때문에 우리는 우리가 알고 있던 그의 생애 마지막 나날들의 모든 세세한 일을 최대한 적어두는 일에 매달려야 했다.

심리 무대

1977년 11월 14일 월요일, 스티브 비코의 사망 사건을 다루는 심리가 프리토리아에서 시작되었다. 심리가 진행된 곳은 옛 프리토리아 제1유태교회로서 오래전부터 법정으로 사용되어 온 올드 시나고그(Old Synagogue) 건물이었다. 심리에는 전세계의 언론이 참석했고 남아프리카의 주요 신문들도 모두 참석했다.

내가 그토록 강력하게 요구했던 바로 그 심리에 보안관찰 처분 때문에 내가 참석을 할 수 없었다는 것, 그리고 보안관찰 처분은 공개 심리의 필요성을 널리 알리기 위해 내가 취했던 행동 때문에 내려진 것이 명백하다는 사실이 내게는 정말 아이러니가 아닐 수 없었다. 그래서 나는 집에 앉아서 다른 사람들이 전해주는 얘기를 기다리고 있어야만 했다. 답답한 노릇이었다. 하지만 프리토리아 법정에서 무슨 일이 얼마 만큼 진행되었는지를 웬디가 세세하고도 통찰력 있게 알려주었던 덕에 답답함을 조금은 덜 수 있었다. 그녀는 소송 과정에 처음부터 끝까지 참석했다. 아래의 내용은 그녀가 묘사한 심리의 내용과 법정에 만연했던 분위기에 대한 그녀 자신의 인상을 기록한 것이다.

만들어진 드라마를 볼 때 우리는 의혹의 눈길을 거둔다. 충격적인 어떤 것을 보게 되더라도 기꺼이 거기에 동참해서 드라마의 작가가 우리 앞에 펼쳐 놓은 어떤 속임수에도 선뜻 속아 넘어가기 위해서다. 드라마는 아무리 잘 만들어지고 순화된 형태로 묘사한다 해도, 혹은 취향이 고상하다 해도 실제보다 과장되게 마련이다.

반면, 진짜로 벌어지는 드라마는 다른 경험이다. 진짜 드라마는 실제 감각을 특징으로 한다. 의혹을 거두라는 신호는 없다. 우리는 보고 듣는다. 그러면 우리의 감각은 계속해서 뇌에 정확한 메시지를 보낸다. 하지만 뇌는 그 메시지들을 되돌려 보낸다. 받아들이기엔 너무나 괴상망측한 일들이기 때문이다.

심리가 나에게는 그런 경험이었다. 살해의 전말이 드러나는 데 3주가 걸렸다. 그리고 그 시간 동안 평상심이라는 이상한 감각이 밖으로 드러난 고통스럽고도 충격적인 사실들을 덮어 감추었다. 첫날, 우리는 보안경찰이 스티브에게 족쇄를 채웠다는 말을 들었고 실제로 그 족쇄라는 것을 보았다. 그것이 법정에 제출되었는데 사슬이 철커덕거리는 소리가 들렸고, 피가 날 때까지 스티브의 발목을 문질렀던 무거운 쇠고리가 보였다. 우리는 그때 증인석에 있던 스니먼 경정이라는 자가 마치 보통의 사무용품이기라도 한 듯 그 물건을 너무나 편안하게 바라보는 모습을 보았다. 정말로 믿기지가 않았다. 족쇄는 마담터소 인형관(프랑스 혁명 이후 영국으로 망명한 밀랍인형작가 터소 부인이 세운 전시관. 역대 왕과 유명 정치인, 연예인, 종교인, 스포츠 스타 등을 망라하여 실제 사람의 모습과 똑같이 만든 밀랍인형들이 전시되어 있다—옮긴이)이나 할리우드의 영화세트장, 공포만화책에나 있는 것이지 사람들이 모여서 기침을 하고 내가 스티브와 어울릴 때 여러 차례 입었던 청바지를 입고 앉아 있는 이 혼란스러운 곳에 있을 것이 아니다. 그런 상황에서 나는 스티브가 죽었고 우리 모두가 그의 죽음 때문에 여기 앉아 있다는 사실이 때때로 완전히 믿기지 않았다. 누군가가 출입문으로 머리를 쑥 내밀고 미소를 지으며 이 모든 건 즐거운 농담이었고 이제 됐다고 쾌활하게 말하고는 우리 모두에게 손을 흔들고 법정 밖으로 사라질 것 같은 느낌이 들었다.

그리고 같은 날 우리는 스티브가 며칠 동안 알몸으로 독방에 갇혀 있었다는 말을 들었다. 판사가 그에게 불만 사항이 있는지 물어보기 위해 방문했을 때 그는 물과 비누, 수건과 빗을 달라고 하면서 "알몸으로 있는 것이 의무 사항입니까? 나는 여기 온 이래 계속 벌거벗은 상태입니다"라고 말했다는 것을 들었다.

또다시 보안경찰의 방해공작이 이러한 정보를 깔아뭉개 버렸다. "스티브가 술을 마시고 담배를 피웠다.", "차를 타고 내리기도 했다.", "사람들에게 뭔가를 하라고 말했다." 등등. 그는 결코 그런 말들을 내뱉을 만한 상황에 있었을 리가 없었다.

우리는 모두 보안경찰이 스티브를 살해했다는 것을 알고 있었다. 그리고 보안경찰이 스티브의 사인을 뇌손상으로 꿰맞추려고 이야기를 지어낼 것이라는 것도 알았다. 때문에 우리는 그들이 난투극을 벌였다는 등의 여러 가지 진술들을 하는 것에도 놀라지 않았다. 우리가 대비하지 못했던 것은 스티브가 알몸으로 족쇄를 차고 있었던 시간에 대해 보안경찰이 각각 다르게 자백을 한 사실이다. 이러한 자백을 한 증인들 중 하나는 관료적인 거만한 태도를 보였고 다른 하나는 공무원이었는데 스티브가 사무실에서 볼펜 1다스를 슬쩍했다며 짐짓 방어적인 태도를 취했다.

돌이켜보면 심리 과정 내내 꼬리를 물고 나오는 새로운 사실들을 접하면서 우리가 스스로의 힘으로 응집력 있는 이야기를 종합적으로 완성해내고 그것을 오히려 주장해야 했던 것은 충격이었다. 진실은 그 사람들의 마음속에 있었는데, 그들로부터는 결코 그 진실을 듣지 못할 것임을 우리는 알고 있었다. 또한 우리가 듣고 있는 말은 체제가 자신들을 결코 실망시키지 않을 것임을 알고 있는 자들이 스스로를 한껏 억제하며 하는 증언이라는 것도 알고 있었다.

올드 시나고그는 프리토리아 정중앙에 있는 우아한 건물이다. 내부에는 대략 200명 가량이 앉을 수 있는 좌석이 있다. 맨 앞의 두

줄은 기자석이다. 성소(聖所)는 재판을 주재하는 사법관들이 앉는
높은 자리로 바뀌어 있었다. 그리고 법률고문, 법원 속기사, 증인들
을 위한 공간이 있었다. 낮 시간에 천정 가운데 있는 스테인드글라
스 위로 햇빛이 이리저리 자리를 옮길 때마다 각양각색의 사람들 얼
굴 위에 투영되는 초록과 분홍의 빛들만이 유일하게 종교적 신비의
흔적을 보여주는 것으로 남아 있었다.

첫날에는 기대감이 있었다. 바깥에서는 TV 카메라가 촬영에
좋은 위치를 확보하기 위해 어깨를 겨루고 있었고 짧게 깎은 머리에
푸른 제복을 입은 젊은 경찰들이 유사시에 무엇을 해야할지 상세히
교육받았다는 듯이 거들먹거리며 걸어다녔다. 총만 차고 있지 않았
더라면 그들은 조소의 대상이 되었을 것이다.

비코의 가족들이 도착했다. 그들은 다소 긴장돼 보였다. 아내와
어머니, 누이와 형 등 모두들 검은 상복을 입고 있었는데 한동안 수
많은 카메라 불빛이 비치는 바람에 계속 윤곽만이 드러나 보였다.
그들은 유순하고도 위엄 있게 앉아서 카메라가 그들을 실컷 찍도록
내버려 두었다. 그 다음에야 그들은 긴장을 풀고 보통 사람의 모습
으로 돌아왔다. 신문 기자들은 서 있거나 아니면 일부러 허물없는
사이인 척하며 법정 안팎을 드나들었다. 그러나 정말 아무도 누가
누구인지를 몰랐기 때문에 우리가 적어도 한 가지 공통된 목적을 가
진 하나의 집단으로 자리를 잡는데는 한참의 시간이 흘러야 했다.
공통의 목적이란 증언을 듣거나 아니면 다음날의 증언에 참여하는
것이었다.

심리가 진행됨에 따라 우리 모두는 서로서로를 알게 되었다. 각자의 신원이 밝혀졌고 그 안에서 공감대와 반목이 형성되었다. ‘우리’와 ‘그들’이라는 명백한 의식이 생겨났다. ‘우리’는 비코의 가족과 친구들, 흑인들, 그의 죽음에 슬퍼하는 백인들, 가족측 변호인, 그리고 남아프리카의 영어권 언론, 세계의 언론, 압력 단체의 회원들이었다. ‘그들’은 보안경찰, 의사들, 경찰측 변호인, 의사측 변호인, 교도소측 변호인, 판사, 법정 내외부의 경찰들, 통역사 및 밀고자들이었다. 판사로 배석한 두 명의 판사들은 어느 쪽에 서야 할지 아직 결정하지 못한 상태였다.

말없는 전쟁의 분위기가 법정 안에 가득했다. 보안경찰은 세계의 언론이 그날의 증언을 취재하는 데 가능한 한 어려움을 겪도록 오로지 아프리칸스어로만 대답을 하라는 지시를 받았음이 분명했다. 그들은 매번 질문을 받고 나서는 조심스럽게 얼굴을 돌려 방청객을 외면한 채 대답을 했으며 대답에 앞서 매번 기계적으로 “재판장님”하고 아프리칸스어로 말하면서 판사에게 비굴한 답변을 하곤 했다. (법원 속기사는 받아 적어야 하고 판사는 들어야 하는 등) 무어라도 되는 대로 하기만 하면 된다는 사실로 인해 그들이 능글거리며 만족하고 있다는 것이 더욱 분명해 보였다.

법정의 음향 상태는 정말 지독했다. 대부분의 증언이 아프리칸스어로 이루어졌을 뿐만 아니라 그나마 그 아프리칸스어도 제대로 알아들을 수가 없었다. 확성 장치는 없었다. 그래서 소송 과정에서 오간 대화들은 마치 방의 한 구석에서 자기들끼리 나누는 이야기처럼 작게 들렸다. 국가는 국민에 대한 책임을 전혀 모르는 것 같았다. 이것이 공개 심리라는 것, 국민의 들을 권리란 보편적인 권리이지 아등바등 찾으려 애써야 하는 권리가 아니라는 것에 대해 그들은 아무런 지각도 없었다. 언론이 자신들의 확성 장치를 설치할 테니 설치 비용을 지불해 달라고 낸 탄원서를 판사는 마이크가 법정의 기록에 방해가 될 것이라는 점을 들어 기각했다.

법원 경찰은 겉으로는 질서유지를 위해 거기 있는 듯했지만, 실제로는 졸고 있는 흑인이 있을 경우 그, 혹은 그녀에게 요란한 손짓을 하고 호되게 야단을 쳐서 그들을 어쩔 줄 모르도록 만들기 위해 거기 있는 것이었다. 하지만, 백인 통역사의 경우 증인석 아래에 아무렇게나 앉아서 시시때때로 잠을 자고 있는 것을 보면서도 흑인과 똑같이 대하지는 않았다. 의사가 증언을 하는 동안 계속해서 전문 용어가 쏟아져 나오자 한 백인 고관이 거의 죽은 듯이 곯아떨어졌어도 마찬가지였다. 법원 경찰은 또 기회만 되면 기자들과 방청객들에게 법정의 어떤 문 뒤쪽으로 물러나 있으라고 말했다. 그 문은 사람들을 소리가 들리지 않는 곳에 있게 하려고 전략적으로 설치해 놓은 것이었다.

매일같이 재판이 휴정되기 한 시간쯤 전부터 올드 시나고그 건물 외곽의 보도에는 흑인들이 모여들기 시작했다. 그 수는 서서히 증가하여 사람들이 건물에서 나오기 시작할 무렵에는 어깨가 서로 부딪쳐 밀릴 정도가 되었다. 그러면 그들은 자유와 도전의 노래를 부르기 시작하는 것이었다. 그렇게 20분 가량 시간이 흐르는 동안 백인 경찰들은 바로 옆에 바짝 붙어 서서 적의를 드러내며 그들을 노려보았고 경찰차 안에서는 광포한 기대감에 가득 찬 독일산 셰퍼드들이 짖어댔다.

그 심리를 통해 남아프리카는 새로운 경험을 했다. 우리는 보안경찰을 장시간 자세히 살펴볼 기회를 얻었다. 수백만 명의 사람들이 그들이 취조받는 자의 입장이 되어 말해야 했던 것을 신문을 통해 읽을 수 있었고 그들의 사진도 볼 수 있었다. 우리는 심리가 열리는 곳에서 그들의 얼굴과 반대심문을 받는 그들의 행태를 지켜볼 수 있었으며, 그들의 말과 그들이 구성한 사건의 전말을 들을 수 있었다. 아프리카너 민족주의 전통의 산물이자 상속자인 이들이 처음으로 경찰서와 자신들의 좁은 취조실 밖으로 쏟아져 나왔다. 그들은 이번 만은 자신들에게 책임을 묻는 입장에 놓이게 되었던 것이다.

그들은 극단적인 편협성을 보여주었다. 그들은 훈육과정에서 기득권은 침해받을 수 없다는 생각을 머리 속에 깊이 아로새긴 사람들이다. 그리고 그런 의미에서 그들은 순진한——다르게 사고하거나 행동할 능력이 없는——사람들이다. 그보다 더한 것은 그들이 자신들의 경직된 인성을 표현할 수 있는 기회를 제공해 준 자신들의 직업에 매력을 느꼈다는 점이다. 그들은 오랫동안 국법의 보호를 받아왔다. 그들은 이 나라 곳곳에 포진해 있는, 아무런 방해도 받지 않는 독방에서 상관의 암묵적인 묵인 하에 자신들이 상상하는 온갖 고문을 저지를 수 있었고 그 대가로 '국가 전복 기도를 막아주는' 사람들이라는 칭호와 함께 정부로부터 어마어마한 지위를 부여받아 왔다. 이 모든 것에다 인간에게 상처 입히는 것을 즐기는 인간성까지 합쳐보라. 그들은 한정책임능력자이자 집단 돌연변이된 영혼의 희생자로서 무소불위의 권력을 지닌 매우 위험한 자들——바로 우리가 보고 있는 보안경찰들이다.

스티브를 검진했던 의사들은 정도는 덜히지만 남아프리카 백인 사회의 산물이다. 비록 의식적으로 잔인한 것은 아니지만 그들의 의식은 자신들의 사회에 의해 극히 왜곡되어 왔다. 그런 까닭에 그들은 자신들도 모르는 사이에 극히 무자비한 행위를 저지를 능력이 있는 자들이다. 그들은 분명 자신들이 그런 식의 행위를 하고 있다는 것을 자각하지 못했다. 랑 박사는 족쇄에 관해 알고 있었으나 그런 것이 존재한다는 사실에 전혀 충격을 받지 않은 것 같았다. 추측컨대 그는 다른 사람들이 족쇄를 차고 있는 것을 여러 차례 보았던 것이다. 또한 흑인 죄수들에게 간헐적으로 최소한의 처치만을 하는 것이 일상적인 일이었다고, 그리고 이러한 것이 자기 환자들의 복리에 직접적으로 배치되는 일이었음에도 불구하고 어느 때고 후어썬 치안감의 그러한 요구에 따르곤 했다고 고백한 세 명의 의사들의 증언으로 미루어 볼 때 이러한 점은 명백했다.

날이 갈수록 우리는 주요한 돌파구를 찾을 수 없으리라는 점을 깨달았다. 보안경찰에게는 그들이 꾸며낸 이야기가 있었다. 그리고 비코의 가족측 변호사인 시드니 켄트리지가 보안경찰과 의사들이 모두 거짓말쟁이라는 것을 폭로하면서 찾아낸 온갖 허점들이 있었음에도 불구하고 누군가에게 공식적인 책임을 물을 것이라는 기대는 그리 크지 않았다.

그러나 돌이켜보건대 논리적으로는 일이 그렇게 될 거라고 예상했음에도 불구하고 여전히 희망을 버리지 못했다는 것을 나는 이제 깨닫는다. 남아프리카 경찰 재판의 법적 판정에 많은 것을 기대해서는 안 된다는 것을 우리는 경험으로 알고 있었다. 그럼에도 우리가 희망을 갖고 있었던 것은 틀림없다. 프린스 판사가 난투극의 와중에서 입은 것으로 추정되는 뇌손상으로 인해 스티브가 사망했으며, 보안경찰은 이 일에 책임이 없다고 1분 만에 발표를 끝내자, 사람들의 얼굴에 희망을 배반당한 표정이 떠올랐기 때문이다.

13일 동안의 심리

스티브 비코의 심리는 1977년 11월 14일 월요일, 주의 수석 병리학자인 로웁세르 박사의 부검 보고서를 검토하는 것으로 시작되어 1977년 11월 30일 수요일, 경찰측 변호사인 반 루이엔의 변론——보안경찰이 비코가 사망에 이르도록 행동하거나 방치함으로써 결국 범죄를 저질렀다는 증거는 어디에서도 찾을 수 없다는——으로 끝났다. 모두 13회의 심리가 열렸으며, 마지막 심리 후 1977년 12월 2일 프린스 판사의 평결이 내려졌다. 여기에서는 심리 과정을 주요 증언자들을 중심으로 요약하여 싣고자 한다 (세부적인 심리 과정은 이 책 부록에 실려 있다——옮긴이).

먼저 스티브 비코 사망 사건 심리의 주요 참석자들은 다음과 같다. 마르티뉘스 프린스(수석 판사), 요하네스 올리버(배석 판사), 이사도라 고든(배석 판사), 시드니 켄트리지와 조지 비조스 그리고 에르네스트 벤첼(비코 가족측 법정 변호사들), 션 체티(비코 가족측 법정 대리인), K. 폰 리레스(트란스발 검찰차장), 레티프 반 루이엔(경찰측 법정 변호사), W. H. 히스(교도소측 법정 변호사), B. 드 V. 피카르와 마르까르 드 비이에 박사(출두한 의사측 법정 변호사들).

다음은 증언을 하도록 소환된 주요 증인들과 그들에 관한 심리 내용을 출두 순서대로 밝혀 놓은 것이다.

쿤 경위(포트엘리자베스의 경찰)

쿤 경위에 대한 증인심문에서는 쿤 경위가 재판 전 작성한 진술서들의 일치여부가 주요 쟁점이었다. 쿤 경위는 재판 전에 3개의 진술서를 작성했는데, 그 중 1977년 10월 20일에 작성한 첫번째 진술서에서 비코를 만난 일자들을 기록했다. 쿤 경위는 8월 22일과 9월 8, 9, 10일에 비코를 보았다고 첫번째 진술서에 기록했으며, 이때 비코에게서 상처를 보지 못했다고 진술했다. 그러나 세번째 진술서에서 쿤 경위는 비코가 치명적인 상처를 입은 후인 9월 8, 9, 10일에 비코를 보았다는 진술을 누락시켰으며 비코측 변호사인 켄트리지의 진술의 불일치에 대한 문제 제기에 대해 단순한 착오 때문이라고 주장했다.

뷔런 경사(그레이엄즈 타운의 보안경찰)

뷔런 경사는 비코가 포트엘리자베스 센럼 빌딩에서 취조를 받고 월머 경찰서로 돌아온 9월 11일 비코의 상태를 직접 목격한 인물이다. 뷔런 경사는 비코가 체포된 8월 18일부터 9월 6일까지 비코를 매일 접견했으며, 비코가 월머 경찰서로 돌아온 9월 11일에 다시 그를 보았다고 진술했다. 비코가 죽기 하루 전인 9월 11일 뷔런 경사는 비코가 수감되어 있던 5호 감방에 들러, 비코가 입에는 거품을 물고, 눈은 흐려진 채 시멘트 바닥에 누워 있는 것을 발견했으며, 바로 비코를 깔개가 있는 곳으로 끌고 가서 담요를 덮어주고 다른 보안경찰들을 불렀다고 진술했다. 이후 피셔 경정과 후어썬 치안감, 그리고 터커 박사가 도착하여 비코를 감방에서 옮겨 갔으며, 비코는 저녁 6시 20분에 월머 경찰서를 떠났다고 진술했다. 이 과정에서 뷔런 경사 역시 비코에게서 상처를 보지 못했다고 말했다. 켄트리지 변호사는 뷔런 경사에게 비코가 알몸으로 있어야 했던 경위와 수감기간 동안의 비코에 대한 처우에 대해 물었고 뷔런 경사는 보안경찰의 지휘관인 후어썬 치안감의 지시대로 했을 뿐이라고 말했다.

스니먼 경정(포트엘리자베스의 보안경찰)

스니먼 경정은 1977년 11월 14일과 15일 양일간 심리에 나와 증언했다. 스니먼 경정은 구속된 흑인운동가들을 취조한 5개 취조반의 책임자였다는 점에서, 그리고 비코를 취조했던 직접적인 책임자라는 측면에서 매우 중요한 인물이다. 켄트리지 변호사는 그에 대한 증인심문에서 그의 취조반이 비코에게 폭력을 사용했다는 사실을 밝히려 하였고, 스니먼은 그것이 비코가 먼저 도발한 사고 때문이라는 주장을 했다.

심리과정에서 스니먼은 취조과정에 대해 자세히 설명했다. 9월 6일 이전까지 전략상 비코 외에 다른 사람들을 먼저 취조했으며, 9월 6일에 비코에게 이전의 취조에서 나온 증거들을 보여주기로 되어 있었다고 진술했다. 9월 6일 비코는 샌럼 빌딩 619호실로 취조를 받기 위해 연행되었으며 취조는 오전 10시에 시작되어 저녁 6시까지 계속되었다고 진술했다. 그는 비코가 처음에는 극히 공격적인 태도를 취하며 취조에 협조하지 않았으나, 취조가 계속되어감에 따라 케이프타운에 갔던 이유가 BPC의 분열을 수습하기 위해서였다고 말했으며, 8월 17일에 포트엘리자베스에서 배포된 팸플릿에 대해서도 혐의를 인정했다고 진술했다. 켄트리지 변호사는 취조반이 비코가 사실을 인정하게 하기 위해 폭력을 사용했다는 혐의를 두면서 스니먼 경정에게 비코의 태도를 바꾸게 한 방법에 대해 계속해서 물었다. 스니먼 경정은 이에 대해 9월 6일 이전에 확보한 증거를 비코가 보았기 때문에 그가 마음을 바꾼 것이라고 주장했다.

그리고 나서 스니먼 경정은 다음날 있었던 취조반과 비코와의 폭력적인 충돌에 대해 이야기했다. 수갑과 족쇄를 풀어주고 의자에 앉게 하자마자 비코가 '격분하여 완전히 정신이 나간 듯이' 보안경찰들에게 달려들었으며, 취조 중이던 자신과 지베르트 경감, 베네케 순경이 지원을 위해 달려온 두 명의 다른 보안경찰들과 함께 비코를 힘으로 제압하여 다시 족쇄와 수갑을 채웠다고 진술했다. 스니먼 경정은 이 격투가 수분간 지속되었다고 말했지만 정확히 얼마의 시간이 지났는지는 말하지 못했다.

스니먼 경정은 아침 7시 30분에 이 일을 후어썬 치안감에게 보고했으며, 후어썬 치안감과 함께 비코를 보러갔을 때 비코는 윗입술이 눈에 띄게 부풀어 있었고, 횡설수설하며 분명치 않은 발음으로 말했다고 진술했다. 스니먼은 취조반이 계속해서 비코에게 말을 걸었으나 비코는 질문에 반응을 보이지 않았다고 진술했고, 이후 수갑을 채우고 족쇄로 쇠창살에 묶어둔 상태에서 윌켄 경위의 야간조로 넘겼다고 말했다.

다음날에도 비코는 깨어있었지만 질문에 반응을 보이지 않아 취조를 계속할 수가 없었다고 스니먼 경정은 말했으며, 이 과정에서 스니먼 경정은 랑 박사가 비코의 몸에서 이상한 점을 발견하지 못했다고 후어썬 치안감에게 보고한 사실을 언급했다.

스니먼 경정은 자신들이 비코를 제압하는 과정에서 행한 폭력은 정당한 것이었다고 주장했다. 켄트리지 변호사는 스니먼에게 크뤼에르 경찰총장이 비코의 죽음과 관련하여 언급한 '단식투쟁' 에 관한 정보를 총장에게 제공했는지를 추궁하였으며 비코가 월머 경찰서에서 알몸으로 수감되어 있었던 이유에 대해 물었다. '단식투쟁' 에 관해 스니먼 경정은 언급을 회피했고, 알몸으로 수감했던 이유에 대해서는 자살을 방지하기 위한 것이라고 대답했다. 스니먼 경정은 진상조사관인 클레인후스 총경의 조사에서 한 번도 비코의 이마에 난 상처를 보지 못했으며 그 상처가 어떻게 해서 생긴 것인지에 대해서도 말할 수가 없다는 진술서를 제출한 바 있으며, 그 중 10월 20일자 진술서에서는 자신이 있던 동안에는 아무도 비코를 폭행하지 않았다고 주장했다.

둘째날 스니먼 경사는 경찰측 반 루이엔 변호사의 질문에 답하면서 몸싸움 과정에서 비코가 "당신들은 나를 괴롭히고 있어. 나를 협박하고 있단 말이야"라고 소리쳤다는 말을 덧붙였다.

루빈 막스 순경(포트엘리자베스의 보안경찰)

취조반의 또 다른 일원이었던 막스 순경은 비코와 취조반 간의 격투를 상세히 묘사했다. 막스 순경은 비코를 제압하기 위해 나중에 합류한 두 명의 보안경찰 중 한 명이다. 그는 격투를 묘사하는 과정에서 "당신들은 나를 괴롭히고 있어. 나를 협박하고 있단 말이야"라고 비코가 소리쳤다는 사실을 언급했으며, 이에 대해 켄트리지 변호사는 이 격투에 관한 다른 7개의 진술서에서 전혀 언급되지 않던 이 말을 스니먼 경정과 막스 순경이 같은 날 진술한다는 데 대해서 그 말을 그들이 지어낸 것은 아닌가 하는 의혹을 제기했다. 막스 순경은 10월 10일자의 그가 쓴 두번째 진술서에서 비코의 눈위에 난 어떤 자국이나 상처도 보지 못했다고 진술했으며, 비코의 사망원인에 대해 관심을 가졌었냐는 질문에는 격투 때문일 거라고 추측은 했다고 답했다. 막스 순경은 비코가 머리를 부딪치며 쓰러지는 것을 보지 못했다고 진술했다.

지베르트 경감(포트엘리자베스의 보안경찰)

지베르트 경감은 비코가 사망하기 전날인 9월 11일 비코를 랜드로버 차량에 태워 프리토리아 교도소로 이송했던 보안경찰 중 한 명이다. 지베르트는 비코의 상처가 자신들에 의한 것이 아니라는 점과 비코가 거짓 시늉을 하고 있다는 의심을 받을 만했다는 점을 주장했다. 지베르트 경감은 법정에 두 가지의 진술서를 제출했다. 그 중 두번째 진술서에서 그는 비코의 왼쪽 이마에 난 상처를 보지 못했으며, 또한 그 상처가 9월 7일 자신들이 비코를 제압하는 과정에서 생겼을 리가 없다고 주장했다. 비코는 9월 8일에도 도움을 받지 않고 정상적으로 걸을 수가 있었다고 지베르트 경감은 말했다. 켄트리지 변호사는 심문에 앞서 경찰측이 이 사건의 마지막 목격자인 지베르트 경감을 증인으로 채택하지 않았다는 점을 지적하였다. 켄트리지 변호사는 스니먼 경정과 막스 순경이 들었다던 괴롭힘을 당하고 있다는 비코의 말에 대해 물었고, 지베르트 경감은 비코가 몸싸움이 벌어지기 전에 이 말을 했다고 말했다. 또한 경감은 9월 7일의 취조과정에서는 어떠한 증거문서도 비코에게 제시되지 않았다는 점을 확인해 주었다. 지베르트 경감은 비코가 격투 과정에서 머리를 부딪치지 않았다는 점을 재확인하였고, 후어썬 치안감에게 비코가 머리를 부딪쳤다고 보고한 사람이 누군냐는 질문에는 대답을 회피했다.

9월 11일 그와 몇몇 경찰관이 비코를 랜드로버 차량에 태워 프리토리아 교도소로 옮기는 과정이 정당한 것이었는지에 대한 켄트리지 변호사의 질문에 대해 지베르트 경감은 항공편이 마련되지 않았다는 점, 여러 명의 의사들이 그를 진찰했고, 이송에 동의했다는 점을 그 근거로 들었다. 이 과정에서 이송 중에도 비코가 알몸이었다는 사실이 밝혀졌다. 켄트리지 변호사는 지베르트에게 비코를 프리토리아에 인계하면서 그곳 경찰들에게 비코가 거짓시늉을 하고 있다거나, 단식투쟁을 하고 있다는 언급, 그리고 그가 매우 공격적이라는 언급을 했는지를 추궁했다.

한센 경정(킹윌리엄스타운의 보안경찰)

한센 경정의 증인 채택은 검찰측이 비코의 폭력성에 관해 주장하려는 목적에서 이루어졌다. 한센 경정은 1975년부터 비코를 알고 있었다고 이야기 하면서, 1976년 8월 31일 비코가 체포·구속되었을 때의 일을 언급했다. 한센 경정은 비코가 자신을 취조하던 하틴그 순경을 폭행한 사건을 상세히 설명했다. 이때 하틴그 순경은 비코를 폭행죄로 고소하지 않았는데, 이에 대해 한센 경정은 자신이 도널드 우즈와 비코가 관련된 더 큰 사건을 수사하고 있기 때문에 잠시 참으라고 말렸다는 주장을 했다. 한센 경정은 비코가 사망한 후, 앞서 있었던 사건과 비코의 성품에 관한 증인진술서를 작성하라는 요구를 받고 이를 작성, 제출했다.

후어썬 치안감(포트엘리자베스의 보안경찰)

이스턴 케이프 지역 보안경찰의 수장이었던 후어썬 치안감에 대한 증인 심문에서 후어썬 치안감은 비코가 치명적인 상처를 받은 9월 7일 사건 이후에 비코에게 취해졌던 조치에 대해 진술했다. 이 기간 동안 비코는 명백한 증후에도 불구하고 의사들로부터 별다른 이상이 없다는 진단을 받았으며, 후어썬 치안감은 이들의 말을 핑계로 비코를 9월 8일까지 취조실에 수갑과 족쇄로 묶어 놓았음이 밝혀졌다.

후어썬 치안감은 9월 7일 취조반과 비코 간의 격투 직후인 7시 30분에 그 사건에 대해 스니먼 경정으로부터 보고를 들었다고 증언했다. 후어썬 치안감은 비코가 질문에 반응하지 않는 것을 보고 지방의무관인 랑 박사에게 검진을 요청했고, 랑 박사로부터 비코의 신체에 아무 이상이 없다는 의견을 제출받았다고 이야기했다. 그러나 다음날인 9월 8일에도 비코가 계속 질문에 반응하지 않고 이상한 반응을 보이자 다시 진료를 요청했고, 이에 랑 박사와 터커 박사가 다시 검진을 했지만 역시 아무 이상도 발견하지 못했다는 말을 들었으며, 더 적절한 검사를 위해 비코를 포트엘리자베스 교도소 병원으로 옮기자는 의사들의 의견에 따라 비코를 저녁 늦게 교도소 병원으로 옮겼다고 말했다.

그곳에서 허쉬박사 역시 별다른 이상을 발견하지 못했으며 다음날(9월 9일) 아침 요추천자를 할 것이라는 말을 들었다고 말했다. 9월 9일 랑 박사가 전화를 해서 요추천자를 실시했으며 좀

더 자세한 관찰을 위해 비코를 병원에 있게 하고 싶다는 전화가 왔었고, 9월 11일에는 역시 랑 박사로부터 자신과 터커, 허쉬 박사 모두 비코의 신체에서 이상을 발견할 수 없었다고 알려왔다고 진술했다. 이에 후어썬 치안감은 비코를 월머 경찰서로 이송시키도록 지시했다고 말했다. 이송 후인 오후 2시 경에 피셔 경정으로부터 월머 경찰서로 와달라는 전화를 받았고 경찰서 유치장에서 비코가 숨이 고르지 못하고, 입 주변에 거품이 묻어 있는 것을 확인했으며, 오후 3시 20분에 터커 박사를 불러 비코를 검진했다고 말했다. 이때에도 별다른 이상이 발견되지 않자 적절한 검진을 위해 제대로 된 시설들이 갖춰진 곳으로 보내야 한다는 암묵적인 동의가 있었고, 프리토리아 보안경찰본부의 제이츠만 차장에게 전화를 해 비코를 프리토리아 중앙 교도소로 이송하라는 지시를 받았다고 말했다. 비코를 수송하기 위한 적절한 항공편이 없었기 때문에 터커 박사와 상의했고, 터커 박사는 매트리스나 다른 부드러운 것에 눕혀서 간다면 도로로 수송하는 것에 반대하지 않았다고 말했다. 9월 11일 오후 6시 30분경에 지베르트 경감으로 부터 비코와 함께 프리토리아로 출발한다는 전화를 받았다고 진술했다. 이 과정에서 후어썬 치안감은 자신이 비코가 구속되어 있는 동안 그의 건강과 안위를 보장해주기 위해 필요한 모든 조치를 취했다고 주장했다.

켄트리지 변호사는 9월 7일 이후 일련의 과정들에서 드러난 여러가지 문제에 대해 후어썬 치안감에게 질문을 했다. 켄트리지 변호사는 후어썬 치안감에게 9월 6일 밤 비코를 경찰서 유치장으로 돌려보내지 않고 조사실에 사슬로 묶어 놓았던 점과 후어썬 치안감이 비코가 거짓 시늉을 하고 있다고 생각한 부분, 8일 교도소 병원으로 비코를 옮기면서 백인 경찰들로만 비코를 감시하도록 특별히 지시한 점, 가족에게 알리지 않은 점, 포트엘리자베스의 병원이 아니라 프리토리아까지 비코를 옮기려 한 점 등 여러 부분에서 후어썬 치안감이 비코의 심각한 상태를 은폐하려 했다고 주장하였다. 또한 비코에 대한 처우에 있어 보안경찰들이 적법성을 전혀 신경쓰지 않았다는 사실과 후어썬 치안감과 의사들 간의 증언의 불일치에 대해서도 추궁했다.

켄트리지 변호사는 크뤼에르 경찰총장이 발표한 성명에 들어있던 단식투쟁과 관련한 문제를 제기했다. 총장이 비코가 단식투쟁을 했다는 사실에 대해 공개적으로 언급했다는 것은 누군가가 총장에게 잘못된 정보를 주었다는 사실을 시사한다는 것이었다. 켄트리지 변호사는 우선 비코가 음식과 물을 먹었다는 여러 진술서들을 통해 볼 때 비코가 단식투쟁을 했다는 것은 잘못된 정보라는 사실을 확실히 했고, 후어썬 치안감이 크뤼에르 총장에게 그런 정보를 보고했는지를 추궁했다. 이에 후어썬 치안감은 경찰총장과 경찰의 정상적인 경로를 통한 접촉 외에는 접촉하지 않았으며, 그런 정보를 보고한 적도 없다고 대답했다. 켄트리지 변호사는 이 문제가 경찰의 어느 수위까지가 은폐에 가담했는가를 밝히기 위해서 꼭 필요한 부분이라고 주장하며 지휘계통의 더 높은 사람을 증인으로 채택해야 한다고 주장했다.

경찰측 변호사인 반 루이엔은 심리의 목적이 사망의 원인과 책임자를 밝히는 것이며, 총장의 언급에 대한 보도는 증거능력을 가질 수 없는 전문증거(傳聞證據 ; 반대심문을 거치지 않은 진술 및 그 진술에 대신하는 서면—옮긴이)라는 점 등을 들어 켄트리지 변호사가 제기한 문제는 이 법정에서 논의할 사항이 아니라고 주장했다. 그 외에도 9월 6일 취조에서 비코에게 혐의의 증거로 제시되었던 다른 혐의자들의 진술서가 존재했었는지에 대해 논의가 진행되었다.

심리의 마지막 날인 11월 29일에 후어썬 치안감은 다시 한 번 법정에 나와 경찰총장에게 잘못된 정보가 전해진 경위에 대해 심문을 받았고, 자신의 증언과 상관인 제이츠만 치안감에게 보고된 텔렉스 문서와의 불일치 등에 관해서도 심문을 받았다.

피트체트(포트엘리자베스 교도소 간수)

비코가 허쉬 박사로부터 정밀검사를 받기 위해 옮겨졌던 포트엘리자베스 교도소의 간수인 피트체트는 비코의 상태에 대해 이전까지 밝혀진 사실들과 다르게 진술했다. 피트체트는 9월 9일 비코가 음료를 마셨으며, 아무런 도움도 받지 않고 20분쯤 걸었다고 진술했다. 또한 자신의 여러가지 질문에 대답을 하기도 했다고 말했다. 이에 대해 가족측 벤첼 변호사는 9월 9일에 비코가 그렇게 걸어다니는 것은 불가능하다는 이전의 진술에 대해 이야기했고 피트체트가 비코로부터 들었다는 여러 대답이 사실과 틀리다는 점을 지적했다. 또한 클레인후스 총경에게 제시된 피트체트의 진술서 원본과 사본이 차이를 보인다는 점을 지적하며 다수의 증인진술서가 위조, 첨삭되었다는 의혹을 제기했다.

윌켄 경위(포트엘리자베스의 보안경찰)

윌켄 경위는 비코를 심문했던 야간조에 속해 있었고, 비코를 프리토리아로 이송할 때 차에 동승하고 있었다. 윌켄 경위는 9월 6일과 7일 야간 당직을 섰으며, 비코의 이마에서 약간의 멍을 보았다고 진술했다. 또한 비코가 프리토리아로 이송될 때에도 비코가 정상이었다는 진술을 했다. 이에 대해 켄트리지 변호사는 윌켄 경위가 야간 취조반이었으며, 6일 밤과 7일 밤에도 비코를 취조했을 것이라고 주장했다.

윌켄 경위는 9월 17일에 작성한 진술서에서 비코가 7일 밤 모든 것을 말할 테니 15분을 달라고 말을 했으나, 그냥 잠이 들었다고 말했다. 또한 10월 20일의 두번째 진술서에서는 비코의 왼쪽 눈 위에 외상이 있는 사진을 보았으며, 야간 근무 중에 비코의 이마 같은 자리가 갈색으로 멍들어 있었다는 것이 생각났다고 진술했다. 켄트리지 변호사는 윌켄 경위의 이러한 진술에 대해 수갑을 차고 족쇄로 철창에 묶여 있던 비코를 감시하기 위해 경찰이 세 사람이나 있었다는 점 등을 들어 윌켄 등의 야간조도 비코를 심문했던 것이라는 주장을 폈으며, 윌켄 등이 프리토리아로

비코를 이송하면서 행했던 사건을 은폐하려는 여러가지 시도에
대해서도 지적했다.

랑 박사(포트엘리자베스 지방 의무관)

랑 박사는 9월 7일 후어썬 치안감의 요청을 받고 비코를 처음으
로 진료했던 의사로서, 후어썬 치안감에게 비코의 신체에서 어떠
한 이상도 발견할 수 없었다는 보고서를 올린 부분과 의사로서
자신의 환자인 비코에 대한 처우개선을 요구하지 않았다는 점이
증인 심문의 대상이 되었다.

켄트리지 변호사는 랑 박사가 비코의 시신을 부검한 병리학
자에게 제출한 임상보고서에서 비코의 윗입술 안쪽이 찢어져 있
었고, 가슴 부위에 타박상이 있었으며 양쪽 손목과 손, 발과 무릎
이 멍들거나 부어 있었다고 기록된 부분을 언급했고, 이러한 상
처들이 후어썬 치안감에게 제출한 보고서에서 누락된 이유를 추
궁했다. 또한 켄트리지 변호사는 그러한 상처들에 대해 비코에게
물어보지 않은 점과 비코의 상처를 보고 머리에 상처를 입었을
가능성을 생각하지 않았는가 하는 점을 랑 박사에게 질문했으며,
랑 박사는 상처는 비코를 제어하는 과정에서 생겼을 것이라고 추
측했고, 머리에 상처를 입었을 가능성에 대해서는 처음에 생각했
었다고 진술했다.

켄트리지 변호사는 비코가 수갑 채워진 채 사슬에 묶여 깔개
위에 방치되어 있었다는 점에 법정의 관심을 집중시켰으며, 랑

박사가 비코의 이런 상태에 대해 조치를 취하지 않은 점에 대하여 추궁하였다.

이후 랑 박사는 9월 8일 후어썬 치안감에게서 다시 호출을 받고 관할 지방 수석 의무관인 터커 박사와 함께 비코를 진찰한 때부터의 경과를 설명하였다. 이날 비코는 사이든햄 교도소 병원으로 옮겨져 진찰을 받았다. 진찰 과정에서 비코는 머리와 등에 약간의 통증이 있다고 호소했고, 터커 박사가 '신족근저반사' —발바닥을 쳤을 때 엄지발가락이 위로 구부러지는 증상— 를 발견했으며, 비코를 병원으로 데려가 전문의의 진찰을 받도록 하고 싶었다고 말했다.

이에 9월 8일 오후 9시 45분경, 비코는 전문의인 허쉬 박사의 진찰을 받았고, 허쉬 박사는 비코가 신족근저반사와 반향 언어 증세 —남이 자신에게 하는 말의 단어나 문장을 그대로 흉내 내는 행동— 를 보인다는 것을 발견했다. 그래서 의사들은 뇌에 무언가 이상이 있다는 우려를 했고, 허쉬 박사는 척수액을 검사하기 위해 요추천자(腰椎穿刺 ; 바늘을 가지고 뇌척수액을 직접 뽑아내는 것—옮긴이)를 실시했다고 말했다. 그리고 이 검사에서 비코의 척수액에 적혈구 수가 상당히 증가했다는 결과가 나왔다고 진술했다.

랑 박사의 증인심문 과정에서는 후어썬 치안감이 의사들에게 진찰 전에 비코에 관한 개략적인 정보를 제공하면서 비코가 거짓 시늉을 하고 있다는 듯한 말들을 언급했는지가 더 논의되었고, 거짓으로 '신족근저반사' 행동을 하는 것은 불가능하다는 언급도 있었다.

터커 박사(포트엘리자베스 지방 수석 의무관)

터커 박사는 9월 8일에 랑 박사와 함께 비코를 진찰했던 때와, 9월 11일 월머 경찰서 유치장에 쓰러져 있던 비코를 진찰하여 프리토리아로 이송하도록 권고한 상황과 관련하여 이틀 동안 진술했다. 9월 8일의 진찰과 관련해서 켄트리지 변호사는 터커 박사가 비코의 몸에서 상처들을 보고서도 더 큰 부상을 당했을 가능성이나 그 상처들이 어떻게 해서 생겨났는지에 의문을 갖지 않았는지 질문했고, 터커 박사는 거기까지는 자신의 일이 아니라는 투의 대답을 계속했다.

다음날의 증인심문에서도 터커 박사는 계속해서 심문을 받았는데, 이때는 9월 11일 월머경찰서에서 비코가 거품을 물고 쓰러졌을 때의 비코의 상태에 대해서 말했다. 터커 박사는 자신이 당직이었던 9월 11일 랑 박사가 연락이 되지 않았기 때문에 자신이 비코에 대한 의학적 진단의 책임을 떠맡았다고 말했다. 터커 박사는 그날 비코가 숨을 가쁘게 몰아쉬고 있었지만 상태가 양호했다고 판단했고, 사이든햄 교도소 병원에는 훈련된 의료진이 없었기 때문에 비코를 의료진을 대동하여 프리토리아의 병원으로 이송할 것을 권고했다고 증언했다. 그러나 실제 이송과정에서 자동차를 이용해서 의료진 없이 프리토리아로 이송된다는 사실을 알고서도 의의를 제기하지 않았다는 점을 추궁받았다.

켄트리지 변호사는 다양한 증세로 볼 때 비코의 상태가 양호하다고 여길 수는 없으며, 비코의 이마에 난 상처를 의사들이 못 보고 지나칠 수는 없다는 점을 부각시켰다.

허쉬 박사(포트엘리자베스 내과 전문의)

허쉬 박사는 9월 16일 제출한 진술서에서 요추천자의 결과를 통해 뇌손상을 의심하고 있었음에도 특별이 이에 관한 언급을 하지는 않았다는 점이 쟁점에 올랐다. 허쉬 박사는 계속해서 비코가 거짓 시늉을 하는 것 같았다고 주장했으며, 비코의 사망 후 사진에서 볼 수 있는 이마의 상처는 보지 못했다고 진술했다.

로웁세르 교수(프리토리아 주 수석 병리학자)

로웁세르 교수는 9월 13일에 있었던 비코의 시신 부검에 관해 증언했다. 켄트리지 변호사는 남아프리카 의학연구소의 병리학과 학장인 네빌 프로터 교수의 비코의 뇌에 관한 보고서를 언급하면서, 비코의 뇌손상은 외부의 충격에 의한 것이라는 점과 타박상이 부검까지 3~5일 정도 전에 생겼다는 보고서 내용에 로웁세르 교수가 동의하는지를 물었다. 로웁세르 교수는 이에 동의한다고 말하면서 비코의 뇌에는 2차 뇌출혈을 제외하고도 다섯 가지의 확연한 손상이 있었는데, 이는 3~4회 뇌에 충격이 가해졌기 때문이라고 설명했다. 또 상처가 난 원인에 대한 켄트리지 변호사의 질문에 대해 로웁세르 교수는 그 상처가 쓰러져서 난 것일 수도 있고, 둔기나 주먹에 의해 가격당해 생긴 것일 수도 있다고 말했다. 켄트리지 변호사는 로웁세르 교수에게 사망전 비코의 여러가지 증세들을 말해 주면서, 이런 증세들로만 보아도 비코가 뇌손상을 입었다고 생각할 수 있는지, 또, 비코가 입은 정도의 손상이면 적어도 10분에서 길게는 1시간까지 의식불명 상태를 겪는다는 의견에 동의하는지를 물었다. 로웁세르 교수는 자신이 이러한 의견에 동의하지 않을 이유가 없다고 답했다.

프록터 교수(버트바터스란트 대학 해부병리학 교수)

켄트리지 변호사는 프록터 교수가 비코의 뇌검사 과정에서 발견한 결과에 관한 다양한 전문적 문제들에 관해 질문했고, 프록터 교수는 자신이 비코의 뇌를 검사하고 내린 결론을 설명해 주었다. 비코의 뇌에서 발견된 손상은 한번의 가격이 아니라 적어도 세번의 가격이 가해졌다는 것을 말해 주며, 그런 손상의 경우 10~20분 정도 의식을 잃는 것은 당연하다고 그는 설명했다.

판 질 박사(프리토리아 지방 의무관)

비코가 사망했던 날 그를 진료했던 판 질 박사는 9월 12일 오후 3시에 자신이 프리토리아 교도소 병원에서 비코를 진료했다는 진술서를 읽어나갔다. 그는 포트엘리자베스로부터 비코의 상태에 관해 어떠한 자료도 넘겨 받지 못했고, 비코가 일주일 동안 식음을 전폐했다던가, 다른 의사가 비코의 몸에는 아무런 병변이 없다는 진단을 내렸다는 등의 이야기만 전해들었을 뿐이라고 주장했다. 이 과정에서 비코가 프리토리아에 도착했을 때 혼수상태였다는 점과 프리토리아에서도 여전히 깔개 위에 방치되어 있었다는 사실이 드러났다.

포우케 순경(포트엘리자베스의 보안경찰)

포우케 순경은 비코 사망 후 작성한 진술서에서 자신은 9월 6일 밤과 7일에 당직을 서며 비코를 감시했다고 진술했다. 그는 비코의 옷을 벗기는 일과 포트자베스로 이송할 랜드로버 차량에 비코를 옮기는 것을 도왔으며, 그때에 비코가 혼수상태의 징후를 전혀 보이지 않았다고 말했다. 또 포우케 순경은 비코에게서 윗입술이 멍든 것을 제외하고는 어떤 상처도 본 적이 없고, 9월 6일밤 취조실에서 폭행이 가해지는 것을 본 적도 들은 적도 없었다고 주장했다. 그는 프리토리아로 비코를 옮기는 것이 치료 때문이 아니라 관찰을 위해서라고 알고 있었다고 진술했다.

베네케 순경(그레이엄즈타운의 보안경찰)

베네케 순경은 9월 6일 취조 중에 비코가 팸플릿을 배포했음을 시인했다고 법정에 진술했고, 9월 7일 난투중의 와중에 비코가 의식을 잃었는지에 대한 질문에는 의식을 잃은 적은 없다고 대답했다.

평결

심리가 모두 끝난 12월 2일 프린스 판사는 심리를 속개하여 다음과 같이 평결했다.

1. 사망자는 30세 흑인 반투 스티븐 비코로서, 9월 12일 사망했고, 사망 원인은 신장 쇠약 및 기타 합병증을 불러일으킨 뇌손상이다.
2. 머리 부상은 9월 7일 포트엘리자베스의 보안경찰 유치장에서 난투극을 벌이는 과정에서 입은 것으로 사료된다.
3. 채택된 증거를 살펴볼 때, 범죄에 해당하는 어떤 행위나 방치에 의해 사망에 이르렀다고 보기 힘들며, 따라서 누구에게도 형사상의 책임을 물을 수 없다.

법정 안의 사람들이 모두 기립했다. 그리고 비코의 심리는 종결되었다.

5. 기소장

국가가 스티브 비코의 죽음에 대해 어느 누구도 기소할 수 없다고 판단하였기 때문에 이제 국가를 기소해야만 한다. 이 경우 국가라 함은 민주주의적 가치를 끊임없이 경멸하고, 또 민주적 가치를 가장 소중하게 여기는 사람들에 대해 오만불손한 태도를 강화하면서 1948년 이래 남아프리카를 통치해 온 소수정권을 의미한다. 또한 아프리카너 국민당 정부는 계속해서 스스로를 국가와 동일시해 왔으며 자신들이 국가를 대표한다고 주장해 왔고, 자신들을 열렬히 비판하는 사람들을 국가의 적이라고 비난해 왔기 때문에, 이번 기소의 목적상 그들은 국가를 구현하는 존재로 간주되어야 한다.

이 말은 남아프리카 정부 및 그를 지지하는 모든 이들이 스티브 비코에게 일어난 일에 책임을 져야 한다는 의미이다. 그들은 각자 다른 비중으로 이번 사건에 책임을 져야 한다.

법관은 어떤 경우에도 자연법적 정의의 원칙을 명심하여야 한다. 프린스 판사는 이 원칙을 위반할 도덕적 권리가 없음에도 심리과정에서 드러난 끔찍한 사실을 견책하는 아무런 발언도 하지 않았다. 이 사건은 사람이 죽고 사는 문제에 대해 정치적 경찰력을 방자하게 행사한 경우로써, 국가가 용인한 이 힘은 최소한의 합법성이라도 가진 어떤 사회에서도 찾아볼 수 없는 야만성과 무감각함을 드러내는 지경까지 타락했다.

최소한 후어썬 치안감은 두 건의 살인적 행위, 즉 중태에 빠진 사람을 병원에 입원시키지 못하도록 한 것과 그런 상태에 처한 사람을 1천 킬로미터 이상 육로로 이송토록 허가한 것에 대해 기소를 당했어야 했다. 비코가 꾀병을 부리고 있었다는 그의 주장이 거짓이었음을 공개적으로 확인했어야 했다. 후어썬 치안감이 프리토리아에 직접 보낸 텔렉스는 그러한 주장과 배치되었기 때문이다.

마찬가지로 비코의 몸 상태를 면밀히 검진하지 않음으로써 그를 죽음으로 이끈 터커, 허쉬, 랑 박사도 환자에 대한 치료 태만 혐의로 심리법정에 의해 의료위원회에 소환되는 것뿐만 아니라 기소되었어야 했다.

스티브 비코의 죽음에 직접적으로 관련되어 분명하게 기소되어야 할 자들은 10명의 보안경찰, 즉 심리 법정에서 언급된 취조반 요원들인 후어썬 치안감, 스니먼 경정, 피셔 경정, 지베르트 경감, 베네케 순경, 막스 순경, 쿳시 순경, 포우체 순경, 월켄 경위, 노이부트 경사로 압축될 수 있다. 이들 가운데 한 사람 혹은 그 이상이 비코에게 치명적인 타격을 가했으며, 거론된 자들 중 나머지 이들은 전부는 아니더라도 대부분이 취조실에서 실제로 벌어졌던 일을 숨김으로써 사후 종범이 되었던 것이다.

치명적인 가격을 할 의도는 없었을 수도 있다. 하지만 그것은 죄질의 정도에 영향을 미치지 못한다. 기본적인 법 원칙을 견지하면, 사람은 자신의 행동으로 인해 어떠한 결과가 가능한지를 합리적으로 유추할 수 있기 때문이다.

정확히 누가 치명타를 가했는가 하는 것은 상대적으로 중요하지 않다. 지금까지 언급된 이들은 모두 위법 행위라는 척도에서는 하찮은 범법자들이다. 진정한 살인자는 '체제'이며, 이 비극에 개입되어 있는 체제의 대표자들이다. 스티브 비코의 사망에 대해 가장 큰 책임을 져야 할 사람은 남아프리카 내각의 두 각료, 즉 크뤼에르 경찰총장과 포르스테르 총리이다. 다른 어느 누구보다 이들 두 사람이 문제의 살인을 유발한 보안경찰 내의 환경과 법령 및 그들의 정신 상태를 조장했던 것이다.

심리 법정은 그 정신 상태의 일부분만을 보여주었다. 어떤 경우에도 그 심리는 부당한 것이었다. 그 이유는 우선 주요한 증인, 가장 중요한 증언을 할 사람에게 증언의 기회가 주어지지 않았다는 점에서 극명하게 드러난다. 비코와 함께 체포되어 구속되었고 분명 동일한 수법의 '취조'를 당했을 것이기에 가장 직접적이고도 중대한 증언을 할 수 있었을 피터 존스가 증언을 할 수 없었던 것이다. 그는 비밀경찰에 의해 독방에 감금되어 있었다.

두번째로, 후어썬 치안감 및 크뤼에르 총장의 신뢰성 문제와 관련하여 제이츠만 치안정감을 증인으로 소환하려는 시도를 거부한 판사의 행위는 아무런 합리적 근거가 없는 것이었다. 후어썬 치안감의 신뢰성을 조사하는 것은 심리 법정과 직접적으로 관련된 일이었지만, 이러한 기본적인 사항이 판사에 의해 기각되고 말았다.

그렇다면 왜 켄트리지 변호사는 그들 모두를 어리석은 광대라고 조롱하며 변론을 포기하지 않았을까? 아마도 그는 처음부터 이번 재판이 어떤 식으로든 광대 짓에 불과하다는 것을 알고 있었을 것이며, 이렇듯 국가의 보호 아래 이루어지는 심리 법정에서 우리가 최대한 기대할 수 있는 것은 그저 보안경찰의 야만성을 입증하는 증거를 드러내 보이는 일일 뿐이라는 사실을 알고 있었을 것이다.

그렇지만 이번 기소는 과연 누구를 기소할 것인가 하는 관점에서뿐만 아니라, 누구를 대신해서 기소를 해야 하는가라는 관점에서도 확대되어야 한다. 결국 스티브 비코는 남아프리카 보안경찰의 수중에 구속되어 죽어간 45명 가운데 한 사람일 뿐이다. 또한 스티브 비코는 아파르트헤이트라는 사악한 정책에 의해 시련을 겪고 고통을 받아온 2천만 남아프리카인들 가운데 한 사람일 뿐이다.

그가 어떤 인물이었던가 하는 점 때문에, 그의 특별한 위치 때문에 그리고 그가 처했던 상황 때문에, 스티브 비코의 죽음은 아파르트헤이트의 궁극적 결과를 그 모든 함축적 의미와 함께 상징적으로 보여준다. 초기 나치 정책의 궁극적 결과가 히틀러의 '유대인 문제에 대한 최종 해결책'이었던 것과 꼭 마찬가지로, 아파르트헤이트 정책이 태생부터 불가피하게 맞닥뜨릴 수밖에 없는 고유한 결과가 바로 스티브 비코와 같은 사람들의 죽음인 것이다.

노란 완장을 찬다는 것과 아우슈비츠의 가스실에서 죽어가야 한다는 것은 인종주의라는 동일한 사슬의 두 고리에 불과했을 뿐이다. 이 두 고리는 서로 사슬의 반대쪽 끝에 자리하고 있을지 모르지만, 어차피 같은 사슬이었던 것이다. '통행증'을 소지해야만 한다는 것과 구속 상태에서 폭행을 당해 죽어야 한다는 것 역시 동일한 사슬의 두 고리일 뿐이다.

만약 당신이 어떤 대가를 치르고라도 사람들에게 완장을 차도록 강요하고자 한다면 결국 사람들을 가스실로 몰아넣는 결과가 된다. 또한 당신이 어떤 희생이 따르더라도 인종들을 서로 분리하고자 한다면 결국 사람들을 죽음으로 이끌 뿐이다.

스티브 비코의 죽음은 분노의 반향을 불러일으켜 지구 방방곡곡에서 반대의 목소리가 터져 나오도록 만든다. 정부가 생겨난 이래 집단적 결정을 통해 고안된 장치들 중 아파르트헤이트 정책이야말로 인간성에 대한 가장 부당한 모욕이라는 것은 그 누구도 부인할 수 없을 만큼 자명해진 사실이다.

아파르트헤이트를 구성하고 있는 이 부당한 법률들은 독재자가 내린 정신 나간 칙령도 아니요, 과대망상적인 괴물의 변덕도 아니요, 광신적인 이론가의 개인적인 결정도 아니다. 그것은 당 대회의 완전한 토론 끝에, 점잖게 차려 입은 수백 명의 대표들이 참석한 고상한 간부회의에서 나온 결과이다. 이 법률들은 예수 그리스도를 향한 기도로 하루의 의사 일정을 시작하는 의사당에서 3회에 걸쳐 엄숙히 낭독한 후에 통과되었다. 이 사실은 우리를 특별한 공포에 휩싸이도록 만든다.

본 기소는 이제 책임이 있는 자들에게는 어떠한 용서도 있을 수 없다는 것을, 그들은 죄를 지었으며 따라서 기소되어 재판에 회부되어야 한다는 것을 보여주고자 한다.

해마다 남아프리카 납세자들이 내는 세금 가운데 엄청난 액수가 '남아프리카적'이라 불리는 것들을 만들어내기 위해 대사관, 선교 단체, 영화, 광고, 심포지엄, 로비 활동에 소요된다. 이제부터 나는 그들이 자신들의 입장을 옹호하기 위해 세계에 남아프리카적인 것을 제시하는 방식대로 나의 주장을 펼치고자 한다. 그리고 나는 그들이 주장하는 각각의 문제에 대해 나름의 답변을 제시할 것이다.

아파르트헤이트는 남아프리카 백인들의 조상이 흑인들의 조상과 같은 시기에 이 땅에 도착하였기 때문에 이 나라에서 백인들 스스로 운명을 결정할 권리가 있다는 주장에 근거하고 있다. 이것은 사실이 아니다. 이러한 주장은 정치적 동기에 의한 날조로서 남아프리카 역사 강의계획표에서만 찾아볼 수 있다. 게다가 이는 전적으로 근거가 없는 주장이다. 설사 근거가 있다 할지라도, 15퍼센트의 인구가 85퍼센트의 인구를 정치적으로 지배한다는 사실은 어떤 식으로도 정당성을 확보하지 못한다. 따라서 역사상 어느 시점에 백인들이 남아프리카에 도착했느냐 하는 것은 문제되는 사항이 아니다. 남아프리카 역사를 통틀어 어떤 비중 있는 흑인 지도자도 백인들이 남아프리카에 머무를 수 있는 권리를 문제삼은 적은 없었다.

그들은 자신들이 전체 인구 중 소수인 이유는 단 하나라고, 즉 미국이나 호주의 백인 식민주의자들이 아메리카의 인디언이나 호주 원주민들을 몰살했던 것과는 달리 자신들은 흑인들을 대량 학살하지 않았기 때문이라고 말한다. 사실 코이산 원주민 종족을 상대로 어느 정도 학살이 자행된 바가 있긴 하지만, 어쨌든 수세대 전 백인 이주자들에 의해 자행된 미국이나 호주의 원주민 학살과 남아프리카에서의 학살 정도를 비교하는 것은 오늘날 이 땅의 도덕적이며 정치적인 문제와는 직접적으로 관련이 없다는 것을 다시 한번 밝힌다. 더군다나 아파르트헤이트 정책은 수많은 흑인들의 목숨을 앗아갔다. 이것을 계산된 인종학살 정책이라고 부르기는 어려울지 모르지만, 그렇다고 해서 아파르트헤이트의 결과가 정당화되는 것은 아니다.

아프리카너들이야말로 최초의 아프리카 민족주의자들이며 처음으로 식민의 굴레에서 벗어난 아프리카인들이라는 주장이 아프리카너를 대신하여 제기되기도 한다. 또 백인들은 따로 갈

곳이 없기 때문에 자신들이 확보한 것을 고수해야만 한다고도 말한다.

영향력을 가진 흑인 지도자 가운데 그 누구도, 남아프리카의 백인들이 자신들만의 언어와 문화를 가진 아프리카인이며 따라서 남아프리카에 자리잡을 수 있다는 사실을 부인한 적이 없다. 그렇지만 이 말은 그들이 다른 남아프리카인들보다 훨씬 더 많은 특권과 권리를 부여받을 자격이 있다는 의미는 아니다. 따로 갈 곳이 없다는 발언과 관련해서도, 그들은 결코 특별하지 않다. 코사족이건, 줄루족이건, 영어를 쓰는 백인이건 간에 누구든지 남아프리카 공동체를 제외한 지구상의 다른 어떤 곳에 대해서도 이런저런 권리를 주장할 수는 없다. 그런 논리라면, 웨일스인들은 따로 갈 곳이 없기 때문에 웨일스의 문화가 다수의 비(非)웨일스인들에 의해 잠식되는 것을 우려하여 잉글랜드와 스코틀랜드인들을 정복하고, 지배하고, 억압함으로써 영국을 모두 장악해야 한다는 주장도 성립될 수 있을 것이다. 이것은 말도 안 되는 논리로서, 기본적인 전제부터가 옳지 못하다. 아프리카 대륙에 산다는 것의 의미를 받아들이지 않으며, 흑인이 다수파라는 현실을 받아들이려 하지 않는 백인은 다른 남아프리카인들과 마찬가지로 아무런 제약없이 아르헨티나나 우루과이, 파라과이, 기타 어느 나라로든 이민을 갈 수 있다. 공동의 국가에서 소수파가 다수파를 억압함으로써만 자기네 문화를 보존할 수 있다면, 그 소수파의 문화는 그 땅에 존재할 도덕적 권리가 없다.

아프리카너 민족주의자들은 아파르트헤이트에 대한 모든 비판을 '1인 1투표제'에 대한 요구로 간주하며, 이는 불가피하게 다수파인 흑인에 의한 통치, 생활수준의 저하, 소수파 백인에 대한 흑인 집권자들의 보복 행위를 초래할 것이라고 주장한다. 그들은 이러한 요구를 동구권을 위해 케이프 해로(海路) 및 남아프리카의 값진 광물들을 확보하려는 전략적 목적을 가진 공산주의자들의 사주에 의한 것이라고 본다.

전세계는 지난 40여 년간 아프리카너 민족주의자들에게 남아프리카의 다수파인 흑인과 현실적인 공존을 모색하라고 설득해 왔다. 그 40여 년 동안 1인 1투표제에 대한 주장은 거의 없었다. 흑인들조차 수세대 동안 그것을 고집하지 않았다. 심지어 최근에는 인종차별을 탈피하려는 의미 있는 개혁이라면 그것이 설령 보편적인 참정권 보장에 미치지 못한다 할지라도 대다수 흑인들의 환영을 받았을 것이다. 하지만 지난 세월 동안 국민당 정부는 1인 1투표제의 위험성을 핑계거리로 내세우면서 아파르트헤이트로부터 한 발짝도 물러서려 하지 않았다. 오늘날 1인 1투표제는 흑인들의 요구 가운데 가장 기본적인 것에 해당할 뿐이다. 그들은 또한 토지의 의미 있는 재분배와 이 땅의 부를 공정하게 공유하기를 원하고 있다.

남아프리카에서의 보편적 참정권 보장이 필연적으로 생활수준의 저하를 가져올 것이라는 문제는 ─ 백인들만의 관심사이긴 하지만 ─ 논쟁의 대상으로 열려 있는 것이며, 보편적 참정권

보장이 소수파인 백인에 대한 흑인들의 보복 행위를 유발할 것이라는 가정 역시 마찬가지이다. 다시 한번 말하지만, 이것들은 총체적인 도덕성과 관련된 쟁점에서 가장 시급한 고려사항이 아니다. 소수파인 백인을 합리적으로 보호하면서 모든 이해 당사자들을 위해 공정한 협상을 벌이는 것은, 흑인이건 백인이건 선의를 가진 대표자들의 능력을 넘어서는 일이 아니다. 남아프리카가 공산주의로부터 서구를 지키기 위한 '요새' 역할을 하고 있다는 국민당 정부의 주장대로라면, 그러한 요새는 하나의 재앙이다. 그것은 서구에게는 곤혹스러운 일이며, 동구에게는 희소식이 아닐 수 없다. 서구는 이미 아프리카에서 상당한 신뢰를 잃어버렸다. 어떤 동기에서건, 동구권은 프리토리아 정권에 대해 서구보다 더 강한 적대감을 표명해 왔기 때문이다. 만약 서구가 좀더 적극적으로 아파르트헤이트를 반대하지 않는다면, 조만간 모든 아프리카 흑인들은 서구에 더 깊은 반감을 가지게 될 것이다.

케이프 해로는 중세의 신화일 뿐이다. 케이프 해로 같은 것은 존재하지 않는다. 남아프리카와 남극 사이에는 거대한 대양이 존재할 뿐이며, 그것을 해로라고 부르는 것은 대서양을 해로라고 부르는 것과도 같다. 남아프리카에 광물질이 풍부한 것은 사실이지만, 만약 전세계가 그러한 이유 때문에 협박을 받을 수 있다면, 앞으로 언젠가 아프리카너 국민당 정권을 뒤에 올지도 모를 극도로 급진적인 흑인들이 단기적 우선순위를 제대로 파악하지 못했던 국가들을 협박해 자신들의 이익을 도모하게 될지도 모른다.

국민당 정부는 '분리 발전', 즉 종족 단위로 국가를 분할함으로써 각 종족 집단의 정체성을 보호하는 자치적이며 완전 독립적인 주-국가가 되도록 하는 것이 남아프리카를 위한 이상적인 제도이라고 주장한다. 영토적인 아파르트헤이트 혹은 '분리 발전'은 하나의 사기극이다. 85퍼센트의 국민들에게 13퍼센트의 영토가 할당되었으며, 그 13퍼센트의 영토도 8개 '종족 집단'에게 분할되었다. 이것은 명백한 분할통치의 방식이다. 여기에는 아무런 도덕적 정당성도 없다. 줄루족과 코사족 간에는, 정치적 목적에 의해 하나의 인종 단위로 간주되는 영어를 사용하는 백인들과 아프리칸스어를 사용하는 백인들 간에 존재하는 것보다 더 많은 문화적, 언어적, 인종적, 정치적 공통점이 있다. 1976년 5월에 트란스케이가, 1977년 12월 6일에 보푸타츠와나가 독립을 하사받았다. 그렇지만 이들 남아프리카 내 반투스탄(홈랜드)은 재정적으로 프리토리아 정부와 너무나 강력하게 밀착되어 있기 때문에 완전한 주권을 행사할 여유가 없었다.

남아프리카 내 반투스탄을 고발하는 주요 요지는 남아프리카의 흑인들이 투표를 통해 그 문제에 대한 선택권을 행사할 수 없었다는 점이다. 반투스탄은 프리토리아에서 백인들에 의해 제정되었으며, 실질적인 정치적 영향력을 가진 대부분의 흑인들은 그것을 정치적으로, 그리고 지리적으로 흑인들을 분할 통치하려는 명백한 시도라고 보고 있다.

아프리카너들은 기독교적 원칙에 매우 충실한 사람들이기

때문에 그 동기가 도덕적으로 건전한 것이라는 아프리카너 국민당 정부의 주장은 거짓이다. 그들이 주장하는 기독교, 즉 아파르트헤이트를 정당화하는 기독교는 모든 주요 기독교 분파의 지도자들과 신학자들에 의해 부정되고 있으며, 그들도 그 사실을 알고 있다.

아파르트헤이트는 사랑의 정신에 정면으로 위배된다는 점에서 인간이 가진 종교의 주요 원칙에 대한 전면적인 모독이다. 사랑은 친밀함과 하나됨에 대한 소망이다. 강제로 인종을 분리하는 것은 단지 피부색이 다를 뿐인 동료 인간을 거부하고 그들과 거리를 두는 행위이다. 따라서 종교적 동기를 언급하는 아프리카너 민족주의자들은 모든 종교적 가치들을 조롱하는 것이다.

남아프리카의 흑인들은 아프리카 대륙의 다른 흑인들보다 생활수준이 높고, 다른 나라의 흑인들이 일자리를 찾아 남아프리카로 유입되고 있으며, 백인들의 기업이 농업과 광업의 획기적인 발전을 통해 남아프리카를 아프리카 대륙 내에서 가장 현대적인 산업국가의 반열에 올려놓았다는 주장이 있다.

남아프리카는 아프리카의 다른 나라들과 마찬가지로 식민 정권으로부터 독립하였지만 다른 나라들보다 광물, 농산물, 천연자원이 풍부하고, 기후가 온화하며, 더 발전된 산업기반시설을 갖추고 있다. 남아프리카에 사는 흑인들의 근본적인 관심은, 남아프리카의 백인 특권 국민들과 비교하여 남아프리카의 흑인들이 가지고 있는 지위에 관한 것이다. 그리고 논의의 초점은 다른 나라와 비교한 생활수준이 아니라 남아프리카 내부의 인권에 대한 것이다.

인접 국가의 흑인들이 남아프리카의 광산으로 일자리를 찾아 들어온다는 아프리카너 민족주의자들의 자화자찬에도 동일한 대답이 적용된다. 광산에 광물들이 있고, 그 광물들이 남아프리카에 있기 때문에 그러한 현상이 발생할 뿐이다. 그것은 남아프리카의 흑인들이 왜 기본적인 인권을 거부당하고 있는가에 대한 대답이 되지 못한다.

백인들이 남아프리카를 건설하였으며 현대적인 산업국가로 발전시켰다는 주장 또한 부당하다. 흑인의 노동력, 그것도 대부분은 아주 값싼 흑인 노동력이 없었다면, 남아프리카에 단 하나의 건물도, 공장도, 집도 세울 수 없었기 때문이다. 국민당 정부는 종종 백인들이 남아프리카 세금의 대부분을 납부한다고 주장한다. 이것은 터무니없는 얘기이다. 이것은 그들이 흑인들이 숙련된 기술을 필요로 하는 직업을 갖지 못하도록, 대학에서 고등교육을 받지 못하도록, 그럼으로써 납세 기준으로 삼고 있는 대부분 백인들의 수입을 흑인들은 결코 얻지 못하도록 만드는 법안을 통과시켰기 때문이다. 사람들이 세금을 많이 낼 만큼 돈을 벌 수 있는 길을 막아놓고는 세금을 내지 않기 때문에 그들의 권리를 박탈한다는 논리는 결코 성립될 수 없다. 수십 년 동안 남아프리카의 전반적인 사회구조는 흑인들의 정치적, 경제적 상황을 후퇴시키는 방향으로 설계되어 왔다. 그런데 아프리카너 민족주의

자들이 흑인들에게 동등한 권리를 부여하지 않으려고 내세운 구
실 가운데 하나가 흑인들이 정치적, 경제적으로 뒤처져 있기 때
문이라는 것이었다.

　　남아프리카에 아직도 인종간의 선의가 현실화될 가능성이
남아 있다는 주장은 이제 더이상 사실이 아니다. 오늘날 대부분
의 흑인들은 백인들에게 분노 혹은 깊은 증오심을 가지고 있다.
아프리카너 민족주의자들이 조만간 협상 테이블에 얼굴을 내밀
어 흑인들에게 민주적 권리를 허용하는 중대한 양보 조치에 대해
협상을 벌이고 또 그 내용을 실천에 옮기지 않는다면, 남아프리
카에서는 전쟁이 불가피하게 될 것이다. 그리고 사실 전쟁은 이
미 시작된 것이나 다름없다. 아프리카 전 대륙에 유격활동을 시
킬 수 있는 가장 위험한 지역에서 이 위기가 발생하고 있다. 남아
프리카가 어떻게 세계 평화에 위협 요인이 되지 않는다고 주장할
수 있단 말인가? 세계는 어떻게 감히 이곳에서 벌어지고 있는 문
제에 개입하지 않을 수 있단 말인가?

　　'남아프리카의 문제는 남아프리카인들이 해결해야 하며' 따
라서 외부인들은 개입하지 말아야 하고, 세계는 한 발짝 물러서
서 남아프리카가 자체적으로 갈등을 해결하도록 해야 한다는 주
장은 언뜻 일리가 있는 것처럼 들린다. 그러나 세계는 상황을 그
렇게 순진하게 받아들여서는 안 된다. 여기서 벌어지고 있는 문
제는 단지 남아프리카만의 문제가 아니다. 이것은 세계 모든 지
역의 사람들과 관련된 문제이다. 이는 피부색에 근거한 법에 의

한 차별을 받아들일 수 있느냐 없느냐 하는 문제이며, 이 문제는 전세계 모든 사람들의 관심사이다. 다소 오만한 용어를 사용하자면, 전세계 인구의 3분의 2는 '비(非)백인'이다. 따라서 남아프리카의 흑인들에게 자행되고 있는 일은 전세계의 어두운 피부색을 가진 사람들에 대한 모욕이다. 그리고 그러한 행위가 백인들에 의해 자행되고 있다는 사실은 또한 이 문제를 전세계 백인들의 관심사로 만드는 요인이다.

아파르트헤이트는 오늘날 세계에서 가장 첨예하게 논란이 되고 있는 도덕적 문제이며, 이 문제를 외면하거나 여기에 개입하려 하지 않는 사람은 암묵적으로 아파르트헤이트를 승인하는 셈이다. 양심을 가진 사람이라면 어느 누구도 올바른 판단을 내려야 할 때 중립을 유지하지는 못할 것이다. 아파르트헤이트는 이를 무시하고 있으며, 그것이 바로 아파르트헤이트가 오늘날 세계평화에 대한 실질적인 위협이 되는 까닭이다.

아파르트헤이트는 치밀하게 계획된 인종차별주의자의 법체계로서, 그 착상 과정에서부터 제정에 이르기까지 사악함으로 점철되어 있다. 남아프리카 정부는 남아프리카의 오랜 의회 입법 전통을 자랑하지 말아야 한다. 그 오랜 전통이 아파르트헤이트의 사악함을 누그러뜨리지 않는다. 오히려 더 큰 비난을 초래할 뿐이다.

산업 발전도 자부심을 느끼는 요인으로 언급하지 말아야 한다. 이것 역시 아파르트헤이트 정책에 대한 변명이 되지 못한다.

아프리카너 국민당 정부는 1948년 지상에서 가장 자원이 풍부한 나라, 국제적으로 평판이 높았던 나라를 승계하였다(스뮈츠 수상은 UN헌장 전문의 초안을 작성하였으며, UN의 설립에 중추적 역할을 담당하였고, 2차 대전 동안에는 히틀러에 대항하여 전세계에서 가장 많은 자원병을 파병하기도 하였다).

P. W. 보타는 외무장관 시절 '2차 대전에서 우리는 당신들과 함께 싸웠다' 라는 근거를 들어 미국과 영국의 지원을 호소하였다. 하지만 이것은 매우 위선적인 발언으로서, 그가 속했던 당은 히틀러를 지지했을 뿐 아니라 남아프리카 육군이 연합군에 가담하여 활동을 벌이는 일에도 극렬하게 반대하였다. B. J. 포르스테르 전 총리와 같은 극단주의자들은 서구의 민주주의 원칙에 대항하여 국가 사회주의의 대의에 조력했던 우마차(牛馬車)파수대(Ossewa Brandwag ; 아프리카너 형제연맹의 군사 조직으로서 호전적인 인종주의를 선동한 테러 집단—옮긴이) 같은 급진 과격단체에서 실제로 일을 하기도 했다.

아프리카너 국민당 정부는 풍부한 자원과 국제적 명망을 가진 남아프리카를 40년 만에 국제적인 부랑아, 최하층 국가로 만들었다. 전세계가 남아프리카의 정책을 혐오하는 것은 당연하다.

소수파 백인 정부는 왜 자신들이 전세계인들뿐만 아니라 대부분의 국민들로부터도 미움을 받는지 의아하게 생각해서는 안된다. 또 아프리카의 다른 나라들과 같은 기준으로 심판 받기를 바라서도 안 된다. 다른 아프리카 국가들이 누리지 못하는 분수

넘치는 혜택을 특별히 고려해 달라고 요구해서도 안 된다.

소수파 백인 정부는 '남아프리카의 문제들은 독특한 것'이라는 주장을 근거로 특별한 대접을 요구한다. 하지만 남아프리카의 문제들은 독특하지 않다.

남아프리카에는 오직 한 가지 중요한 문제가 있으며, 그것이 바로 아파르트헤이트이다. 아파르트헤이트는 분명 독특하다. 그것은 기록된 역사 전체를 통틀어 인간성을 억압하는 가장 독특한 제도라는 비난을 한 몸에 받고 있다.

이미 충분히 불완전한 세상에서, 아프리카너 민족주의자들은 인간의 자유를 모독했던 과거의 그 어떤 사례보다도 더한 것을 보여주었다.

더군다나 아파르트헤이트의 압제는, 인류가 법제화된 인종차별주의를 단호하게 거부한 뒤에도 40년간이나 지속되어 왔으며, 교육적, 물질적 이권을 가진 집단에 의해 조장되고 있다.

이런 질문이 나올 수 있을 것이다. 대부분의 국민들이 증오하는 정권이 어떻게 해서 40년간이나 통치를 해왔으며 모든 지표가 그 세력의 꾸준한 증가를 보여줄 수 있는가? 대답은 아프리카너 국민당 정부가 1948년 권력을 장악한 이후 입지를 강화하기 위해 사용한 방법에서 찾을 수 있다. 1948년 전까지는 스뮈츠의 통일국민당이 정권을 쥐고 있었다. 이 당 역시 인종차별주의적인 전력을 갖고 있기는 했지만, 그 내부에서 전반적인 해방의 분위기가 감지되고 있었다. 스뮈츠의 후계자인 얀 호프메이어는

연설을 통해 전후(戰後)에는 흑인들을 더 공정하게 수용하겠다는
취지를 밝히기도 했다.

아프리카너 민족주의자들은 호프메이어 노선에 대한 백인
들의 우려를 교묘히 이용함으로써, 즉 '아파르트헤이트'를 추구
하는 정부에 의해서만 백인들이 하나의 인종으로서 자신들의 정
체성을 확보할 수 있다고 백인 유권자들을 설득함으로써 박빙의
승리를 거두었다. 그들이 승리를 거둔 것은 농촌 지역의 의석 수
가 약간 더 많았기 때문이었다. 실제로 총득표수를 따져보면 그
들을 지지하는 표가 적었으며, 따라서 총득표수를 염두에 둔다면
그들은 백인들 중에서도 소수를 대변하는 정부에 불과했다.

일단 권력을 쥐게 되자 그들은 자신들의 입지를 강화하기 위
해 용의주도하게 움직였다. 그때까지 한 번도 대표를 배출한 적
이 없는 서부 남아프리카 지역에, 겨우 수천 명의 유권자로 구성
된 선거구를 6개나 설치하고 6개 의석 모두를 자기들이 차지해
버렸다. 그런 다음 수십 명의 당원을 상원의원에 임명함으로써
상원을 확대하는 위헌적 행위를 저질렀다. 이렇게 함으로써 그들
은 상하원을 합쳐 3분의 2에 해당하는 다수 의석을 점하게 되었
으며, 이는 헌법 개정이 가능해졌다는 사실을 의미했다. 결국 그
들은 십여 개 의석에 대해 결정적 역할을 할 수 있는 '혼혈계' 유
권자들이 투표를 하지 못하게끔 헌법을 개정하였다.

그리고 그들은 흑인과 '혼혈계' 유권자들을 대표하는 백인
의원들마저 의회에서 몰아내는 법안을 통과시켰다. 또 자신들을

지지하는 사람들의 표를 흡수하기 쉽도록 선거구를 재조정하였으며, 향후 의원 선거에서는 아프리카너 민족주의자들을 지지하는 표 한 장이 반대표 두 장에 해당하게끔 농촌 지역의 선거구를 자신들에게 유리한 방향으로 조정하였다.

야당은 법정에서 이러한 조치들에 대해 항의하였지만, 아프리카너 민족주의자들은 자기들이 내세운 판사를 대법원에 임명한 뒤 의회를 통과한 법령은 번복할 수 없다고 판시함으로써 야당의 시도를 억눌렀다. 항소법원에 자기들의 판사를 임명하기에 앞서 아프리카너 민족주의자들은 의회고등법원법을 통과시켰다. 이 법은 만약 아프리카너 국민당의 법안이 항소법원에 의해 위헌이라고 판명될 경우, 의회가 고등법원이 되어 당 관리나 간부회의 임원들이 판사 역할을 맡는 언어도단적인 상황을 연출하는 것이었다.

아프리카너 민족주의자들은 또 라디오 방송을 완전히 장악하였으며, 국영 남아프리카 방송공사를 아프리카너 국민당의 선전도구로 변질시켰다. 「오늘의 시사여론」이라는 일일 프로그램에는 정부의 정책 노선을 마구잡이로 끼워 넣었으며, 뉴스 역시 단어 선정, 강조, 생략 등을 통해 아프리카너 민족주의자의 입장만을 일방적으로 대변하였다. 체제에 역행하는 내용이 담긴 뉴스는 아예 통째로 빠지거나 당의 입맛에 맞게 손질이 되었다. 남아프리카 라디오에 의해 조장된 전반적인 분위기는 이들 민족주의자들에 반대하는 행위를 매국적이며 남아프리카적이지 않은 것으로 간주하도록 만들었고, 그것은 지금도 마찬가지이다.

　1976년 초에 보급된 텔레비전은 훨씬 더 강력한 선전 활동의 도구로 이용되었다. 1977년 총선 기간 동안 거의 모든 TV 프로그램에는 정부를 대변하는 자들이 등장하였다. 대개의 경우 내각의 각료가 등장하여 정부 정책의 특정 부분을 설명하거나, 자신이 원고를 작성하지 않은 사안의 경우에는 미리 자세한 설명을 들은 다음 질문에 답을 하는 식이었다. 야당의 견해는 구색맞추기 정도로만 제시되었다. 이런 상황에서 흑인들의 견해라는 것은 아예 존재하지도 않았다.

　학교의 강의계획표도 새로 작성되었으며, 역사도 재구성되었고, 흑인들만을 위한 반투교육이라는 새로운 교육체계가 수립되었다. 1960~66년까지 총리로 재직하다가 의회에서 칼에 찔려 암살된 헨드릭 박사의 말에 따르면, 이 교육체계는 남아프리카의 반투족에게 '반투로서의 역할'을 수행하도록 하기 위해 고안된 것이었다. 쉽게 말하자면, 백인들의 정치적 편의를 위해 흑인들이 높은 이상을 품지 못하도록 설계된 열등의식 고취 교육이었다. 흑인들이 주장하는 대로 그것은 노예를 만들기 위한 교육이었다.

　아프리카너들의 '정체성'을 강화하고, 아프리칸스어를 쓰는 젊은이들이 다른 영어 사용국 젊은이들로부터 급진적 영향을 받지 않도록 하기 위해, 영어권 국가들과 똑같은 청년 운동과 봉사 운동이 하나씩 더 만들어졌다. 아프리카너들은 상공회의소가 아니라 사케카메르(Sakekamer)에, 로터리 클럽이나 라운드테이블 클럽이 아니라 라포르트리에(Rapportryers)에, 적십자가 아니라 누드훌플리가(Noodhulpliga)에, 보이스카우트가 아니라 보트레커스(Voortrekkers)에 가입하도록 권유를 받았다.

트란스발 주의 법은 아프리칸스어 사용 가계(家系)의 어린이들은 모두 아프리칸스어 학교에 다니도록 규정하였다. 부모들에게는 선택권이 없었다. 아프리칸스어 사용 대학들은 막대한 정부 지원금을 받았으며, 아프리칸스어 신문사들은 정부의 인쇄계약을 마음껏 따냈다. 아프리칸스어 사용 무역회사와 산업체 역시 정부의 지원을 받았으며, 공직의 모든 요직은 아프리카너들의 차지였다. 육해공군의 훈련병들은 아프리카너 민족주의자들의 정치군사적 견해를 강조하는 강의를 받아야 했으며, 학교에서의 사관후보생 교육도 마찬가지였다.

따라서 오늘날 남아프리카의 백인들은 전폭적으로 세뇌당한 집단이다. 백인들 사이에서 이성을 가진 일부 목소리는 끊임없이 침묵을 강요당했다. 순응하는 태도만이 팽배했다. 대학생들은, 심지어 영어 사용 대학교의 학생들조차 20년 전보다 훨씬 더 보수적인 사고를 갖게 되었다.

이어지는 선거 결과들은 남아프리카의 백인들에 관한 한 수십 년에 걸친 정부의 선전 활동이 얼마나 커다란 성공을 거두었는지를 분명하게 보여주고 있다. 대도시의 일부 선거구에만 유의미한 자유주의적인 백인 유권자들이 소수 남아 있을 뿐이었다.

백인들의 남아프리카는 지금 전시 체제로 내몰리고 있다. 각료들과 군 장성들, 심지어 각급 학교 교장들과 생도대장의 연설은 모두 한 가지 주제, 즉 백인들은 '테러리즘'과 '공산주의'에 대항해 싸울 준비를 해야 한다는 데에 초점을 맞추고 있다. 적은 도처에——국경을 따라, 국경 안에, 남아프리카 전역에, 전세계에, UN 내부에, 농촌 지역에, 도시에——도사리고 있는 것처럼 보인다. 위협은 동쪽으로부터 온다. 위협은 서쪽으로부터 온다. 위협은 북쪽으로부터 온다. 심지어 남극에 이르기까지 바다만 펼쳐져 있는 남쪽에도 위협은 존재한다.

전쟁의 광기가 날뛴다. 그리고 대다수의 백인들이 거기에 호응한다.

열등의식 교육, 가난, 급진적인 흑인 지도자들에 대한 성공적 진압과 더불어 전반적으로 열악한 상황은, 흑인들이 소수파인 백인의 통치에 대항하여 의미 있고 합리적인 정치적 대응을 꾀하는 데 걸림돌이 되었다. 18만 명의 흑인들이 사는 음단스타네 타운십에는 지난 10년간 전화기가 딱 한 대밖에 없었다. 더군다나 타운십들과 흑인 '대학들', 학교와 농촌 지역에는 경찰의 끄나풀이 도처에 깔려 있었다. 아파르트헤이트의 부당성을 비판하는 정당한 정치적 저항을 조직하려는 시도가 있을 경우에는 바로 적발되어 진압을 당했다.

스티브 비코와 그의 동료들은 흑인들에게서 유의미한 정치적 반응을 불러일으키기 위해서는 흑인들간의 정치적 교류를 통해 부정적 사고와 열등의식을 극복하기 위한 계몽 프로그램을 중점적으로 실시해야 하고, 조직이 살아남을 수 있으려면 법의 테두리 내에서 활동해야 하며, 구세대보다는 신세대가 아파르트헤이트의 문제를 더 성공적으로 해결할 수 있다는 믿음하에 흑인 젊은이들에게 호소해야 한다는 것을 깨달았다.

아프리카너 국민당 정부는 스티브 비코가 아파르트헤이트에 위협이 될 것이라는 사실을 제대로 짚었지만, 그 위협에 대응하는 방법을 잘못 선택했다. 그 비극적인 방법은 아파르트헤이트 자체에 대해서만 잘못된 것이 아니라 남아프리카의 백인과 흑인 모두를 위해서도 잘못된 것이었다. 왜냐하면 스티브 비코는 점차 심각해져 가는 남아프리카의 인종 위기를 평화적으로 해결할 마지막 희망이었기 때문이다.

만약 정부가 스티브 비코로 하여금 통상적인 법의 테두리 안에서 활동하도록 내버려두었다면, 아파르트헤이트는 5년 이내에 소멸되어 인종을 불문하고 모든 남아프리카인들이 그 혜택을 누리게 되었을 것이다. 흑인들뿐만 아니라 아프리카너 민족주의자들 역시 자신들이 둘러친 요새 내부에 갇혀 두려움에 떠는 현실로부터 해방되었을 것이다.

스티브 비코를 죽임으로써, 또 그를 죽인 자들을 사면함으로써, 그들은 아파르트헤이트에 저항하는 흑인들을 어둡고 폭력적인 길로 몰아갔다. 그들은 정치적, 사회적으로 안정된 분위기에서 온 국민이 확신을 가지고 미래를 내다보며 아파르트헤이트가 소멸될 수 있도록 만들 가능성을 봉쇄해 버렸다.

백인들의 군사력과 정치력은 잘 조직되어 있으며, 그들을 전폭적으로 지지하는 백인들과 아프리카너 민족주의자들이 장악한 공무원 세력에 의해 뒷받침되고 있다. 백인의 남아프리카는 강력한 공격에 맞서면서 아파르트헤이트를 지탱해 갈 수 있을 것이다. 오직 당분간만.

그러나 그들은 결국 냉엄한 수학적 법칙에 직면하게 될 것이다. 그들은 남아프리카 내에서 수적으로 흑인들에게 훨씬 밀리며, 젊은 흑인 지도자들은 점점 더 전투력을 키워가고 있기 때문이다. 젊은 흑인 지도자들은 역사가 자신들 편에 서 있다는 것, 전 아프리카 대륙이 자기들 편이라는 것, 전세계가 자기들과 뜻을 같이 하고 있다는 것을 알고 있다. 그들은 그러한 이론적 공감대가 남아프리카에 대한 유의미한 제재로 전환되는 것을 갈망하고 있으며, 필요하다면 국제 사회의 지원을 받는 효과적인 봉쇄 조치까지도 희망하고 있다.

세계는 지금 남아프리카에 대한 제재를 취하는 것을 망설이고 있다. 일부에서는 제재 조치가 '백인들을 자신들의 요새 속으로 더 몰아넣는 결과를 가져올 수' 있다고 주장하기도 한다. 그러나 세계는 백인들이 이미 자신들의 요새 안에 들어가 있으며 그들의 전투 의지는 더이상 강화할 필요조차 없다는 사실을 깨닫게 될 것이다.

수년간 나는 남아프리카의 평화는 내부의 발전과 점증하는 압력을 통해서 달성될 수 있을 것이라고 믿어왔다. 다른 많은 백인 자유주의자들과 더불어, 나는 이러한 압력을 강화하고, 양자가 협상 테이블에 앉도록 촉구하며, 조용하고 합리적이고 논리적인 행동만이 승리할 수 있으리라는 사고가 전국에 퍼지도록 백방의 노력을 펼쳐왔다. 우리 백인 자유주의자들은 동료 백인들의 생각을 바꾸기 위해 노력했다. 우리는 아프리카너 민족주의에 반대하는 사람들뿐만 아니라 아프리카너 민족주의자에게까지도 인종 차별이 없는 사회에서의 화합만이 해답이라는 견해를 전파하기 위해 노력했다. 동시에 우리는 흑인 지도자들 및 흑인 대중들과의 유대관계를 유지함으로써 양극화 현상이 벌어지지 않도록 노력했다.

다수파인 흑인에 대해 백인들이 갖는 인종적 두려움을 부추기려는 아프리카너 민족주의의 추진력과 강력한 호소력을 돌이켜볼 때, 우리는 거의 불가능한 목표를 설정한 셈이었다. 지난 과정을 통해 우리는 그것을 깨달았지만, 평화적인 방법을 통해서는 우리의 동료 백인들이 결코 인간의 영혼에 대해 더 고상하면서 덜 이기적인 시각을 가질 수 없으리라는 주장에는 동의하고 싶지 않으며 우리 자신에게도 그런 생각을 허용하지 않을 것이다.

지금에 와서 지난 세월을 돌이켜보면, 그리고 동료 백인들에게 유일한 평화적 해결책을 인식하도록 설득했던 백인 자유주의 지도자들(앨런 페이턴, 피터 브라운, 나딘 고디머 등)을 돌아보면 일견 모든 게 부질없어 보이기도 한다. 나는 내가 작성했던 모든 사설들과 지난 세월 전국을 돌며 했던 모든 연설들, 아파르트헤이트에 저항할 목적으로 썼던 수백만 개의 단어들이 구체적인 정치적 결과의 도출이라는 측면에서 평생의 헛수고에 불과하다는 결론을 내려야 할지도 모른다. 하지만 우리는 역사의 일정 단계에서는 역시 이러한 노력들과 운동이 있어야만 하며, 불의에 대한 비판적 시각 또한 꼭 필요하다는 것을 알고 있기에, 아무런 희망이 보이지 않는 상황이 다시 온다 하더라도 똑같은 노력을 펼칠 것이라고 확신한다.

하지만 이제 이 나라에서 그 역할은 끝났다. 남아프리카의 상황은 너무나 악화되어, 흑인들의 분노라는 거대한 파도가 몰아치기 전에, 내부의 토론과 논의를 통해 대부분의 백인들이 인종차별로부터 벗어나도록 만들 수 있는 시간도 희망도 없다. 오늘날 남아프리카에는 흑인과 백인을 중재해 줄 수 있는 사람들이 사실상 모두 보안관찰 처분을 당하거나 구속되어 침묵을 강요당하고 있다.

백인에 의한 인종차별이라는 고속열차는 이제 흑인들의 분노라는 고속열차와 충돌할 수밖에 없는 길을 전속력으로 돌진해가고 있다.

아파르트헤이트를 거부하는 남아프리카 내 소수의 사람들이 그 충돌을 막기 위해 할 수 있는 일은 없는가? 세계는 남아프리카인들을 구하기 위해 어떤 일을 할 수 있을 것인가?

대답을 하기 전에 우선 이런 질문을 던질 필요가 있을 것이다. 국경이라는 것이 과연 심각한 전 인류적 문제보다 더 신성할 수 있는가? 만약 1930년대 초반 국제 사회가 진지한 태도로 개입하여 히틀러를 악의 길로 들어서지 못하게 했더라면, 수백만 명의 목숨을 구하고 세계대전도 막을 수 있었다는 점은 일말의 의심도 없을 것이다.

하지만 히틀러의 행동에 가해진 제재는 대화를 유지하려는 교묘한 외교적 언사일 뿐이었다. 무익한 대화의 유지가 역효과를 낳는 경우들이 분명히 존재한다. 히틀러가 자신의 군대를 보내 라인란트(독일 라인 강 연변의 지명. 독일과 프랑스 간 분쟁의 중심에 놓여 있던 곳. 로카르노 조약으로 라인란트의 영구 무장금지가 보장되었으나 나치 독일이 성립된 후 히틀러가 이 조약을 일방적으로 파기하고 라인란트로 군대를 진주시켰다—옮긴이)를 점령했을 당시, 그의 군대는 만약 단 한 명의 프랑스 병사라도 총을 쏜다면 국경 다리를 건너 퇴각하라는 명령을 하달 받은 상태였다. 그러나 총알은 한 발도 발사되지 않았고, 이 '교묘한' 무반응이 결국 홀로코스트를 유발했던 것이다.

인류의 복리가 심각하게 공격을 받을 때 국가간의 경계라는 것은 존재하지 않는다는 것이 나의 믿음이다. 만약 1930년대에 세계가 한 목소리로 분명하게 독일의 유태인들을 보호했다면, 수용소 같은 것은 존재하지도 않았을 것이다. 그렇지만 그러한 목소리에는 점진적인 선택적 제재 조치, 필요하다면 봉쇄를 통한 전면적인 제재 조치들이 뒷받침되어야만 한다.

남아프리카의 경우, 흑인은 물론이고 백인을 위해서도, 영어를 사용하는 백인은 물론이고 아프리카너들을 위해서도, 그리고 '인도계'는 물론이고 '혼혈계' 사람들을 위해서도 국제 사회의 개입은 매우 건설적이고 긍정적인 일일 것이다. 남아프리카 내부의 발전이 폭력과 유혈사태를 방지할 수 없으며 오직 외부의 개입만이 그러한 사태를 막을 수 있는 현실에서, 국제 사회의 개입은 방법과 의도 면에서 모두 건설적인 것이다.

국제 사회가 개입하는 방법은 남아프리카 내 모든 집단의 실질적 지도자들을 협상 테이블에 불러모음으로써, 그들을 추종하는 이들이 서로를 대량 살상하는 사태가 벌어지지 않도록 만드는 것이다.

이상적으로 말하면 평화라는 목표에 이르는 길은 그 목표와 마찬가지로 평화적이어야 한다. 그러나 이 목표는 말만으로는 달성되지 않는다. 국제 사회의 비판과 비난을 비롯하여 지난 40년간 남아프리카를 둘러싼 말은 무성했지만 사실상 아무런 효과는 없었다. 프리토리아 정부를 이성적으로 행동하도록 만들고 국민 다수가 선택한 지도자들과 진지한 태도로 협상을 하도록 만드는 평화적이며 효과적인 유일한 방법은 강력한 온갖 압력을 행사하는 것이다.

압력은 경제, 외교, 전략, 금융, 사회 등 다양한 분야에서 행사될 수 있다. 그리고 이 모든 것은 하나의 단어로 요약된다. '배척' 말이다. 지난 수년간 배척이라는 것은 부정적이며 파괴적인 행위라는 주장이 제기되어 왔다. 그런데 그런 주장은 어떤 경우에는 맞는 말이지만 아프리카너 국민당 정부의 경우는 그에 해당되지 않는다.

사실 몇 년 동안 나 자신도 남아프리카의 단체들—특히 스포츠 분야의 단체들—과 국제 사회의 고리를 끊는 것에 반대했다. 영국에서 반(反)아파르트헤이트 시위를 조직한 피터 하인이라는 젊은 남아프리카 친구를 통해 내 생각이 잘못되었다는 것을 깨닫기 전까지는 말이다. 1970년까지 나는 세계가 남아프리카와 스포츠 교류를 계속할 것을 주창했다. 남아프리카의 백인들이 외국의 선수들과 교류하면서 스포츠를 통해 우정을 쌓고 교육적 효과를 얻게 된다면 아파르트헤이트로부터 더 쉽게 벗어날 수 있으리라는 것이 이유였다. 나는 만약 남아프리카 스포츠 선수들이 배척을 당하게 된다면 이는 그들을 점점 더 합리적 이성으로부터 멀어지도록 만들고, 고립된 상황에서 자신들의 편견을 더욱 공고히 하도록 만들 뿐이라고 주장했다.

그러한 교류는 수년간 지속되었지만, 남아프리카 스포츠 분야에서 아파르트헤이트는 여전히 맹위를 떨쳤다. 남아프리카의 백인들은 해외에서 유치되는 지속적인 스포츠 행사를 자신들의 정책이 국제 사회에서 여전히 받아들여진다는 증거로 해석했고, 아파르트헤이트에도 불구하고 자신들이 국제 사회의 승인을 받는다고 여겼다.

피터 하인의 운동이나 데니스 브루터스, 샘 람사미, 크리스

드 브로글리오(Chris de Broglio) 같은 남아프리카 출신 망명가들의 운동이 효과를 나타내기 시작했으며, 남아프리카 선수들은 올림픽이나 국제 크리켓 대회, 유수의 럭비 경기 개최국들로부터 배척을 당하게 되었다. 결과는 놀라웠다. 남아프리카 스포츠 분야에서는 즉각적으로 아파르트헤이트가 완화되었던 것이다. 비록 남아프리카 스포츠의 생색용 통합이 그다지 큰 의미를 갖지는 못한다 하더라도 이 사례에서 얻은 교훈은 명확했다.

국제금융 부문에서도 동일한 현상이 나타났다. 미국인들의 압력으로 금값이 내려가자마자 프리토리아 정부는 로디지아나 서부 남아프리카 문제 등에 대해 좀더 합리적인 태도를 보이기 시작했다.

국제 사회의 압력 행사에 반대하는 자들은, 그러한 압박이 남아프리카에서는 역효과를 낼 뿐이며 백인들을 궁지로 몰아넣어 더더욱 뜻을 굽히지 않도록 만들 뿐이라고 종종 주장한다. 그렇지가 않다. 그들은 이미 궁지에 몰려 있다.

프리토리아 정부를 배척하는 방법으로 가장 많이 거론되는 것이 외교적 추방——대사관을 폐쇄하거나 그게 아니면 최소한 외교적 유대관계를 명목상의 수준으로 하향 조정하는 등——과 비자 발급 요건 강화이다. 남아프리카 정부는 지난 수년간 반정부 인사들을 처벌하는 방편으로 여권을 몰수하는 조치를 남발하였다. 이제는 그들이 했던 방식대로 되돌려받아야 한다.

이러한 제안에 대해 예상되는 반응은, 지나치게 급진적이라거나 비현실적이라거나 쌍방 무역이라는 관점에서 볼 때 국제 사회에 이득이 되지 않는다는 것 등이다. 이러한 견해를 갖고 있는 나라들은, 장차 흑인이 통치하는 남아프리카가 제공하게 될 장기적 이익에 역행하는 근시안적인 견해를 취하고 있는 셈이다. 무엇보다도 그들은 남아프리카의 흑인들이 처한 현실에 대해 냉담한 무관심을 무심코 드러내고 있는 셈이다.

따라서 아파르트헤이트는 지구상의 모든 나라, 모든 이들에 대한 도전이다. 원칙을 가진 인간이라면 누구나 수용할 수 있는 독창적이며 이상적인 방법으로 이 도전에 맞서야 한다.

만약 이 지구상의 모든 이들에게 얘기할 수 있다면, 나는 내 친구 스티브 비코에 관해 말해주고 싶다. 끔찍한 형태의 악 — 단지 검은 피부를 갖고 태어났다는 이유만으로 희생자들에게 증오와 거부의 올가미를 씌우는 인종차별의 사악함 — 을 대표하는 이들의 손에 의해 차디찬 감방 바닥에서 벌거벗긴 채 숨져간 비코에 대해 얘기하고 싶다. 나는 그러한 시스템을 배태한 사회가 어떻게 살인자들을 사면했는지, 그의 사망 소식을 듣고 웃음을 터뜨린 그들의 상급자들을 어떻게 용서했는지, 그의 죽음에 가장 큰 책임이 있는 자에게 어떻게 더 큰 권한을 주어 다시 그 자리에 임명했는지 얘기하고 싶다.

스티브 비코의 죽음은 나로선 너무나 비극적인 일이었건만 어떻게 해서 남아프리카에서는 그의 죽음이 정권에 의해 저질러진 첫번째 죽음도, 마지막 죽음도 아닌지에 대해, 또 널리 알려지게 된 그의 죽음이야말로 왜 아무런 제어도 받지 않는 아파르트헤이트의 궁극적 효과가 가장 극적으로 표출된 사건인지에 대해 얘기하고 싶다.

스티브 비코의 죽음은 아파르트헤이트 체제하에서 남아프리카의 모든 흑인들이 겪는 고통을 상징적으로 보여주는 사례일 것이다. 그의 죽음은 영혼의 죽음이었다. 아파르트헤이트에 의한 대부분의 죽음은 영혼의 죽음이었다. 도덕과 희망, 그리고 자부심들이 헤아릴 수 없이 죽임을 당했다.

많은 국민들에게 스티브 비코는 그러한 도덕성의 죽음을 끝내는 존재였다. 그는 남아프리카 젊은이들에게 족쇄를 채우고 있던 심리적 고리를 산산조각 내버렸다. 특히 남아프리카의 젊은 흑인들이 가진 영혼의 자부심이라는 측면에서 볼 때, 그는 사슬을 끊어버린 해방자였다.

다른 어느 것보다도 그 이유 때문에 체제는 비코를 살해했을 것이다.

기소를 마무리하면서, 그를 죽인 자들을 정의의 심판대에 세울 것을 요구하면서, 나는 그가 이 재판이 어떻게 마무리되기를 원하는지 자문해 보아야만 할 것 같다. 아마도 그는 크뤼에르와 1977년 9월에 포트엘리자베스에 배치된 그의 보안경찰관들이 범인임이 밝혀지기만을 바라지는 않을 것이다. 그는 자신을 죽인 진범은 남아프리카의 백인 소수파 정권과 아파르트헤이트 정책을 지지하는 모든 사람들이라고 주장하고 싶을 것이다.

또한 그는 그들이 보복적인 방법으로 처벌을 받는 것이 아니라 그들 자신을 위해서라도 자신들이 국민들에게 저지른 죄가 얼마나 큰지를 깨닫도록 하고 싶을 것이다. 다시 말하자면, 그들 스스로 죄를 자각하게 하는 방법으로 정의를 실현함으로써, 비코 자신이 예견하고 그 실현을 위해 노력했던 새로운 남아프리카에서 그들 자신과 후손들이 충만한 삶을 누리기를 바랄 것이다.

이 기소장은 아파르트헤이트 제도라는 주범에 대한 고발로서, 그 제도의 사악함을 열거하였고, 또한 그 제도를 이끌고 있는 사람들이 그 심각성을 감추기 위해 내세운 주장 각각에 대해 반박하였다. 이제 실효성 있는 기소를 위해 기소장에 동의하는 모든 사람들에게 호소하는 말로 이 글을 끝맺고자 한다.

스티브 비코가 못 다한 사명을 완수하도록 해주십시오. 그가 깨부수고자 했지만 아직도 남아 있는 사슬의 고리를 완전히 끊어주십시오. 그리고 이러한 작업의 메아리가 전세계에 울려 퍼지고, 그리하여 인간의 육체와 영혼이 사슬에 묶여 있는 곳이라면 어디에서든지 그 사슬을 끊을 수 있도록 해주십시오.

에필로그

피터 존스의 증언과 그 외의 이야기들

스티브 비코가 죽은 지 9년도 넘어서 나는 피터 존스를 만났다. 그가 1977년 8월 18일 저녁, 검문소에서 운명적인 체포를 당하여 투옥된 후 첫만남이었다. 재판 없이 533일 동안 억류되었던 그가 마침내 1979년 2월에 석방된 후, 나는 그와 통화만 나눈 터였다. 1986년 11월 그는 해외여행 허가를 얻었고, 런던에서 잠시 체류하는 동안 내게 구금기간 동안 자신에게 일어났던 일들을 상세하게 설명해 주었다. 그는 석방 직후, 그러니까 세세한 일들을 생생하고도 정확하게 기억할 수 있었던 시기에 그 모든 일들을 다 적어두었던 것이다. 다음은 그가 들려준 이야기다.

1977년 8월 18일 목요일 밤 대략 10시 20분경에 비코와 나는 케이프타운 방향에서 그레이엄즈타운 쪽으로 접근하고 있는 중이었다. 우리가 타고 있던 차량은 푸조 504 스테이션 왜건이었는데, 내가 운전을 하고 비코는 조수석에 앉아 있었다. 비코는 무릎 위에 휴대용 카세트라디오를 올려놓고 녹음테이프를 듣고 있었다. 우리 둘 다 편안한 상태였고, 정말 홀가분한 마음이었다.

심하게 굽어진 길을 돌아 우리가 그레이엄즈타운으로 진입하고 있었을 때 갑자기 경찰의 불심검문을 받게 되었다. 그곳엔 제복을 입은 경찰관들과 사복을 입은 사람들이 여럿 있었는데 보안경찰이라는 생각이 들었다. 나는 길 밖으로 차를 몰아 먼저 검문을 받고 있던 요하네스버그 번호판이 붙은 붉은색 스테이션 왜건 뒤에 차를 세웠다.

몇 명의 경찰관이 우리 차에 접근하였고 나는 옆 창문을 내렸다. 그들 중 하나가 나에게 카세트라디오 소리를 낮추고 엔진의 시동을 끄라고 해서 그렇게 했다. 그는 일상적인 검문을 하고 있는 중이라고 말하면서 나보고 트렁크를 열어보라고 했다. 나는 내려서 트렁크를 열어보려고 했지만 이전에 그 차를 몰아 본 적이 없었기 때문에 어느 열쇠가 맞는 열쇠인지 잘 몰라서 트렁크를 빨리 열 수가 없었다. 나는 차 왼쪽 미등 바로 위에 움푹 들어간 곳이 있어서 잠금장치가 움직이지 않는 것일지 모른다는 생각이 들어 이 점을 경찰관에게 설명하였는데 그는 점점 인내심을 잃어가고 있었다. 그때 앞에 있던 차량의 통행이 허가되었고 다른 경찰관들이 우리 쪽으로 합류했다.

사복 경관 중 하나가 검문을 계속 할 필요가 없다고 생각한다며 "오늘 밤은 이만 합시다"라고 말했다. 그러는 내내 나는 트렁크 잠금장치 때문에 애를 먹고 있다가 그 중 한 명의 경찰관에게 직접 열어보라고 부탁했다. 훗날 그 사복 경관이 우어스따위전 경위라는 것을 알게 되었다. 그는 나에게 어디로 가고 있는 중이냐고 물었고, 나는 이스트런던으로 가는 길이라고 말했다. 그는 나를 보더니 "넌 아마 그 놈의 비코한테 가는 중일 거야"라고 말했다. 나는 반응을 나타내 보이지 않고 "비코가 누군데요?"라고 물었다.

그 시점에서는 모두 다 인내심을 잃어가고 있었다. 우어스따위전 경위가 내게 차를 수색할 수 있도록 경찰서로 따라오라고 했다. 그는 자기 차로 걸어가기 시작하다가 뒤늦게 생각난 듯이 이렇게 말하는 것이었다. "저 큰 놈(비코)은 내 차에 태우고 너희들은 저 놈(존스)을 태우고 와."

경찰서에 도착해서는 불빛이 있는 곳 아래 차를 주차하라는 지시를 받았다. 비코와 내가 차 옆에서 검문검색을 당하는 동안 경찰 몇몇이 차를 수색하였는데 그때는 이미 차 트렁크가 열린 상태였다. 한 경관이 고동색 지갑을 손에 들고 차에서 나오면서 누구 것이냐고 물었다. 나는 그에게 내 지갑이라고 말했다. 그가 지갑을 열자 약간의 현금과 P. C. 존스라는 이름의 신분증이 나왔다. 나는 경관에게 그게 나라고 말했다.

우어스따위전은 다음으로 비코에게 이름이 뭐냐고 물었고, "나는 반투 스티브 비코요"라는 답을 들었다. 경찰들은 잠시 동

안 우리 둘을 쳐다 볼 뿐 말문을 열지 못했다. "비코라고?" 우어
스따위전이 물었다. "아니오, 반투 스티브 비코요." 스티브는 정
확한 코사어 발음으로 'B' 발음을 하면서 말했다. (이 날 밤의 사
건과 그에 이어진 사건들을 통해서 나는 보안경찰이 1977년 8월 17
일과 18일의 우리의 움직임에 대한 정보가 전혀 없었다는 것을 확신
하게 되었다.)

비코와 나는 화장실에서 볼일을 보고 난 후 관리실로 끌려갔
고, 한동안 그곳에 서 있었다. 잠시 후에 우어스따위전이 들어오
더니 우리를 그날 밤 동안 구류에 처한다고 말했다. 비코는 죄목
이 무엇인지 알기를 원했다. 우어스따위전은 웃으면서 비코가 명
백히 거주제한 명령을 위반했다고 대꾸했다. 이번에는 내가 우어
스따위전에게 나는 무슨 죄목으로 붙잡아 두는 것이냐고 물었다.
그는 잠시 쿵쿵거리며 왔다갔다 하더니 턱을 긁으면서 흑인 경사
에게 "그냥 팸플릿이라고만 써"라고 말했다.

우리는 귀중품과 모든 소지품을 내놓으라는 지시를 받았다.
한 흑인 보안경찰관이 내 몸을 수색하는 동안 백인 순경 하나가
스티브의 몸을 수색했다. 그 백인 순경과 비코는 폭이 넓어서 쉽
게 풀리지 않는 비코의 벨트 때문에 가벼운 언쟁을 했다. 비코는
그 순경에게 자기가 직접 벨트를 풀겠다고 말했지만, 그 순경은
거들어 주겠다는 이 제안을 거부했고 힘으로 벨트를 풀려고 계속
잡아당겼다. 비코는 약간 화가 나서 순경에게 계속 고집을 부린
다면 우리에게서 어떤 협조도 얻지 못할 것이며, 좀더 예의바르

게 굴어야 확실하게 협조해 주겠다고 말했다. 순경은 우리에게 나중에 자기 손에 걸리지 않도록 기도나 하라고 했다. 하지만 그는 비코에게 다시 손을 대지는 않았고 우리 둘 다 스스로 벨트를 풀 수 있게 되었다.

비코는 그 벨트와 담배 한 갑, 그리고 시계 외에는 가진 것이 없었기에 빨리 일이 처리되어 긴 벤치에 앉았다. 나는 현금과 신분증이 든 지갑, 담배가 있었기에 잠시 더 카운터에서 기다려야 했다. 내가 마침내 그 물건들에 대한 수령증을 받고 긴 벤치에 앉는 순간, 갑자기 우지끈하는 소리가 났다. 등 쪽의 가로 받침대 하나가 떨어져 나간 것이었다.

흑인 경관이 나에게 급히 오더니 벤치는 이미 부서져 있었으니 걱정하지 말라고 말하고는 받침대를 집어서 벤치의 V자 홈에다 맞추어 넣었다. 그리고 나서 비코와 나는 유치장으로 연행되어 그날 밤을 감금되어 있었다.

그날 저녁 단 한번도 비코와 나는 어떤 항의나 항의하려는 시도를 한 바가 없었다. 비코가 유치장 안에서 담배를 좀 피워도 되겠냐며 우어스따위전에게 요청했다가 거절당했을 때조차 그러했다. 유치장 안에서 우리는 말을 많이 하지 않았다. 지난 이틀 동안의 긴 운전과 수면 부족 때문에 나는 매우 지쳐 있었다.

다음날 아침 일찍 유치장 문이 열렸고 우리는 바깥의 우리 차를 주차해 둔 곳으로 나가라는 지시를 받았다. 차 안팎으로는 보안경찰 10여 명 가량이 정밀 수색을 하고 있었다. 차 안의 모든 물건들(내 가방과 그 안에 들어 있던 물건들, 옷가지와 세면도구들, 카세트라디오와 테이프들)을 차 옆 땅바닥에 내려놓은 채 한 경관이 그것들을 자세히 조사하고 있었다. 이 물품들을 제외하면 차 안에는 다른 아무것도 없었다.

조사가 끝나고 나서 비코와 나는 관리실로 끌려가서 또다시 (세번째로) 몸수색을 당했다. 그들은 우리의 코트와 재킷을 벗긴 다음, 전날 밤 수령증에 기재되었던 물건들과 그 외의 다른 개인 물품들도 모두 합하여 관리실 문 앞에 세워 놓은 경찰차 트렁크 안에 넣었다.

그런 다음 우리의 손을 뒤로 끌어 난폭하게 수갑을 채웠고, 우리가 항의하는 가운데 차 뒷좌석에 우리를 강제로 태웠다. 두 명의 보안경찰이 앞좌석에 탔다. 보안경찰은 비코와 내가 느끼는 불편함은 아랑곳 하지 않고 포트엘리자베스를 향해 매우 빠르게 차를 몰았다.

포트엘리자베스에 도착하자마자 우리는 샌럼 빌딩 6층에 있는, 창문에 철창이 달린 어느 작은 방으로 끌려가 한쪽 손에 거칠게 수갑이 채워진 채 철창에 묶이게 되었다. 우리가 거기 그렇게 서서 몇 시간인지 알 수 없는 시간을 보내는 동안, 수십 명의 보안경찰들이 쿵쾅거리며 그 방에 들어와서는 입을 쩍 벌리고 우리를 비웃은 다음 섬뜩한 말을 내뱉고는 사라졌다. 한편 사진사가 우리의 얼굴을 찍었는데, 사진 찍을 자세를 취하게 하려고 비코와 나를 강제로 밀어붙여서 우리는 또다시 강하게 항의하였다.

스티브의 사진을 보면 이런 상황이 명백히 드러나 있는데, 그는 그들이 정중하게 행동하기를 거부한다면 협조하지 않겠다는 의미로 카메라 렌즈를 외면하였던 것이다.

피셔 경정이 방에 들어와서는 테러법 6항에 의거한 비코와 나의 구속영장 두 장을 보여주었다. 그후 얼마 동안 우리는, 모두(백인들)가 회의에 불려간 관계로 흑인 보안경찰 한 사람만이 있는 가운데 방치되어 있었다. 잠시 후에 그들이 방에 다시 들어와서는 철창에 걸어놓은 수갑을 풀고 다시 우리의 손을 뒤로 해서 수갑을 채운 다음 그레이엄즈타운에서 입고 있었던 옷 중 어느 것이 당신 것이냐고 물어보았다. 나는 경찰에게 이것이라고 옷을 손으로 가리켜 보이면서 내 지갑에 있는 돈을 비코와 내게 나눠 달라고 요청했지만 (실제로 우리는 여러 가지 요청을 했다) 묵살당했다.

이윽고 비코와 나는 수많은 보안경찰들이 호위하는 가운데 1층으로 끌려 내려갔다. 여기서 우리는 2개조의 경찰에 각각 둘러싸여 분리된 채 샌럼 빌딩 근처의 경찰 주차장으로 끌려갔다. 내가 앞에 서고 스티브가 몇 발자국 뒤에서 따라 왔다.

나를 호송하던 사람들이 콤비 차량 앞에 멈춰 서서, 내게 차 안으로 들어가서 좌석 사이의 바닥에 얼굴을 아래로 향하게 하여 엎드리라고 명령하였다. 나는 우리 곁을 막 지나가던 스티브를 보려고 고개를 돌렸고 그의 이름을 소리쳐 불렀다. 그는 나를 보려고 걸음을 멈춰 내 이름을 불렀다. 우리는 웃음을 지으며 서로

를 쳐다보았지만, 콤비 차량 속으로 격렬하게 틀어박혀지는 바람
에 더이상은 그를 볼 수 없었다. 그것이 나의 가장 가까운 동지를
마지막으로 본 순간이었다. 그가 살아 있던 때건 죽은 다음에건.

차는 매우 빠르게, 수없이 좌우로 이리저리 방향을 틀면서
움직여 갔다. 나는 편안하게 엎드려 있지 못하고 비스듬히 누워
있어야만 했다. 그들은 꼼짝 말고 누워 있지 않으면 걷어찰 것이
라고 위협했다. 우리는 어떤 경찰서 앞에 정차했는데, 나중에 알
고 보니 그곳은 알고아 파크 경찰서였다. 나는 관리실로 끌려가
서 가방과 여벌의 옷, 그리고 다른 물품들을 장부에 기록하였다.
깡통 속에 들어 있던 음식은 버렸다. 전날 밤 체포된 이후로 우리
는 음식도 물도 전혀 먹지 못한 상태였다.

한 대의 자동차에 가득 탄 다른 보안경찰들이 도착했고 나는
관리실에서 노이부트에 의해 또 한번 몸수색을 당하면서 손으로
여기저기를 맞았다. 그런 뒤에 나는 수갑이 채워진 채 유치장으
로 끌려갔다. 6명의 보안경찰이 담요 한 장과 깔개 한 장을 제외
한 나머지 담요와 깔개들을 바깥으로 집어 던졌다. 그들은 수갑
을 풀고 나를 발가벗겼다. 6명의 경찰관들이 곧바로 욕설을 퍼부
어 대면서 나를 구타하기 시작했고, 그 다음에는 세차게 쏟아지
는 찬 물 샤워기 밑으로 나를 밀어넣었다.

나는 (여전히 두드려 맞으면서) 세찬 물줄기 속으로 비틀거리
며 들어가다가, 몸이 돌아가는 바람에 노이부트의 손을 움켜잡고
그를 물줄기 속으로 끌어당겨 버렸다. 이 때문에 더욱 혹독한 구

타가 이어졌다. 나를 비웃고 있는 그들을 바라보면서 그들을 증오하는 것 외에는 어떤 일도 할 수 없는 채로 나는 그 차가운 물벼락을 맞으며 서 있었다. 그런 후에 나는 유치장에 감금되었다. 이러한 처우(찬물 세례, 구타, 욕설)는 그 뒤 5일 동안 일상적인 일이 되었다. 보안경찰은 결코 네 명 미만이었던 적이 없었는데, 밤이고 낮이고 간에 시도 때도 없이 6시간 정도의 간격으로 감방에 들이닥치곤 했다. 깨어 있는 경우에는, 끌려가지는 않으려는 생각에 멍한 상태에서 감방 문 쪽으로 걸어갈 수 있었으나, 기진맥진하여 잠들어 있었던 경우에는, 내 귀에다 대고 지르는 고함소리에 소스라치게 놀라며 깨곤 했다.

구속된 첫 주에 나는 주로 몸을 따뜻하게 하려고 애쓰면서 보냈다. 당시 포트엘리자베스는 대단히 추웠다. 나는 담요로 몸을 완전히 감싼 채로 자려고 애쓰곤 했다. 찬물 세례와 구타로 인해 완전히 기진맥진해지곤 했기 때문에 나는 대부분의 시간을 그렇게 보냈다. 나는 이 '고분고분하게 만들어지는' 시기 동안 나와 스티브가 포트엘리자베스에 왔던 적이 있지 않느냐는 보안경찰의 끊임없는 추궁 외에는 실제로 심문을 당하지 않았다.

그들은 우리를 목격한 사람들이 있다고, 자기들은 모든 것을 다 알고 있다고 말하곤 했다. 나는 이런 작태 전부가 너무도 어처구니가 없어서, "당신들과 당신들의 정보원들은 말도 안 되는 말을 하고 있소"라고 일상적으로 대꾸하던 것을 그만두어 버렸다.

그러던 어느날 밤 매우 늦은 시각에 스니먼 경정과 지베르트 경감이 감방으로 왔다. 그들은 내게 자신들에게는 자유자재로 쓸 수 있는 무제한의 시간과 자원이 있으므로 저항하는 것이 그리 현명한 방법이 아니라는 사실을 이제는 내가 분명히 깨달았을 것이라고 말했다.

나는 검문소에서 체포될 당시 우리의 여행 목적이 무엇이었냐는 질문을 받았고 내가 몇몇 흑인공동체운동 관련 일을 맡고 있었던 케이프타운에서 돌아오던 길이었다고 대답했다. 그들은 이 말에 거의 관심을 보이지 않으면서 우리가 포트엘리자베스에서 하고 있었던 일들에 관한 '모든 것'을 다 알고 있다고 말했다.

나는 우습다는 투로 (그들은 자신들이 무슨 말을 하는 것인지도 모르는 것이 분명했다) 그들을 바라보면서 누구든 비코와 내가 포트엘리자베스에 있었다고 말하는 사람이 있다면 그는 거짓말쟁이라고 주장했다.

그 순간 스니먼 경정이 앞으로 나오더니 오른손으로 내 뺨을 두 대 갈겼다. 그리고는 내가 곧 태도를 바꿀 것이며, 단지 나와 동행하기 위해 킹윌리엄스타운에서 나왔다는 비코의 얘기는 말도 안 된다고 했다. 또한 그는 우리들이 생각하는 만큼 우리들은 강인하지 않으며, 내가 유치장에 있는 기회를 잘 이용하여 내 죄에 관해 생각해 봐야 할 것이라고, 내게 그럴 기회가 다시는 없을지도 모른다고 말했다. 그런 다음 그들은 감방을 나갔다.

이 모든 사건들이 1977년 8월 18일에서 23일 사이에 일어났다. 나는 1977년 8월 19일에 알고아 파크 경찰서에 도착하여,

그곳에서 구속되었고, 알몸으로 담요 한 장과 깔개 한 장을 가지고 1977년 10월 31일까지 지내다가, 킨켈보스 경찰서로 이송되었다. 알고아 파크의 식사는 버터를 바르지 않은 빵을 하루 세 번 주는 것이었다. 아침에는 가끔 커피도 나왔고, 정말 가끔은 점심 때 죄수들이 '쿠푸가니'라고 부르는 양조주 한 컵이 나왔는데, 나는 그 음료를 한 번도 먹지 않았다. 몇 주가 흐르고 나서야 나는 빵을 양껏 먹을 수 있게 되었다.

대부분의 구타와 취조는 구속되고 난 첫 시기에 다 이루어졌는데, 나는 이 기간 동안에는 빵을 아주 조금밖에 먹지 못해서 정말 배가 고팠다. 나의 정상적인 신체 기능은 나의 정신과 유리되어, 화장실에 가도록 애써야겠다고 의식적으로 결심해야 하는 지경에까지 이르렀다. 이 외에도, 취조차 불려갈 경우를 제외하고는 유치장 문을 결코 열어주지 않았기 때문에 나는 운동도 할 수 없었으며, 감방 안에는 어떤 용기도 허용되지 않았기에 변기 물을 마시고 몸에 낀 더러운 때 역시 변기 물로 씻어내야만 했다.

최초의 공식 취조는 1977년 8월 24일 수요일, 내가 체포된 지 6일째 되던 날 밤에 시작되었다. 첫 취조는 20시간 이상 지속되었다. 나는 그날 밤 10시경에 감방을 떠나서 다음날 저녁 6시경에 돌아왔다.

그날 밤 지베르트 경감이 '혼혈계' 보안경찰 한 명을 대동하고 내 감방에 들어왔다. 그들은 내게 내 청바지와 검은색 터틀넥 티셔츠와 스웨터(그 옷 중 일부는 원래 내가 입고 있었던 것이었다)

를 집어 던졌다. 나는 그 옷들을 입었고 등 뒤로 수갑을 찼다. 구두를 신게 해달라고 요청했지만 무시되었다. 날씨는 매우 추웠고 그들은 둘 다 두꺼운 코트를 입고 있었다. 그들은 나를 관리실 바깥에 주차된 차로 끌고 가서 뒷좌석에 밀어넣었다.

보안경찰은 차의 속력을 높였고 우리는 얼마 후 샌럼 빌딩에 도착했다. 거기서 나는 작은 조사실로 끌려갔는데, 거기에는 스니먼 경정과 몇몇 다른 보안경찰들이 있었다. 방에 들어서자마자 여러 명의 경찰들이 나를 붙잡아 한 손을 풀고 옷을 벗겼다. 그들은 내 왼손 수갑을 의자에 걸고 나를 벌거벗긴 채 의자 위에 강제로 앉게 했다. 스니먼과 지베르트가 책상 앞에 있는 의자들을 차지하고 각각 내 왼쪽과 오른쪽에 앉아 있었다.

지베르트 앞쪽의 책상 위에는 기다란 녹색 호스가 하나 있었다. 나는 그 호스 구멍 안을 똑바로 들여다 볼 수 있었는데, 구멍은 딱히 뭐라 말할 수는 없지만 뭔가 금속성 물질 같은 것으로 막혀 있었다. 호스는 매우 무거웠다. 한동안 나는 이 두 사람으로부터 신문(訊問)을 받았는데, 그 내용은 BPC와 흑인공동체운동 양 조직의 회계 담당자라는 내 직책상 해외에서 들어온 자금에 관한 것, 킹윌리엄스타운에 온 해외 방문자들, 나의 정치적 경력 등과 같이 일반적인 사항들이었다.

그러더니 그들은 갑자기 비코와 내가 체포당할 당시 하고 있던 여행에 초점을 맞추었다. 나는 케이프타운에 새로이 자리 잡은 사업(의류 공장)을 돌보러 그곳에 내려갔던 것이고, 스티브가

있었던 것은 우연이요 계획된 일이 아니었으며, '바람' 좀 쐬게
해 주는 것 말고는 다른 의도가 없었다는 종전의 이야기를 되풀
이했다. 나는 이 이야기를 길게 하지 못했다. 지베르트가 갑자기
벌떡 일어나서 호스로 내 얼굴과 가슴, 팔을 마구 때렸기 때문이
었다. 그는 그러고는 자기 자리로 되돌아갔다.

그런 다음 그는 나에게 인생과 정치에 관한 긴 설교를 했다.
그것은 내가 '혼혈계' 동포를 저버리고 삶의 방향을 잘못 잡은
'원주민' 이요, '깜둥이 새끼들' 의 목적에 이용당하고 있으며, 내
가 나의 목적을 이루자마자 깜둥이 새끼들이 항상 그렇듯이 나와
'내 동포들' 은 제거당할 것이라는 둥, 또 나를 '팔아 넘긴' 다른
사람들한테 들어서 자신들이 대부분의 사실을 이미 다 알고 있지
만 내가 이러한 사실들을 자진해서 인정하기를 바란다는 둥 하는
말들이었다. 나는 그것을 보안경찰이 사실은 아무것도 아는 것이
없음을 자인하는 것으로 받아들였다. 지베르트는 내게 우리가 포
트엘리자베스에 있었다는 것을 알고 있다고, 우리가 팸플릿을 반
입했으며 이 팸플릿을 함께 배포한 사람들과 만나거나 회합했다
는 것을 알고 있다고 말했다.

나는 우리가 포트엘리자베스에 아무 용무도 없다는 사실은
차치하고라도 양 지점(킹윌리엄스타운과 케이프타운)의 출발 시간
과 도착 시간을 고려해 볼 때 시간적 요인(소요시간)이 이러한 가
능성을 배제하고 있다는 점을 강조하면서 그 말을 부인했다. 그
들에게서 돌아온 건 그저 텅 빈 눈빛뿐이었다.

그들은 똑같은 기조로 (이 점이 나로서는 참으로 이상했다. 구속된 사람에게 그가 인정해야 하는 사실이 무엇인가를 알려준다는 것 말이다) 패트릭 티티가 최근에 킹윌리엄스타운을 방문하여 스티브의 방에서 스티브와 팸플릿에 관해 논의하였고 나도 거기 있는 것이 목격되었다고 계속 주장하였다. 이러한 추궁은 정말 말도 안 되는 것이었다. 왜냐하면 그날 오후 나는 실제로 킹윌리엄스타운에서 60킬로미터나 떨어진 곳에 있었기 때문이다. 티티가 만약 그렇게 말했다면, 분명 그것은 그렇게 말하도록 강요받았기 때문일 것이요, 따라서 나는 그 점에 관해 전혀 두려워할 것이 없었다.

이런 취조가 얼마간 이어지던 중 나는 경찰에게 우리가 케이프타운에 있었던 것은 사실이지만 내가 처음 한 얘기가 완전히 옳은 얘기였다고는 볼 수 없다고, 즉 우리가 케이프타운에 있었던 목적은 거기 있는 우리 BPC 회원들과 논의를 하기 위한 것도 있었다고 말했다. 이 장면에서 지베르트와 스니먼이 벌떡 일어나 이제 그들이 나에게 바라는 것이 뭔지를 내가 제대로 알게 되었다고 말하면서, 남은 밤 시간 동안 종이와 펜을 주겠다고 하고는 "돼먹지 않은 얘기를 쓰면 죽을 줄 알아!"라고 말했다.

그들은 나를 두 명의 (백인) 하급 보안경찰관과 함께 있게 하고 나갔다. 나는 그들의 요구대로 두 개의 진술서를 썼다. 하나는 나의 정치적 경력에 관한 3장 가량의 것이었고, 다른 하나는 비코와 내가 했던 여행에 관한 대여섯 장 정도의 것이었는데, 두 진술서 모두 1977년 8월 25일에 쓰여졌다. 두 경찰관은 이것을 쭉 읽더니 나의 첫 진술서에 대해 비웃었다. 나의 정치적 경력이 고작 세 장밖에 안 된다는 것에 대해서 말이다(실제로 우스웠다). 그 두 작자가 내가 처한 모욕적인 상태, 즉 알몸으로 추위에 떨고 있는 상태를 보고 즐거워한 것 말고는 몇 시간 동안 아무 일도 일어나지 않았다.

새벽이 오기 직전에 (여전히 바깥은 어두웠다) 지베르트가 돌아와서 밤 동안 나를 지켰던 두 사람의 임무를 해제한 다음, 내가 쓴 두 개의 진술서를 들고 나가버렸다. 다른 두 명의 '혼혈계' 보안경찰이 자리에 앉았다. 그들은 나에게 잡담을 걸어왔지만 나는 상대하지 않았다. 나는 여전히 왼쪽 손이 묶인 채로 같은 의자에 앉아 있었다.

한참 후에 지베르트가 들어오더니 매우 화난 어조로 내가 나 자신을 다루기 쉽지 않은 부류라고 생각하는 것 같다고 말하면서, 진술서들을 쓰레기라고 한 뒤 그것들을 책상 위에 집어던졌다가 다시 집어들고, 쿵쾅거리며 조사실을 나가면서 다른 두 사람에게 나를 '벽돌 위에' 올려놓으라고 지시했다.

나는 그 말이 무슨 뜻인지 몰랐으나 금방 알게 되었다. 두 개의 작은 벽돌을 바닥에 30센티미터 간격으로 놓고 손에서 수갑을 풀어 준 다음에, 벽돌 위에 서서 (강철로 만들어진) 의자를 머리 위에 들고 있으라는 지시였던 것이다. 나는 이를 거부하면서 두 '혼혈계' 경찰관에게 나를 두들겨 패야 하는 그들 주인의 일을 스스로 하려는 것이냐고 물었다. 그들은 마음이 편치 못한 듯 발을 쿵쾅거리며 돌아다녔고 나는 그저 그 옆에 서 있었다.

그러고는 바로 지베르트가 다시 들어왔는데 이번에는 스니먼, 노이부트, 막스 그리고 베네케를 대동하고서였다. 그들은 '혼혈계' 두 사람을 나가라고 한 다음 나를 잡아당겨 결국 강제로 두 벽돌 위에 올려놓았다.

무거운 강철 의자 두 개를 (위의 의자를 뒤집어) 서로 포갠 다음 베네케와 노이부트가 들고 있다가 나에게 그것을 머리 위로 높이 들라고 했다. 지베르트는 의자가 내려가거나 떨어지면 죽을 줄 알라고 말했다. 나는 그에게 못 버티겠다고 말했다. 이미 다리에 경련이 오고 있었다.

지베르트와 스니먼 두 사람이 (몇 시간 전과 똑같은 자리에 앉아서) 신문을 계속하였는데, 처음에는 다시 한번 내가 관계했던 두 단체(BPC와 흑인공동체운동)의 일반적인 문제들에 관해 신문했다. 얼마의 시간이 흐른 후 지베르트는 나에게 이제 협력할 준비가 되었냐고 물었고, 나는 이미 모든 질문에 내 능력껏 답변하고 있다고 말했다. 그때는 이미 의자가 내 어깨 밑으로 내려온 지 한참이나 되었고 팔이 너무 아파서 어떤 협박을 해도 그것을 들어올릴 수 없는 상황이었다.

그들은 내게서 의자들을 가져갔다. 나는 한 의자에 앉았고, 왼손은 다시 의자에 결박되었다. 더 많은 질문들이 이어졌고 막스가 합류했다. 그 팸플릿 얘기가 또다시 등장했고, 막스가 이따금 끼여들어서 어떤 학교를 전달 및 '접선 장소'라고 말하기도 하고 심지어 티티의 자백뿐만 아니라 팸플릿에서 '인용'까지 하면서 우리(비코와 나)가 포트엘리자베스에서 했다고 혐의를 받고 있는 일에 관해 추궁을 하였다(이런 일을 막스는 이따금씩 되풀이했다).

내가 그들이 내 머릿속에 주입하려고 하는 것에 대해 아는 바가 전혀 없다는 말을 되풀이하자 다시 벽돌 위에서 의자들을 들고 서 있도록 하였다. 신문은 계속되었다. 스니먼은 나에게 욕설을 해대면서 나를 거짓말쟁이라고 했다. 그는 의자에서 일어나서 나의 왼쪽 다리를 걷어찼다. 내가 비틀거리자 의자들이 굴러떨어져 그 중 하나는 그의 머리에 부딪히고 다른 하나는 지베르트의 책상에 떨어졌다.

스니먼이 말했다. "한판 붙어 보겠다 이거지, 저 놈 묶어." 그로써 나는 몇 시간째 올라서 있던 벽돌에서 내려오게 되었고 두 손에 수갑이 채워졌다. 지베르트는 일어나 언제 거짓말을 그만할 것이냐고 물으면서, 양 손으로 (손을 펴서) 내 얼굴을 마구 갈겨대기 시작했다. 나는 그의 두 손을 붙잡고 그를 내 쪽으로 끌어당겼다. 나는 질문에 답하고 있으므로 이런 식으로 대할 필요가 없지 않느냐고 그에게 말했다. 나보다 체구가 작은 지베르트는 자기를 놓으라고 하면서 한판 붙어 보겠다는 거냐고 말했다. 내 오른쪽과 왼쪽에 각자 서 있던 노이부트와 베네케의 두 주먹이 날아왔다. 내가 지베르트의 손을 놓자마자 그 둘은 내 팔을 움켜쥐고 꽉 붙잡았다.

지베르트가 시계를 풀더니 소매를 걷어올렸다. 정말 오랫동안 그는 계속, 쉬지 않고 양 손으로 (손을 펴서) 내 뺨을 때렸다. 나는 침묵을 지켰다. 감각이 점점 둔해져서 머리를 두들겨 맞으면서도 내 일이 아닌 것처럼 느끼며 지베르트의 눈을 똑바로 쳐다볼 수 있는 지경에까지 이르렀다.

지베르트 바로 뒤 벽에는 거울이 하나 걸려 있었는데 그 속에 내 얼굴이 보였다. 구타가 계속되는 동안 나는 이따금씩 거울을 쳐다보곤 했는데, 내 얼굴이 그런 크기가 될 수 있다는 것에 놀랐다. 또 하나의 입술이 생겨난 듯이 입술이 엄청나게 부어올랐고, 입과 코에서 흐르는 피가 침과 뒤범벅이 되어서 얼굴을 타고 내려 가슴 위로 뚝뚝 떨어지고 있었다. 나는 노이부트가 나갔다가 그 녹색 호스를 들고 다시 들어오는 것도 모르고 있었다. 막스와 스니먼은 이제 지베르트 왼쪽과 오른쪽에 서서 나를 마주보고 있었고, 노이부트는 호스로 내 머리를 빠르고 세게 치기 시작했는데, 그것은 온몸 구석구석 충격이 전해지는 그런 종류의 고문이었다.

그런 다음 베네케가 주먹으로 내 배를 치기 시작했고 나는 비틀거렸다. 막스는 가만히 서 있으라는 경고의 의미로 내 오른쪽 다리를 구둣발로 한 번 걸어찼다. 베네케가 나가서 서류용 캐비닛 서랍에서 호스를 하나 더 가져왔는데, 이번에는 검은색이었다. 막스가 소리쳤다. "블랙파워, 그린파워 두 개를 다 써!" (분명이 두 호스의 별명이었다) 베네케는 다시 내 왼쪽에 자리를 잡았다. 그때부터 그와 노이부트가 계속해서 호스로 나를 때렸는데 주로 머리를 쳤다. 반면 지베르트는 내 얼굴을 철썩철썩 쳤다. 내가 피하려 움직이면 스니먼과 막스가 정강이를 걸어찼다. 정말 오랫동안 이런 고문이 계속되었다.

내가 손으로 머리를 감싸려고 할 때마다 호스는 등과 아랫배로 옮겨가거나 손을 공격했다. 나는 그 모든 엄청난 고통을 감당할 수 없었기에 벽 쪽으로 몸을 돌려 손을 머리 위로 들어 벽에 댄 채 눈을 감고 이 모든 고통의 순간을 잊으려 했다. 하지만 그런 바람은 결코 이루어지지 않았다. 바위처럼 단단한 두 개의 호스가 머리와 등을 강타했기 때문이다. 얼마간 시간이 흐르자 이 폭행은 중단되었다. 그들은 모두 숨이 차서 헐떡거렸다. 나는 입 밖으로 나오려고 하는 신음 소리를 삼킬 수 있었을 뿐이었다. 말을 걸어 왔을 때 나는 대답을 할 수 없었다. 입술이 찢어지고 심하게 부어올랐기 때문에 그저 고개를 끄덕여 답할 뿐이었다.

그 시간 내내 나는 어떤 종류의 음식도 제공받지 못했으며 처음부터 끝까지 완전히 벌거벗겨진 상태였다. 이윽고 나는 완전히 멍한 상태로 숨을 몰아쉬면서 의자에 앉을 수 있었다. 진술할 준비가 되었냐고 묻기에 나는 고개를 끄덕여 그렇다고 했다. 그들은 경쟁하듯 나에게 펜과 종이를 가져다 주었고, 나는 포트엘리자베스 타운십에서 있었던 1976년 소요사태를 기념하기 위한 팸플릿 작성에 나 자신과 패트릭 티티, 그리고 스티브 비코를 엮

어넣은 진술서를 쓰기 시작했다.

지베르트와 그의 부하들은 진술서를 읽더니 버럭 성을 냈다. 내가 팸플릿에 관해 알고는 있었다고 진술했을 뿐, 거기에 적극적인 역할은 하지 않았다고 주장했기 때문이었다. 그들은 내가 전혀 협조를 하지 않는다고 하면서 내게서 훨씬 더 많은 것을 기대한다고 말했다. 이 시점에서 나는 냉담한 응시 외에는 어떤 종류의 반응도 할 수 없는 상태였다. 머리는 빙빙 돌고 있었고 몸 전체는 타는 듯이 아팠다. 나는 또다시 의자에 수갑이 채워진 채 홀로 남겨졌다.

결국 지베르트가 다시 나타나 나를 알고아 유치장으로 돌려보내겠다고 통보했다. 지베르트, 노이부트, 그리고 다른 보안경찰 한 명이 건물 아래로 나를 호송하였다. 내가 심하게 절룩거렸기 때문에 그들은 나를 부축해야만 했다. 걷어차인 것 때문에 왼발은 감각이 없었다. 알고아로 가는 도중 대부분의 상점이 문을 닫았고 꽤 많은 사람들이 거리에 나와 있는 것이 눈에 띄었다. 그래서 대충 1977년 8월 25일 오후 6시쯤일 거라고 시간을 짐작해 보았다.

유치장에 도착하자 그들은 수갑을 풀어주고 옷가지를 전부 벗겼다. 샤워를 하고 핏자국이 묻어 있는 옷을 빨라는 말을 들었다. 다리에는 상처가 나 있었고 코에서는 피가 흘렀다. 나는 그런 것에 개의치 않고 그냥 감방으로 걸어 들어가 깔개 위에 누웠다. 감방 문은 잠겨 있었고 바깥에서 수돗물 흐르는 소리가 들렸다

(내 터틀넥 셔츠를 세탁중인 것이 분명했다).

고통을 견딜 수 있는 자세를 취하려고 깔개 위에서 여러 번 몸을 뒤척였지만 아무 소용이 없었다. 손, 어깨, 얼굴, 귀 그리고 등이 부어오르고 멍으로 뒤덮여 있었지만, 두피가 가장 민감하게 아파왔다. 드디어 좀더 편안한 자세를 찾았는데, 무릎을 꿇고 이마를 매트에 붙인 채 손과 손바닥을 양쪽 다 아래로 향하게 하는 자세였다.

다음으로 머릿속에 떠오른 것은 매우 춥다는 것이었다. 차가운 시멘트 위에 엎드려 있었던 것이다. 최소한 조금은 더 명확하게 생각할 수 있는 능력이 생겼다. 나는 일어나서 얼굴을 변기에다 대고 씻었다. 오로지 거기에만 물이 있었기 때문이다.

다음날 아침 일찍 보안경찰이 나를 깨웠다. 샌럼 빌딩으로 나를 데려가려고 온 것이었다. 옷(셔츠는 매우 축축했다)을 입고 수갑을 뒤로 차는 똑같은 절차가 진행되었다. 나는 샌럼 빌딩의 똑같은 방으로 끌려갔다. 지베르트, 스니먼, 그리고 킹윌리스엄스타운의 한센 경정이 있었다. 한센은 내 상태——부어오른 얼굴과 손——를 보더니 웃음을 터트리며 대단하신 분께서 어쩌다 넘어지셨냐고 말했다.

지베르트는 내가 전날 쓴 진술서가 그들에게 무의미하며 쓸모없는 것이라고 말하면서 이제는 전폭적으로 협조해 줄 것을 기대한다고 말했다. 처음에 나는 아무 말도 하지 않았다. 하지만 지베르트가 채근하자 나는 스티브와 나 자신을 있지도 않은 행동

(팸플릿)에 관련시켰으면 나로서는 할 수 있는 데까지 한 것이라고 말했다.

지베르트는 이 말에 크게 화를 내면서 테러법 6항에 저촉되어 구속되면 어떤 일이 일어나는지 들어본 적이 있냐고 물었다. 나는 그렇다고 하면서 6항 위반자들은 목숨을 잃는 일이 잦다는 사실을 말했다. 스니먼과 지베르트, 한센은 이 말에 노발대발하면서 나에게 마구 욕을 해댔다. 스니먼은 나를 ‘독버섯 같은 놈’이라고 부르면서, 죄없는 백인들에게 폭탄을 터뜨리는 일까지도 할 족속이라고 말했다.

지베르트는 그때 이미 ‘그린파워’ 호스를 움켜쥐고 있었는데 그걸로 내 배와 엉덩이를 무자비하게 때리고 무릎으로 내 성기를 두 번 걸어찼다. 내 손은 여전히 등 뒤로 수갑을 찬 상태였고 나는 벌거벗은 채 서 있었다.

조금 뒤에 노이부트, 베네케, 막스, 하틴그 순경이 방으로 들어왔다. 지베르트는 그들에게 나를 다시 또 벽돌 위에 올려놓으라고 지시했다. 잠시 발버둥을 치다가 나는 반쪽짜리 벽돌 두 개 위에 서서 두 개의 강철 의자를 머리 위로 들고 있게 되었다. 지베르트는 내가 계속 ‘똥고집’을 피운다면 죽도록 맞을 것이라고 소리쳤다. 그들은 원하는 것을 얻을 수 있는 시간과 수단을 갖고 있었다.

한센과 스니먼은 구속된 다른 사람들이 어떻게 ‘내 등에 칼을 꽂고’ 있는지, 나를 이미 버린 자들을 보호하는 것이 얼마나 쓸데없는 짓인지를 설명했다. 의자를 내리지 말라는 경고를 거듭해서 받았음에도 가끔 의자가 어깨 높이까지 처지는 것을 어찌할 수 없었다. 주변적인 문제들에 관해 좀더 신문을 하고 나서 지베르트는 제대로 된 진술서를 쓸 준비가 되었느냐는 질문을 다시 한번 했다. 본 적도 없고 내 입장에서는 존재한 적도 없는 것(팸플릿)을 내가 알고 있을 것이라는 생각을 어떻게 할 수가 있느냐고 나는 물었다.

그들은 팸플릿에 관해서 그들이 '알고' 있는 것, 즉 우리(스티브와 나)가 배포를 목적으로 어떻게 그것을 포트엘리자베스까지 운송했으며 그리고 나서 소동을 더 조장할 목적으로 어떻게 케이프타운까지 배송했는지에 관해 다시 한번 물었다. 그들은 내가 알고 있을 것이라 생각되는 사람들——주로 포트엘리자베스의 BPC 회원들이었는데——의 사진을 보여주며 이 사람들이 팸플릿을 받은 사람들이며 배포를 도왔다는 등등의 말을 했다. 이에 대해 나는 우리가 포트엘리자베스에 간 적이 없다는 것을, 그리고 어떤 경우에건 시간상으로 그런 가능성은 있을 수 없다는 것을 나만큼이나 그들 경찰도 잘 알고 있지 않느냐고 말했다.

그 말에 막스는, 우리가 타운십의 학교에서 팸플릿 배포를 시작한 것이 목격된 바 있으며, 자신이 직접 거기서 우리를 봤다고 증언하겠다고 대꾸했다. 다시 신문이 이루어졌을 때에도 나는 침묵을 지켰다. 내게서 의자를 가져간 다음 지베르트의 지시를 받고 막스, 베네케, 노이부트, 하틴그가 나를 패기 시작했다.

막스와 하틴그가 정강이를 걷어차고 얼굴과 배를 때리는 동안 두 개의 호스는 주로 내 엉덩이와 허리를 구타하는 데 사용되었다. 전날의 구타로 이미 몸이 예민해져 있던 터라 불꽃처럼 고통이 타올랐고, 정신이 없어서 등으로 가해지는 구타를 손으로 막아보려 애썼다.

이렇게 때리고 나서 지베르트는 협조할 준비가 되어 있냐고 또 물어봤다. 나는 생각할 시간이 좀 필요하다고 말했다. 그는 안 된다고 하며 즉시 답할 것을 요구했다. 그리고 그런 시급함을 보여주려는 듯 호스로 계속해서 내 몸을 때렸다. 그 직후에 나는 진술서, 기본적으로는 전날에 쓴 진술서를 진전시킨 것이지만 이제 사실상 팸플릿 배포에 대한 책임 역시 인정하는 진술서를 쓰겠다고 동의했다.

진술서에 다른 사람을 연루시키는 일에 나는 전혀 구애받지 않았다. 예컨대 티티의 '자백'에 관해 들었을 때 강요에 못 이겨 그랬다는 것이 뻔했기에 그것은 내게 아무 의미도 없었던 것이다. 그러한 진술서에 있는 사실들이 완전히 존재하지 않는다는 것을 입증할 수 있다는 것을 논외로 하더라도.

그 진술서를 다 쓴 후 나는 알고아 파크의 유치장으로 돌아가서 이후의 사태 전개를 기다리게 되었으며, 다시 불려 나간 것은 3일 후인 8월 29일 월요일의 일이었다. 그 무렵 내 얼굴과 손의 부기는 가라앉아 있었다. 지베르트는 내 옷을 다 돌려주었고 (신발, 목까지 올라오는 티셔츠, 바지) 수갑을 앞으로 채웠다. 그는 나를 노이부트와 다른 경위 하나가 앉아 있는 어떤 차로 데려갔다. 그들은 킹윌리엄스타운 쪽으로 차를 몰고 갔다.

그곳에 도착해서는 내 거처(사무실과 집)를 내가 있는 가운데 수색할 것이라는 얘기를 들었다. 나는 한 보안경찰 조사실에 가서 잠시 동안 보초와 함께 앉아 있었다. 잠시 후에 다른 조사실로 갔더니 지베르트와 한센이 서로 얘기를 나누고 있었다. 지베르트는 내 동지들이 얼마나 나에게 등을 돌리고 있는지, 그들을 보호하려고 하는 것이 얼마나 무익하고 고통스러운 일이 될 것인지 보여주겠다고 했다.

지베르트, 한센, 노이부트와 함께 차를 타고 (보안경찰들을 태운 또 한 대의 차와 함께) 케이 로드 경찰서 유치장으로 갔는데, 거기에는 SASO 지역 책임자인 제프 마케투카가 구금되어 있었다. 그들은 나를 그가 있는 감방으로 데려갔는데 그도 역시 벌거벗은 상태로 담요 한 장을 두르고 있었다.

한센이 말을 꺼내기 전에 나는 마케투카에게 내가 스티브와 함께 체포되었으며 마케투카가 작성했다고 경찰이 말한 진술에 대해 인정하기를 거부했다고 말했다. 그는 그와 내가 그 지역의 특정 학교들에서 무슨 일을 꾸미고 있었다고 경찰이 강변하고 있다고 말했다. 한센이 앞으로 뛰어와 마케투카를 걷어차면서 거짓말하지 말라고 말했다.

나는 금방 감방에서 끌려 나왔다. 마케투카와 나의 대면이 기대를 저버린 것이 분명했다. 지베르트는 마케투카의 얼굴 표정으로 볼 때 그는 내가 나타난 것에 너무 당황한 나머지 무슨 말을 해야 할지 몰랐던 것이 분명하다고 말하면서 이것을 덮어버리려 애썼다.

이러한 어처구니없는 사건이 있고 나서 그들은 킹윌리엄스 타운에 있는 내 방으로 나를 끌고가 가택 수색을 하고 깨끗한 옷으로 갈아입을 수 있도록 해주었다. 나는 많은 옷들이 없어진 사실을 알아챘는데, 나중에 친구들이 나를 위해 그 옷들을 샌럼 빌딩으로 보냈다는 것을 알게 되었다. 하지만 나는 그 옷들을 받은 적이 없고 오늘날까지도 받지 못했다. 그 이후 나는 킹윌리엄스 타운의 경찰 유치장으로 끌려가서 그날 밤 감방에 갇혔다. 다시 한번 옷이 벗겨진 뒤였다.

다음날(1977년 8월 30일) 아침 나는 레오폴드 가(街) 15번지에 있는 내 사무실로 끌려갔다. 열 명 가량의 보안경찰들이 SASO 사무실과 흑인공동체운동 사무실을 모두 수색했다. 2시간 가량 수색이 진행되는 동안, 나는 거기 있는 여러 사람들에게 내가 보안경찰에게 폭행을 당했으며 몸에 상처가 여전히 남아 있다는 신호를 보냈다. 같은 날인 30일에 나는 포트엘리자베스의 알고아 파크 경찰서 유치장으로 돌아왔다.

8월 26일 이후 나는 심한 폭행을 당하지 않았다. 분통이 터진 지베르트, 스니먼, 막스가 머리와 얼굴을 구타한 경우가 몇 번 있었지만, 자주 그런 것도, 장시간 그런 것도 아니었다. 킹윌리엄스타운에서 돌아온 날과 9월 13일 사이에 있었던 취조는 일상적이고 주변적이었으며 강도도 높지 않았다. 이 기간에 내가 8월 26일에 썼던 진술서가 아프리칸스어로 규격을 갖추고 있었으며, 나는 거기에 서명했다.

9월 2일에 포트엘리자베스의 판사가 나를 접견하러 왔다. 보안경찰 하나가 그와 함께 와서 감방 문밖에 서 있었다. 판사는 접견의 목적을 설명했는데, 내게 불만사항이 있다면 가져온 종이에다 적어서 그 사본을 경찰청장, 경찰국장, 보안경찰에게 보내겠다는 것 등이었다.

나는 착잡한 기분이어서 불만 표시를 원칙적으로 거부한다고 그에게 말했다. 전적으로 보안경찰의 처분에 좌지우지되는 테러법 6항 위반자로서 보안경찰이야말로 내 운명을 궁극적으로 결정한 유일한 사람들이고 판사의 본색은 순전히 겉치레이므로 그를 거부한다고 말이다.

나를 더욱 쓰라리게 만든 것은 판사가 대번에 알 수 있는 나의 신체적 상태에 주목하려 하지 않는다는 사실이었다. 나는 여전히 어깨와 등, 그리고 가슴에 커다랗고 시퍼런 멍자국이 남아 있었다. 나는 벌거벗은 채 담요 하나와 깔개 하나를 가지고 매우 불편한 상태에 놓여 있었다. 판사는 내가 어떠한 불만사항도 표하고 싶어 하지 않는다는 것을 재확인한 뒤 가버렸다. 판사를 접견할 때마다 이런 양상이 재연되었다. 다른 점이 있다면 이러한 접견을 몇 번 하고 나서는, 내가 더이상 불만 표시를 거부하는 이유를 상세히 설명하지 않았다는 것뿐이었다.

9월 12, 13, 14일에 신문을 받기 위해 다시금 샌럼 빌딩으로 불려갔다. 수요일, 즉 14일에 지베르트는 ˙프리토리아에서 열린 보안문제 관련 회의에 참석했다가 막 돌아왔다고 말하면서, 나의 정치적인 역할이 내가 작성한 것보다 훨씬 크고 광범위하며, 비코와 내가 케이프타운에 갔던 여행이 내가 그런 척 했던 것보다 훨씬 더 심각한 것임을 알게 되었다고 했다. 그러면서 오늘 밤 털어놓을 수 있는 마지막 기회를 줄 테니, 털어놓지 않는다면 경찰로서는 이전과 똑같은 절차(구타)를 밟을 수밖에 없을 것이라고 말했다.

나는 잠시 후에 지베르트를 쳐다보고는 요구하는 것이 뭔지 알고 있으며, 진술서(어떤 것에 대해서인지는 명시하지 않았다)를 쓰겠으나 감방에 가서 쓰고 싶다고 말했다. 내 의도는 지난 며칠 동안의 사건들을 생각할 시간을 버는 것이었다. 억지스러운 신문과 우리 이후에 더 많은 사람들이 체포되었다는 사실 때문에 나는 막연한 불안에 사로잡혀 있었다. 또한 샌럼을 오가는 나의 호송을 에워싸고 있는 비밀과 보안 수위도 높아져 있었다.

그날 밤 펜과 종이를 들고 샌럼을 나서기 전에, 나는 8월 25일경부터 나를 괴롭혀 온 심한 두통에 대한 의학적인 배려를 요구했다. 이러한 요구와 그 이후의 여러 요구들을 그들이 딱 잘라 거절한 적은 없었지만, 나는 의사의 진찰을 한 번도 받지 못했고 지베르트에게서 알약 몇 개를 받았을 뿐이다. 유치장에 돌아와서 나는 종이와 펜을 벤치 위에 놓고서, 두통을 가시게 해보려고 깔개 위에서 잠을 청했다. 몇 시간이 흐른 뒤 나는 쓸 만한 가치가 있는 이야기에 관해서 생각하기 시작했다.

초저녁에 스니먼과 지베르트가 감방으로 찾아와서 나의 진척 상황을 점검했다. 그들은 내가 아침이 되기 전에 더 가치 있는 내용을 쓰게 되길 희망한다고 말했다. 그리고 그들은 떠났다. 그 직후에 나는 진술서 작성을 중단하기로 결심했다. 어쨌든 진술서로 경찰에게 감명을 주지는 않을 작정이었다. 그래서 대신 몇 페이지를 비워 놓고 거기에다 지베르트와 스니먼에게 직접 글을 쓰기 시작했다. 내가 그때까지 팸플릿에 관해 알고 있는 것이라고 작성한 진술서는 완전히 허위이며, 내가 그런 진술서를 쓴 것은 8월 25일과 26일에 폭행을 당한 직접적 결과라고, 즉 실제로는 그런 팸플릿에 관해 전혀 아는 바가 없으며, 심지어 팸플릿이 존재했던 것인지조차 모른다는 글을 썼다.

다음날(9월 15일 목요일) 아침 지베르트와 스니먼이 감방에 들어왔을 때 나는 여전히 자고 있었다. 나는 감방의 문이 열리는 소리에 잠이 깼다. 지베르트는 곧바로 진술서를 집어서 읽었다. 내가 받았던 용지는 A5 크기의 종이 8장을 묶은 것, 즉 모두 16쪽에 1번부터 16번까지 번호를 매긴 것이었다. 지베르트는 그 글을 넘기면서 읽다가 뒷부분의 한 장 반 정도에 씌어진 내용을 보게 되었다(그것은 폭행에 대한 고발이었다). 그는 그것을 읽고는 한참 동안 정말 싸늘한 눈빛으로 나를 노려보았다. 스니먼이 뭐가 잘못되었냐고 묻자 지베르트는 진술서를 그에게 건네주었다.

하지만 그가 진술서를 읽으려는 순간 갑자기 그를 찾는 전화가 왔다. 지베르트는 계속 나를 노려보고 있었다. 몇 분 뒤에 스니먼이 황급히 들어오더니 지베르트에게 당장 가봐야겠다고 말했다. 그러더니 두 사람 모두 갑자기 유치장을 서둘러 나가버렸다. 무슨 긴급한 일이 생겼기에 해결해야 할 매우 중요한 문제가 분명히 남아 있는 내 감방을 두 명의 상급 경찰관이 떠나야 했는지 나는 의아했다. 몇몇 동지들의 안위를 생각하면서 나는 그날 내내 안절부절 못했다.

그날(9월 15일) 저녁 지베르트가 내 감방 문을 열고 밖에서 나를 불렀다. 비가 오고 있었기 때문에 셔츠와 청바지가 시멘트 위에 물에 젖은 채 놓여 있었다. 그 옷들을 입고 나서 뒤로 수갑을 찼다. 신발을 신게 해달라고 요청했지만 거절당했다. 주차장으로 가는 길에 스니먼 경정, 피셔 경정, 하틴그, 그리고 다른 두 사람 등 여러 명의 경찰관을 만났다. 그들이 타고 갈 세 대의 차가 있었다. 그들은 나를 그 중 한 차에 처넣었다. 차는 동시에 출발했지만 각자 다른 길로 샌럼으로 갔다. 샌럼에 도착하자 (다른 두 차는 이미 와서 우리를 기다리고 있었다) 그 6명이 나를 6층으로 호송했다.

엘리베이터 문이 열리자 그 중 세 명, 즉 스니먼, 피셔, 지베르트가 재빨리 걸어 나가 뒤로 돌았다. 나를 움켜잡는 세 쌍의 손이 갑자기 느껴졌다. 한 쌍은 왼팔을, 또 한 쌍은 오른팔을, 나머지 한 쌍은 수갑을 잡고 있었다. 그와 동시에 계단이 보였다. 계단 아래로 내던져질 것이라는 확신이 나를 사로잡았다. 그래서 온 몸을, 그러니까 나를 잡은 그들의 몸도 함께 바닥으로 끌어내렸다. 그들은 끝내 나를 똑바로 일으켜 세운 다음 출입문을 통해 조사실 안으로 강제로 밀어넣었다.

뒤쪽에 있는 보통의 작은 방안에서 그들은 철창에 내 수갑을 묶었다. 그들은 내게 어디 안 좋은 데가 있느냐고 물었다. 나는 없다고 말했다. 질문을 던지면서 그들은 어찌할 바를 모르는 것처럼 보였다. 그래서 나는 욕을 퍼부어대기 시작했다. 지금 생각해 보니 매우 크게 소리질렀던 것 같다. 그들은 내게 왜 그렇게 난폭하게 구느냐고 물었다. 나는 아무 말도 하지 않았다. 몇 번을 채근하더니 한 사람을 제외한 모든 사람이 의논을 하려고 방을 나갔다.

지베르트가 혼자 돌아와서, 내가 '마음을 연다면' 자기도 그러겠다고 말했다. 즉 내가 알고 있는 것을 그에게 말해준다면 그도 협조할 수도 있다는 것이었다(나는 나중에 그가 스티브의 죽음을 말하고 있었음을 알게 되었다). 나는 그에게 그가 무슨 소리를 하고 있는 것인지 알 수 없다고 말했다. 그는 내가 무슨 말을 들었는지, 또 어디에서 들었는지 물으면서 계속 채근했다. 뭔가 큰일이 생겼다는 불안감이 또다시, 하지만 이번에는 훨씬 강하게 생겼다. 내가 대답을 거부하자, 그는 나를 바닥에 있는 쇠창살에 묶은 다음 잠이나 자라고 했다. 당연히 잠을 잘 수가 없었다. 나는 밤새도록 거기에 누워 있었을 뿐이다.

다음날(9월 16일) 아침 다른 6명의 보안경찰이 나를 1층으로 끌고 내려갔다. 조수석의 문을 열어놓은 콤비 차량 한 대가 샌럼 빌딩 정문에 서 있었다. 그들은 나를 차 안에 처넣더니 좌석 위에 얼굴을 내리깔고 엎드리게 한 다음 커튼을 모두 쳤다. 마침내 유치장에 도착하자 그 여섯 사람이 내 옷을 벗기고 나를 공산주의자며 선동가라고 하면서 이리 밀고 저리 밀며 주먹질을 해대기 시작했다. 그들은 감방 안을 수색했다. 화장실 휴지 한 조각에 손으로 날짜를 표시해 놓은 것이 발견된 것의 전부였다. 그들은 담요를 걷어가고 그 대신 깔개를 하나 더 지급했다. 항의해 보았지만 아무 소용이 없었다. 나는 그후 3일 동안을 그런 상태로, 즉 아주 추운 온도에 덮을 수 있는 것이라곤 두 장의 뻣뻣한 깔개밖에 없는 상태로 지내게 되었다.

나에 대한 그들의 처우는 그후 갑자기 돌변했다. 하틴그 순경은 자기가 피셔 경정과 함께 나의 취조를 맡기로 결정되었다고 아주 '친절하게' 알려주었다. 내가 지베르트의 신문에는 답변할 수도 답변하지도 않는다는 것을 느낀 모양이었다. 그후 며칠 밤을 그들은 나를 샌럼으로 데려갔다. 그곳에서 하틴그는 나를 매우 친절하게 대했고 심지어 카페에서 차와 샌드위치를 배달시켜 주기도 하면서 스티브와 내가 더 깊이 함께 연루되었다는 진술을 하게 하려고 애썼다.

나는 결국 팸플릿에 관한 또 하나의 진술서를 썼다. 8월 26일자 진술서보다 완화된 내용이었다. 이제 팸플릿에 관한 진술서는 8월 25일, 26일자와 9월 22일자의 3개가 된 셈이었는데, 그 셋은 모두 내용상 서로 상충하고 모순되는 부분이 있었다. 스티브가 죽었다는 것을 몰랐기 때문에 나는 우리가 기소될 수도 있으며 그 단계에 가면 이 진술서들의 진면목이 드러날 것이라고 생각했다.

9월 19일에서 10월 31일까지는 비코의 심리에 내가 국가측 증인이 될 가능성에 대해 내가 어떤 반응을 보이는지 떠보려는 치밀한 시도들이 있었다. 나는 (스티브의 장례식이 있은 지 3일 뒤인) 9월 28일에 독립적인 제3의 정보원으로부터 스티브가 죽었다는 정보를 입수했다. 하지만 그후에도 한참 동안 죽음의 원인은 알지 못했다.

하틴그가 (마치 모르는 척) 폭행을 당했냐고 질문했을 때, 나는 그렇다, 폭행을 당했다, 그것도 매우 심하게 당했다고 대답했다. 또한 나는 그들에게, 과거에 어떤 존재였으며 내가 무엇을 할 것인지에 대한 책임은 온전히 내가 지는 것이므로 누군가에게 불리하게 작용할 국가측 증인으로 이용당할 수는 없다고 말했다. 그런 일은 내가 기소되었을 때에나 가능한 것이었다.

10월 31일에 피셔와 하틴그가 친절하던 태도를 바꾸어 갑자기 나를 협박했다. 그들이 스티브의 죽음에 관해 거리낌없이 말한 것은 그때가 처음이었다(나는 2주 전에 그 사실을 알고 있었다고 인정했다). 하틴그는 내가 죽은 비코와 똑같은 전철을 밟고 있다고 말하면서 협력하지 않는다면 똑같은 길을 갈 수도 있다고 말했다. 결국 살아남는다 하더라도 끊임없이 박해를 당할 것이라는 등등의 온갖 종류의 무시무시한 협박을 당하였다. 나는 그 모든 협박에도 영향을 받지 않았다. 나는 그날 포트엘리자베스에서 차로 40분 거리인 킨켈보스 경찰서 유치장으로 이송되었다.

여기서 처음으로 내 옷을 입을 수 있게 되었고 원할 때마다 샤워도 할 수 있게 되었다. 유치장의 안뜰로 가는 문은 열려 있었다. 음식은 너무도 형편없어서 나는 아침 식사로 설탕도 소금도 안 들어간 뜨거운 포리지(오트밀에 우유 또는 물을 넣어 만든 죽—옮긴이)만을 먹었다. 결국 나는 병이 들었다. 11일 동안 나는 치료를 거부하다가 마침내 일어날 때마다 멍한 상태에서 비틀거리게 되는 지경에 이르렀다. 하루 종일 창자에 경련이 일어 고문을 당하는 것 같았다. 나는 포트엘리자베스의 터커 박사에게 가서 설사 치료를 받았다. 성탄절에서 새해에 이르는 동안에 일어난 일들이다.

12월 하순에 나는 또 취조를 당했는데, 이번에는 케이프타운에서 특별히 비행기를 타고 온 어떤 경정과 지베르트가 취조를 맡았다. 신문을 받은 장소는 킨켈보스였는데, 이 두 사람을 대한 나의 최초의 반응 때문에 얼굴과 머리를 두들겨 맞았다. 나는 이틀 연속 신문을 받았다. 그후 나는 지난 8년간의 내 정치 활동에 관한 진술서를 하나 작성했다.

그리고 나서 나는 석방될 것이라는 말을 들었던 1978년 1월 20일까지 혼자 있게 되었다. 보안경찰과 상대하고 있다는 것을 잘 알고 있었기에 결코 희망을 품지 않았지만, 무엇이 되었든 간에 최소한 약간의 진전은 있었던 것이다. 하지만 나는 우리가 그레이엄즈타운 쪽으로 가고 있다는 것을 알게 되었다. 나는 결국 그곳의 교도소로 이감되어 국가보안법 10조 위반으로 구금되어 있다가 1979년 2월 18일에 마침내 석방되었다.

나는 533일간의 억류에서 풀려난 후 1979년 4월과 5월에 이 경험들을 기술하였다. 이 글을 쓰는 데 몇 주가 걸렸다. 그러한 사건들을 다시 떠올리기가 너무나 힘들었기 때문이다.

피터 존스의 이 글은 심리에서 나온 증언들과 관련해서 볼 때, 스티브 비코가 어떻게 구타를 당하여 뇌에 치명적인 손상을 입었는지를 분명히 시사해 주고 있다.

스티브 비코가 죽은 지 5년 후에, 비코에 대한 폭행이 있었던 시점에 샌럼 빌딩 보안경찰 분실 혹은 그 근처에서 주변적인 일에 고용되어 일하던 어떤 노동자의 증언에 기초하여 비코를 주로 폭행한 자들이 지베르트와 윌켄이었다는 사실이 드러났다. 그러나 피터 존스의 경우에는 윌켄은 전혀 개입되지 않았고 오직 지베르트만이 관련되어 있었던 것이다.

존스의 진술에 묘사되어 있는 지베르트의 움직임은 심리에서의 증언과 부합된다. 1977년 9월 12일경에 그는 포트엘리자베스에 있지 않았던 것이다. 그때 그는 비코를 프리토리아로 이송하였다(지베르트는 존스에게 프리토리아에서 열린 '회의'에 참석했다고 말했다). 그리고 비코가 죽었다는 것을 존스가 알아내기 전에, 그는 면책 사유를 제공할 만한 진술서를 존스에게서 받아내려고 필사적인 시도를 했었다.

지베르트와 그의 동료들은 이 시점에서 존스를 죽이려고 생각했던 것일까? 그에게서 만족할 만한 진술서를 얻어내지 못해서, 비코의 죽음에 대한 외부의 소동에 충격을 받아서, 그가 고문당했던 방식에 대해 증언할까 봐 그를 없애고 싶어 했던 것일까?

가능성은 1977년 9월 15일에 있었던 사건에 대한 존스의 서술에 암시되어 있다. 그날 지베르트와 그 외의 사람들이 그를 샌럼 빌딩으로 데리고 갔고, 그들이 그 악명 높은 6층 엘리베이터에서 나왔을 때 그를 계단 아래로 내던지려 한다는 느낌을 존스는 받았던 것이다.

그런 '사고' 가 이전에 같은 장소에서 일어났던 적이 있었다. '혼혈계' 교사로서 포트엘리자베스 보안경찰에 의해 억류되어 있던 조지 보타가 1976년 12월 14일 같은 계단에서 '떨어져' 죽었던 것이다. 피터 존스는 이것을 알고 있었고, 본능적으로 붙잡고 있던 사람들을 바닥으로 끌어당겨 버팀으로써 자신의 생명을 구할 수가 있었다.

나는 피터로부터 들은, 이 시점에 그에 대한 처우가 개선되었다는 사실이 흥미로웠다. 왜냐하면 스티브 비코의 죽음을 알고 나서 내가 포르스테르 총리에게 분노에 찬 전화를 걸어 피터 존스의 안전 보장을 요구했기 때문이다. 놀랍게도, 포르스테르는 피터가 어떤 해도 입지 않도록 하겠다고 개인적으로 보증을 하였다. 그의 비서는 피터가 무사하며 포트엘리자베스 보안경찰에게 피터가 무사한 상태로 있도록 보장하라는 지시를 내렸다고 나중에 확인시켜 주기까지 했다.

지금에 와서 이 일을 냉철한 관점으로 되돌아보면 그건 놀랄 만한 사례였다. 전화가 도움이 된 것인지, 아니면 비코의 죽음에 대한 해외의 떠들썩한 반응 때문인지, 피터의 처우가 개선된 이유에 대해서 단정적으로 말하기는 어렵다. 하지만 런던과 뉴욕의 신문들은 스티브가 구속된 상태에서 갑자기 사망한 사건에 관해 나의 말을 수없이 인용하여 보도하고 있었다. 해외의 남아프리카 대사관들과 본국의 정부가 압박을 받았던 것이 분명했다.

석방 이후에도 상당한 기간 동안 철저한 감시 속에 있던 피터 존스는 결국 끊어졌던 삶의 실마리를 다시 잇고 회계사로서의 그의 생을 재개하게 되었다. 1980년대 중반에 이르자 보안경찰이 마침내 피터나 다른 스티브 비코의 동료들이 더이상 백인 소수 지배에 주요한 위협이 되지 않는다는 결론을 내린 것으로 보인다.

맘펠라 람펠레는 보안관찰 처분이 해제되고 추방령이 풀려서 노던 트란스발의 짠닌 근방으로 돌아갈 수 있게 되었다. 그곳은 그녀가 거주제한을 받은 상태임에도 불구하고 남아프리카에서 가장 훌륭한 농촌 진료소 중 하나를 설립했던 곳이었다. 말루시 음푸믈루와나는 구금 상태에서 풀려나 바니 피티아나와 마찬가지로 지금은 성공회 사제로 서품되었다. 말루시, 맘펠라, 그리고 피터 존스는 케이프타운 지역에 살고 있으며, 나라 안팎을 자유롭게 여행할 수 있다.

은치키 비코와 그녀의 두 아들 및 시어머니는 비코의 집에 머물고 있으며, 은치키는 킹윌리엄스타운 병원의 간호사 일을 계속하고 있다.

흘라쿠(케니) 라치디와 퍼시 쿠보자는 석방되어, 퍼시는 신문사로, 케니는 앵글로아메리칸 회사의 자기 직위로 복귀하였다.

베이어 나우데도 보안관찰 처분이 해제되었고, 데이비드 러셀은 비코의 글을 소지(남아프리카에서는 범죄행위로 간주된다)하고 있다는 이유로 기소되었다가 돌아와 크로스로즈 같은 무허가 정착촌에 대한 불시 단속 반대 캠페인을 지속적으로 전개했다.

아엘레드 스튀프 신부는 여전히 남아프리카 입국이 금지되어 레소토에서 몇 년을 보낸 후 영국으로 돌아가 부활공동체의 묵상 신부가 되었다.

바니 피티아나는 우리가 이용했던 것과 똑같은 경로로 레소토를 경유하여 탈출한 후 영국에 망명하여 ANC 해외파에 가담하였다.

텐지웨 음틴초도 국외로 빠져나가 ANC에 가입하였고 게릴라 전사로서 훈련을 받았다.

테오 코트제와 세드릭 메이슨도 영국으로 도피했는데 세드릭의 도피는 ANC 활동으로 구속되어 탄압받은 후의 일이었다.

흑인의식운동의 나머지 회원들은 ANC나 PAC 어디에도 가입하지 않은 사람들로 구성되어 있는데, 민족포럼(the National Forum)이라는 이름의 새 단체의 유관조직인 Azapo, 즉 아자니아민중기구(Azanian People's Organization)를 구성하였다. 그러나 1980년대 중반에 이르자 남아프리카 정부 최대의 적은 프리토리아 정부가 인식한 것처럼 ANC와, 정부가 ANC의 내부조직이라고 설명했던 UDP(the United Democratic Front, 통일민주전선)임이 분명해졌다.

ANC는 1978년 이래 국내의 흑인들 사이에서 엄청난 대중적 인기를 누렸으며, 국제적으로도 상당한 지원을 받았다.

ANC, PAC, 그리고 흑인의식운동은 모두 1976년 소웨토 봉기에 뒤이은 새로운 투쟁과 관련되어 있었다. 소웨토의 학생 운동에 주요한 영감을 준 것은 흑인의식운동임이 분명했지만, 전투적 대응은 두 선배 조직이 수년간 해온 예비 작업의 기초 위에서 이루어진 것이었다.

소웨토 이후에는 모든 것이 달라졌다. 남아프리카의 흑인 타운십에서 시작된 '소요사태'는 결코 가라앉을 줄 몰랐으며, 1987년까지 남아프리카 경찰과 군대는 여전히 타운십의 젊은 투사들을 굴복시키려 애쓰고 있었다.

회원수라는 면에서 보면 ANC가 새로운 투쟁의 주요 수혜자였다. 이는 주로 ANC가 더 많은 재원과 훌륭한 조직, 훈련 시설을 갖추고 있었으며 게릴라가 되기 위해 국경을 넘어 밀려드는 분노한 흑인 청년들에게 제공되는 외국의 원조를 확보하고 있었기 때문이었다. 망명중인 ANC 지도부는 국제적인 신임과 재정적인 지원, 그리고 무기를 입수하는 일에서 PAC 지도부를 능가하였다. 그들은 또한 인근 나라의 기지로부터 남아프리카 내부로 좀더 강력한 공격을 전개하기 시작하여 트란스발에 있는 사술 석탄액화공장과 케이프타운 부근의 쿠베르그 원자력발전소와 같은 전략적 목표물을 파괴하였다. 이 두 번의 타격은 민간인 피해 없이 엄청난 재산상의 손실을 가하였다.

1979년 한 해 동안 남아프리카에서는 ANC의 군사조직인 '국민의 창' 기간요원들과 남아프리카 정부 병력 사이에 45회의 충돌이 있었다. 그후 6년간 이러한 충돌은 국내에서 더욱 심하게 격화되었는데, 국내와 국외의 언론매체에 이런 뉴스가 보도되지 않도록 검열을 해도 소용이 없었다. 뉴스는 남아프리카 흑인들 사이에서 입에서 입으로 전해졌으며 이 몇 년 동안 ANC에 대한 국내의 지지는 점점 더 커져갔다. 외교무대에서도 영국, 미국, 독일 등 가장 보수적인 서방의 행정부들조차 ANC 지도자들과 대화하기 시작했다. 과거에는 아프리카와 제3세계, 스칸디나비아 국가들 정도만이 승인했던 ANC가 1984년이 되자 서방의 인정을 받기 시작하였다. 몇몇 주요 남아프리카 기업인들은 잠비아의 루사카까지 가서 ANC 지도부와 회담을 했고, 주요한 다국적 기업들과 은행들이 아파르트헤이트 경제와 절연하라는 요구에 마지못해 귀를 기울이게 되었다.

ANC와 PAC에 대한 스티브 비코의 태도는 해방 투쟁에서의 양대 선배 운동의 역할을 인정하는 그 자신의 말 속에 잘 제시되어 있다. 더 나아가 그는 두 조직을 통합하려고 뒤에서 노력했다. PAC 지도자인 로버트 소부퀘는 1977년 웬디와 나에게 "비코는 민족적 차원에서 두 조직의 통합을 이끌어낼 수 있는 강력한 인물로, 그러면 우리 모두를 한데 모을 수 있을 것이다"라고 말했다. ANC 의장인 올리버 탐보는 훗날 우리에게 말하기를, 비코가 루사카의 ANC 지도부와 접촉하고 있었으며 확대 회담을 위해 자신들의 본부를 비밀리에 방문할 계획을 그가 죽기 직전에 세우고 있었다고 했다.

틀림없이 남아프리카 정부와 보안경찰은 비코가 해방 운동을 통일시키는 영향력 있는 존재임을 두려워했다. 비코는 취조관들이 얼마나 강박관념을 가지고 이 주제를 물고늘어졌는지를 두 번째 구금 이후에 나에게 말했었다.

비코가 죽은 후 남아프리카 내에는 UDF라는 새로운 조직이 생겼다. 약 6백여 개의 흑인 조직들 및 유관 단체들의 연합체인 UDF는 백인의 주변적인 지지도 받았으며 이내 남아프리카 정부에 의해 ANC의 국내 공개 조직으로 간주되게 되었다.

UDF는 남아프리카 정부가 발의한 신헌법에 대한 반발로서 탄생되었는데, 신헌법은 '혼혈계'와 '인도계' 소수 인종에게는 자기 인종만의 독자적인 '의회'에 이름뿐인 대표라도 파견할 수 있게 한 반면 다수파 흑인은 노골적으로 배제하였다. 이에 거센

항의의 물결이 전국을 휩쓸었다. 그 결과 모든 반대 세력들이 연합했고, 그것이 UDF로 알려지게 된 것이었다.

대부분의 '혼혈계'와 '인도계'는 정부의 신헌법 발의에 반대했고 18퍼센트가 채 안 되는 사람들이 두 개의 독자적인 '의회'를 구성하는 선거에 참가하였다. 여러 단체의 대변인들은 자신들의 반대 근거가, '혼혈계'와 '인도계'를 흡수하여 다수파 흑인에 반대하는 백인과의 동맹을 형성하려는 기도에 대한 거부에 있다고 밝혔다.

스티브 비코의 죽음 이후 경찰총장 크뤼에르는 비코 사건을 잘못 처리하여 정부를 국제적으로 난처하게 만들었다는 이유로 자기 정당 내에서 비판받았고, 그후 내각에서 축출되어 1987년 5월 9일에 사망할 때까지 정치적으로 두각을 나타내지 못했다.

나는 남아프리카를 탈출한 직후에 UN안전보장이사회에서 연설해 달라는 초청을 받았다. 거기서 나는 서방국가들에게 남아프리카 정부를 보호하는 결과를 낳을 뿐인, 경제 제재에 대한 거부권 행사를 중단할 것을 호소하였다. 1978년 당시로서는 그것이 비현실적인 호소로 생각되었지만, 많은 단체들의 캠페인이 효과를 보기 시작하여 1987년이 되자 영국과 미국만이 거부권을 유지하는 실정이 되었다. 비록 워싱턴의 의회와 런던의 의회는 각각 대통령과 수상 앞에 거부권을 행사하지 말라는 동의안을 제출했지만 말이다.

여러 해 동안 남아프리카 정부가 말을 바꾸어 왔음이 명백했음에도 영국과 미국의 행정부는 남아프리카 정부의 개혁 및 아파르트헤이트 해체 약속에 속아 왔던 것이다. 몇몇 개혁들 — 대표적으로 인종 간의 결혼 금지법 폐지와 남아프리카 내에서 흑인의 이동을 제한하는 통행법의 폐지 — 도 있긴 했지만, 317개 아파르트헤이트법 중에서 겨우 두 개만을 폐지한 것은 명백히 너무 늦은 조치였고 너무 사소한 것이었다. 게다가 그에 뒤이어 심한 억압과 엄한 검열을 포함한 비상사태가 선포되었고, 이러한 억압을 보도하는 것을 막기 위하여 정부는 「뉴욕타임스」지와 다른 신문들의 지국을 폐쇄했다.

6년 동안 레이건 행정부와 대처 행정부는 제재에 대해 거부권을 행사함으로써, 또 '건설적 개입' — 프리토리아 정부를 좀 더 호의적으로 대하는 것이 실제 개혁을 촉진할 수 있다는 이론 — 이란 이름의 정책을 옹호하면서 프리토리아 정부에 대한 외교적 지지를 유지함으로써 남아프리카에 대한 국제적인 압박을 계속 와해시켜 왔다. '건설적 개입'이란 프리토리아 정부가 볼 때는 이전의 방식을 그대로 유지하면서 이웃 국가들에 대한 침략의 수위를 높이라는 격려였다. 이 정책이 시행된 6년 동안 프리토리아 정부의 경찰 및 군인들에게 살해당한 남아프리카 흑인들의 수가 지난 35년간 죽은 사람의 수보다 더 많았다.

'건설적 개입'을 점진적으로 포기하게 된 것은, 주로 미국의 흑인들이 아파르트헤이트 문제를 미국 국내 정치의 우선순위로 삼고 국내 정치 무대의 최전선에 위치시킨 결과 공직에 입후보한 모든 후보들이 그 문제에 대한 입장을 가질 수밖에 없게 되었기 때문이다. 1986년에 이르러 미국 내에서 남아프리카 정부에 대해 점진적으로 더 강력한 제재를 가하라는 여론이 증대되었고, 이는 곧 의회에 반영되었다.

1980년대가 저물어 갈 무렵에는, 제재를 통해 흑인이건 백인이건 남아프리카의 많은 생명들을 구하기엔 이미 너무 늦지 않았나 하는 것이 중대한 쟁점이 되었다. 강력한 경제적, 외교적 제재는 그것이 신속하고 신중하게 이루어진다면, 남아프리카의 소수 백인에게 압력을 가하여 그들이 다수 흑인의 지도자들과 대화하기 위해 협상 테이블로 나오도록 할 수 있는 단 하나의 비폭력적 수단임을 의미하였다. 남아프리카에 비인종주의적 민주주의를 조성하는 것이 여전히 가능한 일이라고 대부분의 관측자들은 믿고 있었다.

하지만 1987년이 되자, 특히 외국 뉴스 매체들의 접근이 효과적으로 봉쇄된 이후, 포괄적인 제재의 이행에도 충분한 위협을 느끼지 않는 비타협적인 소수 백인이 남아프리카를 돌이킬 수 없는 갈등의 격화 속으로 몰고 갈 가능성이 점점 더 커져가는 것 같았다.

언론은 완전히 검열당했고, 지방 정부는 사실상 전시체제에 돌입한 중앙정부의 통제 아래 놓여져 있었다. 정치범 수용소에 있는 흑인들의 수가 1만 4천 명을 넘었는데, 이 젊은이들 중 1/3이, 그리고 구금된 사람들 대부분이 재판도 받지 못했으며 많은 사람들이 심지어 기소조차 되지 않은 상태였다.

집권 아프리카너 국민당 내부는 우파와 상대적인 '좌파' 로 분열되었다. 우파의 지도자는 안드리스 트레우니트 박사(보수당)와 야압 마라이스(헤르스떠그떠 국민당)였고, 극우파로는 불같은 선동정치인이자 나치 문장과 제복을 갖춘 아프리카너 저항운동(Afrikaner Weerstands Beweging)이라는 군사조직을 창설한 으제니 떼르블랑쉬가 있었다. 이 세 그룹은 보타 행정부가 도입한 사소한 '개혁' 조차 반대하였다. 대신 그들은 순수한 아파르트헤이트를 영구적으로 유지할 것을 요구했다.

상대적 좌파에는 아프리카너 학자들(학술계 인사들)과 소규모의 정치인들이 포함되어 있었다. 그 중 가장 유명한 사람으로는 런던 대사를 역임했으며 강력한 상대후보에 맞서 거의 의회에 입성할 뻔했던 데니스 워럴과, 전(前)아프리카너 국민당 의원이자 1987년 5월 선거에서 승리함으로써 더욱 성공 가도를 달리게 된 베이난트 말란이 있었다. 말란은 '개혁' 의 느린 속도에 항의했지만, 아파르트헤이트 폐지를 지지하는 진보연방당의 수준까지는 나아가지 않으려 했다.

수와 영향력의 측면에서는 이 분파들 중 누구도 아프리카너 민족주의자들에게 심각한 위협이 되었던 적은 없었다. 아프리카너 민족주의자들의 권력 기반은 여전히 농촌표였고, 1987년 3월의 여론 조사가 보여주었듯이 영어를 사용하는 백인 대다수를 포함한 남아프리카 백인들의 대다수는 정부를 강력히 지지하였다.

검열로 인해 국내에서 무슨 일이 일어나고 있는지를 알아내는 것은 점점 더 어려워졌다. 비록 해외를 여행하는 개개인의 시민들을 통해, 소웨토 근처의 통근열차 방화사건을 포함하여 흑인들의 저항에 따른 파괴 행위와 게릴라식 습격이 증가하고 있으며, 타운십에서의 경찰과 군대의 탄압과 체포도 더욱 증가하고 있다는 사실을 전해들을 수는 있었지만 말이다.

1987년 1월에 미국 정부와 영국 정부는, 두 나라 모두 자국 유권자들의 점증하는 압력에 못 이겨 남아프리카에 제한적 제재를 가하고 있었다. 미국 의회는 대통령의 거부권을 번복시켰음에도 불구하고, 남아프리카에 대한 포괄적이고 강제적인 국제적 경제 제재를 막을 요량으로 UN 안전보장이사회에서 또다시 거부권을 행사하였다. 이들 두 나라 내에서는 이러한 제재를 확대하고 자국의 안전보장이사회 거부권을 행사하지 못하게 하는 운동이 활발하게 일어나고 있었으며, 양국의 지방 정부, 대학, 시 지자체들이 남아프리카 회사들과 거래하고 있는 회사들의 주식을 매각하는 경우가 점점 늘어갔다.

1987년 2월에 남아프리카에 대한 미국의 정책을 평가하기 위해 레이건 행정부가 구성한 한 위원회는 '건설적 개입' 정책이 실패했다는 결론을 내렸다. 위원회 위원 다수는 남아프리카에 제재를 가하고 남아프리카를 경제적으로 고립시키는 국제적 노력에 협력할 것을 권고하였다. 위원회의 보고서가 나온 것과 같은 날인 1987년 2월 10일의 UN의 조사보고서는 남아프리카의 인권 침해가 전례없는 수준에 이르렀으며, 그 중에는 경찰과 보안 계통에 의한 무분별한 사형 선고, 고문, 보안관찰 처분, 체포, 폭력의 자행이 포함되어 있다는 결론을 내렸다. 이 보고서에는 보고서의 편집을 담당한 UN 조사관 세 사람이 남아프리카 입국을 거절당했다는 사실이 추가되어 있었다.

남아프리카 정부는 1987년 5월의 백인 단독 선거에서 자신들의 권력을 강화하였다. 선거 결과 백인 지도자들은 자신들이 '나라 안팎으로부터의 전면적인 맹공격'이라고 평가한 것에 대처할 채비를 갖추었다. 더 슬픈 사실은 이전에는 정권을 반대했던 백인들도 이제 검열 법규 아래에서 선별된 뉴스 보도에 영향을 받게 되어 소수파 백인의 깃발 뒤에 결집할 태세를 갖추었다는 것이었다. 많은 기업인들, 학자들, 신학자들이 보타의 정당에서 탈당하였음에도 불구하고 의회 내에서 우익 다수파는 여전히 강화되었다. 보수당이 진보연방당을 대신하여 '야당'이 되었다.

남아프리카의 일부 정세 관측자들은, 남아프리카 정부가 더 많은 '개혁'에 착수하기 전에 상대적 우파의 도전을 제거하기 위해 선거를 실시하는 것은 아닌지 추측하기도 했다. 하지만 이것이 정부의 목적이건 아니건 간에, 개혁에 대한 정부의 생각은 다수파인 흑인의 최소 요구에도 전혀 미치지 못하는 것이었다. 왜냐하면 소수파인 백인이 기본적인 민주주의(1인 1투표)를 고려할 준비가 되어 있지 않은 한 평화의 희망은 실제로 존재하지 않으며, 흑인의 도전이 증대됨에 따라 백인들은 더욱 가혹한 노선을 채택할 것으로 보이기 때문이었다. 줄루족 '홈랜드' 지도자인 가차 부텔레지는 선거 이후 이에 대해 "비폭력주의자인 우리들조차 죽으면 죽었지 국민당의 아파르트헤이트 당의정(糖衣錠) 처방은 받아들이지 않겠다"라고 논평했다.

국내에서는 발언의 기회도, 들을 기회도 가지지 못했으며 남아프리카 정부에 대화를 제안했다가 퇴짜를 맞은 다른 흑인 저항 운동 지도자들은 무장 투쟁을 강화하겠다고 결심하였다.

1987년 중반에 남아프리카인들은 10년 전 비코가 죽을 당시보다 한층 더 분열되어 있고 양극화되어 있었다. 광범위하게 퍼진 갈등의 요인들이 훨씬 더 분명히 나타나 있었다.

스티브 비코가 죽은 후 보안경찰이 타격을 입었던 시기가 있었다. 정치 구속자들을 덜 폭력적으로 다루라는 지시가 분명히 내려왔다. 하지만 그들이 잠잠했던 것도 잠시였을 뿐 구금 중에 사망하는 사람들의 슬픈 명단은 다시 증가하기 시작했다.

비코(S. Biko), 1977년 9월 12일, 단식 투쟁.

말라자(B. Malaza), 1977년 11월 7일, 목을 매어 자살.

야메스(M. James), 1977년 11월 9일, 도주 중 사살.

노바둘라(M. Nobhadula), 1977년 12월 20일, 자연사.

타발라자(L. Tabalaza), 1978년 7월 10일, 5층에서 떨어짐.

음촐로(E. Mzolo), 1979년 10월 9일, 사인 불명.

은드주모(S. Ndzumo), 1980년 9월 10일, 자연사.

마탈라시(S. Matalasi), 1980년 12월 20일, 자신의 목을 조름.

음응퀘토(M. Mgqweto), 1981년 9월 17일, 사인 불명.

무오페(T. Muofhe), 1981년 11월 12일, 부상으로 인한 사망.

아흐헤트(N. Aggett), 1982년 2월 5일, 목을 매어 자살.

디팔레(E. Dipale), 1982년 8월 8일, 목을 매어 자살.

음은다웨(T. Mndawe), 1983년 3월 7일, 목을 매어 자살.

말라치(P. Malatji), 1983년 7월 5일, 자살.

치크후도(S. Tshikhudo), 1984년 1월 20일, 자연사.

지펠레(M. Sipele), 1984년 7월 4일, 자연사.

음테트와(E. Mthethwa), 1984년 8월 25일, 목을 매어 자살.

코롯소아네(T. Korotsoane), 1985년 3월 1일, 사인 불명.

음부라네(B. Mvulane), 1985년 3월 29일, 자연사.

무치(S. Mutsi), 1985년 5월 5일, 간질.

라디첼라(A. Raditsela), 1985년 5월 6일, 경찰 밴에서 추락.

라자크(M. Razak), 1985년 5월 12일, 자살.

스포흐테르(J. Spogter), 1985년 7월 4일, 우연한 뇌 손상.

무흐헬스(M. Muggels), 1985년 7월 4일, 총상.

모코에나(S. Mokoena), 1985년 8월 16일, 목을 매어 자살.

바코(L. Bako), 1986년 1월 1일, 감방 동료에게 공격당함.

쿤투멜라(M. Kutumela), 1986년 4월 5일, 사인 불명.

은차발렝(P. Nchabaleng), 1986년 4월 11일, 심장마비.

은고마네(E. Ngomane), 1986년 4월 11일, 도주중 사살.

실리카(A. Silika), 1986년 5월 12일, 도주중 사살.

볼티니(M. Boltini), 1986년 6월 1일, 간질.

말란구(J. Mahlangu), 1986년 9월 11일, 도주중 사살.

손헬와(M. Songelwa), 1986년 10월 1일, 천식 발작.

야코(X. Jacobs), 1986년 10월 22일, 목을 매어 자살.

올리판트(B. Olifant), 1986년 12월 15일, 도주중 사살.

마룰레(S. Marule), 1986년 12월 23일, 간질.

마스호케(B. Mashoke), 1987년 3월 26일, 목을 매어 자살.

부록·1 비코 사망 사건에 대한 심리과정

다음에 나오는 심리 과정은 나의 아내 웬디와 「데일리 디스패치」지의 로저 오몬드, 「랜드 데일리 메일」지의 헬렌 질 등이 적어둔 내용과 이들 두 신문에 난 상세한 보도들에 기초한 심리 과정의 기록이다.

스티브 비코 사망 사건 심리의 주요 참석자들은 다음과 같다.

마르티뉘스 프린스(M. Prins) : 수석 판사

요하네스 올리버(J. Oliver) : 배석 판사

이사도라 고든(I. Gorden) : 배석 판사

시드니 켄트리지(S. Kentridge) : 비코 가족측 법정 변호사

조지 비조스(G. Bizos) : 비코 가족측 법정 변호사

에르네스트 벤첼(E. Wentzel) : 비코 가족측 법정 변호사

션 체티(S. Chetty) : 비코 가족측 법정 대리인

폰 리레스(K. von Lieres) : 트란스발 검찰차장

레티프 판 루이엔(R. van Rooyen) : 경찰측 법정 변호사

스미트(J. M. C. Smit) : 경찰측 법정 변호사

히스(W. H. Heath) : 교도소측 법정 변호사

피카르(B. de V. Pickard) : 출두한 의사측 법정 변호사

드 비이에 박사(M. de Villiers) : 출두한 의사측 법정 변호사

증언을 하도록 소환된 주요 증인들을 출두 순서대로 나열하면 다음과 같다.

쿤(G. Kuhn) 경위 : 포트엘리자베스 경찰

판 뷔런(P. J. van Vuuren) 경사 : 그레이엄즈타운 보안경찰

스니먼(H. Snyman) 경정 : 포트엘리자베스 보안경찰

막스(R. Marx) 순경 : 포트엘리자베스 보안경찰

지베르트(D. Siebert) 경감 : 포트엘리자베스 보안경찰

한센(R. Hansen) 경정 : 킹윌리엄스타운 보안경찰

후어썬(P. J. Goosen) 치안감 : 포트엘리자베스 보안경찰

피트체트(J. Fitchet) : 포트엘리자베스 교도소 간수

윌켄(W. E. Wilken) 경위 : 포트엘리자베스 보안경찰

랑(I. Lang) 박사 : 포트엘리자베스 지방 의무관

터커(B. Tucker) 박사 : 포트엘리자베스 지방 수석 의무관

허쉬(C. Hersch) 박사 : 포트엘리자베스의 내과 전문의

로웁세르(J. Loubser) 교수 : 프리토리아 주 수석 병리학자

프록터(N. Proctor) 교수 : 버트바터스란트 대학 해부병리학 교수

판 질(A. van Zyl) 박사 : 프리토리아 지방 의무관

글뤼크만(J. Gluckman) 교수 : 비코 가족측 병리학자

심슨(I. Simson) 교수 : 프리토리아 대학 해부병리학과장

베네케(J. Beneke) 순경 : 그레이엄즈타운 보안경찰

첫째 날 : 1977년 11월 14일, 월요일

소송은 주(洲)의 수석 병리학자인 로웁세르 박사의 부검 보고서를 검토하는 것으로 시작되었다. 로웁세르 박사는 보고서에서 스티브 비코가 혈관 내 혈액 응고와 급성 신장기능 장애 및 요독증 등이 일어날 정도까지 혈액 순환이 집중되는 결과를 낳은 '과도한 뇌손상'으로 인해 사망했다고 단정적으로 말했다. 그 보고서에는 또한 왼쪽 이마에 난 찰과상과 흉벽에 난 상처 및 '많은 곳에 나 있지만 깊지는 않은' 다른 상처들에 관해서도 언급되어 있었다.

국가측 증언을 진두지휘한 사람은 트란스발의 검찰차장인 클라우스 폰 리레스였다. 그는 그레이엄즈타운 보안경찰 소속 알프레드 우어스따위전 경위가 쓴 진술서를 낭독했다. 경위는 진술서에서 8월 18일에 선동 팸플릿 ──흑인들에게 폭동을 일으킬 것을 선동하는 팸플릿──이 살포되었다는 정보를 입수했다고 말했다. 그는 또한 비코가 킹월리엄스타운에서 케이프타운으로 가는 길이라는 것을 알게 되었는데 비코가 이 일에 적극적으로 개입되어 있다고 의심할 만한 근거가 있었다고 진술했다.

저녁 8시에 그는 검문을 위한 바리케이드를 설치했다. 그리고 밤 10시 20분에 흰색 스테이션 웨건 한 대가 멈춰 섰다. 운전자에게 트렁크를 열라고 요구했으나 그는 열지 못했다. 처음에 그는 회사 차이기 때문에 열 줄 모른다고 말하더니 나중에는 친구 차라서 열 줄 모른다고 했다. 해명이 달랐기 때문에 경위는 운전자에게 신분을 증명할 것을 요구했다. 운전자와 그의 동행은 둘 다 '건방졌다'. 게다가 그 운전자는 얕잡아 보는 태도로 경위에게 이것이 적법 절차냐고 따져 물었다. 그는 자신은 피터 존스이고 동행은 반투족의 비코라고 밝혔다. 그들이 더 자세한 사항을 말하려 하지 않았기 때문에 우어스따위전 경위는 그들을 경찰서로 데려가기로 결정했다. 그곳에서 그는 비코에게 거주 제한 지역인 킹윌리엄스타운을 벗어나도 좋다는 허가증을 가지고 있냐고 물었다. 비코는 서면 허가는 없다고 말하면서 마음대로 하라고 했다. 비코가 그를 비웃으면서 벤치를 걷어차는 바람에 벤치가 부서졌다.

진술서에 나온 대로라면, 우어스따위전 경위는 비코와 존스의 몸을 수색하려 했다. 그러나 그들은 이를 거부했고, 비코가 그의 손을 움켜잡았다. 하지만 결국에는 그들의 몸을 수색했다. 비코는 자기 소지품을 유치장에 가져가고 싶어 했다. 하지만 이는 금지된 일이었다. 진술서에 따르면, 경위가 당시 그의 상관과 연락을 취했는데, 상관이 그에게 그 두 사람을 포트엘리자베스로 연행하라고 말했다는 것이다. 다음 날 그 두 사람은 포트엘리자베스로 이송되었다. 폰 리레스는 또 그레이엄즈타운의 안드리 미치엘 쿤이 쓴 진술서를 읽어 내려갔다. 그는 스테이션 웨건이 멈춰 섰을 때 자신이 검문을 하고 있었고, 나중에는 비코와 존스가 몸수색을 당한 경찰서에 있었다고 했다.

다음으로 헤르트 쿤 경위가 증인석에 소환되어 자신이 쓴 세 개의 진술서를 읽었다. 그는 1977년 10월 20일자의 첫번째 진술서에 비코의 감방에서 그를 보았던 일자를 기록해 놓았다. 그가 처음 비코를 보러 간 것은 1977년 8월 22일 오전 8시 10분이었다. 그리고 그후로는 9월 8일, 9일, 10일 등의 날짜가 기록되어 있었다. 첫번째 진술서에서 그는 비코의 몸에 난 상처들을 보지 못했으며 비코가 상처를 입을 수 있었던 사건에 대해 아는 바가 없다고 말했다. 1977년 10월 18일자 두 번째 진술서에서는 경찰 사진사를 대동하여 비코의 감방에 들렀다고 했다. 사진사는 지적해 준 자세대로 그의 사진을 찍었다. 1977년 11월 9일에 작성한 세번째 진술서에서 경위는 처음의 진술을 번복했다. 그는 비코의 감방에 들른 기록을 다시 되풀이해서 진술했는데 이번에는 9월 8일, 9일, 10일을 빼버렸다. 그는 비코가 먹지 않는다거나 불평을 토로한다는 말을 다른 경찰관들로부터 듣지 못했으며 자신 또한 비코로부터 불평의 말을 들은 적은 전혀 없다고 말했다. 그러나 그가 진짜 본 것은 비코가 옷을 벗은 채 담요를 덮고 누워 있는 모습이었을 것이다. 하지만 그는 그런 식으로 진술할 수는 없었는데 비코는 그 기간에는 걸어 다니던 것으로 되어 있었기 때문이다.

켄트리지의 질문에 쿤 경위는 자신이 비코에게 영어로 말을 했다고 했다. 그는 첫번째 증인진술서를 작성할 때, 비코를 보러 간 날짜들을 기입하면서 그것이 심리 절차상 요구될 것이라는 점을 알았다고 말했다. 쿤 경위는 비코의 몸에 난 상처들을 보지 못했다고, 특히 그에게 넘겨진 사진상에 나와 있는 비코의 이마 왼쪽에 있는 멍을 보지 못했다고 말했다. 경위는 비코를 보러간 날짜들과 관련된 자신의 진술서는 허위가 아니며 '단지 잘못된 것'이었다고 말했다. 이후의 진술서에서 그 점을 바로 잡았다는 것이다. 그는 증인진술서를 작성하려고 했을 때 경찰서장이 이미 자신이 감방에 들른 날짜들을 뽑아 놓은 것을 보았기 때문에 '착각'을 일으켰다고 했다. 거기에 나온 날짜들을 확인해 보지 않고 그대로 진술서에 넣었다는 것이다. 그는 자신의 증언이 그 날짜들에 비코에게는 아무런 이상이 없었다는 것을 보여주는 데 이용될 것임을 알고 있었다. 쿤 경위는 자신은 9월 6일 이후로는 비코를 보지 못했다고 말했다. 그는 폰 리레스가 면담 과정에서 날짜들을 환기해 주었을 때에야 자신의 증인진술서에 기입된 날짜들이 부정확하다는 것을 깨달았다는 것이다. 그는 사건을 조사하기 위하여 클레인후스 총경이 포트엘리자베스를 방문했을 때 진술서를 작성했다고 말했다. 총경은 비코와 관련된 모든 사람들을 조사했다. 진술서들은 복사된 두 부의 양식에 작성되었는데, 쿤 경위는 누가 그 용지를 복사했는지는 알지 못했다. 클레인후스 총경은 진술서들을 가지고 오지 않았다.

그 다음으로 증언을 한 사람은 폴 얀세 판 뷔런 경사였다. 그는 8월 18일부터 9월 6일까지 비코를 매일 접견했고 9월 11일에 다시 그를 접견했다. 그러나 비코는 한 번도 불만을 토로하지 않았다고 했다. 그는 비코가 말을 하고 싶어 하지 않는다는 인상을 받았다. 그는 비코에게 스프와 마게우(약간 발효된 옥수수죽으로 만든 비알코올 음료수—옮긴이), 빵, 마가린, 잼, 그리고 커피를 식사로 주었다. 그는 비코가 스프와 마게우는 거절했고 빵은 모아두었다고 말했다. 비코는 다른 음식을 달라고 요구하지는 않았다. 9월 11일에 그는 9월 6일자로 이감되었던 비코가 월머 경찰서로 다시 돌아왔다는 것을 기록부를 보고 알았다.

그날 저녁 그는 비코가 수감되어 있던 5호 감방에 들렀다. 비코는 깔개 위에 누워 잠이 든 것처럼 보였다. 나중에 그는 비코가 머리를 유치장의 철창 쪽으로 향하고 발은 깔개 근처에 둔 채 시멘트 바닥에 누워 있는 것을 발견했다. 판 뷔런 경사는 유치장으로 들어가기 위해서 잠긴 문 4개를 거쳐야 했다고 말했다. 그는 비코가 그런 자세로 쓰러져 있었는지, 아니면 기어 다니고 있었는지는 말하지 못했다. 비코는 문에서 볼 때 그의 오른쪽에 누워 있었다. 입은 거품을 물고 있었고 눈은 흐려져 있었다. 판 뷔런 경사는 자신이 그에게 물을 주려고 했으나 그는 여전히 그런 자세로 있었다고 말했다. 그는 비코를 깔개 있는 데로 끌고 가서 담요를 덮어주고 보안경찰을 불렀다. 피셔 경정, 후어썬 치안감, 그리고 터커 박사가 도착해서 비코를 감방에서 옮겨갔다.

판 뷔런 경사는 두번째 진술서에서 자신이 마지막으로 비코를 발견했을 때 그의 자세를 경찰 사진사에게 지적해 주었다고 했다. 10월 20일에 그는 클레인후스 총경에게 복사된 양식에 작성한 세 번째 진술서를 제출했다. 그 진술서에는 세부적인 내용들이 잉크로 추가되어 있었다. 그는 자신이 당직을 설 때 비코의 감방으로 그를 6차례 보러 갔던 날짜와 시간들을 모두 작성한 일지를 제출했다. 그는 비코의 몸에 상처가 있는 것을 보지 못했고, 특히 그에게 보여준 사진에 나타난 이마의 멍은 보지 못했다고 말했다. 비코의 피부색은 사진에 나와 있는 것보다 훨씬 더 어두웠다고 그는 판사에게 말했다.

타이프라이터로 작성한 네번째 진술서를 판사 앞에서 읽으면서 판 뷔런 경사는 비코가 그에게 한 마디도 한 적이 없다고 말했다. 비코는 그의 질문에 한 번도 대답하지 않았고 유치장 안으로 음식물을 넣어주었을 때 반응을 보인 적이 없었다. 비코는 그를 무시했다는 것이다. 그는 스프와 마게우를 유치장 안에 두고 나왔는데, 다음번에 다른 죄수들에게 식사를 주려고 갔을 때도 그것들은 여전히 거기 놓여 있었다. 커피잔은 대개 비어 있었다. 그는 비코가 빵을 좀 먹었는지 아닌지는 말하지 못했다. 먹었을 가능성이 조금은 있었다는 것이다. 시멘트 바닥에 누워 있는 비코를 9월 11일에 발견했을 때 그는 등 뒤에서 비코의 팔 아래를 잡아 부축하여 잠자리용 깔개로 끌어 옮겼다.

프린스 판사가 "구조요원처럼 말이죠"라며 토를 달았다.

켄트리지의 질문에 판 뷔런 경사는 비코가 알몸으로 유치장에 수감되어 있어야 한다는 지시를 받았다고 말했다. 그러자 켄트리지는 월머 경찰서 유치장에서 9월 2일에 비코를 접견했던 판사가 작성한, 비코가 씻을 물과 비누, 수건과 빗을 달라고 요구했다는 내용의 보고서를 법정을 향해 낭독했다. 비코를 접견했던 판사의 진술에 따르면 비코는 "사식을 허용 받고 싶습니다. 나는 여기서 빵만으로 연명하고 있습니다. 알몸으로 있어야 하는 것이 의무 사항입니까? 나는 여기 온 이래 계속 벌거벗은 상태입니다"라고 말했다. 켄트리지는 비코가 알몸으로 수감되어 있었던 것은 그를 욕보이기 위한 것이었냐고 물었다.

"말할 수 없습니다." 판 뷔런 경사가 대답했다. 그런 다음 그는 8월 19일부터 9월 6일까지 비코가 감방 밖으로 나가는 것은 허용되지 않았음을 확인해 주었다.

"죄수는 옥외에서 체조를 할 권리가 없습니까?"라고 켄트리지가 물었다.

판 뷔런 경사는 자신은 포트엘리자베스 보안경찰의 지휘관인 후어썬 치안감의 지시대로 행동했을 뿐이라고 말했다. 그는 자신이 9월 11일 — 비코가 죽기 전날 — 에 비코를 보았을 때, 그의 입 주변에 거품이 묻어 있었고 눈은 희미해진 듯 했으며 숨을 몰아쉬고 있었다는 점을 확인해 주었다. 판 뷔런 경사는 오후 6시 20분에 비코가 월머 경찰서를 떠났다고 기록했다. 그는 비코가 어디로 실려 갔는지는 몰랐다.

다음 증인인 포트엘리자베스 보안경찰 소속 해롤드 스니먼 경정은 자신이 '구속된 흑인 운동가'의 취조를 담당한 5개 취조반의 책임자였다고 말했다. 비코는 8월 19일에 구속되었다. 하지만 전략상 다른 사람들이 먼저 신문을 받았고, 거기서 나온 증거들을 9월 6일에 비코에게 보여주기로 예정되어 있었다. 비코는 9월 6일에 포트엘리자베스에 있는 보안경찰 건물인 샌럼 빌딩 619호실로 연행되었다. 취조는 10시 30분에 시작되어 6시까지 계속되었다.

스니먼 경정은 비코가 취조반원들에게 극히 공격적인 태도를 보였다고 말했다. 비코가 긴장을 풀 수 있도록 자신들은 수갑을 풀어주고 앉을 의자를 제공했다. 낮에는 그에게 고기 파이와 우유를 주었지만 그는 그 음식을 거절했다. 스니먼 경정은 그가 화장실에 가지 않았던 것이 이상했다고 말했다. 경정은 비코가 케이프타운 방문에 관한 질문은 교묘히 둘러대어 회피했다고 말했다. 그는 질문에 직설적으로 대답을 하지 않았다. 그러나 취조가 계속되어감에 따라 점점 협조를 하게 되었다. 그 중에서도 특히 자신이 케이프타운에 갔던 것에 대해 처음에는 사적인 문제 때문이었다고 말했으나, 나중에 그는 길을 떠난 유일한 목적은 BPC에서 일어난 분열을 해결하기 위해서였다고 말했다.

8월 17일에 포트엘리자베스에서 있었던 팸플릿 배포에 관한 질문을 받고 비코는 자신과 패트릭 티티, 그리고 또다른 구속자 한 사람이 그 팸플릿 편집에 책임이 있다는 점을 인정했다.

켄트리지는 경정에게 7시간 반 동안의 취조 과정에서 어떻게 '극히 공격적인' 태도에서 팸플릿 편집과 다른 문제에 관여한 것을 인정하는 쪽으로 비코의 태도를 바꿀 수 있었는지에 관해 물었다. 켄트리지는 "당신은 진술을 거부하는 증인이 말을 하도록 만들기 위해 어떤 방법을 사용했나요? 비코 씨는 그날 아침에 모종의 팸플릿에 관해서는 전혀 아는 바가 없다고 했습니다. 그런데 오후 6시에는 그것의 초고를 자신이 썼다고 인정했습니다. 무슨 방법으로 그를 설득한 겁니까?" 스니먼 경정은 비코가 보안경찰이 확보하고 있던 모종의 증거를 보았고, 그후에 그것을 인정했다고 대답했다.

켄트리지가 물었다. "그는 처음에는 사실을 부인하다가 나중에는 인정했습니다. 왜 그가 당신들에게 대답을 해야만 했죠? 그냥 휘파람만 불고 있어도 되는 거 아닙니까? 당신들이 협박을 했습니까?" 스니먼 경정은 비코에게 협박을 하거나 신체적인 압박을 가한 적이 없다고 했다. 또 켄트리지가 "당신들은 그를 어떻게 무너뜨렸죠?"라고 묻자, 스니먼 경정은 정보를 입수할 때까지 시간제한이 없었기 때문에 경찰로서는 정보를 얻기 위해 비코를 폭행하는 대가를 치를 필요가 없었다고 말했다. 그는 비코에게 질문에 만족할 만한 대답을 할 때까지 구금되어 있을 것이라고 말했다고 했다.

켄트리지는 비코가 1976년에 101일 동안 구금당해 있었다고 말했다. "그가 질문에 대답할 때까지 그를 계속 구금하고 있겠다는 것이 당신 생각에는 협박이 된다고 보시오? 계속해서 묵비권을 행사하는 사람에게 당신들이 할 수 있는 일이 뭐죠?" 켄트리지는 스니먼 경정이 비코가 취조를 받은 내용을 개략적으로 말하는 동안 여러 차례 이 질문을 던졌다. 켄트리지는 그런 다음 경정에게 말했다. "당신은 내 질문을 교묘히 회피하고 있습니다. 처음에 비코 씨는 부인을 했습니다. 그런데 나중에는 적절한 정보를 제공했습니다. 당신은 어떻게 그를 첫 단계에서 두번째 단계로 가게 한 거죠?"

여기서 켄트리지는 남아프리카 경찰측 변호사인 판 루이엔에게 제지를 당했다. 그는 스니먼 경정이 비코에게 다른 정보원들에게서 확보한 증거를 보여준 후 그가 사건에 관여한 것을 인정했다고 이미 대답하지 않았냐고 했다.

스니먼 경정은 다음날 취조가 다시 시작되었을 때 있었던 최조반과 비코 간의 폭력적인 충돌에 대해 이야기하기 시작했다. 스니먼 경정은 자신이 비코의 족쇄와 수갑을 풀어주고 그에게 앉을 의자를 제공해준 직후 그의 눈에 광포한 표정이 떠오르더니 갑자기 의자를 박차고 뛰어올랐다고 말했다. 비코는 의자를 스니먼 경정에게 집어 던졌으나 그는 펄쩍 뛰어 그 자리를 피했다. 비코는 바로 베네케 순경과 맞붙었는데, 그에게 난폭하게 덤벼들더니 그를 철제 캐비닛에 밀어 붙였다. 스니먼 경정은 자신과 지베르트 경감이 베네케 순경을 도왔다고 말했다. 그들은 '격분하여 완전히 정신이 나간' 비코를 붙잡으려 애썼다. 그 과정에서 그들은 조사실에 있는 책상들에 부딪쳤다.

두 사람의 보안경찰이 지원을 하기 위해 왔다. 그들은 힘으로 비코를 제압하고 그에게 수갑과 족쇄를 채웠다. 몸싸움은 수 분간 계속되었지만 스니먼 경정은 정확히 얼마만큼 시간이 흘렀는지는 말하지 못했다. 비코는 조사실 안 철창에 묶이게 되었지만 수갑과 족쇄를 풀려는 듯이 계속 몸부림을 쳤다. 베네케 순경이 자신에게 오른쪽 팔꿈치가 끔찍하게 멍이 들었다는 말을 했다고 스니먼 경정은 말했다.

그날 아침 7시 30분에 스니먼 경정은 후어썬 치안감에게 사고를 보고했고 그들은 함께 619호실에 있던 비코에게로 갔다. 스니먼 경정의 말에 의하면 후어썬 치안감이 비코에게 말을 걸었지만 그의 눈은 여전히 광포한 표정을 띠고 있었고 윗입술이 눈에 띠게 부풀어 있었다. 그는 횡설수설하며 분명치 않은 발음으로 말을 했다. 9시 30분에 지방 의무관 랑 박사가 그의 몸 상태를 검사했다. 스니먼 경정은 그 자리에 없었다. 스니먼 경정의 말에 의하면 취조가 끝나고 나서 그와 그의 취조반은 비코와 대화를 나눠보려 애썼으나 비코는 질문에 반응을 보이지 않았고 여전히 광포한 표정이 남아 있었다. 그래서 그는 비코를 깔개 위에서 쉬도록 하고 담요를 덮어주라고 지시했다. 그는 여전히 수갑을 차고 있었고 족쇄는 쇠창살에 묶여 있었다. 그에게 계속해서 물을 주었지만 그는 거절의 말을 웅얼거릴 뿐이었다. 비코는 월켄 경위 휘하의 야간조로 넘겨졌다.

다음날인 9월 8일에 스니먼 경정과 그의 반원들이 돌아왔을 때 비코는 여전히 마루에 누워 있었다. 그는 깨어 있었으나 질문에 반응을 보이지 않았으므로 취조를 계속해도 아무 소용이 없었다. 스니먼 경정은 전날 랑 박사가 비코의 몸에서 이상한 점을 발견하지 못했다는 것이 생각났다. 랑 박사는 이에 대한 의료 증명서를 이미 후어썬 치안감에게 올린 바 있었다. 비코가 여전히 질문에 대답하기를 거부하는 것을 보고 그는 그 몸싸움 사건을 사건일지에 기록하여 보고했다.

스니먼 경정은 후어썬 치안감이 랑 박사를 9월 8일에 다시 불렀다는 사실을 알고 있었다고 말했다. 그는 비코가 9월 8일에 교도소 병원으로 이송되었고 9월 11일에는 월머 경찰서 유치장으로 옮겨졌음을 알게 되었다. 그는 9월 11일 오후 6시 20분에 비코가 지베르트 경감 및 다른 경찰 병력과 함께 프리토리아로 떠날 때 그 자리에 있었고 이후에 비코가 프리토리아에서 죽었다는 사실을 알게 되었다.

스니먼 경정은 9월 7일에 비코를 통제하기 위해 그에게 가해진 폭력은 "정당했으며 그를 바닥에 쓰러뜨려 눕혀 수갑과 족쇄를 채운 것은 꼭 필요한 만큼만 취해진 조치"였다고 말했다. 이에 대해 스니먼 경정에게 질문을 하면서 켄트리지는 크뤼에르(법무장관 겸 경찰총장) 총장이 언급한 단식투쟁에 관해 들어보았냐고 물었다.

S : 기억이 납니다.

K : 비코 씨가 사망했다는 말을 들었을 때 기분이 어땠습니까?

S : 기분이 안 좋았죠. 그가 죽는 것보다 살아 있는 것이 우리한테는 더 나은 일이었으니까요.

K : 당신이 유감스러웠던 이유는 그런 것입니까?

S : 저 역시 그 죽음이 안됐다고는 생각했습니다.

K : 그가 사망했을 때 당신은 놀랐습니까?

S : 놀랐습니다. 우리가 생각지 못했던 것은 그의 상태가 그토록 나빠서…….

K : 나빠서요?

스니먼 경정은 비코가 신체적으로 아무런 이상이 없다는 의사의 증명서가 있었다고 대답했다. 그러자 켄트리지는 스니먼 경정에게, 비코가 경찰의 질문에 대답을 할지 말지 여부를 결정하기 위해 15분의 시간을 달라고 요구했으며 그런 다음 그들에게 단식투쟁에 돌입할 것이라고 했다는 경찰총장의 프리토리아 국민당 대회 발언에 관해 물어보았다. 그는 스니먼 경정이 경찰총장에게 이 문제에 관해 어떤 정보를 올렸는지 물었다. 스니먼 경정은 "저는 제 상관에게 보고했습니다. 그 이상의 일은 그의 소관입니다"라고 대답했다.

켄트리지는 일로나 클레인스크미트가 쓴 증인진술서를 제출했다.

거기에는 비코가 구속 중 사망한 사건에 관해 경찰총장이 발언한 내용
이 담겨 있었다. 증언의 타당성에 대해 언급하면서 켄트리지는 "장관
은 정식으로 제출된 경관들의 증인진술서를 통해 드러난 증언들과는
너무나 상반되는 많은 것들을 말한 바 있습니다. 결과적으로, 이 자료
는 몇몇 경관들의 신뢰성을 시험하는 데 상당히 중요한 자료가 될 수
있습니다. 제 말의 요점은 만약 이 증인진술서들이 틀림이 없다면 장관
이 했던 몇몇 발언들은 사실일 수가 없다는 것입니다. 우리는 어떤 것
이 사실인지 말할 수가 없습니다. 분명한 것은 경관들이 이러한 불일치
를 해명할 필요가 있다는 점입니다."

다른 진술서에서 스니먼 경정은 부검 결과 비코는 뇌손상을 유발
한 부상을 당해 사망한 것으로 밝혀졌다는 말을 들었다고 말했다. 클레
인후스 총경이 비코의 부상 경위를 규명하기 위한 조사를 진행했고 스
니먼 경정은 자신은 한 번도 비코의 이마에 난 자국을 본 적이 없으며
따라서 어째서 그 상처가 생겼는지 말할 수가 없다는 진술서를 작성했
다. 스니먼 경정은 10월 20일자 진술서에서 자신이 있던 동안에는 아
무도 비코를 폭행하지 않았다고 했다.

켄트리지는 비코가 월머 경찰서 유치장에 알몸으로 수감되어 있
었던 이유가 무엇이냐고 물었다. 스니먼 경정은 자신은 경찰서 유치장
에서 자살 사건이 발생하는 것을 막으라는 지시에 따라 행동했던 것이
라고 말했다. 그러자 켄트리지는 죄수를 알몸 상태로 두었지만 담요는
주었다는 점을 지적하면서 "사람들은 담요를 이용해서 자살을 하곤 했
습니다"라고 말했다.

스니먼 경정은 월머 유치장에서는 그런 일이 없었다고 말했다.

그러자 켄트리지는 비코가 7일 아침까지는 어떤 폭력적인 징후도 보이지 않았는데 그런 상황에서 6일에 그에게 족쇄를 채울 필요가 있었느냐고 물었다. 스니먼 경정은 조사실 문이 잠겨 있지 않아서였다고 말했다.

  K : 문을 잠글 수 없었단 말입니까? 대답을 좀 제대로 하셔야 하겠군요. 왜 그에게 족쇄를 채운 겁니까? 그를 굴복시키기 위해서였습니까, 아니면 그저 탈출하지 못하도록 하기 위해서였습니까?

  S : 그건 관례였습니다.

  (휴정)

둘째 날 : 1977년 11월 15일 화요일

스니먼 경정은 자신이 전날 증언한 바 있는, 5명의 보안경찰 취조관들과의 몸싸움 과정에서 비코가 넘어지면서 머리를 벽에 부딪쳤다고 말했다. 스니먼 경정은 다음날인 9월 8일 아침에 자신이 업무보고를 할 때 비코의 발음이 여전히 분명치 않다는 것을 알아차렸다고 말했다. 그는 또한 후어썬 치안감이 의사를 호출했다는 사실도 알고 있었다.

  K : 그가 회복되지 않았다는 것을 발견했을 때 당신은 사건일지에 무슨 일이 일어났는지 기록해 둠으로써 당신 자신을 보호해야겠다고 결심한 것입니다. 7일까지는 사건일지를 기입할 필요성을 느끼지 못했지요. 당신은 그가 거짓 시늉을 하고 있다고 생각했습니까?

  S : 그가 심각하게 다쳤다고 생각할 만한 근거가 없었으니까요.

K : 7일과 8일 사이에 마음이 변한 이유가 무엇이죠?

S : 그가 완강하게 답변을 거부했기 때문입니다.

K : 그건 7일에도 마찬가지 아니었나요?

S : 사건일지에 기입하기 전에 저의 직속상관인 후어썬 치안감에게 구두 보고를 했습니다.

K : 당신이 기입한 것에서 특히 눈에 띄는 점은, 그가 정신이 나간 듯 광포해져서 당신에게 의자를 던졌고, 몸싸움을 벌인 끝에 넘어져서 머리를 벽에 부딪쳤다고 한 부분인데요. 그가 머리를 부딪친 벽이 어떤 벽입니까?

S : 북쪽 벽입니다.

K : 그가 앉아 있었던 의자와 캐비닛 사이에 있는 벽입니까?

S : 맞습니다.

K : 머리 어느 부분이 벽에 부딪쳤습니까?

S : 뒷머리입니다. 그는 여러 번 넘어졌습니다.

K : 당신은 후어썬 치안감에게 그가 넘어져 벽에 머리를 부딪쳤다는 것을 보고했습니까?

S : 예, 했습니다.

K : 그가 넘어져 벽에 머리를 부딪쳤을 때 조사실에는 당신들 다섯 명이 모두 있었습니까?

S : 그렇습니다.

K : 그럼에도 후어썬 치안감은 그가 넘어져 벽에 머리를 부딪쳤다는 사실을 의사에게 말하지 않았군요. 그는 다만 비코 씨가 발작을 일으킬까봐 두렵다는 말만 했을 뿐입니다.

S : 후어썬 치안감이 의사에게 뭐라고 했는지 저는 모릅니다.

K : 그 사건과 관련되어 작성된 증인진술서가 28건이 있는데, 그 중 어느 것에도 비코 씨가 넘어져 벽에 머리를 부딪쳤다는 얘기는 없었습니다.

켄트리지는 스니먼 경정에게 클레인후스 총경이 진상조사차 포트엘리자베스에 왔을 때 그에게 비코가 뇌손상으로 사망했으며 그의 왼쪽 이마 위에 난 상처에 주목하고 있다는 말을 해주었냐고 물었다.

S : 그렇습니다.

K : 당시 당신은 증인진술서에 필요하다고 생각되는 것이 있으면 추가하라는 말을 들었지만 그 진술서에 그가 넘어져 벽에 머리를 부딪쳤다는 점을 언급하지 않았는데요?

S : 그럴 필요가 있다고 보지 않았습니다.

K : 당신은 증인진술서에서 당신이 있을 때는 아무도 비코 씨를 폭행하지 않았다고 했습니다.

S : 맞습니다.

K : 클레인후스 총경이 당신에게 그의 머리에 난 멍에 대해 물어보았습니까?

S : 클레인후스 총경이 우리에게 물어 보았고, 우리는 그에게 어떻게 해서 그 멍이 생겼는지 시범을 보여 주었습니다.

K : 비코 씨가 어떻게 넘어져서 벽에 머리를 부딪쳤는지 클레인후스 총경에게 시범을 보여주었단 말이죠?

S : 저는 총경에게 어떻게 해서 몸싸움이 벌어졌으며 우리가 어떻게 비코 씨를 제압했는지, 어떻게 그런 일이 벌어질 수 있었는지 설명해 주었습니다.

K : 당신은 비코 씨가 자기 머리에 멍을 냈다는 점을 특별히 총경에게 지적하여 말했습니까?

S : 예.

K : 그 대답은 거짓이라고 생각합니다. 클레인후스 총경은 당신들로부터 많은 수의
증인진술서를 받았지만 그 중 어느 것에도 비코 씨가 넘어져 벽에 머리를 부딪
쳤다는 말은 없었습니다. 경찰 사진사들이 왔을 때 벽의 어느 지점인지 지적해
달라고 당신에게 요청을 하던가요?

S : 아니오.

K : 당신은 비코 씨가 죽을 것이라고는 생각하지 않았고 사건일지를 기록한 것은 이
심리에 대비하려 했던 것이라는 게 제 생각입니다.

(스니먼 경정의 답변은 들리지 않았다.)

K : 후어썬 치안감이 비코 씨를 보았을 때 그는 이미 뇌손상의 증후를 보이고 있었
습니다. 제가 추측컨대 9월 7일 오전 7시 30분에 그는 이미 뇌손상을 입고 있
었을 가능성이 큽니다.

S : 비코 씨는 머리가 아프다고 이야기하거나 의사를 불러달라고 요구하지 않았습
니다.

K : 추측컨대 아마도 뇌손상을 입은 것은 6일 저녁에서 7일 아침 사이였던 것 같습
니다.

S : 그렇지 않습니다.

K : 그렇다면 당신이 보는 앞에서 부상을 당한 것이겠군요.

S : 비코 씨에게서 제가 본 유일한 상처는 입술에 난 자국입니다.

K : 부검 결과가 나오기 전에 우리는 경찰총장이 단식투쟁 운운하는 말을 들었습니
다. 그러나 비코 씨의 머리가 벽에 부딪쳤다는 얘기는 전혀 없었습니다. 상관에
게 그가 머리를 벽에 부딪쳤다는 사실을 말하는 것이 당신의 의무라고 생각하지
않았습니까?

이 지점에서 프린스 판사가 말을 끊으며 스니먼 경정에게 실제로

비코가 벽에 머리를 부딪치는 것을 보았는지, 아니면 일어났던 일을 전해 듣고 추론한 것인지 물어 보았다.

S : 그 몸싸움에 저도 말려들었던 상태라 제가 직접 목격하지는 못했습니다.

P : 그러니까 그가 머리를 벽에 부딪치지 않았을 가능성이 존재하는군요?

S : 그건 그렇습니다.

K : 그럼에도 당신은 사건일지에다 그가 넘어져서 벽에 머리를 부딪쳤다고 적었습니다. 저는 당신의 진술에 가치를 둘 수 없다고 생각합니다.

S : 저는 제가 마지막으로 그를 보았던 9월 8일 이후에 그가 부상을 당한 것이 틀림없다고 생각합니다.

이보다 먼저 스니먼 경정은 비코가 어떤 대우를 받았는지에 관해 말이 새어나가는 것을 방지하기 위해서 비코를 조사실에 감금했다는 사실을 부인했다. 그는 비코가 폭력적인 혁명론자로서 자신이 친구들에게 배반당했다는 사실을 깨닫고는 정신이 나간 듯 광포해졌다고 말했다. 스니먼 경정은 비코는 포트엘리자베스 특수경찰 조사실에서 경찰들이 자신의 계획과 활동들을 알고 있다는 사실을 듣자마자 그렇게 광포해졌다고 말했다. 그 계획에는 BPC와 보안관찰 처분을 당한 ANC, 그리고 PAC가 혁명적 통일 전선을 구축한다는 내용이 포함되어 있었다. 또한 이 전선체가 남아프리카와 해외에 테러 조직망을 갖게 될 것이었다고 스니먼 경정은 말했다. 또한 훈련받은 요원들이 무력으로 정부를 전복시키기 위하여 국내로 잠입했을 것이라고 했다.

스니먼 경정은 비코가 8월 17일에 포트엘리자베스 타운십에서 혁명적인 불온 팸플릿을 작성하고 배포하는 일에 관여했음을 보여주는 진술서들도 경찰이 가지고 있었다고 말했다. 그는 비코가 필적을 알고 있는 그의 친구들이 쓴 진술서를 그에게 보여 주었다. 그 진술서들은 비코가 불온한 활동에 관여했음을 증언하는 것이었다. 비코는 자신이 주장했던 것처럼 개인적인 문제 때문에 케이프타운에 간 것이 아니라 BPC의 지부 문제 때문에 그곳에 갔다는 것을 경찰이 이미 알고 있다는 얘기도 취조과정에서 들었다고 했다. "저는 그의 견해를 물었습니다. …… 본래의 목적은 사실상 네빌 알렉산더 및 통일 운동의 다른 활동가들과 접촉하는 것 아니었냐고. 테러 조직인 ANC와 PAC, 남아프리카 통일 운동, 그리고 BPC와 혁명 전선을 구축하는 문제에 대한 토론이 있었던 것도 알고 있다고 말했습니다. 더 나아가 저는 우리가 이미 이 네 개의 조직들이 통일 전선으로 모일 수 있도록 비코 씨가 해외로 나가는 계획이 세워져 있다는 정보도 가지고 있다고 했습니다. 저는 그에게 그가 PAC의 의장으로 거주제한 상태에 있는 로버트 소부퀘와 논의를 했는지를 물었습니다."

스니먼 경정은 비코가 해외로 나갈 수 없기 때문에 그를 대신할 누군가로 그의 자리를 메운 다음 그 자신은 영국에서 신학을 공부한다고 위장하여 해외로 나가기로 되어 있었다는 점을 그에게 말해주었다고 했다. 이러한 내용의 취조는 비코가 그 전날 불온 팸플릿의 작성에 자신이 관여했다는 점을 인정한 이후에 이루어진 것이었다.

비코는 또한 「데일리 디스패치」지의 편집장인 도널드 우즈에 관한 질문을 받았다고 스니먼 경정은 말했다. 우즈는 '아자니아해방전선'이라는 새로운 조직의 설립에 관한 사설을 썼는데 비코가 우즈와 상의를 한 적이 있냐는 질문을 받았다는 것이다.

스니먼은 경찰이 알고 있던 내용을 들었을 때 비코의 눈에 '어떤 눈빛'이 떠올랐다고 했다. "그는 무엇에 홀린 사람처럼 갑자기 튀어 올라 의자를 움켜잡더니 그것을 제게 던졌습니다. 그가 그런 것은 우리가 그날 아침 우리가 알고 있다고 그에게 말한 사실들 때문이라고 저는 생각합니다." 스니먼 경정은 처음에는 세 명의 경찰이, 그 다음에는 다섯 명이 가담하여 비코를 제압하려 애썼다는 그 몸싸움의 현장을 자세히 설명하지 못했다. 그는 비코의 몸을 찍은 사진 속에 나타난 이마의 멍을 전에는 본 적이 없었다는 것이다. 몸싸움이 끝난 후 그가 알아차린 것은 비코의 윗입술에 생긴 멍과 가슴에 생긴 생채기가 전부였다.

비코처럼 자신에게 불리한 증언을 접한 사람이 어떤 반응을 할 것이라고 생각했느냐는 질문을 받자 스니먼 경정은 그날 아침 비코에게 불리하게 작용했던 많은 일들에 관해 말했다. 그에게는 보안관찰 처분의 조항들을 위반한 것과 관련하여 기소당할 수 있는 죄목들이 있었다. 그는 혁명적인 팸플릿과 연관되어 있었고 새로운 혁명전선 건립과 연관되어 있었다. 그의 동료들은 그가 곤경에 빠져 있어도 못 본 체 했으며, 만약 그가 형을 선고받는다면 그의 대중적 이미지는 크게 손상될 것이었다.

비코의 대중적 이미지에 관한 판 루이엔의 질문을 받고 스니먼 경정은 먼저, 비코는 분명 평화적인 인물이라는 이미지를 갖고 있지 않았을 뿐 아니라 자신을 혁명가로 보이도록 만들었다고 말했다. 포트엘리자베스 팸플릿은 죽거나 추방당한 사람들, 혹은 수감된 사람들을 추모하는 의미에서 다음날 직장에 가지 말고 검은 옷이나 검은색 소지품을 착용하자고 촉구하는 것이었다.

켄트리지는 비코가 그 팸플릿을 만들었다는 증거가 없다고 말했다. 그는 지금 단계에서는 그 팸플릿이 사회적으로 용인될 수 있는 것인지 아닌지에 대해 논쟁하지 않겠지만 팸플릿의 이 사건과의 연관성에 관해서는 나중에 논하게 될 것이라고 했다. 그리고 나서 스니먼 경정이 그 팸플릿의 전문을 소리 내어 읽었다.

경정이 팸플릿을 다 읽자, 켄트리지가 말했다. "이 팸플릿을 보고 나면 그것이 이 사건과는 아무 관련도 없다는 것이 명백해질 것입니다. 비코 씨가 이 문제에 관한 자백을 했는지 아닌지는 논쟁 중에 있는 문제입니다. 우리에게 그에 관한 말을 해 줄 수 있는 유일한 사람은 이제 더이상 우리 앞에 있지 않습니다. 어떤 사람이 불온한 팸플릿을 썼다고 해서 그 사람을 마음대로 죽여도 좋은 것은 아닙니다. 저는 보안경찰이 비코 씨의 유죄를 그의 사후에라도 밝히려 했다는 것을 이해할 수 있습니다. 하지만 존경하는 재판장님께서는 그 일에 동참하시지는 않으리라 확신합니다."

판 루이엔의 질문을 받고 스니먼 경정은 보안경찰의 수중에 있는 증거는 '평화를 사랑하는 사람' 이라는 비코의 이미지를 깨게 될 것이고 그가 폭력적인 사람임을 드러내 보일 것이라고 말했다. 비코의 이미지가 거짓이었다는 것을 전세계에 증명할 만한 무언가가 있느냐는 질문에 스니먼 경정은 이스트런던의 「데일리 디스패치」지에서 도널드 우즈가 '아자니아해방전선' 이라는 이름의 새로운 전선 형성에 대해 쓴 논설을 오려놓은 신문 조각을 갖고 있다고 대답했다. 그는 또한 '비코와 함께 일했던 그의 친구들로부터' 진술서를 확보해 놓았다고 했다.

R : 그의 친구들이 곤경에 빠져 있는 그를 못 본 체했다는 것을 당시 그가 분명히 알
　　게 되었나요?

S : 우리는 비코 씨에게 사실들을 직접 보여줘야 했습니다. 그는 자기 친구들이 한 말들을 알아야 했고, 우리는 그 말들을 비코 씨에게 직접 듣고 싶었던 것입니다.

R : 당신은 그 자리에 있었지요. 왜 그가 정신이 나갈 정도로 광포해졌습니까?

S : 제가 그에게 그 사실들을 보여 주었으니까요. 그는 무엇에 홀린 사람처럼 갑자기 튀어 올랐습니다. 그건 제가 그에게 말해준 사실들 때문일 겁니다.

그러자 판 루이엔은 팸플릿과 다른 구속자들의 진술서들을 증거로 제출할 것을 허락해 달라고 요청했다. 켄트리지는 그 문건들을 막 다 읽었으며 이의를 철회한다고 말했다. 그는 비코에게 건네진 구속자들의 진술서들이 그를 폭발시킬 수 있는 이유의 일부라는 점을 이해한다고 말했다. 그런 다음 켄트리지는 이 진술서들이 비코에게 건네진 것이 9월 6일이었는지, 아니면 9월 7일 아침이었는지 물었다. 스니먼 경정은 9월 7일이었다고 대답했다. 그러자 켄트리지는 판사에게 진술서상의 날짜들이 9월 15일부터 9월 30일까지 분포되어 있었다는 점을 확인시키고 나서 그 진술서들은 비코가 살아 있을 때 그에게 건네졌을 수가 없었다고 말했다. "여기 우리 손에 있는 것은 비코 씨가 사망한 후에 만든 비코 씨에 대한 무고한 비난입니다."

판 루이엔은 그것은 비코에게 건네진 문서들의 내용물이라고 말했다. 켄트리지는 비코에게 건네진 것은 진짜 증인진술서들이었다는 분명한 설명이 있었고, 또 그것을 확인한 바 있다고 대답했다. 그리고 그 점을 명백히 밝혀줄 증인을 출석시키겠다고 했다.

그러자 판사는 그 진술서들은 증거로 채택할 수 없다고 결정했고 판 루이엔은 이에 동의했다.

판 루이엔이 비코와 다섯 명의 경찰관들 사이에 벌어진 몸싸움에 대해 묻자 스니먼 경정은 전날의 진술을 되풀이했고 비코가 어느 시점에선가 "당신들은 나를 괴롭히고 있어, 나를 협박하고 있단 말이야"라고 소리쳤다는 말을 덧붙였다. 판 루이엔은 비코의 뒷머리가 벽에 부딪쳤냐고 물었다. "예, 뒷머리였습니다"라고 스니먼 경정이 대답했다.

다음 증인은 취조반의 또다른 일원이었던 루빈 막스 순경이었다. 첫번째 진술서에서 그는 9월 7일 오전 7시 20분경에 쿵쾅거리는 둔탁한 소리를 듣고 그와 형사과의 노이부트 경사가 조사실로 뛰어 들어갔다고 말했다. 거기서 그는 스니먼 경정과 지베르트 경감, 그리고 베네케 순경이 비코와 몸싸움을 벌이고 있는 것을 보았는데, 비코는 '격분하여 미쳐 날뛰고' 있었다는 것이다. 폰 리레스의 질문에 막스 순경은 비코와의 몸싸움을 생생하게 묘사했다. 노이부트 경사가 비코에게 달려들어 그의 등 한가운데를 자신의 어깨로 쳤다. 그러자 비코는 바닥에 쓰러졌다가 다시 뛰어올라 싸움을 계속했다. 조금 있다가 그는 의자 위에 엎어지더니 바닥에 털썩 주저앉았다. 그리고는 곧 뛰어오르더니 "당신들은 나를 괴롭히고 있어. 나를 협박하고 있단 말이야"라고 소리쳤다는 것이었다. 그는 격분한 상태로 미쳐 날뛰고 있었다. 얼마 뒤 그들은 비코를 꼼짝 못하게 제압하고 그의 손에 수갑을 채웠다.

막스를 심문하면서 켄트리지는 "당신들은 나를 괴롭히고 있어. 나를 협박하고 있단 말이야"라는 말을 거론했다.

K : 오늘 아침에 스니먼 경정도 그와 똑같은 말을 사용하더군요. 알고 있습니까?

M : 전혀 모르는 일입니다.

K : 7일 아침에 그 방에서 일어난 일에 관해서 일곱 개의 진술서가 작성되었습니다. 그 진술서 중 어느 하나에도 비코 씨가 고함을 질렀다는 내용이 없는데요, 오늘

아침 처음으로 당신과 스니먼 경정에게서 정확히 똑같은 말을 듣게 되는군요. 나는 그것이 당신들이 지어낸 말이라고 생각합니다.

M : 만들어낸 말이 아닙니다.

그러자 켄트리지는 7일의 몸싸움 과정에서 비코가 벽에 머리를 부딪친 채 바닥에 쓰러졌고 그 과정에서 입술과 몸에 부상을 입었다는 스니먼 경정의 9월 8일자 사건일지 기록부를 막스에게 보게 했다.

K : 이게 사실입니까?

M : 그의 윗입술에 난 상처는 알고 있습니다.

K : 스니먼 경정이 한 진술이 사실인지 아닌지를 묻고 있는 겁니다.

M : 그의 머리가 벽에 부딪치는 장면을 보지는 못했습니다.

10월 10일의 두번째 진술서 — 증인서약 철회 진술서 — 에서 막스 순경은 사진에 나와 있는 것과 같이 비코의 왼쪽 눈 위에 난 어떤 자국이나 상처를 자신은 보지 못했다고 말했다. 켄트리지는 그가 사망 원인에 관심을 가졌는지 물어보았다.

M : 추측한 바는 있습니다. 저는 의사가 아니니까요. 아마도 우리가 벌인 격투 때문이 아닐까 하고요. 가능한 일이었다는 거죠. 몸싸움이 거칠었으니까요.

K : 당신들이 벌인 격투 때문이란 말이지요? 뭣 때문에 그런 생각을 했죠?

M : 합리적인 사고를 가진 사람이라면 그 몸싸움에서 그가 부상을 입었으리라고 생각할 수 있으니까요.

K : 정말입니까? 클라인후스 총경에게 그런 말을 했나요?

M : 저는 질문을 받은 것이고 거기에 대답만 했습니다.

K : 당신의 그 생각을 클라인후스 총경에게 말해 보았나요?

M : 저는 그의 질문에 대답했고 그는 저에게 부연 설명을 요구하지 않았습니다.

K : 의사들이 그를 진찰하러 포트엘리자베스로 왔을 때 그가 정상적인 행동을 보이
지 않았던 이유 중의 하나가 그 난투극이라고는 생각지 않았나요?

M : 저는 그와 큰 관계가 없었습니다.

K : 그는 두 번 쓰러졌습니다. 당신은 그가 머리를 부딪치며 쓰러지는 것을 보았습
니까?

M : 아니오.

증인대에 선 다음 증인은 킹윌리엄스타운 소속의 R. 한센 경정이
었다. 켄트리지는 증인 출석 일정을 지켜줄 것과 비코와의 난투극에 함
께 가담했다는 지베르트 경감을 소환해줄 것을 요청했다. 판사는 그 요
청을 수락했고, 지베르트 경감을 소환했다.

지베르트 경감은 법정에 두 가지 진술서를 제출했다. 하나는 9월
17일자이고 다른 하나는 10월 10일자였다. 첫번째 진술서에서 지베르
트 경감은 다른 진술서들에 들어 있는 세부적인 내용들을 되풀이했다.
두번째 진술서에서 그는 비코의 왼쪽 이마에 난 자국을 보지 못했지만
그것이 "9월 7일에 그들이 그를 제압했을 때 입은 상처일 리가 없다"라
고 했다. 비코는 9월 8일에 도움을 받지 않고도 정상적으로 걸을 수가
있었다고 지베르트 경감은 말했다.

지베르트 경감의 증언이 끝난 후 켄트리지는 법정을 향해 "저는
보안경찰의 증언 전체를 진두지휘한 고매하신 폰 리레스 씨께서 그 방
에서 일어난 일을 설명하는 과정에 그 일의 마지막 목격자인 지베르트
경감을 증인으로 채택하지 않았다는 것을 알고는 놀라움을 금할 수가
없었습니다"라고 말했다. 켄트리지는 지베르트 경감에게 난투극이 벌
어지기 전에 비코를 취조한 것에 관한 질문을 하면서 협박을 당하고 괴

롭힘을 당했다며 비코가 질렀다는 고함을 언급했다. 지베르트 경감은 비코가 그런 고함을 지른 것은 몸싸움이 벌어지기 전이었다고 말했다.

지베르트 경감은 취조가 진행되는 동안 비코에게 어떤 문서도 보여준 적이 없다는 이전 증언을 확인해 주었다.

그는 비코가 두 번 쓰러졌다고 했다. 처음에는 그가 앉아 있던 의자 옆이었고 두번째는 침대 근처에서였다. 켄트리지가 그에게 스니먼 경정의 사건일지 기록에 관해 묻자 지베르트 경감은 그런 기록이 작성되었는지 몰랐다고 말했다. 켄트리지는 그 기록을 그에게 읽어주고 그것이 사실이냐고 물었다. 지베르트 경감은 비코가 머리를 벽에 부딪쳤다는 것은 불가능한 일이라고 대답했다.

K : 그의 머리가 벽에 부딪치며 쓰러지는 것을 보았습니까?

S : 아니오.

(휴정)

셋째 날 : 1977년 11월 16일 수요일

지베르트 경감에 대한 반대심문을 계속하면서 켄트리지는 누군가 그의 직속상관인 후어썬 치안감에게 비코가 9월 7일 아침에 포트엘리자베스에서 취조를 받던 중 머리를 벽에 부딪쳤다고 말하는 것을 들은 적이 있냐고 물었다.

S : 기억이 안 납니다.

K : 그가 머리를 부딪쳤다는 말을 당신이 직접 후어썬 치안감에게 한 건 아니죠?

S : 아마 그럴 겁니다.

K : 했을 수도 있단 말이군요, 정말 당신이 말했습니까?

S : 아니오, 제가 말했다고 할 수는 없습니다.

지베르트 경감은 자신은 진상조사관인 클라인후스 총경에게는 비코가 취조 도중 두 번 쓰러졌다는 말을 하지 않았다고 했다. 후어썬 치안감에게 먼저 올린 진술서가 있었기 때문에 클라인후스 총경에게 제출한 진술서에서는 묻는 말에만 답했다는 것이다.

9월 11일 아침에 그와 또다른 경찰관들 몇몇은 비코를 랜드로버 차에 태워 치료차 프리토리아 교도소로 옮길 것이라는 말을 들었다.

S : 의사들이 그에게서 이상 증세를 발견하지 못했고 현지 병원은 필요한 시설을 갖추지 못했기 때문에 그를 관찰하고 검사하기 위해 프리토리아로 데려가야만 한다는 말을 들었습니다.

K : 왜 그를 앰뷸런스에 싣고 가지 않았습니까?

S : 우리는 그를 프리토리아로 공수하기 위한 항공기를 물색하려 애썼지만 이용할 수 있는 항공기가 없었습니다. 그래서 랜드로버 차량을 이용했던 겁니다.

K : 경찰 외부의 누구도 비코 씨에게 접근할 수 없도록 하는 것이 목적이었나요?

S : 아닙니다. 여러 명의 의사들이 그를 보았기 때문에 그의 상태가 그렇게 이송될 수 없을 정도였다면 그들이 그를 데려가는 데 동의하지 않았을 거라고 생각했습니다.

(비코는 랜드로버 차량의 뒷좌석에 태워져 감방용 깔개 위에 누워 있었다.)

K : 그는 어떤 옷을 입고 있었나요?

S : 벗고 있었습니다.

계속된 질문들에 대한 대답으로 지베르트 경감은 자신은 비코가 반쯤 실성한 상태인 걸로 이해하고 있었다고 말했다. 랜드로버 차의 제한된 공간에서는 조사실에서보다 훨씬 더 자신을 통제하기가 어려웠을 것이라는 거였다.

K : 당신에게는 인간적인 고려라는 건 중요하지 않았나요?

S : 아니오, 중요하다고 생각합니다.

K : 보트마 치안감(프리토리아 교도국 소속)의 말에 의하면 당신은 그에게 비코 씨가 4년 동안 의학을 공부했고 요가를 할 줄 알기 때문에 다른 사람들을 속이는 것이 쉬웠을 것이라고 말했습니다. 그런 말을 했습니까?

S : 그런 말을 할 수도 있었죠.

K : 보트마 치안감에게 그런 말을 하는 일을 왜 당신이 떠맡았죠?

S : 그가 사람들을 속이기가 쉬웠을 것이라는 말을 제가 했다고는 믿지 않습니다.

지베르트 경감은 개인적으로 자신은 그때 비코가 거짓 시늉을 하는 것이라고 믿었지만 더이상은 그렇게 생각하지 않는다고 말했다.

K : 교도소의 다른 경찰관인 도르플링 치안감은 당신이 그에게 비코 씨가 단식투쟁을 하고 있었다고 말했다는 진술서를 작성했더군요.

S : 저는 그가 먹을 것을 거절하는 것을 보았다고 말했습니다.

K : 보트마 치안감은 또 당신이 그에게 비코 씨는 체포된 이후 음식을 먹지 않았다고 말했다더군요.

S : 그렇지 않습니다. 저는 9월 6일에야 비코 씨를 처음 보았습니다.

K : 도르플링 치안감은 또 당신이 그에게 비코 씨가 의대생이었고 그래서 요가를 잘 할 줄 안다고 말했다고 했습니다. 그는 그 말을 비코 씨가 아픈 척 위장할 수 있다는 의미로 받아들였고요.

S : 두 명의 의사가 그를 진찰했습니다만 이상을 발견하지 못했습니다.

K : 당신이 발 벗고 나서서 두 치안감에게 비코 씨가 거짓 시늉을 하고 있다고 얘기
　　를 한 이유가 무엇인지 알고 싶군요.

(지베르트 경감의 대답은 들리지 않았다.)

비코가 공격적인 유형의 인간이고 단식투쟁에 들어가기 전에 의
자로 경정을 가격했다는 말을 도르플링 치안감에게 했느냐는 물음에
지베르트 경감은 "그가 의자를 경정에게 던졌다고 말했습니다. 단식투
쟁에 관해서는 치안감이 착각을 하고 있는 것 같습니다."라고 대답했
다. 지베르트 경감은 자신이 프리토리아 교도 당국에 비코를 인계했을
때 그의 상태는 전날과 다르지 않았다고 말했다.

K : 당신에게서 비코 씨를 인계받았던 의무 당번병 프레토리위스 경사의 말에 따르
　　면 비코 씨는 심하게 앓고 있는 것처럼 보였으며, 그래서 그는 비코 씨가 죽지
　　않을까 두려워했습니다. 그 의무 당번병의 말이 맞았습니다, 그렇지요?

S : 지금 와서 본다면, 그렇습니다.

K : 그 의무 당번병은 또한 보안경찰들 중 누군가가 자신에게 비코 씨는 의학과 요
　　가를 공부했다는 말을 했다고 했습니다. 그런 말을 한 목적이 무엇이었나요? 그
　　의무 당번병의 눈을 돌리기 위한 것이었습니까?

S : 다른 목적은 없었습니다.

계속된 질문에 대한 대답으로 지베르트 경감은 자신이 볼 때 비코
는 취조가 더이상 진행되는 것을 막기 위해 일부러 아픈 척하는 것 같
았다고 말했다.

다음으로 킹윌리엄스타운의 한 경찰관이 비코가 자신에게 질문을
하던 동료 보안경찰관을 어떻게 때렸는지 설명했다. 리차드 한센이라
는 그 경찰관은 일찍이 1975년부터 비코를 알고 있었다고 말했다. 비

코는 보안경찰이 자신과 '블랙 파워' 조직들의 다른 회원들을 괴롭힌다고 종종 불만을 토로했다.

1976년 8월 31일에 비코는 음틴초의 집에서 체포되었고, 구속되어 심문을 받았다. 한센 경정은 그때 일어난 사건을 이렇게 묘사했다. "우리가 킹윌리엄스타운에 있는 보안경찰 조사실에 도착했을 때 저는 하틴그 순경에게 제가 체포 사실을 보고하는 동안 신상 정보를 받아 놓으라고 지시했습니다. 조금 뒤에 하틴그 순경이 제게 오더니 비코가 건방진 태도를 취하면서 필수 정보를 제공하기를 거부했다고 말했습니다. 저는 하틴그 순경과 함께 비코 씨가 있던 조사실로 갔습니다. 저는 비코 씨에게 어린 아이같이 굴지 말고 신상 정보를 달라고 말했습니다. 하틴그 순경이 그에게 질문을 던지자 그는 제 옆으로 뛰어오르더니 오른손을 펴서 하틴그 순경의 왼쪽 뺨을 힘껏 갈겼고 또 주먹을 쥐어 하틴그 순경을 쳤습니다. 하틴그 순경은 그 주먹을 피했고 제가 비코 씨를 뒤에서 붙잡았습니다. 그러면서 저는 그에게 무슨 짓을 하는 것이냐고 물었습니다. 그는 갑자기 조용해지더니 '미안합니다, 경감. 내가 평정을 잃었군요'라고 말했습니다."

켄트리지가 하틴그 순경이 비코를 자극할 만한 행동을 했느냐고 묻자 한센 경정은 자신이 아는 한 그런 일은 없었다고 말했다. 하틴그 순경이 비코를 폭행죄로 고소했냐고 묻자 한센 경정은 하틴그 순경에게 자신이 「데일리 디스패치」지의 편집장인 도널드 우즈와 비코에 관련된 모종의 혐의를 조사하는 중이니 그 시점에서 그를 폭행죄로 고소하지는 말라고 충고했다고 말했다. 켄트리지는 고소를 하지 않은 것은 그(하틴그)가 반대심문을 받았을 것이기 때문이 아니냐고 묻자 한센 경정은 그렇지 않다고 대답했다. 그런 다음 한센 경정은 자신은 비코가 사망한 후, 킹윌리엄스타운에서 있었던 사고에 관한 진술서와 증인진술서를 작성하라는 요구를 받고 그렇게 했다고 말했다.

　K : 그들이 당신에게 비코 씨가 하틴그 씨에게 가한 폭행을 서술하라고 요구했습니까? 그들이 원하는 바가 그것이라고 말하던가요?

　H : 예, 하지만 그들은 왜 그것을 원하는지는 말해주지 않았습니다. 증인진술서에 그의 성품을 서술하라고 제게 요구했습니다.

　K : 비코 씨는 101일 동안 구금되어 있었는데 그후 기소되지 않았습니다. 그런 사실을 알고 있나요?

　H : 그가 아마 그 정도 기간 동안 갇혀 있었다는 것은 알고 있습니다. 기소되지는 않았고요.

이스턴 케이프 보안경찰의 수장인 후어썬 치안감이 다음 증인이었다. 그는 자신들이 가지고 있던 정보에 의해 보안경찰은 비코를 단지 남아프리카 테러주의자들의 우두머리로 여겼다고 말했다. 후어썬 치안감은 9월 17일에 작성한 증인진술서의 내용을 상세히 설명하면서 "9월 7일 7시 30분경에 스니먼 경정은 비코가 매우 공격적이 되어 의자를 자기에게 집어던지고 베네케 순경을 주먹으로 공격했다고 내게 보고했습니다. 그의 손에 다시 수갑을 채우기 위해서 그를 진압하는 데 상당한 무력을 행사해야만 했다는 것이었습니다. 나는 즉시 비코 씨를 보러 갔습니다. 그는 잠자리용 깔개 위에 앉아 있었습니다. 손에는 수갑을 차고 다리에는 족쇄가 묶여 있었지요. 나는 그의 윗입술이 부어오른 것을 보았습니다. 눈에는 광포한 빛이 어려 있었습니다. 그에게 말을 붙여 보았지만 그는 나를 무시했습니다" 라고 말했다.

그래서 후어썬 치안감은 즉시 지방 의무관인 랑 박사에게 전화로 연락을 취하려고 했다. 여러 차례 전화를 건 끝에 그는 랑 박사에게 메시지를 남겨놓았는데, 박사는 조금 후에 전화를 걸어왔다. 랑 박사가 그의 사무실에 도착한 것은 오전 9시 30분경이었다. 후어썬 치안감은 계속해서 말했다. "나는 그에게 비코 씨의 신상을 간단하게 설명해 주었고 그를 검진해 줄 것을 요청했습니다. 랑 박사는 검진을 끝낸 후 나에게 다음과 같은 진단서를 제출했습니다. '이 진단서는 스티브 비코라는 자가 말을 하지 않는다고 호소하는 보안경찰 소속 후어썬 치안감의 요청에 의해 그를 검진했음을 증명하기 위한 것이다. 나는 이 구속자에게서 어떠한 병리학적 문제나 비정상의 증후를 발견하지 못했다. 랑 박사의 서명. 시간―1977년 9월 7일 오전 10시 10분.'"

취조 2반의 반장인 피셔 경정의 보고를 받고 9월 7일 저녁 9시 15분에 다시 비코를 보러 갔다고 후어썬 치안감은 말했다. "나는 비코 씨에게 말을 걸었습니다. 전과 마찬가지로 그는 조리에 맞지 않는 말을 웅얼거렸습니다. 솔직히 그때 나는 비코 씨가 우리를 갖고 놀고 있다고 생각했습니다. 지방 의무관도, 나도 그에게 이상이 있음을 보여주는 어떠한 상처나 흔적 같은 것도 찾을 수 없었으니까 말입니다. 사무실에 있는 동안 나는 비코 씨가 음식이나 음료를 조금이라도 먹었는지 재차 물어보았는데, 그가 식음을 전폐하고 있다는 보고를 받았습니다. 9월 8일 아침에 사무실에 도착하자마자 나는 그 길로 비코 씨를 보러 갔습니다. 그는 감방용 깔개 위에 누워 있었습니다. 나는 그에게 말을 걸었습니다. 그는 웅얼거리고 있었습니다. 나는 즉시 랑 박사에게 전화를 걸어, 비코 씨가 우리의 질문에 아무런 반응을 보이지 않으니 와서 재검해 달라고 요청했습니다. 오후 12시 55분에 수석 지방 의무관인 터커 박사와 랑 박사가 내 사무실로 왔습니다. 나는 그들에게 비코 씨의 상태를 간단하게 알려주면서 그가 먹지도, 마시지도 않고 있기 때문에 염려된다는 점을 다시 한 번 설명했습니다. 두 의사가 내가 없는 상태에서 비코 씨를 검사했습니다. 검사가 끝난 뒤 나는 터커 박사에게서 그들 두 사람 모두 비코 씨에게 신체적 이상이 있다는 점을 발견하지 못했다는 말을 들었습니다. 터커 박사는 비코 씨가 적절한 검사를 받을 수 있도록 좀더 나은 시설이 있는 곳으로 그를 데려가서 전문의의 의견을 구하는 것이 좋겠다고 했습니다."(그래서 전문의인 허쉬 박사의 검진을 받을 수 있는 교도소 병원으로 비코를 데려가는 조치가 취해졌다. 비코는 그날 밤 늦게 허쉬 박사와 랑 박사의 검진을 받았다.)

"검진이 끝난 후 허쉬 박사는 랑 박사와 터커 박사가 이미 말한 것처럼 비코 씨의 신체에서 이상을 발견하지 못했다고 했습니다. 그런 다음 비코 씨를 관찰하고 요추천자(腰椎穿刺 ; 바늘을 가지고 뇌척수액을 직접 뽑아내는 것―옮긴이)를 포함한 정밀 검사를 실시하기 위해 그를 교도소 병원에 수감해야 한다는 데 의견을 같이 했습니다. 요추천자는 9월 9일 아침에 허쉬 박사가 실시할 것이었죠. 9월 9일에 랑 박사가 내게 전화를 걸어 요추천자를 실시했는데 좀더 심도 깊은 관찰을 할 수 있도록 비코 씨를 병원 구내에 있게 하고 싶다고 알려왔습니다. 9월 11일에 랑 박사는 전화로 자신과 터커 박사, 그리고 허쉬 박사 모두 비코 씨의 신체적 이상을 발견할 수 없었다고 알려왔습니다. 그래서 나는 그를 월머 경찰서 유치장으로 이송했습니다. 필요한 절차는 피셔 경정이 밟았습니다. 9월 11일 오후 2시경에 피셔 경정이 전화를 걸어 월머 경찰서로 와달라고 했습니다. 나는 그곳에서 보고를 받고, 자기 감방에 있는 비코 씨를 보러 갔습니다. 그는 감방용 깔개 위에 누워 있었는데 숨이 상당히 고르지 못했습니다. 입술 주변에는 거품이 조금 묻어 있는 것을 볼 수 있었습니다. 나는 즉시 터커 박사에게 전화를 걸어 비코 씨를 검진하러 와달라고 요청했습니다. 터커 박사는 오후 3시 20분에 비코 씨를 검진했습니다. 우리 두 사람은 모두 우려를 표명했습니다. 그럴 만한 증후가 진단되어 나오지 않았으니까요. 적절한 검진을 위한 모든 시설들이 다 갖춰져 있는 기관으로 비코 씨를 보내자는 암묵적인 동의가 있었습니다. 나는 프리토리아 보안경찰본부의 제이츠만 치안정감에게 전화로 사태를 보고했습니다. 비코 씨를 프리토리아 중앙 교도소로 이송하라는 지시가 내려졌습니다. 하지만 먼저 이용할 수 있는 군용 항공기가 있는지를 확인해야 했습니다. 여의치 않을 경우 수석 지방 의무관이 반대하지 않는다면 도로 교통을 이용해야 했습니다.

군용 항공기도, 다른 항공기도 이용할 수가 없었습니다. 그래서 터커 박사와 상의했는데, 그는 매트리스나 다른 부드러운 자리에 눕혀서 간다면 비코 씨를 도로로 수송하는 것에 반대하지 않는다고 했습니다. 나는 제이츠만 치안정감에게 다시 전화로 이를 알렸고 지베르트 경감과 월켄 경위, 포우체 순경, 그리고 노이부트 경사가 사무실 소속의 안락한 랜드로버 차량으로 비코 씨를 프리토리아까지 가능한 한 빨리 이송할 수 있도록 필요한 절차를 밟았습니다. 9월 11일 오후 6시 30분경에 지베르트 경감이 전화로 자신들이 비코 씨와 함께 프리토리아로 출발한다고 알려왔습니다. 나는 비코 씨가 구속되어 있는 동안 그의 건강과 안위를 보장해 주기 위해 필요한 모든 것을 다 해주었습니다."

비코는 사슬에 묶여 있었고 자살하거나 탈출하는 것을 막기 위해 경찰서 유치장에서 벌거벗겨진 채 있었다는 것이 후어썬 치안감의 말이었다. "어떤 사람을 48시간 동안, 혹은 그 이상 사슬에 묶어 놓을 권리가 당신들에게 있습니까?"라고 켄트리지가 물었다. 후어썬 치안감은 경찰 간부로서 자신은 테러법 6항에 의거 구속된 사람의 자살이나 자해 행위를 막기 위해 그런 조치를 취할 권한을 갖고 있다고 말했다.

K : 당신의 권한은 어디서 나온 겁니까? 사람을 사슬에 묶어 놓을 권리를 당신에게 부여해 준 종이 조각을 내게 보여 주세요. 아니면, 당신들은 법 위에 있는 사람들입니까?

G : 우리는 최대한의 권한을 갖고 있습니다. 그것은 저의 합리적인 재량권에 속한 일입니다.

K : 법에 저촉되는 권한 말입니까?

G : 우리는 법에 저촉되는 권한을 행사하며 일하지 않습니다.

K : 당신들은 법에 저촉되는 권한을 행사하며 일하지 않는단 말이죠? 대단히 고맙습니다, 치안감. 우리는 늘 그 점을 의심해 왔거든요.

켄트리지는 9월 6일 밤에 비코를 월머 경찰서 유치장으로 돌려보내지 않고 보안경찰 조사실에 사슬로 묶어 두었던 이유가 무엇이냐고 물었다. 후어썬 치안감은 조사실에 적당한 잠자리와 화장실이 갖춰져 있었으며, 비코가 탈출을 시도할지 몰라서라고, 그리고 그가 이감되었다면 그를 탈출시키려는 시도가 있었을 것이라고 말했다. 후어썬 치안감은 비코를 사슬에 묶어 두었던 것은 모든 조사실에 방범장치가 있는 게 아니었기 때문이라는 말을 덧붙였다.

K : 개조차도 48시간 동안 그런 식으로 사슬에 묶어둘 수는 없지요. 당신들이 어떤

종류의 사람들인지 알고 싶군요.

G : 절대적으로 위험하다고 간주했다면 그렇게 했을 겁니다.

K : 우리는 비코 씨가 월머 경찰서 유치장에 알몸으로 수감되어 있었다는 말을 들었습니다. 그 점을 확인해 줄 수 있지요? 그것도 당신의 명령이었다고 하더군요.

G : 그렇습니다.

구속된 사람들이 옷가지를 이용하여 목을 매어 자살할 수도 있다는 점에 관해 묻자 후어썬 치안감은 최근에 셔츠를 찢거나 다른 옷 조각을 이용해 구속된 자가 목을 맨 두 건의 사례가 있었다고 말했다.

K : 예의상 속옷도 걸치지 말아야 할 이유가 있을까요?

G : 특정한 이유 때문이지요. 자살을 배제하기 위한 것입니다.

K : 담요를 길게 찢어 자살한 사람은 없었나요?

G : 23년 동안 그런 일이 일어난 적은 없었다고 생각되는군요. 담요는 탈출에는 종종 이용되어 왔습니다.

후어썬 치안감은 사람들이 가지고 있던 담요로 목을 매었다고 특수경찰이 진술한 바에 대해 아는 바가 없으며 이것이 가능한 일이라고 생각하는지에 대해서는 말할 수 없다고 했다. 그러자 프린스 판사는 "사람이 담요로 자살할 수 있다는 생각을 당신이 해본 적이 있냐는 질문입니다"라고 말했다. 후어썬 치안감은 "그 점에 대해서는 한 번도 생각해 본 적이 없습니다"라고 대답했다. 비코를 교도소 병원에 알몸으로 두라는 명령을 내렸는지 묻자 후어썬 치안감은 그런 명령을 했는지 기억이 나지 않는다고 말했다. 비코가 교도소 병원에서 옷을 입고 있는 것을 용인했냐고 묻자 후어썬 치안감은 자신은 비코가 다른 것은 몰라도 파자마를 입었던 것은 기억이 난다고 말했다.

후어썬 치안감은 경찰의 조사 결과 비코가 8월 17일 밤에 포트엘리자베스 타운십에 배포된 불온 팸플릿의 작성과 살포에 연루되어 있었다고 말했다. "고인이 살아 있었다면 분명 형사상 중범죄 혐의로 기소되었을 것입니다."

후어썬 치안감은 비코가 포트엘리자베스 교도소에 있었던 9월 8일이나 9일에 치명적인 뇌손상을 입었다는 가설을 내세웠다. 그는 비코가 물이 차 있는 욕조에 있는 것이 두 번 발견되었고 침대 앞 마룻바닥에 누워 있는 것이 관찰되었다고 알고 있었다. 그는 "이런 사건들이 9월 8일, 혹은 9일 밤에 일어났다는 점을 고려한다면 저는 고인이 그의 이마에 부상을 당하고 뇌손상을 입은 것은 그 사건들이 있던 때였다는 강한 의혹을 제기하고 싶습니다. 고인은 자살을 결심했던 것이 분명합니다. 구금되어 있는 동안 그 나름의 호흡법을 이용해서라도 말이죠"라고 말했다.

후어썬 치안감은 또한 비코가 고의적으로 부자연스럽게 숨을 쉬었다고 말했다. 이 때문에 나중에 랑 박사가 이를 관찰하고 '과호흡'이라는 진단을 내리게 되었다는 것이다. 심해 잠수부들이 가능한 한 산소를 더 많이 마시기 위하여 사용하는 이 방법은 정신이 몽롱해져서 사망에까지 이를 정도로 위험할 수 있다고 치안감은 의학책에 나와 있는 내용을 읽었다. "이런 점과 고인이 명백히 자살을 기도하여 병원 내의 물이 가득 찬 욕조에서 옷을 입은 채 발견되었다는 사실 등을 볼 때 가령 그가 자기 머리를 욕조 같은 곳에 강하게 치받아서 뇌손상을 유발했을 수도 있다는 것이죠"라고 후어썬 치안감은 말했다.

(휴정)

넷째 날 : 1977년 11월 17일 목요일

후어썬 치안감에 대한 반대심문이 계속되었다. 켄트리지는 비코가 월
머 경찰서 유치장에 있는 동안 후어썬 치안감의 지시에 의해 운동을 전
혀 하지 못했다는 것을 알게 되었다고 말했다. 후어썬 치안감은 자신의
말이 잘못 통역된 것이라고 대답했다. 비코는 감방에 혼자 있었기 때문
에 그만큼 신선한 공기를 충분히 마셨으며 충분한 운동을 할 수 있었다
고 그는 말했다. 그는 비코가 감방 밖으로 나가지 못하도록 되어 있었
다는 점을 시인했다.

켄트리지는 비코를 구속시킨 영장에 따르면 아무도 그를 면회할
수 없고 사식을 제공받을 수 없으며 읽을거리도 받을 수 없도록 한 몇
가지 특별 규정이 있었다고 말했다. 영장은 또한 비코가 미결수로 취급
받아야 한다고 규정해 놓고 있었다.

교도소의 규칙에 따르면 노역을 하지 않는 죄수들은 날씨가 좋을
때마다 옥외에서 한 시간씩 운동을 할 수가 있다고 켄트리지는 말했다.
후어썬 치안감은 비코가 바깥에서 다른 사람과 소통하는 것을 막기 위
해서 감방 밖으로 나가지 못하도록 지시를 내렸다고 말했다. 켄트리지
가 그에게 물었다. "당신은 무슨 권리로 정해진 훈령을 무시했습니
까?" 경찰측에서 나온 판 루이엔은 그 질문들은 사망의 원인과 아무런
관련이 없으며 보안경찰에 대한 '보복' 의 일부일 뿐이라며 이의를 제
기했다. 심리가 보안경찰을 반대하는 선전의 장으로 이용되어서는 안
된다는 것이다. 비코의 사망에 대해 책임을 져야 할 사람이 있는지를
규명하는 것이 심리의 유일한 목적이라는 것이다. "전세계가 이 방에

서 무슨 일이 일어나고 있는지 보고 있는데 이건 너무 심하군요”라고 그는 말했다.

프린스 주심 판사는 구속되어 있는 동안 비코의 심리 상태는 이 심리와 관련이 있는 문제라고 말했다. 또한 어떤 심리 상태가 야기될 수 있었는지, 그리고 어떤 심리 상태가 비코의 감정에 불을 붙일 수 있었는지 하는 문제도 관련이 있다는 것이었다.

판 루이엔은 비코가 옥외에서 운동하는 것이 허용되었는지를 묻는 질문은 이 심리와 관련성이 있지만 후어썬 치안감에게 그의 지시가 정해진 규칙에 반하는 것이 아니었냐고 묻는 것이나, 어떤 일을 사건일지에 기록했는지 아닌지를 묻는 것은 비코의 심리 상태와 아무런 관련도 없으며 따라서 허용되어서는 안 될 것이라고 말했다.

켄트리지는 말했다. “재판장님께서 들은 비판은 포트엘리자베스의 보안경찰 혹은 비코 씨와 관련된 보안경찰에 대한 것이지 이들 외의 다른 어떤 보안경찰에 대한 것이 아니라고 저는 생각합니다. 저는 경찰이 이들과 경찰 일반을 분리해서 사고하리라고 기대했는데 말입니다.” 그는 심문을 통해 보안경찰이 비코 씨를 알몸으로 독방에 수감시킴으로써 그를 굴복시키려 한 일을 온갖 측면에서 다 보여주었다. 사슬을 사용한 것, 비코 씨에게 운동을 허락하지 않은 것, 사건일지에 사건 기입을 잘못한 것 등에 관한 그의 심문은 보안경찰이 비코를 다루는 과정에서 적법성이나 자신들이 법규의 구속을 받는다는 점을 전혀 고려하지 않았음을 보여주려는 의도로 진행된 것이었다. 그는 후어썬 치안감이 다른 죄수들을 어떻게 대했느냐는 문제에는 전혀 개의치 않았고 오직 이 경우에 그가 정상적인 적법성에 전혀 주의를 기울이지 않았음을 보여주는 데만 관심을 쏟았다. 그러나 많은 수의 경찰 증인들은 자신들이 비코를 대하는 과정에서 부당한 일이 없었다고 증언했다. 판사는 자신이 대하고 있는 사람들이 어떤 종류의 인간들인지 결정해야만 했다.

다음으로 켄트리지는 후어썬 치안감의 증인진술서를 언급했다. 그 진술서에서 후어썬 치안감은 터커 박사(포트엘리자베스의 수석 지방 의무관)가 9월 8일에 비코를 검진하기 위해 자신의 사무실로 왔다고 했다. 치안감은 자기가 혐의를 두고 있는 바를 의사들에게 말했다고 한 바 있었다. 켄트리지는 그 혐의란 것이 무엇인지를 알고 싶어 했다.

G : 비코 씨가 음식이나 음료를 섭취하지 않았기 때문에 저는 그들에게 제가 혐의를 두고 있는 바를 말해 주었습니다. 여기, 반응을 보이거나 말을 하려 하지 않고 화장실도 이용하지 않았던 어떤 사람이 있었습니다. 그것은 부자연스러운 행동이었습니다. 저는 그의 행동이 정상적인 사람의 행동이라고 납득할 수 없었습니다. 저는 여전히 그가 거짓 시늉을 했던 것이라고 생각합니다. 전에도 이런 것을 경험한 적이 있으니까요.

K : 사람이 사흘 동안 화장실에 가지 않으면 당신은 그것을 거짓 시늉이라고 생각합니까?

G : 그는 마실 것을 전혀 섭취하지 않았습니다. 저는 생리적 요구가 아마도 그리 심하지 않은 것이라고 생각했습니다. 저는 그저 문외한일 뿐입니다. 그 사람은 제 소관이었습니다. 그에 대한 책임이 제게 있었다는 말이지요.

후어썬 치안감은 의사들에게 비코가 거짓 시늉을 하고 있다고 생각한다는 말은 한 적이 없었다고 했다. 그가 랑 박사를 불렀을 때 랑 박사는 터커 박사와 함께 도착했다. 다른 의사의 소견을 구하는 것이 필요하다고 생각했기 때문이었다. 후어썬 치안감은 자신이 터커 박사에게 비코가 발작을 일으켰을 수도 있어 걱정스럽다는 말을 했을 것이라고 말했다. 치안감은, 의사의 검진이 끝난 후에도 자신은 여전히 비코가 아픈 척 거짓 시늉을 하고 있다고 확신했다고 말했다. 나중에 그의 확신은 석연치 않게 되었다. 그는 그것에 관해 긴가민가하는 마음이 들었는데, 100퍼센트 확신을 하고 싶었다. 8일에 그는 거친 몸싸움으로 비코가 부상을 입었을 수도 있다는 점은 확신하지 못했다.

K : 당신은 비코 씨가 뇌손상을 입은 것을 걱정했습니까?

G : 그때는 그것을 주목하지 않았습니다. 확실히 몰랐으니까요. 저는 항상 있음직한 일을 고려해 보아야 했습니다.

K : 그 일을 의사에게 왜 말하지 않았습니까? 그가 발작을 일으켰다는 어떤 확신이 있었나요? 당신은 의사에게 발작에 대해 걱정한다는 말만 했지 뇌손상을 입은 것은 걱정하지 않았습니다(후어썬은 비코가 말을 제대로 못 하는 걸 보고 그가 발작을 일으켰을 수도 있다고 말했다). 당신은 비코 씨가 뇌손상을 입었을 수도 있음을 알고 있었지만 의사가 거기에 주목하지 않기를 원했다는 것이 제 소견입니다.

G : 그렇지 않습니다.

후어썬 치안감은 의사들이 도착했을 때 비코가 여전히 수갑과 족쇄로 묶여 있었다고 말했다. 그들이 간 뒤에 그의 몸에는 다시 수갑과 족쇄가 채워졌다.

K : 당신은 당시에 그가 뇌손상을 입었다는 사실을 인정합니까?

G : 지금은 그게 가능했다고 생각합니다.

K : 저는 뇌손상을 입은 사람이 48시간 동안 사슬에 묶여 누운 채로 방치되어 있었다는 소견을 제출할 것입니다.

G : 당시 그가 뇌손상을 입었다는 사실을 알았더라면 그렇게 하지 않았을 겁니다.

K : 당신의 고백대로라면 비코 씨의 몸에 어떤 이상이 생겼는지 당신은 몰랐던 거로
군요. 그래서 그는 여전히 깔개 위에 누운 채로 방치되어 있었고 말이죠.

G : 의사들이 이상을 발견하지 못했습니다.

K : 그것은 전혀 사실이 아닙니다. 터커 박사는 비코 씨를 교도소 병원으로 보내 전
문의에게 검진을 받게 해야 한다고 권고할 정도로 충분히 우려하고 있었습니다.
당신이 그를 깔개 위에 눕혀 두었음에도 불구하고 말이지요.

G : 그 사람의 안전을 책임지고 있었던 사람은 접니다. 제게는 그가 거짓 시늉을 하
고 있다고 믿을 만한 근거가 있었습니다. 그래서 저는 그를 그런 식으로 가둬두
어야 했던 겁니다.

K : 당신의 행동을 보여주는 좋은 선례가 있습니다. 저는 그것이 18세기에 정신병
환자들을 취급했던 것과 정확히 똑같은 방법이라고 생각합니다.

그러자 판 루이엔이 일어나서 그것은 언론에 대서특필될 만한 말
로서 허용되어서는 안 될 말이라고 했다.

켄트리지는 "우리는 비코 씨가 지극히 부당한 대우를 받았다는 견
해를 조금도 숨김없이 주장하는 바입니다. 비코 씨가 적절한 대우를 받
았다면 그는 결코 죽지 않았을 것입니다"라고 대답했다. 프린스 판사
가 개입했다. 그는 비코가 당시 뇌손상을 입지 않았을 수도 있다고 말
했다. 그러자 켄트리지는 정식으로 법정 진술을 하기 전까지는 이런 종
류의 발언은 하지 않겠다고 말했다.

그는 후어썬 치안감에게 7일 아침부터 비코가 보안경찰의 수중을
떠난 때까지 그가 부풀어 오른 입술에 바를 미량의 연고조차 얻지 못한
것에 대해 어떻게 생각하느냐고 물었다. 후어썬 치안감은 그가 비코를
교도소 병원에 넘긴 순간부터 비코는 그의 통제를 받는 것이 아니며 그

때부터는 비코가 병원에 있는 동안 혼자 있어야만 한다는 특별 조항이 만들어진 것을 제외하고는 그에게 교도소의 규칙이 적용된 것이라고 대답했다. 비코가 그의 소관 하에 있는 동안에는 두 명의 의사가 그를 진찰했고 의약품을 처방하는 것은 그들의 권한이었다는 것이다.

그러자 켄트리지는 실제로 랑 박사가 7일에 비코의 발목이 부풀어 오른 것을 알고 있었다는 점을 지적했다. 후어썬 치안감은 그 자신도 비코의 손목과 발목의 자국들을 보았다고 대답했다. 그것은 이상한 일이 아니었다는 것이다. 바로 몇 시간 전에 비코가 미친 사람처럼 수갑과 족쇄를 뒤틀었기 때문이라고 그는 말했다. 후어썬 치안감은 비코가 구속되어 있는 동안 자신은 그의 안위를 위해 가능한 모든 것을 다 했다고 여전히 생각한다고 말했다.

"비코 씨는 8일 저녁, 날이 어두워지고 나서야 포트엘리자베스 교도소로 갔습니다. 당신은 교도소 책임자인 보트마 치안감에게 모종의 특별 지시를 전했습니다." 켄트리지가 말했다. 후어썬 치안감은 자신은 보트마 치안감에게 전후사정을 간단히 개괄해 주었다고 대답했다. 그는 보트마 치안감에게 비코를 잘 관찰하고 그가 다른 죄수들과 소통하지 않도록 주시하라고 요구했다는 것이었다. 그러자 켄트리지는 보트마 치안감이 한 말을 인용했는데, 그는 후어썬 치안감이 자신에게 비코의 감시 인원을 백인 경찰들로만 구성하라는 지시를 내렸다고 했다. 그는 후어썬 치안감에게 흑인 경찰들을 믿지 않았느냐고 물었다. 치안감은 그것은 이런 종류의 구속에는 항상 적용되는 정해진 지시였다고 대답했다. 흑인 경찰관들을 언제나 가동할 수는 없다는 것이었다. 교도소 병원은 백인이 배치된 곳이었고 그런 지시를 한 것은 메시지가 전달되는 것을 막기 위해서였다는 것이다.

K : 이런 특별한 지시들과 날이 어두워지고 나서야 비코 씨를 교도소로 보냈다는 사
실을 보면 비코 씨가 병을 앓고 있다는 사실을 다른 사람들이 아는 것을 당신이
원치 않았다는 느낌을 주는데요?

G : 미결수들이 사용하던 방을 비코 씨를 위해 청소해야 했고, 보트마 치안감과 상
의하면서 의사가 그날 밤 늦게야 비코 씨를 진찰할 수 있단 말도 들었습니다.

켄트리지는 사망, 중병, 그리고 부상의 경우 교도국은 죄수의 최
근친에게 이 사실을 알려야 한다는 교도소 규칙을 인용했다. 비코의 병
은 1천 2백 킬로미터나 떨어진 프리토리아의 병원으로 그를 호송하여
전문의의 검진을 받게 할 만큼 심각한 것이었다는 것이다.

K : 당신은 왜 그의 최근친에게 알리지 않았습니까?

G : 의사들이 그를 검진한 후 내놓은 소견이 신체에 이상이 없다는 것이었기 때문입
니다. 그의 가족에게 통지하여야 할 이유가 없었습니다. 그가 거짓 시늉을 하고
있다고 믿을 만한 근거가 있었으니까요.

비코는 진단차 프리토리아로 보내진 것이라고 후어썬 치안감은
말했다.

K : 당신은 이상이 없다고 생각했습니다. 그럼에도 일요일 밤에 이 꾀병 환자를 프
리토리아로 호송하기 위해 군용 비행기까지 구해보려 한 것이로군요?

G : 우리가 그에게 주의를 기울였다는 것을 보여주는 것입니다. 죄수가 고작 두통에
시달린다고 해도 우리는 의사를 부릅니다. 저는 비코 씨를 가능한 한 빨리 프리
토리아로 가게 하려고 애썼습니다.

K : 당신은 허쉬 박사가 요추천자를 했고, 거기서 양성 반응이 나왔다는 것을 알고
있습니까? 척수액에서 적혈구가 검출되었습니다.

G : 제가 아는 한 세 명의 의사는 아무 이상을 발견하지 못했다고 말했습니다.

K : 그 의사들이 모두 당신에게 아무 이상이 없다고 말했다면 왜 군용 비행기를 구하려고 애썼습니까?

후어썬 치안감은 그것은 비난을 피하기 위해 자신들이 조심하고 있다는 것을 보여주는 것이라고 말했다.

K : 일반적인 인정과 예의라는 것이 있었다면 가족에게 사실을 통보해야겠다는 생각이 들었을 텐데요. 숨기고 싶은 무언가가 있지 않았다면 말이죠.

G : 상황이 특별했습니다. 우리는 비코 씨가 알려진 것과는 전혀 다른 인물이라는 것을 증명하려고 노력하고 있었습니다. 그가 아프다는 것을 알았더라면 가족에게 말해줬을 겁니다.

켄트리지의 말에 의하면, 후어썬 치안감은 증인진술서에서 랑 박사가 비코가 부분 마비를 일으킨 것처럼 꾸미고 있다는 결론을 내렸다고 말했다.

G : 허쉬 박사와 랑 박사는 제게 아무런 신체적인 이상을 발견할 수 없다고 말했습니다. 그래서 그가 아픈 시늉을 하고 있다는 저의 의심이 더욱 강해졌던 겁니다.

K : 증인진술서에서 당신은 허쉬 박사가 비코 씨를 검진했던 날 저녁에 그 자리에 있었다고 했습니다. 랑 박사도 역시 거기 있었습니다. 당신은 랑 박사와 터커 박사가 그를 검진했을 때 그는 자신의 한쪽 팔에 약간 힘이 없는 척했지만 교도소에서는 힘이 없는 쪽으로 반대편 팔을 가리켰다고 했습니다. 그러나 당신은 그것이 어느 팔이었는지는 기억하지 못했습니다.

켄트리지는 이 일이 후어썬 치안감에게는 분명 인상적인 것이었음에도 불구하고 랑 박사의 증언에서는 이에 관한 언급을 찾을 수 없었다고 말했다.

G : 어느 쪽 팔이었는지는 기억 못하겠지만 그가 반대편 팔을 보여주는 것은 금방 눈에 띄었습니다. 저는 관찰한 것뿐이었습니다. 기록해 두지는 않았습니다.

K : 그럴 수가 있습니까? 그 일이 당신에게 그토록 인상적이었다면 그 장면이 당신의 뇌리에 박혔을 것이 분명합니다. 그런데 어느 팔이었는지 말을 못한다는 것은 이상한 일이로군요.

켄트리지는 터커 박사 또한 증인진술서를 작성했는데, 그 진술서에서 그는 비코에게 손발을 움직여 보라고 했을 때 그가 왼쪽 손발을 제대로 움직이지 못했다고 써놓았다는 사실을 말했다.

G : 터커 박사가 검진할 때 저는 그 자리에 없었습니다.

K : 당신의 이 증언은 완전한 날조라는 견해를 제출하겠습니다. 이유를 말씀드리죠. 증인진술서에서 당신은 '7일과 8일에 랑 박사와 터커 박사가 검진을 하는 동안 비코 씨는 한 쪽 팔에 약간 힘이 없는 척하는 것이 눈에 띄었다'라고 진술했습니다. 그런데 당신은 우리에게 그 자리에 없었다고 말을 했습니다. 그러므로 이 진술은 허위임에 틀림없습니다.

G : 랑 박사와 터커 박사가 제 사무실에 와서 의견을 나누었습니다. 저는 어떤 진단이 나왔는지 알고 싶었습니다. 의견을 나누는 동안 저는 그가 한 쪽 팔에 힘이 없는 척한다는 말을 들었습니다. 랑 박사는 교도소에서 다시 한 번 제가 거기에 주목하도록 해주었습니다.

K : 그렇다면 랑 박사는 왜 그런 말을 하지 않았습니까?

G : 아마도 그가 증언하겠지요.

K : 랑 박사는 증인진술서에서 비코 씨가 물과 음식을 거절했고 팔다리 모두 힘이 없는 모습을 보였다고 했습니다. 그가 왜 당신에게 자신의 보고서와는 다른 것을 말해야 했을까요?

　　후어썬 치안감은 검진을 하고 난 직후에 의견을 나누었다고 말했다. 그는 허쉬 박사와 랑 박사가 검진을 하는 자리에 있었던 것이다.

　　켄트리지는 보고서에 따르면 반사 테스트를 실시할 때마다 다른 팔이 약해진 것으로 나타났다고 한다. 하지만 의사들은 이를 고의적인 것으로 보지 않았다. 반사를 위장할 수는 없기 때문이라고 켄트리지는 말했다. 그는 이러한 증언의 불일치는 후어썬 치안감측에서 증언을 날조한 것 아니냐고 그의 견해를 물었다.

　K : 당신은 증인진술서에서 당신이 비코 씨를 프리토리아로 호송하기로 결정할 당시 그가 세 명의 의사에게 검진을 받았고 아무 이상이 없다는 그들의 말에 확신을 가졌으며 비코 씨가 병을 위장하고 있다는 것이 전반적인 견해였다고 했습니다. 당신은 허쉬 박사 또한 아무 이상을 발견하지 못했다고 말하는 겁니까?

　G : 저는 허쉬 박사와 의견을 나누었습니다. 저는 그가 어떤 진단을 내렸는지 몹시 궁금했습니다. 그는 신체적인 이상을 전혀 발견할 수 없었다고 말하면서 다음날 요추천자를 실시해야겠다는 제안을 했습니다.

　K : 무슨 근거로 당신은 허쉬 박사 역시 비코 씨의 몸에 아무 이상이 없다는 소견을 가졌다고 말하는 겁니까?

　G : 저는 그것이 의사들의 전반적인 견해였다고 말하지 않았습니다. 제 자신의 견해를 말했던 겁니다. 랑 박사는 상당 정도 제 견해에 동의했습니다.

　　켄트리지는 증인진술서에 나와 있는 문구를 다시 읽었다. "허쉬 박사의 의견이 포함되지 않았던 거군요." 그가 물었다. 후어썬 치안감은 랑 박사가 그런 소견을 갖고 있었고 다른 사람들도 아마 그런 소견을 갖고 있었을지 모른다는 의미였다고 대답했다. 랑 박사는 그에게 그와 터커 박사, 허쉬 박사 모두 아무런 이상을 발견하지 못했다고 말했으며 비코를 월머 경찰서로 돌려보내도 좋다고 말했다는 것이다.

　K : 허쉬 박사가 비코 씨가 아픈 것처럼 거짓 시늉을 하고 있다고 생각한다는 말을
　　　랑 박사가 당신에게 한 적이 있습니까?

　G : 그런 표현으로는 말한 적이 없었습니다.

　K : 그런 일이 없었군요, 그렇죠? 고의로 오도하기 위한 목적으로 증인진술서에다
　　　그런 문구를 넣은 것이라고 생각됩니다. 랑 박사가 당신에게 허쉬 박사가 척수
　　　액에서 적혈구를 검출했다는 사실을 말해주지 않았습니까? 그가 당신에게 뭐라
　　　고 했습니까?

　후어썬 치안감은 요추천자를 실시했다는 말과 랑 박사와 허쉬 박
사가 비코를 교도소 병원에 두고 관찰하고 싶어 한다는 말을 들었다고
했다. 그는 자신이 비코를 프리토리아로 호송하라고 명령했다고 했다.
그곳에는 적절한 검진을 받을 만한 시설이 있었기 때문이었다.

　K : 포트엘리자베스는 무슨 문제가 있었죠? 포트엘리자베스에도 아주 훌륭한 병원
　　　들이 있는데요.

　G : 비코 씨의 경력을 고려하면 그가 그곳에 수용될 수 없는 충분한 근거가 있었습
　　　니다.

　K : 병원에서는 대개 죄수들을 24시간 감시하며 지키지요? 저는 그가 요가를 배웠
　　　다는 사실을 가지고 당신이 많은 걸 만들어냈다는 걸 알고 있습니다. 당신은 그
　　　가 마술사라고 생각했나요?

　G : 저는 그가 꾀병을 앓고 있다고 여전히 생각했습니다. 저는 그가 도움을 받아 국
　　　외로 탈출할 수도 있다고 생각했습니다. 병원에서 감시를 받고 있던 죄수들이
　　　탈출에 성공하는 경우를 자주 봐왔으니까요.

　K : 그런 상태에 있는 비코 씨를 아무에게도 보이고 싶지 않았던 게 진짜 이유 아니

었습니까? 당신은 그가 죽을 것이라고는 생각지 않았고, 그래서 그가 회복될 때까지 사람들 눈에 띄지 않게 하고 싶었던 거지요.

G : 제가 그를 숨길 이유가 없었습니다. 저나 제 동료들은 물론, 의사들도 외상을 전혀 보지 못했으니까요.

K : 당신은 프리토리아 교도소 책임자인 헤릭케 총경이 증인진술서에서 교도소에 적절한 시설이 없었다면 비코 씨는 치료를 위해 일반 병원으로 호송되었을 것이라고 말한 사실을 알고 있습니까?

G : 그의 상태가 어떤지 알았더라면 거기에 동의했겠지만, 그 당시에는 그가 병을 앓는 것처럼 가장하고 있다고 생각했습니다.

후어썬 치안감은 군용 비행기를 구할 수 없게 되자 자신이 터커 박사에게 비코를 도로 편으로 이송해도 되겠냐고 물었다고 했다. 터커 박사는 비코가 푹신한 매트리스 위에 누워 있을 수 있다면 반대할 이유가 없다고 했다는 것이다.

K : 비코 씨에게 어떤 장비가 필요했습니까?

G : 상대적으로 쾌적한 랜드로버 차량을 이용했습니다. 바닥에 매트리스를 놓기 위해 좌석은 치웠습니다.

K : 우리가 알기로는 이용 가능한 장비라곤 물통밖에 없었더군요.

G : 우리는 여전히 그가 거짓 시늉을 하는 것이라고 생각했습니다. 의사들은 아무런 처방도 하지 않았습니다.

K : 진료기록조차도 없이 비코 씨가 프리토리아로 갔다는 것을 알고 있습니까?

G : 저는 중앙 교도소의 도르플링 소장에게 전화를 걸어 누가 비코 씨를 담당하게 되는지 물어 보았습니다. 그는 제게 브랑 박사일 것이라고 말했습니다. 그는 제게 브랑 박사에게 포트엘리자베스의 랑 박사와 터커 박사에게 연락하라는 말을

해줄 것이라고 했습니다. 도르플링 치안감에게는 두 번 전화를 했습니다. 저는 프리토리아측에 정보를 제공하기 위해 가능한 모든 것을 다 했다고 생각합니다.

치안감은 진료기록이 제대로 전달되었는지는 말할 수 없다고 했다. 나중에 브랑 박사가 랑 박사와 터커 박사에게 전화를 걸지 않았다는 말을 들었지만 자신으로서는 할 수 있는 모든 것을 다했다는 것이었다. 그는 비코가 사망했다는 소식을 들었을 때 그가 보안경찰에 구속된 사람이었기 때문에 '이성적으로 혼란스러웠고' 비코가 법정에 서지 못하여 그가 실제로 어떤 사람인지를 보여주지 못하게 된 것이 얼마나 끔찍한 비극인지를 깨달았다고 했다. 외국 언론과 여러 나라들에서 비코를 순교자로 본다는 것이 지금으로서는 서글픈 상황이라는 것이었다. 비코를 폭로할 수 있게 된 대신 그의 활동이 베일에 묻혀버리고 말았다고 후어썬 치안감은 말했다.

켄트리지는 "당신은 분명 이 법정에서 그가 어떤 사람인지를 폭로하려고 노력해 왔습니다"라고 말했다. 후어썬 치안감은 비코가 죽었을 때 자신은 그가 거짓 시늉을 한 것이 전혀 아니라는 것을 깨달았다고 말했다. 켄트리지는 "불운하게도 비코 씨에게는 너무 늦은 깨달음이군요"라고 대답했다. 그러자 후어썬 치안감은 이것은 선전의 빌미를 제공할 수 있기 때문에 남아프리카 경찰에게는 비극적인 사건이라고 말했다. 그는 비코의 사망 사건을 놓고 동료들과 토론을 하였으나 어떻게 그런 일이 생기게 되었는지 누구도 명확히 말하지 못했다는 것이었다. 그도 역시 사망의 원인이 무엇이었는지 짐작이 되지 않았다고 했다.

켄트리지는 후어썬 치안감의 증인진술서 중 비코가 욕조에서 발견되었던 일에 관해 진술한 부분을 읽어 내려갔다. 후어썬 치안감은 그의 증인진술서에서 비코가 그 사고로 뇌손상을 입었다는 것에 신중하게 혐의를 두고 있다고 했다. 치안감은 또한 비코가 구속되어 있는 동안 심지어 호흡법을 써서라도 자살할 결심을 하고 있었다고 말했다. 비코의 이마에 난 상처는 의사들의 눈에 띄지 않았고 어떻게 해서 생긴 것인지 그도 몰랐다. 그는 법정에 제출된 상처를 찍은 사진은 노출이 지나친 것이었고 그런 상처는 조금만 할퀴어도 생길 수 있는 것인데 사진에는 너무 선명하게 나타난다는 것을 그후에 깨달았다는 것이다.

그러자 켄트리지는 "당신은 정말로 욕조 사건이 자살 시도였다는 혐의를 두고 있는 겁니까? 당신은 정상적인 사람이 옷을 입은 채로 물이 든 욕조에 들어가 앉을 거라고 말씀하시는 겁니까? 그가 이미 뇌손상을 입었을 것이라고는 생각하지 않습니까?"라고 말했다. 그는 계속해서 쿳시 간수가 물이 가득 찬 욕조에서 비코를 발견했을 때 비코가 그에게 꺼내달라고 부탁했다는 사실을 말했다. 간수가 그에게 그런 아침 시간에 무엇을 하고 있었던 것이냐고 묻자 그는 아무 말도 못하고 그저 신음소리만 냈다는 것이다.

후어썬 치안감은 "비코 씨는 이상해 보이는 행동들을 했습니다"라고 대답했다. 그는 옷을 입고 욕조에 들어가서 수도꼭지를 틀고 잠그라고 하자 말없이 발로 수도꼭지를 잠근다는 것은 정상적인 사람의 행동이 아니라는 것에는 동의했다.

켄트리지는 "그가 뇌손상을 입은 것처럼 여겨지진 않았습니까? 왜 당신은 그 사건에 대해 비코가 자살을 결심했다는 당신의 생각만 이야기하는 거죠? 당신이 증인진술서를 작성했을 때 당신은 그 부상이 병원에 도착하기 전에 입은 것이라는 점을 깨달았다는 게 진짜 설명 아닙니까?" 그는 후어썬 치안감이 증인진술서를 작성하면서 비코가 중 얼거렸던 일, 그리고 담요에 누운 채로 소변을 본 사실 등을 뇌손상과 연관시켜 보지는 않았느냐고 물었다.

G : 저는 어디서 뇌손상이 일어날 수 있었을까 수없이 생각해 보았습니다.

K : 진술서를 작성했을 때도 당신은 여전히 7일과 8일에는 비코 씨가 뇌손상을 가 장했을 수 있고 실제로 뇌손상을 입은 것은 9일이라는 생각을 품고 있었습니다.

G : 저는 그 사람이 자살할 기회를 엿볼 수 있는 병원으로 가기 위해 거짓 시늉을 했 을 수도 있다고 생각했습니다.

K : 비코 씨가 자살 시도의 일환으로 고의적으로 과호흡을 했다는 당신의 생각은 어 떤가요?

G : 저는 그 상황에서 우리의 감독하에서가 아니라 다른 어떤 곳에서 부상을 당한 것은 아닐까하고 걱정했습니다. 그리고 호흡법이 자살 시도의 일환일 수도 있다 는 사실을 확인했습니다.

후어썬 치안감은 자신은 비코가 보안경찰의 감독을 받고 있던 동 안 다쳤을 수도 있다는 생각을 했다고 말했다.

K : 당신은 어떻게 생각하십니까?

G : 지금으로서는 그가 619호실에서 부상을 당했을 가능성이 농후하다고 말씀드리 겠습니다.

그러자 켄트리지는 몇몇 경찰관들의 진술서에 나타난, 비코가 단 식투쟁을 하고 있었다는 주장에 대해 이야기하기 시작했다. 그는 후어 썬 치안감에게 '단식투쟁'이라는 말의 의미가 무엇이냐고 물었고 치안 감은 많은 의미가 들어 있다고 대답했다. 켄트리지는 분명히 하는 것이 중요하다고 말했다.

K : 어떤 사람이 몸 상태가 좋지 않아서 먹지 않았다면 치안감은 그 사람이 단식투
   쟁 중이었다고 말합니까?

G : 아니오.

K : 누군가가 배가 고프지 않다고 말하면서 먹지 않는다면 당신은 그가 단식투쟁 중
   이라고 말합니까?

G : 예. (이 말은 영어로 하지 않았다.)

K : 그냥 먹지 않고 있었는데도요?

G : 예.

켄트리지는 비코가 단식투쟁 중이었다는 말을 할 근거가 치안감에게는 없다는 것을 확실히 하고 싶다고 했다. 켄트리지는 치안감 자신과 의사의 증인진술서 및 다른 다수의 증인진술서에서 비코가 음식과 물을 먹었으며 몇몇 관계자들에게 고맙다고 했다는 내용이 들어 있는 부분들을 읽어주었다. 켄트리지는 비코가 빵과 커피, 그리고 마게우를 어느 정도 먹었다는 사실을 지적했다. 그는 후어썬 치안감에게 비코가 단식투쟁을 시작했다는 그의 발언은 유치장에 빵이 남아 있는 것을 보았기 때문인지를 물었다. 대답은 들리지 않았다.

켄트리지는 후어썬 치안감의 몇몇 부하 경찰관들이 자신들이 취조를 하는 동안 비코가 음식도 물도 먹지 않았다고 말한 것을 제외하고는 그가 9월 6일에 커피와 빵을 먹지 않았다는 것을 보여주는 증거가 하나도 없다고 말했다. 치안감은 그 말을 인정했다. 그러자 켄트리지는 8일에 의사들이 비코를 검진했을 때 그가 물을 달라고 하여 마셨다는 점을 말했다. 후어썬 치안감은 그것은 자신이 모르는 일이라고 했다.

켄트리지는 이번에는 8일과 9일에 관해 언급하고 있는 증인진술

서들과 비코가 물을 마셨다고 말한 간수의 증인진술서들을 지적했다. 비코가 음식과 음료를 어느 정도 섭취하였다고 한 증인진술서들을 읽은 후 그는 "어떤 점에서도 단식투쟁 중인 사람같이 여겨지지 않는군요"라고 말했다. 후어썬 치안감은 비코가 단식투쟁하는 것을 자신이 주의깊게 보았다고 말했다. 비코는 정말 먹지 않았다는 것이다.

켄트리지는 9월 9일에 비코가 물이 가득 찬 욕조에서 발견된 사건 직후에 있었던 일로 법정의 관심을 돌렸다. 뒤 프레 간수가 비코에게 음식을 가져다주면서 먹으라고 했다는 것이었다. 켄트리지는 뒤 프레 간수의 진술서를 읽었다. "손가락을 열심히 움직였지만 그는 먹을 수 있게끔 숟가락을 쥐지 못했습니다. 그래서 제가 먹여 주었습니다. 죽을 반쯤 먹은 후에 그는 배가 불러서 더는 먹고 싶지 않다고 말했습니다. 그래서 저는 그에게 커피를 한 잔 주었고 그는 그것을 다 마셨습니다."

켄트리지는 이번에는 후어썬 치안감에게 크뤼에르 경찰총장이 비코의 사망 이후 처음으로 낸 공식 성명을 보라고 했다. 그 성명에서 경찰총장은 비코가 9월 5일부터 단식투쟁 중이었다고 말했다. 그리고 켄트리지는 법정을 향해 그 성명의 몇 단락을 읽어 주었다.

K : 우선 이 성명에는 비코 씨가 9월 5일부터 음식물을 거부하고 단식투쟁을 하겠다고 협박한 것으로 되어 있습니다. 그가 단식투쟁과 관련된 어떤 협박도 한 적이 없다는 사실은 증언을 통해 충분히 명확해진 사실입니다. 두번째로 9월 11일(일요일)까지 비코 씨가 여전히 먹지 않았다고 말한 것은 틀렸습니다. 치안감, 이 성명에는 다수의 중대한 오류들이 들어 있습니다. 그 점을 아시겠지요?

G : 그것이 경찰총장의 말이라면 모순된 점들이 있습니다, 재판장님. 정확하다고 말할 수는 없군요.

켄트리지는 경찰총장이 언론협의회에「랜드 데일리 메일」지를 제소한 근거로서 이 성명을 이용했으며 성명서가 동봉된 서신에 서명을 했다고 말했다.

K : 최소한 두 가지 오류가 있습니다.

G : 그것이 경찰총장의 성명이라면 저는 뭐라 말씀을 드릴 수가 없습니다.

그러자 켄트리지는 경찰총장이 9월 14일에 국민당 대회에서 했던 발언을 거론했다. 경찰총장은 그날의 발언에서 보안경찰이 9월 5일에 다른 한 사람(피터 존스)에 대한 조사를 끝마치고 나서 비코에게 가서 그를 신문하기 시작했다고 말했다. 그때 그가 단식투쟁을 하겠다고 말했다는 것이다. 그는 처음에는 신문에 대답하겠다고 말했지만 우선 15분쯤 생각할 시간을 달라고 했다. 그런 후에 그는 대답하지 않겠다고 말하고서 단식투쟁을 하겠다고 협박했다는 것이다.

켄트리지는 치안감에게 "그러한 발언을 뒷받침할 만한 증거가 없다는 건 알고 계시지요?"라고 물었다. 그는 경찰총장에게 그 같은 정보를 올리는 것은 수사 지휘자의 임무라고 스니먼 경정이 전에 말해준 바 있었다고 했다. 후어썬 치안감은 장관과 접촉을 했다는 것은 부인했지만 보안경찰본부의 정상적인 경로를 통해 연락을 주고받았다고는 했다. 켄트리지는 "그러나 포트엘리자베스에서 무슨 일이 일어났는지에 대한 정보는 명백히 포트엘리자베스 보안경찰의 수장인 당신에게서 나왔어야 했지요? 제가 당신에게 읽어드린 발언을 실제로 경찰총장이 한 것이라면 누군가 총장을 오도한 것이 틀림없다는 점을 아실 겁니다"라고 말했다.

이 장면에서 경찰측의 판 루이엔이 경찰총장의 발언이 수록된 서면을 제출하는 것에 이의를 제기했다. 그는 그 말들은 전문증거(傳聞證據 ; 반대심문을 거치지 않은 진술 및 그 진술에 대신하는 서면―옮긴이)로서 증거로 채택될 수 없다고 말했다. 판사는 켄트리지에게 장관의 발언 채택의 타당성을 놓고 증언 청취 설전을 벌이기 전에 질문을 계속할 수 있도록 허락해 주었다.

켄트리지는 후어썬 치안감에게 총장에게 보고한 사람이 누구냐고 물었고 이에 대해 그는 "생각이 나지 않습니다. 저는 문제가 생기면 보안경찰본부에 보고합니다. 그리고 나면 경찰국장을 거쳐 총장에게 가는 걸로 알고 있습니다"라고 대답했다.

그러자 켄트리지는 판 루이엔의 이의 제기에 대해 법정을 향해 발언했다. "우리는 비코 씨에 대해 주시해 온 경찰총장이 했던 많은 발언들을 담고 있는 관련서류들을 법정에 내놓았습니다. 총장은 포트엘리자베스에 있지 않았습니다. 총장은 어떤 일이 벌어졌는지 개인적으로 알지 못했습니다. 그는 후어썬 치안감이 말했던 바와 같이 보안경찰본부를 통해 부하들이 올린 보고에 의존해야만 합니다. 그 정보의 출발점은 후어썬 치안감입니다. 우리가 정확하게 알고 있고 장관이 결코 부인할 수 없는 이 발언들의 요점은 비코가 9월 5일에 단식투쟁을 하겠다고 어떻게 협박했는지를 저들이 상세히 기술하려고 의도했다는 점입니다. 장관이 했던 또다른 발언은 비코가 단식투쟁에 들어가겠다고 말하기 전에 15분 가량 시간을 달라고 했다는 것입니다. 이는 실제로 일어났던 일에 관한 매우 상세한 진술인데요, 관련서류들을 보면 분명해지는 것처럼, 총장은 비코가 단식 투쟁으로 사망했다는 말은 결코 하지 않았지만 그가 단식투쟁에 돌입하였다는 말은 여러 차례 반복하기까지 했습니다. 이는 전혀 사실무근입니다. 후어썬 치안감과 스니먼 경정이 한 증언은 이와는 상반된 것이었습니다. 교도소 간수들의 진술서들 중 제가 읽어드린 부분들을 보면 9월 5일부터 비코가 음식을 거부했다고 한 것은 틀린 말임이 명백합니다.

재판장님, 그러므로 총장이 잘못 알고 있다고 치안감이 진술했을 때는 '누가 그에게 잘못된 정보를 주었는가, 그리고 그 이유는 무엇인가?'라는 두 가지 문제가 제기된다는 것이 너무나 명백합니다. 단식투쟁에 관한 언급도 없을 뿐더러 9월 7일의 몸싸움에 대한 언급 역시 그 어디에도 없습니다. 치안감이 비코 씨가 발작을 일으키지 않았나 하는 의심을 가졌다는 사실에 대한 언급은 어디에도 없습니다. 요추천자와 그 결과가 좋지 않았던 것에 대한 언급도 마찬가지입니다. 따라서 이미 거짓임이 밝혀진 단식투쟁에 관한 이야기는 발뺌이요, 사건을 은폐하려는 시도가 분명하다는 것이 저의 소견입니다.

이 재판에서 다른 어떤 문제보다도 중요한, 이 사실로부터 제기되는 문제는 딱 두 가지입니다. '그러한 은폐가 어디서 시작되었는가, 그리고 어느 수위까지 은폐에 가담하였는가' 하는 것이죠. 이 물음들에 대한 답을 얻게 되면 우리는 스티브 비코가 후어썬 치안감의 수하에 감금되어 있던 동안 실제로 무슨 일이 일어났던 것인지를 상당히 많이 알게 될 것입니다. 그것을 확인하는 방법은 한 가지밖에 없습니다. 후어썬 치안감은 자신이 그러한 보고를 했다는 사실을 부인했습니다. 좋습니다 그렇다면 우리는 그의 보고를 받은 사람과, 필요하다면 같은 지휘계통의 다음 사람과 이야기를 해봐야만 합니다. 어떻게, 그리고 왜 경찰총장에게 이 거짓 이야기가 전달되어 그가 이 나라와 전세계에 그것을 퍼뜨리게 되었는지를 밝혀낼 때까지 말입니다.

총장에게 이 부정확한 정보를 전한 사람이 누구건 간에 그는 분명 그 정보가 총장과 이 나라를 당혹스럽게 만들 것이라는 데에는 전혀 관심이 없었다는 것을 보게 될 것입니다. 때문에 우리는 이 문제를 반드시 조사해야 합니다."

신문 보도에 실린 경찰총장의 발언이 전문증거(傳聞證據)라는 판루이엔의 이의 제기에 관해서 켄트리지는 조사 담당자가 크뤼에르 총장에게 관련서류들을 가져가서 그것들이 정확한지 아닌지를 묻는 것은 아무런 문제가 없다고 말했다. 경우야 어찌되었건 켄트리지는 이 심리 법정이 전문증거(傳聞證據) 규정의 제한을 받는다는 것을 알지 못했다고 말했다. 이 문제는 판사가 재량권을 갖고 있다는 것이었다.

"후어썬 치안감은 자신이 그릇된 정보를 제공했다는 사실을 부인했습니다. 따라서 우리는 그 지휘계통의 다음 사람, 그리고 또 그 다음 사람을 소환할 것을 요청하는 바입니다. 누군가는 계통의 앞사람에게 책임이 있다고 하겠지요. 만약 그렇지 않다면 경찰총장 본인이 직접 이 법정에 나와서 누가 그에게 허위 정보를 제공했는지를 밝혀야 할지도 모릅니다. 이 같은 사태는 피하고 싶습니다. 저는 총장의 발언이 논란거리가 되기를 원치 않았습니다. 총장이 불필요한 곤욕을 치르도록 하는 것은 저의 의도가 아닙니다. 정말이지 저는 후어썬 치안감보다 더 높은 직급까지 가야 할 필요가 있다고는 생각지 않았습니다. 따라서 이제 그의 증언의 진위 여부를 가리는 것이 이 법정에서 할 수 있는 가장 중요한 일입니다."

그런 다음 켄트리지는 진상조사관이 경찰총장에게 가서 그의 발언을 인용한 내용들 중 잘못된 것이 있는지를 알아올 동안 임시로 관련 서류를 제출하는 것을 허용해 달라고 요청했다. "만약 총장이 수긍한 다면 경찰측 변호사께서 마다할 이유가 없다고 봅니다."

판 루이엔은 이에 대해 "마치 훌륭한 예술 작품을 보고 있었다는 느낌이 드는군요. 저의 켄트리지 변호사께서는 증거 능력이 없으므로 증언을 유도할 수 없는 문제들에 대해 거침없이 말을 하시고 말았습니 다. 제가 할 수 있는 일은 이러한 방식에 대해 결코 굽히지 않고 이의를 제기하는 것뿐입니다"라고 대답했다.

판 루이엔은 심리 법정의 목적은 사망의 원인을 입증하고 살아 있 는 사람들 중 책임자가 있다면 ……(부분적으로 들리지 않음) 누구인지 를 규명하는 것이라고 말했다. 판 루이엔은 비코가 살해되었으며 그가 머리를 심하게 구타당했다고 보도한 기사를 읽어 보았다고 했다. 그러 나 신문 보도는 전문증거(傳聞證據)로서 증거 능력이 없다고 말했다. 후어썬 치안감이 법정에서 모순된 진술을 했다는 일말의 증거도 없었 다는 것이다. "이것은 법적 심문입니다. 사망의 원인, 혹은 원인에 가까 운 것이 무엇인지는 재판장님께서 법적으로 판결할 것입니다." 신문기 사를 가지고 재판을 하면 수백 건의 진술이 증거 없이 제기될 수 있을 것이라는 말이었다.

국가측 증언을 진두지휘한 폰 리레스는 재판의 범위를 벗어나는 것은 무엇이든 기본적으로 타당성이 결여되어 있다고 말했다. 경찰총 장이 재판과 관련된 증언을 기고한다는 것은 있을 수 없는 일이었다. 그는 사건을 목격한 증인이 아니기 때문이다. "이 증인진술서는 정상 적인 규정상 증거 능력이 없는 모욕적인 증언을 끌어내고자 하는 시도입니다." 폰 리레스는 켄트리지가 법정을 11월 30일에 있을 총선거를 위한 정치적 장으로 바꾸려 기도했다고 주장했다. "이 법정은 선거법이 아니라 심리법(審理法)에 의해 세워진 것입니다." 비록 그 관련서류들이 타당성이 있다 하더라도 심리의 객관성을 뒤흔들어 놓을 것이라는 것이 폰 리레스의 말이었다.

답변에 나선 켄트리지는 경찰을 보호하는 것이 판 루이엔의 일이므로 그의 태도는 전혀 놀라운 것이 아니었다고 했다. 그러나 사건 은폐에 대한 어떤 의구심도 품지 않은 채 할 수 있는 모든 조사가 진행되었다는 관점을 보인 폰 리레스 검찰차장의 태도는 정말 놀라운 것이라고 했다.

판사의 질문에 대답하면서 켄트리지는 "우리는 여기서 의견 차이를 다루고 있는 것이 아닙니다. 우리는 일어난 일에 대한 경찰총장의 발언을 다루고 있습니다. 어떤 것이 완전히 틀렸고 어떤 것이 있지도 않은 일을 포함하고 있는지를 논하고 있는 것입니다"라고 말했다. 프린스 판사는 몇몇 보도들이 총장이 발언했다고 추정되었을 뿐인 내용들을 싣고 있었다고 말했다. 이에 대해 켄트리지는 "총장을 여기 모셔오면 심문을 통해 그 문제를 해결할 수 있습니다"라고 대답했다. 총장은 '자신이 그런 말을 했고 자신에게 그것에 관해 말한 사람은 아무도 없었다'라고 할 수도 있을 텐데 그것이 어떻게 법정에 도움을 줄 수 있겠느냐고 판사가 묻자 켄트리지는 이것은 막연한 시도가 아니라고 대답했다. 경찰총장이 발언을 했고 치안정감이 그에게 그 정보를 주었다고 법정에서 말한다면 그 점을 확인하기 위해 치안정감을 소환하게 될 것이란 말이었다.

프린스 판사는 후어썬 치안감이 거짓말을 하고 있었다는 것이 적
발된다고 한들 자신이 비코의 사망 원인에 대한 판결을 내리는 데 그것
이 도움이 되느냐고 말했다. 켄트리지는 "예, 만일 그의 말들이 거짓으
로 판명된다면 그것은 매우 중요한 사실을 말해주는 겁니다. 그들에게
무언가 숨겨야 하는 것이 있음을, 다시 말하자면 무슨 일인가가 일어났
음을 보여주는 것이지요"라고 말했다.

프린스 판사는 경찰총장의 발언들이 이 사건과 무슨 관련이 있는
지 알고 싶어 했다. 켄트리지는 계속해서 "우리는 후어썬 치안감과 그
부하들의 증인진술서에 매우 이상한 측면들이 있다는 것을 보여주려
노력해 왔습니다. 후어썬 치안감이 진술한 비코가 물이 가득 찬 욕조에
서 발견된 사건과 과호흡에 대한 언급이 그렇습니다. 우리는 그들이 뭔
가를 숨기고 있다고 생각합니다. 그들이 책임을 면하기 위해 숨겨야 할
일이 무엇일까요? 총장에게 보낸 공식 보고 속에 명백한 거짓이 들어
있다는 중대한 증거가 있습니다. 보안경찰 내의 누군가가 애써 장관에
게 사실을 숨기려 했다는 것을 우리가 밝힌다면 그것이야말로 가장 명
백한 범죄의 증거일 수 있습니다"라고 말했다.

"여기 공식 정보소통 경로가 있습니다. 우리가 아는 한 총장은 약
식 보고를 받은 것이 아닙니다. 그는 분명 후어썬 치안감에게서 시작된
공식 보고를 받았을 것입니다. 후어썬 치안감이 이 잘못된 정보에 대한
책임이 있는 사람이 아니라면 그는 왜 그 정보를 바로잡지 않았을까
요? 그 정보는 결코 수정되지 않았습니다. 총장은 아무런 제지도 받지
않고 그 발언을 계속 반복했습니다. 그러한 성격의 발언을 계속할 수
있으려면 그럴 만한 매우 강력한 동기가 있어야 합니다."

켄트리지는 비코가 신장 질환으로 사망했다는 설이 공식 정보원들로부터 나온 것이라면 그것은 매우 타당성이 높을 것이라고 말했다. "이것이 타당성이 있다면 그 정보의 진원지는 포트엘리자베스 보안경찰임에 틀림없을 것입니다. 이런 부분에 대한 조사가 이루어지지 않는다면 제가 대변하는 쪽의 이해는 결코 충족될 수 없을 것입니다."

의료진을 변호하기 위해 나온 피카르는 그의 고객들은 후어썬 치안감이 휘말리게 된 신뢰성 문제에는 관심이 없다고 말했다. 그는 켄트리지와는 반대 노선에 섰다. 자신의 고객들이 날마다 법정에 나와야 되지 않을까 걱정이 되었기 때문이었다.

폰 리레스는 자신들은 모두 충분한 조사가 이루어지기를 원하지만 타당성 없는 증거를 법정에 내세우는 것은 원치 않는다고 말했다. 거기에 이의를 제기하는 것은 자신의 의무라는 것이었다. 프린스 판사는 켄트리지가 제출한 자료들의 증거 채택에 대해서는 다음날 사실인정(事實認定 ; 재판의 기초가 되는 사실의 존부(存否)에 관한 법원의 판단—옮긴이)을 할 것이라고 말하면서 휴정을 선언했다.

(휴정)

다섯째 날 : 1977년 11월 18일 금요일

프린스 판사는 켄트리지의 신청을 받아들이지 않았으며, 크뤼에르 총장의 대국민 성명 사본을 증거로 채택케 해달라는 요청을 거절하였다. 그는 자신의 결정에 대한 근거로 네 가지 이유를 제시하였다.

1. 증거 규정에 따라 보고 서류들이 후어썬 치안감의 신뢰성에만
   관련된 것일 경우 이는 받아들일 수 없다.

2. 성명은 비코의 사망 정황과 관련이 없기 때문에 받아들일 수
   없다.

3. 성명은 풍문에 의한 전문증거(傳聞證據)이기 때문에 받아들일
   수 없다.

4. 성명은 '본 사건과 지나치게 괴리되어 위험할 수도 있는' 전문
   증거이기 때문에 받아들일 수 없다.

판 루이엔이 자리에서 일어나 법정을 향해 자신은 이번 소송 과정
에 외압이 작용하고 있다는 추정을 불식시키기 위해 경찰국장과 대책
을 논의해 왔으며, 또한 진술에 일관성이 결여되어 있는지 여부를 검증
하기 위해 가족측 변호인이 두 명의 치안정감과 협의할 수 있도록 했다
고 밝혔다. 만약 변호인이 그러고도 만족하지 못할 경우, 그들은 추가
증거 제출을 다시 요청할 수 있었다는 것이다.

켄트리지는 이것이 '매우 이상하면서도 놀라운 제안'이었다고 말
하며 이렇게 질문했다. "왜 영장을 발부하여 그들이 증인석에서 심문
을 받을 수 있도록 하지 않았나요?" 그는 개별 면담이 무슨 가치가 있
는지 알지 못했다. 그러나 그는 '가능한 한' 그 제안을 받아들일 것을
고려해 보기로 했다고 말하며, 가족측 변호인은 어떠한 증인도 출석시
킬 수 없으며 다만 정황 증거를 토대로 한 제안만 할 수 있다는 불만사
항을 덧붙였다.

켄트리지는 후어썬 치안감에 대한 심문을 이어나갔다. 그는 후어
썬 치안감에게 총장의 발언이 보도된 것을 보았을 때, 왜 그것을 수정

하기 위해 아무런 조치도 취하지 않았는지 물었다. 치안감은 그것은 자신의 의무가 아니었으며, 그렇게 하는 것은 자신의 직무능력 밖의 일이라고 대답했다. 상관에게 서면 보고를 해야 하지 않았느냐는 질문에 그는 여러 차례 증인진술서를 작성했고, 지금 그 진술서들은 본부에 보관되어 있으며, 거기에는 서면 보고에 포함될 내용이 모두 들어있다고 답하였다. 후어썬 치안감은 무엇 때문에 누군가가 총장에게 거짓 보고를 해야 하는지 이유를 알 수 없으며 그는 총장의 발언이 언론에 의해 잘못 인용되는 경우를 셀 수도 없을 만큼 짚어낼 수 있다고 말했다.

K : 어떻게 해서 보고서에 그렇게 분명한 오류가 포함될 수 있었는지 말씀해 주시겠습니까?

G : 저는 비코 씨가 단식투쟁을 하겠다고 위협했다는 말은 한 적이 없습니다. 어떻게 그런 보고가 총장에게 전달되었는지에 대해서는 드릴 말씀이 없습니다.

후어썬 치안감은 일주일쯤 뒤에 포트엘리자베스 교도소에서 자신과 보트마 치안감이 '과호흡' 대해 논의한 적이 있다고 말했다. 자신들은 특이한 호흡법에 대해 얘기했으며 보트마 치안감이 의학서적 한 권을 가져왔다는 것이다. 켄트리지는 과호흡이 자살을 기도하는 방법이 될 수 있다는 그의 생각에 랑 박사가 동의했는지 물었다. 치안감은 랑 박사가 그 문제를 자세히 검토했다고는 생각지 않는다고 대답했다. 그러한 가능성에 대해 얘기할 때 랑 박사가 그 자리에 있었으며, 그는 오랫동안 과호흡을 실행하게 되면 위험할 수 있다고 강조하였다. 후어썬 치안감이 '의학서적을 통한 연구'라고 자신의 증인진술서에서 말했던 것의 의미는 이런 것이었다. 이 논의는 클레인후스 총경이 포트엘리자베스에 오기 전, 비코가 죽은 지 대략 닷새 후에 했던 것이다.

경찰측 변호인 판 루이엔이 일어서서 후어썬 치안감에 대한 심문을 재개했다. 판 루이엔은 치안감 휘하의 경찰들이 구속자를 폭행하는 데 주저하지 않았다는 주장이 치안감에게 제시된 바 있다고 말했다. 후어썬 치안감은 테러법 6항에 해당하는 모든 경우에 보안경찰의 목적은 구속자를 철저히 취조하여 활동내역, 자금원, 기타 상황과의 연계 등을 규명하는 것이라고 말했다. 구속자를 안전하게 보호하고 그가 탈출하거나 자해하거나 상해를 입지 않도록 취할 수 있는 조치는 모두 취했다는 것이었다. 만약 구속자가 어떤 사실을 인정했다가 나중에 자신이 폭행을 당했기 때문에 어쩔 수 없이 그랬다고 말하는 것은 아무 소용이 없다는 것이었다.

"우리에겐 시간이 많습니다." 후어썬 치안감이 말했다. 구속을 당한 사람은 질문에 답을 할 때까지 구금되어 있는 것이었다. 후어썬 치안감은 때로는 의사소통을 하는 데 며칠 혹은 몇 주가 걸리기도 했으며 때로는 아주 우습게 의사소통이 시작되기도 했다고 말했다. "우리가 구사하는 기법은 켄트리지 씨의 기법과 유사합니다. 때로는 아주 부드럽게 얘기를 하고, 때로는 아주 냉소적인 방법을 씁니다. 구속자를 폭행할 이유가 없지요."

그런 다음 후어썬 치안감은 "본인의 폭행조"에 대해 아무런 폭행 혐의도 제기되지 않았다고 말했다. 그의 말에 웃음이 터져 나오자 그는 "취조반"이라고 발언을 정정하였다.

취조반의 요원들은 모두 차출된 사람들이었다. 그들은 성격, 타인들과의 대화 능력, 같은 조원들을 제어할 수 있는 능력을 기준으로 선발되었으며, 성격적 결함을 가진 사람이 보안경찰이 되기는 매우 힘든 일이라는 것이 그의 주장이었다.

후어썬 치안감은 일군의 언론과 급진주의자들이 일반 대중들로 하여금 보안법에 대항하여 반란을 일으키도록 유도하는 분위기를 조성했다고 말했다. "그러한 분위기가 너무나 팽배하여 남아프리카인들은 아마도 우리가 뭔가 잘못 행동했으리라는 일반적인 의식을 갖기에 이르렀습니다." 따라서 보안경찰은 비난을 살 만한 어떤 빌미도 제공하지 않도록 매우 조심스럽게 행동했다고 말했다. "우리는 이러한 비난으로 인해 매우 낙심하고 있습니다. 우리는 구속자들을 아주 정중하고 사려 깊게 대하기 때문입니다. 우리는 그들에게 담배도 주고, 차가운 음료와 훌륭한 음식까지 제공합니다." 폭행 혐의는 보안경찰의 이미지를 손상시킨다는 것이었다.

경찰서 유치장에서는 '독일의 바더-마인호프(Baader-Meinhof ; 1968년 결성된 독일 좌파 테러조직의 두 지도자. 둘 다 감옥에서 자살하였음—옮긴이) 사례처럼' 자살하려는 경향이 나타나기 때문에 그들은 자살을 방지하게 위해 최선을 다했다는 것이다. 만약 구속자가 두통이 심하다고 호소하면 의사를 불렀고, 구속자가 고혈압으로 고통을 받는다면 정기적으로 의사의 진찰을 받도록 해주었다고 했다.

후어썬 치안감은 자기에게는 비코의 건강이 무엇보다도 중요했다고 말을 이었다. 그는 자신이 확보한 정보가 있기 때문에 이 '평화를 사랑하는' 남자를 법정에 세우는 게 무엇보다도 중요하다는 점을 그는 분명히 파악하고 있었다. 그는 BPC가 테러리스트를 훈련하는 일에 관심을 기울이고 있으며, 비코가 훈련병들을 보츠와나로 이송하는 데 자금을 지원했다는 것을 알고 있었다. 그는 '남아프리카에 대량 학살과 혁명의 분위기'를 조성하고 있었던 것이다.

또한, 비코의 동조자들을 찾아내는 일 역시 그에게는 중요했다. "그의 죽음은 결정적으로 수사에 찬물을 끼얹었습니다"라고 그는 말했다. 그는 만약 비코가 석방되고 나중에 자신이 폭행을 당했다고 주장한다면 '실망했을' 것이었다. 왜냐하면 그는 비코가 얼마나 조심스럽고 정중하게 대우를 받았는지 알고 있었기 때문이다.

판 루이엔이 비코를 벌거벗긴 채 쇠사슬에 묶어 두었던 이유는 무엇이었냐고 묻자 치안감은 그것은 본부로부터 하달된 명령에 의한 것이었으며, '지속적인 자살 시도'를 예방하기 위한 것이었다고 대답했다. 9월 7일 아침 비코는 마치 '미친 사람' 같았으며, 해서 치안감은 그런 사태의 재발을 방지하는 데 관심을 기울였다는 것이다.

그러자 프린스 판사가 물었다. "그렇다면 경찰이 그에게 채웠던 물건들은 그에게 상처를 내지도 않았고 또 당신이 그토록 열심히 지키고자 했던 보안경찰의 이미지도 해치지 않았을까요?" 후어썬 치안감은 "그 물건들은 표준 장비입니다. 단지 그의 동작을 억제했을 뿐입니다"라고 대답했다. 비코가 수감되어 있던 6층 조사실 창에는 창살이 있었지만 옆에 있는 다른 조사실들에는 창살이 없었다고 그는 말했다. 최근에는 한 남자가 그 창문들 가운데 하나를 통해 뛰어내린 사건이 있었다. 모든 조사실의 문은 보통 문이었다. 문에 자물쇠를 채우는 것만으로는 비코를 안전하게 수감하기에 충분하지 않았다. 비코는 취조받는 동안에는 옷을 입고 있었는데 취조실에서는 유치장에 있을 때보다 지키기가 더 용이했기 때문이다. 비코 사건이 있기 바로 전, 두 명의 죄수가 감방 안에서 신발 끈과 바지로 목을 매 자살하는 사건이 벌어졌다.

후어썬 치안감은 구속자를 한 장소에서 다른 장소로 옮길 때는 반드시 수갑을 채우거나 간수들이 팔을 붙잡도록 하고, 가능한 한 1층에 수감하도록 조치하라고 지시했다고 말했다. 그는 구속자들을 매우 신중하게 처우했다. 구속자가 높은 층에 유치되어 있을 때 그들에게 족쇄와 수갑을 채워두라는 것은 그가 꼭 지시해야 하는 사항은 아니었다. 그것은 그의 재량이었다. 그의 지시는 오직 최대한 신경 써서 구속자를 대우하라는 것뿐이었다.

비코는 취조를 받는 동안에는 옷을 입고 족쇄도 차지 않았지만, 밤에는 수갑과 족쇄를 채워야 한다고 그가 명령했으며 윌켄 경위와 순경 두 사람에게 보초를 서도록 했다. 아침에는 수갑과 족쇄를 풀어주었으며, 아무 일도 벌어지지 않았다면 비코는 자유롭게 행동할 수 있었을 것이다. 그렇지만 7일 아침 무슨 일인가가 벌어졌고, 그는 비코가 거칠고 위험한 존재라는 생각이 들어 그에게 족쇄를 채우라고 명령했다.

만약 비코가 아프다는 말을 랑 박사가 해주었다면 그는 필요한 의료시설이 있는 기관으로 비코를 옮기도록 했을 것이다. 그에게 수갑과 족쇄를 채워 창살에 묶어 두지는 않았을 것이다. 랑 박사는 아무런 이상도 없다고 말했으며, 후어썬 치안감은 비코가 거짓 시늉을 하고 있다고 생각했다. 그가 비코에게 계속 족쇄를 채워두도록 했던 것은 그가 거친 몸싸움을 야기했기 때문이었다. 후어썬 치안감은 그날 자신이 주기적으로 비코의 방에 들어가 보았다고 말했다. 더이상 공격적이지 않다는 것 외에 비코의 태도에는 특별한 변화가 없었다.

후어썬 치안감은 비코가 자해를 할지도 모른다는 두려움에서 그를 풀어주지 않았다고 말했다. 어쨌든 비코는 사슬에 묶인 채로 그날 밤을 보내야만 했다. 비코는 낮에도 수갑을 차고 있었기 때문에 그의 지시사항에는 변화가 없었다. 그는 비코가 사슬에서 풀려나 결국 탈출을 감행할 목적으로 꾀병을 부린다고 확신했다. 일반 병원에서는 치안감이 그를 통제할 방법이 없기 때문에 그가 사람들의 도움을 받아 탈출을 하여 자유의 몸이 될 수도 있었다. 그는 교도소에도 필요한 모든 의료 설비가 갖추어져 있다고 생각했다.

후어썬 치안감으로서는 비코에게 무슨 문제가 있는지 알아내는 것이 급선무였다. 진단을 위해 그를 내과질환 전문의에게 진찰 받도록 하자는 데 그는 아무런 이견이 없었다. 그로서는 아무런 외상을 발견할 수 없었던 것이다. 그는 백 퍼센트 확실한 판단을 내리고 싶었기 때문에 비코를 더 오래 두고 관찰하는 게 좋겠다는 제안을 기꺼이 받아들였다. 그는 비코가 발작을 일으켰을지도 모른다는 생각을 어렴풋이 갖고 있었다고 말했다. 그는 비코가 민간인 전문가에게 진찰 받을 수 있도록 노력을 기울였으며 비코를 교도소 내 진료소에 유치해도 된다는 말에 만족했다.

후어썬 치안감은 경찰에는 기록을 유지해야 한다고 명시한 내무 규정이 존재한다고 말했다. 이는 법령과는 무관한 것이었다. 사건일지는 원활한 행정업무를 위한 기록일 뿐이었다. 보안경찰이라고 해서 일반경찰보다 우위에 있는 것은 아니었지만 경찰 내부에도 마찬가지로 사건일지를 기록하지 않는 다른 부서들이 있었다.

프린스 판사가 물었다. "그렇다면, 사건일지에 기록하는 게 무슨 소용이 있습니까?" 후어썬 치안감이 대답했다. "사건일지를 기록하는 것은 대부분 원활한 행정업무를 위한 것입니다. 구속자가 축구를 하다가 다칠 수도 있으며, 심문이 있을 수도 있고, 민사소송이 제기될 수도 있으니까요." 일반 구속자들은 공개된 장소에서 운동을 하는 것이 허락되었으며, 따라서 이웃 유치장의 구속자들과 대화를 할 수도 있었다. 그러나 비코의 경우에는 어떤 일이 있어도 대화를 하게 해서는 안 되었다. 그리고 그는 비코가 유치장 안에서도 충분히 신선한 공기를 흡입하고 운동을 할 수 있다고 생각했다. 7일 아침 스니먼 경정으로부터 보고를 받은 후 그는 비코를 접견했을 때 그가 극히 공격적인 성향을 보이는 것을 확인했지만 상처는 발견할 수 없었다. 그는 의사를 불렀지만, 의사 역시 아무런 상처를 찾아내지 못하였다.

후어썬 치안감은 비코와 대화를 하려 노력했고, 비코가 횡설수설하자 과거의 경험에 비추어볼 때, 그리고 그는 전문가가 아니기 때문에, 비코가 발작을 일으켰을지도 모른다고 생각했다.

후어썬 치안감은 랑 박사가 비코를 진찰할 때 자신도 옆에 있었다고 말했다. 그러자 판 루이엔은 다음과 같은 랑 박사의 말을 인용했다. "후어썬 치안감은 비코 씨에게 어떤 해로운 일이 일어나는 것도 원치 않는다고 강조했습니다. 비코는 자신의 몸 상태를 저에게 충분히 설명했으며, 팔다리에 힘이 없고 식욕이 없다는 것 외에는 별다른 증후가 없었습니다."

이어서 비코와 같은 혐의로 체포된 사람들이 작성한 문건들의 증거 채택 가능성에 대한 논쟁이 벌어졌다. 켄트리지는 취조 과정에서 비코에게 보여준 것으로 추정되는 문건을 제출하는 것에 반대한다고 말했다. 스니먼 경정은 선서를 거치지 않은 일부 수기 진술서를 비코에게 보여주었다고 말했다. 이 진술서와 관련된 문제는 스니먼 경정에게는 제기되지 않았지만 지금 후어썬 치안감에게는 제기되었으며, 치안감은 그들이 비코를 취조하면서 그것을 보여주었는지 밝히라는 요구를 받았다. 충분히 검증할 수도 있었던 총장의 발언을 제출하려고 했던 켄트리지의 신청이 강력한 반대에 부딪쳤었다는 점에 비추어 볼 때, 제대로 검증되지도 않은 문건을 경찰측 변호인이 법정에 제출하고자 했다는 것은 흥미로운 일이었다.

판 루이엔은 문건의 진위 여부를 입증하기 위해 그것을 작성한 사람들을 법정에 불러올 필요는 없다고 주장했다. 그는 심리 상태에 관심이 있었다. 켄트리지는 경찰이 비코에게 폭행을 가함으로써 비코가 부인하던 내용을 시인하도록 만들었다고 주장했지만, 경찰은 그 문건을 비코에게 보여주었기 때문에 비코가 진술한 것이라고 주장했다. 비코에게 문건을 보여주었다는 증언이 사실이라면 그것은 비코에게 폭력적인 반응을 유발할 수도 있었을 것이다. 그런데 만약 그 문건들이 법정에 제출되지 않는다면, 그런 것은 아예 존재하지 않았다고 할 수도 있을 것이다. 문건 같은 것은 있지도 않았으며 또 비코에게 그러한 문건을 제시한 적도 없다는 이야기가 나오는데도 문건을 제출하지 못하도록 하는 것은 경찰측에 치명적인 약점이 될 것이다. 객관적으로 볼 때 문건의 내용은 거짓일 수도 있지만, 여기서 유일하게 문제가 되는 것은 그 문건에 의해 유발된 비코의 심리 상태라는 것이다.

폰 리레스가 끼어들었다. 폰 리레스는 여기서 유일하게 문제가 되는 것은 난투극이 있기 전에 과연 문건이 존재했느냐 하는 것이며 거기에 씌어진 내용이 사실인지 아닌지, 비코가 그것을 사실이라고 믿었는지 아닌지는 문제가 되지 않는다고 말했다.

그러자 판사는 문건에 담긴 내용의 진위 여부를 입증하기 위해서가 아니라 단순히 문건의 존재 여부를 입증하기 위해 문건을 제출하라고 판시하였다. 문건이 존재했다는 사실에 기초해서 그 문건들은 법정에 제출될 수 있을 것이다.

이어서 판 루이엔이 심문을 계속했다. 진술이 담긴 문건에 대해 질문을 받자, 후어썬 치안감은 9월 6일 이전에 그 문건을 입수하였으며 내용에 대해 요원들과 논의를 했다고 말했다. 그는 BPC에 대해 그들이 제시한 정보가 사실이라고 믿었으며, 문건들에 쓰인 필적의 주인이 패트릭 티티와 피터 존스라는 것을 알고 있었다. 이 문건과 다른 문건들은 스니먼 경정이 이끄는 수사팀의 수중에 있었다. 그는 문건이 비코에게 보여주기에 충분한 내용을 담고 있다고 생각했다.

두 명의 배석판사 중 한 사람인 고든 박사가 후어썬 치안감에게 비코가 자살을 시도했다는 그의 생각 등에 대해 여러 질문을 던졌다.

Gor : 비코가 6일이나 7일에 머리에 상처를 입었다고 합시다. 그가 욕조에 제대로 앉을 수 없었던 것은 뭔가 탈이 난 상태였기 때문은 아닐까요?

Goo : 그때까지 저는 그의 머리에 문제가 있었다는 걸 알지 못했습니다. 지금은 그가 619호에서 다쳤을 수도 있다는 걸 인정하지만 말입니다. 아무튼 저는 즉시 의사를 불렀습니다. 새벽 3시에 목욕을 하는 건 자연스러운 일이 아니니까요.

Gor : 감시를 받고 있었을 텐데 어떻게 자살을 할 수가 있겠습니까?

후어썬 치안감은 비코가 개별 감시를 받았다고 생각하지는 않았다고 답했지만, 말을 바꾸었다.

Gor : 감시를 받지 않았다면, 당신의 명령이 지켜지지 않은 셈이로군요.

Goo : (대답이 들리지 않음)

Gor : 당신은 의학적 지식이 없습니다. (들리지 않음) 그리고 과호흡으로 자살을 할 수 있다는 얘기는 당신에게서 처음 듣는 말입니다.

Goo : 그렇습니다. 그것은 저의 생각이었습니다.

Gor : 만약 당신 말대로 사람이 그런 식으로 자살을 할 수 있다면 저도 좀 배우고 싶군요.

Goo : 아니오, 그렇다고 말씀드릴 수는 없습니다.

Gor : 사람이 그런 방법으로 자살을 할 수 있다는 당신의 발언은 확실한 근거가 없다고 결론을 내려도 되겠습니까?

Goo : 확실한 근거가 있는 것은 아닙니다. 그건 틀린 생각이었습니다. 저 개인의 비전문가적인 견해였지요.

점심식사 후에 다니엘 지베르트 경감이 소환되었다. 존스와 티티가 작성했다고 추정되었던 수기 문건이 그에게 제시되었다. 판 루이엔의 질문을 받은 지베르트 경감은, 취조 과정에서 요원들이 비코에게 그 필적이 존스와 티티의 것인지 알아보겠느냐고 물어보았다고 답했다. 그러자 프린스 판사는 경감에게 비코에게 문건을 보여준 것이 언제였는지 물었다. 지베르트 경감은 9월 6일 오후였다고 말했다. 9월 7일 저녁에 비코에게는 그 이상의 추가 문건이 제시되지 않았다.

다음 증인은 포트엘리자베스 교도소의 간수인 피트체트로서, 그는 법정에 서기 전에 세 차례 증인진술서를 작성했다. 9월 15일로 날짜가 명기된 진술서에서 피트체트가 한 말의 요지는 다음과 같았다. 9월 9일에 그가 비코를 감시하고 있을 때 그는 푸자만들라(puzamandla) 한 잔을 주었고 비코는 그것을 마셨다. 그 다음에 비코는 물을 달라고 했으며 물 두 컵을 완전히 비웠다. 그리고 나서 그는 피트체트가 마게 우와 물을 주었기 때문에 피트체트에게 입 맞추고 싶다는 말을 했다.

피트체트는 또 비코가 운동을 하고 싶어 했으며, 침대에서 일어나 유치장 안을 걷고 싶다는 말을 했다고 진술하였다. 그는 누구의 도움도 받지 않고 아무것에도 의지하지 않은 채 걸었다. 발걸음이 부자연스럽지도 않았다. 머리를 숙인 채 시선을 땅에 고정시키고 있었다. 20분쯤 지난 후 그는 피곤하다며 침대에 앉았다.

피트체트의 질문을 받고 비코는 그의 가족이 포트 보포트에서 살았다고 대답했다. 왜 체포되었느냐는 피트체트의 질문에 비코는 차로 여행을 하고 있었다고 대답했다. 어떤 종류의 차였냐고 묻자 비코는 폭스바겐 파사트라고 말했으며 지금은 퀸스타운에 있다고 했다. 비코는 더이상은 아무 말도 하려 하지 않았다.

이 진술들에 대해 피트체트를 심문하면서 비코 가족측의 벤첼은 "그의 몸 상태에 비춰볼 때 비코가 9월 9일에 당신이 설명한 식으로 걸어 다니는 것은 의학적으로 불가능하다는 말을 들은 바 있습니다. 거기에 대해 어떻게 생각하십니까?"라고 물었다. 피트체트는 증인석의 마이크를 붙잡은 채 아무 말이 없었다.

W : 마이크에서 무슨 영감이 나오지는 않을 텐데요.

F : 그 질문에는 답변할 수 없습니다.

벤첼은 또한 9월 9일 이전에도 비코가 때때로 분명치 않게 말을 했다는 다른 증인들의 진술과, 관할 지방 의무관인 랑 박사가 9월 7일 진찰을 했을 때 비코가 비틀거렸다는 사실을 피트체트에게 환기시켜 주었다. 벤첼은 또 비코의 가족 가운데 포트 보포트 출신은 아무도 없으며, 그는 파사트가 아니라 푸조를 타고 있다가 체포되었고, 체포된 장소도 퀸스타운이 아니라 킹윌리엄스타운이라는 점을 지적했다.

벤첼은 클레인후스 총경이 기재하라고 지시한 진술서 사본에 대해서도 피트체트에게 질문을 던졌다. 그 증인진술서는 비코의 구금과 관련된 진술을 담고 있으며, 그것을 작성하는 사람은 부정확한 진술을 삭제하여 정확한 진술만 남도록 해야 했고, 작성자가 필요하다고 생각하면 의견을 덧붙여야 했다. 벤첼은 이런 식으로 조작된 수많은 증인진술서가 이번 심리에서 증거로 제출되었다고 말했다. 피트체트는 원래의 진술서에서 다음과 같은 말들을 삭제하였다. "본인은 이미 진술서에서 밝혔던 것 외에 스티브 비코에게서 어떤 종류의 상처도 알아차리지 못했다." 그는 또 이런 진술도 삭제하였다. "본인이 스티브 비코를 접견하는 동안 다음과 같은 상처를 발견하였다." 복사본에는 다음과 같은 진술이 남아 있었다. "본인은 스티브 비코의 인상서(人相書)에서 아무런 상처도 발견하지 못했다." 피트체트는 "양쪽 손목의 수갑자국 외에는……"이라는 말을 덧붙여 놓았다.

진술서 양식에 남아 있는 다른 진술은 다음과 같았다. "본인은 비코의 부검 과정에서 찍은 사진에 나온 자국을 보았다. 이전에는 스티브 비코에게 그러한 상처나 자국이 있는 것을 알아차리지 못했다."

W : 당신이 혼자 있을 때 혹은 다른 간수들과 함께 있을 때 클레인후스 총경이 당신에게 적합하지 않은 사항들은 삭제하라고 지시했습니까?

F : 아무 지시도 하지 않았습니다.

W : 당신이 혼자 있을 때 혹은 다른 간수들과 함께 있을 때 그가 당신에게 복사한 양식에 어떤 조치를 취하라고 설명을 했습니까?

F : 잘 모르겠습니다.

W : 한 달도 채 지나지 않은 일입니다. 당신은 특별히 기억력이 나쁜가요?

F : 그렇습니다.

이 국면에서 폰 리레스가 윈스턴 에릭 윌켄 경위를 증인으로 소환하였다. 9월 6일 오후 6시, 그는 쿳시 순경, 포우체 순경과 함께 야간 당직을 섰다. 그는 비코가 취조실에서 두 장의 감방용 깔개 위에 두 장의 담요를 덮고 누워 한 팔로 머리를 괴고 있는 것을 보았다. 그의 한쪽 발은 문 앞 쇠창살 아래쪽에 사슬로 살짝 묶여 있었으며 손에도 수갑이 채워져 있었다. 그러나 그는 쉽사리 움직일 수 있었다.

윌켄 경위는 캐비닛 위에 우유 한 통과 고기 파이가 놓여 있는 것을 발견하였다. 스니먼 경정이 비코가 음식을 먹지 않으려 한다고 말했다. 뭔가 불만이 있느냐고 묻자 비코는 공격적인 태도가 되어 아니라고 대답했다. 그는 음식과 물을 전혀 섭취하지 않으려 했다. 비코는 계속해서 잠을 잤으며, 윌켄 경위가 물어보았음에도 불구하고 화장실에 가고 싶지 않다고 했다. 그날 밤 그는 정기적으로 비코를 들여다 보았는데 그날 밤은 조용하게 지나갔다.

다음날 스니먼 경정이 그에게 비코가 그날 아침 아주 난폭하게 행동하였으며, 자기와 다른 요원들을 공격하였고 그래서 그들이 비코를 바로 제압했다는 말을 해주었다. 그는 비코가 진찰을 받았는데 의사는 그에게서 별다른 이상을 발견하지 못했다는 점을 알려주었다. 스니먼 경정은 또 비코가 아무것도 먹거나 마시려 하지 않는다고 말했다.

그날 밤 경위가 다시 근무에 들어갔을 때 비코는 잠들어 있었는데 여전히 똑같은 감방용 깔개 위에 두 장의 담요를 덮고 담요 한 장을 베개로 베고 누워 있었다. 그의 발은 쇠창살에 묶여 있었고, 손에도 수갑이 채워져 있었다. "그의 윗입술이 부어 있는 걸 발견했는데, 그날 아침의 소동으로 생긴 것이라고 생각했습니다"라고 윌켄 경위는 말했다.

비코는 오전 7시 30분경에 깨어났고, 윌켄 경위가 그에게 말을 걸었다. "그에게 음식을 갖다 주었지만 거부했습니다. 저는 비코 씨에게 그가 모두의 시간을 빼앗고 있으니 어서 진실을 털어놓으라고 말했습니다. 그는 15분만 시간을 주면 진술을 하겠다는 말로 제 말에 답했습니다. 저는 그가 그러리라는 걸 진심으로 믿고 그를 거기 혼자 있게 두었습니다. 잠시 후 제가 다시 돌아갔을 때 그는 잠들어 있었습니다. 그래서 저는 그를 그대로 두고 나왔습니다. 오전 9시경에 비코 씨가 깨어났는데 분명치 않은 발음으로 얘기를 했습니다. 저는 무슨 말인지 알아들을 수가 없어서 부서장인 피셔 경정에게 전화를 걸어, 어젯밤에는 비코가 진술을 할 작정이었는데 지금은 말을 하고 있지만 발음이 분명치 않다고 보고했습니다." 이어서 윌켄 경위는 비코를 프리토리아까지 수송한 랜드로버 차량에 대해 설명했다. 뒷좌석을 치우고 그 위에 다섯 장의 감방용 매트를 깔았다는 것이었다. 네 장의 담요로 비코의 몸을 감쌌으며, 한 장은 베개로 사용했다.

윌켄 경위가 장황한 진술서를 쓴 날은 9월 17일이었다.

10월 20일자로 되어 있는 두번째 진술서에서 윌켄 경위는 자신이 그날 클레인후스 총경으로부터 비코가 사망하게 된 경위를 수사할 것이라는 통보를 받았으며, 부검 결과에 따르면 비코는 뇌손상을 유발한 부상을 당한 결과 사망했다는 것을 알았다고 말했다. 그는 왼쪽 눈 위에 외상의 자국이 드러난 사진을 한 장 보았다. "제가 근무를 서는 동안 비코 씨가 이 상처를 입었을 수도 있다는 생각이 들었습니다. 클레인후스 총경은 제게 더 상세히 진술할 의무는 없다고 통보했습니다."

경위는 말을 계속했다. "왼쪽 눈 위에 상처 자국이 난 비코 씨의 사진을 보고 나서, 저는 9월 6일 오후 6시가 지나서 제가 근무에 들어갔을 때, 비코 씨가 천장을 바라보며 누워있었는데, 사진에서 보이는 것과 같은 위치인 왼쪽 눈 위 아니면 그 언저리에 점과도 유사하게 짙은 갈색으로 피부가 멍들어 있던 것을 기억해냈습니다. 저는 그것을 대단치 않게 생각했습니다. 저한테는 상처처럼 보이지 않았거든요. 비코도 저한테 아무런 불평을 하지 않았고요."

윌켄 경위는 당직 요원들이 비코가 수감된 사무실에 같이 있는 것이 아니라 옆에 달린 방에 있다가 가끔씩 그를 살펴보러 갔다고 말했다. 그는 비코를 대질심문한 적은 한 번도 없었다고 말했다. 그러자 폰 리레스는 비코가 경위나 다른 당직자들한테서 폭행을 당하지는 않았는지 물었다. 그는 "아니오"라고 대답했다.

이번에는 켄트리지가 윌켄 경위를 상대로 반대심문을 했다.

K : 스니먼 경정에게서 업무를 인계받았을 때 취조 진행 상황에 대해서도 통보를 받았습니까?

W : 획기적 진전이 있었다는 것을 알고 있었습니다.

K : 비코 씨와 관련해서는 어땠는지에 대해서도 그가 얘기하던가요?

W : 그가 상황의 진전에 대해 얘기를 했는지는 확실히 기억할 수 없지만, 만족한 것처럼 보였습니다.

K : 취조를 계속할 목적으로 9월 6일 업무를 인계받은 건가요?

W : 아닙니다.

K : 그렇다면 손과 발에 수갑과 족쇄를 찬 남자 하나를 경위 한 사람과 순경 두 명을 파견하여 지키도록 했다는 게 이상하지 않습니까?

W : 정상적인 상황에서라면 아마 그렇겠지요. 그건 아무튼 치안감의 지시였습니다.

K : 그날 초저녁에 당신은 비코에게 진실을 털어놓으라고 말했습니다.

W : 9월 7일을 말씀하시는 거라면, 맞는 말입니다.

K : 무엇에 대한 진실입니까?

W : 구속된 사람에게 진실을 털어놓으라고 얘기하는 건 일반적인 관행입니다. 심지어 어떤 사건인지 알지 못하는 경우에도 말입니다.

K : 왜 그가 모든 사람들의 시간을 빼앗고 있다고 말했나요?

월켄 경위는 만약 비코가 진실을 털어놓았다면 그들은 그를 다시 유치장으로 데리고 갔을 것이라고 말했다.

K : 스니먼 경정은 당신이 두 명의 조수와 함께 야간 취조반에 속해 있었다고 시인했습니다.

W : 그렇지 않습니다.

K : 그가 15분만 달라고 한 건 무슨 의미였을까요?

W : 비코 씨는 제게 15분만 달라고 말했습니다.

K : 그가 당신에게 진술을 할 준비가 되었다는 걸 알고 내심 상당히 기뻤겠군요.

W : 놀라우면서도 기뻤습니다.

K : 취조 요원이 아닌 사람에게는 아주 좋은 일이었겠군요.

W : 그렇습니다.

K : 그래서 펜과 종이를 가져왔습니까?

W : 펜과 종이로 기록하는 것은 너무 늦습니다. 일단은 말로 진술을 받아내는 게 우선입니다.

K : 15분 후에 돌아갔습니까?

W : 예, 그는 자고 있었습니다.

K : 왜 깨우지 않았습니까?

W : 그건…… . (들리지 않음) 그를 깨우라는 지시는 받지 못했습니다.

K : 당신은 획기적 성과를 거두었습니다. 기뻤다고 말씀하셨지요.

W : 제가 받은 지시는 그를 쉬도록 내버려 두라는 것이었고, 그가 잠든 것같이 보였기 때문에 그대로 두고 나온 것입니다.

K : 그가 15분이라고 얘기를 했는데 그새 잠들어 있다는 게 이상하다는 생각이 들지 않았습니까?

W : 저를 속인 거겠지요.

K : 그는 한 시간 정도 후에 일어났습니까?

W : 그렇습니다.

이어서 켄트리지는 비코의 이마에 난 자국에 대해 윌켄 경위에게 질문을 했다. 윌켄 경위는 어둠 속에서 비코의 옆에 있는 의자에 앉았을 때 그 상처자국을 처음 보았다고 말했다.

K : 야간당직 간호사처럼 의자에 앉아서 그에게 질문을 하지는 않았겠지요?

W : 야간당직 간호사라는 표현은 마음에 들지 않는군요. 그리고 저는 그에게 아무 질문도 하지 않았습니다.

윌켄 경위는 자신이 의자에 앉았던 것은 단지 약간의 시간을 보내야 했기 때문이었다고 말했다. 켄트리지는 시간을 보내는 방법에는 여러 가지가 있다고 지적하였다. 더군다나 그에게는 동료가 두 명이나 있었고, 신문도 있지 않았겠는가? 윌켄 경위는 신문이 몇 부 있었다고 인정했다. 그는 옆 사무실의 전등이 켜져 있었으며 그렇게 어둡지는 않았다고 설명했다. 켄트리지가 그날 밤 그가 진짜 한 일이 무엇인지 묻자 그는 이렇게 대답했다. "어떤 대답을 유도하려고 하시는지 모르겠지만, 아무 일도 일어나지 않았습니다."

켄트리지는 경찰관 가운데 비코의 왼쪽 이마에 어떤 종류가 되었든 상처자국을 보았다고 시인한 건 그가 유일하다고 말했다. 윌켄 경위는 동료들과 종종 문제를 상의했지만, 상처자국이 그다지 중요하다고는 생각하지 않았기 때문에 동료들에게 상처에 대해 얘기하지 않았을 따름이라고 대답했다.

그러자 판사는 월요일까지 휴정을 선언하였고, 이번 재판에 관계된 변호인들과의 협의를 통해, 정오 전에 제출된 세 건의 문서는 그 문서들이 실재했다는 증거로서만 채택되었을 뿐 그 문서에 담긴 내용을 입증하기 위한 것은 아니었다는 분명한 이해를 바탕으로 그 문서들을 채택한 것이기 때문에 그것들을 공표할 수는 없다고 판시하였다.

(휴정)

여섯째 날 : 1977년 11월 21일 월요일

켄트리지는 후어썬 치안감이 보고를 했다는 두 명의 치안정감과 가졌던 개별 면담에 대해 보고했다. 이 면담은 크뤼에르 경찰총장의 발언을 언론이 보도한 내용을 증거로 채택케 해달라는 요청을 프린스 판사가 거부한 이후에 가진 것이었다. 이후 켄트리지는 두 명의 치안정감(보안경찰장 제이츠만과 차장 쿳시)과 개인적으로 면담을 가질 수 있었다. 두 치안정감은 후어썬 치안감이 크뤼에르 총장에게 전달한 비코의 죽음과 관련된 정보 사슬의 고리로 여겨진 사람들이었다.

제이츠만 및 쿳시 치안정감과 가졌던 면담에 대해 켄트리지는 이렇게 말했다. "두 치안정감은 우리와 각각 개인적으로 면담을 가졌습니다. 두 차례의 면담 모두 진상조사 지휘관인 클레인후스 총경이 배석한 가운데 이루어졌습니다. 두 치안정감이 제공한 정보와 설명은 우리가 후어썬 치안감에서부터 총장에 이르는 정보소통 사슬의 고리라고 얘기했던 이들 두 명과 다른 경찰요원들에 대해 처음으로 증인 신청을 했을 때 발생했던 많은 문제들을 해결해 주었습니다.

당시 우리는 그 사슬에 얼마나 많은 고리가 존재하는지, 그 고리들은 누구인지 알지 못했습니다. 이제 우리는 쿳시 치안정감을 심문 대상에서 완전히 제외할 수 있게 되었습니다. 그는 9월 13일에 프리토리아에서 멀리 떨어져 있었으며, 그날 후어썬 치안감은 그와 얘기를 나눈 적이 없습니다. 그에게는 본 사건에 대한 아무런 책임이 있을 수 없으므로 그를 증인으로 소환할 필요는 없습니다.

9월 13일 아침에 후어썬 치안감과 얘기를 했던 사람은 바로 제이츠만 치안정감입니다. 제이츠만 치안정감은 단지 후어썬 치안감이 보고한 정보를 받아 적었을 따름입니다. 제이츠만 치안정감이 질문을 했고, 후어썬 치안감은 답변을 했으며, 그 답변을 치안정감은 받아 적었습니다. 그리고 나서 치안정감은 그 정보를 프린슬루어 총경에게 전달했고, 아마도 그가 총장에게 보고를 했을 것입니다. 그리고 그렇게 하는 것이 그의 임무였을 것입니다. 우리는 프린슬루어 총경이 자신이 접수한 정보를 왜곡했으리라고는 생각하지 않으며, 또한 총장이 그렇게 했으리라고도 생각하지 않습니다.

우리에게 분명한 가장 중요한 것은 제이츠만 치안정감과 얘기를 나눠본 결과 그도 그런 일을 하지는 않았다는 것입니다. 또한 그의 얘기를 통해 보건대 오해의 여지도 없었습니다. 최소한 9월 13일과 14일 총장이 발표한 것과 같이 사건을 심각하게 왜곡시킬 만한 오해의 소지는 전혀 없었습니다. 따라서 제이츠만 치안정감을 소환하는 것만이 필요하다고 판단됩니다. 그를 소환하면 사건의 전말이 명확해질 것입니다. 게다가 그는 후어썬 치안감과 대화를 나눈 다음에, 포트엘리자베스 사무소가 실제로 프리토리아에 있는 보안경찰 본부에 비코의 구금과 관련하여 텔렉스를 보냈다고 우리에게 밝혔습니다. 우리는 이 텔렉스 메시지를 제출해 줄 것을 요구했지만, 제이츠만 치안정감은 경찰국장의 동의 없이는 우리에게 그것을 제출할 수 없다고 했습니다. 물론 본 법정은 비코 사건 관련 사실들을 언급하지 않는 부분은 공개되지 않는다는 조건하에 이 텔렉스 메시지의 제출을 요구할 권한이 있습니다.

따라서 우리는 본 법정이 제이츠만 치안정감을 마땅히 소환할 것과, 포트엘리자베스로부터 발송된 관련 텔렉스 메시지를 제출하도록 명령할 것을 요청합니다."

그는 9월 13일과 14일 총장의 발언 내용을 입증하는 증인진술서를 제출하도록 요구하였다. 이 진술서는 「랜드 데일리 메일」지의 패트릭 로렌스 기자와, 이 발언에 관한 최근의 언론협의회 청문회에서 「랜드 데일리 메일」지의 변호인이었던 윌리엄 레인이 작성한 것이었다.

경찰측의 판 루이엔은 그런 절차에 대해 이의를 제기했으며, 특히 로렌스의 진술서를 문제삼았다. 그는 켄트리지가 "쓸데없는 일을 되풀이하려" 한다고 말했다. 프린스 판사는 총장의 발언과 관련된 문건은 전문(傳聞)증거이기 때문에 채택될 수 없다고 이미 판시한 바 있으며 기자의 진술서는 본 사건과 무관하므로 채택될 수 없다고 말했다.

프린스 판사는 총장의 발언을 입증하는 어떠한 증인진술서도 문제를 변화시킬 수는 없다고 말했다. 총장이 발언한 것이라고 발표된 내용은 올바른 것으로 받아들여졌다. 법정이 후어썬 치안감의 증거가 부정확하다고 인정하기 전까지는 제이츠만 치안정감에게 진술서를 작성하도록 명령하지 않을 것이며, 그에게 증거를 제출하도록 할 것인가와 그가 총장에게 한 보고와 관련된 텔렉스 메시지를 제출하도록 할 것인가에 대해서만 결정을 내릴 것이었다.

켄트리지는 윌켄 경위에 대한 심문을 계속했는데 경위는 9월 6일 밤에 가끔씩 비코를 보러 갔다고 진술했다. 그가 619호실에서 비코에게 얘기를 걸었을 때 자신은 혼자 있었으며 비코는 그날 밤 내내 잠을 자는 것으로 알았다고 말했다.

켄트리지는 사람이 족쇄와 수갑을 찬 채로 밤새도록 잠을 잘 수 있다고 진심으로 믿는지 윌켄 경위에게 물었다. 경위는 족쇄와 수갑을 차지 않은 상태라 하더라도 사람은 밤에 어떤 식으로든 잠을 깨는 게 일반적이라고 대답했다. 그리고 그는 비코가 한쪽 발만 묶여 있었으며 따라서 행동이 상당히 자유로웠다는 증언을 한 적이 있다고 말했다. 비코가 자고 있었다고 말한 것은 그가 눈을 뜨지 않았다는 의미였다. 비코의 족쇄는 헐겁게 채워져 있었다. 따라서 그는 족쇄가 다리에 항상 중압감을 주었으리라는 주장을 부인했다. 족쇄로부터 받는 압력은 사람이 선글라스를 낄 때의 압력과 같은 것이다. 그는 그렇게 생각했다.

윌켄 경위는 비코의 발과 발목이 부어 있었다는 사실은 시인했다.

켄트리지는 제출된 의학적 증거에 따르면 비코가 9월 6일 밤이나 9월 7일 오전 7시 30분전에 뇌손상을 입은 것으로 보인다고 말했다. 만약 그것이 사실이라면, 윌켄 경위의 야간조나 스니먼 경정의 주간조가 책임을 져야 할 것이었다.

윌켄 경위는 어떻게 해서 자신이 당직을 설 때 비코가 부상을 당했는지, 또 어떻게 해서 9월 6일 그의 머리에 상처가 났는지 도대체 알길이 없다고 말했다.

그는 포트엘리자베스로부터 프리토리아까지 랜드로버로 비코를 이송하는 길에 동행하였으며, 차의 앞좌석에 앉아 있었다. 시내에 접근하였을 때 호흡이 가빠진 것을 제외하고 비코의 몸 상태는 정상이었다. 비코는 달리는 내내 잠을 잤다. 주유를 하기 위해 차를 멈췄을 때도 비코는 내려서 몸을 풀지 않았다. 비코에게 몸을 풀 기회를 주었지만 그가 그러고 싶어 하지 않았다. 그는 언제 비코에게 그런 제안을 했는지는 기억하지 못했다. 그들이 프리토리아에 도착했을 때 비코의 몸 상태는 여전했으며 윌켄 경위는 그가 정상이라고 생각했다.

K : 그가 정상이었다고요, 우리는 지금 그가 죽기 12시간 전 일에 대해 얘기하는 겁니다.

W : 맞습니다.

켄트리지는 프리토리아 교도소의 의무 담당 프레토리위스 경사가 했던 얘기를 들려주었다. "비코의 상태는 심각해 보였으며 저는 그가 숨질까 봐 두려웠습니다." 윌켄 경위는 이런 말을 들은 것을 기억하고 있었을까? 경위는 그런 말을 들은 기억이 없다고 했다.

켄트리지는 월켄 경위에게 프리토리아 교도소에 있을 때 그의 동료들 중 하나가 다른 이들에게 비코가 4년 동안 의학을 공부했으며, 요가를 배웠고, 사람들을 쉽게 속일 수 있다고 말한 사실을 기억하는지 물었다. 월켄 경위는 자신이 그런 말을 했을 수도 있다면서, 그것은 당시 비코가 거짓 시늉을 하고 있다고 믿었기 때문이었다고 말했다. 랜드로버에 타고 있는 동안 비코는 정상적으로 숨을 쉬었지만, 불빛이 보이고 사람들이 모여들자 더 거칠게 숨을 쉬었다.

켄트리지는 이 답변이 비코가 거짓 시늉을 하고 있었다는 근거로 채택되는 것을 기각해 달라고 판사에게 요청하겠다고 밝혔다.

K : 무슨 자격으로 비코 씨가 사람들을 속이고 거짓 시늉을 했다고 말하실 수 있습니까?

W : 그건 하나의 의견이었습니다.

K : 왜 당신네 보안경찰은 계속해서 그가 거짓 시늉을 했다고 사람들에게 얘기를 했나요?

W : 의사들이 아무런 이상이 없다고 말했기 때문입니다. 의사들 말이 옳다고 믿을 수밖에요.

K : 비코 씨와 관련해서 뭔가 숨기고 싶었던 게 명백한 이유 아닌가요?

W : 아니오, 우리는 두려워하거나 숨길 게 아무것도 없습니다.

켄트리지는 증인진술서들만 본다면 포트엘리자베스의 간수들이 비코의 몸 상태에 대해 우려했다는 것과 인간적이며 자상하게 그를 대우했다는 점은 분명해졌다고 말했다. 한두 명은 그가 스스로 음식을 먹지 못하자 그에게 음식을 먹여주려고도 했다. 월켄 경위는 자기도 비코를 인간적으로 대했다고 말했다.

K : 일요일 밤에 당신은 한 남자를 병원으로 데려가기 위해 급하게 프리토리아로 출
발해야 했습니다. 당신 얘기에 따르면, 그는 음식도 물도 거부했고 12~14시간
달리는 동안 팔다리를 펼 기회도 갖지 못했습니다. 우리가 아는 한 그는 차로 이
동하는 동안 한 마디 말도 하지 않았는데, 프리토리아에 도착하자 당신은 거기
있는 사람들에게 그가 사람들을 쉽게 속일 수 있으며 당신 생각에는 거짓 시늉
을 하고 있는 것이라는 말을 했습니다. 이러면 그날 벌어진 일을 제대로 요약한
셈인가요?

W : 배경을 고려하지 않았기 때문에 그건 일방적인 말입니다. 하지만 기본적으로
는, 그래요, 맞습니다.

K : 거짓 시늉을 한 것은 비코 씨가 아니라 보안경찰이라고 저는 생각합니다. 이렇
게 같은 얘기가 계속 돌고 도는 것은, 보안경찰이 실제로 저지른 일로부터 사람
들의 주의를 돌리려는 시도라는 것을 저는 밝혀내겠습니다.

W : (대답이 들리지 않음)

월켄 경위는 비코가 계속 보안경찰에 협조를 하지 않은 것은 자신
들을 적으로 간주했기 때문이며, 그래서 교도소의 간수들에게는 다른
태도를 보였던 것이라고 말했다. 켄트리지는 이렇게 다른 태도를 보인
데에는 이유가 있으며, 그건 아마도 교도소의 간수들은 비코를 폭행하
지 않았기 때문일 것이라고 말했다.

월켄 경위는 현장에 있지 않았던 켄트리지가 그렇게 말할 수는 없
다고 했다. 켄트리지는 월켄 경위의 말이 맞지만, 비코가 특정 기간에
폭행을 당한 것은 사실이라고 말하면서 그가 어떻게 해서 그런 부상을
당하게 되었는지 설명해 보라고 경위에게 요구했다. 켄트리지는 또 이
번 사건은 사람을 외부와 단절시킨 채 독방에 가두어 두는 행위의 폐단

을 보여주는 것이라는 말을 덧붙였다.

경찰측의 판 루이엔은 켄트리지의 폭행 추정 발언에 대해 맹렬하게 반박했다. 아직까지 그런 주장을 할 만한 근거는 없었다는 것이다.

켄트리지는 비코가 9월 6일 오후 6시에서 9월 7일 오전 7시 30분 사이에 뇌손상을 입었으리라는 것이 비코 변호인측 의견이라고 밝혔다. 그에게 모종의 폭력이 가해졌다는 것이 자연스런 추론이며, 법정은 아직 이 부상에 대해서는 어떠한 설명도 청취한 적이 없었다. 법정은 이 부분에 대해 결론을 도출할 권한이 있었다.

판 루이엔은 9월 7일 아침 경찰이 아니라 비코 자신에 의해 머리가 벽에 부딪칠 수도 있었던 폭력사건이 유발되었다는 분명한 증거가 있다고 주장하였다. 켄트리지가 대답했다. "머리가 벽으로 돌진했는지 아니면 벽이 머리로 돌진했는지, 이 문제에 관해 판 루이엔 씨의 말씀을 들어보고픈 강렬한 욕구가 생기는군요." 판 루이엔은 윌켄 경위에게 비코가 폭행을 당했다는 의심을 살 만한 아주 사소한 상처라도 비코에게서 발견했느냐고 물었다. 윌켄 경위는 자기가 비코의 왼쪽 눈 위에 난 상처를 보았을 때 그것은 단지 피부의 다른 부위보다 검어보였으며, 폭행의 상처같이 보이지는 않았다고 대답했다.

의사측의 피카르가 다른 증인들의 증거가 제출될 때까지 의료진에 대한 심리를 연기해 줄 것을 요청했다. 그는 1월 9일이나 15일까지 연기할 것을 제안했다. 그는 랑 박사와 터커 박사가 지난 목요일에야 프리토리아에 도착하였기 때문에 심리를 진행하는 데 충분한 증거를 확보하기가 매우 어렵다고 생각한다고 말했다. 다양한 의료 전문가들로부터 의견을 청취해야 할 사안이 상당히 많기 때문이었다.

비코의 가족들이 그가 숨지기 며칠 전 그를 담당했던 의사들을 비난할 가능성은 매우 농후하다는 것이었다. 그는 자신이 대변하는 의사라는 전문 직종 전체의 명예가 걸린 일이라는 말을 덧붙였다.

한 차례 논의와 짧은 휴정을 거친 뒤 프린스 판사는 이 요청을 거절하였다.

폰 리레스는 포트엘리자베스 관할 지방 의무관인 이포르 랑 박사를 증인석에 서도록 소환했다. 그의 증언은 다음과 같은 요지의 내용을 담고 있었다.

그는 9월 7일에 후어썬 치안감의 요청을 받고 비코를 보러 갔다. 배경 조서에서 그는 방문 시각이 낮 12시경이라고 말했지만, 나중에 진술서에서는 오전 9시 30분으로 시간을 정정하였다. 그는 후어썬 치안감이 비코가 발작을 일으켰을지도 모른다는 우려를 표명했다고 진술했다. 그는 장시간 꼼꼼하게 진찰을 하였으며, 떠나기 전에 후어썬 치안감에게 "비코 씨가 눈에 띄게 허약해진 데 대해 아무런 장기(臟器)의 질환도 발견할 수 없었으며, 비코 씨는 발작을 일으키지 않았고 어떤 종류의 마비 증세도 나타나지 않았음을 확신한다"라고 통보했다.

반대심문에서 켄트리지는 랑 박사가 비코를 처음으로 보고 난 연후에 후어썬 치안감이 확인서를 요청했다는 사실에 주목하였다. 확인서에는 랑 박사가 비코에게서 아무런 신체 이상이나 질병의 증세를 확인할 수 없었다고 적혀 있었다. 다음에 켄트리지는 비코의 시신을 부검한 병리학자에게 랑 박사가 건네주었던 임상보고서에 대해 언급하였다. 이 보고서에는 비코의 윗입술 안쪽이 약간 찢어져 있었으며, '대략 2번 척추' 부분의 흉골 위에 얕은 타박상이 발견되었다는 사실이 포함되어 있었다. (이후 정정한 진술서에서 랑 박사는 '척추'가 아니라 '늑골'로 고쳐야 한다고 말했다.) 양쪽 손목과 손에는 멍든 자국이 있었으며, 발과 무릎은 부어 있었다.

켄트리지는 후어썬 치안감에게 제출한 보고서에는 이러한 상처들이 전혀 언급되어 있지 않았다고 지적하였다. 랑 박사는 이 점에 대해 설명하려 하지 않았으며, 첫번째 보고서는 단지 기록을 목적으로 한 것으로만 생각했다고 말했다.

> K : 단지 기록을 위한 것이었다 해도, 완전하고 정확하게 기록하는 것이 중요하지 않습니까?
>
> L : 생각해 보니 그렇습니다.
>
> K : 당시에는 왜 그렇게 하지 않았나요?
>
> L : 그런 생각을 못했습니다.

랑 박사는 후어썬 치안감의 요청으로 작성한 확인서의 앞부분이 잘못되었다는 사실을 시인했다. 그러자 켄트리지는 다음과 같은 문장을 지적했다. '본인은 구속자에게서 아무런 이상이나 병변의 증거도 발견하지 못했다.' 랑 박사는 나중에 작성한 보고서에서 위에 언급된 상처들을 발견했다고 시인하였다.

> K : 이 모든 내용이 당신의 확인서에는 빠져 있습니다. 나중에 당신의 확인서를 읽은 사람이라면 비코 씨에게 아무런 상처의 흔적도 없었다고 받아들이지 않을까요? 따라서 이 부분도 매우 잘못되었지요?
>
> L : 예, 그렇습니다.
>
> K : 이것은 비코 씨가 어느날 찢어지고, 상처를 입고, 입술이 부어올랐는데도 거짓말쟁이라고 불렸다는 얘기가 되지 않을까요?

L : 지금 생각해 보니 그렇습니다.

K : 그게 바로 후어썬 치안감이 확인서를 요구한 이유 아닐까요?

L : 그렇다고는 생각하지 않습니다.

켄트리지는 또 랑 박사에게 후어썬 치안감이 비코가 의학을 공부했다는 사실을 알려줌으로써 비코가 거짓 시늉을 하고 있다는 인상을 받도록 하려는 것처럼 느끼지 않았느냐고 물었다. 랑 박사는 "그건 당신 생각일 뿐입니다"라고 대답했다. 켄트리지는 또 랑 박사에게 어떻게 해서 상처들이 생겼는지 물어보지 않았느냐고 질문했다. 랑 박사는 경찰이 비코를 제어하려고 애쓰는 과정에서 그러한 상처들이 생겼으리라 추측했다고 말했다. 그는 또 그런 식으로 생긴 상처가 아니라면 후어썬 치안감이 자기에게 알려주었을 것이라고 생각했으며, 비코에게 물어보지는 않았는데 그것은 후어썬 치안감이 방에 없는 동안에 그 스스로 나한테 얘기할 것이라고 생각했기 때문이었다고 말했다.

K : 머리에 상처를 입었을지도 모른다는 생각은 들지 않던가요?

L : 바로 들었습니다. 입술의 상처를 보았을 때 그 생각이 가장 먼저 떠올랐습니다.

K : 왜 거기에 대해서 물어보지 않았나요?

L : 그 질문에는 대답할 수 없습니다.

K : 후어썬 치안감이 그의 머리에 혹이 생겼다는 것을 시사하는 어떤 발언도 당신에게 하지 않았습니까?

L : 안 했습니다.

그는 어떤 보안경찰도 그러한 가능성에 대해 언급하지 않았다고 말했다. 랑 박사는 자신의 진찰이 어느 정도까지는 자신이 갖고 있는 환자의 병력에 의존해야 하는 것이었다는 데 켄트리지와 의견을 같이

했다. 만약 그가 완전하고도 정확한 병력을 알지 못했다면, 그는 궤도에서 한참 벗어났을 것이다. 켄트리지는 비코의 무릎이 부어 있었음에도 불구하고 왜 족쇄를 교체하도록 지시하지 않았는지를 랑 박사에게 물었다. 랑 박사는 당시에는 그것을 생각하지 못했지만, 지금 생각해 보니 그렇게 하는 게 좋았을 것 같다고 대답했다.

켄트리지는 의사의 진찰을 받은 다음에도 비코가 조사실에서 사슬에 묶인 채로 깔개 위에 누워 있었다는 사실에 법정의 이목을 집중시켰다. 랑 박사는 자신이 비코를 세밀하게 진찰했지만 '단연코' 잘못된 점은 발견하지 못했다고 말했다. 켄트리지는 랑 박사가 증후를 발견하고도 왜 비코를 침대에 눕히도록 지시하지 않았는지 물었다. 랑 박사는 만약 비코의 상태가 계속 호전되지 않으면 다시 자기를 부르라고 후어썬 치안감에게 얘기했다고 말했다.

다음날인 9월 8일 랑 박사는 후어썬 치안감에게서 다시 호출을 받았는데 치안감은 매우 걱정스러워했다고 랑 박사는 말했다. 그는 도착한 뒤 관할 지방 수석 의무관인 터커 박사와 함께 비코를 진찰했다. 랑 박사는 비코가 분명히 말할 수 있는 상태였다고 말했다. 켄트리지는 일정 시기 이후에 비코가 횡설수설 했으며, 그와 제대로 대화를 할 수 없었다고 말한 증인들이 여럿 있다고 말하였다. 랑 박사는 비코에게 이름을 물었을 때 비코가 분명하게 대답을 했다고 말했다. 켄트리지는 자신이 교육 받은 바에 따르면, 그러한 수준의 질문을 하는 것은 의식이나 사고력의 정도를 측정하는 적절한 기준이 되지 못한다고 말했다.

켄트리지는 랑 박사가 네번째 진술서를 작성하기 전까지는 비코가 사슬에 묶여 있었다는 사실이 언급되지 않았다는 점에 주목했다.

랑 박사는 9월 8일에도 비코가 여전히 발에 사슬이 묶인 채로 깔개 위에 누워 있었다고 말했다. 비코가 수갑을 차고 있었는지 여부는 기억할 수 없지만, 비코가 다시 난폭해졌다는 얘기는 듣지 못했다는 것이다. 그렇게 방치된 사실에 놀라지 않았느냐는 질문에 그는 "놀랐습니다"라고 대답했다.

진찰을 시작하기 전인 오후 12시 45분에 의사들은 후어썬 치안감에게서 비코가 24시간 동안 소변을 보지 않았다는 얘기를 들었다. 진찰 과정에서 그들은 비코의 담요가 소변에 젖어 있었으며 냄새가 나는 것을 발견하였다. 여기에 대해서는 아무런 조치도 취하지 않았다.

랑 박사는 자신과 터커 박사가 비코를 사이든햄 교도소 병원으로 옮기도록 지시했다고 말했다. 켄트리지로부터 비코가 젖은 담요 아래에 상당 시간 있었던 것 아니냐는 질문을 받고서 랑 박사는 "아마도 그랬을 겁니다"라고 답했다. 진찰이 끝나갈 무렵 비코는 목이 마르니 물을 달라고 했고, 보안경찰 요원 한 명이 물을 주었다. 비코에게 탈수의 증후는 보이지 않았다. 그의 혀는 축축했으며, 마른 상태는 아니었다.

9월 8일의 진찰 과정에서 비코는 머리와 등에 약간의 통증이 있다고 호소했다. 터커 박사는 또 '신근족저반사'(伸筋足底反射)의 가능성을 의심해 볼 수 있는 증후를 발견했다고 말했다. 그것은 그의 발바닥을 쳤을 때 발가락이 안쪽으로 구부러지는 대신 엄지발가락이 위로 구부러지는 증후가 나타난다는 의미였다. 랑 박사와 터커 박사는 비코를 병원으로 데려가 전문의의 진찰을 받도록 하고 싶었다고 말했다.

K : 그런 상황에서도 당신들은 그가 거짓 시늉을 하고 있다고 생각했습니까?

L : 저는 왜 그가 담요에 소변을 보았는지 이해할 수가 없었습니다. 제가 내릴 수 있

는 유일한 결론은 그가 일어날 수 없었다는 것입니다. 저는 그에게 질문을 했지만 그는 만족할 만한 대답을 하지 못했습니다.

K : 그런 점에서 그는 자신을 제대로 설명하지 못한 셈이군요.

L : 아니, 그런 의미는 아닙니다.

K : 아직도 그가 머리에 부상을 입었을 수 있다고 생각하십니까?

L : 마음속으로는 생각하고 있었습니다.

K : 마음속으로는 생각하고 있었을지도 모르지만, 당신의 증인진술서에는 드러나 있지 않군요.

비코가 머리의 통증을 호소했을 때 어떤 조치를 취했느냐는 질문에 랑 박사는 그 점에 대해서는 기억이 희미하다고 말했다.

9월 8일 오후 9시 45분 경, 전문의 허쉬 박사가 사이든햄 교도소 병원으로 차출되어 랑 박사가 배석한 가운데 비코를 진찰했다. 허쉬 박사의 9월 16일자 증인진술서를 언급하면서 켄트리지는 랑 박사에게 비코의 이전 구금 이력에 대한 정보를 준 사람이 누구였는지 물었다. 랑 박사는 후어썬 치안감이 그에게 간단하게 설명해 주었다고 말했다. 켄트리지는 이렇게 말했다. "그는 비코 씨가 거짓 시늉을 하고 있다는 암시를 강하게 풍겼을 겁니다. 그리고 허쉬 박사가 진찰을 시작했을 때 비코 씨가 얼굴을 특정 방향으로 뻣뻣하게 고정시키고 있지 않던가요?" 랑 박사는 그랬다고 했다.

랑 박사는 9월 8일 비코가 반향 언어 증세를 보인다는 것, 즉 환자가 남이 자기에게 하는 말의 단어나 문장을 그대로 흉내 내는 행동을 보인다는 것을 허쉬 박사가 발견했다고 말했다. 그는 또한 '신근족저 반사'의 증후를 나타냈으며, 그것은 그가 뇌에 손상을 입었다는 증후였다.(그의 나머지 발언은 들리지 않았다). 거짓으로 '신근족저반사' 행동을 하는 건 거의 불가능하지 않느냐는 질문에 랑 박사는 "그건 그렇습니다"라고 대답했다.

켄트리지는 이 단계에서 의사들이 뇌에 뭔가 이상이 있다는 우려를 했으며 요추천자(腰椎穿刺)를 했다고 말했다. 그 결과 적혈구 수가 상당히 증가한 것이 드러났으며 그것은 뇌에 뭔가 이상이 있다는 신호였다. 랑 박사는 만약 그 적혈구가 요추천자 과정에서 손상된 혈관에서 들어간 혈액이 아니라 척수액 자체에서 나온 혈액에 의한 것이라면 그럴 수 있다고 말했다.

그는 9월 7일에 신경외과 의사인 키어레이와 상의를 했다고 말했다. 이 단계에서 비코가 거짓 시늉을 하고 있다는 확신을 가졌느냐는 질문에 랑 박사는 "전체적으로 아주 기이한 상황이었기 때문에 저는 어떻게 생각해야 할지……"라고 대답했다.

비코의 상태에 어떤 변화가 생기는지 지켜보는 수밖에 대안이 없다는 것이 키어레이의 견해였다고 랑 박사는 말했다. 랑 박사는 비코를 사이든햄 교도소에서 월머 경찰서 유치장으로 돌려보내고 싶었다. 교도소에는 훈련을 받은 의료진이 없었기 때문이었다. "보안경찰이 그를 병원으로 옮기지 못하도록 했습니다. 그냥 지시를 따르는 것 외에 우리에겐 선택의 여지가 없었습니다." 추가 심문이 이어진 뒤 랑 박사는 "만약 그가 다른 죄수였다면, 우리는 그를 지방 병원으로 보냈을 겁니다"라고 말했다. 켄트리지가 대답했다. "물론 그러셨겠죠."

K : 일반 죄수라면 지방 병원으로 보냈을 거라고 말씀하셨죠?

L : 저는 신경외과의가 아닙니다. 주어진 상황에서 최선의 결정을 해야 했습니다.

K : 만약 키어레이 씨가 자세한 관찰이 필요하다고 말했다면 그건 병원을 의미하는
　　것이었겠죠……. 당신은 그에게 "미안하네, 할 수 없어. 보안경찰은 그를 경찰
　　서 구치소에 가둬두려 해. 우리는 할 수 있는 한에서 최선을 다하면 되네"라고
　　말했습니다.
L : 그렇습니다.

　　랑 박사는 또 비코의 상태가 호전된 것 같다는 인상을 받았지만
만약 자신에게 선택권이 있었다면 비코를 9월 10일까지는 병원에 입
원시켰을 것이라고 덧붙였다.
K : 그게 바로 자기들 맘대로 법을 주무르는 보안경찰이지요.
L : 우리는 지방 의무관입니다. 우리는 보안경찰과 관계가 없습니다.
K : 보안경찰에게 대항할 수는 없지요. 그렇게 하는 건 아주 어려운 일이지요. 당신
　　이 지난 며칠 동안 법정에 출두했다면 절실하게 느꼈을 겁니다.
　　(휴정)

일곱째 날 : 1977년 11월 22일 화요일

재판이 속개됐을 때 랑 박사는 여전히 증인석에 앉아 있었다. 켄트리지
는 반대심문을 시작하기에 앞서 재판부에 프록터 교수를 증인으로 세
워도 괜찮은지 물었다. 비코가 뇌를 다친 시기를 추정한 사람이 프록터
교수이므로 그의 증언이 필요하다는 것이었다. 프린스 판사는 나중에
결정하겠다고 했다. 켄트리지는 비코가 아직 병실에 있던 9월 10일 토
요일 오후에 벌어진 일에 관한 질문으로 랑 박사에 대한 반대심문을 시

작했다. 랑 박사의 진술서에 따르면 그는 당시 비코에게 윌머 경찰서 유치장으로 돌아가게 될 거라고 말했었다.

K : 비코 씨는 그 좋은 소식에 어떤 반응을 보였습니까?

L : 보통 때 제게 말하던 것처럼 "알겠습니다"라고 했습니다.

K : 간수인 셰하프와 해밀턴의 증인진술서에는 당신이 비코에게 검사 결과 음성 반응이 나왔다는 말을 했다고 기록돼 있는데요.

L : 비코 씨는 물론이고 교도관들에게도 검사 결과를 말한 적이 없습니다. 그들이 뭔가 오해를 한 것 같군요.

비코의 머리에 난 상처에 대해 다시 질문을 받은 랑 박사는 첫째 날 비코의 머리를 매우 세밀하게 검사했다고 답했다.

K : 당신이 머리 상처를 발견하지 못했다는 것은 납득이 안 됩니다.

L : 그건 보지 못했습니다. 봤다면 숨길 이유가 없죠. 왜 보지 못했는지는 나도 설명할 길이 없습니다. 그의 안구를 검사했고 윗입술이 부어 오른 걸 발견했지만 상처는 보지 못했습니다.

K : 보고서에 가슴과 입술 상처가 누락됐던 것처럼, 머리의 상처도 당신이 빠뜨린 것 아닙니까?

L : 입술과 가슴의 상처는 제가 확인했습니다. 분명히 말씀드리지만 가슴의 상처는 그다지 선명하지 않았습니다.

K : 정확한 진단을 내리는 것은 쉬운 일이 아닙니다. 특히 뇌와 관련된 상처는 어렵습니다. 전문의가 아니라 일반 내과의인 당신이 완벽한 진단을 내릴 수 있었다고는 생각하지 않습니다. 그러나 당신과 터커 박사 모두 비코 씨를 진짜 환자로 대한 것 같지 않다는 점이 좀 이상하군요.

랑 박사는 비코가 이상한 모습을 보인 데다 그의 상태가 뚜렷하게 호전되고 있었기 때문이라고 대답했다. 비코가 회복되고 있는 것처럼 보였다는 것이다. 그는 "저는 관찰자로서의 경험이 매우 부족한 사람들한테 의존해야 했습니다. 저로서는 선택의 여지가 없었습니다"라고 말했다.

판 루이엔이 랑 박사를 심문하기 시작했다. 랑 박사는 후어썬 치안감이 비코의 건강 상태를 염려하고 있었으며, 자신은 처음 그를 보고 난 뒤 걱정할 필요가 없다고 말해줬다는 답변을 되풀이했다.

R : 후어썬 치안감은 "그의 건강에 대해 내가 쓸데없는 걱정을 했군. 이렇게 아픈 척 하는 건 꾀병이었군"이라는 확신을 가졌겠군요.

L : 맞습니다.

R : 당신은 치료를 해줄 게 없었습니다. 만약 후어썬 치안감이 심문을 계속하겠다고 했다면 당신도 반대하지 않았겠네요?

L : 그렇습니다.

R : 때늦은 얘기지만 만약 지금 당신 보고서가 완벽하냐고 물으면 당신은 그렇지 않다고 답하시겠죠?

L : 예.

R : 그러나 문제가 되고 있는 그날에 질문을 받았다면 보고서는 올바른 것이었다고 말할 수 있습니까?

L : 예.

판 루이엔은 '신근족저반사'에 관해 언급했다. 그 전날에는 정상이었는데 8일에는 상태가 만족스럽지 못했었느냐고 묻자 랑 박사는 "종잡을 수 없었다"라고 답했다. 배석판사 중 한 명인 나탈 의과대학의 고든 박사가 끼여들었다.

G : 족저반사는 거짓으로 꾸며낼 수 없는 것입니다.

L : 8일에는 상태가 어땠는지 확실히 알기 어려웠습니다. 발가락이 위로 올라갔는
지 수평을 유지하고 있는지 확실히 알기 어려웠습니다.

G : 이건 매우 중요한 문제입니다.

L : 우리도 그 점을 우려했습니다. 이 문제는 의심스럽다고 기록된 걸로 아는데요.

R : 당신은 후어썬 치안감에게 비코 씨가 치료를 받아야 한다고 넌지시 내비친 적도
없습니다. 반대로 당신은 후어썬 치안감에게 아무런 장기의 이상도 발견할 수
없다고 분명히 말했죠?

L : 맞습니다.

G : 진단이나 치료는 어떻게 시작해서 어떻게 끝나나요?

L : (대답이 들리지 않음)

랑 박사는 7일 오전 상당히 오랜 시간 비코와 단 둘이 함께 있었
고 나중에도 그와 단 둘이 보낸 시간이 있었기 때문에 비코가 구타당한
사실을 말할 기회는 많았다고 했다. 그러나 비코는 전혀 그런 얘기를
꺼내지 않았다는 것이다.

판 루이엔은 허쉬 박사와 랑 박사가 사이든햄 교도소에서 비코를
진찰한 부분과 후어썬 치안감이 허쉬 박사에게 비코의 과거 이력을 말
한 대목으로 넘어갔다. 랑 박사는 후어썬 치안감이 비코가 이전에 구금
당했을 때도 지금과 같은 행동을 보였다는 취지의 이야기를 했다고 답
했다.

R : 박사의 말을 듣고 허쉬 박사는 비코 씨가 꾀병을 부리는 게 아닐까 생각했을 수
도 있겠군요?

L : 그렇습니다.

R : 분별 있는 전문의라면 누구나 그런 말을 듣는다면 틀림없이 환자에 대해 경계심

을 품었겠죠?

L : 예.

　판 루이엔은 이어 9월 8일 오후와 밤에 비코의 몸 상태가 달랐던 점을 지목했다. 비코는 9월 8일 밤 9시 45분 허쉬 박사의 진찰을 받았다. 허쉬 박사는 보고서에 비코가 침대에서 돌아눕기 어려워했지만 왼쪽 다리를 절면서도 잘 걸었다고 기록했다. 랑 박사는 같은날 낮에 비코가 제대로 걷지 못한다는 인상을 받았다는 점을 인정했다.

R : 비코 씨가 7일 밤에는 꽤 잘 걸었기 때문에 심리적으로 영향을 받아 그런 생각

을 할 수도 있었다고 보십니까?

L : 그렇습니다.

R : 그리고 그런 비코 씨의 모습은 다소 이상해 보였겠군요.

L : 맞습니다.

R : 오른발에 족저반사가 나타나고 이제 왼발에도 같은 증상이 나타난 점을 감안해

도 역시 이상했다고 생각합니까?

L : 예.

G : 저로선 그 질문이 이해가 안 되는군요.

R : 랑 박사가 당시 비코 씨가 걷지 못했던 상황이 이상하다거나 불가능하다고 생각

했었는지 묻는 겁니다.

L : 그 때 어떤 생각을 하고 있었는지 기억해 내기가 매우 어렵습니다.

G : 족저반사의 명백한 증거가 있는데 왜 이상하다고 말하는 겁니까.

L : (대답이 들리지 않음)

R : 한 가지 확실한 것은, 비코 씨가 바로 그날 밤에 거짓 시늉을 했을 가능성이 다

분하다는 의혹이 있다는 것입니다. 그럼에도 불구하고 다음날 아침 요추천자를 실행하기로 한 것이지요?

L : 그렇습니다.

R : 후어썬 치안감이 비코 씨가 거짓 시늉을 하고 있을지도 모른다는 인상을 강하게 받았다는 것이 그렇게 이상한 일입니까? 요추천자를 실행한 후에 당신은 그에게 두통이 있을지도 모른다고 생각하셨죠?

L : 예.

R : 그렇지만 그는 두통이나 통증이 없으며 자신은 편안하다고 대답했죠?

L : 예.

G : 요추천자 후에 족저반사 테스트를 했나요?

L : 안 했습니다. 그 사람을 너무 괴롭히고 싶지 않아서요.

9일에 벌어졌던 사건을 얘기하면서 랑 박사는 허쉬 박사와 요추천자에 대해 논의했다고 밝혔다. 결과는 대부분 음성으로 나타났고 더 이상의 별다른 진전 없이 9일을 넘겼다.

판 루이엔은 랑 박사와 신경외과 의사인 키어레이 박사 간의 대화 내용에 초점을 맞췄다. (랑 박사와 허쉬 박사가 비코의 뇌척수액에서 적혈구가 발견된 사실에 대해 전화 통화를 한 다음날인 9월 10일에 키어레이는 연락을 받았다. 랑 박사의 말에 따르면, 허쉬 박사는 신경외과의의 자문을 반드시 받아야 하며, 가능하다면 두개골 엑스레이도 찍어야 할 것이라고 생각했다. 랑 박사는 전화 통화에서 키어레이가 당시 상황에서는 환자를 관찰하는 일 외에 딜리 필요한 방법이 없다는 말을 했다고 진술했었다.) 판 루이엔은 이 전화 통화에서 두 명의 의사가 두개 내 출혈이나 뇌척수 압력의 증거가 전혀 없으며 특별한 추가 검진을 더 할 필요가 없다는 결론을 내렸다고 말했다. 랑 박사는 키어레이 박사가 '당시 상황에서는' 특별한 추가 검진이 필요치 않다는 말을 했다고 증언했다.

랑 박사는 또한 폰 리레스와 의사측 법률고문인 피카르의 질문에도 답변했다. 그들이 던진 질문에 대한 답변에서 랑 박사는 테러법 6항에 의해 수감된 사람을 검진한 것은 비코가 처음이었다고 말했다. 비코가 '잔혹한 폭행'을 당한 흔적은 찾아볼 수 없었다고 했다. 후어썬 치안감이 비코의 입원을 허락했겠느냐는 질문에 그는 비코가 어떠한 상황에서도 입원이 허락되지 않을 것 같은 인상을 받았기 때문에 그 질문에 답하기는 어려운 일이라고 말했다. 폰 리레스는 랑 박사가 제시한 증거로 볼 때 박사는 비코를 병원으로 이송하여 지속적으로 관찰하고자 했던 것으로 보인다고 말했다. 그는 랑 박사에게, 만약 확실한 진단이 내려졌더라면 상황이 어떠했겠느냐고 질문을 던졌다. 랑 박사는 자신이 후어썬 치안감에게 비코의 상태가 심각하다는 얘기를 확실하게 전했더라면 아마 입원하게 되었을 것이라고 말했다.

다음 증인은 포트엘리자베스 지방 수석 의무관인 벤야민 터커 박사였다. 그는 9월 8일 랑 박사와 함께 비코를 진찰했던 사실에 대해 켄트리지의 심문을 받았다. 비코의 손목과 입술에 난 상처에 대해 왜 아무런 질문도 하지 않았느냐고 묻자, 터커 박사는 비코가 자진해서 알려준 정보가 아무것도 없었다고 대답했다. 그에게 불편한 점은 없느냐고 묻자 비코는 두통과 함께 등의 통증을 호소했다고 말했다.

K : 당신은 그에게 한 가지 질문을 했고 한 가지 답변만을 받으셨군요. 당신이 한 질문은 그게 다였습니까?

T : 그렇습니다.

K : 당신의 증인진술서를 보면 '그는 정신이 온전했으나 질문들에 대해서는 뚜렷하지 않은 태도로 대답했다' 라고 하셨는데요. 살못된 진술이었군요.

T : 죄송합니다.

K : 그건 잘못되었을 뿐만 아니라 명백한 허위 진술이기도 합니다.

T : 그렇다고는 할 수 없습니다.

K : 아뇨, 그렇다고 할 수 있을 것 같은데요. 제가 그 이유를 말씀드리죠. 비코 씨는 질문들에 대답을 하지 않았습니다. 대답을 했다 해도 한 가지 질문에만 답변했을 뿐이죠. 그리고 두번째로, 한 가지 질문을 던져서 한 가지 답변을 얻어 놓고 그에 기초해서 그 사람의 정신이 멀쩡했다고 말할 수는 없습니다.

터커 박사는 비코의 반사 신경을 테스트했을 때 오른발 엄지발가락이 위를 향했는지는 확실치 않으나 신경학적 문제가 나타났을 수도 있다는 점은 시인했다. 켄트리지는 그러한 증후는 비코가 꾀병을 부린 게 아니었음을 의미하는 것이라고 했다. "그것은 관찰자의 시각에 달린 것입니다"라고 의사는 말했다. 박사는 자신이 관찰한 결과, 비코가 꾀병을 부린다고는 생각하지 않았다고 말했다. 그는 자신이 의혹을 가지고 있었기 때문에 비코가 거짓 시늉을 하고 있는 것 같다는 얘기를 후어썬 치안감에게 하지 않았다는 것이다. "저는 후어썬 치안감에게 아무런 결론도 내릴 수 없으며, 내과의의 진단을 받아보는 것이 좋겠다고 말했습니다." 터커 박사는 자신이 후어썬 치안감에게 비코가 거짓 시늉을 하고 있다는 암시를 줬다고는 생각하지 않는다고 말했다.

비코가 머리에 부상을 입었을 가능성에 대해서는 생각해 보지 않았느냐는 질문을 받고 터커 박사는 그런 생각이 스쳐갔지만 그에 대해 비코나 후어썬 치안감에게 묻지는 않았다고 했다. 그는 입술에 난 상처를 보고 뇌손상을 입었을 수도 있겠다는 생각이 들었다고 말했다.

K : 터커 박사, 입술의 상처가 머리 부상의 증거일 수도 있다고 생각했다면 더 자세
히 알아보았어야 하는 것 아닌가요?

T : 알아보다니, 누구에게요?

K : 후어썬 치안감에게요.

T : 대답할 수 있는 질문이 아니군요. 이 사람은 경찰들과 마찰이 있었고, 상처는 그
동안 생겼을 수도 있습니다.

K : 비코 씨가 머리를 부딪쳤는지는 당연히 물어보았어야 하는 것 아닌가요?

T : 묻지 않았습니다. 그것밖에 할 말이 없습니다.

P : 비코 씨에게는 물어보았나요?

T : 아니오.

K : 후어썬 치안감을 곤란하게 만들고 싶지 않아서 그런 것 아닌가요?

T : 아닙니다.

K : 감금 상태에 있는 사람들을 경찰이 폭행하는 경우가 있다는 것은 신문지상을 통
해서나 직접 경험을 통해서 알고 계시지요?

T : 저는 …… .(대답이 들리지 않음)

K : 그렇지만 그 경우에는 물어보지 않으셨죠?

T : 묻지 않았습니다. 환자를 검진하면 그곳에서 특별한 양식의 서류에 보고서를 작
성합니다. 제게 요구되는 일은 그게 전부입니다.

P : 입술이 심하게 부어 오른 남자가 있습니다. 말썽을 피워서 그를 제압해야 했다
는 설명도 있었습니다. 당신은 검사를 실시했습니다. 어떤 종류의 검사였나요?

T : 진찰을 해보아야 하는 병력이 있었습니다. 병력은 랑 박사로부터 전해 들었는데
…… . (대답이 들리지 않음)

P : 후어쌘이 당신에게 한 말을 사실로 받아들였나요?

T : 이렇게 표현하면 맞을 것 같습니다. 환자를 봐 달라고 해서 불려 갔는데, 그 사람 머리에 뭔가에 베인 자국이 있다면, 저의 관심은 그 상처가 어떻게 생겼나 하는 문제가 아니라 그를 치료하는 데 있다는 거죠.

P : 환자를 치료할 때는 상처의 원인이 무엇이었는지를 알아내는 것이 현명한 일이고 또 필수적인 일 아닌가요?

T : 비코 씨가 히스테리 증세를 보였다는 병력이 있었고, 또 그를 제압해야 했던 일에 대해서도 들었습니다.

P : 그것은 뇌손상에 의한 것이었을 수도 있지 않나요?

T : 랑 박사는 머리 주위에는 어떤 타박상의 흔적도 없었다고 말했습니다.

K : 다시 묻겠습니다. 당신은 전문가이신데, 응당히 해야 할 일을 하지 않고 있습니다. 감금되어 있는 사람을 폭행하는 일이 종종 있다는 걸 모르십니까? 그때 그런 생각을 해보지 않으셨습니까?

T : 안 했습니다.

K : 머리 부상의 가능성은 생각하고 있었다고 말씀하셨지요?

T : 예.

K : 만약에 비코 씨가 머리를 벽에 부딪쳤다는 것을 누군가 말해주었다면 다른 견해를 가졌을 수도 있으셨겠습니까?

T : 아니오.

K : 당신이 누군가를 진찰하는데 그가 신경학적 손상을 입지 않았나 하는 의심이 생긴다면, 그리고 그가 최근 폭력적 사건을 겪은 일이 있다는 것을 당신이 알고 있었다면, 머리를 가격당한 일이 있는지 물어봐야 하는 것 아닙니까?

T : (대답이 들리지 않음)

K : 당신이 묻지 않은 이유는 당신이 보안경찰과 관계된 일을 하고 있었기 때문이라

고 생각하는데요?

T : 아닙니다.

이 국면에서 판 루이엔이 켄트리지의 발언에 대해 강하게 이의를 제기했다. 켄트리지는 "이것은 질문이지 발언이 아닙니다"라고 대답하며 증인 심문을 계속했다.

K : 그러한 상황에서는 질문을 해 보아야 하는 것 아닌가요?

T : 저는 아니라고밖에, 그렇게 해서는 안 된다고밖에 대답할 수 없습니다.

법정에 모인 사람들이 웅성웅성하기 시작하자 프린스 판사는 5분간 휴정을 선언했다. 그런 뒤 그는 방청객들이 웃음을 멈추지 않으면 모두 법정 밖으로 내쫓겠다고 위협했다. 그러자 판 루이엔은 켄트리지의 심문에 정식으로 이의를 제기했다. 켄트리지는 판사를 향해 판 루이엔이 자신뿐만 아니라 판사에 대해서도 이의를 제기하는 것 같다고 말했다. 그러면서 그는 해왔던 대로 심문을 계속하겠다고 말했다.

이번에는 터커 박사가 자신의 마지막 답변을 정정해도 되겠느냐고 물었다. 그는 관할 지방 의무관이 질문하는 것은 보안경찰에서 금지 사항이 아니라고 말했다.

K : 저는 질문하는 것이 금지되어 있다고 말한 것이 아닙니다. 다만 당신이 개인적

으로 질문을 하지 않았다는 사실을 지적하고 있는 것입니다.

T : 저는 그 점에 대해 강하게 이의를 제기할 수밖에 없습니다. 저는 보안경찰로부

터 늘 필요한 온갖 협조를 다 받아왔습니다.

K : '협조'라는 단어를 쓰셨습니다.

T : 무슨 협조요? 협조가 무슨 뜻이지요?

K : 당신이 쓰신 말입니다.

T : 제 말은, 우리가 필요로 하는 정보가 그때그때 제공되고, 우리가 어떤 일을 해달 라고 요구하면 그때그때 이루어진다는 뜻입니다.

K : 그들을 곤란에 빠뜨리는 질문을 하더라도 어떤 제약도 없다는 말씀이신가요?

T : 그렇습니다.

K : 그러면 비코 씨가 머리를 부딪쳤는지 왜 묻지 않으셨습니까?

T : …….

K : 어떤 시점에서도 후어썬 치안감이 당신에게 비코 씨가 머리를 부딪친 일이 있었 다고 말한 적이 없습니까?

T : 없었습니다.

K : 비코 씨가 머리를 부딪친 일이 있었다고 당신에게 말해 준 사람이 아무도 없었 나요?

T : 클레인후스 총경이 말해줬습니다.

K : 언제요?

T : 면담할 때였습니다.

K : 그런 말을 들은 것은 그때가 처음이었나요?

T : 비코 씨가 죽은 다음날 아침, 그러니까 13일인가에 프리토리아의 주 수석 부검 의인 로옵세르 교수와 이야기를 하다가도 들었습니다.

K : 당신이 비코 씨를 마지막으로 보았을 때, 그는 여전히 똑같은 바지를 입고 젖은 담요를 덮은 채 똑같은 깔개 위에 누워 있었나요?

T : 예.

터커 박사는 그에 관해 아무런 지시도 내리지 않았다고 말했다.

K : 허쉬 박사가 비코 씨를 진찰했고 당신은 다음날 그 결과를 들으셨군요.

T : 예. 다음날 들었습니다.

터커 박사는 족저반사 검사에 관해서는 알고 있었으나 뇌척수액에서 적혈구가 발견된 사실은 몰랐다고 했다. 그러자 켄트리지는 터커 박사의 증인진술서 중 허쉬 박사가 비코를 진찰했는데 족저반사의 가능성 외에 다른 이상은 전혀 발견하지 못했다는 말을 랑 박사로부터 전해 들었다는 부분을 언급했다. "그것은 아주 중대한 발견 아니었나요?" 터커 박사는 그것이 신경학적 손상의 가능성을 시사할 수도 있었을 것이라 대답했다. "전문적인 내용을 말씀드릴 수는 없지만, 아무튼 그것은 뇌손상을 나타내는 매우 중요한 증후입니다."

K : 요추천자의 결과는 확인하셨나요?

T : 아니오.

K : 궁금하지도 않으시던가요?

T : 그는 랑 박사의 환자였습니다.

(휴정)

여덟째 날 : 1977년 11월 23일 수요일

다음날 켄트리지는 비코가 프리토리아로 이송된 9월 11일 비코를 진찰한 사실에 대해 터커 박사를 심문했다. 터커 박사는 일요일 오후에 자신이 당직을 서고 있었던 관계로 후어썬 치안감이 자신을 불렀으며 랑 박사와 연락이 되지 않는다고 말했다고 증언했다. 그런 경우 터커 박사가 의학적 진단과 관련된 책임을 떠맡았다는 것이다. 그를 부른 것은 '분명 비코에게 무슨 일인가 생겼기 때문'이었다. 후어썬 치안감은 그에게 비코가 쓰러졌으며 이를 폴 판 뷔런 경사가 발견했다고 전했다. 터커 박사는 비코가 숨을 가쁘게 몰아쉬고 있는 것을 보았다. 그런 경우 가능성이 있는 원인은 히스테리나 신장 쇠약, 뇌출혈, 간질일 수도 있었고, 물에 빠졌다든가 폐에 이상이 있는 것일 수도 있었다.

K : 중추신경계는 이전에 진찰했을 때와 비교해 별다른 변화를 보이지 않았다는 말씀이시죠?

T : 저는 아주 신속하게 새로 진찰을 했습니다.

K : 얼마나 신속하게요?

T : 약 5분 정도 걸렸습니다.

K : 족저반사 검사를 하셨나요?

T : 아니오.

K : 당신이 확인한 모든 증후들 중 족저반사 검사가 가장 중요하지 않았나요? 그 단계에서 유일하게 확실한 사실이라고는 발가락이 위로 구부러지는 현상뿐이었으니까요. 왜 그 검사를 하지 않은 거죠?

T : 저는 두개 내 압력이 생기지는 않았나 확인해 보고 있었습니다. 두개골 어느 쪽에도 마비나 경련은 일어나지 않았습니다.

G : 뇌 마비 현상이 없을 경우라 하더라도 족저반사 검사가 꼭 필요한 중요한 검사라고 보시지 않았나요?

T : 중요하다고 생각했습니다.

터커 박사는 비코가 '무감각'하기는 했으나 "당시 더이상 장기(臟器)의 질환이 있다는 국소적 증후는 전혀 찾아볼 수 없었다"고 증언했다. 그는 훈련된 의료진을 대동하여 비코를 병원으로 이송해야 한다는 권고를 했다고 말했다. 사이든햄 교도소 병원에는 하나 있던 남자 간호사가 자리를 비운 상태였기 때문에 훈련된 의료진이 없었다. 결국 죄수는 프리토리아로 옮기기로 결정했다.

터커 박사는 비코가 자동차를 이용해 프리토리아로 이송된다는 것을 알고 있었고, 이것이 바람직하지 않다고는 생각하지 않았다고 답했다. 그는 거기에 대해 아무런 이의도 제기하지 않았다. 그는 비코가 랜드로버가 아니라 콤비 차종으로 이송되는 줄 알고 있었다고 말했다. 남아 있는 남자 간호사가 없었기 때문에 이동 중 비코를 돌보아줄 의료진이 전혀 없다는 사실에 대해서도 인지하고 있었다.

K : 증인진술서에서 당신은 당시 비코 씨의 상태가 양호했기 때문에 의료진 없이 이송되어도 아무런 문제가 생기지 않을 것으로 판단했다고 하셨습니다. 당시 상태가 양호하다고 판단하셨나요?

T : 그랬습니다.

K : 당신은 일요일에 긴급 호출을 받고 가서 비코 씨가 쓰러졌다는 말을 들으셨습니다. 당신이 보았을 때 그는 여전히 입에 거품을 물고 바닥에 쓰러져 있었고 원인은 발견하지 못한 상태였지요?

T : 예.

K : 그가 가쁘게 숨을 몰아쉬고 있었지만 그 원인도 역시 알아내지 못하셨고요?

T : 예.

K : 왼팔이 다소 약화된 상태라는 것도 발견하셨죠?

T : 예.

K : 감각이 없는 상태라는 것도 발견하셨고요?

T : 예.

K : 비코 씨를 검진한 의사가 족저반사를 발견한 것도 알고 계셨죠?

T : 예.

K : 그러한 상태의 환자를 양호한 상태라고 판단하셨단 말씀입니까?

T : 발가락이 위로 구부러지는 걸 확인하긴 했지만, 거짓 시늉이 아닐까 하는 의문을 갖고 있었습니다.

P : 여러 증상이 나타나는데도 불구하고 여전히 그것이 거짓 시늉이라는 생각이 들던가요?

T : 제가 알기로는 랑 박사가 이미 비코 씨를 진찰했고, 실질적으로 이상한 점을 발견하지 못했습니다. 저는 막연한 진단 결과만을 듣고 비코 씨를 진찰했습니다. 랑 박사가 허쉬 박사의 진단 결과를 저에게 말해 준 적은 있지만 그럼에도 저는 상당히 당황스러웠습니다.

K : 후어썬 치안감에게 비코 씨를 자동차로 프리토리아까지 이송할 수 있을 거라고 말했을 때 당신은 요추천자가 이뤄진 건 알았지만 그 결과는 모르고 계셨죠?

T : 예.

K : 양심 있는 의사라면 그러한 상황에서 비코 씨의 상태가 양호하다는 말은 못했을 거라고 생각합니다.

T : 그 때 상황에서 저는 양호하다고 생각했습니다.

터커 박사는 요추천자에서 극히 미세한 적혈구가 발견된 것 외에 어떤 이상 증후도 발견되지 않았다는 말을 나중에 랑 박사에게서 들었다고 말했다. 그는 또 이 적혈구 문제에 대해서는 여러 가지 설명이 있을 수 있겠지만 그다지 우려할 필요가 없다고 생각했다. 랑 박사로부터 비코가 별 문제 없이 계속 식사도 잘 하고 잘 걸어 다닌다는 말을 들었기 때문이라는 것이다.

G : 비코 씨가 걸어 다닌다는 말을 들었을 때 랑 박사가 이를 직접 눈으로 확인했다
는 느낌이 들던가요?

T : 아니오, 꼭 그렇다고는 말을 못하겠군요.

K : 한번 이렇게 가정해 봅시다. 프리토리아에서 휴가를 온 사람들이 있는데, 아이
가 이상한 행동을 보여서 포트엘리자베스에 있는 당신에게 진료를 받으러 왔습
니다. 부모는 아이가 학교에 가는 것이 싫어서 그런다고 생각할 수 있겠지요. 그
렇지만 아이가 족저반사를 보이고, 바닥에 쓰러지고, 척수액에서 적혈구가 발견
되고, 입에 거품을 물면서 가쁜 숨을 몰아쉬고, 왼쪽 팔과 다리를 잘 쓰지 못합
니다. 당신은 그 아이의 부모에게 이런 아이를 데리고 프리토리아까지 1천 2백
킬로미터나 되는 거리를 운전해 가라고 허락했겠습니까?

T : 상황이 달랐습니다. 그 아이라면 당장 병원에 입원시키라고 했을 겁니다. 그러
나 이 경우는 불확실한 점이 있었습니다.

K : 그렇기 때문에 당신은 더더욱 신중했어야 하지 않을까요? 비코 씨의 경우에 다
른 점이 있다면 후어썬 치안감이 절대 그를 병원에 입원시키지 않겠다고 고집했
다는 것 아니었습니까?

T : 그가 입원시키지 않겠다고 고집했다고는 말 못합니다. 다만 거기에 반대하는 입
장이었지요.

K : 당신은 왜 환자를 위해 강경하게 나서지 않았습니까?

T : 그러한 특수 상황에서 죄수를 책임지고 있는 경찰의 결정에 맞서도 되는 것인지
알 수 없었습니다.

G : 비코를 병원에 데려가지 않으면 일에서 손을 떼겠다고 왜 말하지 않았습니까?

T : 그 시점에서는 비코 씨의 상태가 그렇게까지 악화되리라고는 생각 못했습니다.
거짓 시늉일 가능성이 있다는 문제가 남아 있었습니다.

K : 당신은 족저반사가 꾸며낼 수 있는 것이라고 생각합니까?

T : 아니오.

K : 어떤 사람이 자기 척수액에서 적혈구가 발견되도록 꾸며낼 수 있습니까?

T : 아니오.

K : 히포크라테스의 선서에 따르면 환자의 권익이 최고의 가치가 아닌가요?

T : 맞습니다.

K : 하지만 이 경우에는 보안 때문에 환자의 권익이 등한시되었지요?

T : 예.

K : 의식이 점점 희미해지고, 발가락이 위로 구부러지는 증후가 나타나며, 척수액에
서 적혈구가 발견되는 것은 전형적인 뇌손상의 증후입니다.

P : 공정한 판단을 위해 짚고 넘어가자면, 터커 박사는 9월 11일에 비코 씨를 진찰
할 당시 척수액에서 적혈구가 발견된 사실을 듣지 못했다고 한 것 같은데요.

K : 그렇습니다. 하지만 비코 씨가 프리토리아로 떠나기 전에 그 사실을 전해 들었
습니다.

다음으로 켄트리지는 비코가 사망한 후 찍은 사진을 들어 보이면
서 이마 위에 난 상처 딱지를 가리켰다. 켄트리지는 부검의들의 말에
따르면 비코의 이마에 난 상처는 4~8일 정도 된 것이며, 의사의 눈에
확연히 띄었을 것이라고 했다. 터커 박사는 상처가 그곳에 있었을지는
모르지만 보이지는 않았다고 했다. 그는 자신이 생각할 수 있는 유일한
이유는 의사가 확인할 수 없도록 누군가가 상처를 죄수의 피부색과 같
은 색으로 칠해 놓았다는 것이라고 말했다.

터커 박사는 판 루이엔의 심문에 답하면서, 그가 비코를 진찰했을
때 비코는 정신이 온전했으며 질문에도 또렷이 답했다고 말했다. 비코

는 어떤 폭행이나 상처에 대한 불만도 토로하지 않았다. 터커 박사는, 9월 11일에 월머 경찰서 유치장으로 비코를 보러 갔을 때 그의 몸 상태가 경찰서에 있어도 될 만큼 회복되었기 때문에 퇴원 조치된 것임을 알 수 있었다고 말했다. 랑 박사가 그에게 알려준 바로는 비코가 이송된 것은 그가 식사를 하고 주위를 걸어 다닐 수 있다는 것이 확인되고 신경외과 의사인 키어레이 박사가 요추천자가 음성이었다는 것을 확인해 준 이후였다는 것이다.

랑 박사와 터커 박사가 비코의 증상에 대해 갈피를 잡지 못하자 비코를 검진했다는 내과 전문의 콜린 허쉬 박사가 다음 증인으로 소환되었다. 허쉬 박사의 증인진술서가 법정에 제출되었다. 진술서에는 허쉬 박사가 비코를 진찰한 이후 랑 박사에게 제출한 의료 보고서도 포함되어 있었다. 이 보고서는 비코가 사망한 지 나흘 후인 9월 16일에 작성된 것이었다.

폰 리레스의 심문에 대한 답변에서 허쉬 박사는 9월 9일에 행해진 요추천자 결과에 따르면 비코의 상태는 '여러 가지로' 해석될 수 있었다고 말했다. 발견된 적혈구는 뇌손상 때문일 수도 있고, 요추천자 때 혈관에서 유출된 혈액 때문일 수도 있다는 것이었다. 그러나 요추천자가 매우 쉽게 이뤄졌기 때문에 검사과정에서 생긴 혈액일 가능성은 낮다고 했다. 그는 뇌손상을 의심하고 있었음에도 불구하고 보고서에 특별히 이에 관한 언급을 하지는 않았다.

다음으로 켄트리지가 허쉬 박사를 심문하였는데, 박사는 9월 8일 랑 박사로부터 전화상으로 비코의 병력에 대하여 들었다고 했다. 비코는 과거에 구금되어 있는 동안에도 말을 제대로 하지 못하고 왼쪽 다리를 질질 끄는 증상을 보인 적이 있다는 것이었다. 랑 박사는 또 오른발에서 발가락이 위로 구부러지는 증상이 나타나는 것 같다고 말했다. 허쉬 박사의 말에 따르면 랑 박사는 비코가 거짓 시늉을 하고 있는 것이 아닌지 의심스러워 하고 있었다. 허쉬 박사는 또한 후에 후어썬 치안감으로부터도 비코가 거짓 시늉을 하고 있는 것인지도 모른다는 인상을 받았다고 했다. 그러면서도 후어썬 치안감은 발작의 가능성을 배제하기 위해 전전긍긍했다고 한다. 후어썬 치안감은 비코가 경찰에게 의자를 던져서 그를 제압해야 했던 사건에 대해 언급하긴 했지만 머리를 부딪쳤을 수도 있다는 사실은 단 한번도 언급하지 않았다.

허쉬 박사는 또한 비코가 4년간 의대를 다닌 적이 있다는 사실도 알고 있었다. 허쉬 박사는 그가 다루는 사람이 충분히 병을 가장할 수 있고, 또 매우 위험한 사람이라는 암시를 받았다고 말했다. 그는 특히 신경학적 경우에서는 환자에 관한 정보가 조금만 틀려도 진단결과에 큰 영향을 미칠 수 있다고 말했다.

허쉬 박사는 비코의 머리에 있는 타박상이나 사망 후 찍힌 사진에 확연히 드러난 상처 딱지 등도 보지 못했다고 증언했다. 그러나 "지금 생각하니 왼쪽 눈 위에 허연 자국이 있었는데 당시에는 타액이 말라붙은 것인 줄 알았습니다"라고 말했다. 그는 만약 찰과상이 있었다면 자신이 그것을 못보고 넘어갔을 것이라고는 생각하지 않는다고 했다. 상처가 눈에 띄지 않았다는 사실을 어떻게 설명할 수 있겠느냐는 질문에 그는 "정말이지 잘 모르겠습니다. 나머지 진찰 결과를 살펴볼 때 그런 상처가 충분히 있을 수 있었습니다. 머리에 있었을 상해는 뇌손상의 증후들과 잘 맞아 떨어집니다"라고 대답했다. 그는 왼발의 발가락이 위

쪽을 향하는 것 역시 중요한 증후로서 뇌손상 가능성을 강하게 나타낸
다고 증언했다.

발가락이 위쪽을 향하도록 거짓 시늉을 하는 것이 가능한 일이냐
는 질문에 허쉬 박사는 자신의 임상 경험으로는 그런 경우를 본 적이
없으나 의사측 법률고문을 보조하는 마르까르 드 비이에 박사는 이러
한 증상을 흉내낼 수 있었다고 대답했다.

허쉬 박사는 진찰을 끝낸 뒤에도 랑 박사에게 "이상 무(無)"라고
하지는 않았다고 말했다. 그는 후어썬 치안감에게 비코의 신경계에 이
상이 있다는 것을 말해주는 양성 반응들이 발견되었다는 것을 설명해
주었다고 했다. "정확히 뭐라고 했는지는 기억이 나지 않지만, 양성 반
응이 나타났다는 점은 분명히 전달했습니다."

왜 비코를 적합한 병원으로 데려가지 않았냐는 질문에 허쉬 박사
는 그것은 자신의 소관이 아니었다고 말했다. 그가 보통의 민간인 환자
였다면 입원시켰을 것이 분명했다. 그러면 비코가 감방용 깔개 네 장
위에 누운 채 랜드로버에 실려 프리토리아로 이송되도록 허락했겠느
냐는 질문에 허쉬 박사는 검진 당시와 상태가 동일했다면 괜찮다고 생
각했을지도 모르겠다고 증언했다. 켄트리지의 질문에 답하면서 허쉬
박사는 환자가 쓰러져서 반(半)혼수상태였다면 차에 실어 1천 2백 킬
로미터나 되는 육로로 이송되도록 결코 허락하지 않았을 것이라고 말
했다.

다음으로 켄트리지는 검사를 위해 의학연구소에 비코의 척수액과
함께 보냈던 서류 한 장을 제시하면서 법정의 주의를 집중시켰다. 환자
의 이름은 스티브 니엘로라고 되어 있었다. 켄트리지는 이에 대해, 연

구소의 담당자가 환자의 실명을 알 수 없도록 일부러 가명을 적은 것은 아닌지 질문했다. 허쉬 박사는 누가 그 이름을 서류에 적어 넣었는지는 모르겠다고 말했다. 사이든햄 교도소 병원의 당직이 그랬을 수도 있지만 "누가 그랬는지는 모르겠습니다"라고 그는 말했다. 켄트리지는 비코의 척수액 검사를 그 연구소에서 했는지 연구소측에 알아보려고 했는데 처음에는 그런 사실이 없다는 답을 받았다고 했다.

켄트리지는 또한 9월 10일에 랑 박사가 작성한 병상일지에 법정의 주의를 집중시키면서, 거기에는 랑 박사와 허쉬 박사가 비코로부터 아무런 병변을 발견하지 못했으며 요추천자 검사 역시 정상이었다고 적혀 있음을 지적했다. 허쉬 박사는 당시 뇌손상의 증후로 보이는 척수액 내 적혈구와 발가락이 위로 구부러지는 등의 병변을 발견했다고 인정했다. "적혈구가 발견된 것은 정상적 요추천자 때문일 수도 있었지만 뇌손상 때문일 수도 있었습니다."

K : 어떤 의사도 이 요추천자 결과를 정상이라고 말할 수는 없겠죠?

H : 그렇습니다.

판 루이엔의 질문에 대해 허쉬 박사는 비코의 상태가 '걱정스럽기는' 했으나 "상태가 위급해서 불안해 할 정도는 아니었습니다"라고 답했다. 판 루이엔은 만약 허쉬 박사가 정말 걱정이 되었다면 이를 후어썬 치안감에게 전달했을 것이라고 말했다. 허쉬 박사는 당시 상황이 '다급하지는' 않았다고 증언했다.

P : 요점은 당신은 그렇게 많이 걱정이 되지 않았다는 얘긴가요?

H : 제 환자였으니까 걱정은 됐습니다. 신경학적 이상 증후가 나타나고 뇌척수액이 비정상적이라면 당연히 걱정은 되지만 그가 죽을 거라고는 생각되지 않습니다.

정확히 진단할 수 있는 사람은 신경외과 의사뿐이라는 것이 제 진심이었습니다. 환자를 제대로 진단하고, 치료나 수술을 할 수 있는 것은 그들뿐이었습니다.

R : 비코 씨가 사망한 것을 안 뒤에 작성한 보고서에도 장기의 이상이 발견되었다는 확실한 결론을 보여주는 내용은 없었던 것으로 아는데요?

H : 없습니다. 물론 그런 내용을 포함시켰어야 옳았겠지만요.

R : 전 좀 혼란스러운데요. 당신의 의견으로 볼 때는 뇌 기능과 연관된 증후가 보였다고 하셨죠?

H : 맞습니다.

R : 보고서에는 그런 언급을 하지 않으셨고요?

H : 내용으로 유추할 수 있다고 생각했기 때문이었습니다. 그 보고서는 잘된 보고서가 아니었습니다.

R : 결국 당신의 증거는 별로 좋은 증거가 아니란 얘기군요. 진찰 당시에는 더더욱 확신이 없었을 것이라고 생각됩니다.

H : (대답이 들리지 않음)

프린스 판사는 당시 허쉬 박사가 랑 박사에게 어떤 얘기를 했는지 물었다. 그가 보고서에 적은 내용과 같은 말을 했는가? 허쉬 박사는 비코가 신경외과 의사의 검진을 받아야 한다는 자신의 진단이 무엇에 근거한 것인지에 대해 네 가지 점을 거론했다고 답변했다. 허쉬 박사가 비코를 보기 전에 그가 거짓 시늉을 하고 있다는 말을 랑 박사로부터 들었느냐는 질문에는, 그가 거짓 시늉이라는 말을 한 적은 없고 단지 사실만을 나열했다고 답변했다.

(휴정)

아홉째 날 : 1977년 11월 24일 목요일

허쉬 박사에 대한 판 루이엔의 심문이 재개되었다. 허쉬 박사는 자신이 후어썬 치안감에게 환자의 상태에 대한 의학적 측면을 자세히 말해주지 않고 매우 막연하게만 설명해 주었다는 것을 인정했다. 판 루이엔은 허쉬 박사의 보고서에서 어떤 진단 결과도 찾아볼 수 없었고, 따라서 보고서가 만들어진 시점에서도 진단은 이루어지지 않은 것이라고 볼 수 있다는 주장을 펼쳤다. 허쉬 박사는 이에 대해 "당시 나는 환자의 머리에 상처가 있고 뇌손상이 있다는 확신을 가지고 있었습니다. 이를 보고서에 포함시키지 않은 사실에 대해서는 뭐라고 할 말이 없습니다"라고 대답했다.

허쉬 박사에게 의학적 세부사항을 묻는 심문이 끝난 뒤 폰 리레스는 랑 박사를 다시 증언대로 불렀다. 랑 박사는 제시된 서류를 보고 그것이 교도소 병원에서 자신이 직접 서명한 병상일지의 한 쪽임을 인정했다. 폰 리레스가 그 내용을 읽어 내려갔다. "간밤에 허쉬 박사가 진찰을 함. 의식 있음. 신체 및 정신적 기능 정상임. 족저반사 및 하지의 현저한 감각 손실 외에는 별다른 병변 없음. 상태 변화 없음."

K : 족저반사 검사를 했을 때 당신은 그 자리에 있었습니다. 검사를 한 쪽이 우측 다리라고 잘못 보고를 하셨는데요. 좌측 다리라고 기록했어야 하는 것 아닌가요?

L : 그렇습니다.

K : 그런데도 병상일지에는 허쉬 박사와 당신, 두 사람이 다 아무런 병변을 발견할 수 없었다고 하셨죠. 그 말은 거짓이었지요?

L : 그렇습니다.

K : 또한 요추천자가 정상이라고 하셨는데요. 그것도 거짓이었나요?

L : 아닙니다. 그건 잘못 알았을 뿐입니다.

K : 병변이 발견되지 않았다고 한 건 거짓이었죠?

L : 제가 병상일지에 기재를 부정확하게 했던 것입니다. 단어 하나를 빠뜨렸던 거지요. 심각한 병변이라고 했어야 했습니다. 제가 비코 씨에게 말해준 내용의 핵심도 그러한 것이었습니다. 심각한 병변의 증후는 없었다는 거죠.

K : 그것 역시 거짓입니다. 뇌손상을 가리키는 중대한 증후가 발견되었습니다.

L : 발가락이 위로 구부러지는 것도 몇 가지 다른 증후들 중 하나일 뿐이라고 생각했습니다.

K : 당신이 비코 씨에게, 그리고 병상일지에다 허위 진술을 한 것이 명명백백하다고 저는 주장하는 바입니다. 비코 씨를 한시라도 빨리 경찰의 수중에 다시 돌려보내기 위해서 말이죠.

L : 그렇지 않습니다. 그것은 저의 실수였습니다.

판 루이엔은, 랑 박사의 증인진술서에 제대로 관찰할 수만 있다면 비코를 보안경찰이 보호하도록 인계해도 좋다는 데 자신과 키어레이 박사가 동의했다는 내용이 포함되어 있다고 말했다. 랑 박사는 자신이 후어썬 치안감에게 '불안할 것이 없는 상황'이라고 조언을 해주었으며 비코의 상태에 별 변화가 없는 경우 이송되어도 좋다고 말했다는 것을 인정했다.

G : 일요일에는 비번이셨죠. 비코 씨가 사이든햄 교도소 병원에서 월머 경찰서 유치장으로 옮겨진 것을 당신은 알고 계셨습니다. 그날 당신은 키어레이 박사를 도울 수 없으셨을 텐데, 제 말이 맞습니까?

L : 오전 중에 비코 씨가 옮겨질 것이라는 것은 알고 있었습니다. 저는 오후에 그를

찾아가 볼 생각이었습니다. 그렇지만 터커 박사로부터 그가 비코 씨를 진찰하고 왔다는 메시지를 받았습니다.

G : 그날은 비코 씨를 관찰해야 하는 당신의 소임을 다 하시지 않은 것 같군요. 하루에 두 번 비코 씨를 진찰해야 할 책임이 있으셨죠?

L : 그건 제가 내린 결정이었습니다. 그런 의무를 키어레이 씨에게 지운 적은 없습니다.

G : 당신의 관리 규정을 수행하자면 당신은 일요일에 환자를 보셨어야 했습니다. 왜 보지 않으셨습니까?

L : 언제 이송될지 확실히 몰랐기 때문입니다.

G : 머리에 부상을 입은 환자의 관리 규정은 하루에 두 번 이상 환자를 검진하라는 것인데요. 제 생각에는 적어도 1시간에 한 번, 아니 30분에 한 번씩은 환자를 봐야 한다고 봅니다.

L : 환자가 입원해 있다면 그 말은 맞습니다. 저는 의사지만 그렇게 할 수는 없었습니다. 제 일을 대신 해줄 수 있는 사람이 아무도 없으니까요. 100일 과정으로 와 있는 당직 의무병에게 맡기는 건 더더욱 불가능했습니다.

G : 의무병이 맥박은 잴 수 있었습니까?

L : 예.

G : 의사 수련을 받으실 때 당신은 머리에 부상을 입은 환자의 경우 지속적인 관찰을 요하며 적어도 1시간마다 맥박을 재야 한다는 내용을 배우지 않으셨나요? 그런데 그 일요일에 비코 씨는 의사로부터 아무런 진찰도 받지 못했지요?

아무 대답이 없었다.

랑 박사 다음으로 증인석에 앉은 사람은 보안경찰 쿳시 치안정감이었다. 프린스 판사는 자신이 쿳시 치안정감 및 그의 상관인 제이츠만 치안정감으로부터 증인진술서를 접수했으며 그들에게 증언을 하도록 허락하겠다고 말했다.

쿳시 치안정감이 심문을 받기 전에 판 루이엔이 이의를 제기했다. 그는 후어썬 치안감의 신뢰성을 공격하려는 의도를 지닌 신문 기사를 증거로 채택할 수는 없다는 것이 이 문제의 기본전제라고 말했다. 그러면서 그는 후어썬 치안감이 이전에 모순된 진술을 했다는 증거가 어디에도 없기 때문에 이를 증거 자료로 제출하는 것에 대해 날카롭게 이의를 제기했다. 그러한 이의 제기는 받아들여졌다. 그럼에도 프린스 판사는 치안정감들을 증인으로 소환하고자 한다는 뜻을 간단히 표명했다.

판 루이엔은 다시 한 번 이것은 그 증언들이 이 심리에 적합할 것인가와 이 심리에서 허용될 만한 것인가의 문제라고 주장했다. 법정이 본말을 전도하고 있으며 후어썬 치안감의 신뢰성을 시험하는 증언을 유도 심문하려 한다는 것이었다. 이를 용인해서는 안 되었다.

켄트리지는 프린스 판사가 치안정감의 증언을 허락하는 것이 지극히 당연하다고 말했다. 그들의 증언은 이전의 일관되지 못한 진술들과도 관련이 있을 뿐만 아니라 포트엘리자베스에서 발생한 사건의 본질을 파헤치는 데 필수적이라는 주장이었다. 제이츠만 치안정감은 자신이 받았던 텔렉스 메시지를 매우 정확하게 공개했으며 그의 증인진술서는 후어썬 치안감이 말한 내용과 상충되는 여러 가지 점들을 드러내었다. 그는 이러한 증언으로 인해 후어썬 치안감과 스니먼 경정이 상당한 타격을 입을 것이므로 판 루이엔이 그들을 변호하기 위해 증언을 막으려 한다는 것을 알 수 있다고 했다.

마침내 프린스 판사는 결정은 다음날 내리겠다고 말했다.

다음으로는 프리토리아 주 수석 부검의인 요한 로웁세르 교수가 9월 13일에 있었던 비코의 시신 부검에 관해 증언했다. 켄트리지는 비코의 가족이 로웁세르 교수가 집행한 부검의 정확성과 진실성에 대해 완전한 신뢰를 가지고 있음을 기록으로 남기고 싶다고 말했다. 의학적 세부 사항에 관해 로웁세르 교수를 심문하기에 앞서 켄트리지는 비코의 시신에서 탈수 현상을 발견하지는 않았는지 물었다. 로웁세르 교수는 발견하지 못했다고 답했다.

켄트리지는 남아프리카 의학연구소의 병리학과 학장인 네빌 프록터 교수가 제출한 보고서에 관해 언급했다. 켄트리지는 프록터 교수가 국제적으로 명성이 높은 신경병리학자이며, 특히 뇌병리학을 전문으로 한다고 덧붙였다. 이 보고서에서 프록터 교수는 비코의 뇌가 여러 군데에 걸쳐 손상되었고 뇌출혈과 괴저(조직이 죽는 것)의 주요 특징들이 보였으며, 이러한 손상들은 '명백히 심각한 외상성 뇌 타박상 및 타박상에 의한 괴저를 표시하는 것'이라는 결론을 내렸다. 로웁세르 교수도 이에 동의하면서 멍(타박상)은 '물리적인 원인'으로부터 발생한 것이라고 말했다.

켄트리지는 로웁세르 교수에게 이 타박상들이 외견상 3~5일 정도 된 것이라는 데 동의하는지 물었다. 로웁세르 교수는 자신이 심슨 교수와 함께 살펴본 결과 타박상이 3~5일 정도 된 것이라는 판단을 내렸다고 대답했다.

K : 그의 사망 날짜인 9월 12일을 적용해 본다면 그로부터 5일 전은 9월 7일이 되고, 6일 전은 9월 6일이 되겠군요?

L : 그 정도의 시간을 적용할 수 있을 것입니다.

켄트리지는 프록터 교수의 말을 좀더 쉽게 풀어서 요약하면서, 2차 뇌출혈을 제외하고도 비코의 뇌에는 다섯 가지 확연한 손상이 있었다고 말했다. 켄트리지는 뇌에 이 정도 손상을 가하기 위해서는 적어도 3회, 아니 어쩌면 4회 정도 머리를 가격했을 것이라고 말했다. 그는 가격이라는 말을 사용할 때 그것은 머리에 가해진 모든 충격을 뜻하며 반드시 주먹으로 때리는 것만을 의미하는 것은 아니라고 강조했다.

로웁세르 교수는 첫번째 손상에 관해 언급하면서 이것은 반충손상이라 불리는 것으로서, 충격을 받은 뇌의 반대쪽에 생기는 손상을 의미한다고 설명했다. 가격을 한 바로 그 부위에 손상이 나타나는 것이 아니라 멀리 떨어진 다른 부위에 나타난다는 것이다. 로웁세르 교수는 주의 깊게 살펴본 결과 주요 손상은 이마 왼쪽 부분에 가해진 충격에 의해 생긴 듯하다는 의견을 내놓았다. 그는 또 충격을 받는 순간 두개골과 뇌 사이의 관계가 중요한 의미를 가진다고 말했다. 예를 들면, 사람을 밀어 넘어뜨리는 힘 자체는 뇌손상의 정도를 좌우하는 제1의 결정적 요인이 못 된다는 것이었다.

켄트리지는 9월 7일 아침부터 비코가 보인 행동들에 관해 법정에서 제출된 정황을 모두 요약했다. 그는 비코가 다른 사람들과 자신 사이에 베일을 쳐버린 것처럼 보였으며, 말을 할 때 발음이 불분명하고 횡설수설했으며 웅얼거렸다고 말했다. 그는 때때로 팔다리가 약화된 듯이 보이기도 했고, 제대로 걷지도 못했으며, 신근족저반사, 반향언어 증상, 왼팔 약화와 함께 약간 다리를 절기도 했다. 척수액에서는 적혈구가 발견되었다. 켄트리지는 이러한 정황을 하나씩 나열하면서, 이래도 비코가 비교적 심각한 뇌손상을 입었던 것으로 보이지 않느냐고 반문했다. 로웁세르 교수는 "그러한 정황은 아주 심각한 손상 같아 보입니다. 저는 그것이 병리학적으로 발견된 양상들과 완전히 일치한다고 생각합니다"라고 대답했다. 켄트리지는, 자신에게 조언을 해주는 신경학 전문가들은 비코가 입은 정도의 손상이었다면 환자는 적어도 10분, 더 정확히 말하자면 15~20분에서 길게는 1시간까지 의식불명 상태였음이 틀림없다는 견해를 표명했다고 말했다. 로웁세르 교수는 자신도 이에 동의하지 않을 이유가 없다고 답했다.

이제 심문은 비코의 이마에 난 눈에 띄는 상처에 대한 것으로 이어졌다. 이 상처는 법정에 제시된 사진상에 보이는 타박상, 부풀어 오른 자국, 딱지 등으로 이루어져 있었다. 로웁세르 교수는 사체 부검을 하는 순간 자신은 비코의 이마에 난 손상을 즉시 눈여겨 보았다고 말했다. 그가 상처를 알아보는 것에는 전혀 어려움이 없었다는 것이다.

심문은 머리에 난 상처의 원인을 찾는 쪽으로 방향을 틀었다. 켄트리지는 로웁세르 교수에게 그 상처가 쓰러져서 생긴 것일 수 있겠느냐는 질문을 했다. 교수는 그럴 수도 있다고 말했다. 고무 곤봉 같은 둔기에 맞아서 생긴 것일 수도 있냐는 질문에는 상처의 크기를 설명하긴 힘들 것 같다고 말했다. 다만 비코의 머리 표면에서 보이는 딱지는 곤봉에 맞아 생긴 것으로 보아도 무방한 상처였다고 했다.

그러자 켄트리지는 머리의 상처가 2회나 3회 정도의 가격에 의해 생겼을 가능성이 있는지 물었다. 로웁세르 교수는 그런 생각은 비코의 피부 표면에 난 상처에만 잘 맞아떨어질 수 있을 것 같다고 대답했다. 켄트리지는 그런 손상이 주먹에 맞아 생겼을 수도 있는지 물었다. 로웁세르 교수는 이론적으로 그럴 가능성도 있다는 말밖에 할 수 없다고 말

했다. 켄트리지는 "반지를 낀 사람의 주먹으로 맞았을 가능성에 대해
선 어떻게 생각하십니까?"라고 물었다. 로웁세르 교수는 가능한 일이
라고 대답했다.

켄트리지는 그 상처가 쓰러져서 생겼을 가능성 쪽으로 이야기를
다시 돌려서, 쓰러졌을 때 코는 다치지 않고 왼쪽 이마와 광대뼈에만
충격이 가해졌다는 얘기인데, 이렇게 넘어지는 것이 가능한지를 물었
다. 로웁세르 교수는 머리를 오른쪽으로 돌린 채 왼쪽으로 넘어져야 가
능하다고 답했다.

켄트리지는 간질 환자가 발작이 일어났을 때 이런 식으로 쓰러질
수 있다고 설명했다. 혹은 맞아서 의식을 잃은 경우에도 이렇게 쓰러질
수 있을 것이다. 더욱 믿기 어려운 것은 의식이 있는 사람이 바닥에 쓰
러졌을 때도 이러한 손상을 입을 수 있다는 사실이었다. 로웁세르 교수
는 그런 일은 어려울 수 있다고 대답했다. 켄트리지는 사람이 얼굴 혹
은 이마를 부딪치며 땅에 떨어졌다면 손이 자유롭지 못하여 스스로를
보호할 수 없는 상황이었다고 볼 수도 있을 것이라고 덧붙였다. 로웁세
르 교수는 그 말에 동의했다.

다음으로 켄트리지는 비코의 입술에 난 상처에 대해서도 언급했
다. 로웁세르 교수는 입술에 난 두 개의 상처를 머리의 상처들과 반드
시 관련지을 수는 없다고 말했다. 입술의 상처는 완전히 별개의 것으로
보인다는 견해였다. 그는 입술에 난 벤 상처는 쓰러져서 생긴 것이 아
니라 두 번의 가격에 의해 생긴 듯하다는 켄트리지의 말에 동의했다.

갈비뼈 부근에 난 타박상에 관해서 켄트리지는 그 상처들이 날카
로운 물건, 예컨대 막대기나 손가락 같은 것으로 쿡 찔러서 생긴 것으

로 보인다고 말했다. 로웁세르 교수도 동의했으나 "잔인하게 찔러댄 것은 아니고, 그냥 한 번 찌른 것 같다"고 덧붙였다.

로웁세르 교수는 비코의 손목과 발에서 발견된 찰과상이 수갑에 의해 생긴 것이라고 생각한다고 말했다. 그는 비코의 왼쪽 엄지발가락에서도 상처를 발견했는데, 물집이 났던 것을 '핀이나 바늘' 같은 것으로 찔러 터뜨린 듯하다고 했다. 물집이 생긴 원인을 묻자 로웁세르 교수는 '부딪치거나 그 지점을 압박하는' 등의 물리적 원인에 의한 것으로 생각한다고 말했다.

켄트리지는 다음으로 머리에 입은 반충손상의 원인에 대해 심문하기 시작했다. 그는 움직이는 머리를 급작스럽게 감속시키면 이러한 형태의 손상이 생기는 것이 일반적이라고 말했다. 그는 권투 선수들이 머리에 부상을 당할 경우 이러한 반충손상을 입기 쉽다는 점을 지적했다. 로웁세르 교수는 통계적으로 이러한 종류의 부상은 권투 시합에서 머리를 가격 당한 사람이 입는 가장 중요한 부상이라는 데 동의했다.

머리를 움직이는 속도가 손상의 정도에 결정적인 영향을 미친다는 데 의견이 일치했다. 중요한 점은 움직이던 머리가 갑자기 멈추어졌다는 것이었다. 로웁세르 교수는 앞을 향해 머리를 움직이고 있을 때 가격으로 인해 운동이 갑자기 멈추어졌다면 이런 손상을 입을 수도 있다고 말했다. 켄트리지는 사람의 목덜미를 잡아 벽에 밀어붙였다면 이런 일이 생길 수 있는지 물었다. 로웁세르 교수는 가능하다고 말했다.

그러면서 로웁세르 교수는 자신이 본 TV 프로그램의 한 장면으로 법정의 주의를 돌렸다. TV 프로그램에서 한 경관이 자신이 의심을 받을 처지에 놓이자 자신도 피해자라는 것을 당국이 믿게 하려고 자신의 몸에 부상을 입혀야만 하는 장면이 나왔다는 것이다. "경관은 담벼락에 머리를 세게 부딪쳤습니다. 이 같은 일이 있을 수 있었겠지요"라고 로웁세르 교수가 말했다.

(휴정)

열째 날 : 1977년 11월 25일 금요일

변론이 시작되었을 때 켄트리지는 뇌손상이 벽에 자신의 머리를 부딪쳐서 생길 수도 있다고 했던 로웁세르 교수의 증언 내용을 언급하였다.

K : 비코 씨의 부상이 그런 식으로 생겼다는 것은 아니겠지요?

L : 그것을 충분히 있을 법한 일이라고 할 수도 없겠지만, 또 그 가능성을 완전히 제쳐둘 수만도 없습니다.

K : 그 경관은 벽 앞에 서서 자신의 머리를 벽에 들이박았다는 건가요?

L : 맞습니다, 반복적으로요.

P : 몸싸움을 하고 있던 사람이 자기 머리를 벽에 반복해서 부딪칠 수가 있다는 말인가요?

L : 맞습니다.

K : 만약에 다른 누군가가 머리를 세게 쳤다고 한다면, 가속을 설명하기가 더 쉬울까요?

L : 잭나이프를 휘두르는 정도의 동작만으로도 충분할 것이라고 생각합니다.

로웁세르 교수는 의자에서 떨어지는 것이 서 있는 자세에서 부딪히는 것보다 더 많은 손상을 유발할 것이라고 말했다. 그는 자신의 경험으로는 이와 유사한 자해의 상처는 본 적이 없다고 했다. "그러나 최초 사례는 늘 있기 마련이지요"라고 그는 말했다.

켄트리지는 만일 비코가 스스로 그런 시도를 했다면 뭔가 이치에 맞지 않는 구석이 있다고 지적했다. 로웁세르 교수가 제시한 이론에 따르면 비코가 입었던 정도의 상처는 '돌진하는' 사람이나 입을 수 있는 것이었다. 그는 "비코 씨는 벽을 발로 차고 그 힘을 이용해 의도적으로 마루에 몸을 던져야만 했을 겁니다"라고 말했다. 또 켄트리지는 사람이 자기 머리를 부딪쳐 자해하려 한다면 자기 바로 옆에 있는 벽에 부딪치는 게 보통이라는 점을 지적했다. 그러나 비코가 만약 그렇게 머리를 부딪쳤다면 사슬에 묶여 있던 위치로 인해 그것은 실제 상처가 난 곳의 반대편이었을 것이다.

이번에는 판 루이엔이 심문을 시작했다. 그는 앞이마에 가해진 충격으로 5군데의 외상이 생겼을 수 있다고 주장했다. 로웁세르 교수도 '대체적으로' 여기에 동의했다.

판 루이엔은 로웁세르 교수에게 비코가 문제의 사건이 벌어졌을 때 의식을 잃은 상태였는지에 관해 질문을 했다. 로웁세르 교수는 비코가 상처를 입은 결과 의식을 잃은 게 분명하다고 말하지는 못했다. 그러자 판 루이엔은 9월 7일 아침에 발생했던 사건에 관련된 증언을 언급하였다. 당시 비코는 광포해져 있었고, 주위 사람들에게 폭력을 휘둘렀으며, 그래서 제압을 하지 않을 수 없었다고 그는 말했다. 어느 누구도 사건 당시 비코가 왼쪽 앞이마를 부딪쳤다는 증언은 하지 않았다. 그러나 판 루이엔은 비코가 머리에 상처를 입었을 수 있는 3가지 구체적인 상황을 제시하였다. 첫번째, 비코를 제압하려고 그를 사무실 벽에 강제적으로 밀어 붙였을 때. 두번째, 비코가 자기를 붙잡고 있던 사람의 발을 밟자 그가 뒤로 물러서는 바람에 비코가 그대로 바닥에 넘어졌을 때. 세번째, 그런 일이 벌어진 연후, 비코를 다시 바닥에 눕혀 힘들게 족쇄를 채웠을 때. 로웁세르 교수는 이런 종류의 타박상은 위 세 가지 가운데 어떤 경우에 의해서도 발생할 수 있다는 데 동의했다.

비코가 아직 생존해 있을 당시 그를 본 사람 가운데 한 사람만을 제외하고는 어느 누구도 그의 이마에 상처가 난 것을 보았다고 인정하지 않았다는 사실을 언급하면서 판 루이엔은 상처가 그렇게 뚜렷하지 않았다는 것이 가능한 일이냐고 물었다. 로웁세르 교수는 자신도 주관적인 요인 때문에 부검을 실행하는 과정에서 외상을 발견하지 못하고 지나쳤던 적이 있다고 말했다. 그는 자신은 외상을 찾으려고 하고 있었으며 해부실의 조명도 매우 밝았다고 말했다.

조금 후에 켄트리지가 일어나서 현재 논의되고 있는 뇌손상의 정도로 볼 때 비코가 의식을 잃지 않았다는 것은 사실상 믿을 수 없는 일이라고 말했다. 얼마간 공방이 오고간 뒤 로웁세르 교수는, 그러한 정도의 뇌손상을 입은 사람은 의식불명 상태에 빠질 수 있다고 자신은 생각하지만 만약 의식을 잃지 않았다 해도 전혀 놀랄 만한 일은 아니라고 말했다. 자신은 비코가 의식을 잃었을 가능성을 50퍼센트 이상으로 보고 있다고 했다.

R : 그가 의식불명이 아니었을 가능성을 배제할 수는 없는 거죠?

L : 그렇습니다.

다음 증인은 네빌 프록터 교수였다. 그는 버트바터스란트 대학 해부병리학 교수이자 남아프리카 의학연구소 병리학부 학장이었다. 켄트리지는 그에게 비코의 뇌 검사에서 그가 발견한 결과에 관한 다양한 전문적인 문제들에 관해 물었다. 심문 과정에서 프록터 교수는 비코의 뇌 검사 결과 자신이 내린 결론을 밝혔다. 그는 비코의 뇌에서 발견된 가장 큰 손상이 반충손상이라는 데 대해 다른 병리학자들과 의견을 같이했다. 그는 가장 주요한 상처가 왼쪽 이마에서 발견되었다는 것은 논리적으로 볼 때 지극히 당연하다고 생각한다고 말했다.

그의 견해로는 이 모든 손상들이 단 한번의 가격으로 일어난 것은 아니었다. 적어도 세 번의 가격이 있었을 것이라고 그는 생각했다.

9월 7일 오전 비코가 보인 행동에 대해 켄트리지가 자세히 설명하자 이에 대한 대답으로 프록터 교수는 그 같은 설명과 비코의 뇌손상 정도와 그 특징을 고려할 때 비코는 분명 의식불명 상태였을 것이라고 말했다. 그는 비코가 보통 수준에서 심각한 수준에 이르는 다양한 뇌손상을 입은 것이라고 말했다. 보통 수준의 손상인 경우 약 10분 내지 20분 정도 의식을 잃는 것이 당연하다고 그는 설명했다. 또한 그는 비코의 머리에 난 손상 중 주요한 손상 하나만으로도 충분히 사망에 이를 수 있다고 했다.

(휴정)

열한째 날 : 1977년 11월 28일 월요일

프록터 교수가 판 루이엔과 피카르, 폰 리레스로부터 심문을 받았다. 다음으로 비코가 사망하던 날 그를 진료했던 프리토리아 지방 의무관

안드리스 판 질 박사가 증언을 했다. 그는 9월 12일 오후 3시 프리토리아 교도소 병원에서 자신이 비코를 진료했다는 내용의 진술서를 읽어 내려갔다. 그는 비코가 일주일 동안 '식음을 전폐했다'는 이야기를 들었다고 했다. 또한 비코가 다른 의사에게 검진을 받은 적이 있었는데 아무런 '이상'도 발견되지 않았다는 이야기도 전해 들었다고 했다.

판 질 박사는 이 환자와 관련하여 포트엘리자베스로부터 아무런 자료도 넘겨받지 못했다고 했다. 비코를 검진한 뒤 그는 7일 동안 '음식과 물을 전혀' 먹지 않은 결과 전반적인 신체의 약화 현상 및 탈수 증세가 보인다는 진단을 내렸다. 판 질 박사는 물약을 처방하고 비코에게 비타민 주사를 놓아주었다.

켄트리지는 판 질 박사에게 7일 동안 비코가 식음을 전폐했다는 이야기를 누구에게 들었느냐고 질문했다. 박사는 중앙 교도소 병원의 프레토리위스 경사와 전화 통화를 하던 중 전해 듣게 되었다고 답했다. 그가 기억하는 한 아무도 그에게 비코가 얼마나 위급한 상태였는지 얘기해 주지 않았다고 했다. 비코가 중태인 것처럼 보였느냐는 켄트리지의 질문에 판 질 박사는, "의학적 관점에서 그는 정말 상태가 좋지 않은 환자였지요. 그는 혼수상태였습니다"라고 대답했다.

피카르의 심문을 받고 판 질 박사는 9월 12일 이전까지는 비코가 구금되어 있던 구역에 한 번도 들어가 본 적이 없었다고 증언했다. 폰 리레스는 판 질 박사에게 비코가 수감되어 있던 방이 지내기에 불편함이 없도록 설비되어 있었냐고 물었다. 판 질 박사는, 자신은 본래 비코의 감방이 아닌 병실처럼 꾸며진 다른 감방으로 안내되었다고 말했다. 비코는 독방을 쓰고 있었다.

켄트리지는 법정을 향해 비코의 감방을 촬영한 사진이 있다고 말했다. "환자는 침대가 아니라 바닥에 깔린 깔개 위에 누워 있었던 것 같습니다"라고 그는 말했다. 사진을 유심히 살펴본 뒤 판 질 박사는 비코의 감방이 분명해 보인다고 말했다.

K : 당신이 비코 씨를 보았을 때 그는 바닥에 깔린 깔개 위에 누워 있던가요?

Z : 맞습니다.

판 질 박사가 증언대에서 내려갔다. 다음 증인인 글뢰크만 박사가 나오기에 앞서 약간의 언쟁이 오고 간 뒤 그가 증인으로 불려 나왔다. 프린스 판사가 비코 가족측의 부검의인 글뢰크만 박사를 증인으로 소환할 것을 끝내 허락했던 것이다. 글뢰크만 박사는 이날 남은 시간 내내 증인석에 서서 비코의 부검 결과에 관한 심문에 대답했다.

(휴정)

열두째 날 : 1977년 11월 29일 화요일

글뢰크만 박사의 부검에 관련된 심문에 대한 답변이 계속되었다. 그 다음으로 프리토리아 대학의 병리해부학과 학과장인 이안 심슨 교수가 증언을 했다. 그 역시 비코의 부검에 참여했던 사람으로 그 결과에 관한 매우 전문적인 질문들에 대해 답변했다.

이에 뒤이어 판사가 판 루이엔에게 보안경찰본부장들을 증인으로 소환해야 한다는 것에 대해 아직도 반대하는지를 물었다. 판 루이엔은 켄트리지가 두 치안정감을 증인으로 부르려는 목적은 이스턴 케이프 보안경찰 지휘자인 피터 후어썬 치안감의 진술과 경찰총장인 크뤼에르의 (증거가 불충분한) 진술 간의 모순점을 찾아내려는 것이라고 말했다. 후어썬 치안감의 증인진술서와 그가 법정에서 한 증언이 날조되었다거나 그 증언들 사이에 불일치한 점이 있다는 증거는 전혀 없었다. 켄트리지가 생각하는 모순점이란 단지 경찰총장이 했다고 추정되는 전문(傳聞) 진술에서 파생한 것이므로 이는 받아들일 수 없다는 것이 판 루이엔의 입장이었다.

그러자 판사는, 두 치안정감의 진술서 및 두 진술서 중 한 장에 첨부되어 함께 제출된 텔렉스 메시지를 모두 검토해 본 결과 그 서류들은 후어썬 치안감측의 이전 진술이 일관되지 못하다는 암시조차 하지 않았다고 판결했다. 판 루이엔의 의견이 수용된 것이었다.

논의는 이제 신경외과 전문의인 뤼우벤 플로트킨 박사와 비코 가족측 상담의인 로널드 터커 박사의 증인진술서가 증거로 채택될 수 있느냐에 초점이 맞추어졌다. 프린스 판사는 자신은 증인진술서들을 읽어보았으며, 이 의사들을 증인으로 세울 것인지 여부를 결정을 해야만 한다고 말했다.

판 루이엔은 이 증인진술서들을 증거로 채택하는 것에 대해 이의를 제기했다. 사망의 원인을 규명하고 사망에 형사적 책임이 있는 사람을 밝히는 것과 관련하여 이 진술서들은 '불필요한 억측' 만을 낳을 수 있다는 주장이었다. 피카르 역시 플로트킨 박사와 터커 박사의 증인진술서 제출에 반대했고, 히스와 폰 리레스는 판 루이엔과 피카르의 주장을 지지했다.

켄트리지는 결론에 도달하는 과정에서 그 증인진술서에 담겨 있는 요소가 법정에 정말 중요한 가치가 있을 것으로 믿는다고 말했다. 플로트킨 박사와 터커 박사를 증인으로 부르게 되면 완선히 독립적인 두 임상의들의 시각을 통해 사실을 해석할 수 있게 된다는 것이었다. 판사는 세 가지 선택을 할 수 있었다. 이 문제에 관해서는 이미 충분한 증거가 제시되었으므로 이 증인진술서들을 증거로 인정하지 않는다고 판시할 수도 있고 아니면 이 증인진술서들을 증거로 받아들이되 증인들은 소환하지 않을 수도 있으며, 그도 아니면 그 증인진술서들을 증거로 채택하고 증인들을 소환하여 대질심문을 벌일 수도 있었다.

판사는 다음날 이 문제에 관한 결정을 내리겠다고 말했다.

(휴정)

열셋째 날 : 1977년 11월 30일 수요일

심리가 재개된 직후에 뜻하지 않게도 후어썬 치안감이 일찍이 증인석에 다시 모습을 나타냈다. 모두들 더 전문적인 의학적 증거가 더 제시되리라 생각하고 있던 터였다.

켄트리지는 비코가 단식투쟁을 하겠다고 위협했다는 내용의 크뤼에르 경찰총장의 발언과 프리토리아 보안경찰본부에 전화 및 텔렉스로 보낸 보고서 간의 모순에 관해 후어썬 치안감에게 심도 깊게 심문했다. 보안경찰 본부장인 제이츠만 치안정감은 후어썬 치안감이 비코의 단식투쟁 협박에 관해서는 단 한번도 언급한 적이 없다고 켄트리지에게 말한 바 있었다. 후어썬 치안감은 비코는 그렇게 말을 한 적이 없었다고 답했다. 켄트리지는 계속해서 제이츠만 치안정감에게 전달된 텔렉스나 전화 통화 내용을 살펴보아도 비코가 단식투쟁을 했다고 말한 적은 없는 것으로 보인다고 말했다. 제이츠만 치안정감 역시 증인 진술에서 이에 동의했다. 그렇다면 크뤼에르 총장이 어떻게 단식투쟁에 대한 성명을 내게 되었는지 후어썬 치안감이 지금 법정에서 설명해 줄 수 있겠는가? 후어썬 치안감은 언론보도에 대해서는 더 할 말이 없다고 말했다. 또한 그는 보안경찰 본부로 들어가는 모든 보고서는 자신의 감독하에 있다고 덧붙였다.

> K : 우리가 처한 상황은, 경찰총장이 비코 씨의 구금에 관해 여러 차례 공식적인 발언을 한 바 있는데 그 발언이 법정에서의 증거에 기초해 볼 때 부정확하고 사태를 호도하는 것임이 드러났다는 것입니다. 그렇다면 당신과 관련된 문제는 총장이 책임져야 할 몫으로 남겨진 셈이군요?
>
> G : 저는 정보를 가지고 있지 않고, 단지 제 의견만이 있을 뿐입니다.
>
> K : 우리는 모두 우리 자신의 의견을 가질 수 있습니다만, 법정은 의견을 표명하는 자리가 아닙니다.
>
> G : 저는 보고를 했고, 더는 할 말이 없습니다.

그리고 나서 켄트리지는 후어썬 치안감에게, 증거로 미루어 볼 때 경찰이 비코가 거짓 시늉을 하고 있고 상태가 위급하지도 않다고 생각한 것 같은데 왜 그를 프리토리아로 보냈는지를 물었다. 텔렉스에 따르면 비코가 여전히 걸을 수 있었던 9월 11일 일요일 오전 9시 30분에 그를 월머 경찰서에 들여보냈는데, 그 이후 상태가 악화되어 응급상황이 되었기 때문에 프리토리아로 보낸 것으로 되어 있었다. 텔렉스에 따르면, 비코는 그 이후 반(半)혼수상태에 빠졌다고 했다. 켄트리지는 후어썬 치안감이 법정에 낸 증언에서 이를 인정한 적이 없다고 말했다. 후어썬 치안감은 자신은 비코를 한시바삐 더 나은 시설이 있는 곳으로 옮겨야 한다고 말했다고 답했다. 또 켄트리지는 후어썬 치안감이 제이츠만 치안정감에게 전화하여 비코를 어디로 옮길 것인지 상의한 적이 있는지 물었다. 후어썬 치안감은 있다고 대답했다.

K : 비코 씨가 걱정되기는 했지만, 거짓 시늉일 거라고 생각하셨다고요?

G : 맞습니다.

K : 반(半)혼수상태였는데도요?

G : 그것도 거짓 시늉일 수 있지 않을까 생각했습니다.

켄트리지는 제이츠만 치안정감으로부터 조사가 어떻게 진행되고 있느냐는 질문을 받았을 때 후어썬 치안감이 부정적인 대답을 한 바 있다고 말했다. 법정에 제출된 증거 중 비코가 모든 진술을 하기로 약속해놓고 나중에 이 제안을 철회했다는 부분은 '완벽히 날조된 것'이라고 켄트리지는 덧붙였다. 만약 비코가 선동적 팸플릿을 유포했다고 조금이라도 시인했다면 후어썬 치안감은 제이츠만 치안정감에게 그 얘기를 했을 것이다. 후어썬 치안감은 전화 통화는 짤막한 것이었다고 답변했다.

이어서 취조반의 일원으로, 9월 6일과 7일에 비코를 감시한 것으로 알려진 헨레이 포우체 순경의 증언이 있었다. 그는 비코의 사망 후 진상 조사관에게 작성한 증인진술서 및 진술서를 읽어 내려갔다. 포우체 순경은 9월 6일 밤과 9월 7일에 포트엘리자베스의 보안경찰 건물에서 당직을 서고 있었다고 말했다. 비코는 취조실의 쇠창살에 수갑이 묶인 채로 있었다. 그는 두 번 취조실 안을 들여다보기는 했지만 비코와

애기를 하지는 않았다. 당시 야간조 조장이었던 윌켄 경위가 취조실에서 비코와 일정 시간 함께 있지 않았느냐는 켄트리지의 질문에, 포우체 순경은 기억이 나지 않는다고 대답했다. 윌켄 경위가 의자에 앉아 한참 동안 비코를 보고 있었을 수는 있었다는 것이었다. 그는 윌켄 경위가 잠시 취조를 했을지도 모른지만 비코가 기꺼이 진술을 하겠다고 했다는 말을 자신에게 한 적은 없다고 말했다.

그날 밤 늦게 그는 취조실에서 흘러나오는 목소리를 또 한 번 들었다. 비코가 말을 하고 있었으나 무슨 말인지 알아들을 수는 없었다. 발음이 불분명했다.

이어지는 켄트리지의 질문에 포우체 순경은 비코가 거짓 시늉을 하고 있는 것으로 생각했다고 대답했다.

켄트리지는 9월 6일 저녁과 9월 7일 아침 사이에 비코가 머리에 손상을 입었다는 것이 자신의 소견이라고 법정에서 말한 다음, 포우체 순경에게 손상이 어떻게 해서 생긴 것인지 설명할 수 있겠느냐고 물었다. 포우체 순경은 전혀 모르겠다고 대답했다.

포우체 순경은 비코의 옷을 벗기는 일과, 그를 포트엘리자베스에서 프리토리아 교도소로 이송한 랜드로버 차량에 그를 옮기는 것을 도왔다고 말했다. 그는 비코가 혼수상태의 증후를 전혀 보이지 않았다고 말했다. 주장하는 대로 꾀병이었다면 왜 그토록 황급히, 그것도 한밤중에 사람을 프리토리아까지 이송해야 했냐는 고든 박사의 질문에 포우체 순경은 그들이 그를 프리토리아로 데려간 것은 관찰을 위한 것이지 특별한 치료를 위한 것이 아니었다는 애기를 들었다고 말했다.

계속해서 이어지는 질문에 답하면서 포우체 순경은 윗입술이 멍든 것을 제외하고 비코에게서 어떤 상처도 본 적이 없다고 말했다. 또 9월 6일 밤 취조실에서 폭행이 가해지는 것을 본 적도 들은 적도 없다고 말했다.

마지막 증인은 9월 7일의 신문 중에 비코에게서 공격을 받았다고 알려진 야코뷔스 베네케 순경이었다. 그는 비코가 9월 6일 취조를 받던 중 팸플릿을 배포했음을 시인했다고 법정에 진술했다. 켄트리지는 어제 제출한 증인진술서에서는 왜 그렇게 언급하지 않았느냐고 물었다. 베네케 순경은 그게 중요하다고 생각하지 못했으며, 또 그러한 사안을 언급해서는 안 된다고 생각했다고 대답했다.

9월 7일에 있었다고 주장하는 난투극의 와중에, 아니면 그 이후에 비코가 의식을 잃었는지 알아차린 적이 있냐는 고든 박사의 질문에, 베네케 순경은 비코가 의식을 잃은 적은 없었다고 대답했다.

12월 1일 켄트리지는 법정에서 최후변론을 했다. 그는 심리 법정의 의무는 사망자의 신원 및 사망일을 확정하는 것인데, 이 둘 모두가 명백히 확정되었다고 말했다. 법정은 사망의 원인 또한 확정해야 했다. 비코가 머리에 가해진 외부 충격에 의해 생긴 적어도 5군데의 뇌손상에 의해 사망했음이 확정되었다는 것에 아무런 의심의 여지가 없다고 켄트리지는 말했다. 비코가 단식투쟁 중이었고 탈수 증세를 보였다는 주장은 심각하게 고려할 필요가 없다. 그는 비코가 뇌손상을 입었으며 다른 증상들은 그 뇌손상의 결과라고 법정이 평결해야 한다는 소견을 밝혔다.

하지만 가장 중요한 문제는, 비코의 죽음이 결과적으로 어떤 사람이 자행한 범죄 행위, 혹은 태만에 의해서 야기된 것인가 그렇지 않은가 하는 것이며 법정은 이에 답을 해야만 한다. 잘못을 저지른 사람의 신원이 밝혀지지 않았다고 해서, 법정이 아무에게도 책임이 없다고 평결을 내려서는 안 된다는 것이었다. 그는 관련된 모든 사람을 면죄하는 결과를 낳을 수 있는 판결은, 심리에서 나온 증거에 근거해서 볼 때 생각조차 할 수 없는 일이라는 소견을 밝혔다.

켄트리지는 적어도 한 명 이상의 보안경찰 관련자가 비코의 사망에 책임이 있고, 비코의 상처는 누군가가 의도적으로 입힌 것이거나 아니면 방치해 두어 생긴 것이며, 다분히 악의가 작용한 것이라고 주장했다. 그는 비코가 살해당했다고 하지는 않았다. 다만 비코가 구타를 당했으며, 이러한 행위를 한 사람, 혹은 사람들이 당시 심각한 손상이 생겼는지의 여부를 제대로 알아보지도 않았다는 의견을 개진했다.

그는 경찰이 당시 비코의 상태를 매우 우려했다고 법정에서 진술한 내용과 비코를 살리기 위해서라면 오른팔이라도 떼어줬을 것이라던 이스턴 케이프 비밀경찰 지휘자인 피터 후어썬 치안감의 진술을 다시 지적했다. 물론 그들도 비코가 죽는 것을 바라지는 않았겠지만 그렇게까지 지대한 관심을 보인 까닭이 무엇이겠느냐고 그는 물었다. 켄트리지는 후어썬 치안감의 가장 큰 목적은 비코가 거짓 시늉을 하고 있다고 의사들이 믿도록 만드는 것이었다고 말했다.

이번 심리는 형사재판도 아니고 민사소송도 아니었다. 우리가 알고 있는, 혹은 모르는 누군가에게 비코 사망의 책임이 있다는 것이 거의 확실해 보인다면 이 법정은 그것에 대해 확정을 해야만 한다. 물론 온당한 의혹을 제쳐두고 당장 이 자리에서 어떤 결론을 내야 한다는 것은 아니었다. 이렇게 비코의 사망에 관한 의문들을 밝히는 것 자체가 비코의 가족과 여러 사람들에게 매우 중대한 의미를 갖는 것이다. 비코의 가족측 변호인들은 증인 대질심문 기회를 활용할 수 있었다. 그러나 변호인들이 심문을 최대한 활용하도록 허용을 받았다 하더라도 거기에는 매우 많은 한계가 있었다. 우리에게는 증인을 소환할 권리도 없었으며, 소환되지 않은 증인들을 출석시켜 반대심문을 벌이고 싶었지만 그것도 불가능했다. 또 비코가 경찰에게 어떤 대우를 받았는지를 밝혀 줄 증인도 내세울 수 없었다.

켄트리지는 경찰관들을 반대심문의 증인으로 불러 세웠는데 그들은 진술 과정에서 별다른 제재를 받지 않는 것처럼 보였다고 했다. 세계의 많은 나라들에서, 특히 서방 세계에서조차 보안경찰 관계자들이 공개 법정에 나와서 적대적인 반대심문을 받는 것은 거의 전례를 찾아볼 수 없는 일이었다. 그러한 맥락에서 우리는 충분히 자부심을 가져도 될 것 같다고 켄트리지는 말했다.

그는 여러 가능성을 살펴볼 때 비코가 폭행을 당했으며 이로 인해 뇌손상을 입었을 것이라는 소견을 피력했다. 보안경찰은 비코를 폭행했다는 사실을 전면 부인하였으며, 뇌손상도 9월 7일 비코가 경찰을 공격하는 사건이 벌어지면서 입게 되었을 가능성이 있다는 주장을 펼쳤다. 그들은 비코의 죽음이 자살이라는 주장을 고수하지는 않았다.

따라서 중요한 문제는 비코가 구금되어 있는 동안 보안경찰 중의 누군가가 그를 폭행했는지의 여부에 관한 것이었다. 비코의 가족측 변호인은 이에 관한 직접적 증거를 확보하지는 못했으나 보안경찰이 한 통속이 되어 입을 다물고 침묵의 음모를 꾸미려 했다고 주장했다.

켄트리지는 경우에 따라서 직접적 증거보다 정황적 증거가 오히려 더 설득력이 있을 수도 있다고 강조했다. 한 사람 혹은 그 이상의 경찰관이 비코를 폭행했음을 보여주는 정황적 증거는 다음 다섯 가지로 대별될 수 있다고 그는 밝혔다.

1. 우선 비코가 뇌에 손상을 입은 시간이다. 비코가 뇌손상을 입은 시간은 6일 저녁과 7일 오전 7시 30분 사이로 추정된다.

2. 비코가 손상을 입게 된 상황에 대해 진실을 제대로 설명한 경찰관은 아무도 없었다. 이들은 진실을 은폐하려 했을 뿐 아니라 이들 중 몇몇은 법정에서 7일에 발생한 사건에 대해 위증을 했다.

3. 관련 의사들은 당연히 발견했어야 할 상처를 아무도 발견하지 못했으며, 이들 역시 침묵의 음모에 가담하였다.

4. 경찰측이 설명한 난투극으로는 그 같은 손상을 입을 수 없다는 의학적 증거가 제시되었다.

5. 위 사항들과 함께, 구금 기간 동안 비코가 어떤 대우를 받았는가 하는 사실 역시 정황증거로 고려되어야 한다.

그가 어떤 대우를 받았는가를 보여주는 증거는 논란의 여지가 없는 것이었다. 8월 18일 처음 구속되었을 때만 해도 매우 건강한 상태였던 사람이 26일 뒤 사망한 것이다. 보안경찰 스스로도 비코를 어떻게 처우했는지에 대해 인정을 했다.

켄트리지는 비코의 존엄성을 짓밟은 논란의 여지가 없는 폭행과 그의 인권에 대한 냉담한 무시는 증거를 평가하는 과정에서 얼마든지 찾아볼 수 있다고 말했다. 비코는 월머 경찰서 유치장의 독방에 감금되어 있는 동안 테러법 6항 위반 구속자로서 최소한의 권리조차 보장받지 못했다. 켄트리지는 비코의 영장에 언급되어 있는 구속자의 제한된 권리에 대해 설명하면서, 영장에는 구속자가 적당한 수량의 개인 의복을 소유할 수 있도록 되어 있다고 말했다. 비코는 주 경찰들 외에는 누구와도 면회가 허용되지 않았으며 외부로부터 신문이나 사식을 전달받을 수도 없었다. 하지만 운동할 수 있는 권리는 당연히 허락되었어야 했다. 그런데 비코는 알몸인 채로 방치되어 있었고, 제대로 몸을 씻을 수도 없었으며 운동도 허락되지 않았다. 비코는 판사에게 불만을 토로하기도 했지만 아무 소용이 없었다.

이후 비코는 취조실로 끌려왔고, 손과 발에 수갑과 족쇄를 차게 되었다. 후어썬 치안감이 비코가 발작을 일으킨 것일지도 모른다는 생각을 한 이후에도 그는 여전히 수갑을 차고 있었으며, 심지어 랑 박사의 진료를 받은 뒤에도 여전히 족쇄를 차고 있었다. 7일 하루 종일, 7일 밤 내내, 그리고 8일까지 수갑이 계속 채워져 있었던 셈이다. 보안경찰은 화장실을 쓰겠냐고 물었을 때 비코가 거절했다고 증언했다. 그러나 비코는 소변에 젖은 매트 위에 역시 소변에 젖은 바지를 입고 누워 있었던 것으로 밝혀졌다. 의사는 비코를 내과 전문의에게 보여야 한다고 생각했다지만, 이마저도 비코에게 별다른 도움이 되지 않았다. 그는 그저 그렇게 방치되어 있었던 것이다.

포트엘리자베스 교도소에서 비코는 간수들에게 다소 호의적인 대접을 받았던 것 같지만, 여기서도 역시 그의 상태를 제대로 알릴 의사소통 창구는 없었다. 11일 오전에 그는 병원에서 퇴거되어 감방으로 돌아왔다. 이는 그가 침대에서 다시 깔개로 옮겨지고 또다시 알몸으로 방치되었다는 의미였다. 몇 시간 후 그는 바닥에 쓰러진 채로 발견되었다. 의사들이 호출되었고, 비코는 1천 2백 킬로미터나 떨어진 프리토리아의 교도소 병원으로 가야만 했다. 벌거벗겨진 채 물 한 병 외에는 아무것도 없이 랜드로버 차량 뒷좌석에 실려 옮겨져야 했던 것이다.

프리토리아에서도 비코는 들것에 실려 들어가야 할 정도로 상태가 좋지 않았으나 포트엘리자베스 보안경찰은 그가 거짓 시늉을 하고 있으며 단식투쟁 중일 수도 있다는 식으로 그곳의 관리들을 설득하려 하였다. 후어썬 치안감에 따르면 프리토리아 교도소의 의료 시설은 매우 훌륭한 수준이었다. 그러나 비코에게는 감방 구석의 깔개 한 장이 주어졌을 뿐이며 환자에 대한 허위 정보를 전달 받은 신참내기 의사의 진찰과 정맥주사 한 대, 그리고 비타민 주사 한 대가 그에 대한 치료의 전부였다. 그러는 동안 비코의 가족들은 아무런 통보도 받지 못했다.

"결국 스티브 비코는 차가운 돌바닥 위에 깔린 깔개 위에서 비참하고 외롭게 죽어가야 했습니다"라고 그는 말했다.

켄트리지는 비코의 사망 이후 작성된 후어썬 치안감의 증인진술서 중 비코의 편의를 위해 할 수 있는 모든 것을 다했다는 내용을 거론했다. 그것은 그가 법정에서 들어보았던 것 가운데 가장 냉소를 자아내는 진술이었다고 말했다.

그는 또 의사들 역시 그들이 의사라는 사실보다는 어떤 행위를 했는가를 기준으로 평가되어야 한다고 말했다. 의사들의 증언이 중요한 이유는, 보안경찰의 증언을 법정이 판단할 때 비코가 받은 대우에 대한 의사들의 증언이 보안경찰의 증언을 받아들일 수 없는 것으로 만들기 때문이었다.

이제 켄트리지는 비코의 사망 원인을 정황증거를 바탕으로 묘사

하기 시작했다. 뇌손상을 입은 날짜를 언급하면서 그는 로읍세르와 글
뤼크만, 심슨 박사 등이 손상이 생긴 것은 사망일로부터 4일에서 8일
전, 더 정확하게는 5일에서 6일 전으로 날짜를 추정했다고 말했다. 프
록터 교수는 손상이 생긴 시점을 사망일로부터 약 5일 내지 8일 전으
로 추정했다. 결국 이런 진술을 종합해 볼 때 상처는 8일 밤 이전에 생
겼으며, 4일이나 5일 이전에 생기지는 않았다는 이야기가 되는 것이
다. 켄트리지는 정보가 불충분하기도 하지만, 무엇보다도 보안경찰측
이 6일과 7일에 발생했던 사건에 대해 거짓된 진술을 했다고 지적했
다. 야간조의 진술은 비코가 구타를 당했다는 사실을 단순히 부인하는
데 그쳤다. 분명 이들은 비코가 무슨 일을 당하고 있는지 눈과 귀로 확
인할 수 있는 거리에 있었다. 월켄 경위와 포우체 순경은 가까운 사무
실에 있으면서 이따금 비코가 어찌하고 있는지 들여다 봤다고 법정에
서 진술했다. 그들이 제시한 진술에서 그날 밤 일어난 사건에 대한 설
명은 찾아볼 수 없었다.

　　주간조의 경우, 비코에 대한 폭행을 단순히 부인하기만 한 것이
아니었다. 그들은 실제로 일어났다고 자신들이 주장한 사건을 설명했
다. 비코가 자신들을 공격해 왔기 때문에 몸싸움이 벌어졌고, 그를 땅
에 내리누르고 수갑을 채울 수밖에 없었다는 것이었다. 주간조에 속해
있던 경찰들의 진술에 의하면 비코를 제압하기 위해 무려 다섯 명의 장
정이 필요했다고 한다. 그들은 이렇게 몸싸움이 벌어지는 과정에서 비
코가 머리를 벽에 부딪쳤을 수도 있었다고 했지만, 비코가 손상을 입게
된 경위는 설명하지 못했다. 그들 중 누구도 비코가 실제로 벽에 머리
를 부딪치는 장면을 본 사람은 없었다. 그들 중 누구도 비코의 왼쪽 이

마에 난 상처를 보았다고 말하는 사람은 없었다. 최초의 증인진술서에서 비코가 머리를 벽에 부딪쳤을 가능성도 있다고 말했던 사람 역시 아무도 없었다.

클레인후스 총경이 접수한 증인진술서의 전반적인 목적은 모든 경찰 관계자들의 관심을 뇌손상에 집중하도록 만드는 것이었다. 그런데 난투극이 벌어지는 과정에서 비코가 머리를 부딪쳤다는 내용이 증인진술서에 기록되어 있지 않다는 것은 당연히 그런 일은 일어나지도 않았으며 일어날 수도 없었다는 이야기밖에 되지 않았다.

다음으로 켄트리지는 사건일지에 적힌 기록으로 넘어가면서, 일지의 내용이 스니먼 경정(취조관들 중 한 사람)의 전체 증언과 맥락을 같이 해야만 증거로서의 가치가 있을 것이라고 말했다. 스니먼 경정은 사건일지에서 비코가 머리를 벽에 부딪치면서 쓰러져 몸이 바닥에 떨어졌다고 적고 있었다. 그러나 법정에서 비코의 머리 중 어느 부위가 벽에 부딪쳤느냐는 질문을 받았을 때 경정은 뒷머리를 부딪쳤다고 답했다. 그는 또 난투극에 대해 전혀 앞뒤가 맞지 않는 설명을 늘어놓았다. 그의 증언으로는, 비코의 뒷머리에 부딪친 자국이 있다 하더라도 이것은 실제로 비코가 입은 손상을 설명해 주지 못하는 것이었다. 켄트리지는 사건일지에 적힌 내용과 스니먼 경정의 설명을 비교해 줄 것을 법정에 요청했으며, 이것들은 서로 심하게 모순된다고 말했다.

지베르트 경감의 증언 역시 모호하고 설득력이 없기는 마찬가지였다. 그는 법정에서 "우리는 탁자며 의자에 부딪쳤고, 땅에 쓰러지기도 했다"라고 이야기했지만, 비코를 제압했다는 7일에 뇌손상이 일어난 것인지의 여부에 대해서는 언급하지 않았다.

베네케 순경의 진술도 사건 설명에 아무런 도움이 되지 않았다. 막스 순경은 보다 포괄적인 설명을 해보려고 애썼으나, 역시 비코가 벽에 머리를 부딪쳤다는 말은 하지 않았다. 그는 오히려 자신이 그 자리에 있는 동안에는 비코가 머리에 상처를 입는 것을 보지 못했다는 데 동의를 할 수밖에 없었다.

이처럼 비코가 머리를 부딪치는 장면을 목격한 사람이 아무도 없음에도 불구하고 그들의 말대로 비코가 혼란스러운 몸싸움의 와중에 머리를 부딪쳤고 아무도 그 장면을 보지 못했다고 주장하는 것은 가능할지도 모르겠다. 그러나 이것이 성립될 수 없는 것은, 그러한 종류의 뇌손상을 입을 경우 의식불명 상태에 빠질 수밖에 없다는 의사들의 증언이 있었기 때문이다. 의사들의 증언으로는, 비코가 입은 정도의 뇌손상이라면 분명 일정 시간 의식을 잃을 수밖에 없었다. 기억상실 증상은 물론 사지가 마비되는 증상까지 나타났을 것이 틀림없다고 그는 말했다. 사람이 의식을 잃었는데 그것을 알아채지 못하고 넘어갔다는 것을 켄트리지는 인정하지 못했다.

경찰측의 주장대로 7일 오전 비코가 갑자기 광포해져서 난동을 부렸고, 다섯 명이 달려들어 겨우 그를 제압했는데 그럼에도 불구하고 그가 미친 듯이 반항을 계속했다면, 이는 그 이전에 비코에게 발생한 뇌손상의 증후를 보여주는 것으로 보아야 한다는 것이 의사들의 의견이었다. 비코는 강한 남자였지만 슈퍼맨은 아니었다. 이전에도 한센 경정이 혼자서 충분히 비코를 제어했던 적이 있었다. 그가 갑자기 광포해진 것은 그가 이미 뇌에 손상을 입고 있었기 때문이다. 그후 그는 무감각 상태에 빠졌고, 이후 의식불명이 지속되다가 마침내 혼수상태에 들어갔다는 결론이 나왔다.

남아프리카에서 가장 실력 있는 병리학자 세 사람과 신경전문의가 하나같이 의식불명 상태가 왔을 것이 분명하다고 증언했다면, 법정으로서는 이를 인정해야 마땅하다는 것이 그의 주장이었다. 몸싸움에 대한 경찰측의 설명에는 비코가 의식을 잃은 기간에 대한 언급이 완전히 배제되어 있는데, 그렇다면 그들이 주장하는 바와 달리 몸싸움의 와중에서 뇌손상을 입었을 가능성은 없는 것이다.

6일 밤 혹은 7일 오전 7시 이전에 비코는 뇌손상을 입었다. 당시 손상의 심각성에 대해 아무도 깨닫지 못한 것은 분명하지만 의사를 불러야 할 정도라는 것은 확연했다. 비코에게 책임을 돌릴 수 있는 상황을 만들어야 할 필요가 있다는 생각을 한 것은 바로 그때였을 것이다. 후어썬 치안감이 숨기려 했던 문제의 텔렉스에는 비코가 오전 7시에 부상을 당했다는 내용이 담겨 있다고 켄트리지는 주장했다. 후어썬 치안감은 증언대에서 거기서 말한 부상은 비코의 입술에 난 상처만을 가리키는 것이라고 증언한 바 있다. 이는 진실일 리가 없었다. 비코가 말을 할 수 없었건 아니면 하지 않으려 했건 간에 중요한 것은 그것이 부상과 직접적으로 관련되어 있다는 사실이었다. "부상을 당한 후 그가 말하기를 거부했다"라는 말이 텔렉스에 적혀 있었기 때문이다. 어느 누구도 입술에 난 상처 때문에 말을 하지 못했다는 이야기를 믿을 수는 없을 것이다.

랑 박사는 분명한 확인서를 작성했으며 나중에 그것이 잘못된 것이었다고 인정했다. 7일 밤 환자의 증후가 심각하게 악화되어 추가 조치가 필요하게 되었고, 사건일지를 작성한 것도 그때였다. 이 사건일지는 중요한 의미가 있었다. 서로 상반되어 받아들일 수 없는 내용들이 거기 기입되어 있었기 때문이다. 사건일지가 그토록 늦게 작성된 것에 대해 경찰측은 속 시원한 설명을 하지 못했으며, 결국 일지를 작성한 이유는 비코가 먼저 공격을 했다는 주장의 근거를 만들기 위해서라는 것이 켄트리지의 소견이었다.

텔렉스에는 비코가 말을 하지 않는 것을 부상과 연관시키고 있지만, 후어썬 치안감의 증인진술서는 그렇지가 않았다. 그 텔렉스는 보안경찰 내부용이었던 것이다. 텔렉스에서는 비코가 거짓 시늉을 한다는 말을 전혀 거론하지 않았지만, 다음날 작성된 증인진술서에는 거짓 시늉설이 한 쪽을 다 채우고 있었다.

켄트리지는 후어썬 치안감이 텔렉스를 보냈다는 사실 자체를 부인한 것은 무리가 아니라고 말했다. 그는 후어썬 치안감이 어떤 서면보고도 한 적이 없으며 이 문제를 오직 전화로만 보고했다고 한 치안감의 증언 기록을 읽어 내려갔다. 전반적으로 납득이 되지 않는 증언을 통해 그는 자신에게 불리한 말은 단 한 마디도 하지 않았다. 제이츠만 치안정감이 정말 적절하게 텔렉스를 공개하지 않았다면 후어썬 치안감은 교묘히 빠져나갔을 것이다. 켄트리지는 텔렉스 내용 중 비코를 프리토리아로 이송시킨 부분이 다른 무엇보다 후어썬 치안감에게 불리하다고 했다. 바로 그 부분에서 후어썬 치안감은 비코가 반혼수상태에 빠진 상태라고 말하고 있기 때문이었다.

비코의 자백에 관한 이야기도 믿기 힘들었다고 그는 말했다. 보안경찰은 비코를 혁명가이자 도시 테러리스트로 보이도록, 그리고 그가 평화적인 사람이라는 이미지에 어울리지 않는다는 인상을 주기 위해 많은 노력을 기울였다. 비코가 자백을 했다는 내용이 결정적으로 거짓이라는 사실은 제이츠만 치안정감과 후어썬 치안감의 전화 통화에서 드러났다. 치안정감은 치안감에게 조사가 얼마나 진행되었는지를 물었고, 치안감은 비코가 15분 정도 시간을 달라고 한 뒤에도 여전히 협조하지 않았다고 대답했다. 비코가 자백을 했다면 치안감은 그 말을 했을 것이며, 월켄 경위가 사소한 사건이라고 표현했던 15분 건에 대한 보고는 하지 않았을 것이다.

거짓 시늉에 대해 언급하면서, 켄트리지는 경찰이 의사들에게 이런 견해를 갖도록 조장했으며, 법정에서까지도 이것이 처음부터 의사들의 소견이었던 것처럼 증언했다고 비판했다. 이는 명백히 진실이 아니었다.

켄트리지는 비코가 옷을 입은 채 욕조 안에서 발견되었던 사건을 언급하면서, 후어썬 치안감은 비코가 뇌손상으로 인해 사망한 것을 이미 알고 있었으면서도 이를 은폐하기 위해 욕조 사건이 자살 시도였다는 주장을 제기하려 했다고 지적했다.

포우체 순경은 프리토리아에서 마지막 순간까지도 비코가 거짓 시늉을 하고 있는 지도 모른다는 생각을 했다고 증언했다. 그러나 텔렉스에는 거짓 시늉이란 언급은 전혀 없었고 대신 비코가 반혼수상태라고 진술되어 있었다.

켄트리지는 '풀리지 않는 단식 투쟁 의문'에 대해서도 짚고 넘어갔다. 비코가 사망한 직후, 경찰총장은 비코가 단식 투쟁에 들어가겠다고 경찰을 협박했다는 성명을 발표했다. 그가 단식 투쟁을 하겠다는 협박을 한 적이 없었다는 것은 증언을 통해 볼 때 분명한 사실이었다. 그렇다면 그 같은 고위 공직자가 어떻게 그러한 허위 성명을 발표하게 되었는지 의문이 남지 않을 수 없었다. 왜 성명에는 비코가 일으켰다는 난투극에 대해서는 아무런 말이 없었고, 이후에도 수정되지 않았을까? 보안경찰은 이를 바로잡으려는 시도를 전혀 하지 않았고 경찰총장도 마찬가지였다. 경찰총장이나 프리토리아의 정부 관계자들이 이를 허위로 만들어냈을 가능성은 별로 없을 것이었다. 그렇다면 그 출처는 포트엘리자베스임이 틀림없는 셈이었다. 비코를 마지막으로 검진했던 판 질 박사는 비코가 단식투쟁 끝에 그러한 상태에 빠지게 되었다는 정보를 토대로 진단을 내렸음을 인정한 바 있었다.

경찰이 뭔가 숨기고 있다는 징후는 그 외에도 많았다. 그들은 흑인이 비코와 면회할 수 없도록 지시했고, 검사를 위해 척수액을 연구기관에 보낼 때 가명을 썼으며, 키어레이 박사(신경외과 의사)에게도 그리고 어쩌면 허쉬 박사에게도 비코의 실명을 알리지 않았다. 죄의식 때문에 그렇게 가명을 사용했으리라는 추론밖에 내릴 수가 없는 것이다.

켄트리지는 포트엘리자베스의 의사들을 심문해야만 했다는 사실 자체가 자신으로서는 유감스럽다고 말했다. "지방 의무관이 조사해낸 소견들이 법정에서 신빙성 있는 증거로 인정된 것은 바로 그들이 성심을 다해 증언해 준 덕택이었다고 말씀드려야만 하겠습니다"라고 그는 말했다. 그러나 이 법정에서 랑 박사와 터커 박사는 그 증언에 신빙성이 없었을 뿐만 아니라 보안경찰의 사건 은폐 조작에 가담했다는 비난을 면하기 어려웠다.

그는 1976년 8월 제임스 판사의 판례를 인용했다. 제임스 판사는 음드롤리라는 구속자를 죽음에 이르게 하여 과실치사 혐의로 기소된 더반 보안경찰 네 명의 사건을 담당했다. 당시 판사는 음드룰리가 보안경찰에 감금되어 있을 때 부상을 입은 것이 확실하다는 판결을 내렸다. 비록 사건 관련자들은 치명적인 죽음과 관련하여 구체적인 책임이 없다는 이유로 모두 방면되기는 했으나, 다른 판결들과 비교했을 때 그 판결이 갖는 차별성은 지금 진행되고 있는 심리에 매우 중요한 의미를 지니고 있었다. 법정이 반드시 특정 경찰관의 유죄를 인정해야만 하는 것은 아니었다.

"따라서 비코는 1977년 9월 6일부터 7일 사이 샌럼 빌딩에 감금되어 있을 때 여덟 명의 보안경찰 중 한 사람 혹은 그 이상으로부터 범죄적 수준의 폭행을 당해 사망에 이르렀으며, 우리가 생각할 때 이 사실을 인정하는 것이야말로 본 법정이 합리적으로 내릴 수 있는 유일한 판결입니다. 우리는 본 심리를 통해 한 사람의 구속자를 처우하는 과정에서의 중대한 불법 행위들과 직권 남용 행위가 낱낱이 드러났다고 생각합니다. 부수적으로는 독방에 구속자를 가두어 두는 제도가 자유와 생명을 어떻게 위협하는지도 밝혀졌습니다. 확실하고 명확한 판결이 내려지면 이러한 제도가 더이상 악용되는 것을 막을 수 있습니다. 본 법정에 제출된, 갈등을 더욱 조장하는 증언들에 비추어 볼 때 만약 포트엘리자베스 보안경찰에게 면죄부를 주는 것으로 보이는 판결이 내려진다면 그것은 힘없는 사람들을 마음껏 학대할 수 있는 면허를 내주는 것이나 다름없다고 봐야 할 것입니다."

판 루이엔은 최후변론을 시작하면서 실제 증언에서 나온 사실들을 먼저 정리해야 할지 아니면 '재판장님께 오늘 오전 전달된 터무니

없는 허구들'을 먼저 짚고 넘어가야 할지 모르겠다고 말했다. 그는 켄트리지가 부인할 여지가 없는 증언을 조각조각 해체하고 그 빈자리를 근거도 없는 폭행에 관한 주장으로 채움으로써 무익한 상태를 조장하려 했다고 말했다.

"불법적 폭행이 있었다는 증거를 판사님께 전혀 제시하지도 않고, 멋진 상상력으로 그 빈자리를 가득 채우고 있습니다. 여기에는 안델센의, 아니 그림 형제의 동화에나 나올법한 동화적 요소가 난무합니다."

판 루이엔은 9월 7일에 싸움이 있었음을 켄트리지가 인정한다는 것인지 아닌지 전혀 모르겠다고 말했다. 켄트리지는 최후변론의 서두에서 비코가 난폭해진 것은 이미 뇌손상을 입었기 때문이었다고 말했다. 그렇지만 뒤로 갈수록 켄트리지가 9월 7일의 싸움을 인정한다는 것인지 인정하지 않는다는 것인지 감을 잡을 수가 없다는 것이었다.

판 루이엔은 비코가 죽어가고 있었다고, 그럼에도 사슬에 묶여 있었고, 프리토리아까지 이송되었으며, 거짓 시늉을 하고 있었다고 지금 와서 말하는 것은 하나도 어렵지 않은 일이라고 말했다.

사망의 원인에 관해서는 모든 병리학자가 한결같은 결론을 내놓았다. 그런데 비코의 뇌손상이 반충손상이었다고 명시한 부분을 삭제하고 기타 충격으로 인한 손상으로 바꿔치기함으로써 검진 결과를 수정하려는 시도가 있었다. 분명히 이는 한 번 이상의 가격으로 인해 비코가 부상을 당했음을 암시하기 위한 것이었으나 지금은 폐기되었다.

판 루이엔은 한 번 이상의 가격이 있었음을 입증하려는 시도를 포기했다는 것은 이에 대한 증인들의 증언이 진실하다는 사실을 반증하는 것이라고 했다.

클레인후스 총경의 수사에 대한 비판에 관해서는, 총경은 비코가 언제 어디서 이 같이 찰과상을 입었는지 밝혀내기 위해 가장 논리적인 지점에서 수사를 시작했고, 이 의문들만 풀렸다면 수사를 성공적으로 종결했을 것이라고 주장했다. 판 루이엔은 사건을 은폐해야 할 이유가 도대체 어디에 있었겠느냐고 물으면서, "사건 은폐라, 아가사 크리스티의 추리소설에나 나올법한 얘기군요"라고 했다. 보안경찰이 비코의 입술에 난 상처를 숨기려고 하지 않았던 만큼 머리에 난 상처 역시 은폐하려 할 이유가 전혀 없다는 것이었다.

판 루이엔은 법정은 두 가지 가능성에 직면해 있다고 말했다. 있음직하지 않은 추측성 얘기이긴 하지만, 비코가 스스로 머리에 상처를 냈을 수 있다. 두번째는 그가 주장하는 대로 9월 7일 오전 비코가 싸움을 벌이다가 부상을 입었을 가능성이었다. 판 루이엔은 지베르트 경감과 막스 순경 등 여러 증인들이 이를 뒷받침하는 증언을 했다고 말했다. 따라서 9월 7일에 폭력 사건이 발생했으며, 이는 비코에 의해 시작되었다는 것을 법정이 사실로 받아들일 수 있다고 그는 말했다.

비코는 8월 18일 팸플릿을 배포한 혐의로 그레이엄즈타운에서 피터 존스와 함께 체포되었다는 증언이 있었다. 경찰은 그를 체포한 후에도 존스와 기타 관련자들을 취조하느라 바빠 9월 5일까지 비코를 취조하지 못했다. 마침내 비코에 대한 신문이 시작되었을 때 경찰측은 이미 충분한 증거를 확보해 놓은 상태였고, 비코는 동료들의 자필을 확인한 후 일부 팸플릿을 자신이 직접 작성했음을 시인했다.

프린스 판사는 비코가 싸움이 있은 후 의식을 잃었다는 것을 경찰측 증인 누구도 언급한 바 없는데 이는 어떻게 된 일인지 판 루이엔에게 물었다. 판 루이엔은, 의사들의 증언이 경찰측 증인들을 위증자로 낙인찍을 만큼 비중이 큰 것이냐고 판사에게 물었다. 그는 의학적 견해라는 것이 하나의 사례를 모든 경우에 적용한다는 뜻이냐고 물었다. "의학적 견해 때문에 이 증인들을 위증자로 만들어 버린다면 이는 정의에 대한 명백한 조롱이라고 저는 생각합니다." 판 루이엔은 의료진 전원으로부터 그러한 종류의 손상이 반드시 의식불명을 유발하는 것은 아닐 수도 있다는 동의를 받아놓았다고 말했다.

그는 또한 의사들이 보안경찰과 함께 침묵의 음모에 가담했다는 주장을 일축했다. "이 사건에 어두운 의혹의 옷을 입히려는 사람이라면 그러한 주장을 펼칠 수도 있겠지요"라고 그는 말했다. 후어썬 치안감은 비코에게 실질적으로 이상이 있는 곳을 발견할 수 없다는 보고를 계속해서 받았다. 그는 비코가 프리토리아에서 최상의 치료를 받게 되리라 믿고 이송시킨 것이었다.

그는 또한 단식투쟁 이야기가 사건을 은폐하기 위한 또다른 시도라고 말해서는 결코 안 된다고 말했다. 사건이 발생했던 그 주 내내 비코가 먹은 것은 음식 반 접시가 전부였기 때문이다.

판 루이엔은 보안경찰과 관련하여 법정은 그들이 비코가 사망에 이르도록 행동하거나 방치함으로써 결국 범죄를 저질렀다는 증거는 어디에서도 찾을 수 없다는 말로 변론을 끝맺었다.

루툴리(Albert Lutuli, 1899~1967) 남아프리카 해방운동의 지도자. 남로디지아 출생으로 더반 근처의 미국선교회 부설 교사훈련대학을 졸업하고, 이 학교 최초의 아프리카인 교사 세 사람 중 한 사람이 되었다. 1936년 교사직을 그만두고 그루트빌 지역공동체의 수장이 되었으나 토지 부족과 가난, 선거권 부재의 현실에 직면하면서도 이 시기에는 아직 정치적 행위의 필요성을 절감하지 못하고 있었다. 그의 정치경력은 1945년부터 아프리카민족회의(ANC)에 참여하면서부터 시작된다. 이즈음 그는 원주민 대표자회의에 선출되어 수장이 되었으며, 1952년에는 ANC 의장이 되었다. 그해에 불공정한 법률들을 거부하자는 전국 규모의 캠페인을 벌였는데, 나탈 주에서 루툴리가 지도력을 발휘하자 정부는 ANC 의장이나 대표자회의 수장직 중 한쪽을 포기하라고 요구했다. 이에 대해 그는 "자유란 십자가를 통해서만 얻을 수 있다"고 응수하며 어느 직책에서도 물러나기를 거부했다. 1956년 반역죄, 공산주의 음모, 폭력 등의 혐의로 기소되었으나 혐의가 입증되지 않아 이듬해 석방되었다. 1957년 그가 호소한 출근거부 파업에는 흑인 외에 다른 비백인들도 다수 동참했으며, 나중에는 백인들조차 대중집회에 참석하기 시작했다. 아파르트헤이트에 대한 비폭력 저항의 공로를 인정받아 1960년 아프리카 최초로 노벨평화상를 받았다. 1967년 화물열차에 치여 사망하였으며 1968년 국제연합상이 추서되었다.

마셸(Samora Machel, 1933~1986)　모잠비크의 독립투사이자 독립된 모잠
비크의 초대 대통령. 가난한 농민의 아들로 태어나 주경야독으로 가톨릭
간호학교를 마치고 병원에서 첫 사회생활을 시작했다. 그의 정치 활동은
병원에서의 인종차별에 대한 투쟁으로 시작되었다. 그는 1962년에 모잠
비크해방전선에 가입하여 게릴라전에서 혁혁한 수훈을 세웠으며 1974년
포르투갈 정권을 무너뜨리고 1975년에 초대 대통령으로 취임했다. 그는
맑스주의자로서 혁명적 원칙들을 실행에 옮겼는데, 포르투갈인들의 대농
장과 재산을 국유화하고 농민을 위한 국립 학교와 병원들을 설립할 것을
주장했다. 1986년 10월 20일 남아프리카 영공을 비행중 의문의 비행기 추
락사고로 사망했다.

만델라(Nelson Mandela, 1918~)　남아프리카 최초의 흑인 대통령, 인권운
동가. 코사어를 쓰는 템부족 추장의 아들로 태어났다. 포트헤어대학에 입
학했으나 학생운동으로 제적당한 뒤 버트바터스란트대학에서 법률학위를
취득하고 올리버 탐보와 함께 변호사 사무실을 열었다. 1944년 아프리카
민족회의(ANC) 청년연맹을 창설했고, 1952년과 56년 두 차례에 걸쳐 체
포되었으며, 1960년 샤프빌 학살 사건을 계기로 비폭력 노선을 포기하고
무장투쟁을 역설하기 시작했다. 1962년 구속되어 5년 형을 선고받고 투옥
중이던 1963년, 만델라와 동료들은 반역죄 등으로 재차 소추된다(이것이
리보니아 재판 사건이며, 이때 만델라가 한 변론의 일부가 이 책 1장에 실려 있
다). 이 재판에서 종신형을 언도받은 만델라는 로벤 섬 교도소에 투옥되어
1990년까지 수감생활을 한다. 수감중 국외의 각종 인권상을 수상하면서
세계인권운동의 상징적 존재가 되었다. 1991년 7월 ANC 의장으로 선출
된 후 실용주의 노선으로 선회하여 당시 드 클레르크 백인정부와 협상을
벌여 350여 년에 걸친 인종차별을 불식시키는 민주헌법을 제정한다. 이
공로로 1993년 드 클레르크와 함께 노벨평화상을 받았으며, 1994년에는
남아공 최초의 흑인 참여 총선거로 구성된 다인종 의회에서 대통령에 선
출되었다. 대통령 취임 후 아파르트헤이트 시절에 일어난 인권침해 사건

을 조사하는 '진실과 화해 위원회'를 설치했다. 1999년 임기를 마치자 재임하지 않고 대통령에서 물러나 정계를 은퇴했으며, 그의 뒤를 부통령이던 음베키가 이었다.

세제르(Aimé Césaire, 1913~)　프랑스어를 사용한 아프리카의 시인이자 극작가, 흑인 해방운동 지도자. 서인도 제도의 프랑스령 마르티니크 섬 출생으로 18세 때 파리에 유학, 고등사범학교를 거쳐 파리대학교를 졸업하였다. 이 유학 시절에 아프리카 출신으로 후에 세네갈의 대통령이 된 레오폴드 세다르 상고르와 교류하며 함께 아프리카 흑인 문화의 정체성 회복운동을 시작했고, 흑인적인 특질을 시에 담는 문학운동을 전개했다. 1946년 이래 연속하여 마르티니크 섬 대표 국회의원에 당선되었으며, 1946~56년에는 공산당에 가담했다. 전통적인 언어 형태에서 탈피하게 해주는 초현실주의야말로 자신의 신념을 가장 잘 표현할 수 있는 수단임을 깨닫고, 아프리카적 심상이 강한 유럽어를 사용하여 자신의 저항의식을 표현했다.

소부퀘(Robert Mangaliso Sobukwe, 1924~1978)　남아프리카 공화국 흑인 해방운동의 지도자. 농장 노동자인 아버지와 학교 교육을 전혀 받지 못한 어머니 사이에서 태어난 소부퀘는 어린 시절부터 매우 총명하여 학교 공부에서 두각을 나타냈다. 포드헤어대학에 입학한 후 1948년 ANC 청년연맹에 가입했고, 1949년에는 포트헤어대학 학생대표자회의 의장에 선출되었다. 졸업 후 트란스발 주에서 교사로 있다가 1952년 반정부 활동에 가담하여 해임되었고, 1954부터 1960년까지 버트바터스란트 대학의 어학 담당 강사로 있었다. 이 시기에 그의 뛰어난 지적 능력은 많은 이들로부터 인정받게 되었는데, 그가 ANC의 자유주의적 다인종주의를 비판하며 백인들과 함께 일한다는 생각을 거부하기 시작한 것도 이무렵의 일이었다. 카리스마적인 연설가로 동료들 사이에 '교수'로 불리던 그는, 1959년 ANC를 탈퇴하고 범아프리카주의자회의(PAC)를 창설, 전국의장이 되었다. 1960년 통행법 위반 혐의로 체포되어 3년 형을 선고받았으나 형기 만료 후에도 로벤 섬으로 이감되어 정치범으로 6년간 구금되어 있었다. 1969년 석방된 후 킴벌리에서 거주제한을 받고 있다가 사망했다.

시술루(Walter Sisulu, 1912~2003) 아프리카 민족회의(ANC)의 전신인 남아프리카 원주민 민족회의가 창설된 해인 1912년 5월 18일에 트란스케이에서 농민의 아들로 태어났다. 가난 때문에 15살에 학교를 중퇴한 그는 광부, 주방 보조, 제과점원, 공장 노동자 등으로 일하면서, 인종차별 및 계급차별의 현실을 뼈저리게 체험하였다. 1940년 ANC에 가입하였고, 1944년 9월 11일 올리버 탐보, 넬슨 만델라 등과 함께 ANC 청년연맹을 창설했다. 1949년에 ANC 사무총장에 취임하였고(1954까지) 이와 동시에 ANC의 군사노선이 채택되었다. 1953년 루마니아에서 열렸던 세계민주청년연맹(World Federation of Democratic Youth) 주최 '평화와 친선을 위한 세계 청년학생 축전'에 참석하였다가 체코, 폴란드, 소련, 중국 등 사회주의 국가를 순회 방문하게 된다. 방문중 특히 소련의 노동자계급과 소수 민족의 진보를 보고 크게 감명을 받았다. 1955년 남아프리카 공산당(SACP)에 가입하였고 후에 중앙위원이 되었다. 1956년 반역죄로 기소되었는데, 이 재판은 1961년까지 계속되었지만 결국 무죄 판결을 받았다. 1961년 10월, 5년간의 가택연금형에 처해졌으나 투쟁을 멈추지 않아 결국 1963년 3월에 6년 형을 선고받았다. 보석금을 내고 석방되어 항소심 계류중이던 1963년 4월 19일, 집에서 사라져 지하 활동에 돌입하였다. 1963년 7월 11일에 체포되어 많은 ANC 지도자들과 함께 리보니아 재판에 기소되었고, 1964년에 파괴 등의 혐의로 종신형을 선고받고 로벤 섬에 투옥되었다. 1989년 10월 15일에 석방되어 1991년 7월 ANC 전국회의에서 부의장으로 선출되었다. 1994년 5월 정치에서 은퇴하였으나 꾸준히 정력적인 활동을 하였다. 2003년 5월 5일, 자택에서 처의 품에 안겨 영면하였다.

야바부(Davidson Don Tengo Javbavu, 1885~1959) 남아프리카 공화국의 정치 지도자이자 흑인 교육가. 남아공 최초의 반투어 신문 편집장을 지낸 존

텡고 야바부의 아들로, 영국 유학 후 1916년부터 포트헤어대학에서 교편을 잡았다. 1935년 전아프리카민족회의(AANC)를 창설하여 점점 심해지는 백인들의 인종차별에 맞서 아프리카인들의 의식을 조직하고 창조하는 지도적 역할을 했다. 이 단체는 백인 정부가 각종 인종차별 법안을 입안하려는 데 대해 각양각색의 반대의사를 개진했으나, 온건한 정치철학에 기반하고 있었기에 이러한 법안들의 입안을 중단시킬 수 있는 효과적 수단을 강구할 수 없었다. 회원 수 감소로 1948년 AANC가 해체된 후 포트헤어대학에서 라틴어와 반투어를 강의하며 여생을 보냈다.

은크루마(Kwame Nkrumah, 1909~1972) 서아프리카의 정치 지도자이자 반제국주의자. 가나의 초대 총리와 가나 공화국의 초대 대통령을 역임했다. 가톨릭계 학교를 졸업하고 신학교 교사로 있으면서 성직에 매료되었으나, 정치에 대한 관심이 증대함에 따라 1935년 미국으로 건너가 경제학, 사회학, 철학, 정치학 등을 공부했다. 이 시기에 그는 맑스와 레닌을 비롯한 사회주의 문헌과 민족주의에 관한 문헌 등을 탐독했다. 1945년 미국을 떠나 영국에서 수학하던 중 제5회 범아프리카회의 사무국의 일을 담당하면서 서아프리카 민족운동을 지도하기 시작했다. 1947년 귀국하여 인민회의당(Convention People's party, CPP)을 창설, 영국의 신탁통치에 저항하는 활동을 벌이다가 투옥되었다. 1951년 신헌법 제정 후 첫 총선거에서 옥중출마하여 당선, 석방되었다. 1952년 골드코스트의 총리가 되었고, 골드코스트가 가나로 독립하여 가나 공화국이 정식 출범하자 초대 대통령에 선출되었다. 그러나 코코아 시장, 보험, 은행 등 대부분의 국가 경제부문은 여전히 외국자본에 의해 통제되고 있었고, 이에 경제개발계획을 공표했으나 경기는 계속 후퇴했다. 경기 침체에 따른 총파업이 빈발하자, 그는 정치적 통제를 더욱 강화해 갔으며, 1964년 초에는 일당국가체제를 확립하며 종신 대통령으로 취임했다. 불행하게도 그는 독립운동에서는 뛰어난 지도력을 보였지만, 공무처리 능력은 높지 않았고, 주된 관심도 신세대 정치활동가들에 대한 이데올로기 교육에 있었다. 1966년 2월 베트남 문제로 베이징에 체류중 본국에서 군사 쿠데타가 일어나 실각한 후 기니로 망명하여 말년까지 흑인민족주의에 몰입했다.

음베키(Thabo Mbeki, 1942~)　1999년 6월 만델라의 뒤를 이어 대통령에 당선됨으로써 남아프리카 공화국 제2대 흑인정권을 탄생시킨 인물. 1956년 ANC 청년연맹에 가입하여 1975년 중앙집행위원이 되었으며, 1984~89년 홍보부장, 1990년에는 협상대표가 되었다. 만델라와 더불어 남아프리카 공화국의 아파르트헤이트를 종식시키는 데 주도적인 역할을 했으며, 만델라가 집권한 이후에는 각종 정책의 입안 및 집행을 총괄하였다. 만델라에 비해 흑인 친화적 성향을 가지고 있으며, 1994년에 입안된 경제정책을 주도하는 등 부통령 시절부터 남아공의 경제개혁을 이끌었다. 1997년 만델라의 후임으로 집권 여당인 ANC 의장에 피선되어 차기 대통령 후보로 물망에 올랐다. 1999년 대선 승리 후 정치 · 경제 · 사회 · 문화 전 부문에 걸친 인종간 불평등과 비효율을 치유하는 데 역점을 두고 내수 시장 확대에 주력하고 있다.

카스라다(Ahmed Kathrada, 1929~)　남아프리카 공화국의 인권운동가이자 민주주의 투사이며, 인도계와 흑인 동맹의 상징으로 추앙받는 인물. 트란스발의 인도계 집안에서 출생했다. 1941년 12세의 나이로 청년공산주의자연맹에 가입하였고 후에 공산당에 가입하여 2차 세계대전중 반전운동을 전개하였다. 17세에 학교를 중퇴하고 트란스발 수동적저항협회의 전임 활동가가 되었다. 1946년 인도계 주민들에게 제한적 투표권을 주려는 이른바 '게토법'이 발의되자 이에 저항하다가 몬티 나이커, 구남 박사, 나이두 등과 함께 투옥되었다. 인도계 운동의 지도자로서 넬슨 만델라, 월터 시술루 등과 접촉하여 흑인계와 인도계의 동맹을 위해 노력하였다. 1952년 ANC와 남아프리카 인도인평의회 공동으로 아파르트헤이트 법 6개에 대한 공동 투쟁을 조직하였다. 1956년 반역 혐의로 체포되었지만 57년까지 계속된 재판에서 결국 무죄판결을 받았다. 계속적인 체포와 불법구속,

주거제한에 처하던 중 1962년 12월 가택연금 조치를 받자 지하 활동에 돌입하여 ANC 지하본부가 있는 리보니아로 들어갔다. 1963년 리보니아에서 다른 지하 활동가들과 함께 체포되었는데, 이것이 그의 18번째 체포였다. 만델라, 시술루, 음베키 등과 함께 1964년 6월 종신형을 선고받고 로벤 섬에 투옥되었다가 폴스무어 감옥으로 옮겨졌다. 1989년 10월 15일 60세의 나이로 석방되었다. 1991년 ANC 전국집행위원회 위원에 선출되었고, 1994년 남아프리카 최초의 민주선거에서 국회의원이 되었다. 1999년 6월 의회 정치에서 은퇴하였고 현재는 로벤 섬 박물관위원회 의장으로서 활동중이다.

탐보(Oliver Tambo, 1917~1993) 아프리카 흑인 민족주의자. 1969년 이후 ANC의 의장을 지냈으며, 30년(1960~90) 이상 망명생활을 했다. 영세농민들이 모여 사는 트란스케이에서 태어나 영국성공회의 감리교파가 운영하는 학교를 다녔으며, 1941년 포트하레 대학교에서 학사 학위를 받았고, 이후 법학을 공부했다. 1944년 넬슨 만델라를 비롯한 여러 동지들과 ANC의 청년연맹을 창설했으며, 잠시 교편을 잡기도 했다. 민족주의적 입장에서 흑인의 정치 및 법률 문제에 적극 관여하면서 ANC에서의 그의 지위도 상승했다. 1952년 탐보는 만델라와 함께 남아프리카 공화국에서는 최초로 흑인 변호사 사무실을 개업했다. 1956년 반역혐의로 체포되었다가 이듬해 석방되었고, 1958년에는 ANC의 부의장이 되었다. 샤프빌에서 대학살이 일어난 이틀 후인 1960년 3월 23일, ANC의 활동이 금지되자 탐보는 ANC의 해외사령부를 조직하기 위해 남아프리카 공화국을 떠나 잠비아의 루사카에 정착했다. 알버트 루툴리가 죽은 지 2년 뒤인 1969년, 탐보는 ANC 의장직을 계승했다. 1990년 12월 13일 망명생활을 끝내고 고국으로 돌아온 탐보는 30년 만에 처음으로 망명요원과 석방된 ANC의 요원들이 모두 참석한 가운데 회의를 개최했다. 그러나 이전에 일으켰던 뇌졸중의 후유증으로 건강이 악화되어 의장직을 옛 동료인 만델라에게 이양했으며, 1991년 명예직이라 할 수 있는 ANC의 전국의장이 되었다.

터너(Rick Turner, 1941~1973)   남아프리카의 백인 급진주의자이자 노동운동가. 1941년 9월 25일 케이프타운에서 부유한 건축업자의 아들로 출생했고, 1966년 폴 사르트르의 정치철학에 관한 논문으로 소르본느 대학에서 박사학위를 땄다. 프랑스 학생 운동에 큰 감명을 받고 남아프리카로 돌아와 1970년부터 나탈 대학에서 급진적인 정치 철학을 가르치며 NUSAS(남아프리카 전국학생연합)의 자문역이 되었다. 1969년 흑인 학생들의 NUSAS 이탈에 즈음하여 백인들의 각성을 촉구하고, 흑인 노동자 조직의 결성에 관여했다. 스티브 비코와 친분을 쌓으면서 그의 사상을 백인들에게 해석하고 전달하는 역할을 했다. 1970년 이슬람교로 개종했으며, 분권화된 사회주의 사회의 구상을 펼치면서 백인의 자유주의 운동을 급진적으로 전환하려고 노력하였다. 1973년 보안관찰 처분을 받았고, 1978년 1월 8일 보안관찰 처분 만료 2개월을 앞두고 집 창가에서 총을 맞고 암살당하였다. 비코가 죽은 지 4개월 후였고, 암살자는 밝혀지지 않았다.

페이턴(Alan Paton, 1903~1988)   남아프리카 공화국의 대표적인 작가이자 자유당(1953~68)의 창건자. 남아공의 인종차별 문제에 대하여 국제적인 관심을 불러일으켰던 첫 소설 「절규하라, 사랑하는 조국이여」(Cry, the Beloved Country)가 가장 유명하다. 영국계 백인인 그는 아파르트헤이트를 반대하는 작품들을 주로 썼으며, 자유당을 창당하여 전국의장을 지내기도 했다. 그의 당은 자유주의적인 비인종주의를 주창했으나 1968년에 당 활동을 금지당했고, 페이턴은 1960~70년 여권을 몰수당하기도 했다. 한편 그는 비인종주의적 입장과 상충되는 행보로 비판을 받기도 했다. 보수적인 성향의 인카타 자유당 당수인 줄루족 추장 부텔레지와 돈독한 우정을 나눈 일과 아파르트헤이트에 대한 국제적 제재에 반대했던 것 등이 그런 예들이다.

대이주(Great Trek) 1830~40년대에 영국화 정책에 반대하여 아프리카너들이 집단적 이주를 감행한 사건. 아프리카너들은 이것을 그들 국가의 기원으로 여긴다. 영국의 남아프리카 케이프 식민지에서 탈출하여 북방 내륙으로 이주한 아프리카너들의 수는 약 1만 2천~1만 4천 명이었는데, 이들을 개척자라는 뜻의 보르트레커(Voortrekker)라고 부른다. 처음에는 내륙 곳곳의 아프리카 원주민 왕국들과 부딪쳐 몰살을 당하기도 했으나 말과 권총 등을 이용해 이들을 물리쳤다. 보르트레커는 케이프 탈출 뒤 곧 두 무리로 나뉘어져 이동했는데, 그 중 한 무리가 1838년 12월 나탈에 정착, 나탈공화국(이후의 나탈 주)을 수립하였다. 그러다 1848년 영국이 나탈을 합병하자 이곳에 살던 대부분의 아프리카너들이 다시 탈출, 고원쪽으로 이주한 무리들과 합류하였다. 이들은 그 뒤에도 꾸준히 영국에 저항하면서 1852년 발 강 이북에 트란스발 공화국을, 그리고 1854년에는 블룸폰테인 협약으로 오렌지 자유국(이후의 오렌지 자유주)을 수립했다.

보어전쟁(Boer War) 1899~1902년 영국과 트란스발 공화국이 벌인 전쟁으로 남아프리카 전쟁이라고도 한다. 1867년 트란스발에서 금광이 오렌지 강변에서 다이아몬드가 발견되자 이 지역들에 외국인들이 몰려들기 시작했다. 어느새 다수가 된 이들은 참정권을 요구했는데, 트란스발의 크뤼에르 대통령은 이를 거부했다. 당시 통화체제가 점점 더 금에 의존하는 상황에 놓여 있던 영국은 세계 최대의 금광단지인 트란스발에 대한 직접적 지배를 꿈꾸고 있었다. 그러던 중 트란스발 이주민의 참정권 문제가 불거지자 이를 빌미로 영국의 총독과 식민장관이 공격적인 태도를 취했고, 여기서 보어전쟁이 시작되었다. 1881~84년에 1차 전쟁이 일어났고, 그후 트란스발이 영국에 대항하기 위해 오렌지 자유국과 군사동맹을 체결하자 양국의 관계가 더욱 악화되어 1899년 10월 다시 2차 전쟁이 시작되었다. 그러나 애초부터 군인 수에 월등한 우위를 점했던 영국이 1900년 6월 트란스발을 점령하고 9월 영국에의 합병을 선언하였다. 그후 2년 동안 아프리카너 연합군이 게릴라전을 전개하며 영국군을 괴롭히자, 영국은 전멸전술을 취하여 아프리카너의 농장과 집을 불사르고 21만의 비전투원을 강제수용소에 집어넣었다. 이 수용소에서 약 2만 명이 사망하였다(이 속에는 여성들과 아이들도 포함되어 있었다). 마침내 1902년 아프리카너는 영국에 굴복하였고, 베레니깅 평화조약이 체결됨으로써 두 공화국은 독립을 잃고 영국의 식민지가 되었다.

샤프빌 학살(Sharpeville Massacre) 1960년 3월 21일 백인 경찰이 흑인 시위대에 발포하여 250여 명의 사상자를 낸 사건. 남아프리카 공화국 정부는 인종분리정책의 일환으로 모든 흑인들은 신분증명서를 반드시 소지하고 다녀야 한다는 통행법(Pass Laws)을 제정하였다. 이것은 남아공 정부가 흑인들의 거처를 언제 어느때나 '공식적으로' 확인하기 위해 만든 법안이었다. 이미 흑인들에게 그 난폭함과 잔인성으로 악명이 높은 백인 경찰은 이로써 마음만 먹으면 언제든 흑인들을 체포할 수 있는 무제한적인 권력을 지니게 되었다. ANC와 PAC(범아프리카회의)는 이 법에 반대하는 평화적인 시위를 계획했다. 샤프빌 사건이 있기 며칠 전, 소부쿼가 이끄는 PAC는 일요일에 집회를 열도록 허가해 줄 것을 요구했으나 정부당국은 이를 거절했다. 그러나 PAC는 3월 21일에 애초의 계획대로 통행권 운동(신분증명서를 집에 두고 거주지 밖으로 나오는 운동)에 착수하여 지속적으로 이 악덕한 법에 대한 반대 운동을 벌여나가기로 했다. 사건 당일 PAC 지도자들과 각 지부의 회원들, 그리고 수백 명의 군중들은 집회를 가진 뒤 샤프빌 경찰서 앞까지 행진했다. 애초 평화적 시위를 계획했던 이들은 당연히 비무장 상태였으며, 여자들과 아이들도 있었다. 이 시위대에게 경찰은 총격을 가하여 69명이 사망하고 180명이 부상당하는 유혈 사태가 벌어졌다. 당시 샤프빌 경찰서 앞은 사람들의 피로 강을 이룰 정도였다고 한다. 샤프빌 학살 후 국민당 정부는 ANC와 PAC의 활동을 금지시켰지만, 이를 계기로 남아공의 인종문제는 본격적으로 세계의 관심을 받게 된다.

소웨토 봉기(Soweto Uprising) 아파르트헤이트 정부가 흑인들에게 적용되는 교과과정 중 절반을 아프리칸스어로 수업하라는 지시를 내린 것에 반발하여 소웨토 지역의 학생들이 봉기한 데서 시작된 사건. 소웨토는 요하네스버그 시와 인접해 있는 남아공에서 가장 큰 흑인들의 주거지다. 아파르트헤이트 정부는 1953년에 흑인들이 백인들을 보조하는 역할을 할 수밖에 없도록 낮은 수준의 기술 교육만을 시키는 반투교육법을 제정하는데, 흑인 학생과 교사들의 거센 반대에도 불구하고 이 법은 1955년부터 효력을 갖게 되었다. 1974년, 정부는 흑인 학교에서 절반 이상의 수업을 아프리칸스어로 진행하도록 반투교육법을 개정하였다. 이는 흑인 학생들로 하여금 두 개의 언어를 공부하게 함으로써 학습을 더욱 어렵게 만들었을 뿐 아니라, 아프리칸스어를 의무적으로 사용하게 함으로써 흑인 학생들의 민족 감정에 불을 질렀고, 따라서 소웨토 내외의 많은 학생들의 저항을 불러오게 되었다. 이러한 저항의 와중에서 1976년 2월에 두 명의 학생이 반투교육 지역담당관이 쏜 총에 맞는 사태가 발생하였고, 시위행렬은 걷잡을 수 없이 늘어나게 되었다. 이 불어난 학생들은 1976년 6월 16일 올랜도 웨스트 학교에서 올랜도 축구 경기장으로 행진해 가던 중 경찰과 충돌하였는데 경찰은 시위대에게 사격을 가하여 많은 학생들이 죽거나 다쳤고, 운동의 지도부는 추방당하거나 실종되는 사건이 벌어졌다. 이후 매년 6월 16일은 소웨토 봉기를 기념하는 날로 정해졌다.

나미비아와 짐바브웨의 흑인 민족주의 운동 비코가 주로 활동했던 시기인 1960~70년대에는 남아공뿐 아니라 남아프리카의 다른 나라들에서도 흑인 민족주의 운동이 활발히 전개되었던 시기이다. 그 중에서도 특히 나미비아와 짐바브웨의 흑인 민족주의 운동이 주목할 만하며 이 나라들의 사례가 비코의 글이나 인터뷰에서도 자주 언급되므로 여기에 두 나라의 식민통치 시기부터 독립까지의 역사를 간단히 정리한다.

나미비아(Namibia) 지금의 나미비아 지역인 서남아프리카는 1885년 합병 이후부터 1차 세계대전까지 독일의 식민 통치를 받았다. 그러나 1차 세계대전이 일어나면서 남아프리카 연방이 독일을 패퇴시키고 이 지역을 점령했으며 1920년 국제연맹은 이 지역에 대한 남아프리카 연방의 통치권을 인정했다. 이 지역은 처음에 남아프리카 연방의 식민지로 통치되었으나, 1926년에는 제한적이나마 국내문제를 다룰 수 있는 의회가 설립되기도 했다. 국제연맹이 해체되고 2차 세계대전이 끝난 후 남아프리카 연방은 국제연맹으로부터 위임받은 나미비아 지역에 대한 통치권을 새로 결성된 UN에 반환하기를 거부했다. 1946년 남아프리카 연방은 서남아프리카의 합병을 골자로 하는 승인안을 UN에 제출하였고, UN은 그 요청을 받아들이지 않았다. 1964년 UN은 남아프리카 공화국이 이 지역에 대한 위임통치를 종결할 것과 이 지역을 UN의 관리하에 둘 것을 결의하고, 1968년에는 서남아프리카의 국명을 '나미비아'로 개칭하는 안을 통과시켰다. 또한 1971년에는 국제사법재판소가 남아공에 대해 나미비아에 대한 통치를 중단하고 철수할 것을 권고했다. 이러한 국제적인 움직임에도 불구하고 남아공 정부는 통치권 포기는 물론 나미비아에까지 확대 실시되던 아파르트헤이트 정책의 완화조차도 받아들이지 않았다. 이에 이 지역에서 최대의 인구를 가지고 있던 오밤보족에 의해 1962년 남서아프리카인민기구(SWAPO)가 결성되어 1966년부터 독립을 위한 무장투쟁을 전개하였다. SWAPO는 앙골라와 잠비아 등 주변 공산주의 국가들과 쿠바의 지원으로 세력이 확대되었고 1973년에는 UN으로부터 남아공의 합법적인 대표로 인정받기에 이른다. UN은 1978년 UN 감시하에서 독립을 위한 공정한 선거를 치를 것을 결의했으나 남아공은 같은 해 12월 UN을 배제한 채 일방적인 선거를 실시하여 민주탄하레동맹(DTA) 중심의 제헌의회를 구성하고 DTA를 중심으로 하는 잠정정부를 탄생시키기도 했다. 그러나 1983년 남아공 정부는 잠정정부를 해산하고 직접통치를 부활시켰다. 1988년에 가서야 남아공·쿠바·앙골라 3국이 나미비아의 독립 등을 포함하는 '브라자빌 의정서'에 조인하였고, 1989년 11월 총선실시와 제헌의회 구성을 거쳐 SWAPO 의장인 삼 누조마를 초대 대통령으로 하여 완전한 독립을 이루게 된다.

짐바브웨(Zimbabwe) 이 지역은 1889년 영국령 남아프리카사(社)가 설립된 때부터 1923년까지 영국령 남아프리카사(社)의 지배하에 있었으며 1923년 10월 영국의 자치식민지로 편입되었다. 1953년에는 남로디지아(현 짐바브웨), 북로디지아(현 잠비아), 니아살란드(현 말라위)가 연합하여 '로디지아-니아살란드 연방'을 결성하였는데 이 연방은 이후 10년 동안 지속되었고 이 기간 동안 국민민주당(NDP)이 이끄는 흑인민족주의 운동이 활발히 전개되었다. 그러나 1961년에 NDP는 불법화되어, 은코모가 이끄는 짐바브웨 아프리카 인민동맹(ZAPU)과 시톨레가 이끌다가 나중에 무가베가 장악하게 되는 짐바브웨 아프리카 민족동맹(ZANU)으로 분열되었다. '로디지아-니아살란드' 연방은 1963년 12월에 해체되었고, 니아살란드는 1964년 7월에, 북로디지아는 1964년 10월에 각각 말라위와 잠비아로 독립하였으며, 남로디지아는 영국의 자치식민지로 남게 된다. 1965년에 이 지역 백인 소수정부의 수상인 이안 스미스는 흑인의 정치참여를 포함하는 조건으로 독립을 허용하겠다는 영국과의 협상을 결렬시키고 일방적인 독립을 선언하였다. 이에 대해 영국과 국제사회의 경제제재가 시작되었고, ZANU와 ZAPU 중심의 흑인 민족주의자들의 게릴라 활동이 전개된다. 각각 잠비아와 모잠비크에 근거를 두고 10년 가까이 로디지아 보안군에 대한 산발적인 전투행위를 지속하던 두 흑인 민족주의 진영의 지도자 무가베와 은코모는 1976년 연합애국전선을 결성하여 백인정부와 협상을 벌였으니 이 협상은 절차상의 문제로 결렬되었다. 결국 잠비아 루사카에서 열린 영연방 정상회담에서 민주헌법 제정을 위한 당사자 협상과 영국 정부 감시하의 자유선거를 통해 신정부를 구성하는 것을 골자로 하는 「로디지아 문제의 평화적 해결안」이 마련되었다. 이 해결안에 기반하여 1980년 2월 영국감시하에 다민족이 참여하는 총선을 실시하였고, 이 선거에서 무가베가 이끄는 ZANU가 압도적으로 승리하여 1980년 4월에 무가베를 수상으로 하여 짐바브웨로 독립하게 된다. 이후 무가베는 마르크스주의를 기초로 한 1당 체제를 확립하고, ZAPU와 갈등을 겪기도 했으나 1987년 ZANU와 ZAPU는 타협을 이루어 무가베는 대통령에 은코모는 부통령에 취임하게 된다.

옮기고 나서

아프리카는 내게 미지의 땅이다. 그 검은 대륙은 심리적 친화감에서 물리적 거리 이상으로 멀고 먼 세상이다. '아프리카' 라는 이름을 들으면 생명의 역동성과 자연의 신비로움을 보여주는 광활한 초원의 야생 동물들이 제일 먼저 떠오르는 사람이 비단 나뿐일까? 아프리카가 어디 붙어 있는지도 모르던 철부지 시절, 아프리카는 그렇게 야생의 땅, 맹수들의 땅이었다. 식민주의와 전쟁의 근대사에 할퀴고 채여 굶주림과 질병에 피폐해질 대로 피폐해진 모습으로 그 땅의 사람들이 세상 밖으로 떠밀려 나왔을 때에야 비로소 그곳에도 '사람이 살고 있었다' 는 황망한 깨달음이 밀려왔다. 그 대륙은 이제 천형의 땅, 배반의 땅이었다.

그리 되었건 저리 되었건 아프리카는 여전히 멀고도 먼 땅이었다. 한 세대가 지나도 TV는 여전히 세렌게티 공원의 황홀한 석양과 표범과 임팔라의 살육전을, 또한 파리떼가 들끓는 진흙 더미에 누워 있는 아이들의 처연한 눈망울과 민족들 상호간의 살육전을 보여주고 있었다.

어쩌다 한 번씩 아프리카가 유럽이나 미국, 그러니까 세상 속의 여느 나라처럼 다가오기도 했다. 「아웃 오브 아프리카」라는 아름다운 영화 속에서 개방적인 자유주의자인 메릴 스트립이 아프리카를 유린한 백인의 문화를 경멸하면서 자유로운 영혼의 소유자인 로버트 레드포드와 사랑을 나누는 모습을 볼 때가 그랬고, 넬슨 만델라가 세상의 이목을 한 몸에 받으면서 석방되고 이후 당당하게 선거에서 승리하는 모습을 보여주는 호들갑스런 뉴스들을 접할 때가 그랬다.

「아웃 오브 아프리카」는 지배자로 아프리카에 상륙한 유럽 문명의 오만을, 해서 그 문명의 실제적 야만을 비판했지만 그 비판자가 유럽인이라는 사실과 그 유럽인이 검은 땅에 있다는 사실에, 나는 아프리카가 주는 심리적 거리감을 잊어버렸다. 영상 속의 사바나 초원은 가슴이 탁 트이는 아름다움을 발산하고 있었고 꿈을 갖고 살아가는 낭만적인 백인들이 있었다. 그 백인들이 이해하고 함께 하고자 했던 농장의 흑인 노동자들은 그 속에서 풍경이 되어 있었던 것이다. 남아프리카라는 악명 높은 나라에서 전혀 다른 상황이 눈앞에 펼쳐졌을 때도 아프리카는 낯설지 않았다. 수백 년간 이어진 백인 통치와 반세기 동안 철옹성이 되어버린 아파르트헤이트를 종식시킨 역사의 현장에는 낯익은 제도와 낯익은 투쟁이 있었던 것이다.

나는 그렇게 내가 보고 싶은 대로만 아프리카를 보고 있었다. 그런 내게 스티브 비코라는 생소한 사람이 성큼 다가왔을 때, 그리하여 아프리카의 어제를 그가 보여주는 대로 봐야 했을 때 나는 자못 곤혹스러웠다. 빈곤과 착취, 투옥과 고문, 잔혹한 탄압과 그에 맞선 투쟁……. 너무나 낯익은 과거를 대하는 지독하게 낯선 그 느낌을 어떻게 설명해야 할까. 그 낯익음은 우리에게도 그와 같은 과거, 여전히 그 속을 걷고 있는 것 같은데 벌써 역사가 되어 버린 어제가 있기 때문이다. 그 낯섦은 우리가 이미 어제의 그 일들과 사람들을 빛바랜 사진첩 속에 넣어놓고 추억을 위해서만 들춰보는 것에 익숙해진 까닭이다. 오늘 우리 옆에 그들의 자리를 마련해야 하는 일이 차츰 버거워지고 있기 때문이다.

책을 번역하는 내내 그런 느낌이 떠나지 않았다. 비코가 의문의 죽음을 당한 것은 1977년의 일이었다. 그로부터 30년이 다 되어가는 시간이 흘렀다. 그 사이에 그 낯익은 것들은 모두 낯선 것이 되어 버렸다. 적어도 나의 나라에서는, '혁명'이라는 단어가 광고 문구의 멋으로 장식되고 '투쟁'이라는 말을 밥그릇 싸움으로 아무렇지도 않게 치부해 버리는 언론 매체들이 있는 이 땅에서는. 하지만 비코의 나라, 내가 비문명의 상징으로 상상하고 그들에게 폭압적이었을 문명화의 결과만을 당연하고 익숙한 것으로 받아들였지만 사실 우리와 다를 바 없이 험난하고 우리와 다르게 고통 받은 어제를 지나온 남아프리카는 과연 어떨까? 여기서 아프리카는 내게 다시 멀고 먼 땅이 되고 만다.

도널드 우즈의 글은 아파르트헤이트 정권의 통치 전술이 개

량과 반동 사이를 지그재그로 오가면서 인종간의 대립과 갈등이 파국을 향해 치닫던 1987년에 멈춰 있다. 역사는 그후 우즈의 분노에 찬 경고와 우려의 목소리와는 조금 다르게, 그러나 그가 그토록 바라마지 않던 방향대로 전개되었다. 위기의 절정에서 파국은 오지 않았다. 아프리카너 국민당이 교묘한 계산 속에서 재빨리 화해의 손을 내밀었던 것이다. 이후 전개된 남아프리카의 변화를 우리는 넬슨 만델라라는 풍운아의 성공시대로 언론을 통해 접하게 되었지만, 그 이면에는 수많은 희생과 치열한 투쟁으로 들끓는 수년간의 숨가쁜 시기가 있었다.

첨예화한 국내의 갈등과 강도를 높여가는 국제적 압박 속에서 1989년 보타 대통령의 갑작스런 유고로 대통령의 자리에 오른 드 클레르크는 소련과 동유럽이 붕괴한 정세의 변화를 호기로 생각했다. ANC(아프리카 민족회의)의 재정적·도덕적 지지기반인 붉은 카펫이 걷혀버린 상황이 유리한 국면으로 작용할 거라는 정치적 판단하에 그는 ANC와 남아프리카 공산당을 포함한 33개 단체들을 합법화했다. 그는 또한 토지소유법과 거주지역법의 대대적인 개혁을 통해 아파르트헤이트의 면모를 쇄신하고자 했다.

드 클레르크는 50년의 집권 기간 동안 구축해 온 국민당 정부의 정치적 조직력에 대한 자신감이 있었고, 당시 분열되어 있던 여러 운동 조직들의 어지러운 정황을 잘 이용하면 가장 강력한 흑인 운동 조직인 ANC를 약화시키고 소수파인 백인이 인구수에서 압도당하기 전에 지속적이고 유리한 협상을 통해 문제를 해결할 수 있을 것이라고 판단했던 것이다. 국민당 정부는 협상의 테이블에 나옴으로써 흑인 투쟁의 발목을 잡으면서 인카타가 이끄는 홈랜드(반투스탄 ; 남아공 정부가 강제로 독립시킨 흑인들 거주지역) 권력들의 폭력적인 도발을 통해 내전의 위험을 고조시켰다. 1991년에 인카타와 ANC 사이에 평화 협정이 조인될 때까지 3천 명이 넘는 사람들이 희생되었으며, 협정이 체결된 후에도 사태는 크게 변하지 않았다. 이런 상황에서 무장 투쟁의 중단을 선언한 ANC의 입지는 위태롭기까지 한 것이었다. 1991년 말 18개 단체가 요하네스버그에서 남아프리카의 새 헌법을 협상하기 위해 결성한 '민주적인 남아프리카를 위한 협의회'(Codesa)에 백인 우익단체는 물론 PAC(범아프리카주의자 회의)와 아자니아민중기구 역시 참여를 거부했다.

1992년 6월 보이파통 무허가 정착촌에서 40명의 사망자를 낸 테러가 발생하자 ANC는 "우리가 학살당하고 있는 동안 당신들은 양처럼 행동하고 있다"는 흑인들의 성난 비난에 직면해야 했다. 이에 만델라는 드 클레르크 대통령에게 폭력을 중지시키기 위한 행동을 취하도록 요구하면서 대화를 단절하고 노동조합, 공산당과 연대하여 대규모 대중행동에 나섰다. 같은 해 8월에 ANC와 연합 세력은 4백만 명의 노동자들이 참여한 사상 초유의 파업으로 정부를 압박했다.

이런 상황에서 국민당의 군대가 평화적인 시위대에 발포함으로써 수많은 사상자가 발생하는 사건이 벌어졌다. 이로 인해 평화 협상은 완전히 결렬될 뻔했지만 궁지에 몰린 국민당 정부가 명목상 독립해 있던 홈랜드들을 남아프리카로 통합시키는 조치들을 취하고, 만델라와 드 클레르크가 다른 단체들을 배제하고 단독 회담을 개최, 선거에 의해 구성된 의회가 새로운 헌법을 마련하고 과도 정부를 구성하며 정치범들을 석방한다는 사항을 담은 이해각서에 서명함으로써 사태는 급선회하게 된다.

ANC는 미래를 두려워하는 백인들에 대한 대대적인 양보를 의미하는 선거 후 권력 분배에 관한 타협안들을 제안했다. 당시 강경파와 온건파들 사이에서 폭넓은 지지를 받고 있던 공산당 지도자 크리스 하니가 이 안을 지지함으로써 다음해인 1993년 주요 정당들이 참여한 가운데 협상이 재개되었다. 그러나 크리스 하니는 그 해 4월 백인 우익단체 회원에게 암살당하고 만다. 하니의 암살로 흑인들의 분노는 다시금 폭발하고 남아프리카 전역에 내전의 기운이 소용돌이쳤다. 국민당 정부는 협상을 더이상 지체시킬 수 없었다. 결국 하니가 암살된 지 한 달도 되지 않아 남아프리카 최초의 다인종 선거일이 결정되었고 새로운 헌법이 제정되었다. 1년 뒤인 1994년 5월, 수백 년간 이어져 온 백인 지배에 마침내 종지부가 찍히고 만델라는 "우리는 한 국민입니다. 국가의 재건과 화합을 위해 다같이 노력합시다. 모든 국민이 정의와 평화를 똑같이 누리게 합시다. 일자리와 빵, 마실 물도 골고루 나누는 사회가 되도록 합시다"라는 대통령 취임 연설과 함께 남아프리카의 새로운 오늘을 선언했다.

그 연설이 울려 퍼진 것이 10년 전의 일인데 남아프리카의 오늘은 여전히 숨가쁘다. 아파르트헤이트는 안녕을 고했지만 수십 년에 걸쳐 시행된 그 정책의 온갖 제도적 결과물들은 여전히 정치·경제·사회 전반에 도사리고 있다. 도시에는 일자리를 잃고 새로운 불평등을 원망하는 백인들과 거주제한이 풀리면서 유입해 들어온 흑인들을 피해 도시를 떠나는 백인들이 늘어났다. 그들에게 남아프리카는 이제 경찰의 천국에서 범죄의 천국이 된 지 오래다. 그런 한편, 흑인들의 요구는 아직도 충족될 길이 멀다. 고용평등법으로 모든 경제 부문에서 흑인의 비율이 압도적으로 치솟았지만 그것을 숫자놀음이라고 비웃기라도 하듯 여전히 많은 수의 흑인들이 도시의 낮은 곳에서 제대로 교육받지 못하고 안정적인 일자리도 얻지 못한 채 자유와 정의가 대체 어디에 있는지를 묻고 있다. 상처는 치유되지 않았고 진실을 찾았음에도 화해의 길은 멀다. 하지만 겨우 10년이 아닌가. 겪어보니 10년은 강산이 변하기엔 충분한 시간일지 몰라도 인간이 변하기엔, 인간이 무언가를 이루기엔 너무 짧은 시간이 아니던가.

남아프리카가 조금은 가깝게도 여겨지는 지금, 나는 그 땅의 사람들이 어제인 듯 지나간 수많은 비코의 죽음을 과거의 빛바랜 사진으로 만들지 않기를, 흑백이 어우러진 무지개 같은 나라를 이루겠다던 10년 전의 약속을 잊지 않기를 소박하게 바랄 따름이다.

2003년 10월, 최호정